Noël Graveline
Photos Francis Debaisie[ux]
Réalisation Mireille Debaisie[ux]

Les trésors de l'Auvergne romane

Editions
DEBAISIEUX

SOMMAIRE

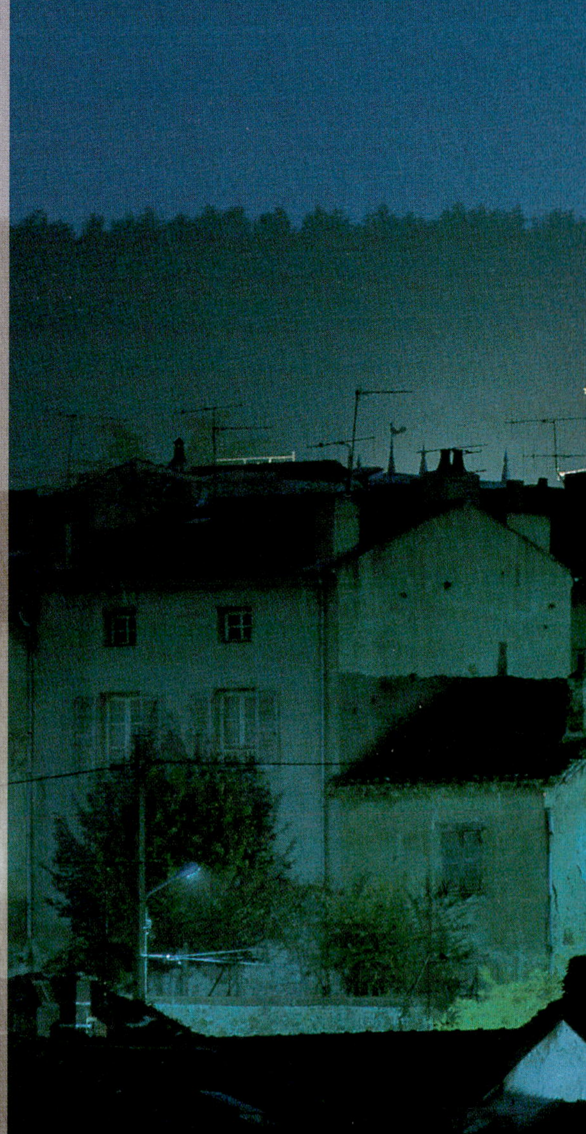

*En majesté dans la nuit,
la basilique de Brioude (Haute-Loire).*

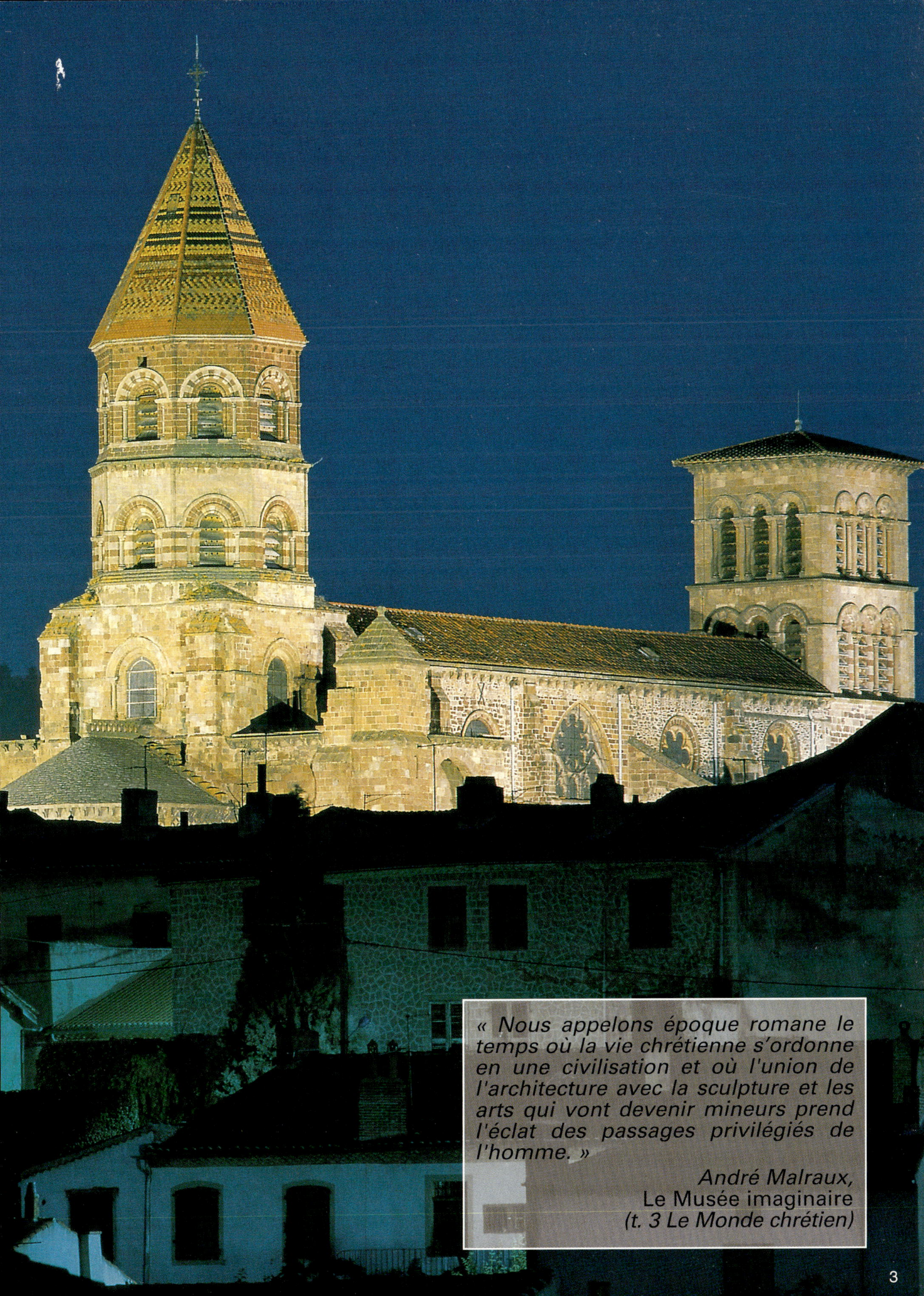

« Nous appelons époque romane le temps où la vie chrétienne s'ordonne en une civilisation et où l'union de l'architecture avec la sculpture et les arts qui vont devenir mineurs prend l'éclat des passages privilégiés de l'homme. »

André Malraux,
Le Musée imaginaire
(t. 3 Le Monde chrétien)

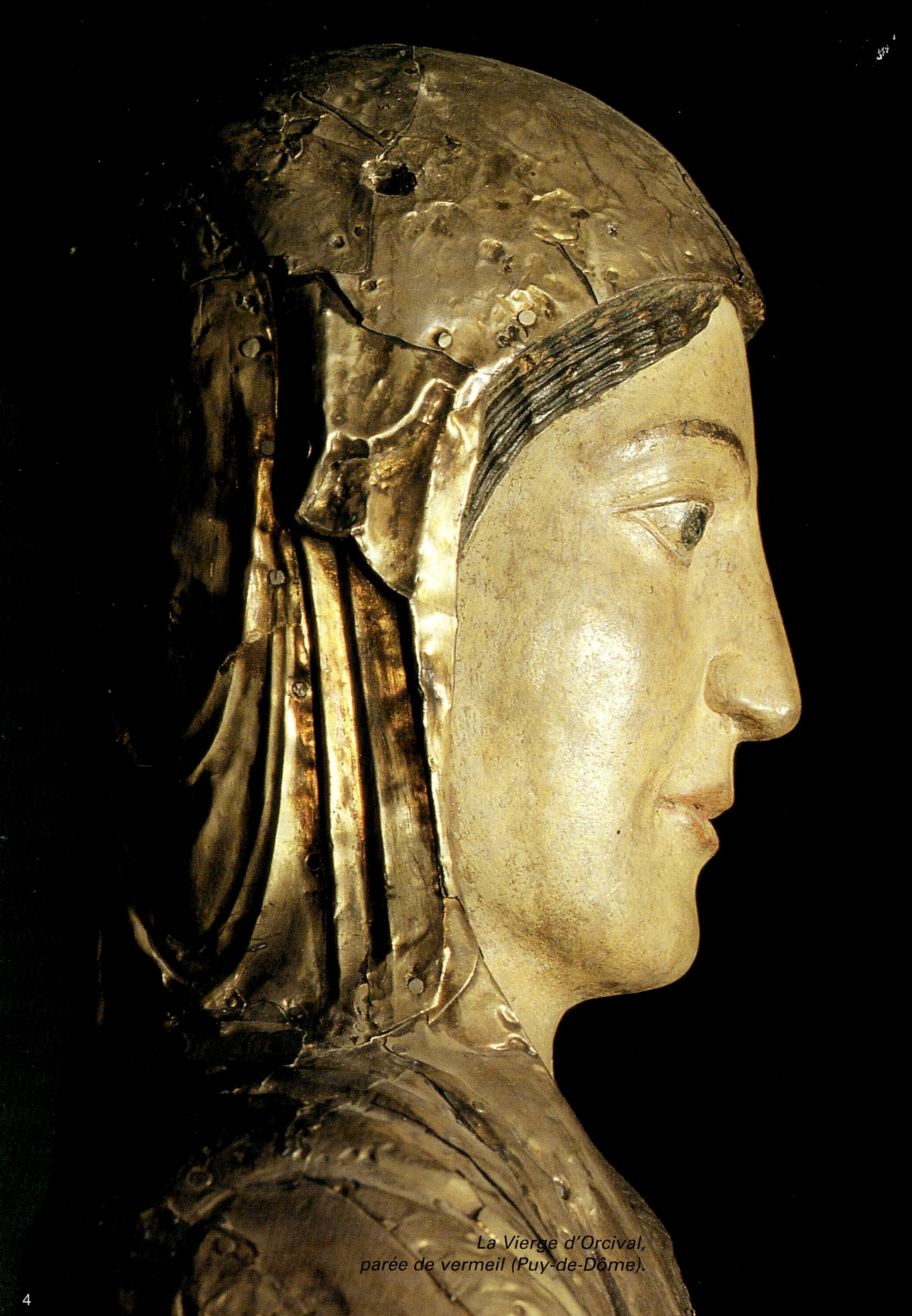

La Vierge d'Orcival, parée de vermeil (Puy-de-Dôme).

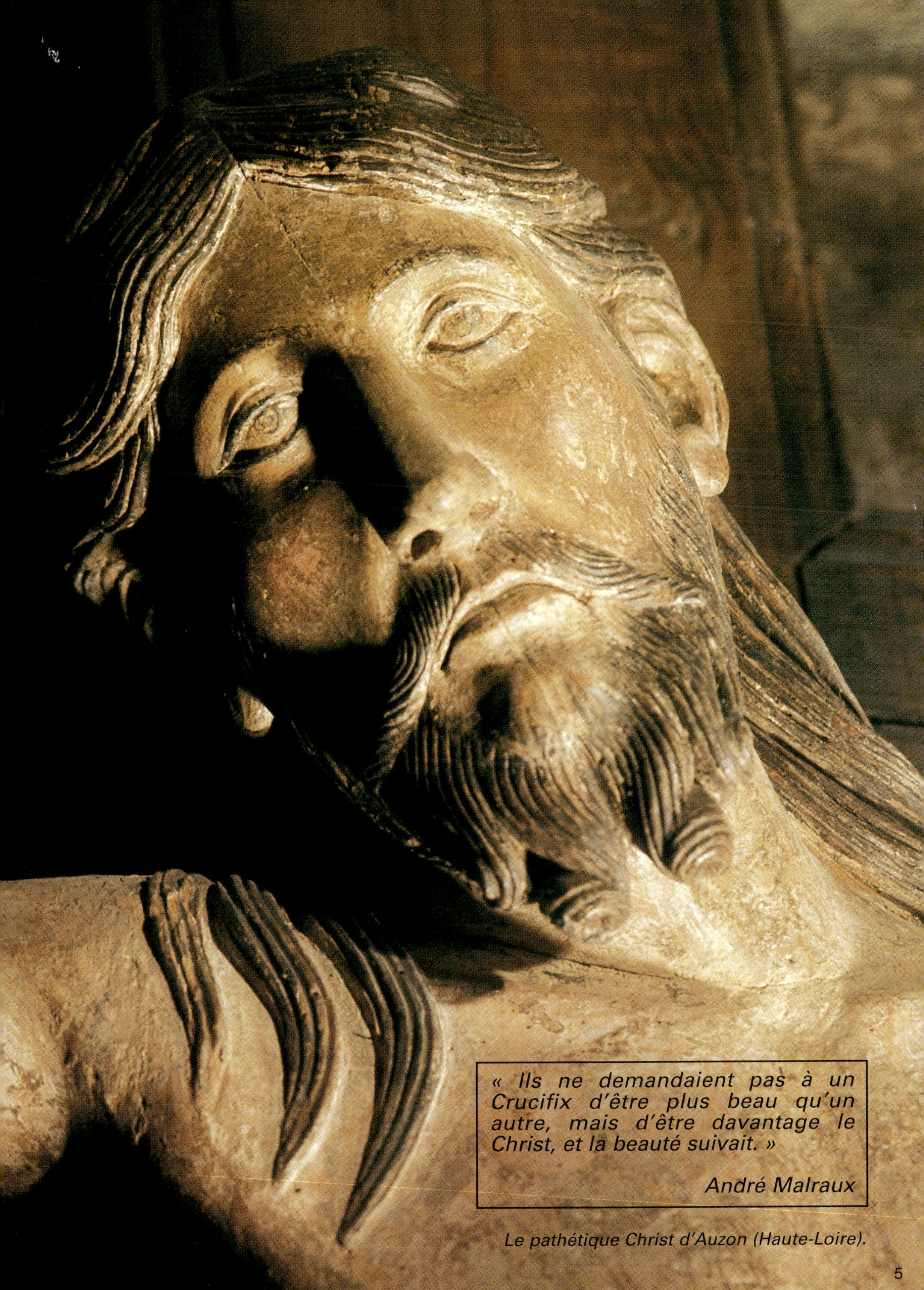

> *« Ils ne demandaient pas à un Crucifix d'être plus beau qu'un autre, mais d'être davantage le Christ, et la beauté suivait. »*
>
> *André Malraux*

Le pathétique Christ d'Auzon (Haute-Loire).

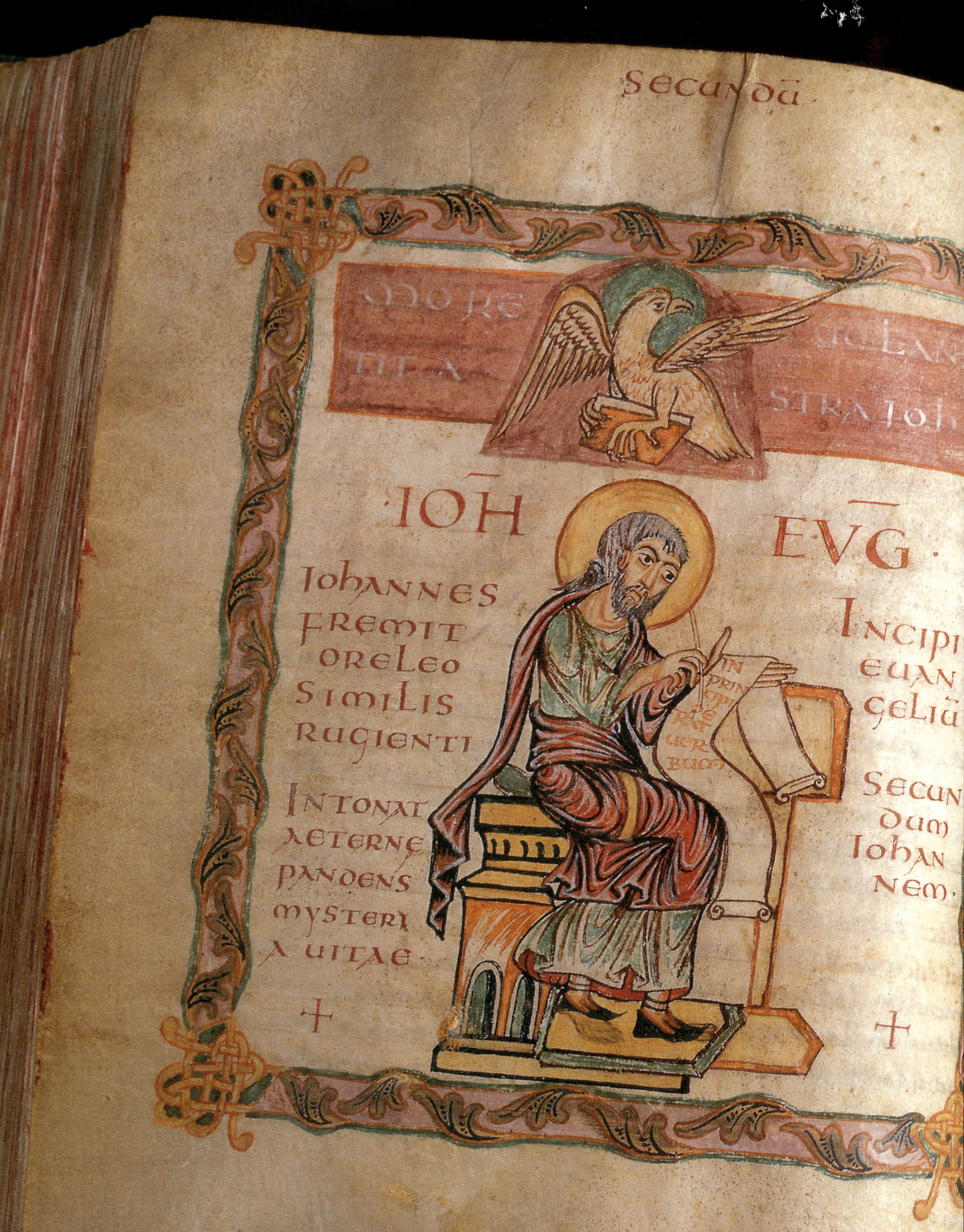

L'apôtre Jean, sur l'Évangéliaire de Gannat (Allier).

IOHANNEM

NPRIN

RATVER

ERAT APUD DM̄

BUM HOC ERAT

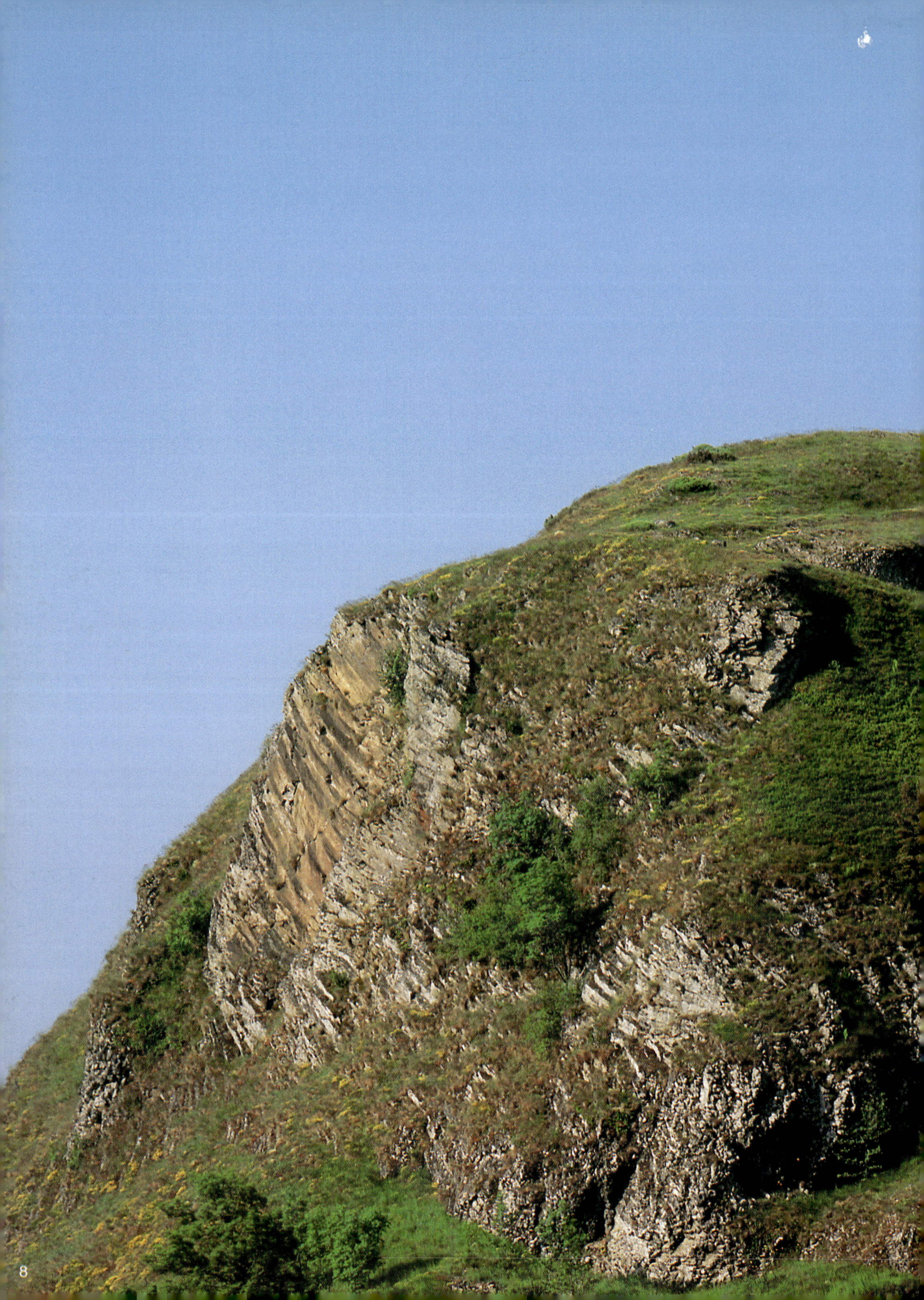

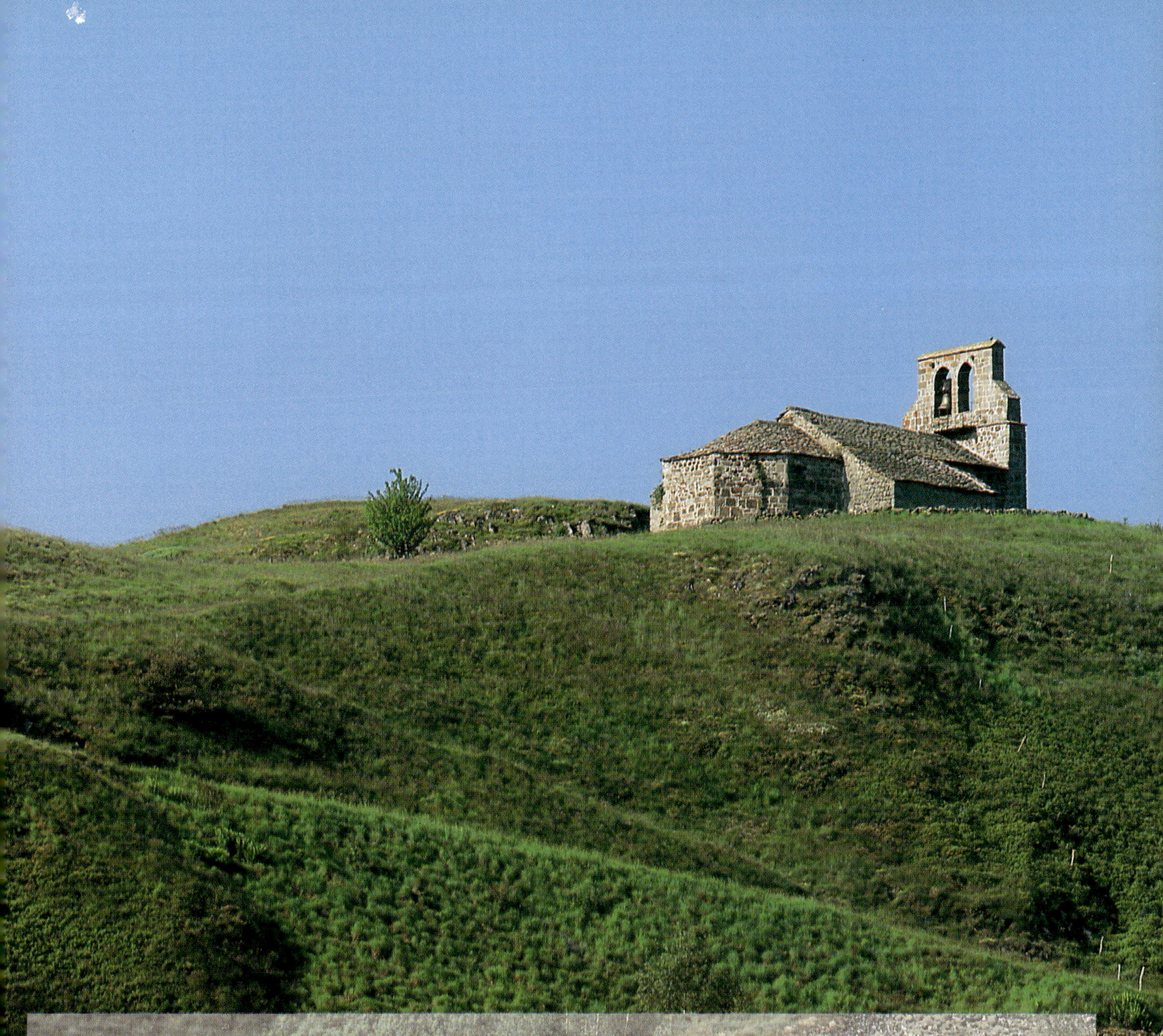

C'est à travers l'art roman si particulier qu'elle a développé que l'Auvergne a le mieux exprimé sa nature et celle de ses hommes. Cela vaut pour la plus humble chapelle cantalienne aussi bien que pour les grandes basiliques érigées en bordure des opulentes terres à blé de la Limagne. Ces édifices, dont la beauté simple semble issue des profondeurs telluriques pour servir la plus haute spiritualité, sont à l'image d'un peuple qui a conservé longtemps le souvenir de la souche arverne tout en faisant fructifier l'héritage romain, avant de s'ouvrir aux courants artistiques venus du reste de la chrétienté.

Façonné par les montagnes qui l'entourent, l'Auvergnat aime à bâtir solide et sans superflu, ce pourquoi les maîtres d'œuvre des églises de la province ont imaginé dès le début du XIe siècle des dispositions ingénieuses qui ont fait école. Les précurseurs ont ensuite employé leur talent à mettre la géométrie au service des justes proportions et de l'harmonie, avec, comme principale réussite, des chevets qui figurent parmi les sommets de l'architecture occidentale. À cet art primordial est associée une sculpture typiquement auvergnate qui prend toute sa saveur aux chapiteaux entourant les chœurs, ainsi qu'une statuaire qui n'est pas moins originale avec ses Vierges noires, ses statues-reliquaires et ses christs pathétiques.

L'humble chapelle de Chastel-sur-Murat (Cantal).

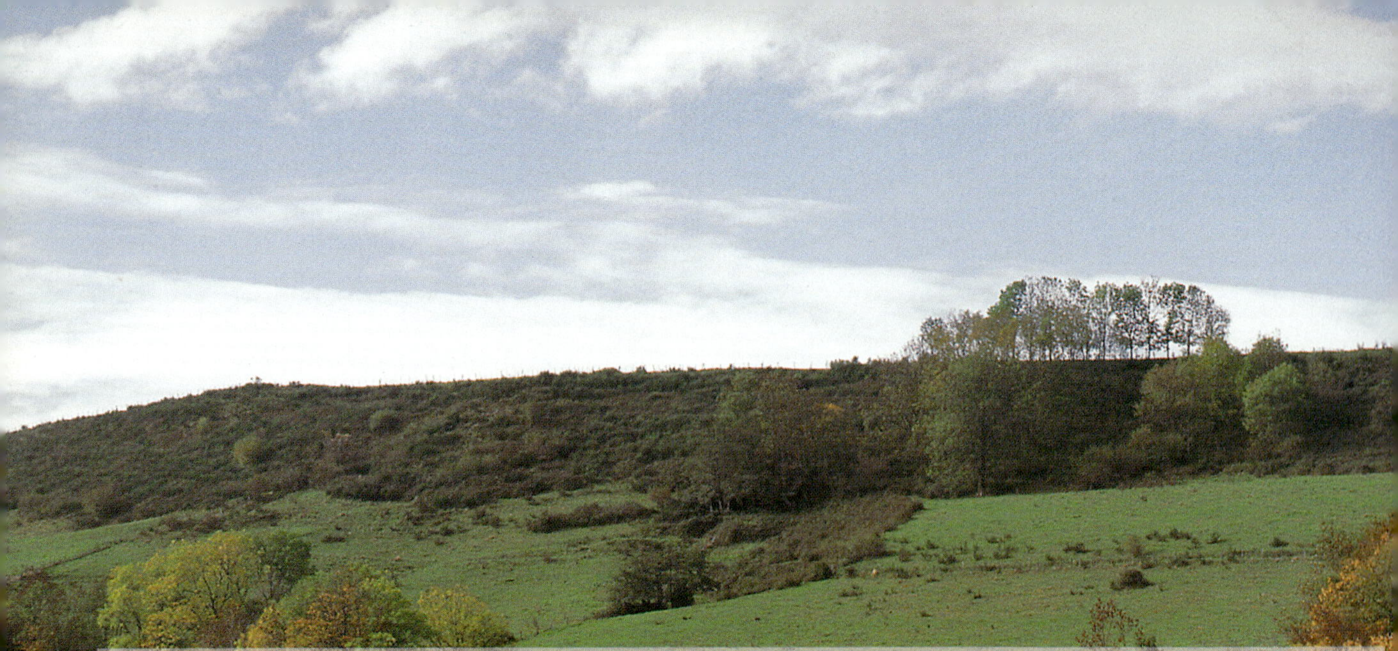

Pour beaucoup, les églises romanes les plus attachantes d'Auvergne sont les discrets sanctuaires qui émaillent la montagne et en transfigurent les sites. Cependant, c'est en détaillant l'architecture des églises majeures de Limagne qu'on mesure le mieux la spécificité de l'art que les bâtisseurs de ce pays ont développé à partir du xe siècle.

La première caractéristique notable est que le plan de ces églises est remarquablement élaboré, au terme d'une évolution qui emprunta, à l'Antiquité, notamment la disposition de l'arc triomphal précédant l'abside et, à la tradition carolingienne, les arcs-diaphragmes de la croisée du transept. La classique forme de croix latine tournée vers l'est est en effet complétée d'un narthex, d'absidioles orientées à chaque bras du transept et surtout d'un chœur à déambulatoire généralement pourvu de chapelles rayonnantes, principale innovation des maîtres d'œuvre auvergnats destinée à permettre aux pèlerins de défiler commodément devant les reliques.

Un tel raffinement confère une grande monumentalité à des édifices de dimensions mesurées.

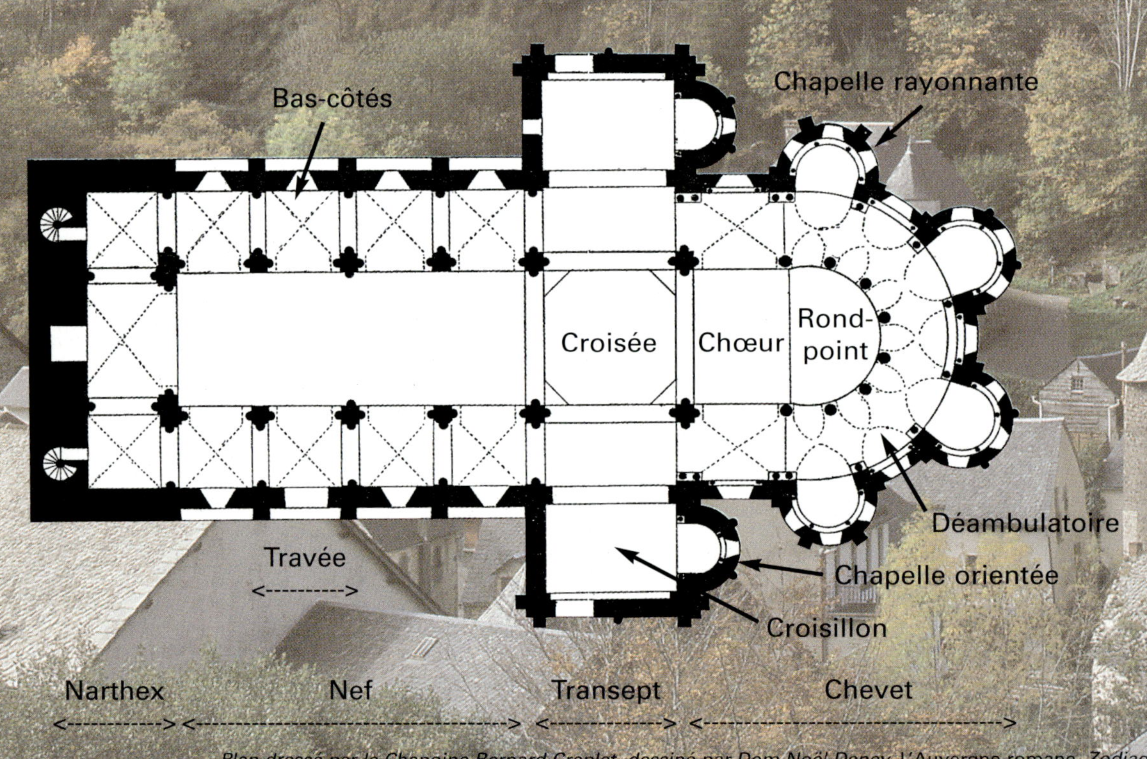

Plan dressé par le Chanoine Bernard Craplet, dessiné par Dom Noël Deney. L'Auvergne romane. *Zodiaque*

Élèments architecturaux

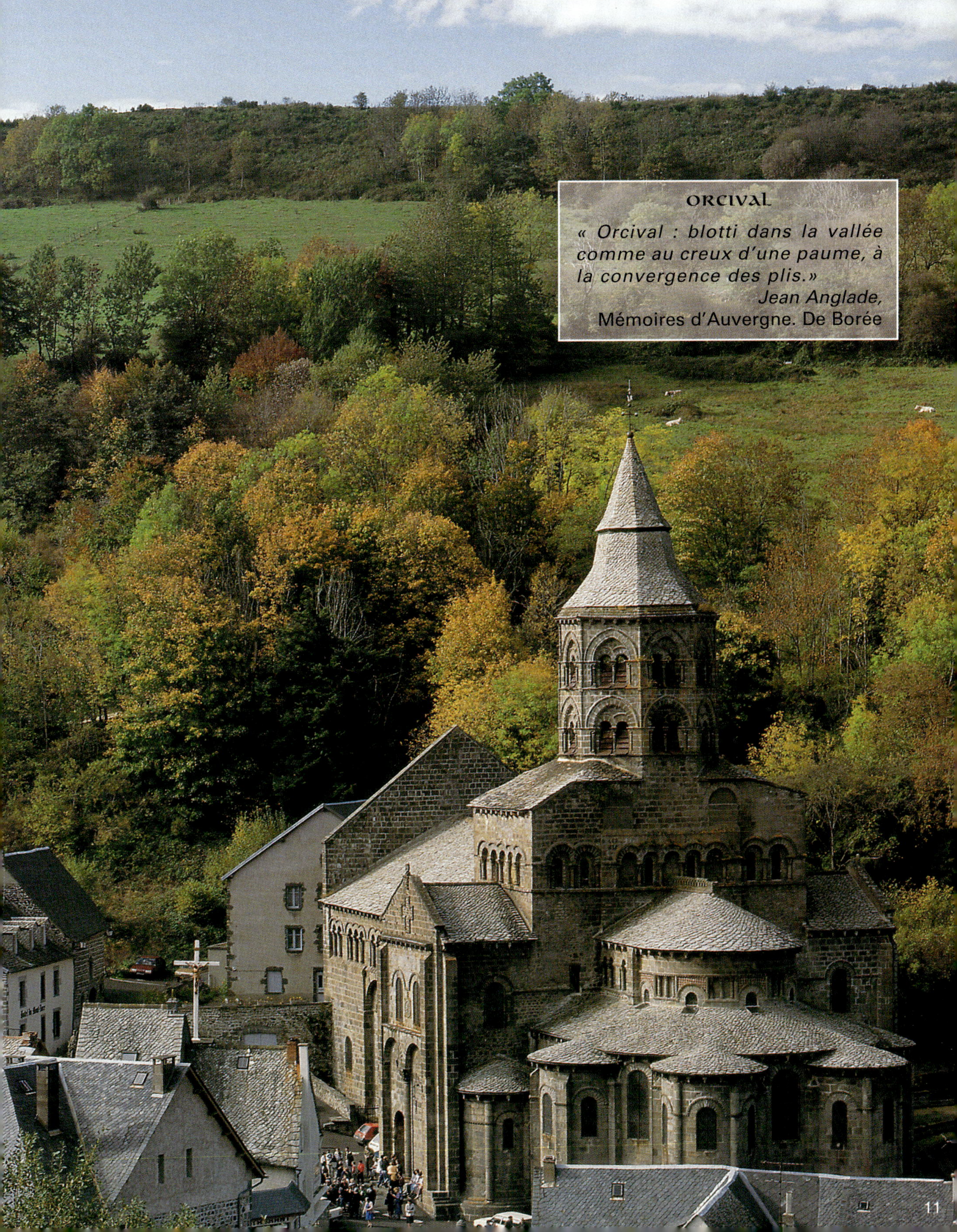

Orcival

« Orcival : blotti dans la vallée comme au creux d'une paume, à la convergence des plis.»
Jean Anglade,
Mémoires d'Auvergne. De Borée

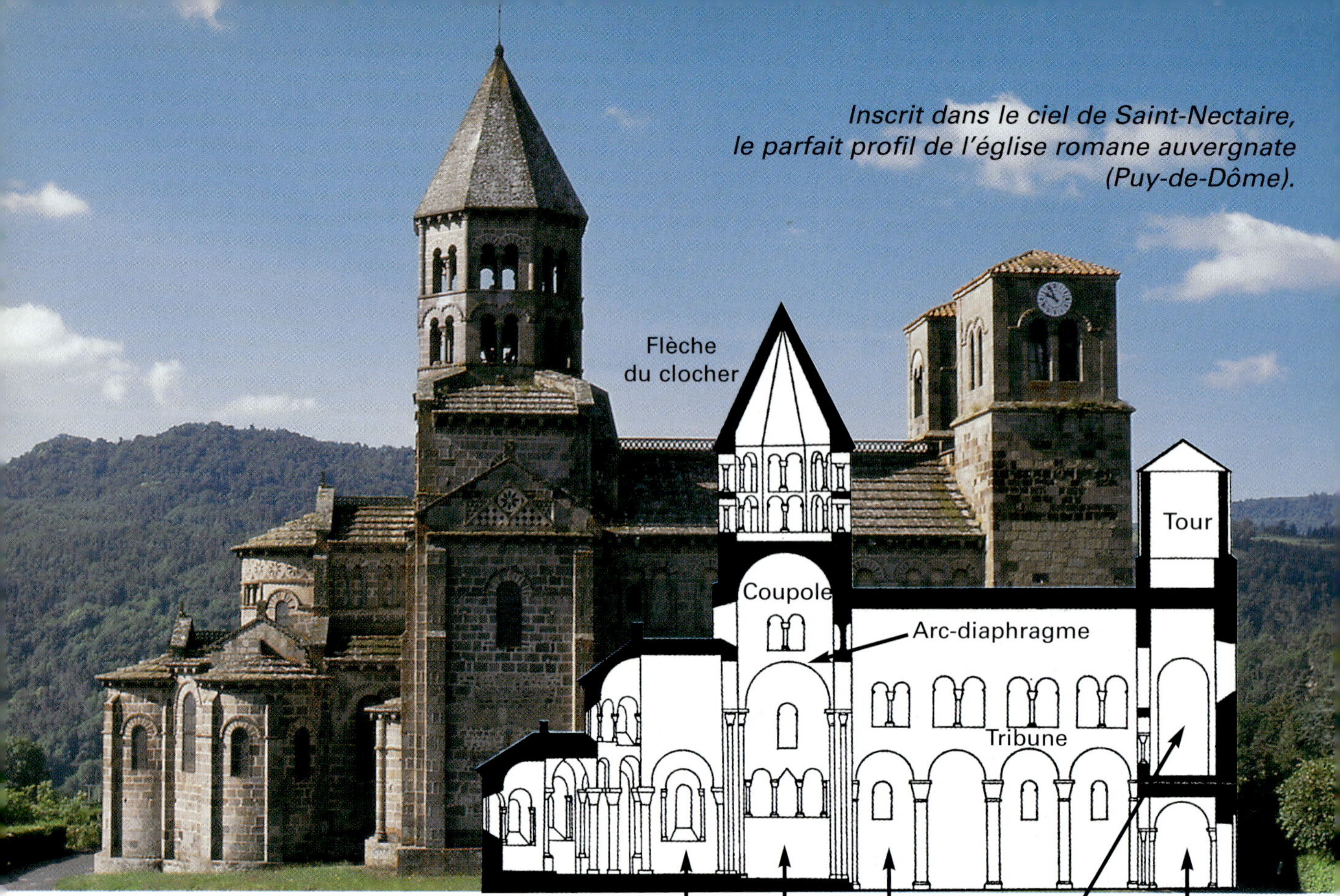

*Inscrit dans le ciel de Saint-Nectaire,
le parfait profil de l'église romane auvergnate
(Puy-de-Dôme).*

Flèche du clocher
Coupole
Arc-diaphragme
Tribune
Tour
Chœur
Croisée
Travée
Tribune
Narthex

Coupe dressée par le Chanoine Bernard Craplet, dessinée par Dom Noël Deney. L'Auvergne romane. *Zodiaque*

Les églises primitives étaient couvertes en charpente, aussi un problème nouveau se posa-t-il lorsqu'on voulut les voûter, d'autant que la province était attachée au plan basilical des nefs à triple vaisseau. Après quelques tâtonnements, les bâtisseurs du cru innovèrent pour concilier les exigences de la solidité et de l'éclairage. Les bas-côtés furent dotés de tribunes surmontées de voûtes en quart de cercle venant contrebuter la poussée de l'arc central. Ainsi furent rendus inutiles les arcs doubleaux et les colonnes engagées correspondantes. La lumière est dispensée par les fenêtres du niveau inférieur qui mettent en valeur les piliers, mais aussi par celles des tribunes, grâce à des baies qui diffusent un éclairage d'une douceur surprenante. Le même principe appliqué à la croisée du transept, qui est surmontée d'une coupole et du clocher, a abouti à cet autre élément distinctif de l'architecture romane d'Auvergne qu'est le massif barlong. Par ce nom, on désigne le bloc surélevé de plan rectangulaire qui reprend latéralement la poussée des parties hautes et dont les nombreuses fenêtres contribuent à l'éclairage de la nef. Cette lumière venant du ciel est encore magnifiée à l'intérieur par la présence des arcs-diaphragmes surélevés qui soutiennent la coupole.

*Peinte à la manière médiévale,
la nef de l'église d'Issoire (Puy-de-Dôme).
Les arcs-diaphragmes de la croisée du transept
de l'église d'Ennezat (Puy-de de-Dôme).*

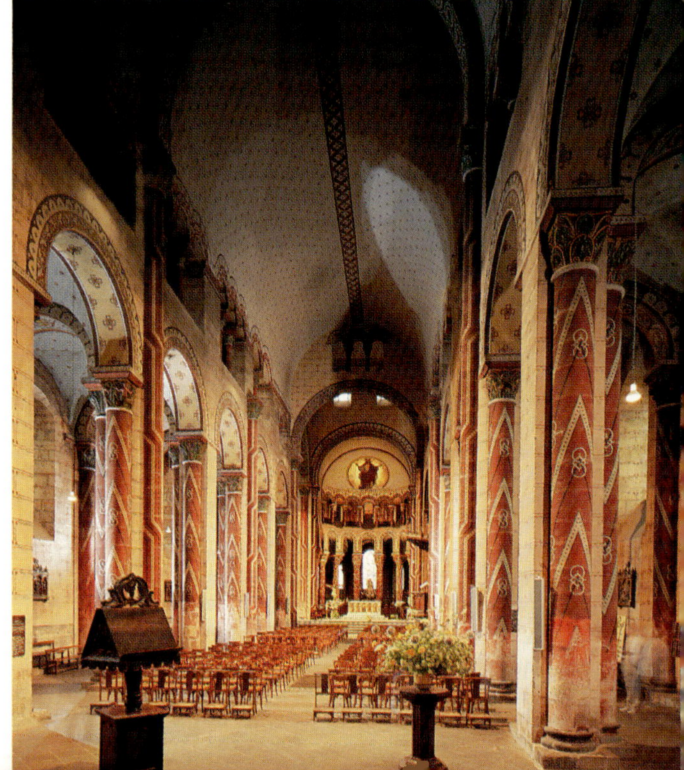

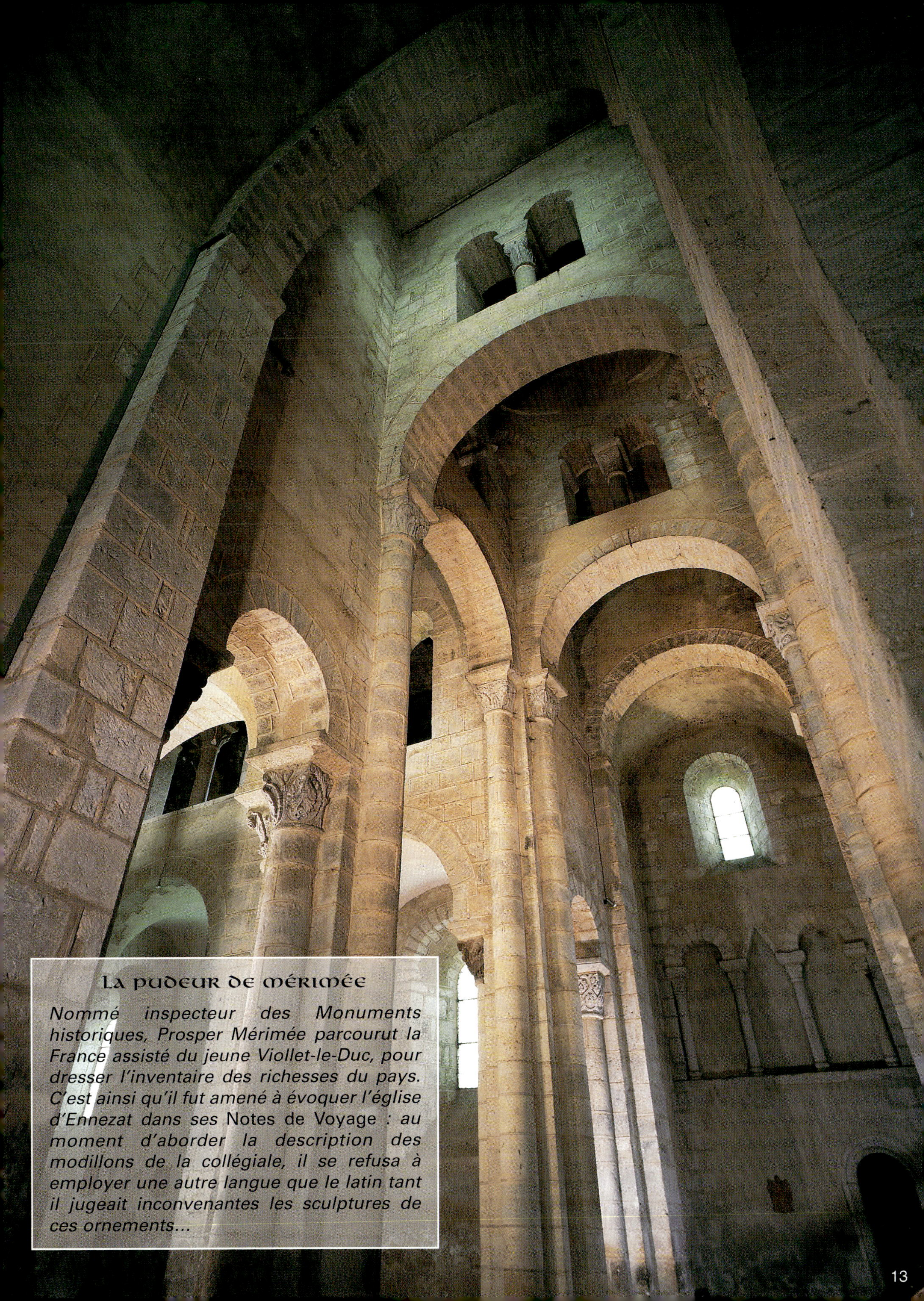

La pudeur de Mérimée

Nommé inspecteur des Monuments historiques, Prosper Mérimée parcourut la France assisté du jeune Viollet-le-Duc, pour dresser l'inventaire des richesses du pays. C'est ainsi qu'il fut amené à évoquer l'église d'Ennezat dans ses Notes de Voyage *: au moment d'aborder la description des modillons de la collégiale, il se refusa à employer une autre langue que le latin tant il jugeait inconvenantes les sculptures de ces ornements...*

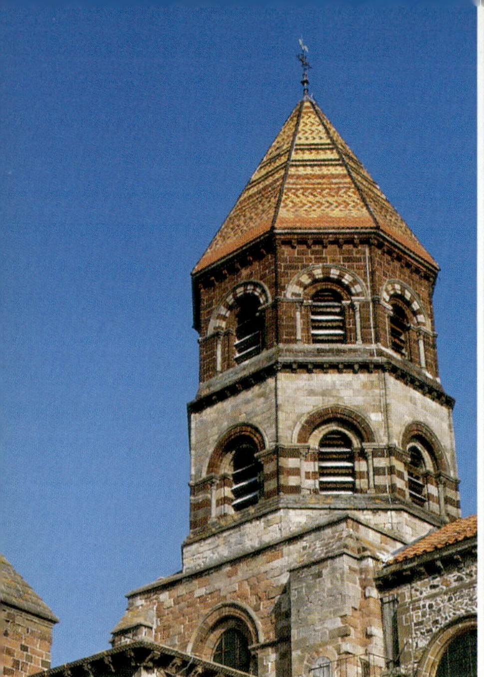

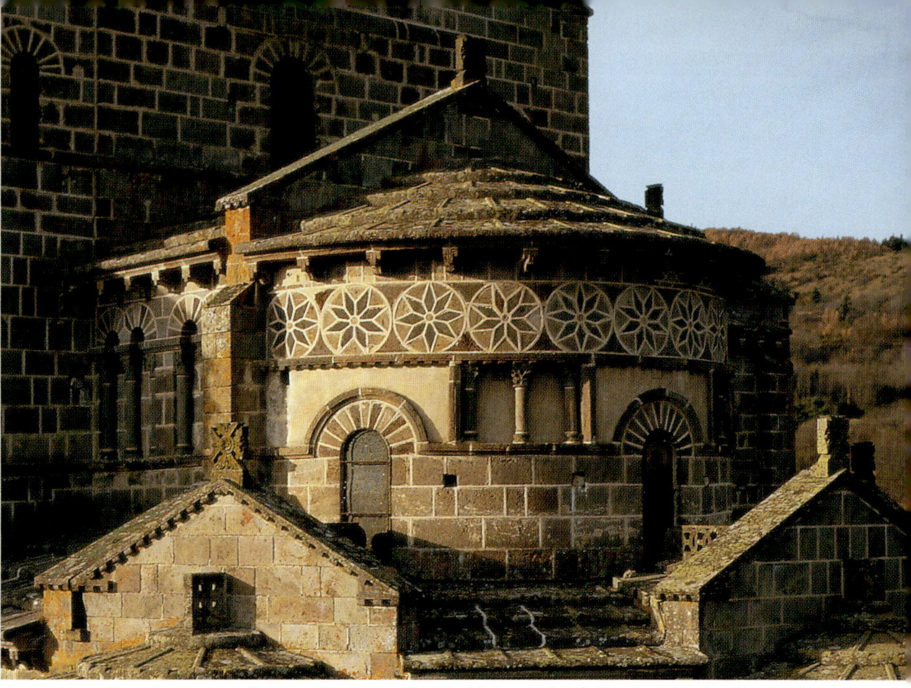

Une coutume auvergnate, la polychromie des matériaux, comme à Brioude (Haute-Loire). Le chevet de Saint-Nectaire illustre la savante harmonie des volumes édifiés par les maîtres d'œuvre de la province (Puy-de-Dôme).

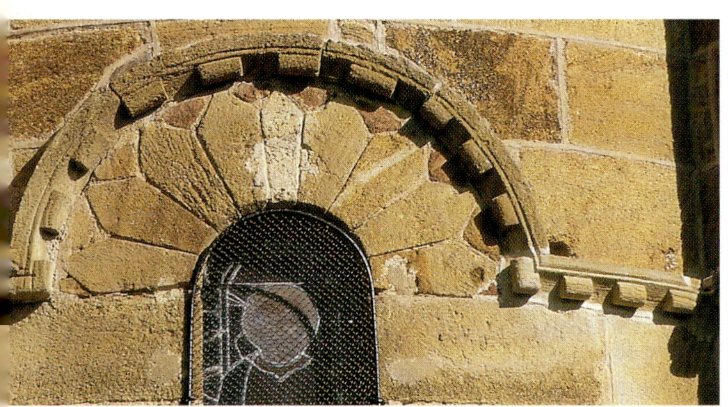

Un encadrement de fenêtre souligné d'un cordon à billettes à l'église de Glaine-Montaigut (Puy-de-Dôme).

Enfin on en arrive au chevet, morceau de bravoure des constructeurs de la province, peut-être en raison des contraintes climatiques qui les empêchèrent de s'exprimer pleinement, comme ailleurs, sur la façade occidentale des églises. Chacun s'accorde à louer la beauté et l'équilibre qui se dégagent du subtil ordonnancement des volumes composant cette partie. Parcourant cette remarquable pyramide architecturale, l'œil est amené à contempler les chapelles rayonnantes, puis le déambulatoire et l'abside, avant de s'élever vers le transept, le massif barlong et le clocher. Les chevets d'Auvergne sont par ailleurs prodigues en effets décoratifs, damiers, cordons de billettes, modillons, contreforts plats et colonnes engagées.

A gauche, *l'original chevet pentagonal de l'église de Roffiac (Cantal) ;*
à droite, *chapiteaux et modillons de granit du chevet de l'église de Bourg-Lastic (Puy-de-Dôme).*

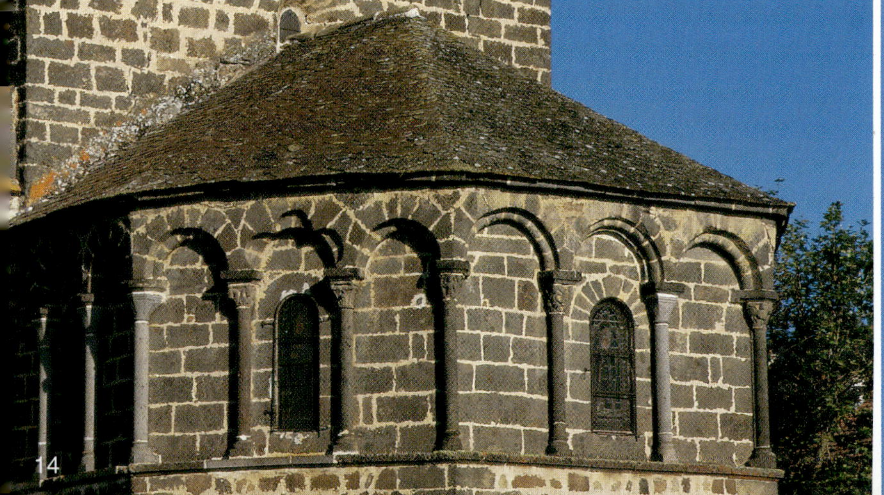

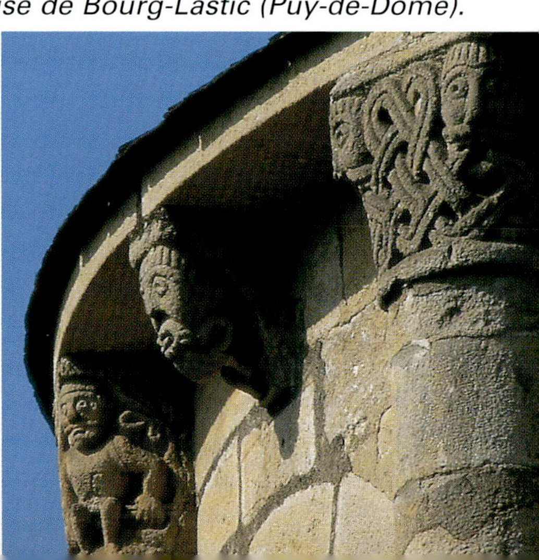

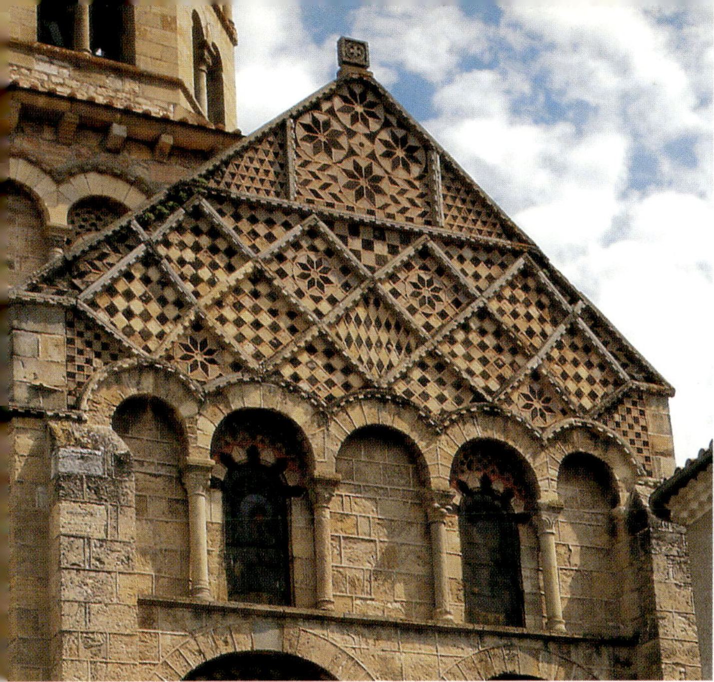

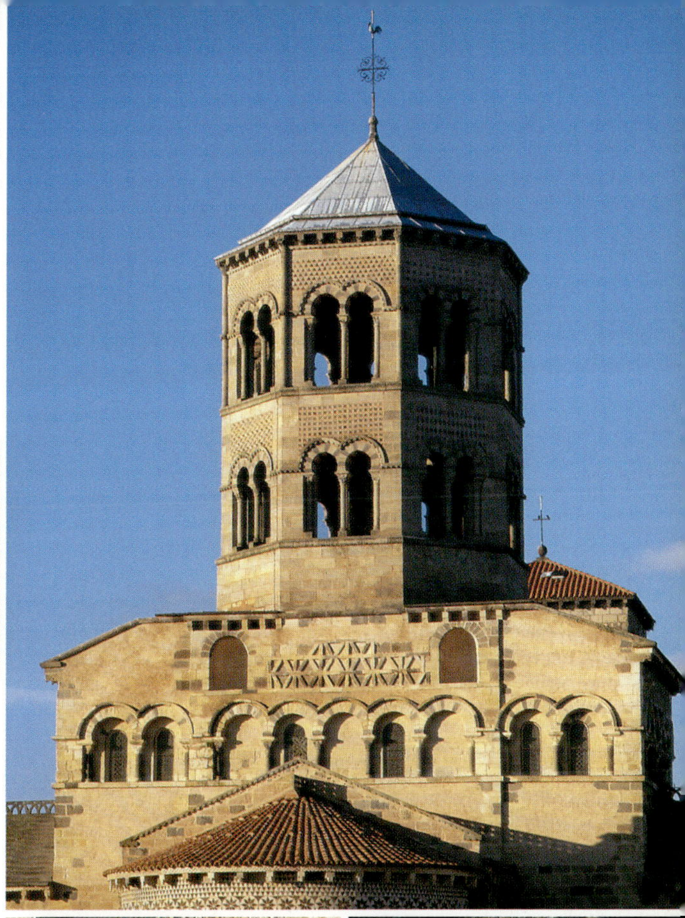

Ci-dessus, *les mosaïques de pierre du fronton du transept de l'église de Chauriat (Puy-de-Dôme).*
À droite, *disposition typiquement auvergnate, le massif barlong qui coiffe la croisée du transept et supporte le clocher, ici à Saint-Austremoine d'Issoire (Puy-de-Dôme).*

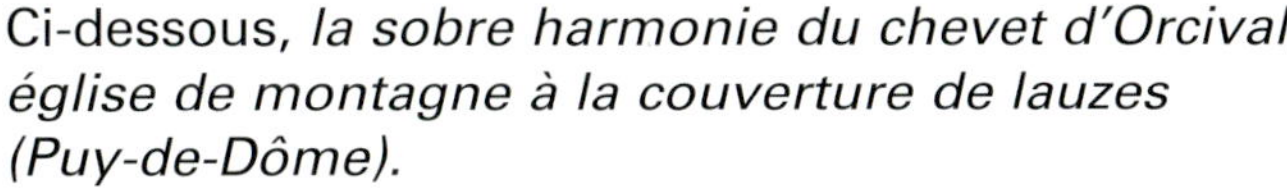

Ci-dessous, *la sobre harmonie du chevet d'Orcival, église de montagne à la couverture de lauzes (Puy-de-Dôme).*
Ci-contre, *motifs à entrelacs à la base du chevet de l'église d'Ydes (Cantal) ;* à droite, *modillons naïfs de l'église de Dienne (Cantal).*

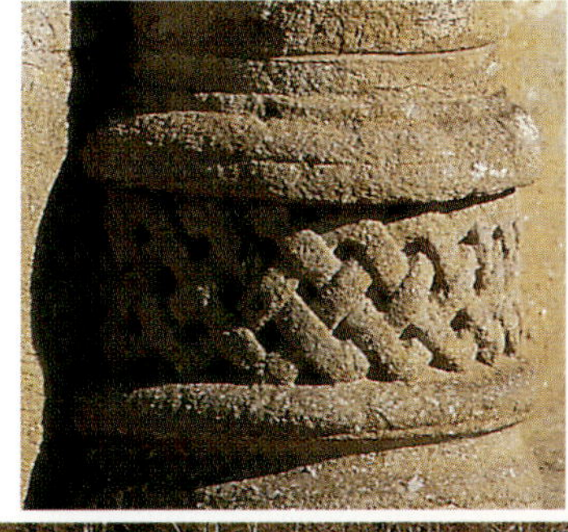

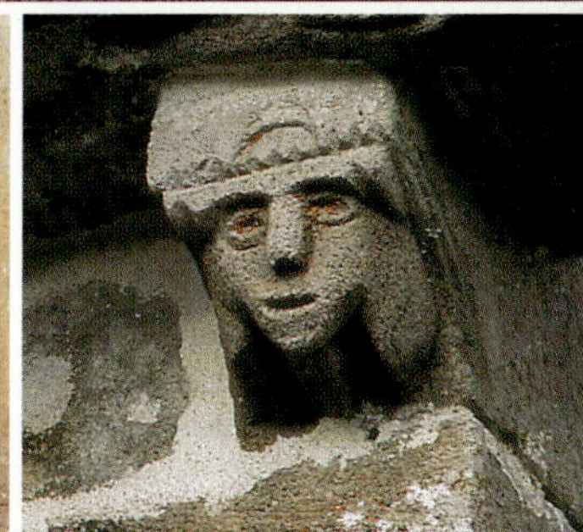

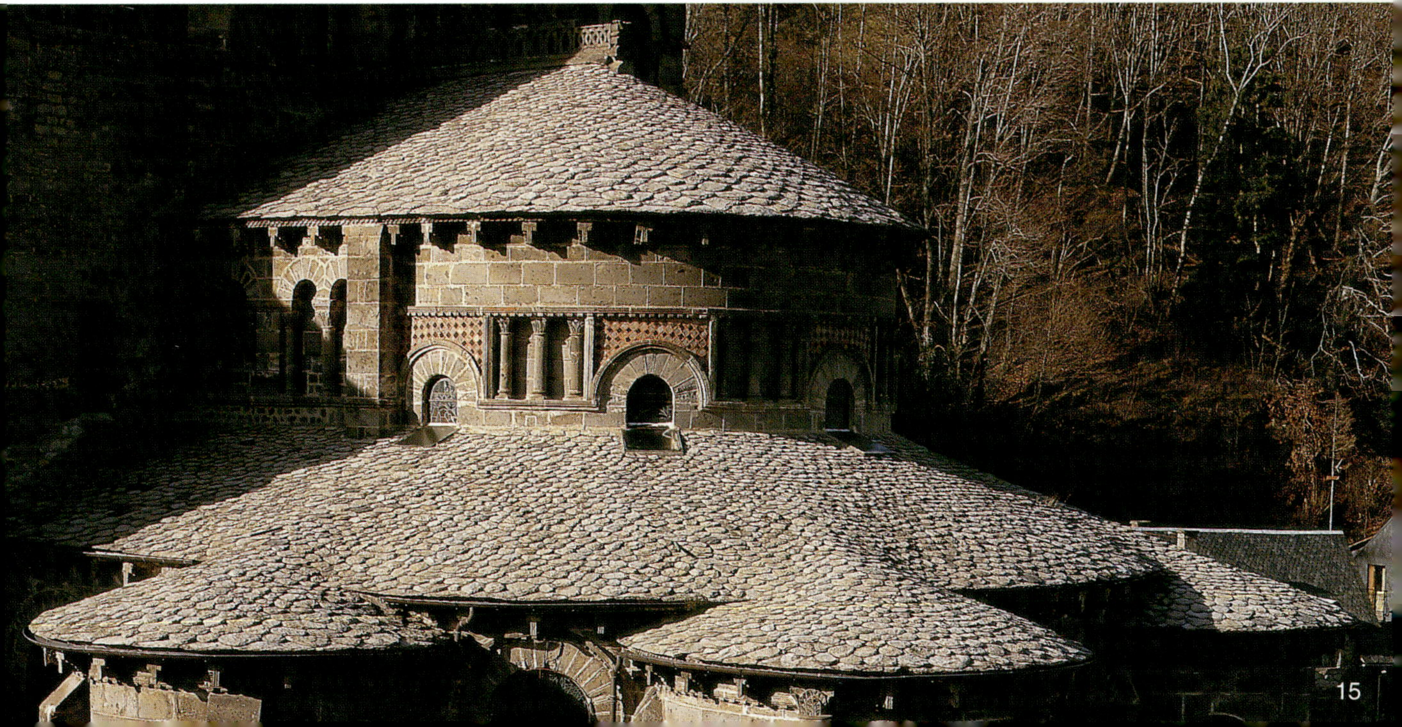

UNE ÉCOLE ROMANE AUVERGNATE

Il ne fait aucun doute qu'à la source de l'art roman auvergnat se trouve la cathédrale que l'évêque Étienne II donna à Clermont en 946, et dont témoigne encore la crypte de l'actuel sanctuaire gothique. Cette église du Xe siècle fut en effet la première à comporter un chevet à déambulatoire et chapelles rayonnantes, plan qui allait connaître le succès que l'on sait. La cathédrale primitive fut remplacée dans les années 1020 par un nouvel édifice roman, lui-même abattu au XIIIe siècle pour faire place à la cathédrale gothique. Il est à noter que jusqu'à la restauration de Viollet-le-Duc, la cathédrale de Clermont conserva le narthex et la sobre façade occidentale de ce prototype de l'école romane d'Auvergne qui compléta vraisemblablement le modèle en adoptant la disposition des collatéraux à tribunes, magistrale solution au problème posé par la poussée de la voûte centrale.

Trônant sur le mont Cornadore, l'église de Saint-Nectaire (Puy-de-Dôme).

Les églises majeures

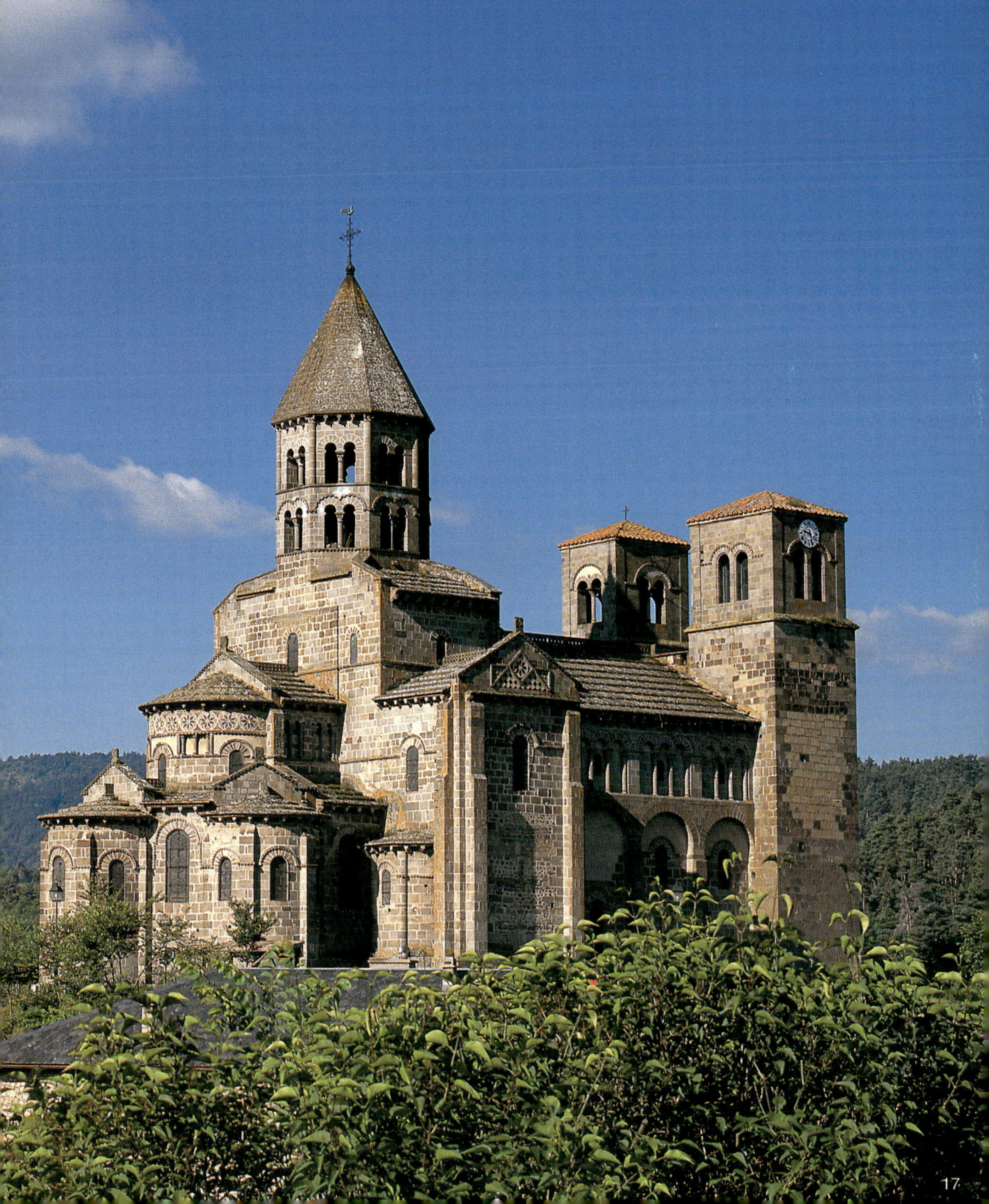

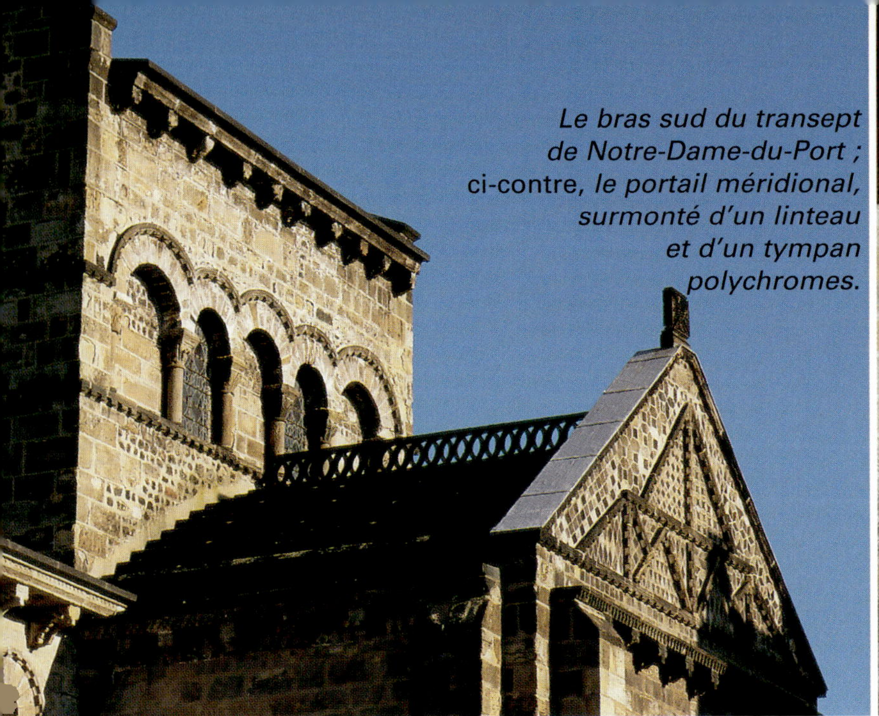

Le bras sud du transept de Notre-Dame-du-Port ; ci-contre, *le portail méridional, surmonté d'un linteau et d'un tympan polychromes.*

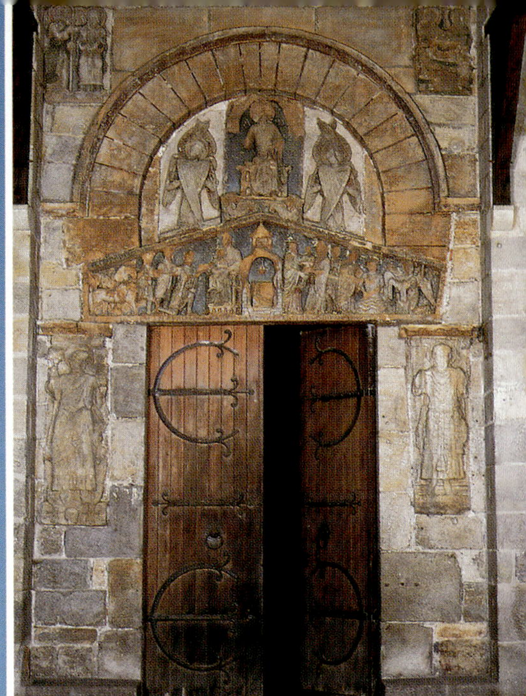

Ci-dessous, *une enluminure de la Bible de Clermont, réalisée vers 1200 ; une image pieuse (XIXe) illustrant l'appel à la croisade d'Urbain II (BMIU Clermont-Fd).*

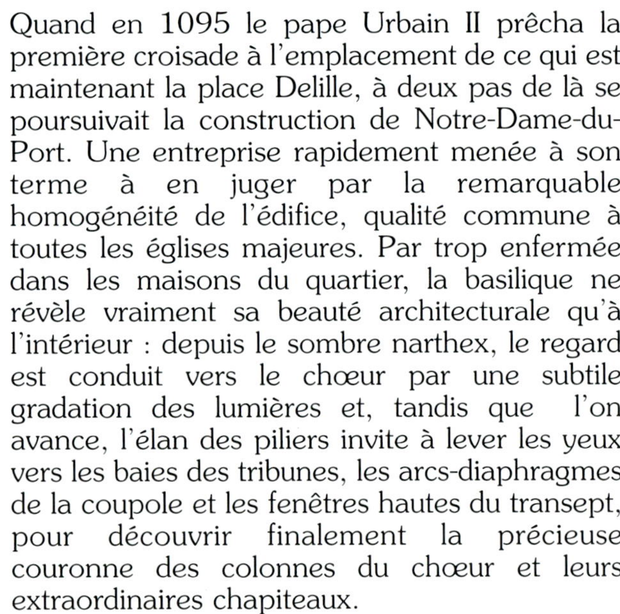

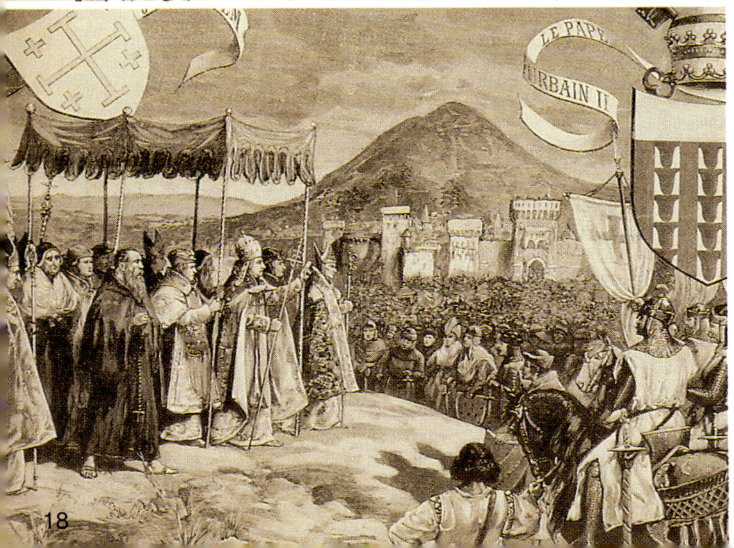

NOTRE-DAME-DU-PORT, UNE PARFAITE UNITÉ DE STYLE

Quand en 1095 le pape Urbain II prêcha la première croisade à l'emplacement de ce qui est maintenant la place Delille, à deux pas de là se poursuivait la construction de Notre-Dame-du-Port. Une entreprise rapidement menée à son terme à en juger par la remarquable homogénéité de l'édifice, qualité commune à toutes les églises majeures. Par trop enfermée dans les maisons du quartier, la basilique ne révèle vraiment sa beauté architecturale qu'à l'intérieur : depuis le sombre narthex, le regard est conduit vers le chœur par une subtile gradation des lumières et, tandis que l'on avance, l'élan des piliers invite à lever les yeux vers les baies des tribunes, les arcs-diaphragmes de la coupole et les fenêtres hautes du transept, pour découvrir finalement la précieuse couronne des colonnes du chœur et leurs extraordinaires chapiteaux.

Fleurons de l'art roman auvergnat, ces sculptures signées Rotbertus représentent les Vertus et les Vices, l'obéissance de Marie, la désobéissance d'Ève et la glorification de Marie. Sans abandonner le prosaïsme cher à la province et la manière archaïsante de figurer les personnages, le maître a transcendé la tradition par un rare sens du geste et de la mise en scène. Sous le chœur, la crypte qui en reproduit le plan est appelée la Souterraine : les fidèles viennent s'y recueillir devant une Vierge noire copiée au XVIIe siècle sur un modèle roman.

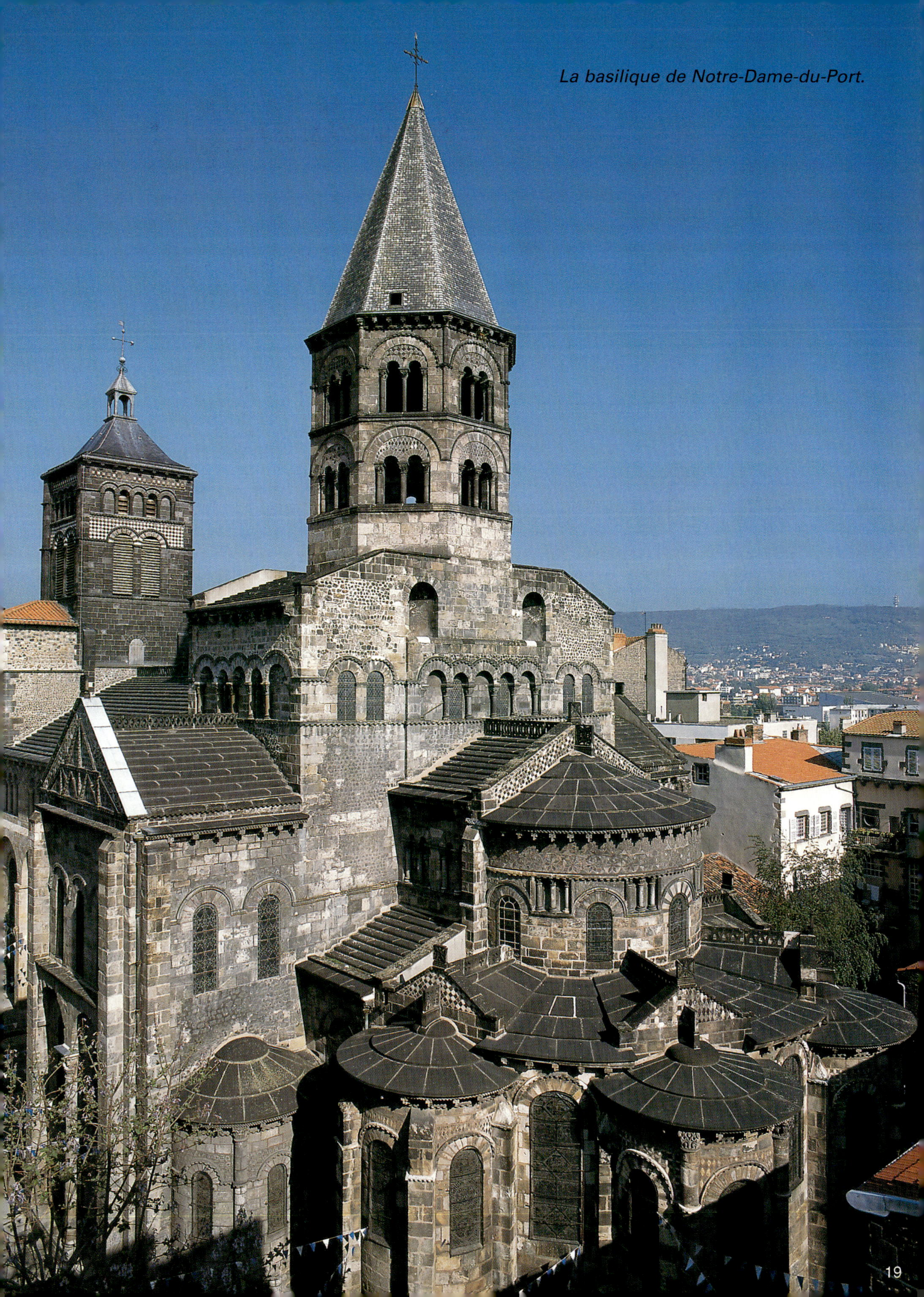

La basilique de Notre-Dame-du-Port.

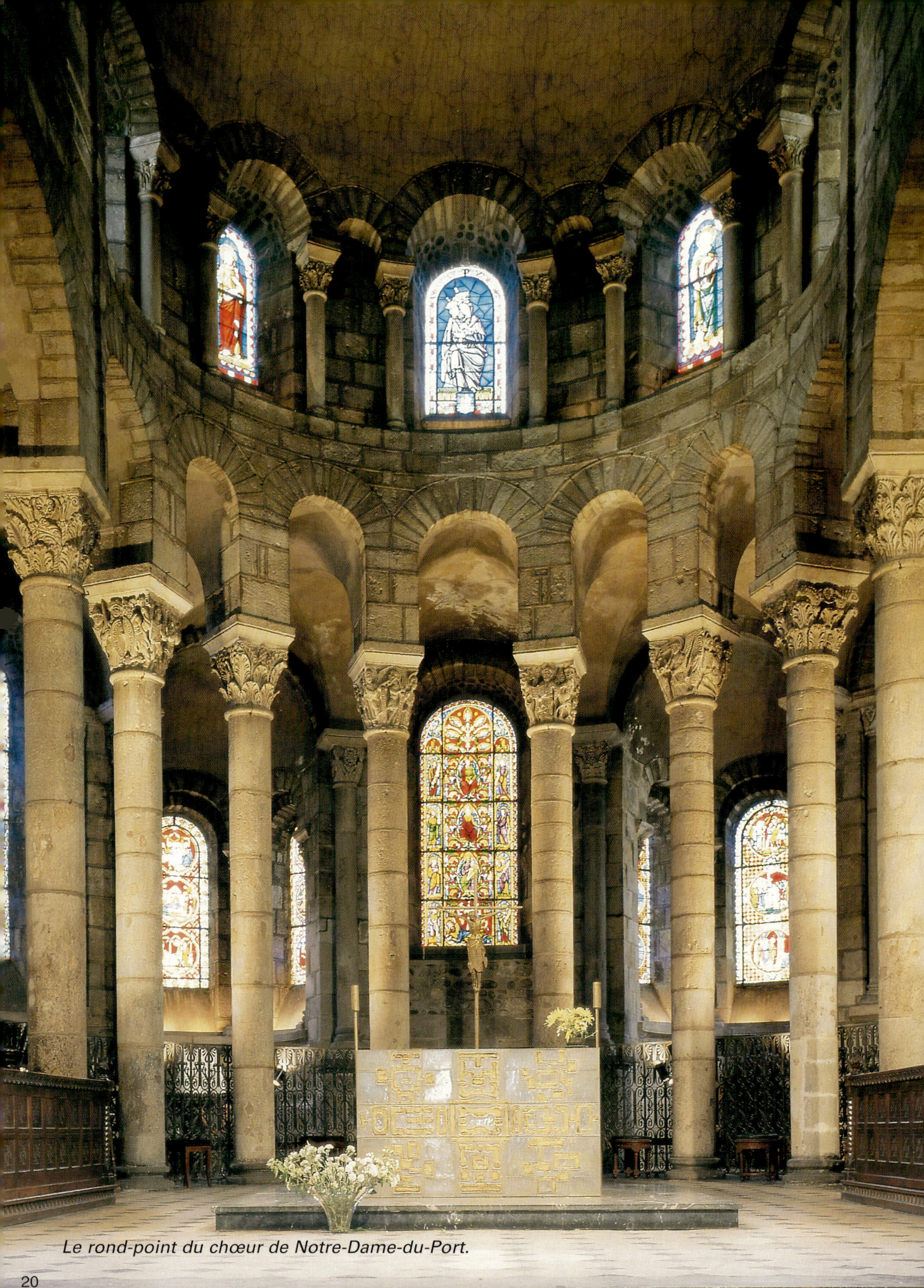

Le rond-point du chœur de Notre-Dame-du-Port.

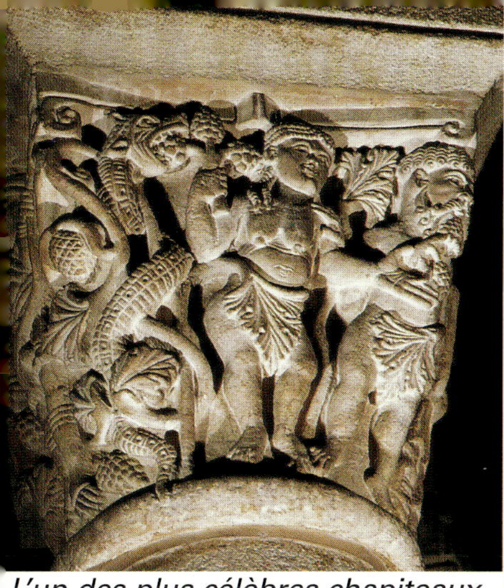

L'un des plus célèbres chapiteaux du chœur, la Tentation d'Ève, à l'instant précis de la faute quand le serpent et Adam mordent dans le fruit.

Le chapiteau du Triomphe de Largesse et Charité, deux vertus solidement cuirassées.

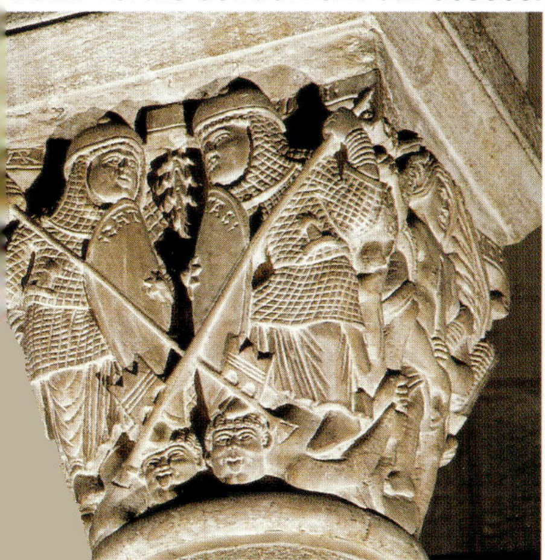

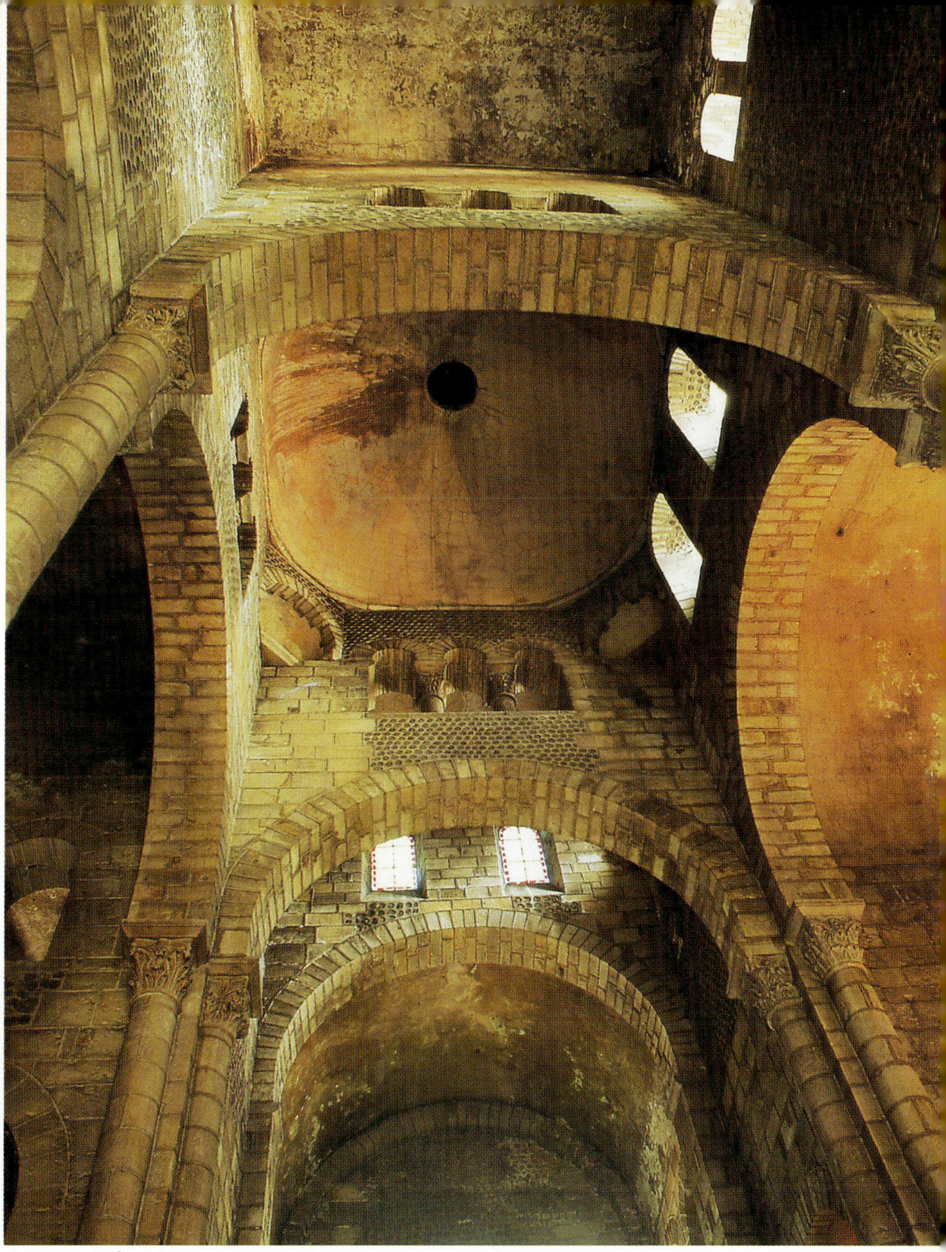

La croisée du transept, avec sa coupole sur trompes.

Le Songe de Joseph, sorti de son sommeil par un ange qui lui tire la barbe pour lui enjoindre d'élever Jésus. La Vierge noire de Notre-Dame-du-Port, reproduction d'une icône du XIIIe siècle. L'acte de fondation de la basilique : Stephanus présente un petit chapiteau à feuillage, symbole de son offrande.

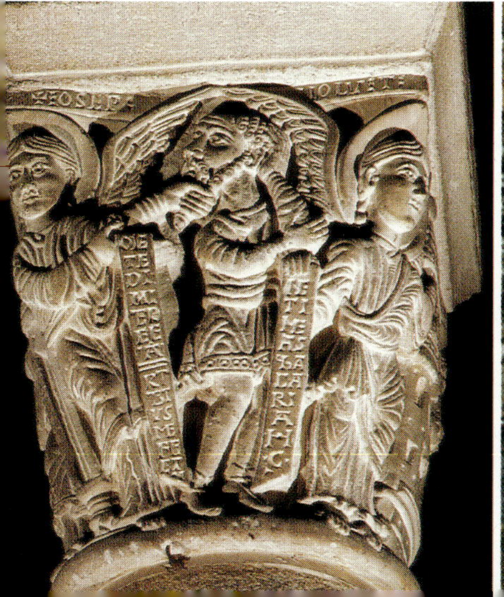

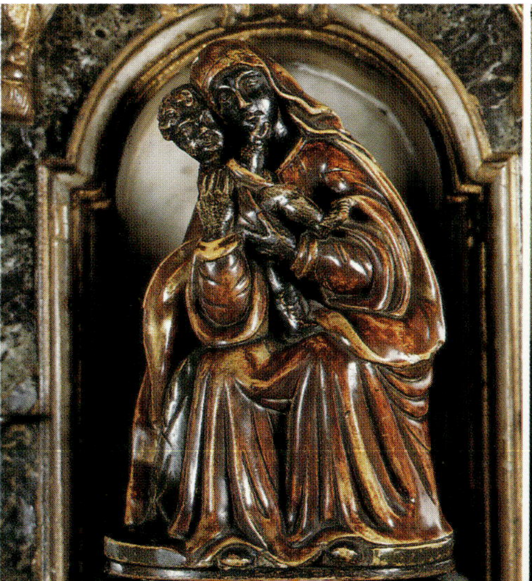

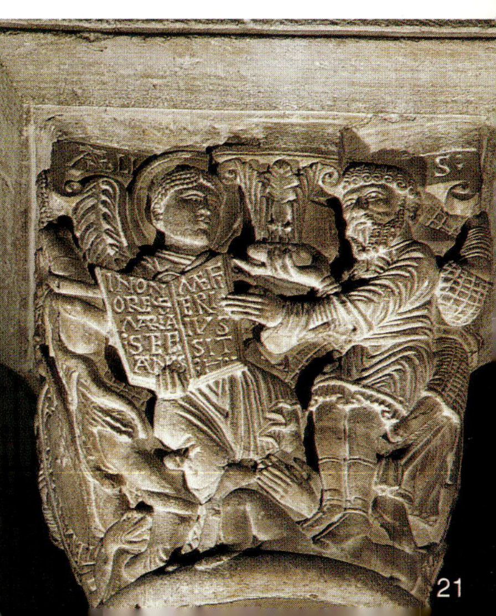

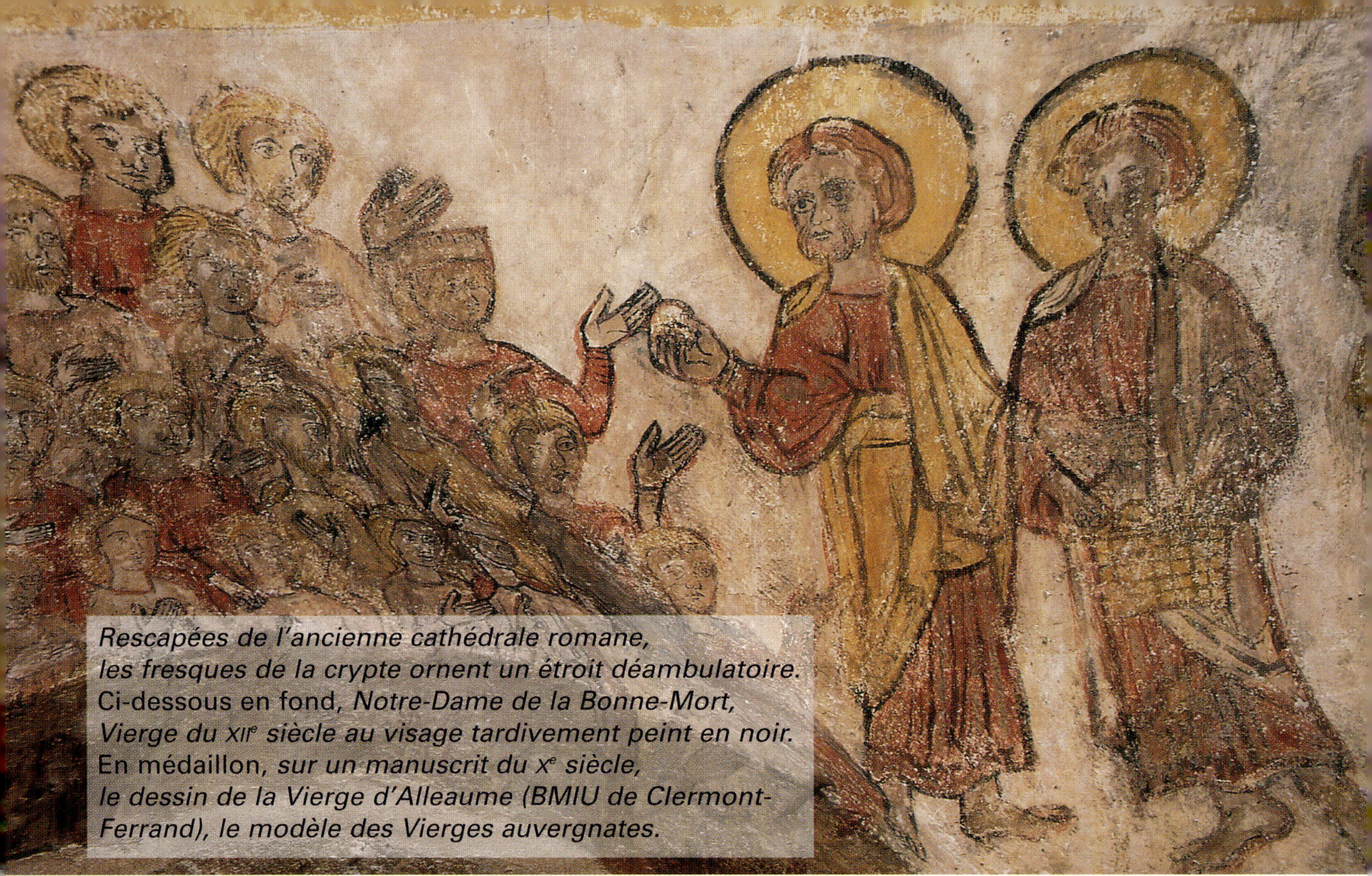

Rescapées de l'ancienne cathédrale romane, les fresques de la crypte ornent un étroit déambulatoire. Ci-dessous en fond, *Notre-Dame de la Bonne-Mort*, Vierge du XIIe siècle au visage tardivement peint en noir. En médaillon, sur un manuscrit du Xe siècle, le dessin de la Vierge d'Alleaume (BMIU de Clermont-Ferrand), le modèle des Vierges auvergnates.

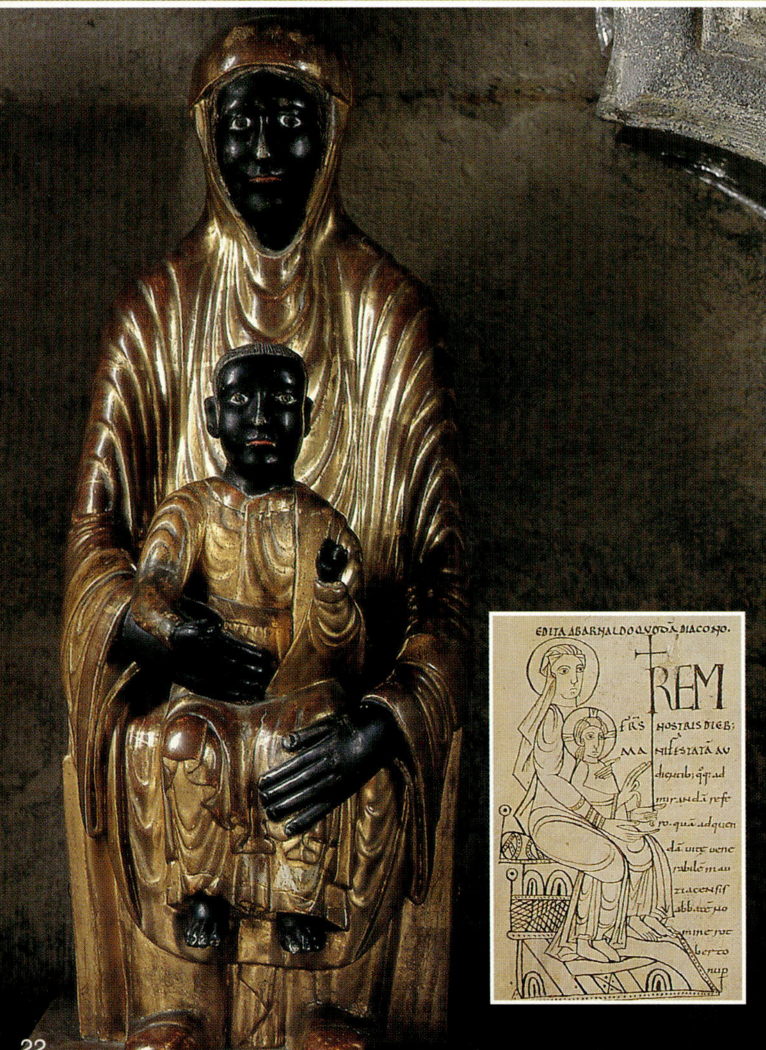

Notre-Dame de-la-Bonne-Mort

En 1974, la cathédrale de Clermont fut le théâtre de la découverte d'une Vierge noire romane, d'origine inconnue, qui se trouvait dans l'ancienne chapelle funéraire des évêques. Baptisée Notre-Dame-de-la-Bonne-Mort, cette statue de noyer est aujourd'hui placée dans la chapelle axiale. Par la dorure de son vêtement, elle fait référence à l'antique Majesté de Sainte-Marie, cette Vierge mythique, disparue à la Révolution, qui avait été commandée en 946 à l'orfèvre Alleaume par l'évêque Étienne II. Une effigie qui est considérée, non seulement, comme le modèle des statues romanes d'Auvergne, mais encore, comme la plus ancienne Vierge de Majesté connue en Occident. Notre-Dame-de-la-Bonne-Mort appartient à la famille des Vierges noires auvergnates, mais, telle celle de Marsat, qu'elle rappelle de près, cette coloration est le fruit d'une peinture appliquée vers 1830. Cela n'enlève rien au pouvoir évocateur des visages de la Vierge et de l'Enfant, qui témoignent à la fois d'une immobilité lointaine et d'une profonde humanité.

Les trésors romans de la cathédrale de Clermont

Que leur modèle d'avant l'an Mil soit à rechercher, comme cela a été suggéré, dans l'antique et mystérieuse " première " Vierge noire du Puy ou, plus probablement, dans la non moins énigmatique Vierge d'Alleaume de la cathédrale primitive de Clermont, copiée à Conques, les Vierges reliquaires romanes sont plus nombreuses en Auvergne que dans toute autre province.
Ces Vierges à l'Enfant sont toujours des majestés, c'est-à-dire qu'elles occupent le "trône de la sagesse", en une posture frontale qui semble être d'origine orientale. De même, leur expression est toujours fascinante, avec un mélange de hiératisme et de douceur qui n'exclue pas une grande variété d'inspiration. Ainsi peut-on voir la Vierge, ici avec une physionomie paysanne transfigurée, ailleurs avec un masque qu'on dirait venu de la nuit des temps, ou encore sous les traits d'une simple jeune fille touchée par la grâce aussi bien que d'une reine pleine de noblesse ou d'une radieuse déesse.
L'étude des Vierges romanes d'Auvergne montre qu'elles sont probablement issues de deux ou trois ateliers d'artistes seulement.

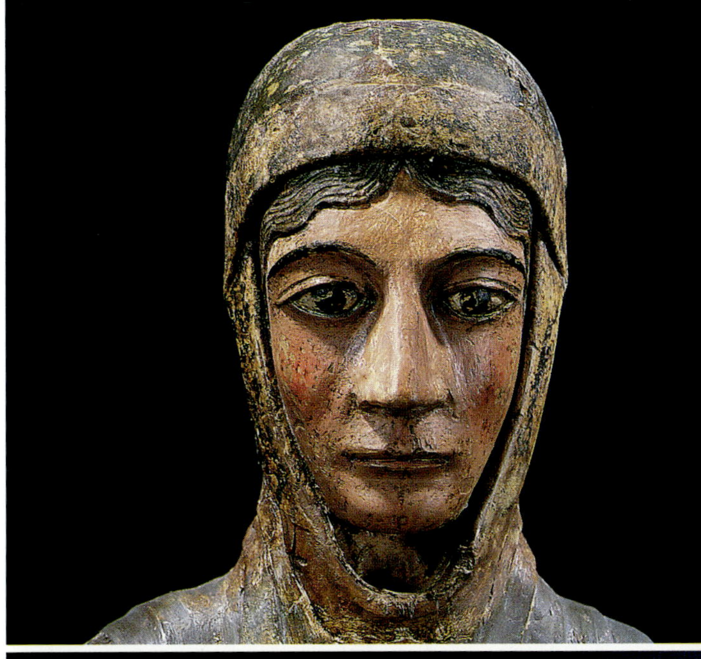

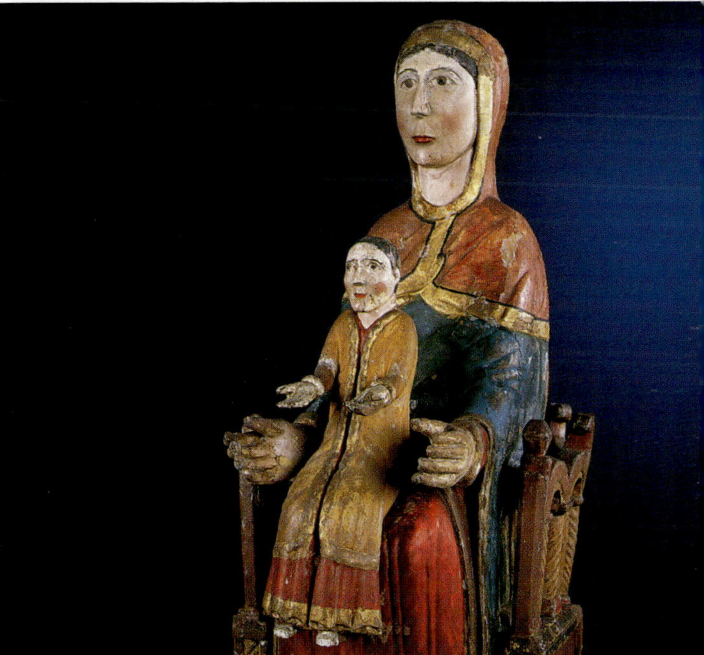

En haut, *la Vierge de Colamine-sous-Vodable, conservée dans le trésor de la cathédrale de Clermont, tout comme,* au centre, *la rustique Vierge de Roche-Charles.*

Ce trésor fait aussi admirer la Vierge de Chalus, en bas à gauche, *la crosse de Saint-Gal,* au milieu, *et la tête d'une Vierge découverte emmurée à Notre-Dame-du-Port,* à droite.

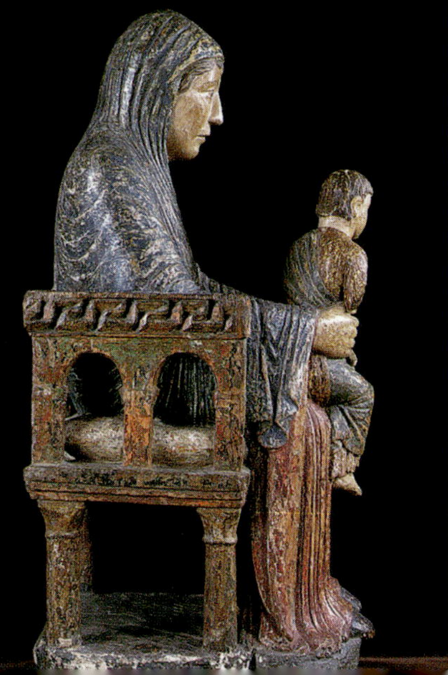

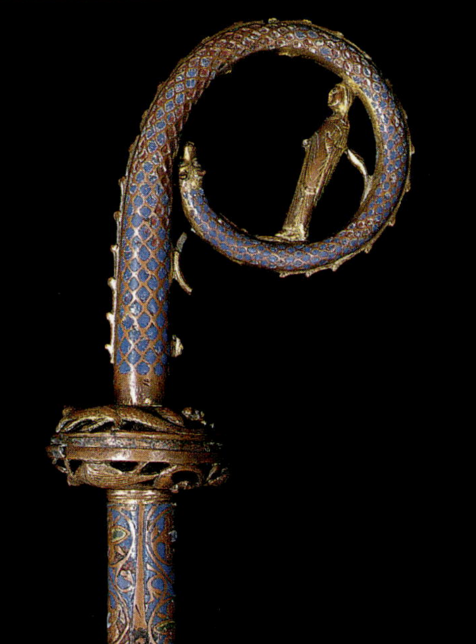

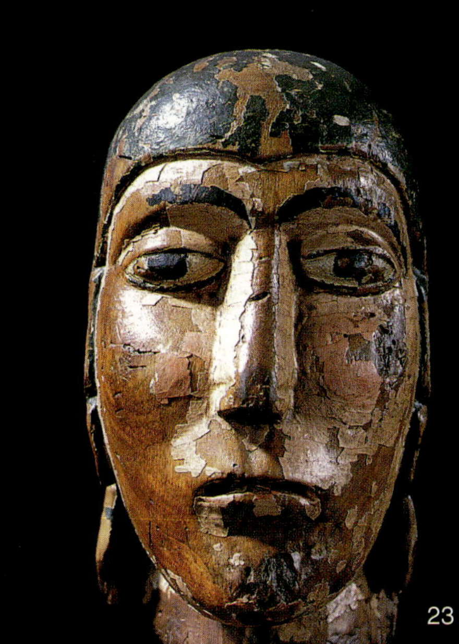

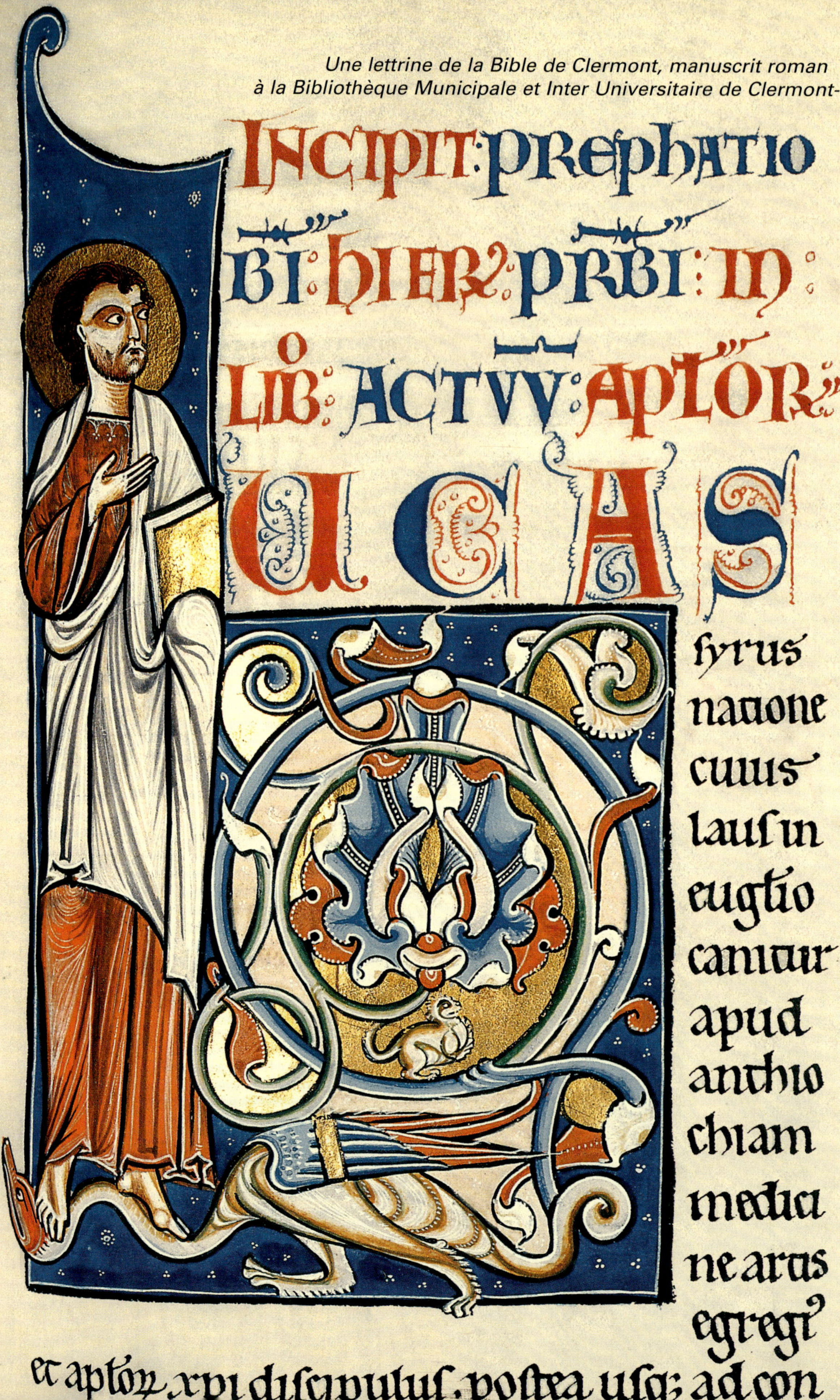

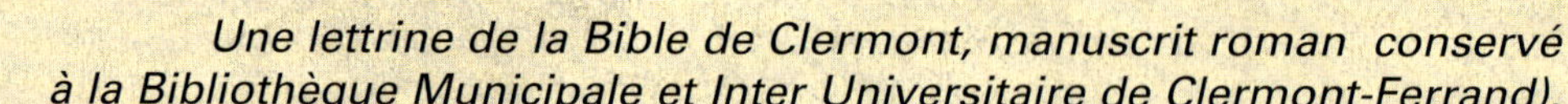

Une lettrine de la Bible de Clermont, manuscrit roman conservé à la Bibliothèque Municipale et Inter Universitaire de Clermont-Ferrand).

Les vitraux romans de la cathédrale

Parmi les vitraux qui illuminent au soleil du matin la chapelle Sainte-Anne, ancienne chapelle funéraire des évêques, se trouve l'un des plus beaux ensembles du XIIe siècle qui soit conservé en France. Repris de la cathédrale romane, ces vitraux réalisés entre 1160 et 1200 pourraient avoir été donnés par Saint Louis à l'occasion du mariage de son fils. En effet, c'est sous les voûtes de la cathédrale de Clermont que le futur Philippe III le Hardi épousa Isabelle d'Aragon, en 1262. Placés dans la fenêtre centrale de la chapelle, qui est la seconde à droite en partant de la chapelle axiale, ces vitraux se distinguent par leur tonalité dominante bleue, et parfois rouge. Lus de bas en haut et de gauche à droite, ils retracent l'Enfance du Christ. On reconnaît ainsi notamment l'Annonciation, la Naissance du Christ, l'Adoration des Mages, avec une Vierge particulièrement gracieuse, et la fuite en Égypte. À mi-hauteur, deux panneaux se démarquent de la série, figurant, à droite, le Christ en majesté dans une mandorle et, à côté la Pentecôte, avec des langues de feu écarlates qui descendent sur la tête des apôtres. De cette série, il faut exclure les panneaux supérieurs, qui datent du XIIIe siècle.*

(*tous les panneaux de la photo sont du XIIe siècle.)

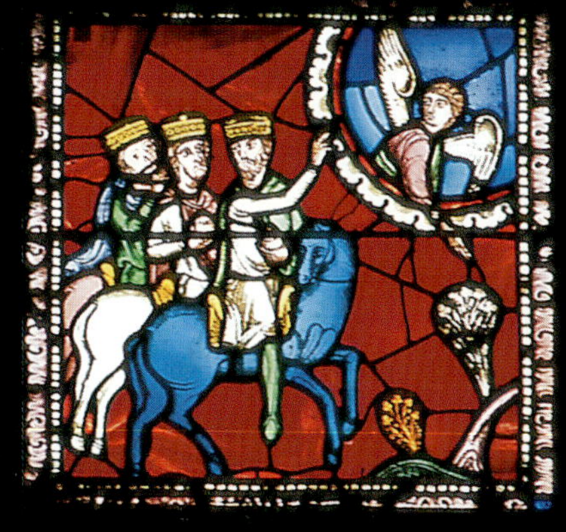

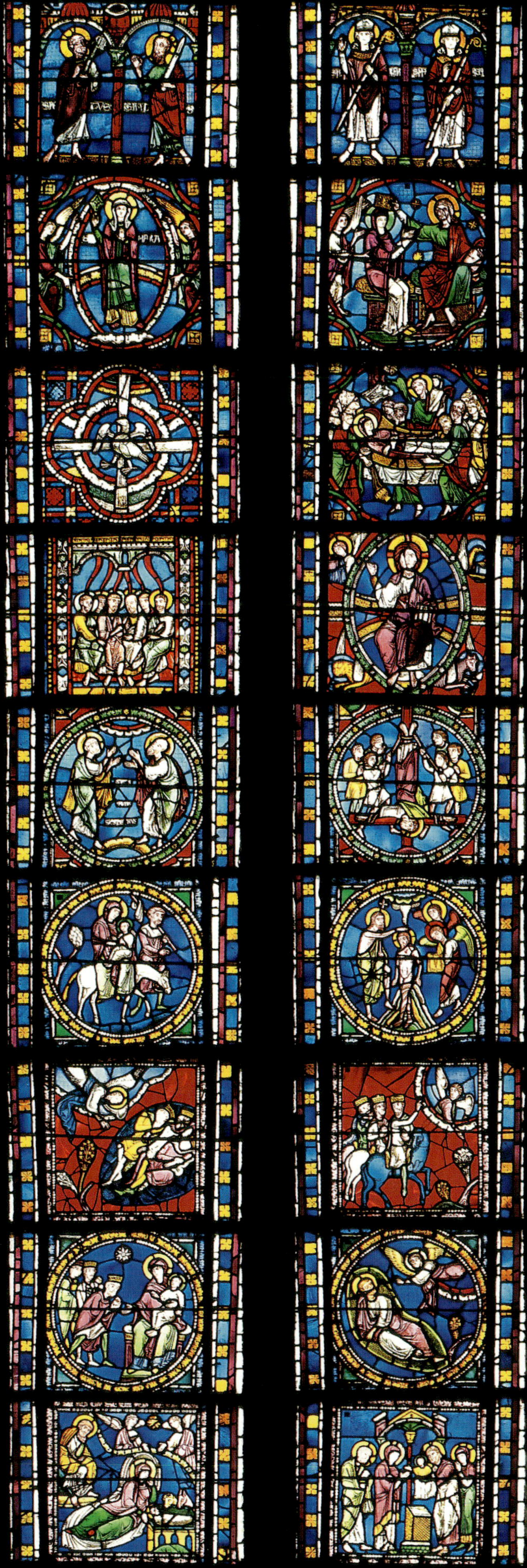

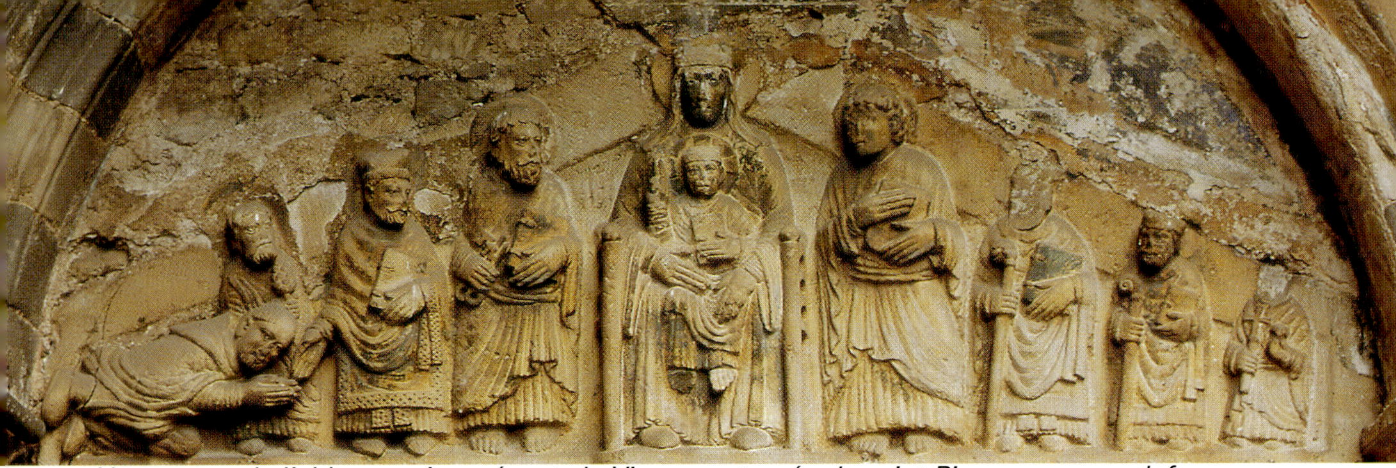

Un tympan de l'abbaye qui représente la Vierge, entourée de saint Pierre avec ses clefs et de saint Austremoine qui lui recommande l'abbé de Mozac, agenouillé en prière. Ci-dessous, *le chapiteau des Saintes Femmes, caractéristique de la sculpture auvergnate, avec des têtes disproportionnées inspirées de la tradition gallo-romaine.*

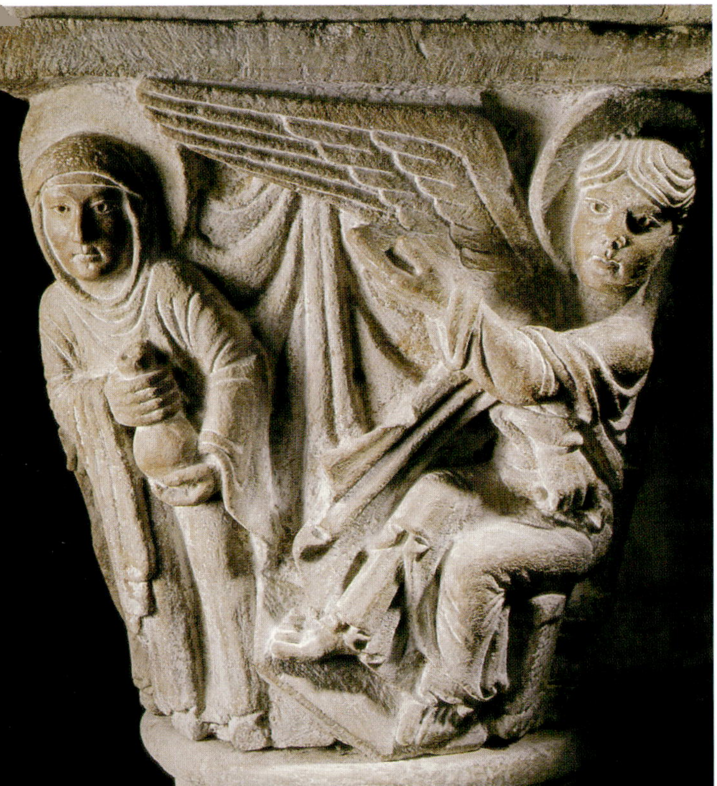

Mozac, L'abbatiale de Saint Calmin

Fondée vers 680 par le comte d'Auvergne Calmin et sa femme Namadia, l'abbaye de Mozac - on prononce Mozat, à l'ancienne - reçut les reliques de saint Austremoine et devint l'un des principaux établissements de la province. La grande église romane autour de laquelle s'organisait l'abbaye fut malheureusement dévastée par une série de tremblements de terre au XVe siècle et l'édifice actuel rend bien mal compte de sa splendeur. L'église de Mozac n'en est pas moins fort réputée encore car elle a gardé la châsse de Saint-Calmin, la plus imposante pièce d'orfèvrerie limousine du XIIe siècle qui nous soit parvenue, ainsi qu'un incomparable ensemble de chapiteaux datant de l'apogée de la sculpture romane. Forts célèbres, deux de ces chapiteaux, rescapés du chevet et bien mis en valeur, représentent la Résurrection et un groupe d'Atlantes. Le chapiteau de l'Apocalypse récemment découvert montre une scène originale, les quatre Anges fermant la bouche de quatre personnages figurant les Vents.

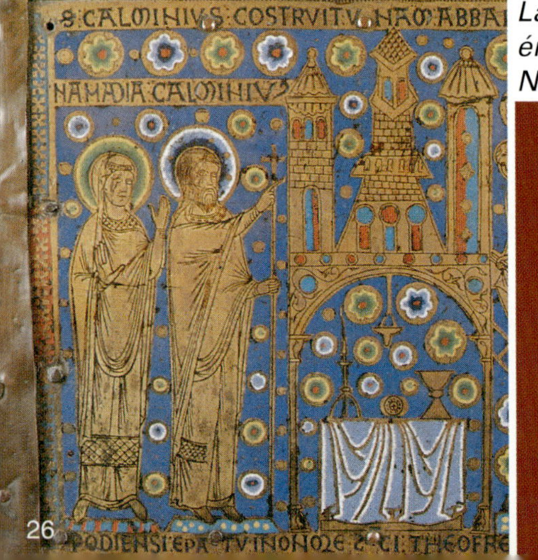

La châsse de Saint-Calmin, revêtue de quatorze plaques de cuivre émaillé. Ci-contre, *un détail montrant saint Calmin et son épouse Namadia s'occupant de la construction du monastère.*

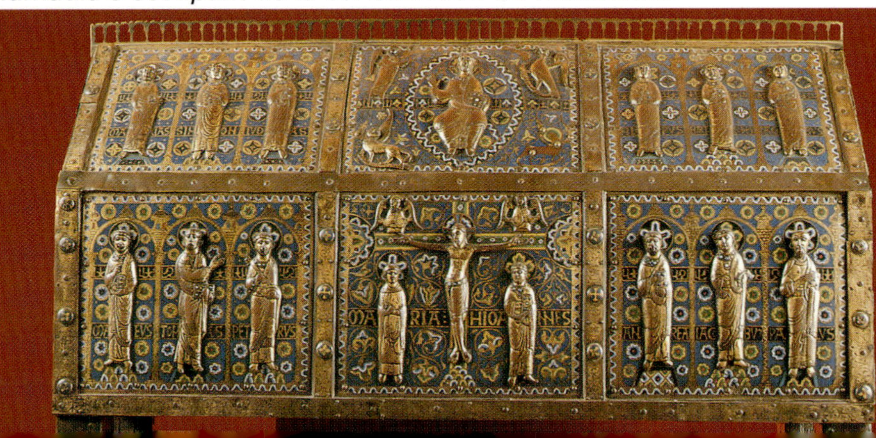

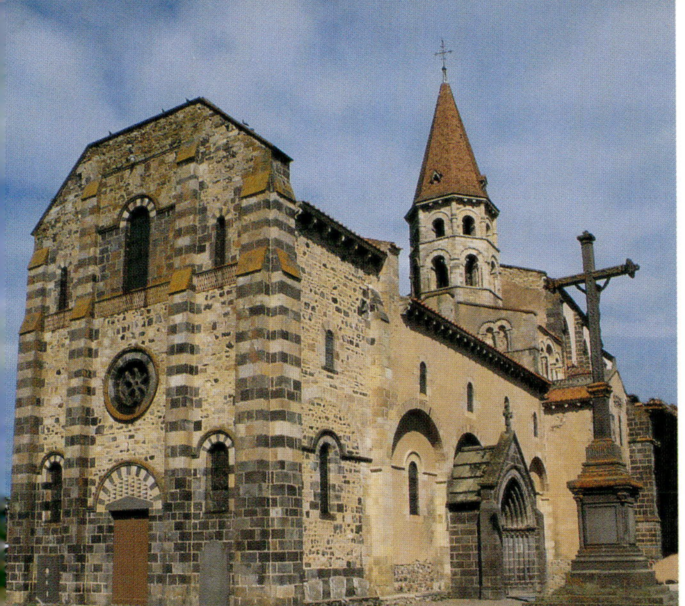

La façade occidentale de l'église d'Ennezat.

La « Cathédrale des marais »

À l'extrémité de l'église d'Ennezat, un chevet gothique en pierre de Volvic a fâcheusement remplacé son prédécesseur roman. L'ambition des bâtisseurs du XIIIe siècle, visible à la démesure de ce chevet, a toutefois été la cause de l'interruption du chantier et cela a permis de sauver la nef et le narthex d'origine, faits d'arkose, qui sont l'un des exemples les plus anciens de l'art roman de la Limagne. La «Cathédrale des marais», ainsi nommée en souvenir de l'aspect que présentait la région à l'époque de sa construction, fut l'une des premières à mettre en œuvre, vers 1080, l'épaulement des demi-berceaux des tribunes pour reprendre la poussée de la voûte de la grande nef. À l'intérieur, l'édifice en acquiert une monumentalité étonnante eu égard à ses dimensions modestes.

Le supplice de l'usurier

L'un des chapiteaux les plus connus d'Auvergne se voit sur le dernier pilier de la nef d'Ennezat, à gauche avant le transept ; il a pour thème le supplice de l'usurier. Maintes fois traité dans la province, le sujet est là dans son prosaïsme premier et a probablement servi de modèle à toutes les autres représentations régionales du mauvais riche. De là à affirmer que la réputation de grippe-sou des gens du terroir est justifiée, il y a un pas à ne pas franchir, car, ainsi que le rappelait Alexandre Vialatte : « Rien ne dépasse l'avarice de l'Auvergnat, si ce n'est sa générosité. » Plus sérieusement, le chanoine Bernard Craplet, spécialiste s'il en fut de l'art roman auvergnat, expliquait ainsi ce chapiteau : « On nous montre l'usurier en Enfer dans la honteuse nudité des damnés. Deux démons ailés, aux cheveux hérissés, un pagne de peau de bête autour des reins, le saisissent par les mains et par les pieds. À son cou la bourse de cuir où il serrait son or. Entre ses jambes, à terre, un pot à anse, cachette de son trésor : MUNERA DIVE... Les dernières lettres sont illisibles. Une longue banderole ondule devant les personnages, déployée par un petit démon (à gauche), tandis qu'un autre (à droite), assis sur un tabouret, achève d'écrire le texte vengeur. Au-dessus de lui, accrochée par une lanière, la corne où il puise son encre. On lit : CANDO USURAM ACCEPISTI OPERA MEA FECISTI. En pratiquant l'usure, c'est pour moi que tu as travaillé. »

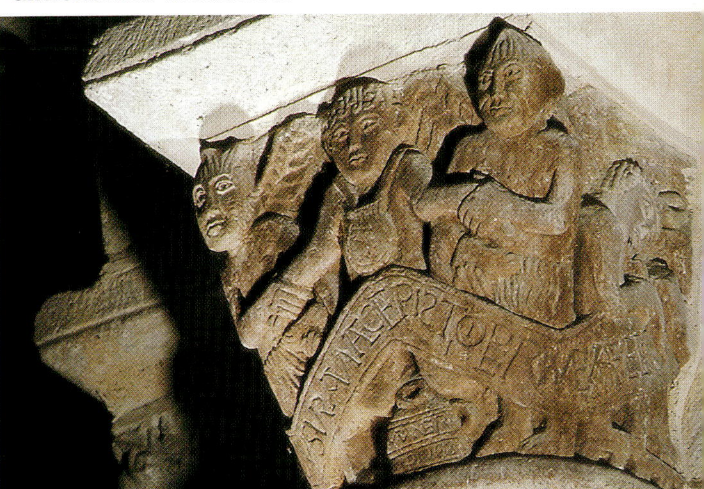

Le fameux chapiteau de l'Usurier. Ci-dessous, *la nef d'Ennezat, avec un de ses bas-côtés surmonté de la tribune et au fond, le narthex.*

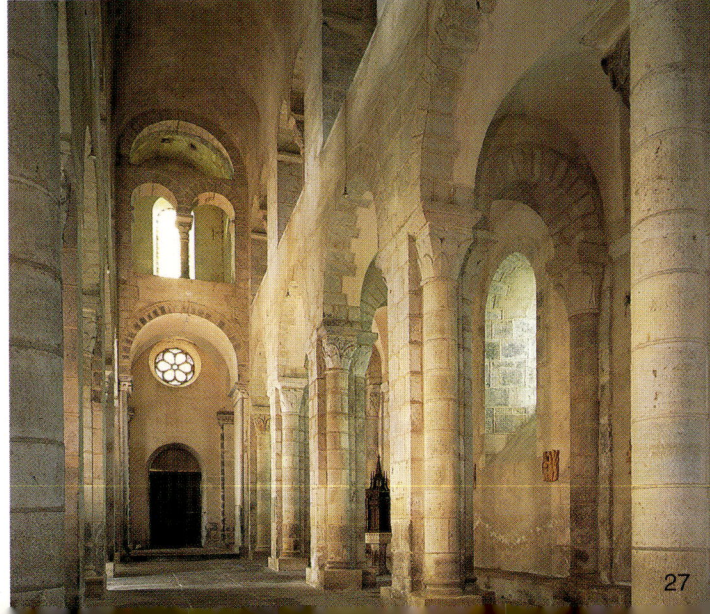

L'ÉGLISE DU FRANC-MAÇON

Parallèlement à la fameuse église Saint-Julien de Chauriat se trouve un autre sanctuaire roman, l'ancienne église paroissiale qui était dédiée à sainte Marie. Désaffecté à la Révolution, cet édifice des XIe et XIIe siècles fut vendu à Claude Antoine Rudel du Miral, l'un des conventionnels qui vota la mort de Louis XVI. Tout en transformant l'église en entrepôt, le personnage, qui était de surcroît franc-maçon, inscrivit ainsi dans une niche du clocher les insignes maçonniques du triangle équilatéral à dix points et de l'étoile à cinq branches, qu'on y voit encore. De nos jours, soulignant la vocation viticole de Chauriat, l'ancienne église, compartimentée en étages, est utilisée comme chai.

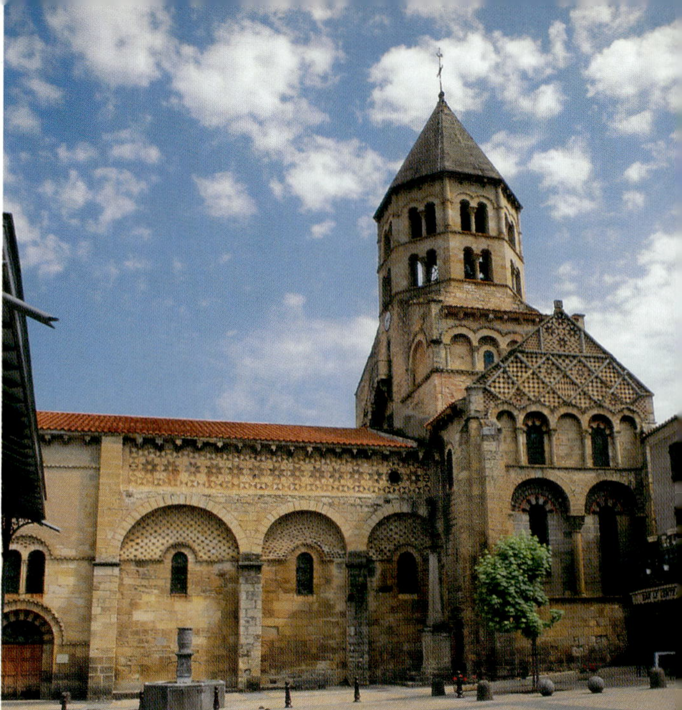

En haut, *couvert de mosaïques de pierre, le flanc sud de l'église de Chauriat.*
En bas, *la croisée du transept de l'église Saint-Martin de Cournon.*
En médaillon, *le chapiteau de Chauriat montrant le Christ lavant les pieds de saint Pierre.*

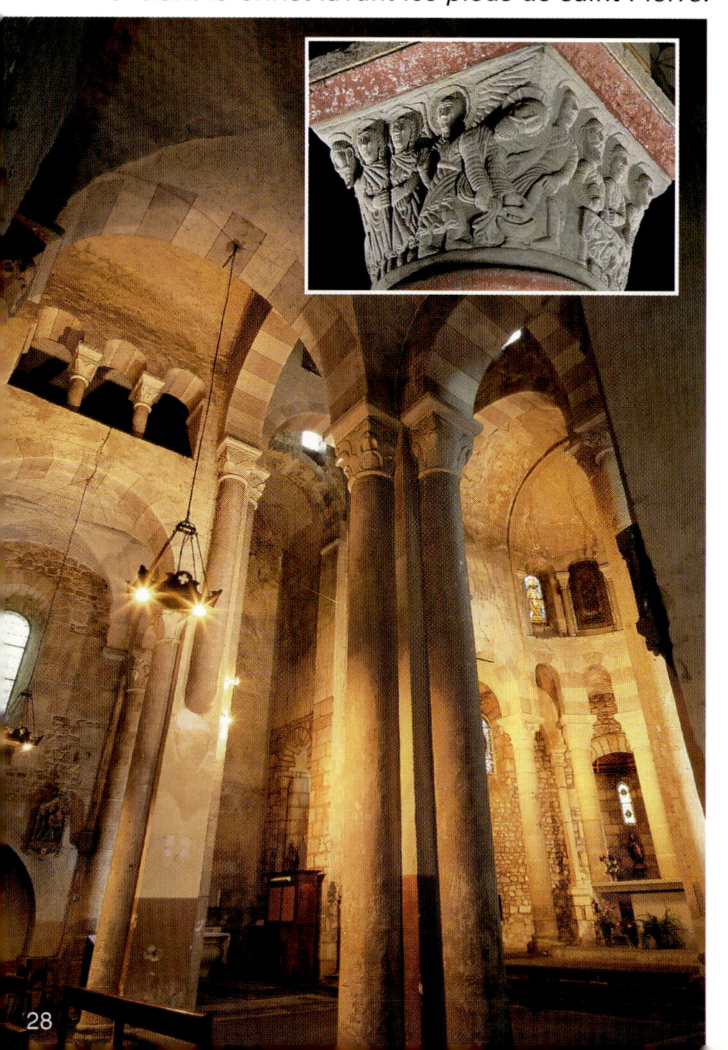

D'ARKOSE, DE TUFS ET DE LAVE

Bien que les tremblements de terre du XVe siècle l'aient privée de ses tribunes, de son déambulatoire et de son clocher - refait au XIXe siècle sur le modèle de celui de Saint-Saturnin - l'église Saint-Julien de Chauriat a sa place parmi les édifices majeurs de l'école romane auvergnate. Comme il est de règle, sa structure associe une triple nef, un massif barlong à voûtes étagées et des arcs-diaphragmes, tandis que ses chapiteaux à la facture archaïque illustrent le talent d'un maître qui œuvra vers 1050. Cependant, la renommée de l'église de Chauriat est liée à sa somptueuse décoration extérieure de mosaïques, dont la polychromie fait jouer la blondeur de l'arkose, les bruns rouges ou les ocres foncés des tufs et le gris-noir de la lave de Volvic. Contrairement à ce qui a été souvent affirmé, ces mosaïques qu'on retrouve sur de nombreuses églises d'Auvergne ne sont pas un emprunt à l'Orient, mais bien la perpétuation d'une tradition gallo-romaine.

SAINT-MARTIN DE COURNON

En découvrant l'église de Cournon, point n'est besoin d'être spécialiste pour constater que le sanctuaire a été très largement reconstruit à une époque récente. Effectivement, les parties qui remontent à la période romane sont limitées à quatre travées de la nef, aux arcs-diaphragmes de la croisée du transept et à une portion du chœur. Cela suffit pour apparenter cette grande église aux édifices majeurs de l'école régionale : on songe en particulier à Notre-Dame-du-Port en détaillant l'harmonieux rond-point de son chœur pourvu de six colonnes reliées par des arcs surhaussés.

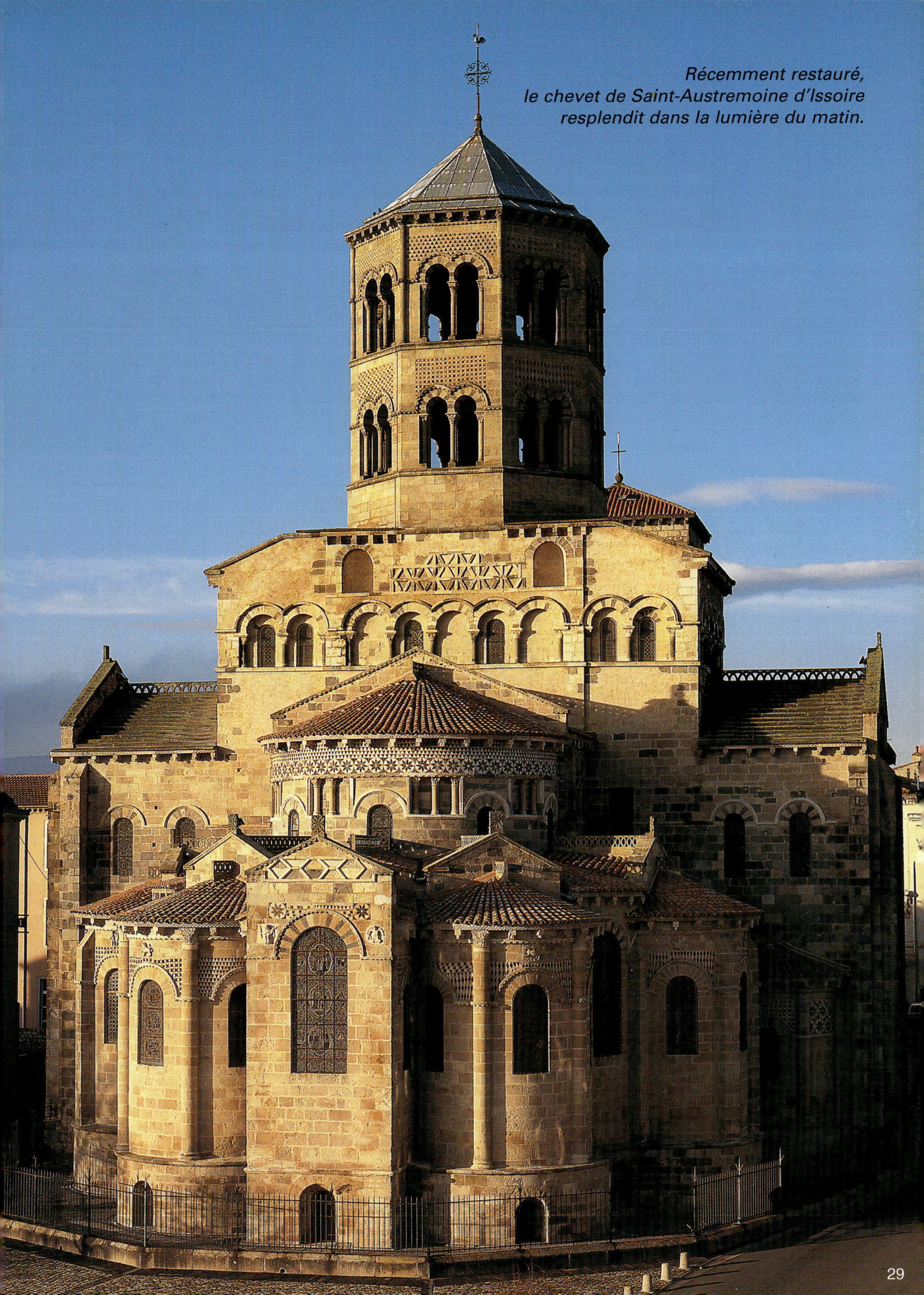

Récemment restauré,
le chevet de Saint-Austremoine d'Issoire
resplendit dans la lumière du matin.

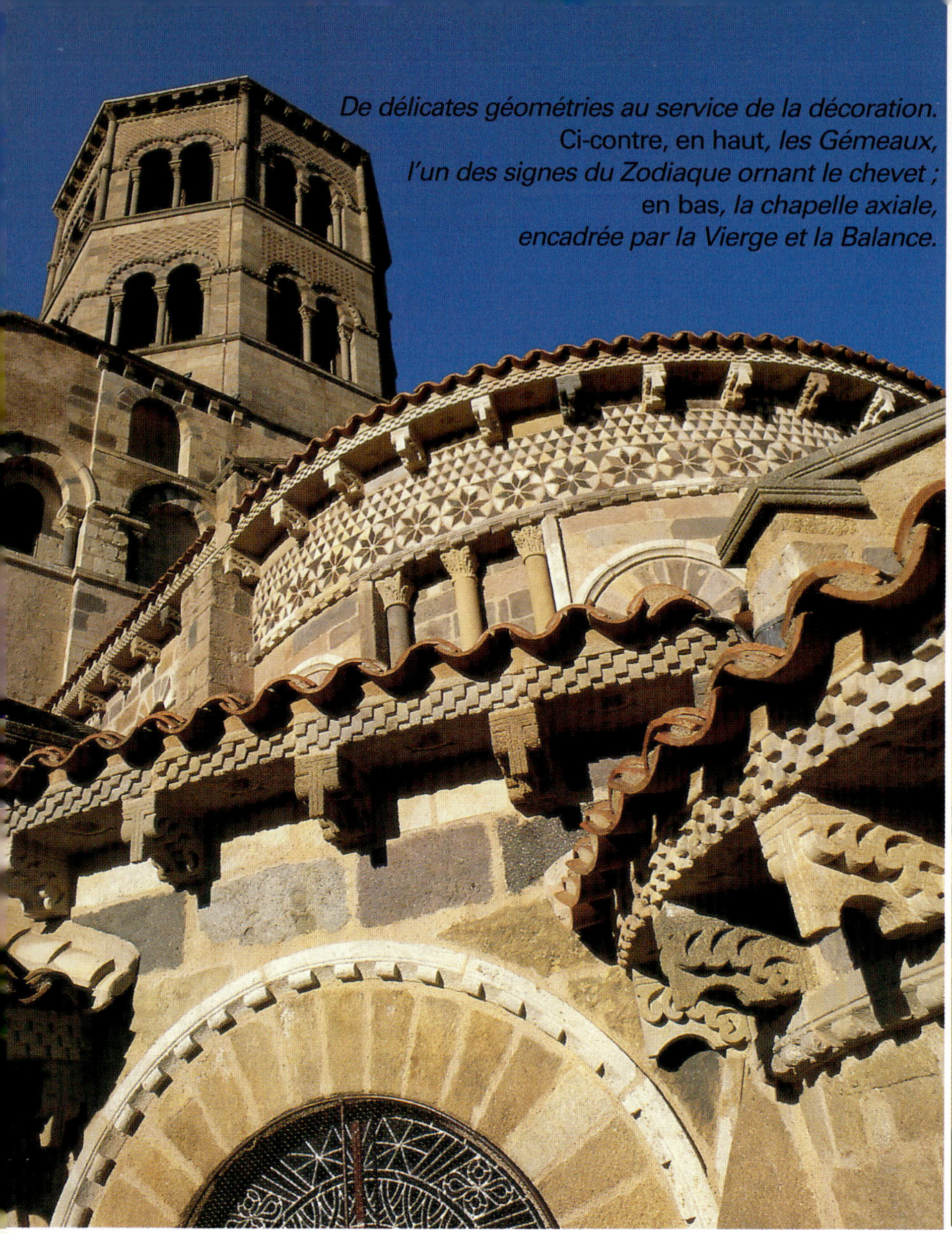

De délicates géométries au service de la décoration.
Ci-contre, en haut, *les Gémeaux, l'un des signes du Zodiaque ornant le chevet ;*
en bas, *la chapelle axiale, encadrée par la Vierge et la Balance.*

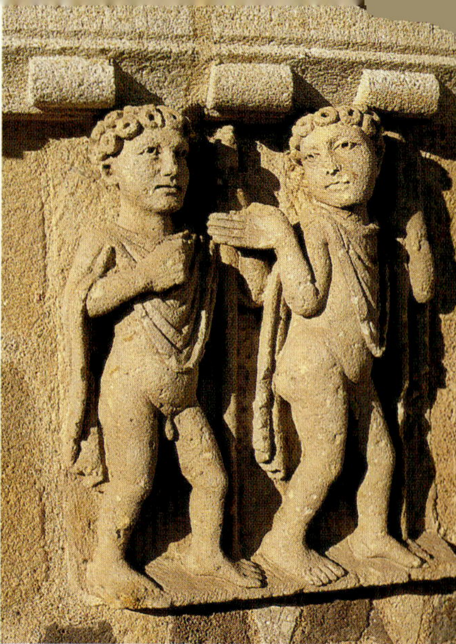

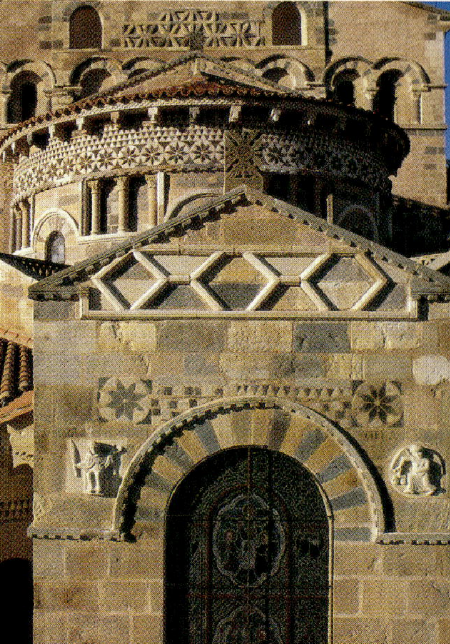

Saint-Austremoine d'Issoire ou l'ordonnance idéale

Henri Pourrat comparait malicieusement l'église d'Issoire à «certaines vieilles dames qui gagnent à être vues de dos». Car, sans s'attarder à une façade et des clochers pseudo-romans, il convient d'en contempler le chevet et le transept, merveille architecturale dont la perfection est le fruit d'un complexe étagement et d'une décoration aussi riche qu'harmonieuse. Parmi les géométries d'arkose blonde, de granit poivre et sel et de noir basalte qui rehaussent ce chevet, les absidioles portent de remarquables sculptures figurant les signes du Zodiaque, qui commencent par le Bélier du mois de mars, début de l'année au Moyen-Âge.
La surprise est grande lorsqu'on pénètre dans l'église Saint-Austremoine. En effet, au XIXe siècle le sanctuaire issoirien fut entièrement peint et la restauration dont il vient de bénéficier a ravivé ces peintures criardes. Il faut pourtant savoir que le XIIe siècle fit grand usage de telles polychromies qui n'enlèvent rien à la majesté de l'édifice ; à l'époque, elles avaient notamment pour fonction de faciliter la lecture des chapiteaux par les pèlerins. Pareils à une Bible enluminée, ces chapiteaux comptent au nombre des plus fameux d'Auvergne, notamment la très habile composition qui représente la Cène. La crypte à déambulatoire qui est la meilleure réussite du genre dans la province est au contraire un espace d'une nudité absolue, que rythment huit colonnes trapues. Elle abrite la châsse en émaux champlevés de Limoges qui contient les reliques de saint Austremoine : volée en 1983, cette pièce d'orfèvrerie du XIIIe siècle fut retrouvée des années plus tard à... Hawaï.

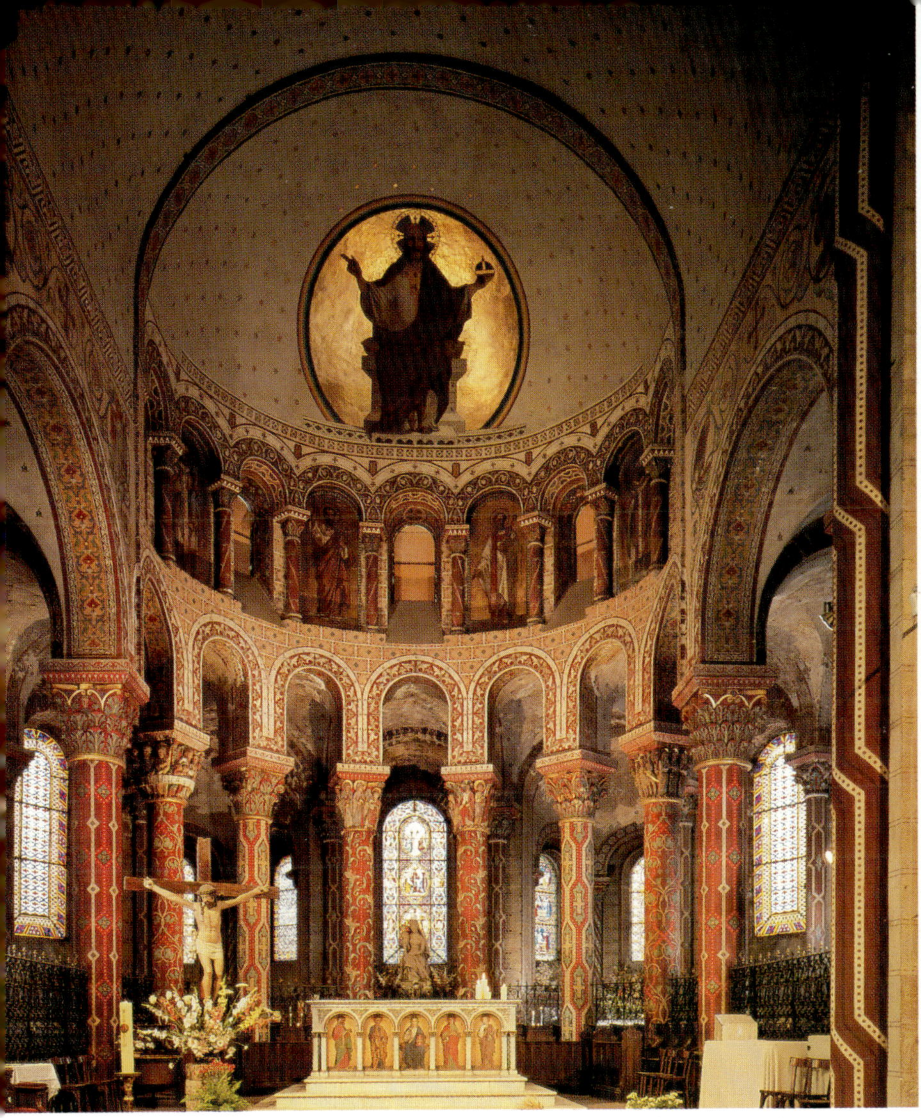

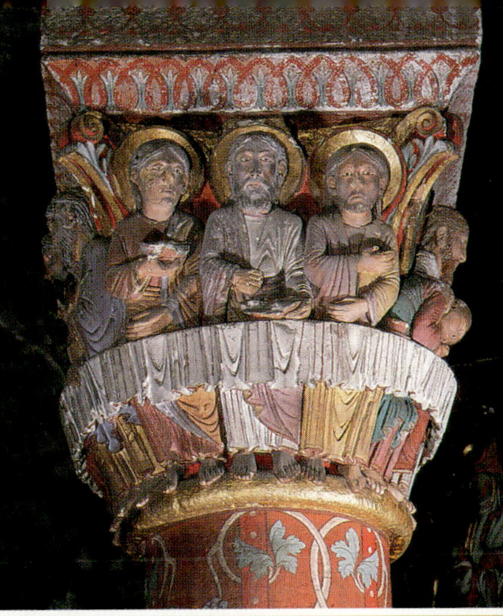

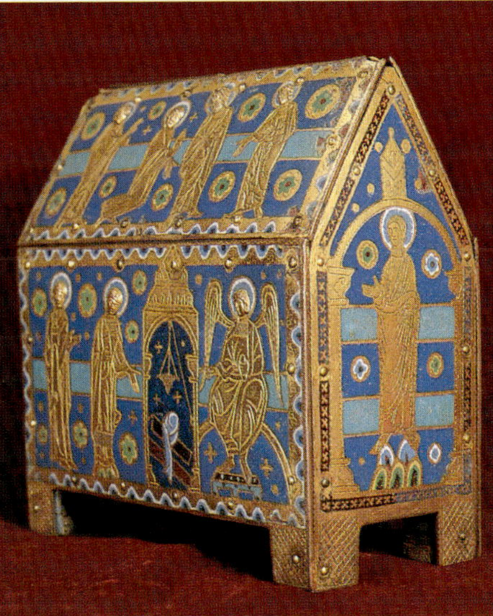

La majestueuse colonnade du chœur de Saint-Austremoine.
Ci-contre, en haut, *le chapiteau de la Cène, avec Judas, à l'angle, à droite* ; en bas, *la châsse revenue du bout du monde. La crypte, dont le dénuement contraste avec les peintures de l'église.*
Ci-dessous, *l'un des chapiteaux de la nef à motif végétal, celui des Centaures.*

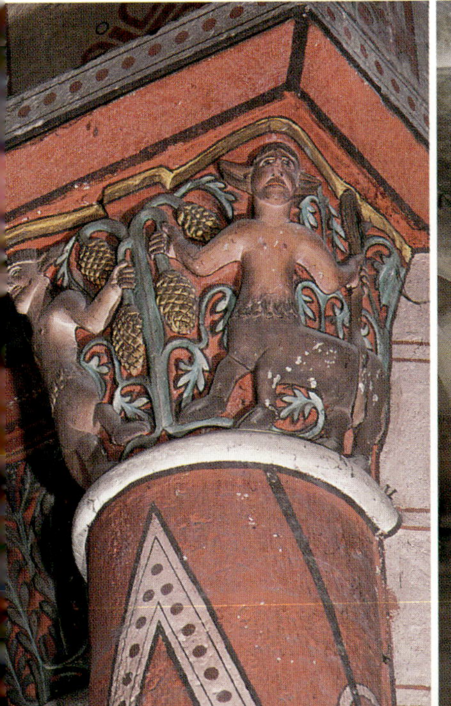

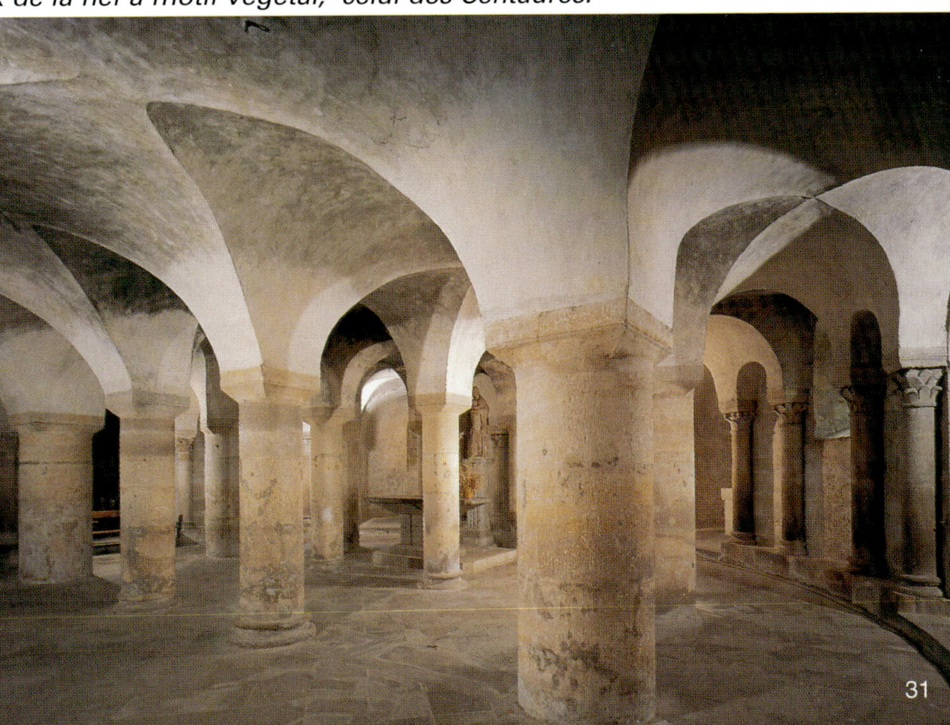

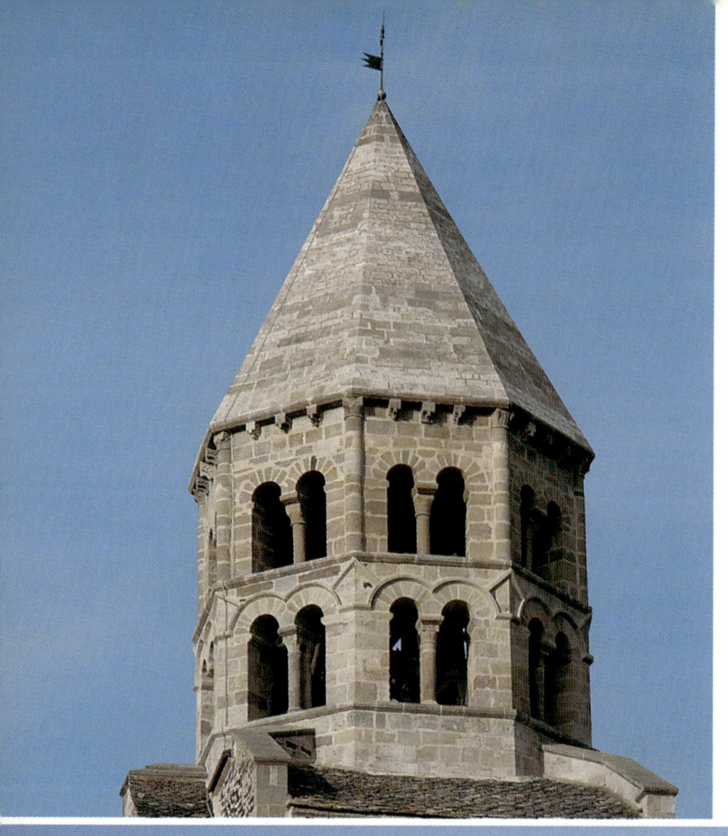

SAINT-SATURNIN, MAJEURE EN MINIATURE

Les sanctuaires des rebords occidentaux de la Limagne que les bâtisseurs de l'âge roman ont érigés sur le modèle des grandes églises de plaine sont de dimensions plus restreintes - l'église de Saint-Saturnin est moitié moins longue que celle d'Issoire, mais ils compensent largement cet amoindrissement par leurs situations privilégiées. Faite de chaude arkose de Montpeyroux, comme Saint-Austremoine, l'église de Saint-Saturnin se dresse à côté du château des La Tour d'Auvergne, sur un éperon qui sépare la Monne de la Veyre. L'édifice s'accommode fort bien de n'avoir ni chapelles rayonnantes ni narthex, d'autant que son clocher octogonal à la patine admirable est l'un des très rares à avoir été épargné par la Révolution, ce qui lui a valu de servir de modèle pour la plupart des reconstructions du XIXe siècle.

Le site agreste de Saint-Saturnin.
En haut, *le clocher de Saint-Saturnin, qui a le privilège de l'authenticité* et ci-contre, *le chœur à déambulatoire de l'église.*

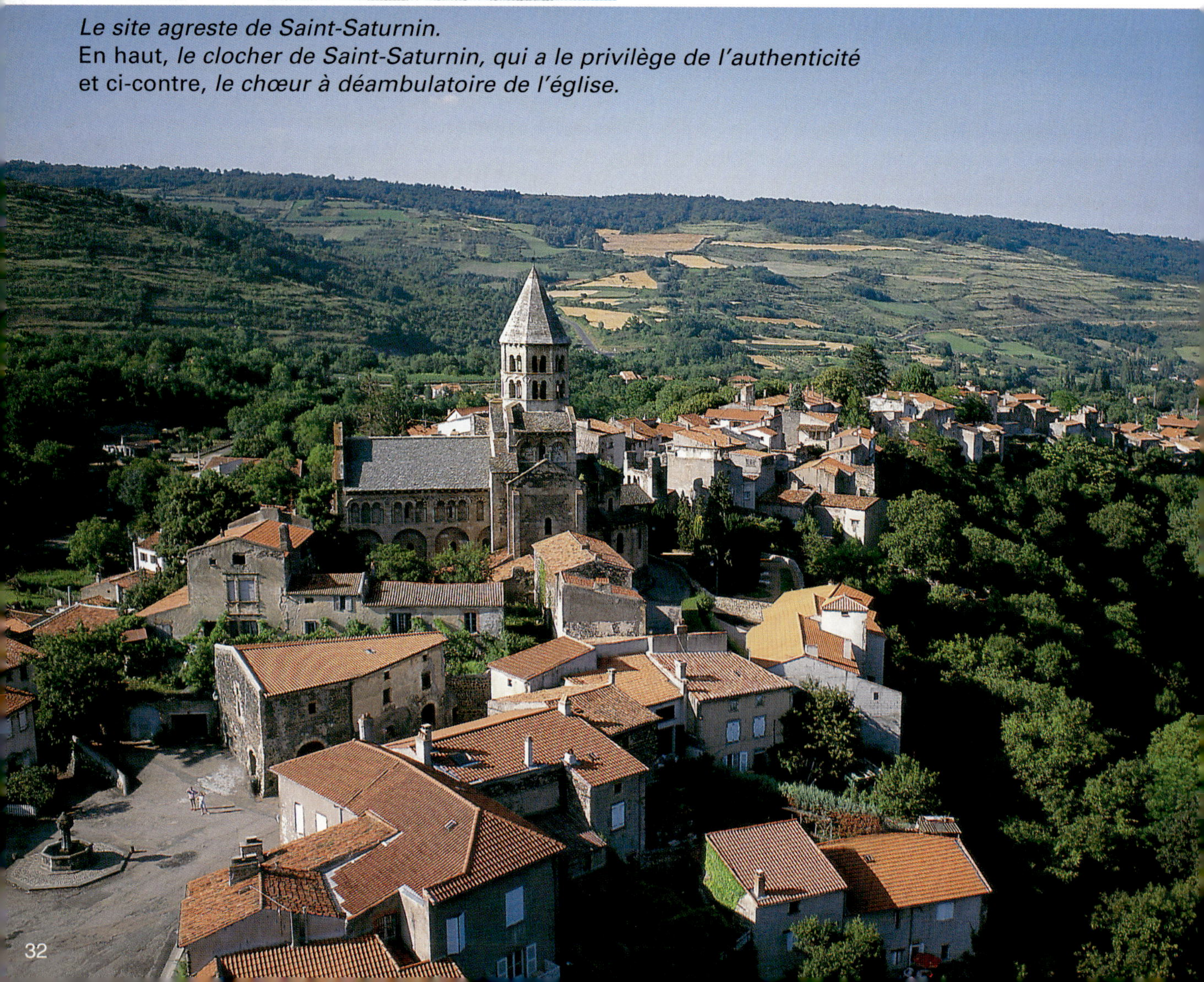

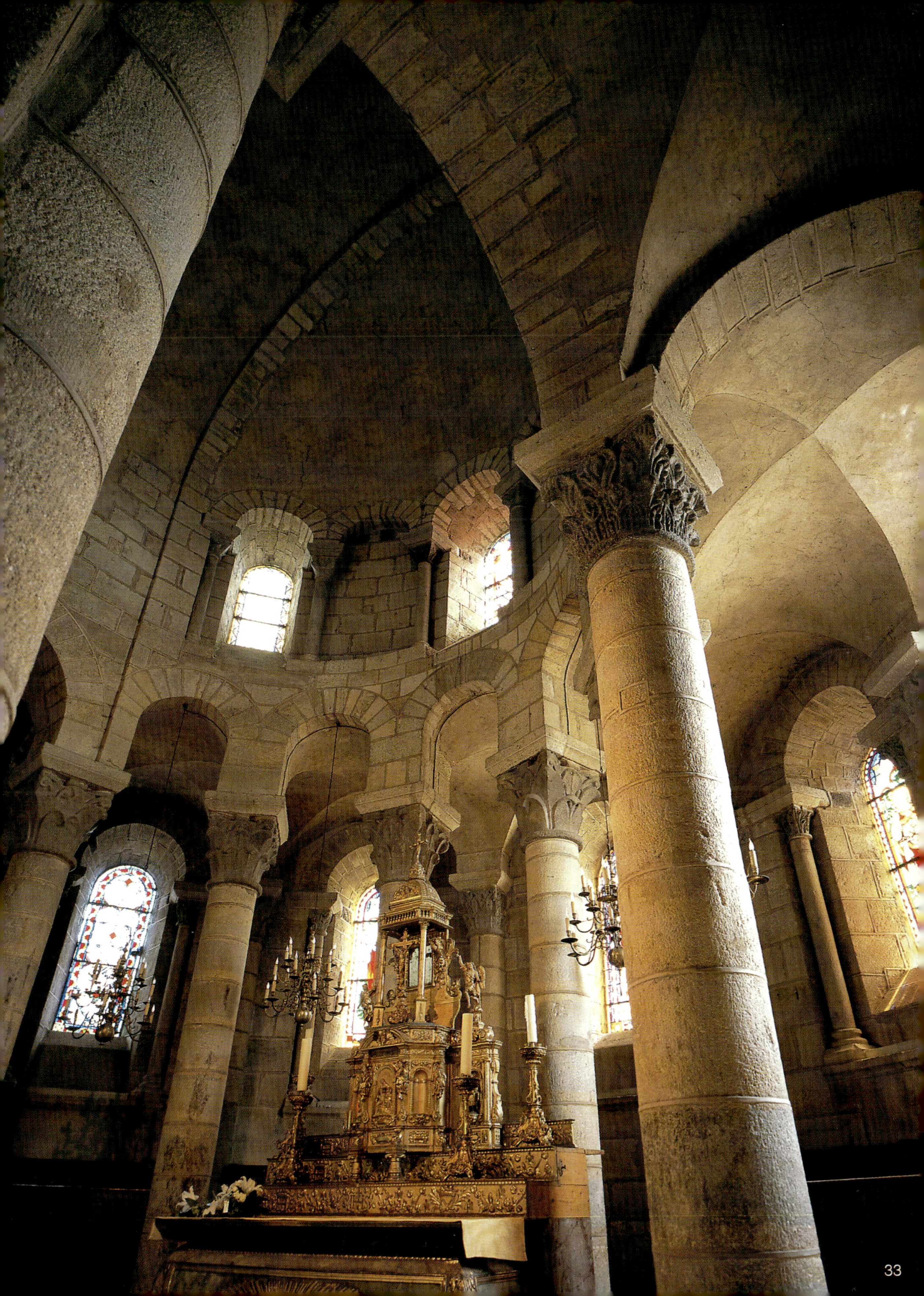

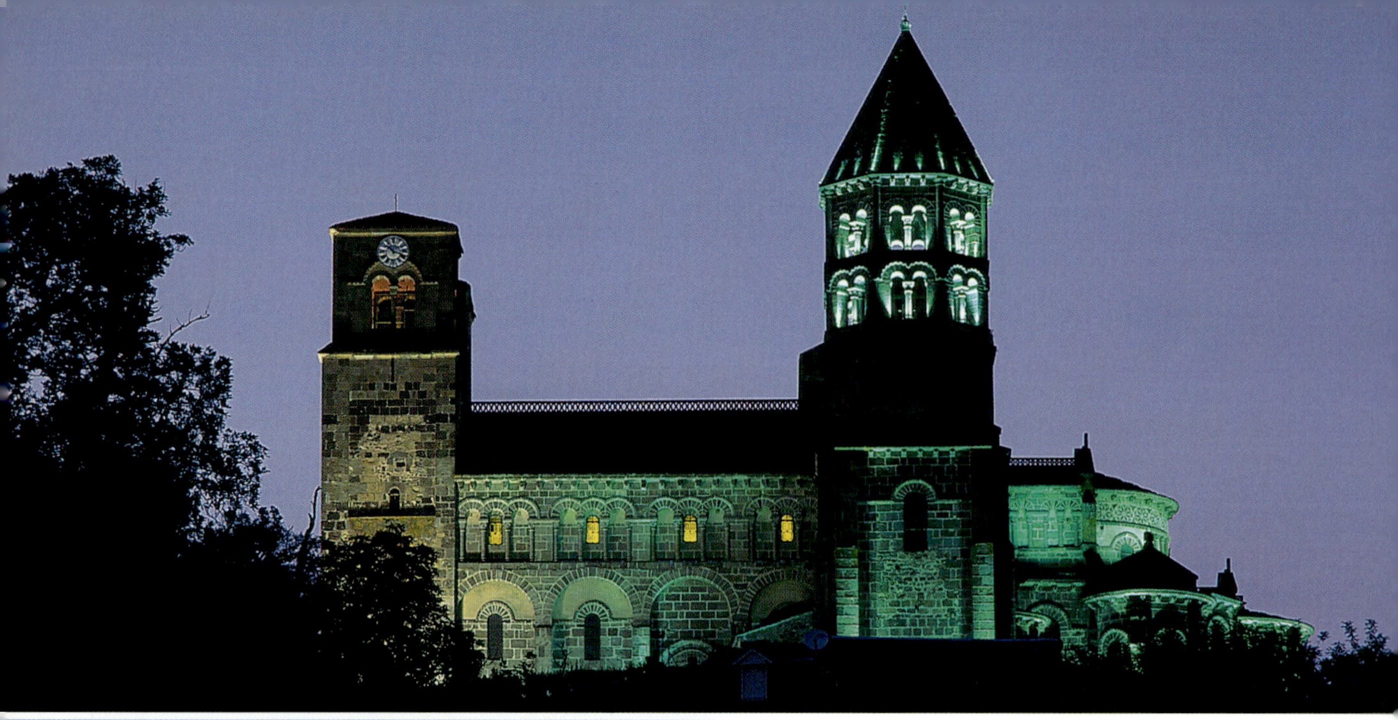

Assez fréquente en Auvergne, la croix de mosaïque du fronton sud.

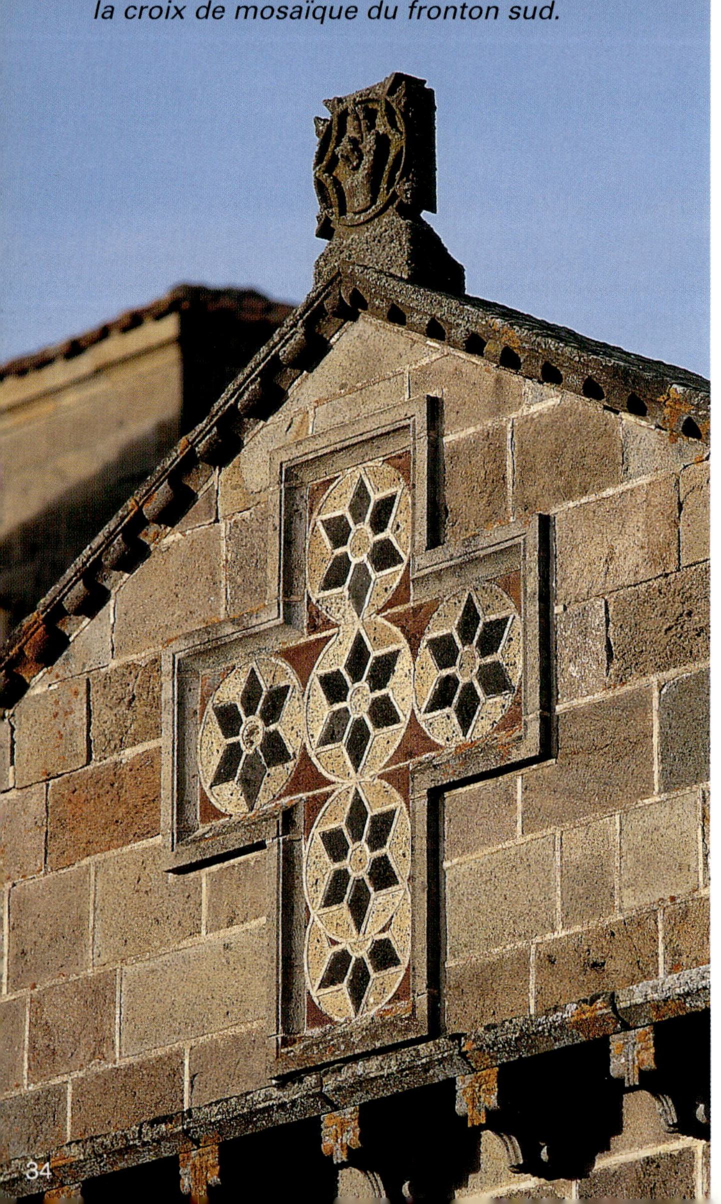

Saint-Nectaire, la « Sainte-Chapelle romane » du mont Cornadore

Compagnon de saint Austremoine, saint Nectaire fut l'un des évangélisateurs de la Basse-Auvergne et la vénération qu'inspira son tombeau, sur le mont Cornadore, explique la présence d'une église en ce lieu inattendu. Jadis, l'église partageait ce sommet avec le château des sires de Saint-Nectaire et un rempart commun les entourait. Ces éléments militaires ont disparu et le sanctuaire est maintenant superbement campé en plein ciel, face aux monts Dore. Cette église, faite du trachyte local gris clair, n'est majeure ni par les dimensions ni par la richesse décorative, car seules des rosaces en mosaïque courent autour de l'abside. Elle l'est par contre par son plan de cathédrale et par l'accord parfait entre son architecture et son cadre naturel.

Intérieurement, l'église de Saint-Nectaire se révèle d'une pureté sans défaut. Comme à l'accoutumée, les chapiteaux du rond-point, au nombre de six, content avec beaucoup de verve quelques épisodes de la vie du Christ et de celle de saint Nectaire : dans ces scènes enlevées, on ne dénombre pas moins de quatre-vingt sept personnages ! Le trésor de Saint-Nectaire est par ailleurs fameux pour renfermer une Vierge en majesté et surtout le buste-reliquaire de saint Baudime, compagnon du patron des lieux auquel l'artiste du Moyen-Âge a donné un visage fascinant. À ces œuvres s'ajoutent deux plats de reliure de provenance limousine, qui remontent également au XIIe siècle.

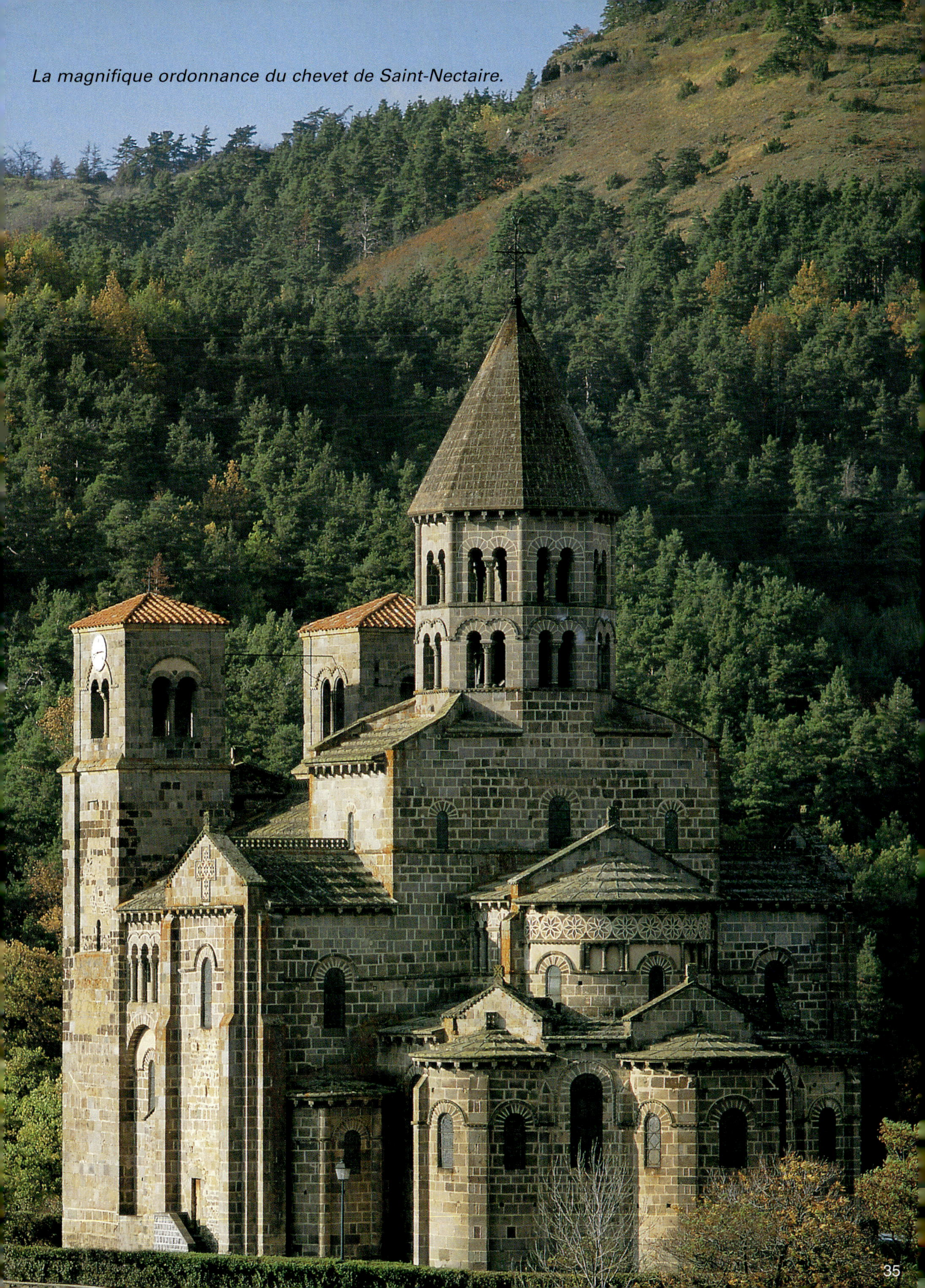

La magnifique ordonnance du chevet de Saint-Nectaire.

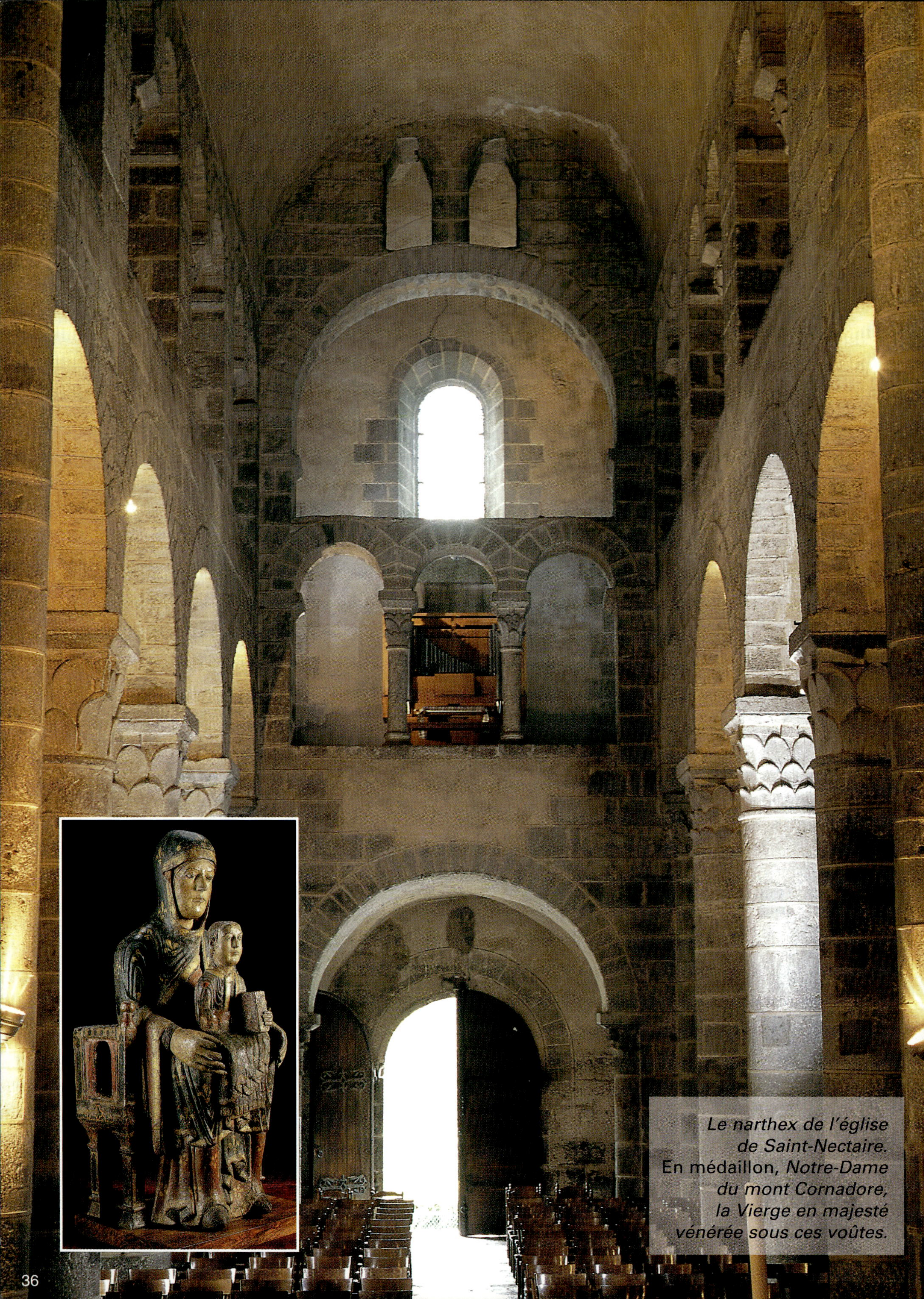

Le narthex de l'église de Saint-Nectaire.
En médaillon, *Notre-Dame du mont Cornadore, la Vierge en majesté vénérée sous ces voûtes.*

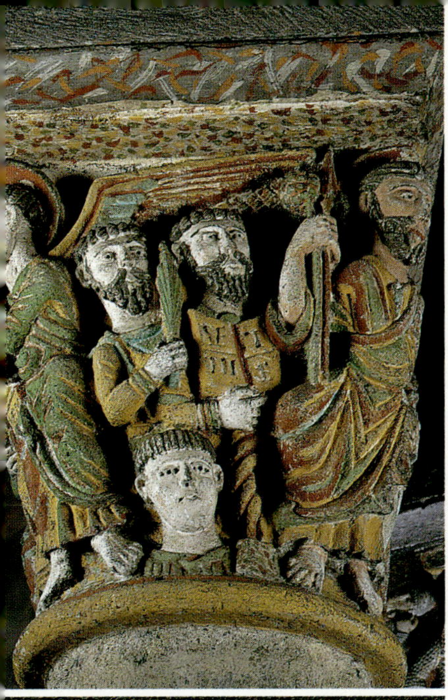

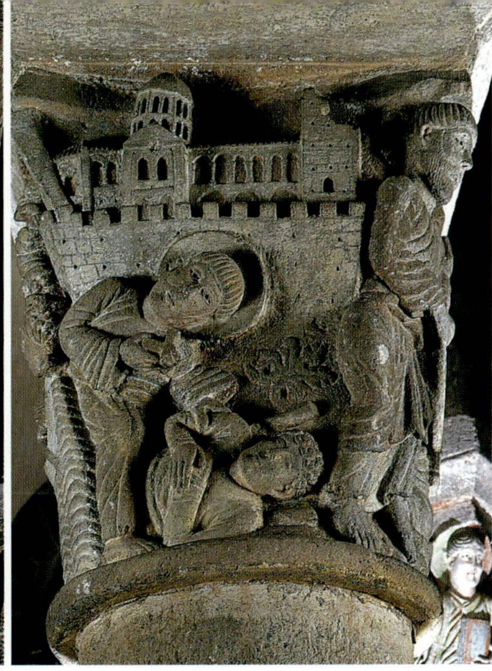

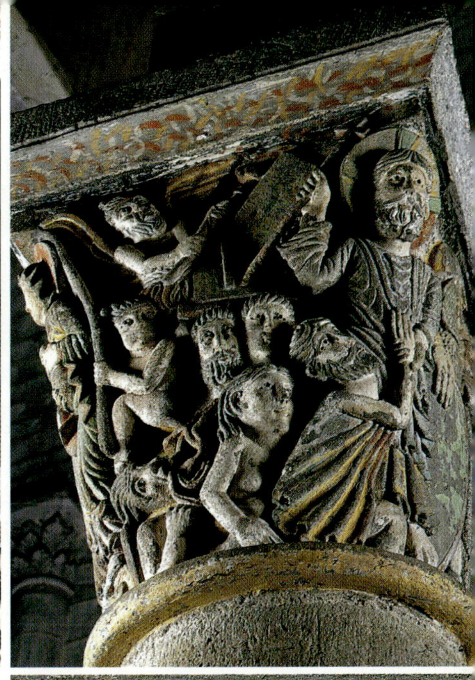

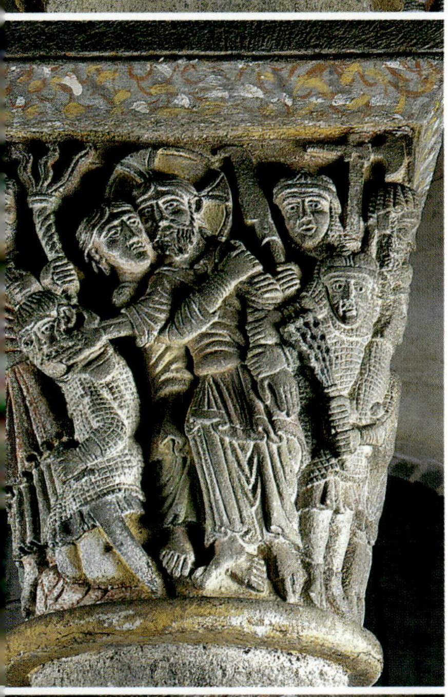

Quelques-uns des plus fameux chapiteaux de Saint-Nectaire.
De gauche à droite, en haut, *les élus, un épisode de la vie de Saint-Nectaire, avec la maquette de l'église, et le Christ aux enfers, accompagné d'Adam et Eve ;*
au centre, *l'arrestation du Christ, avec Judas, au moment du baiser de la trahison, et Ranulfo, accroché à une colonne, figurant peut être le combat contre Satan ou bien le droit d'asile ;*
en bas, *le cavalier de l'apocalypse brandissant trois flèches pour transpercer les maudits, le miracle de saint Nectaire, ressuscité par le pape, et l'archange saint Michel du Jugement dernier.*

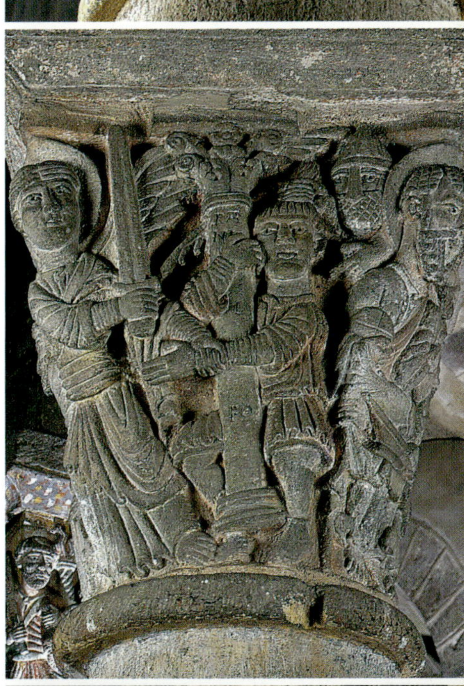

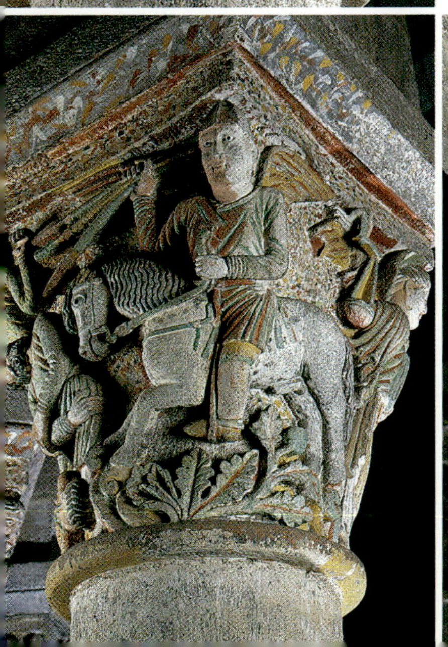

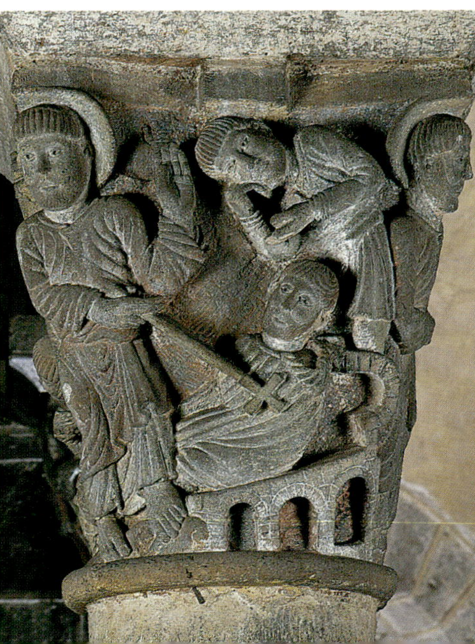

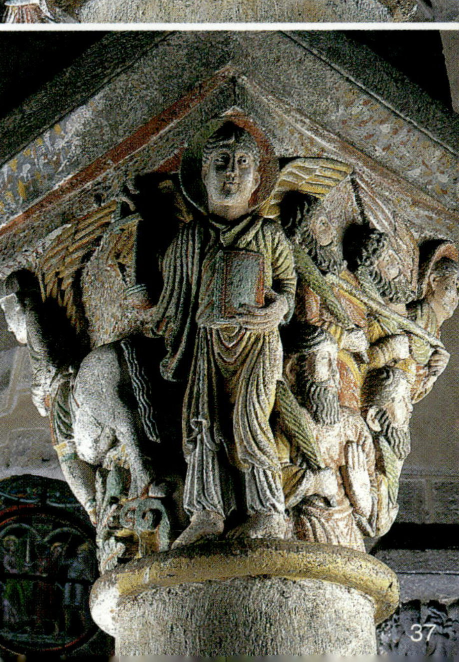

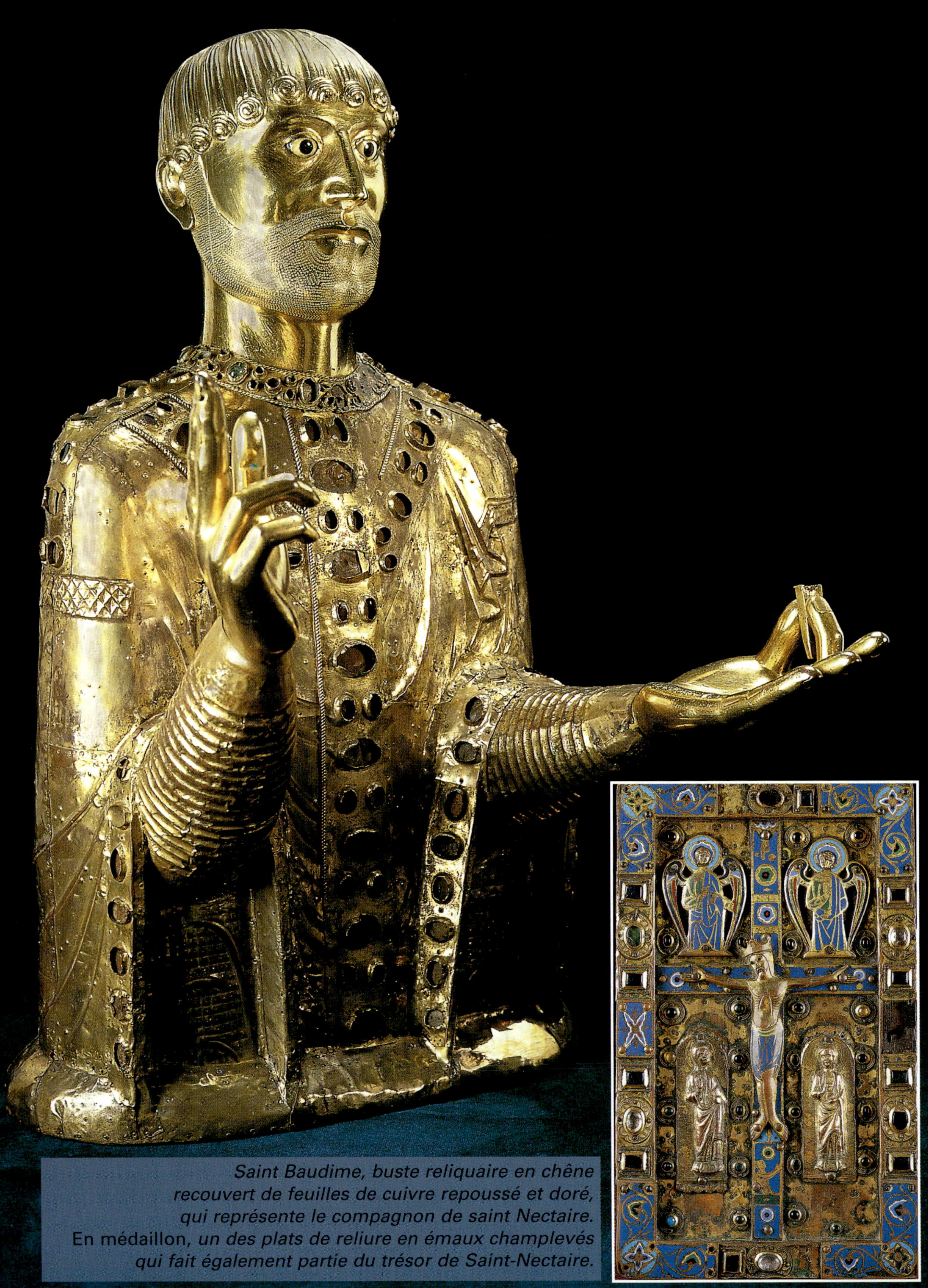

Saint Baudime, buste reliquaire en chêne recouvert de feuilles de cuivre repoussé et doré, qui représente le compagnon de saint Nectaire. En médaillon, un des plats de reliure en émaux champlevés qui fait également partie du trésor de Saint-Nectaire.

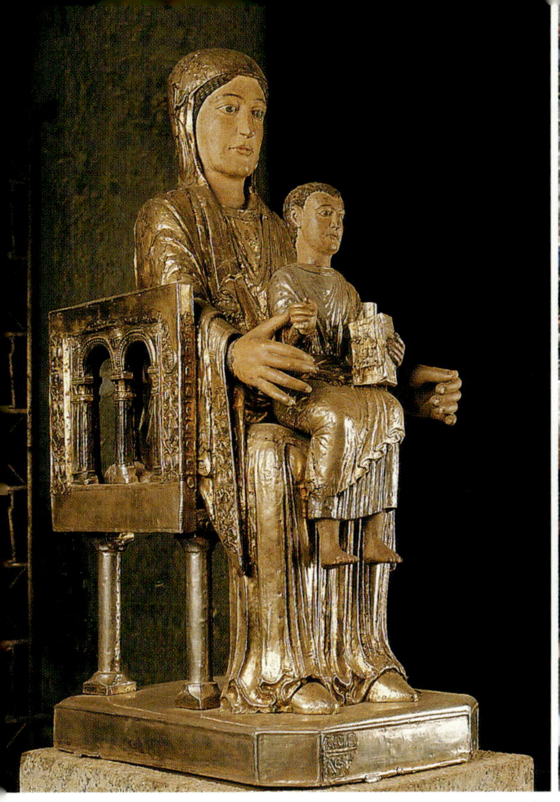

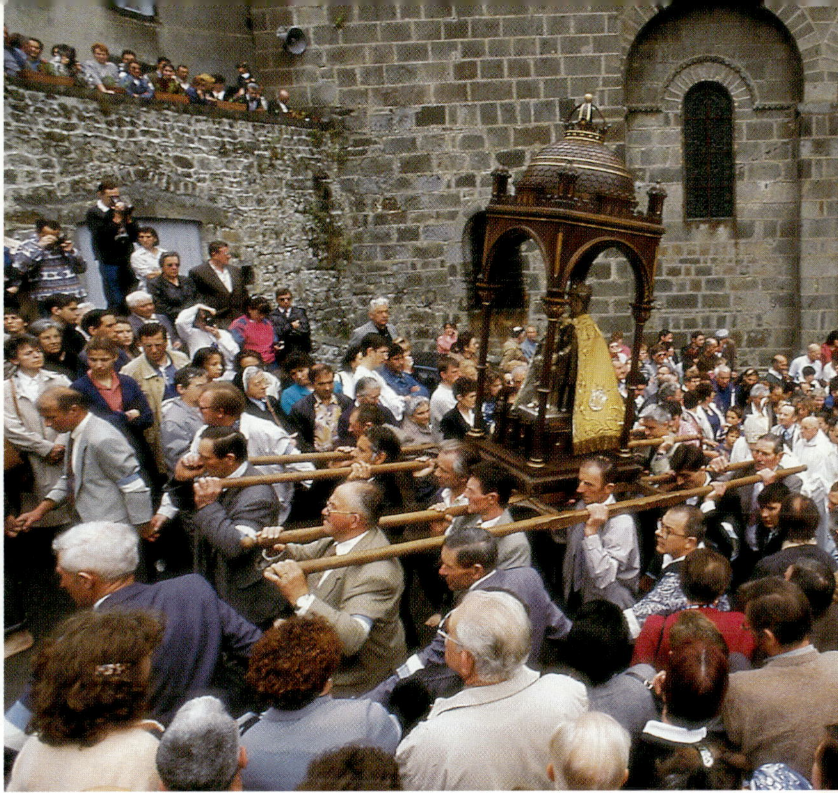

Objet d'un culte très vivace qui culmine à l'Ascension, la Vierge d'Orcival date du XIIe siècle.

ORCIVAL, LA BASILIQUE DE LA BONNE VIERGE

Des grandes églises auvergnates, Notre-Dame d'Orcival est sans conteste celle qui a le mieux traversé les siècles, spirituellement parlant. Dépendant d'un prieuré de La Chaise-Dieu, comme Saint-Nectaire, la basilique d'Orcival fut en effet établie pour abriter la statue très vénérée d'une Vierge de pèlerinage qui inspire toujours la même ferveur, huit cents ans plus tard, lors de l'Ascension, mais aussi tout au long de l'année. Cette église très sobre est habillée d'andésite grise et de lauzes de phonolite que le lichen parsème de taches cuivrées, et avec ses volumes savamment échelonnés au-dessus des toits du village, elle se marie idéalement à son cadre montagneux.

Autour de l'effigie sacrée, le chœur de la basilique est un écrin de lumière qui sculpte les courbes romanes, mettant en relief l'œuvre des maîtres maçons. Au passage, il faut lever les yeux vers les arches d'un transept qui est l'un des plus réussis de l'école auvergnate. Un unique chapiteau historié dû au Maître de Besse retrace les péripéties bien connues de l'usurier, comme pour ne pas détourner l'attention de la Bonne Vierge, la seule de la province qui ait conservé son parement d'orfèvrerie. Cette Vierge aux « mains de lumière », à l'expression sereine et lointaine, fut longtemps implorée par les malades et plus encore par les prisonniers, comme en témoignent les chaînes disposées en ex-voto au mur du transept sud.

La perspective de la nef d'Orcival attire le regard vers la Vierge en majesté.

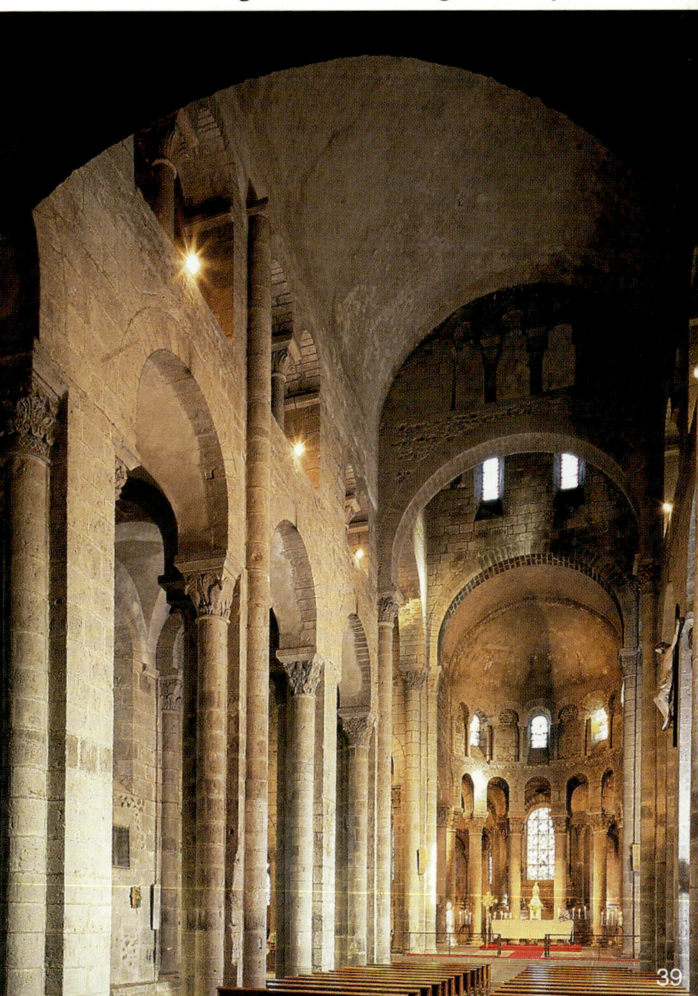

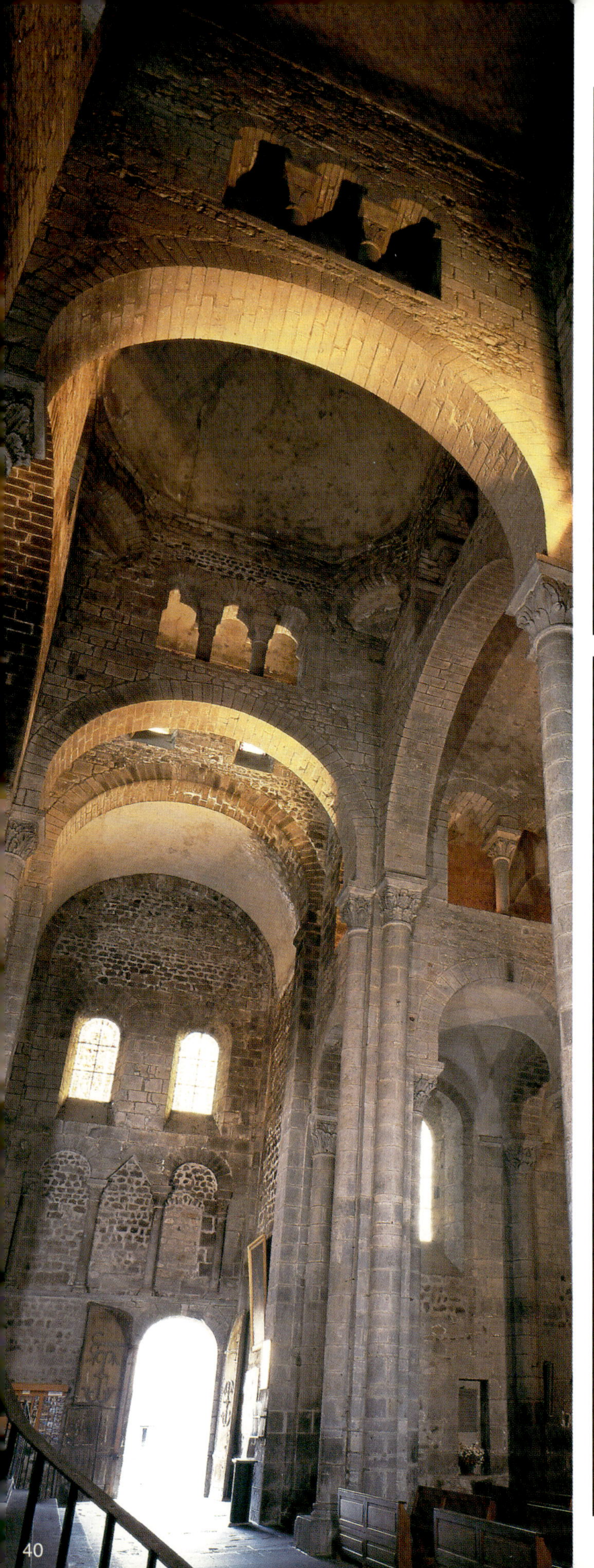

« Là où ira choir le marteau »

Pourquoi l'église d'Orcival fut-elle édifiée à un endroit si malcommode, à contre-pente, entre le Sioulet à l'est, que l'on dut détourner, et une montagne, au couchant, qu'il fallut entailler ? C'est parce la Vierge en a décidé ainsi. On raconte en effet qu'aux lendemains de la découverte de la statue de la Vierge qui allait susciter une dévotion sans égale, les maçons chargés de construire une nouvelle église à l'emplacement d'une vieille chapelle, sur la colline du « Tombeau », voyaient chaque matin leur travail de la veille jeté à bas. Ils comprirent qu'une puissance supérieure faisait obstacle au projet et pour ne pas s'opposer à cette volonté du Ciel, le maître d'œuvre lança son marteau en l'air en faisant le vœu de bâtir le sanctuaire à l'endroit de sa chute. Ce fut trois cents pas plus bas, entre la rivière et la montagne...

Une géométrie du nombre d'or

Le maître d'œuvre de Notre-Dame-du-Port semble avoir appliqué les proportions du nombre d'or dans ce sanctuaire à l'architecture puissamment symbolique. Ainsi, il est facile de vérifier sur un plan que la nef sans le narthex constitue un rectangle d'or, tandis qu'avec le narthex elle forme deux carrés dont le côté commun est souligné par deux mystérieuses colonnes engagées dans les piliers. En effet ces colonnes ne soutiennent pas d'arc doubleau et semblent n'avoir aucune utilité. On notera que cette disposition se retrouve à Orcival et à Issoire, où il est possible d'en tirer des conclusions aussi nettes. Il faut de plus se rendre à l'évidence qu'à Notre-Dame-du-Port au moins, ces fameuses colonnes adoptent un rapport entre leur hauteur et la largeur de la nef exactement conforme au nombre d'or, et qu'elles déterminent en outre un second rectangle parfait, plus petit, côté narthex. L'étude de l'ensemble de l'église fait retrouver ces proportions, au centimètre près, à de nombreuses occasions, dans le transept, la travée du chœur et le chevet, là sous une forme plus complexe. La géométrie y fait intervenir également le triangle de Pythagore et les angles associés que les compagnons construisaient avec une corde graduée pour déterminer des points remarquables, dont certains sont encore soulignés par de petites chevilles de bois.

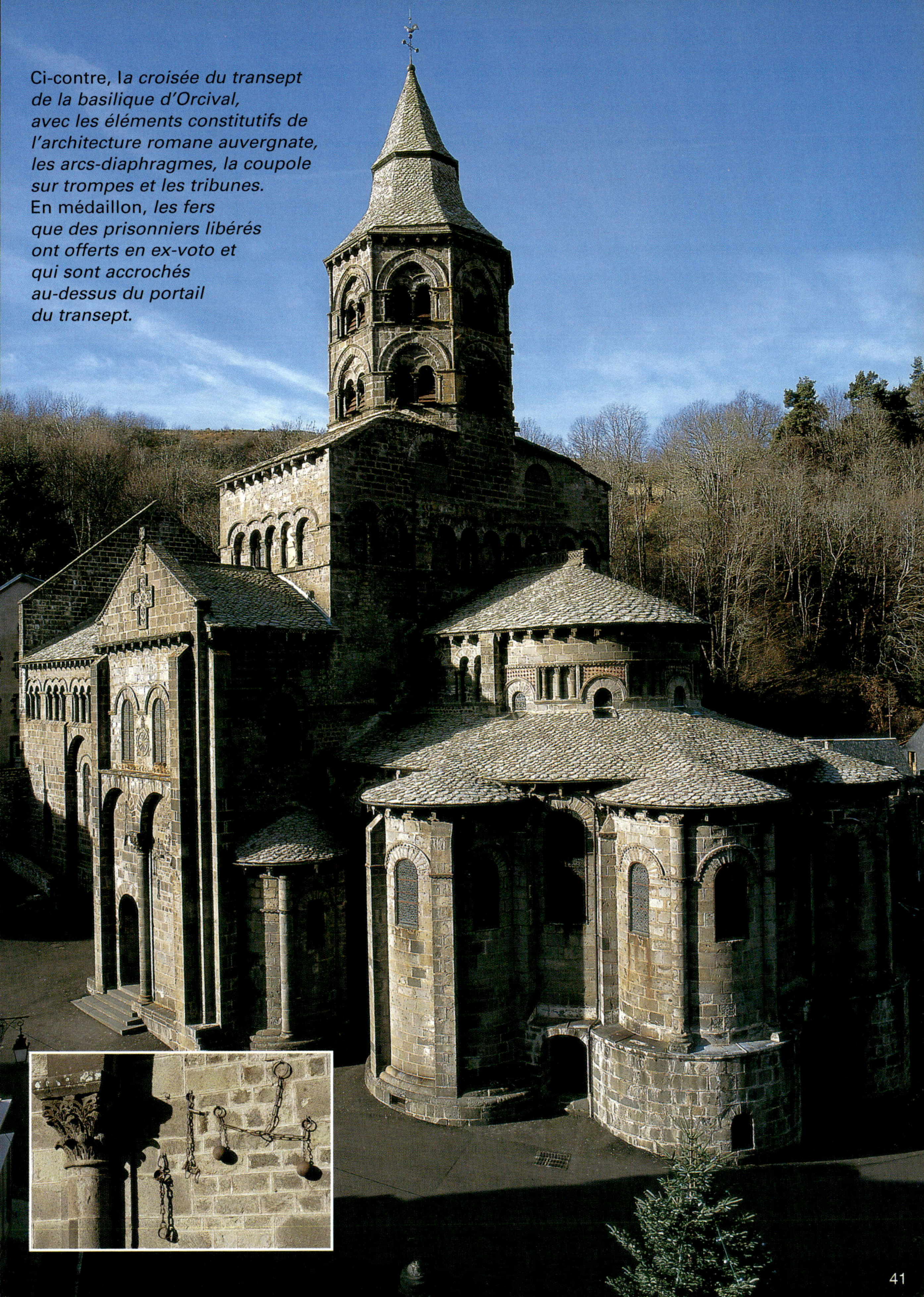

Ci-contre, l*a croisée du transept de la basilique d'Orcival, avec les éléments constitutifs de l'architecture romane auvergnate, les arcs-diaphragmes, la coupole sur trompes et les tribunes.*
En médaillon, *les fers que des prisonniers libérés ont offerts en ex-voto et qui sont accrochés au-dessus du portail du transept.*

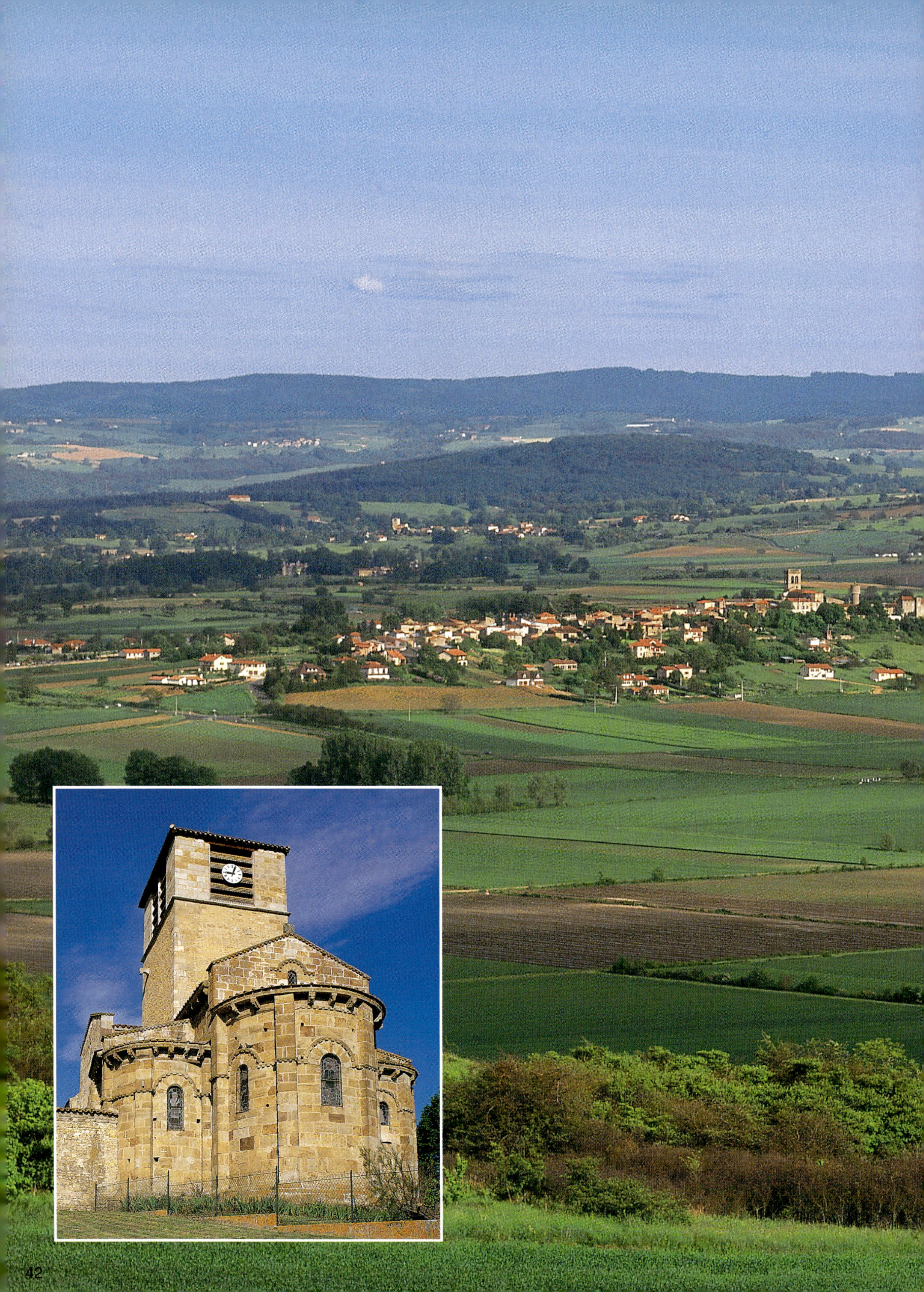

La grande Limagne

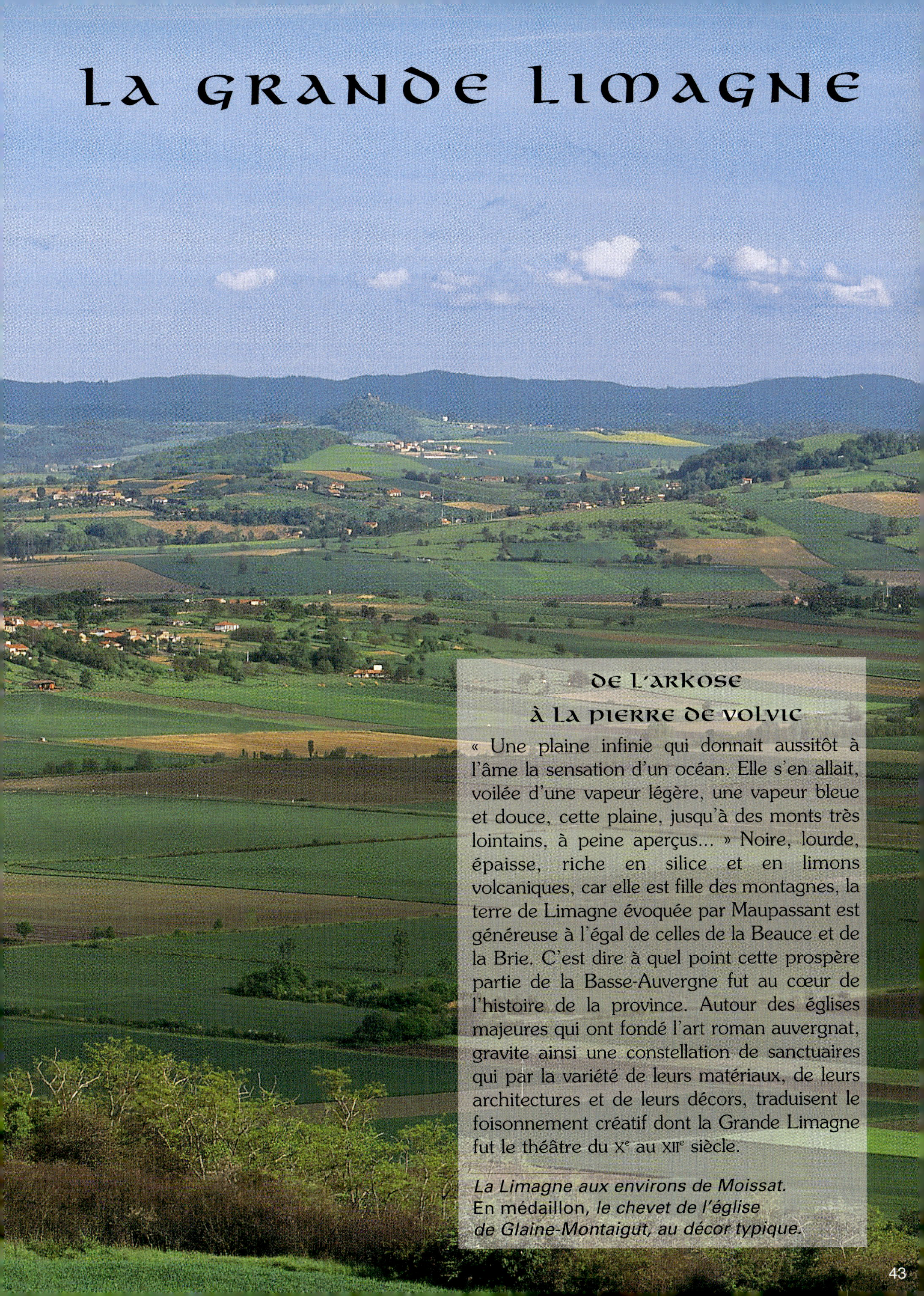

De l'arkose à la pierre de Volvic

« Une plaine infinie qui donnait aussitôt à l'âme la sensation d'un océan. Elle s'en allait, voilée d'une vapeur légère, une vapeur bleue et douce, cette plaine, jusqu'à des monts très lointains, à peine aperçus... » Noire, lourde, épaisse, riche en silice et en limons volcaniques, car elle est fille des montagnes, la terre de Limagne évoquée par Maupassant est généreuse à l'égal de celles de la Beauce et de la Brie. C'est dire à quel point cette prospère partie de la Basse-Auvergne fut au cœur de l'histoire de la province. Autour des églises majeures qui ont fondé l'art roman auvergnat, gravite ainsi une constellation de sanctuaires qui par la variété de leurs matériaux, de leurs architectures et de leurs décors, traduisent le foisonnement créatif dont la Grande Limagne fut le théâtre du Xe au XIIe siècle.

La Limagne aux environs de Moissat. En médaillon, *le chevet de l'église de Glaine-Montaigut, au décor typique.*

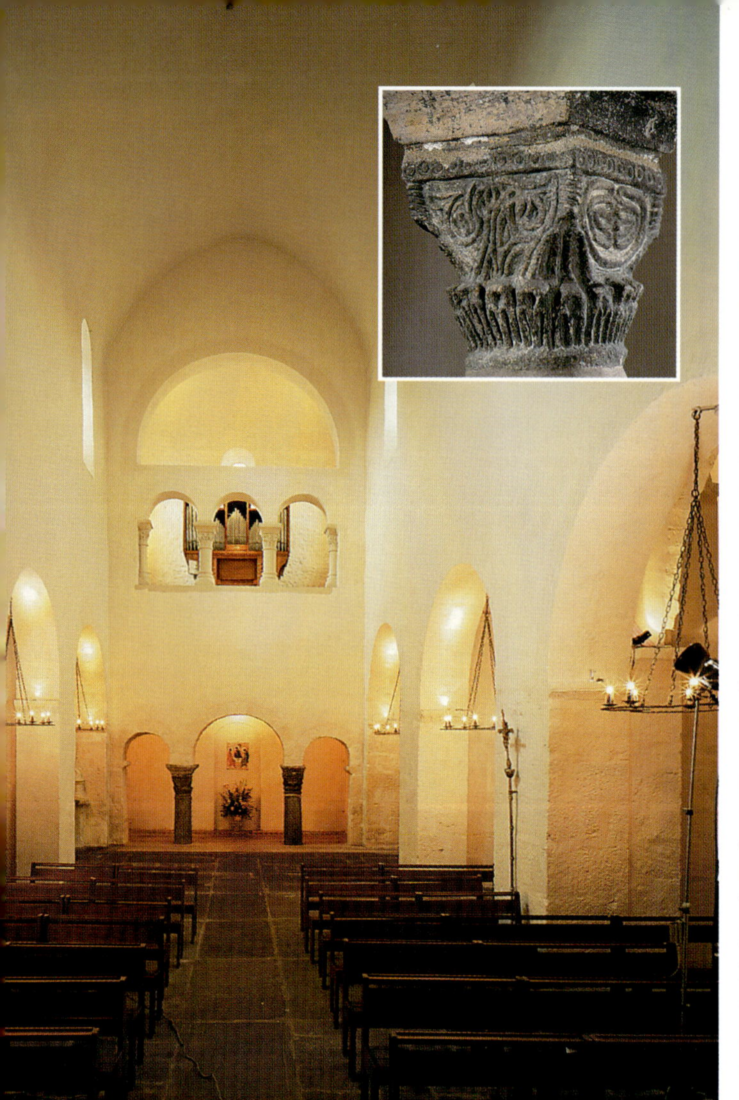

Sur les hauts de Clermont

Jouxtant la métropole auvergnate sur son flanc méridional, l'ancienne cité vigneronne de Beaumont doit son église Saint-Pierre à une abbaye bénédictine fondée en 665. L'édifice montre le plan habituel à cet ordre, avec des absides décalées, tandis que sa nef préromane a été voûtée après coup au XIe siècle avec un berceau sur doubleau. Les fenêtres qui dispensent un éclairage direct ouvrent à l'extérieur sous une arcature à trois éléments, ce qui différencie nettement l'église de Beaumont du modèle limagnais.

Chamalières, autre banlieue clermontoise, doit aussi son église Notre-Dame à une antique collégiale bénédictine qui fut voûtée dans un second temps. Sa nef et son narthex sont parmi les plus anciens de la province comme le prouva la découverte, sous une colonne, d'un denier d'argent à l'effigie de Lothaire, souverain qui régna dans la seconde moitié du Xe siècle. Du magnifique chevet primitif, qui rivalisait d'harmonie avec celui de Notre-Dame-du-Port, ne subsiste que la couronne de chapelles rayonnantes.

Plus haut, dominant l'orée des gorges que la Tiretaine creuse dans le plateau volcanique, l'église Saint-Léger de Royat compose un tableau marquant. Cette silhouette crénelée d'où surgit un original clocher-donjon en arkose est toutefois une sorte d'armure féodale qui dissimule la part proprement romane du sanctuaire. La nef, précédée d'un narthex à tribune, date du XIe siècle, tandis que le transept, le chevet plat et la crypte ont été refaits au siècle suivant. Le clocher ne remonte quant à lui qu'à 1830.

La maison de l'Éléphant

À Montferrand, qui vit à l'ombre d'une église de style gothique méridional dédiée à Notre-Dame-de-la-Prospérité, l'architecture romane est illustrée par les caves de la première commanderie des templiers qui fut élevée dans la province d'Aquitaine et surtout par la fameuse maison de l'Éléphant. Récemment restaurée et transformée en maison de quartier, cette demeure aux arcs en plein cintre et aux colonnettes caractéristiques est sise rue Kléber, anciennement rue de la Saulnerie. Elle doit son nom à la fresque qui orne l'arc de la baie principale et qui représente donc un éléphant. On suppose que cette peinture inattendue fut commandée par un négociant qui avait eu l'occasion de faire le voyage d'Orient.

En haut, en fond, *le narthex très auvergnat de l'église Notre-Dame de Chamalières ;* en médaillon, *un des chapiteaux primitifs du narthex.*
Ci-dessous, *la façade de la maison de l'Éléphant, à Montferrand.*

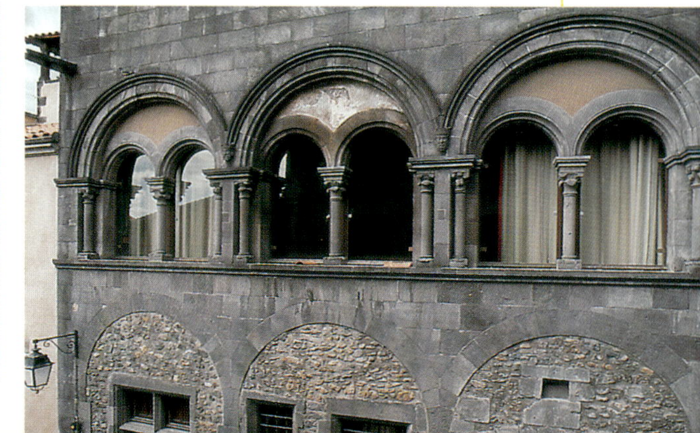

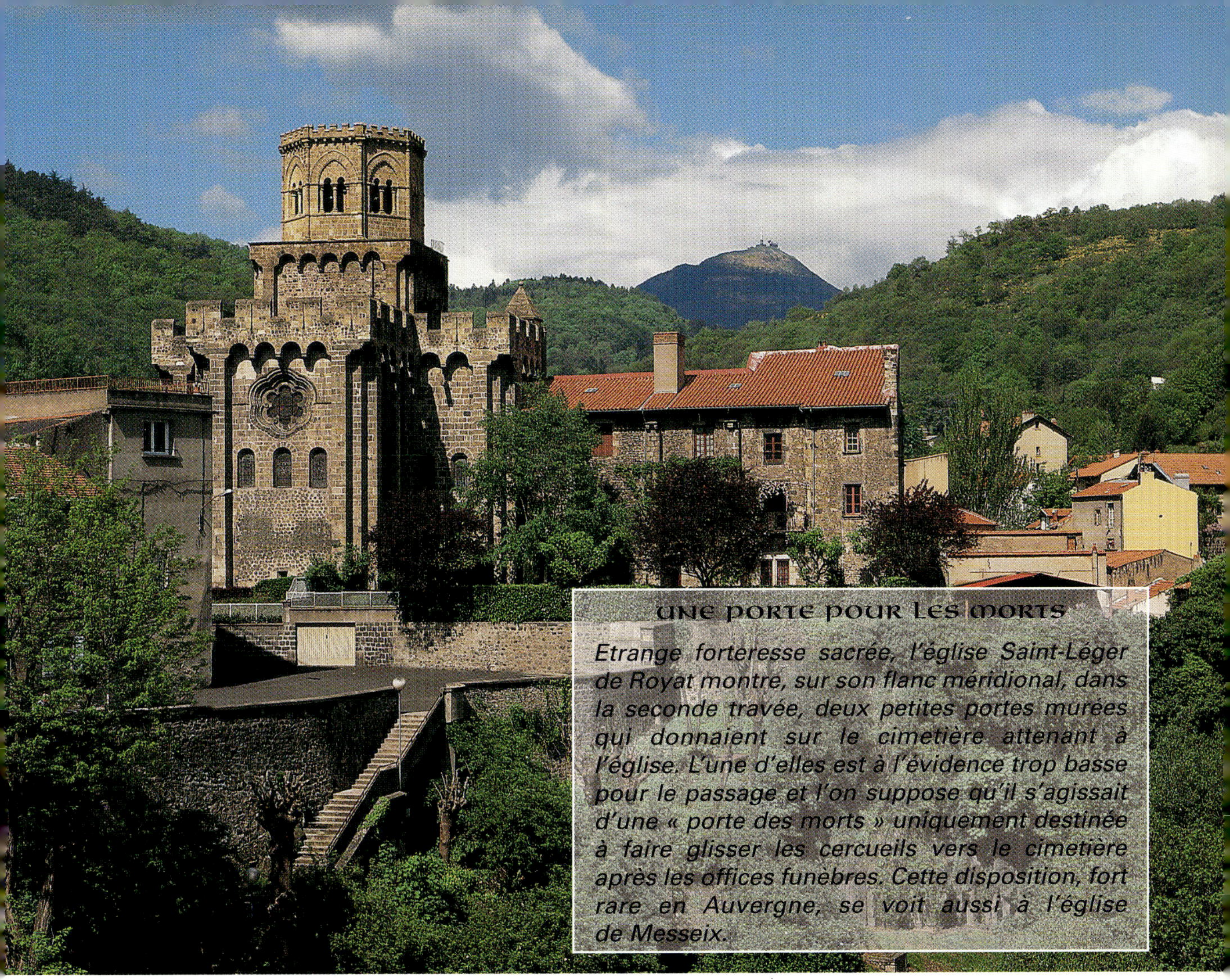

UNE PORTE POUR LES MORTS

Etrange forteresse sacrée, l'église Saint-Léger de Royat montre, sur son flanc méridional, dans la seconde travée, deux petites portes murées qui donnaient sur le cimetière attenant à l'église. L'une d'elles est à l'évidence trop basse pour le passage et l'on suppose qu'il s'agissait d'une « porte des morts » uniquement destinée à faire glisser les cercueils vers le cimetière après les offices funèbres. Cette disposition, fort rare en Auvergne, se voit aussi à l'église de Messeix.

L'église de Royat, avec le puy de Dôme en arrière-plan.
Ci-dessous, *l'abside voûtée en cul-de-four de Beaumont et les arcs doubleaux de la nef.*

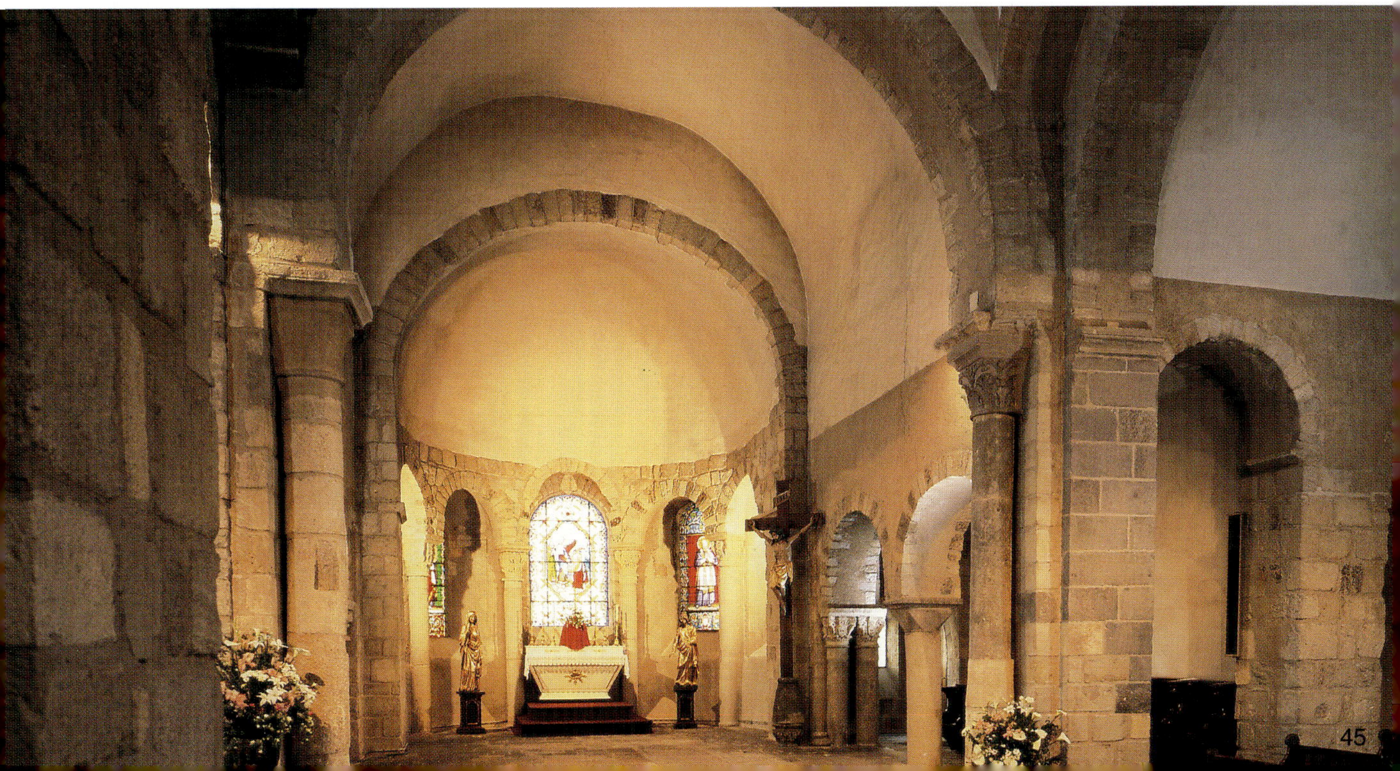

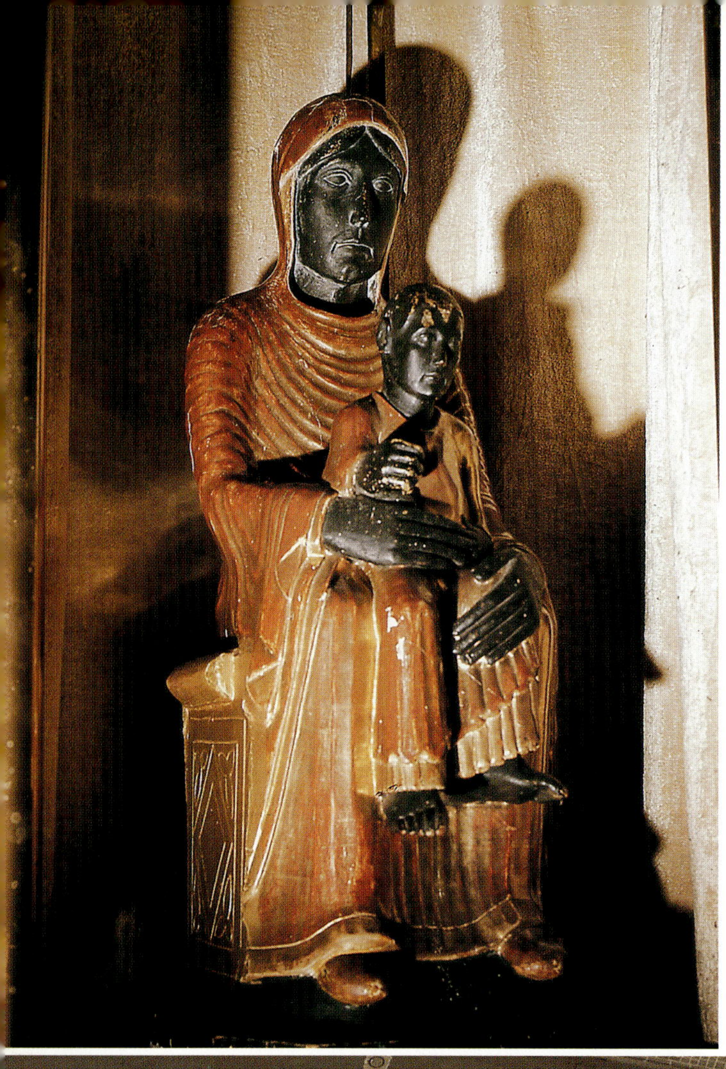

Au rebord des puys

Par son église qui associe la lave et l'arkose, la cité de Volvic symbolise parfaitement les relations existant entre la montagne et la Grande Limagne. La seule partie romane de l'édifice est son chevet d'arkose, car au XIe siècle on ne savait pas encore travailler la pierre locale. La chapelle axiale, dédiée à saint Priest, évêque de Clermont qui fut massacré en ce lieu en 764, a gardé sa grille d'origine et abrite une épée ancienne qui serait celle du martyre. Plusieurs beaux chapiteaux ornent en outre les colonnes de ce chevet à déambulatoire.

Non loin, à Marsat, saint Priest avait fondé un couvent de moniales dont témoigne l'église actuelle, composée de deux nefs en plein cintre accolées. Le principal titre de gloire de Marsat est sa Vierge de majesté romane, dont les vêtements furent dorés et le visage noirci au XIXe siècle. Cette effigie encore très vénérée voisine avec une curieuse « roue de cire » où est bobinée une interminable chandelle, en exécution d'un vœu fait à la Vierge au XIIIe siècle.

Ci-contre, *la Vierge noire de Marsat, œuvre en noyer de 80 cm de hauteur.*
Ci-dessous, *Saint-Priest de Volvic, bâtie sur le modèle des églises majeures.*

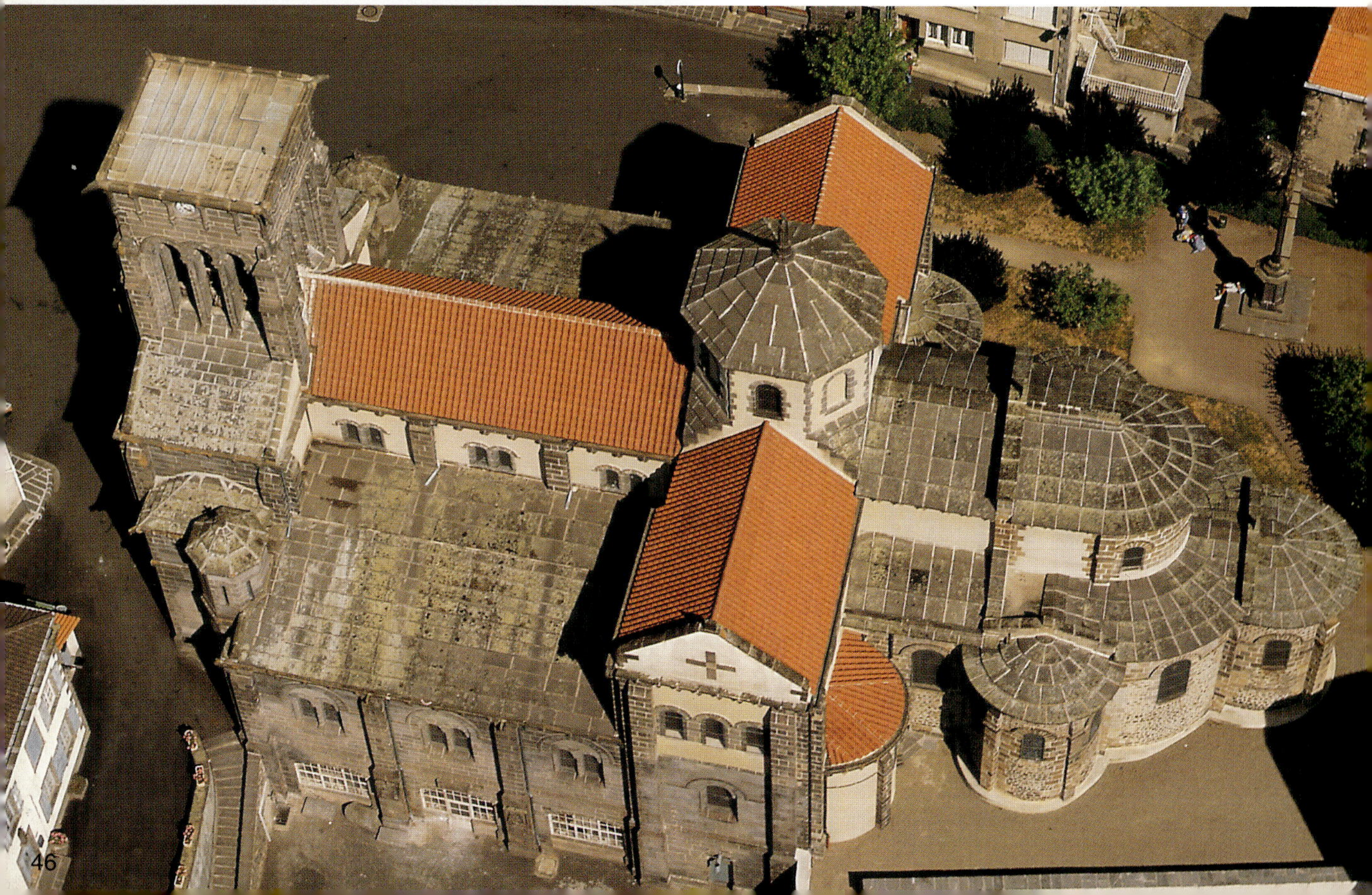

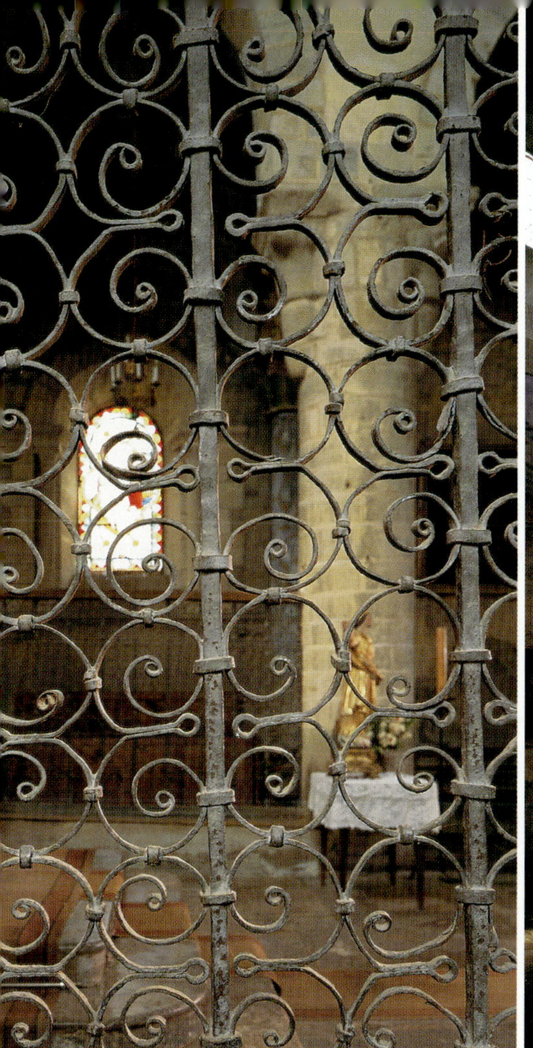

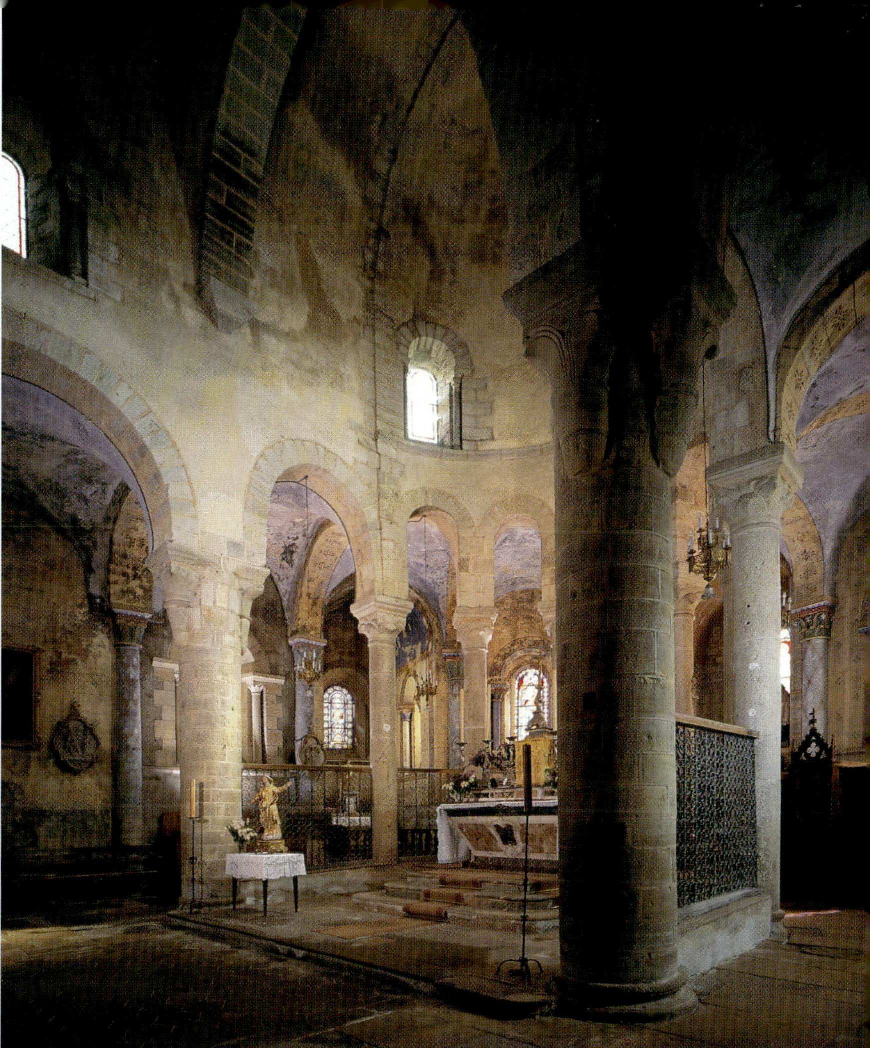

Églises du pays brayaud

La bordure occidentale de la Limagne fait découvrir la charmante petite église de Saint-Myon, rustique construction encore couverte de lauzes. Il en va de même de la vaste collégiale Saint-Martin d'Artonne, qui conserve d'autre part des grilles de chœur romanes et s'ouvre sur une gracieuse salle capitulaire. Mettant en œuvre la chaude pierre calcaire de Chaptuzat, l'église du hameau de La Chapelle d'Andelot, à Vensat, est remarquable par l'harmonie de son plan à chevet tréflé et par l'ampleur de ses proportions. Enfin, à Saint-Hilaire-la-Croix, la proximité des limites provinciales se voit à un décor et des sculptures qui sont tantôt inspirés de la Bourgogne quand il s'agit des pilastres cannelés, de la Guyenne pour le portail à tympan trilobé ou de la Saintonge avec des monstres avaleurs de colonnes qui évoquent la Grande Goule.

En haut, *le chœur et le déambulatoire de Saint-Martin d'Artonne et les grilles du chœur.*
Ci-contre, *le porche aux élégantes voussures de Saint-Hilaire-la-Croix.*

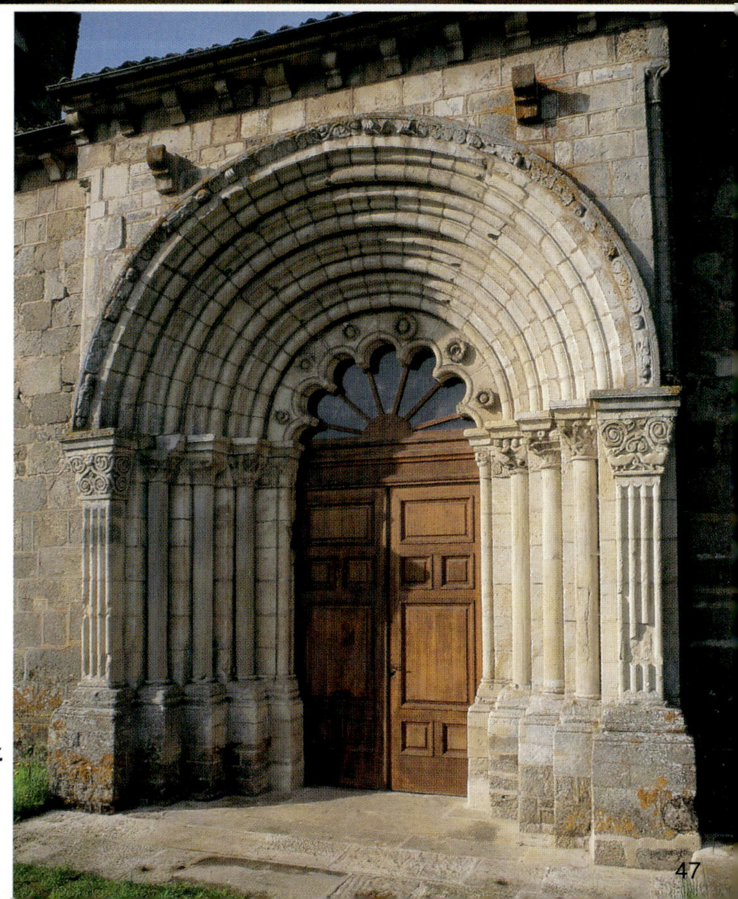

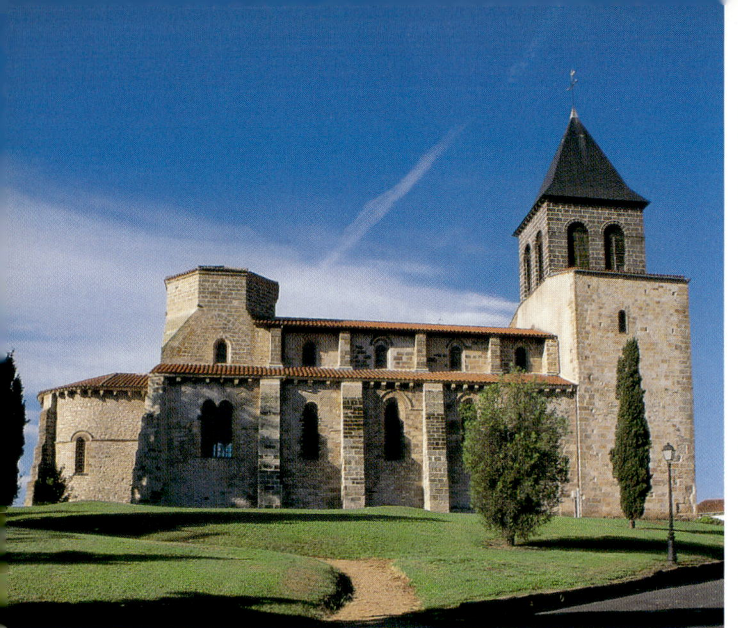

Près des rives de l'Allier

Les sanctuaires romans des cités qui escortent l'Allier, au cœur de la Grande Limagne, illustrent encore une fois la variété des partis adoptés par les maîtres d'œuvre auvergnats. Ainsi, l'église de Ris, dont l'étrange disposition a longtemps intrigué les spécialistes, semble avoir été d'abord une construction très large et charpentée, au milieu de laquelle, dans un second temps, on édifia une nef voûtée en arc brisé, quatre fois plus haute que large.
Remontant à la fin de l'époque romane, l'église de Luzillat est quant à elle parfaitement représentative du type limagnais, cependant elle est dépourvue du déambulatoire habituel aux sanctuaires du val d'Allier. Elle associe une nef aveugle à trois travées, contrebutée par les voûtes des collatéraux, à un transept à coupole et un chevet à trois absides échelonnées.
Maringues, la vieille cité des tanneurs, possède par contre une grande église composite dont le déambulatoire est la partie la plus intéressante. Les chapiteaux, éminemment auvergnats par leurs thèmes, présentent entre autres une variation sur le singe cordé, qui est tenu en laisse par un cavalier.
À Pont-du-Château, l'église Sainte-Martine occupe la place d'honneur au-dessus de la rivière et s'ouvre sur un puissant narthex limagnais à tribunes, seule partie purement romane de l'édifice. Il est à noter que les intéressants chapiteaux d'origine ont été retouchés sous la Restauration par un curé qui les jugeait trop licencieux...

L'église Sainte-Martine de Pont-du-Château.
En bas, *l'étrange chapiteau d'Adam et Ève de l'église de Thuret.*

Thuret, une église d'initiés ?

Rescapée d'un prieuré bénédictin dépendant de l'abbaye de Saint-Alyre, l'église Saint-Limin de Thuret garde de sa première campagne de construction, au XIe siècle, une série de chapiteaux sculptés qui intriguent toujours les spécialistes, mais aussi les simples visiteurs. Après une série de sobres chapiteaux ornés de feuilles d'eau dans la nef, on découvre au voisinage du transept des sculptures d'une facture unique en son genre dans la province. Les thèmes habituels, comme le singe cordé, Adam et Ève, les griffons au calice ou le Bon Pasteur y sont traités d'une manière archaïsante, avec peu de relief et une stylisation poussée que fait ressortir la polychromie. Mais on contemple également des évocations peu banales, comme un échassier qui dévore un serpent ou une curieuse scène de mariage : celle-ci montre une femme à l'élégance tapageuse derrière laquelle se trouve une tête démoniaque crachant des serpents. Le tout dans un désordre assez déroutant. Devant la fausse naïveté de ces sculptures exécutées sous la conduite de moines fort cultivés, des érudits ont émis l'hypothèse qu'elles contenaient des messages pour initiés. A l'appui de leurs dires, ils signalent la sculpture qui surmonte le linteau du portail méridional et qui représente un jongleur en train d'effectuer un saut périlleux en tenant à la main un miroir concave. Ce serait l'indication de la nature particulière de ce sanctuaire.

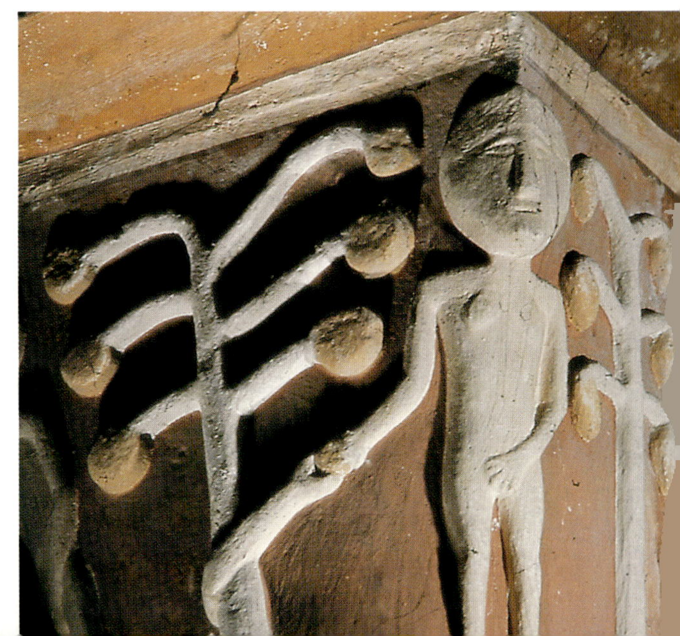

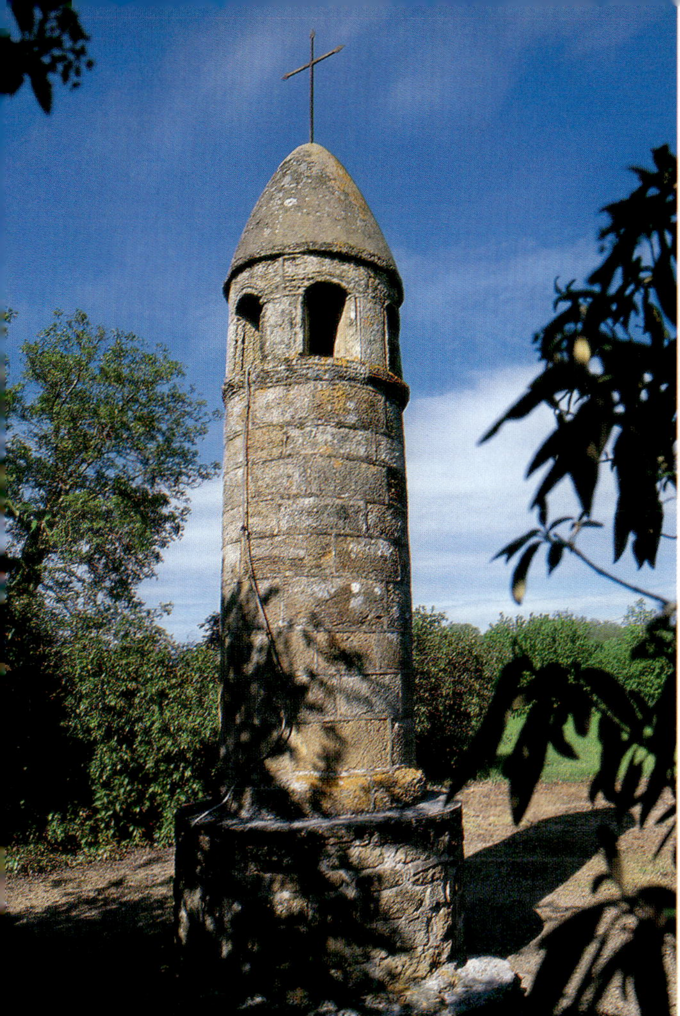

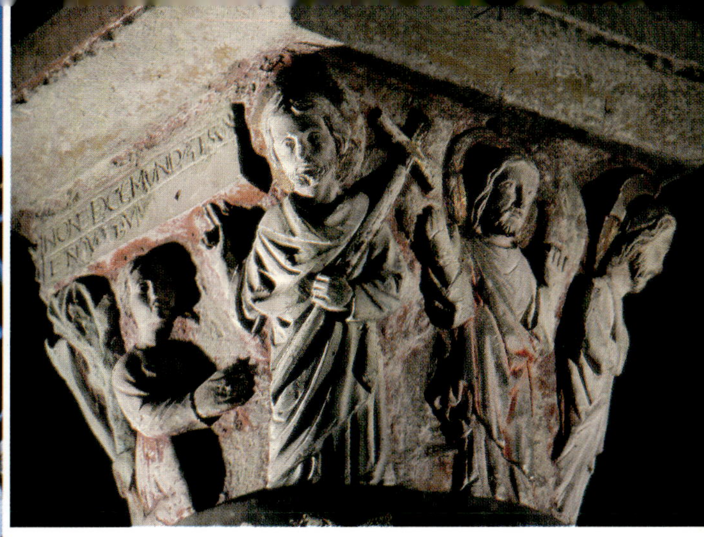

L'un des chapiteaux de Maringues, le Christ bénissant un lépreux venu lui rendre grâce.
À gauche, *la Lanterne des morts de Culhat.*
En bas, *l'église de Culhat, discret sanctuaire roman.*

La Lanterne des morts de Culhat

Dans plusieurs régions d'Europe et en France particulièrement dans le Limousin, s'est conservée une tradition romaine qui voulait que les vivants et les morts restent attachés par l'entremise d'une flamme. Pour ce faire, on édifia des lanternes des morts, sortes de phares où une ouverture à hauteur d'homme permettait de hisser une chandelle grâce à une corde et une poulie. Cette pratique était fréquente pour les cimetières éloignés des villages et l'on dit que lors des épidémies de peste cela permettait d'aller chercher du feu sans prendre le risque d'entrer chez le voisin. Depuis qu'ont été abattues les lanternes des morts de Montaigut-en-Combrailles, de Valbeleix et de Vic-le-Comte, la Basse-Auvergne compte un unique édicule de ce genre, d'époque romane, à Culhat. Dans le Cantal, plusieurs lanternes sont conservées, à l'exemple de celle de Mauriac, mais elles témoignent de reconstructions plus récentes.

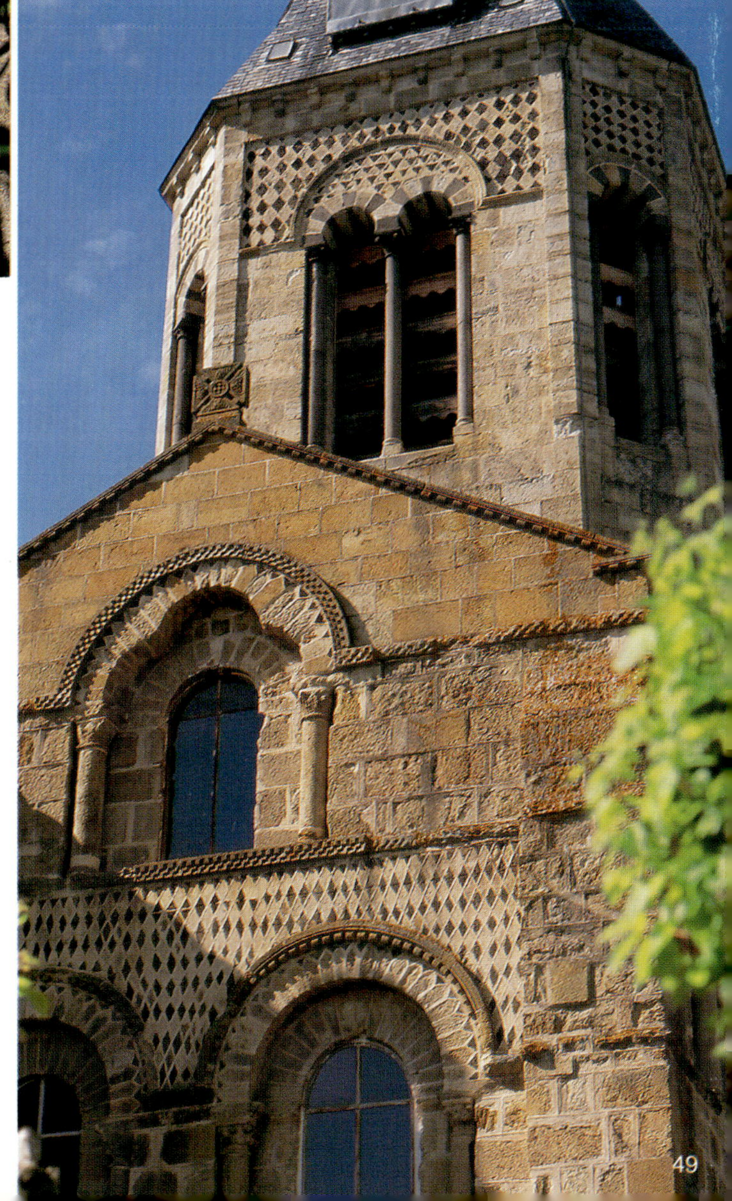

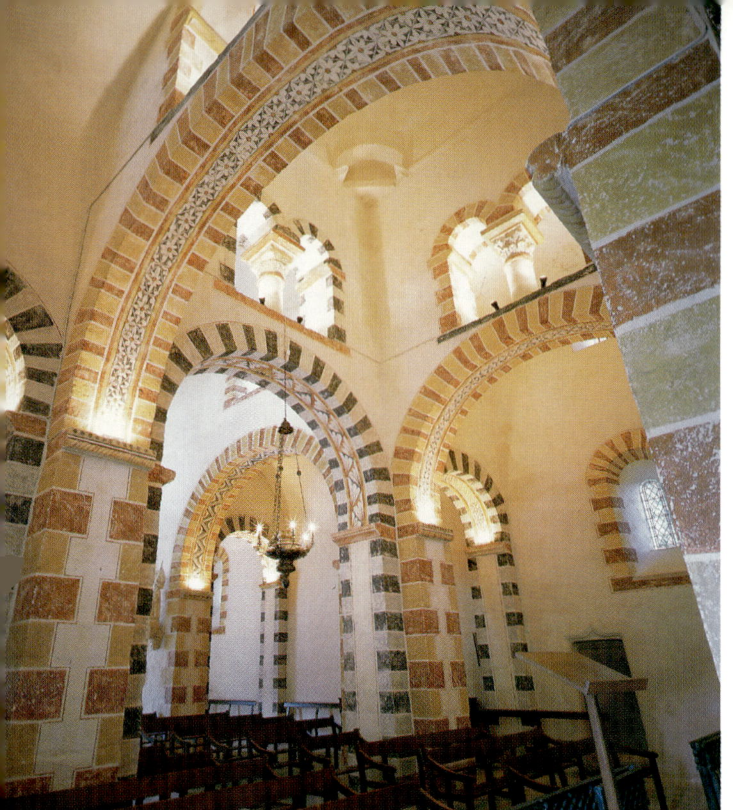

La Limagne des buttes

Derrière Billom se profilent les buttes des Turlurons, points culminants d'un paysage rural dont la séduction est telle qu'on a pu le comparer à la Toscane. Les églises anciennes ne sont pas le moindre des charmes de ces confins méridionaux de la Grande Limagne et deux d'entre elles retiennent particulièrement l'attention. Bien que largement remaniée dans le style gothique, l'église Saint-Cerneuf de Billom montre encore son chœur primitif à déambulatoire, que ferme une admirable grille en fer forgé du XIIIe siècle, et conserve surtout une précieuse crypte du XIe siècle. Pourvue de quatre chapelles rayonnantes, d'un rond-point de huit colonnes, d'un puits central et d'une cella tripartite, décorée en outre de fresques du XIIe siècle, cette église souterraine est l'une des plus évocatrices qui soient en Auvergne.

Modeste, l'église du village voisin de Glaine-Montaigut est néanmoins admirable par la beauté de l'arkose blonde et veinée qui pare son chevet de teintes étonnamment chaudes. Elle est également fort instructive car elle montre l'évolution de l'art roman auvergnat en associant une nef et un transept primitif à ce chœur et cette abside où triomphent les particularismes de l'école régionale.

Ci-dessus, à gauche,
à l'instar de celle de Pont-du-Château, l'église de Glaine-Montaigut vient de bénéficier d'une reconstitution fidèle du décor peint à l'époque romane.

Saint Austremoine à Lezoux

Si l'on en croit la tradition, accréditée par la découverte de tessons portant la signature de Stremonius, le futur saint Austremoine, parti de Rome pour évangéliser l'Auvergne, s'arrêta à la ville potière de Lezoux où il exerça son art le temps de faire des adeptes. Parmi ses disciples figurèrent Claudia, chez qui il logeait, Gerlène sa nièce et un soldat romain du nom de Fabius. Ce dernier se fit massacrer par la foule alors qu'il défendait la maison de Claudia où les chrétiens se réunissaient en secret et Gerlène en mourut de chagrin. La légende veut que les fiancés aient été enterrés côte à côte. Peut-être est-ce plus qu'une légende, car l'abbé Constancias, qui jouait les archéologues au XIXe siècle, exhuma au cours de ses fouilles à Lezoux les restes d'une jeune femme tout proches de ceux d'un homme pourvu de vestiges de cuirasse et d'une fibule. Par ailleurs, la localité possède une ancienne église romane du XIe siècle qui a été transformée maintes fois depuis la Révolution mais qui est associée au nom de saint Austremoine. Le sanctuaire est même pourvu encore d'une crypte qui pourrait fort bien être la cave de la maison de Claudia où les premiers fidèles auvergnats auraient célébré leur culte...

L'ex-voto des mariniers

Beauregard-l'Evêque, qui rappelle par son nom son passé de résidence d'été des prélats de Clermont, conserve en bordure d'Allier, au milieu d'un cimetière, son ancienne église paroissiale Saint-Aventin, de style roman primitif. Cet endroit aujourd'hui isolé correspondait au passage à gué de la route antique reliant Clermont à Thiers, ainsi qu'à un petit port des mariniers qui descendaient l'Allier. La chapelle Saint-Aventin, qui est l'une des églises les plus vénérables d'Auvergne, garde le souvenir de ces fidèles particuliers sous la forme d'un navire suspendu en ex-voto à la voûte de la nef.

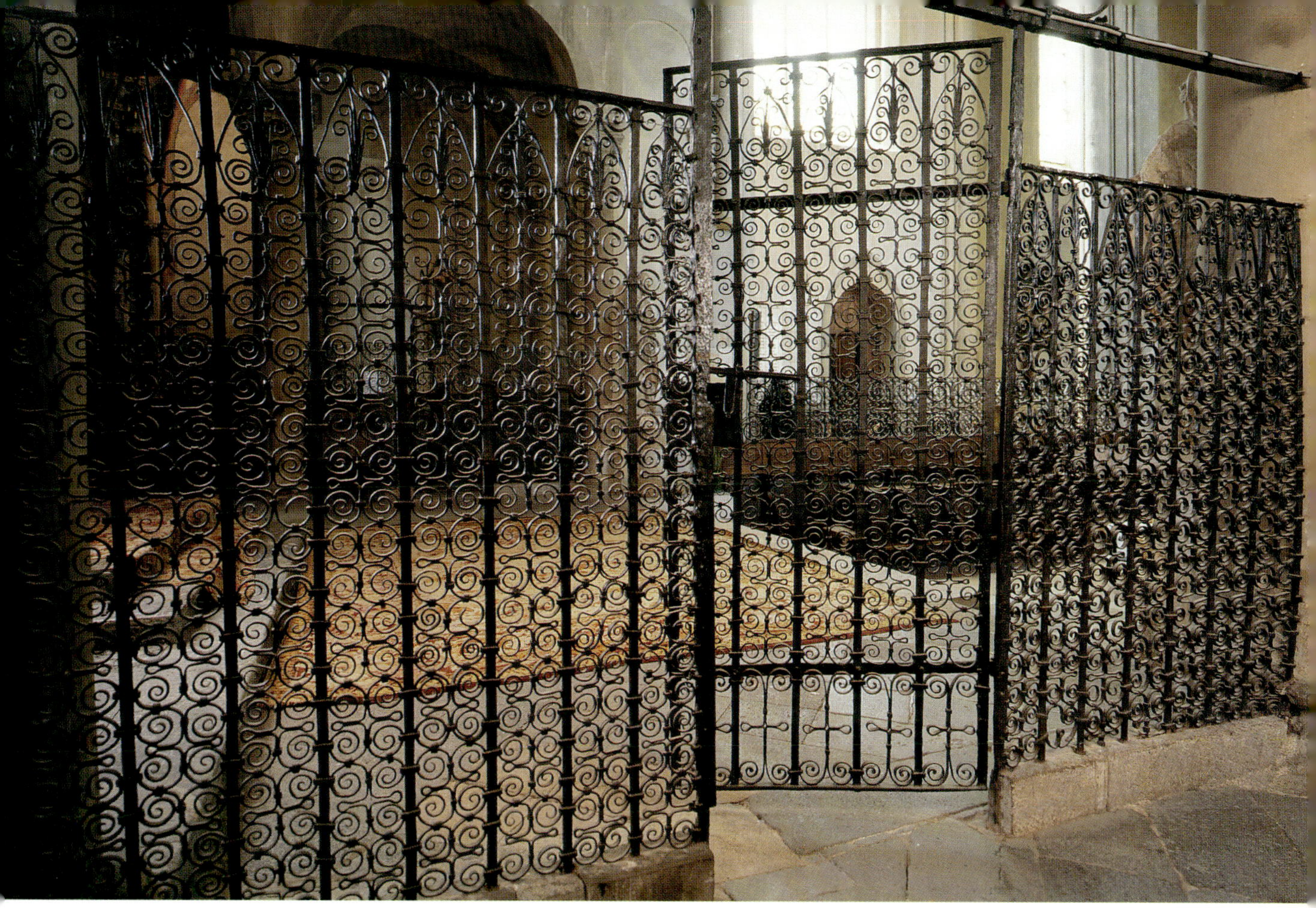

Les grilles du chœur de Billom qui témoignent de l'essor de la ferronnerie au XIIe *siècle.*
Ci-dessous, *parvenue jusqu'à nous sans jamais avoir été modifiée,*
a crypte de Saint-Cerneuf de Billom est un modèle du premier art roman auvergnat.

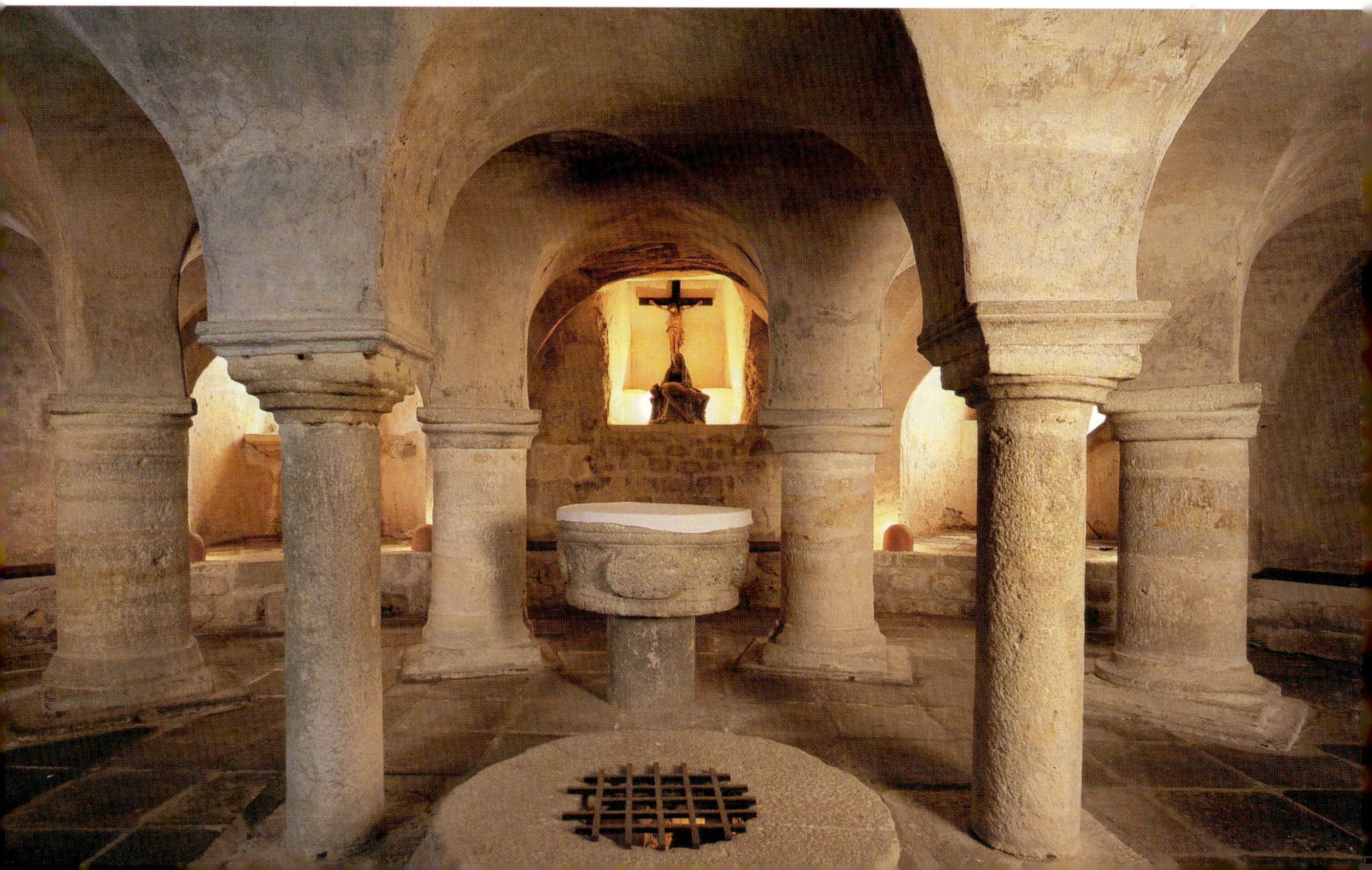

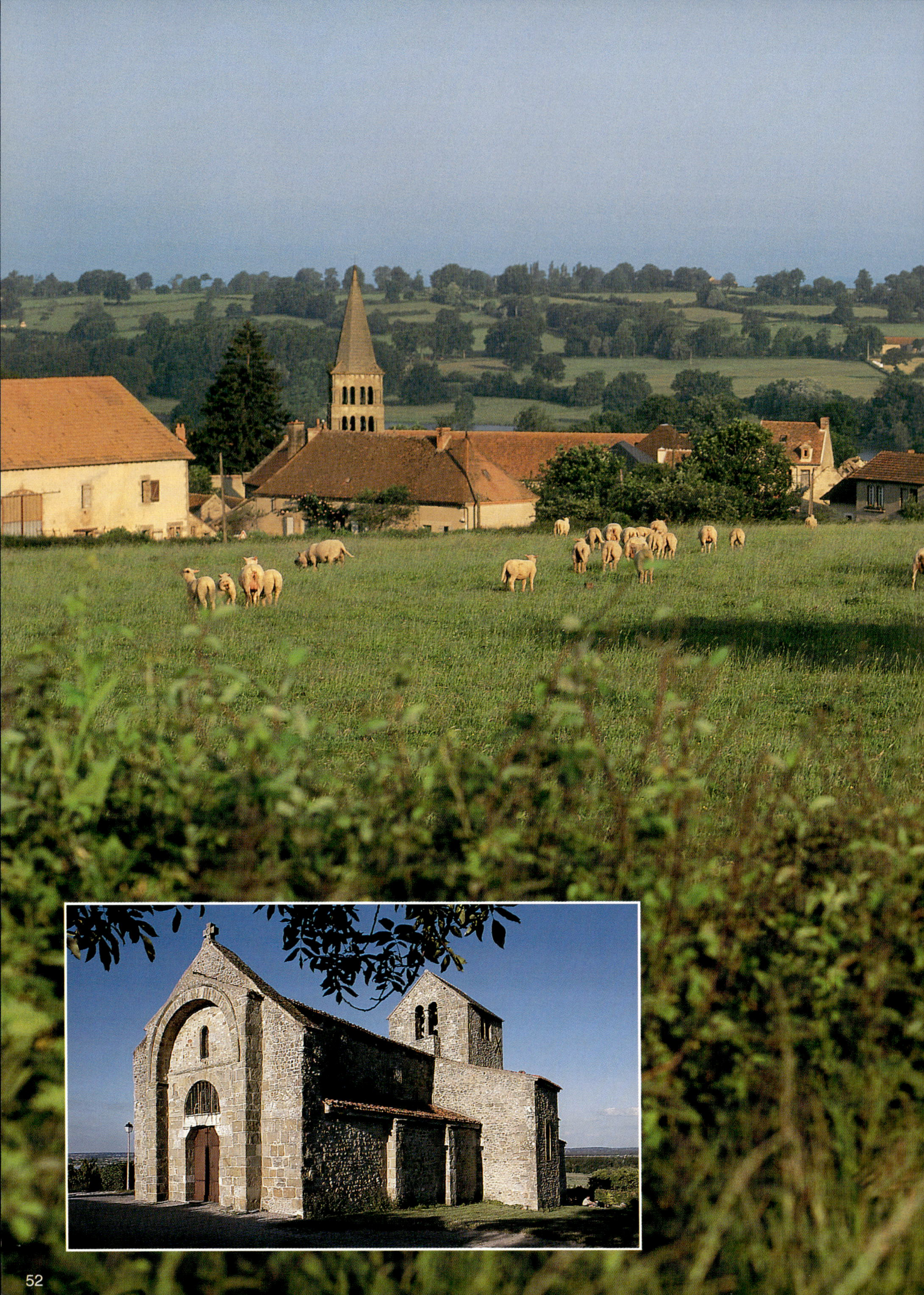

Limagne et montagne bourbonnaises

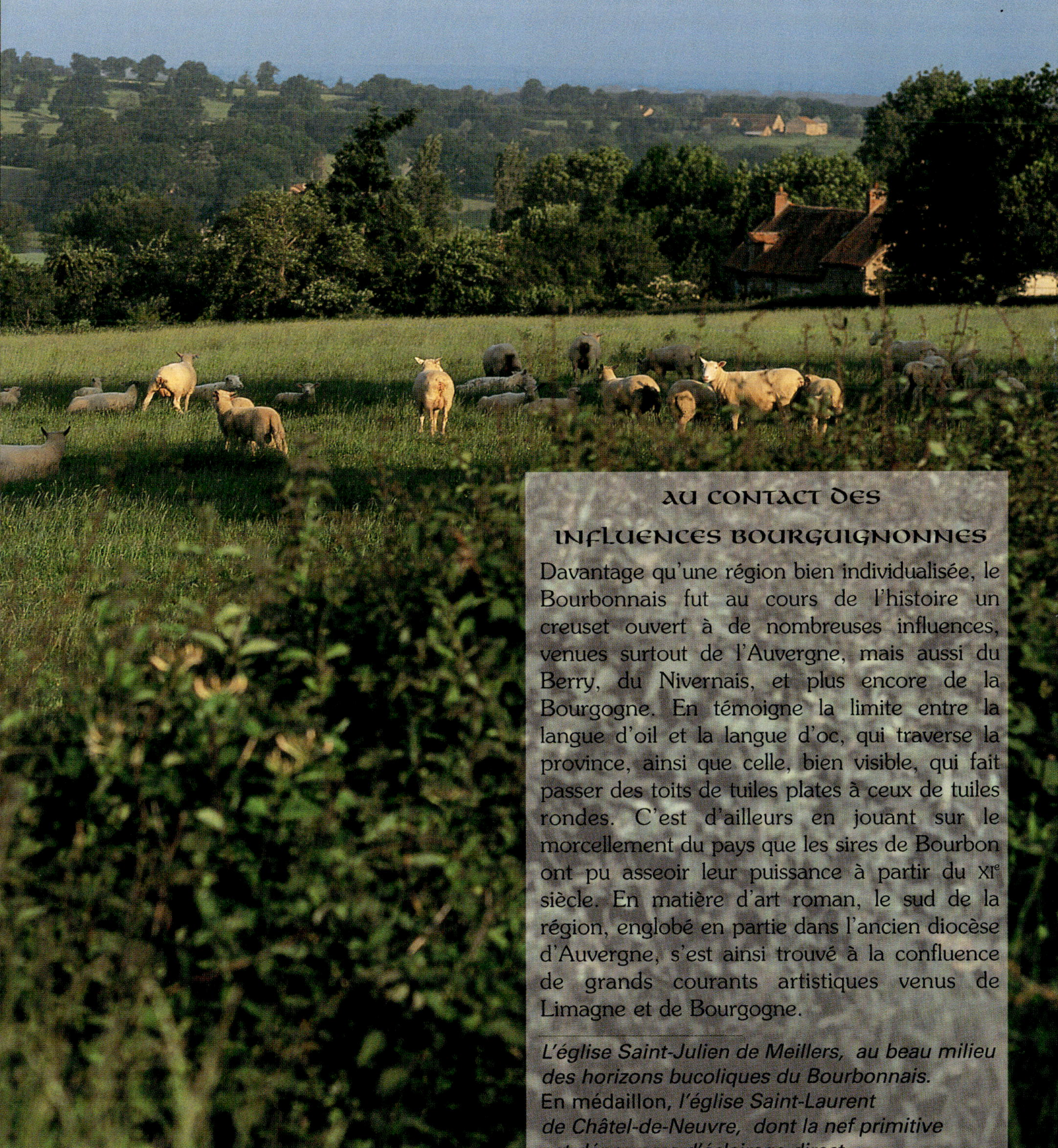

Au contact des influences bourguignonnes

Davantage qu'une région bien individualisée, le Bourbonnais fut au cours de l'histoire un creuset ouvert à de nombreuses influences, venues surtout de l'Auvergne, mais aussi du Berry, du Nivernais, et plus encore de la Bourgogne. En témoigne la limite entre la langue d'oil et la langue d'oc, qui traverse la province, ainsi que celle, bien visible, qui fait passer des toits de tuiles plates à ceux de tuiles rondes. C'est d'ailleurs en jouant sur le morcellement du pays que les sires de Bourbon ont pu asseoir leur puissance à partir du XIe siècle. En matière d'art roman, le sud de la région, englobé en partie dans l'ancien diocèse d'Auvergne, s'est ainsi trouvé à la confluence de grands courants artistiques venus de Limagne et de Bourgogne.

L'église Saint-Julien de Meillers, au beau milieu des horizons bucoliques du Bourbonnais.
En médaillon, *l'église Saint-Laurent de Châtel-de-Neuvre,* dont la nef primitive est dépourvue d'éclairage direct.

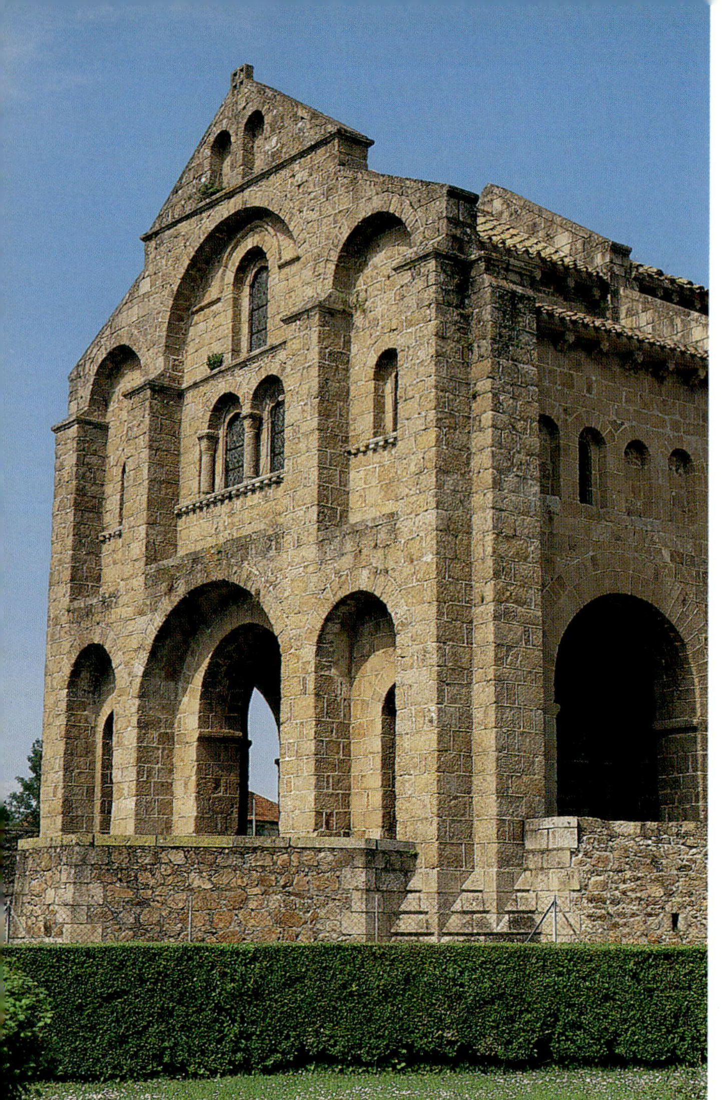

De la Montagne à l'Allier

À l'est, la Limagne Bourbonnaise est bordée par la Montagne où, sur le rebord accidenté des monts de la Madeleine, s'impose un monument roman bien particulier. L'église de Châtel-Montagne est en effet un édifice de rugueux granit qui associe les traditions auvergnates et une ordonnance à trois étages inspirée de Cluny. Une des nombreuses campagnes de construction qui ont contribué à l'élaboration de cette majestueuse église l'a complétée d'une façade occidentale ouvragée, élément inhabituel en la province.

Héritière d'un prieuré de Cluny comme celle de Châtel-Montagne, mais située au milieu de la plaine au-delà de l'Allier, l'église de Biozat est parfaitement limagnaise, avec des chapiteaux reprenant les thèmes traités à Mozac. Non loin, Gannat est riche de deux églises, romanes pour tout ou partie, qui dépendaient de l'abbaye d'Issoire. Cependant le titre de gloire de la ville se découvre en son château-musée : il s'agit d'un célèbre Évangéliaire du XIIe siècle provenant d'Ébreuil, sur lequel a été montée une plaque d'ivoire d'époque carolingienne représentant la Crucifixion et la Résurrection.

La façade de l'église de Châtel-Montagne, correspond à un porche ajouté après coup sur une première façade en mur-pignon.
Ci-dessous, *le fameux chapiteau de l'âne bâté.*

L'humour à fleur de granite

Les compagnons qui ont édifié l'église de Châtel-Montagne ne se sont pas laissé décourager par la dureté et les gros grains du granite qu'ils avaient à mettre en œuvre. La virtuosité leur étant interdite pour les sculptures, ils ont pris le parti de l'humour, comme on peut le constater en détaillant les chapiteaux du sanctuaire. Il ne s'y trouve aucun sujet religieux, mais des compositions savoureuses avec des quadrupèdes dressés sur leurs pattes de derrière, qui se mordent la queue, des bustes d'hommes sonnant de l'olifant, une sirène ou un atlante à tête de singe. Le chapiteau le plus cocasse représente un âne rétif, chargé d'une besace, qu'un homme tire par devant tandis que son compagnon s'arc-boute sur la queue de l'animal, moyen radical de le décider à avancer, disait-on jadis dans les campagnes.

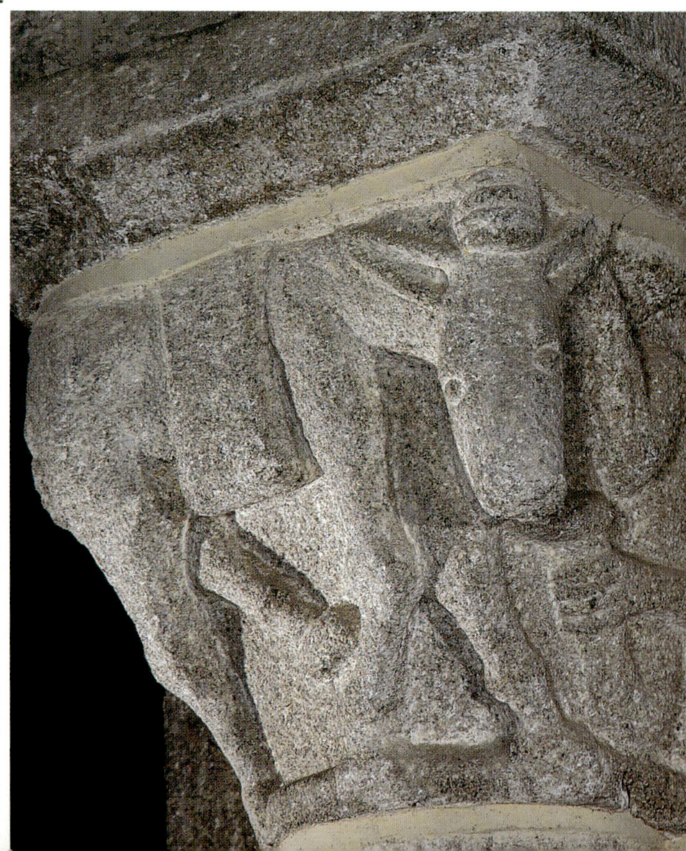

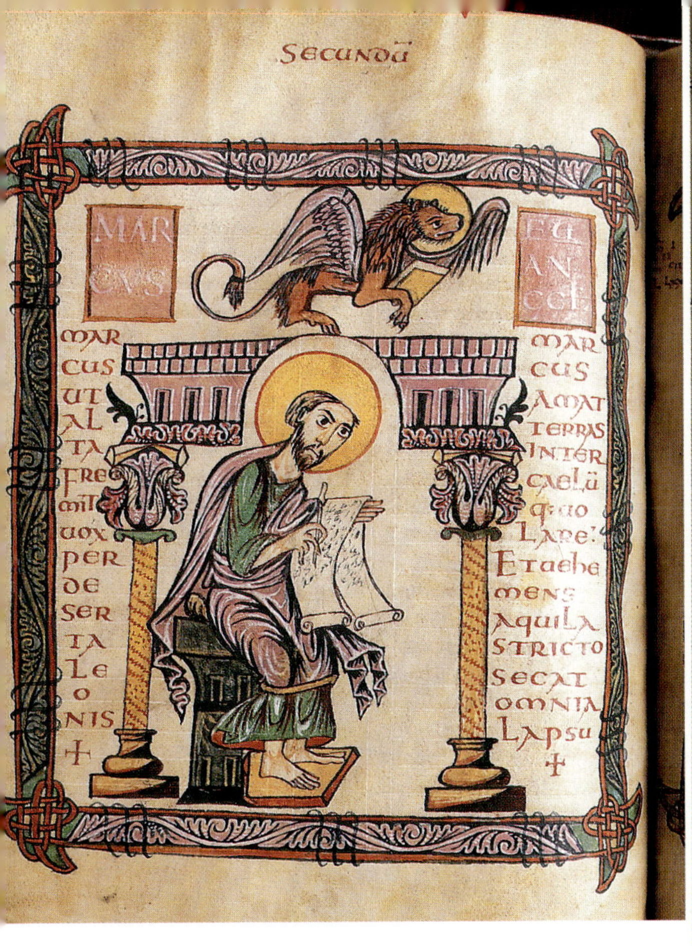

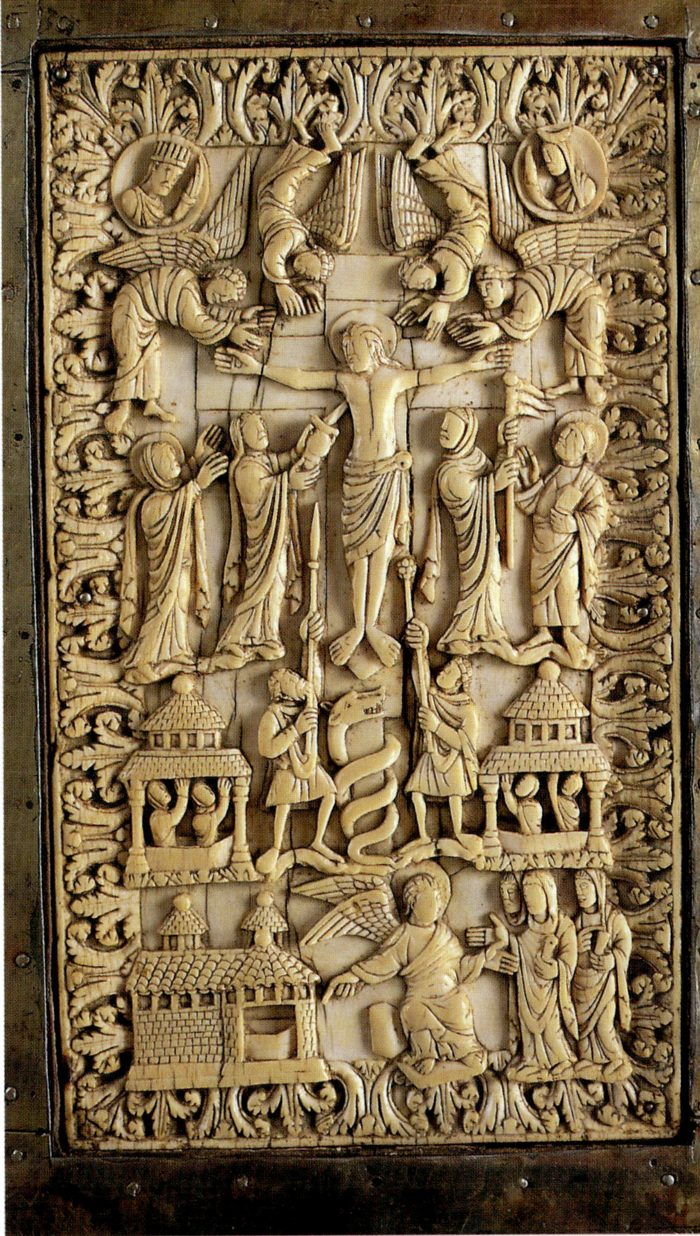

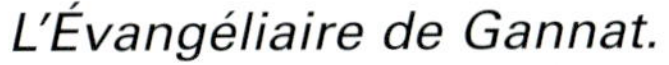

L'Évangéliaire de Gannat.
En haut, à gauche, *saint Marc et son lion fétiche* ;
à droite, *le plat de reliure en ivoire (xᵉ).*

En bas, à gauche et à droite, *des enluminures : saint Mathieu et sa créature symbolique.*
Au centre, *la couverture enrichie, au XIIᵉ siècle, de pierreries et d'émaux cloisonnés.*

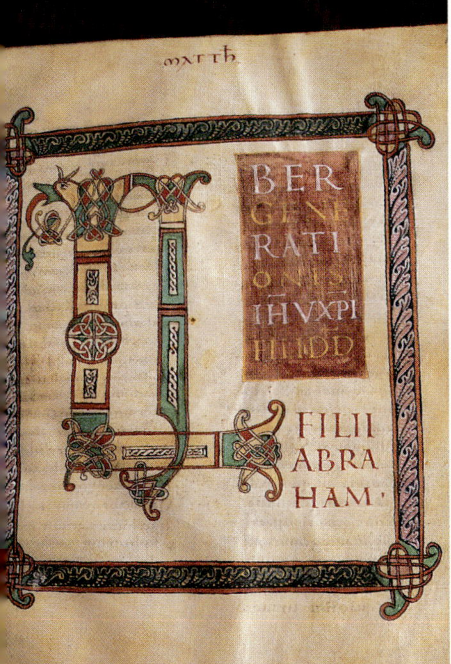

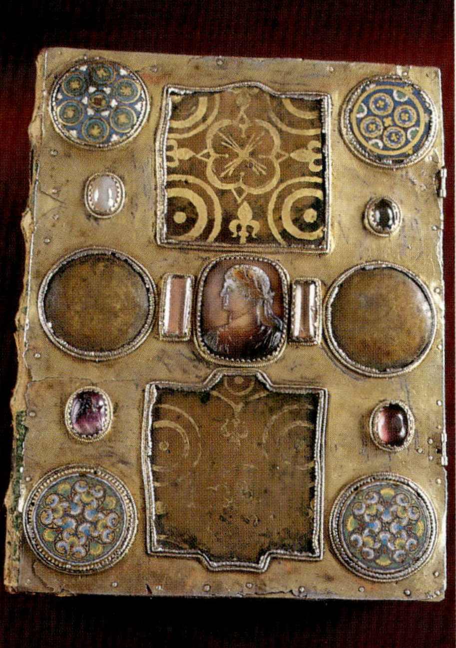

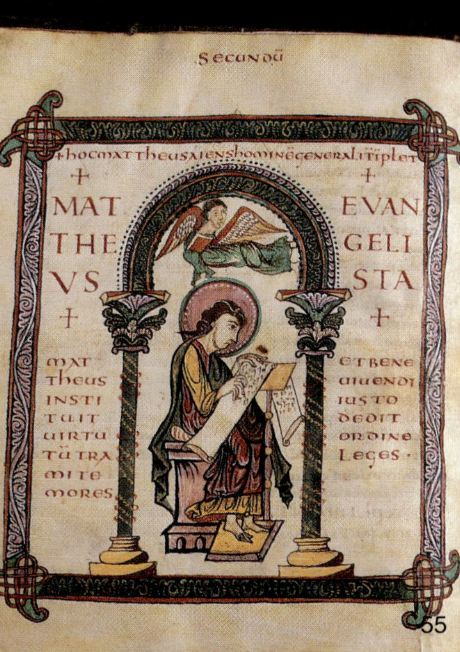

UN REFUGE AU BORD DE LA SIOULE

À la sortie des gorges de la Sioule, Ébreuil entra dans l'histoire lorsque Louis le Pieux, l'un des fils de Charlemagne, en fit le siège de son palais d'hiver. La vocation spirituelle du lieu s'affirma quand en 898 les moines de Saint-Maixent en Poitou, fuyant les Normands, vinrent y mettre en sûreté les reliques de saint Léger. Une abbaye bénédictine fut alors construite, dont l'église actuelle est le témoin. Derrière un superbe clocher-porche du XIIe siècle, la nef charpentée et le transept de l'édifice appartiennent en effet au tout premier âge roman auvergnat. La tribune de la nef est recouverte d'un des plus importants cycles de peintures romanes de la province, consacrées notamment à saint Austremoine, saint Pancrace et sainte Valérie.
Les environs comptent plusieurs sanctuaires dignes d'intérêt, en particulier à Veauce. L'église de calcaire doré du village est un ancien prieuré d'Ébreuil qui s'apparente à Saint-Saturnin par l'architecture et la situation.

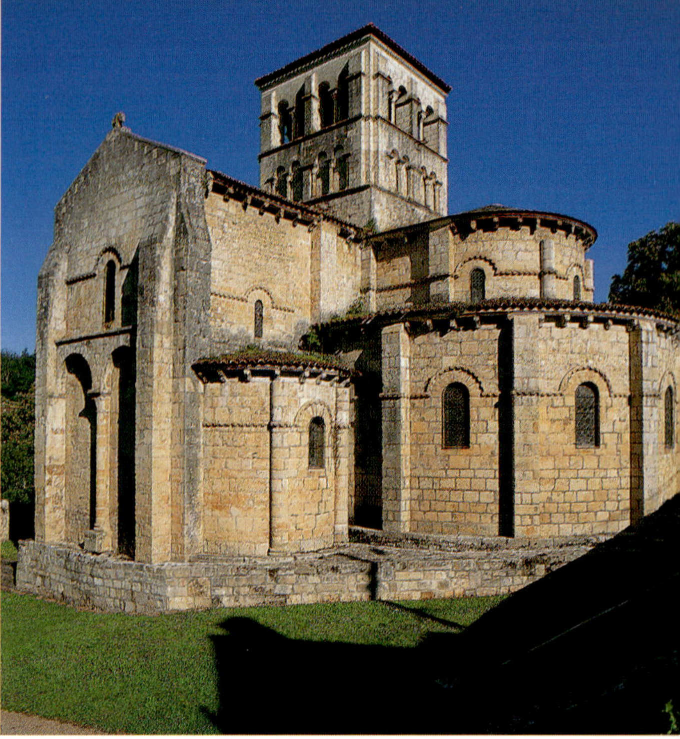

L'église de Veauce, dans l'éclairage matinal qui magnifie la patine de ses pierres.
Le déambulatoire et le chœur de l'église de Veauce, remarquable par son développement en hauteur.

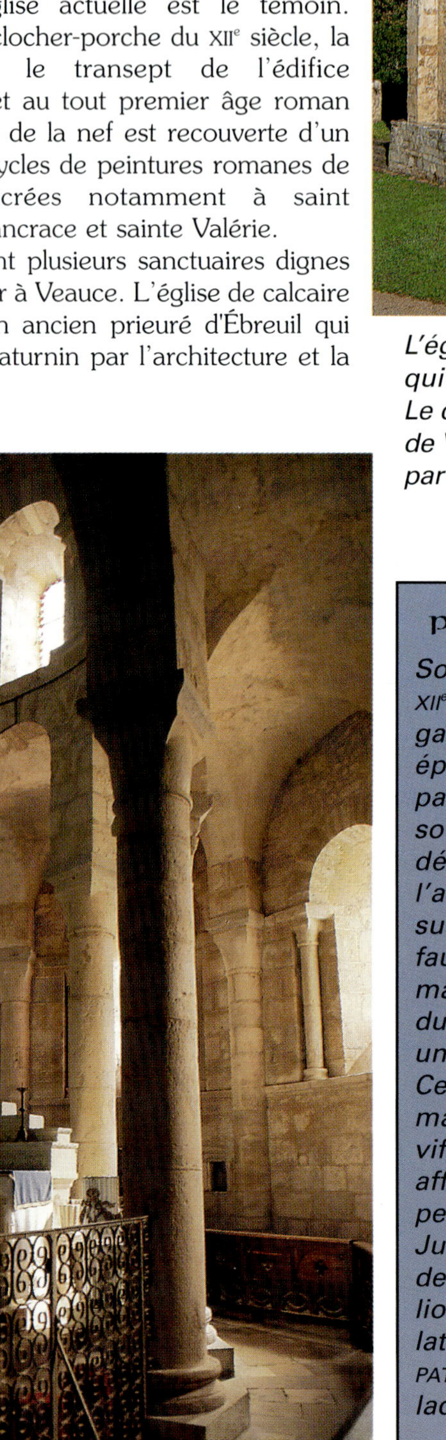

PEAUX DE BÊTES ET MUFLES DE LIONS

Sous son beau clocher-porche du début du XIIe siècle, l'église Saint-Léger d'Ébreuil a gardé des portes contemporaines de cette époque. Viollet-le-Duc en admirait particulièrement les ferrures, qui ont été souvent reproduites dans la région et qu'il décrivait ainsi dans son Dictionnaire de l'architecture : « Chaque vantail n'est suspendu que par deux pentures ; sept fausses pentures garnissent les frises et les maintiennent entre elles. La fausse penture du milieu, plus riche que les six autres, forme une double palmette d'un beau caractère. Ces ferrures sont posées sur des peaux marouflées sur le bois et peintes en rouge vif ». À propos de ces dernières, il a été affirmé qu'elles étaient comme à Orcival des peaux d'ours. À l'exemple de l'église Saint-Julien de Brioude, ce portail conserve aussi deux heurtoirs de bronze ornés de têtes de lions stylisées. L'un d'eux porte l'inscription latine ADEST PORTA PER QUAM JUSTI REDEUNT AD PATRIAM, c'est-à-dire : voici la porte par laquelle les justes reviennent à leur patrie.

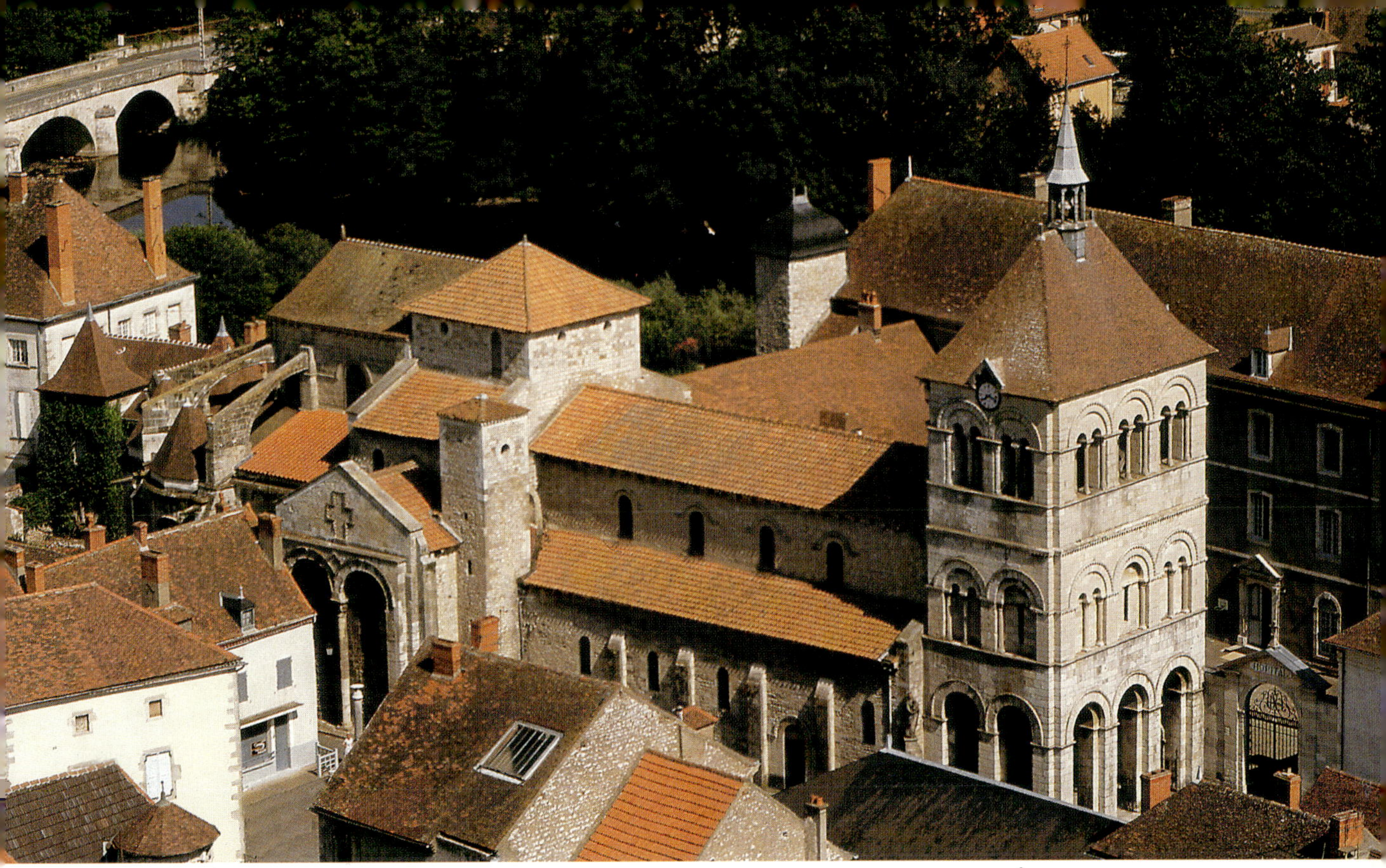

Précédée de son élégant clocher-porche, l'ancienne abbatiale Saint-Léger d'Ébreuil.

Un heurtoir de bronze des vantaux romans du porche de Saint-Léger.
La fresque de l'Annonciation, avec la Vierge aux bras ouverts, revêtue d'un voile, à la manière de celle de Saint-Austremoine à Issoire. La fresque du martyre de sainte Valérie : Étienne, son ancien fiancé, remet l'épée du supplice au bourreau.

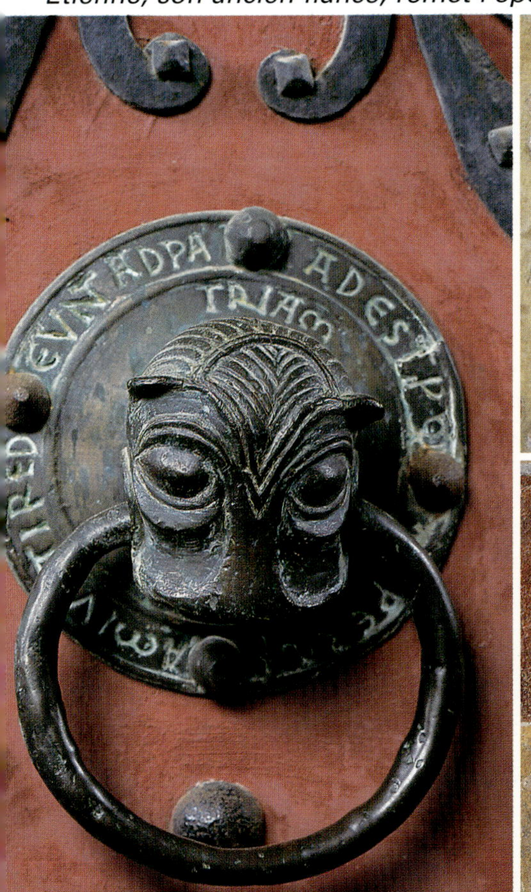

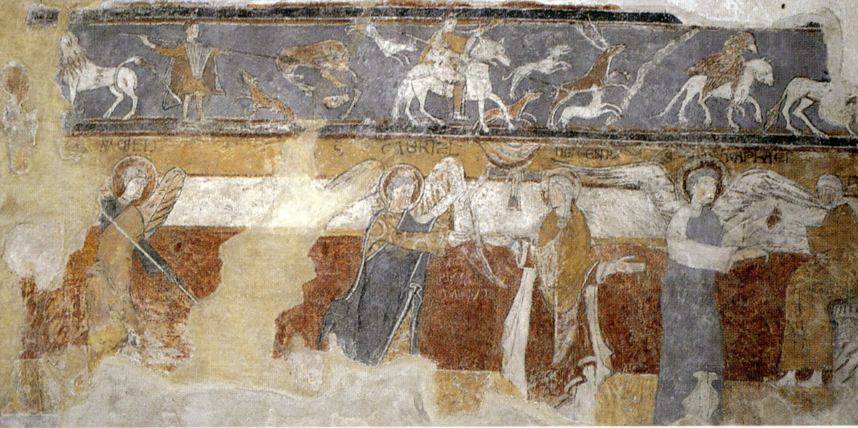

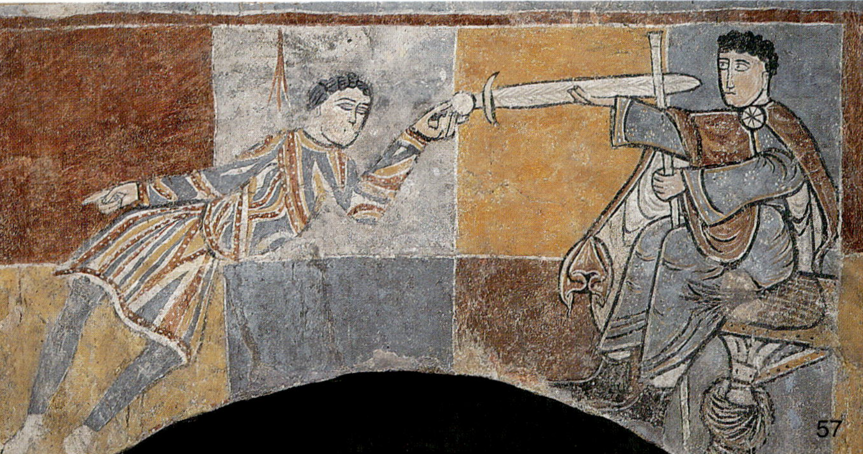

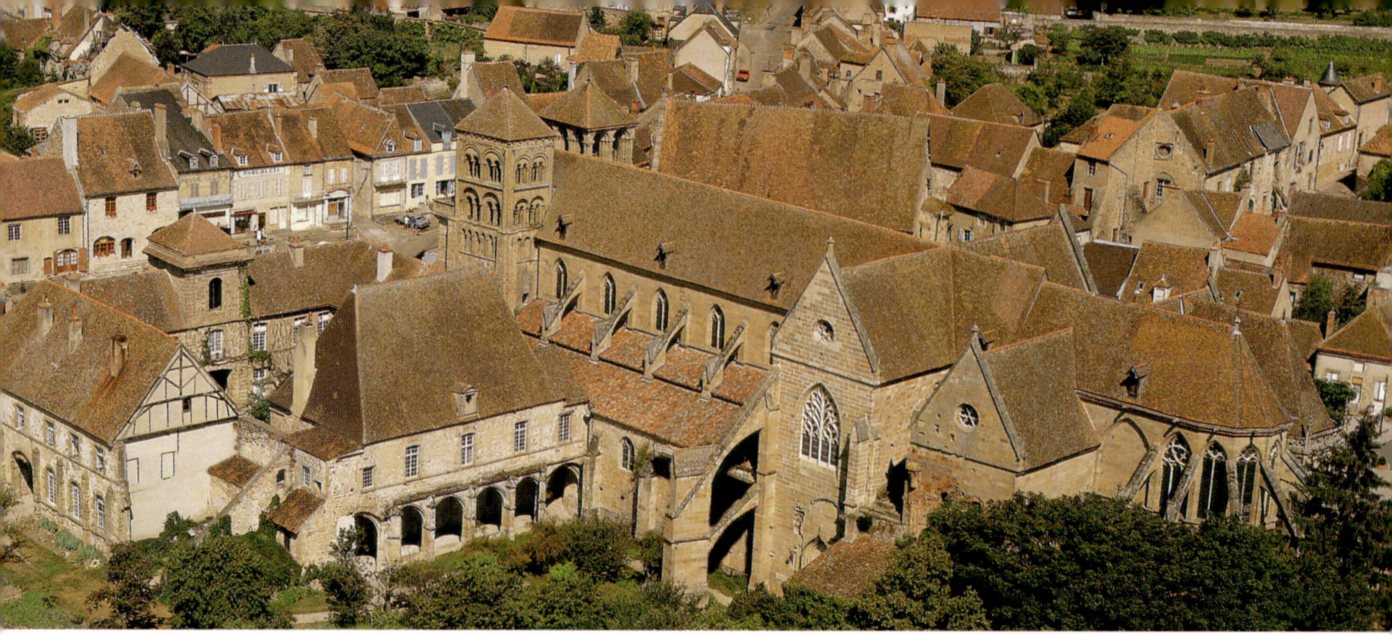

Souvigny, le joyau de l'Ile de Bourbon

Par allusion à l'Ile de France, on dénomme parfois "Ile de Bourbon" la petite région comprise entre Moulins, Souvigny et Bourbon-l'Archambault, où se fit l'histoire du Bourbonnais et où se concentrent les monuments les plus marquants de la province. Le fleuron en est l'église prieurale Saint-Pierre de Souvigny, une « fille » de Cluny qui est la plus belle du pays et la plus riche de patrimoine. Cette immense église de pèlerinage qui pouvait accueillir dix à douze mille fidèles a été maintes fois transformée au cours des siècles, mais elle a gardé une nef en grande partie romane, comme son chevet, lequel reprend le modèle de celui d'Issoire.
Parmi les dépendances de Souvigny, il faut retenir Châtel-de-Neuvre. Petite, mais occupant un site privilégié au-dessus de l'Allier et montrant une pureté de style remarquable, cette église d'allure austère illustre à merveille les débuts de l'art roman.

Le « tombeau de saint Mayeul »

C'est à deux saints abbés de Cluny, morts en ses murs, que l'abbaye de Souvigny doit d'être devenue le plus beau sanctuaire du Bourbonnais, la nécropole des ducs de Bourbon et l'un des foyers à partir duquel rayonna la puissance de cette lignée. L'histoire des lieux commença en 916 quand Aymard, l'un des ancêtres des Bourbons, légua, à l'abbaye de Cluny, ses biens de Souvigny, dont une église dédiée à saint Pierre. Mayeul de Provence, le quatrième abbé de Cluny, amené par ses fonctions à parcourir l'Occident chrétien, mourut en 994 à Souvigny au cours d'un de ses voyages et y fut enterré. Immédiatement canonisé, il attira sur son tombeau des milliers de pèlerins, dont Hugues Capet. Son successeur, Odilon de Mercœur, entreprit la construction de l'église actuelle et développa considérablement l'ordre clunisien, tout en gagnant une popularité extraordinaire en instaurant la « Trêve de Dieu ». Il s'éteignit en 1049 à Souvigny et fut lui aussi canonisé. Ses reliques furent associées à celles de saint Mayeul dans un très remarquable tombeau du milieu du XIIe siècle, finement sculpté, disposé au revers du portail d'entrée gauche, qui est muré.

Le bas-côté nord du prieuré, de style roman-bourguignon ; au fond, le tombeau de saint Mayeul.

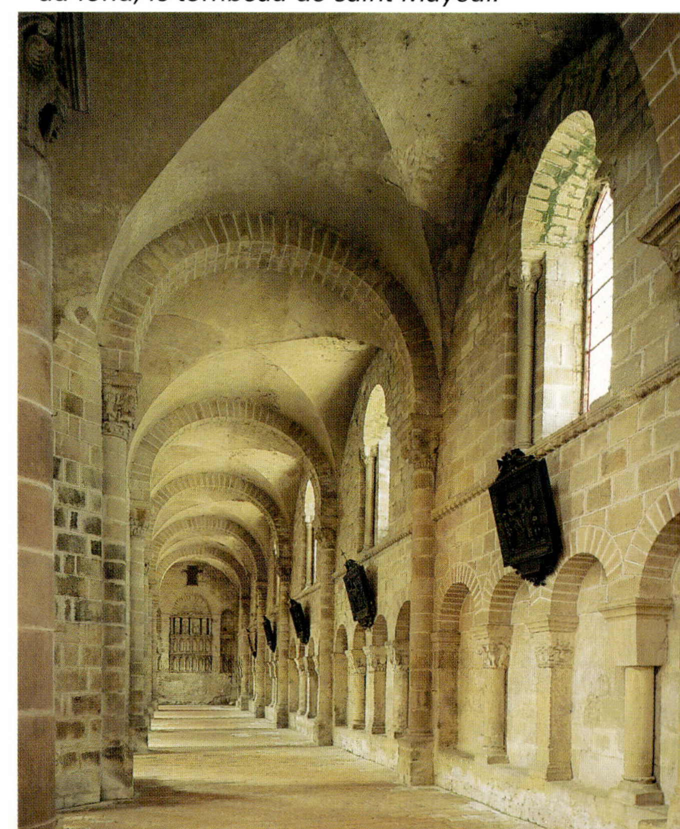

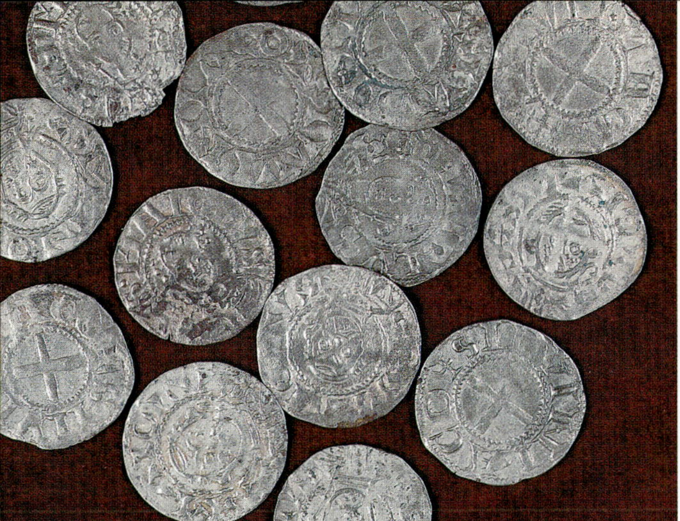

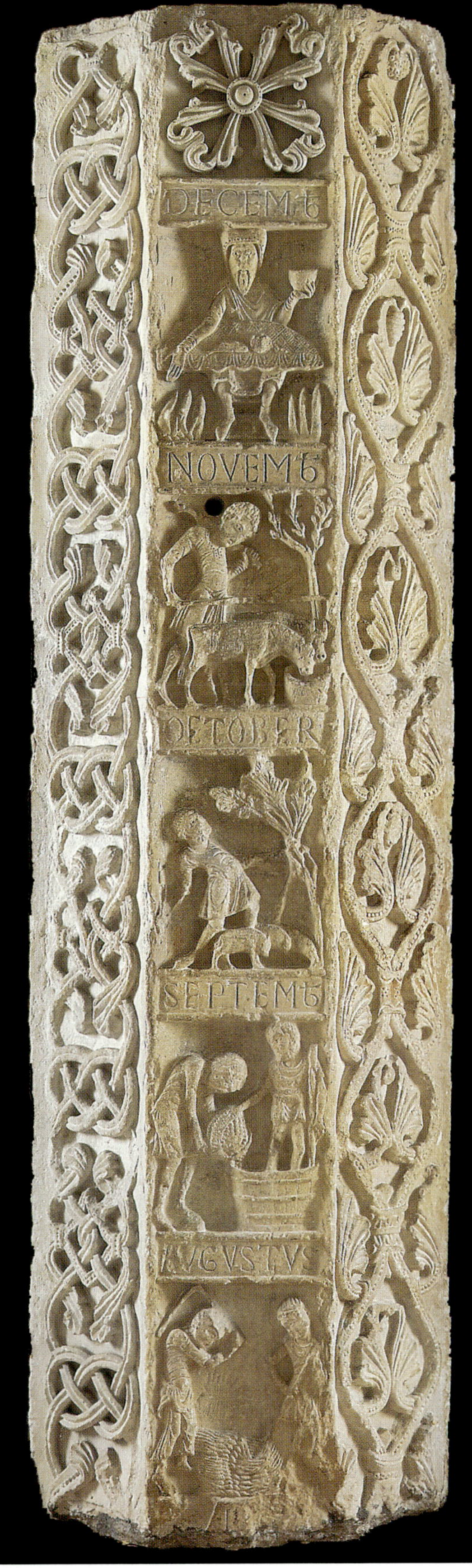

La face du calendrier illustrant les travaux des champs. Ci-contre, en haut, *des monnaies d'argent du XIIe siècle frappées à Souvigny.*

Le « calendrier » roman de Souvigny

Face à la grande prieurale de Souvigny, de l'autre côté de la rue, s'élève l'ancienne église Saint-Marc, édifice de style roman bourguignon. Le musée de la Colonne du Zodiaque présente la pièce la plus singulière du patrimoine de l'abbaye, le fameux « calendrier » roman. Aussi connu sous le nom de « pilier », d'« octogone » ou de « colonne du Zodiaque », ce qui traduit bien la perplexité des spécialistes à son sujet, ce vestige est un fort pilier octogonal de 840 kg, haut comme un homme, qui est manifestement tronqué de plus de la moitié. En effet, une face sur deux de cette colonne est sculptée, évoquant les mois de l'année, les signes du Zodiaque, des êtres fabuleux et des animaux fantastiques ou exotiques. Lue de bas en haut, la série des mois montre ainsi, notamment, des paysans battant le grain au fléau en août, en septembre un vigneron foulant le raisin qu'un autre déverse dans la cuve et un maigre repas d'hiver en décembre. Parmi les signes du Zodiaque, on remarque une étrange créature à quatre pattes et à queue pointue qui est censée représenter le scorpion. Pour les êtres fabuleux, le sculpteur a eu de même quelque peine à différencier les « sauvages » des contrées lointaines. Enfin, pour ce qui est des animaux fantastiques, on voit entre autres une sirène et un quadrupède à tête humaine. Entre ces faces à thèmes, se développent des ornements abondants, grecques perlées, rinceaux, bandeaux d'entrelacs et palmettes qui font dater l'ouvrage de la fin du XIIe siècle. A quoi était destiné ce somptueux pilier ? On a imaginé qu'il servait de socle de lanterne funéraire, de gnomon pour un cadran solaire, ou plus vraisemblablement de chandelier pascal.

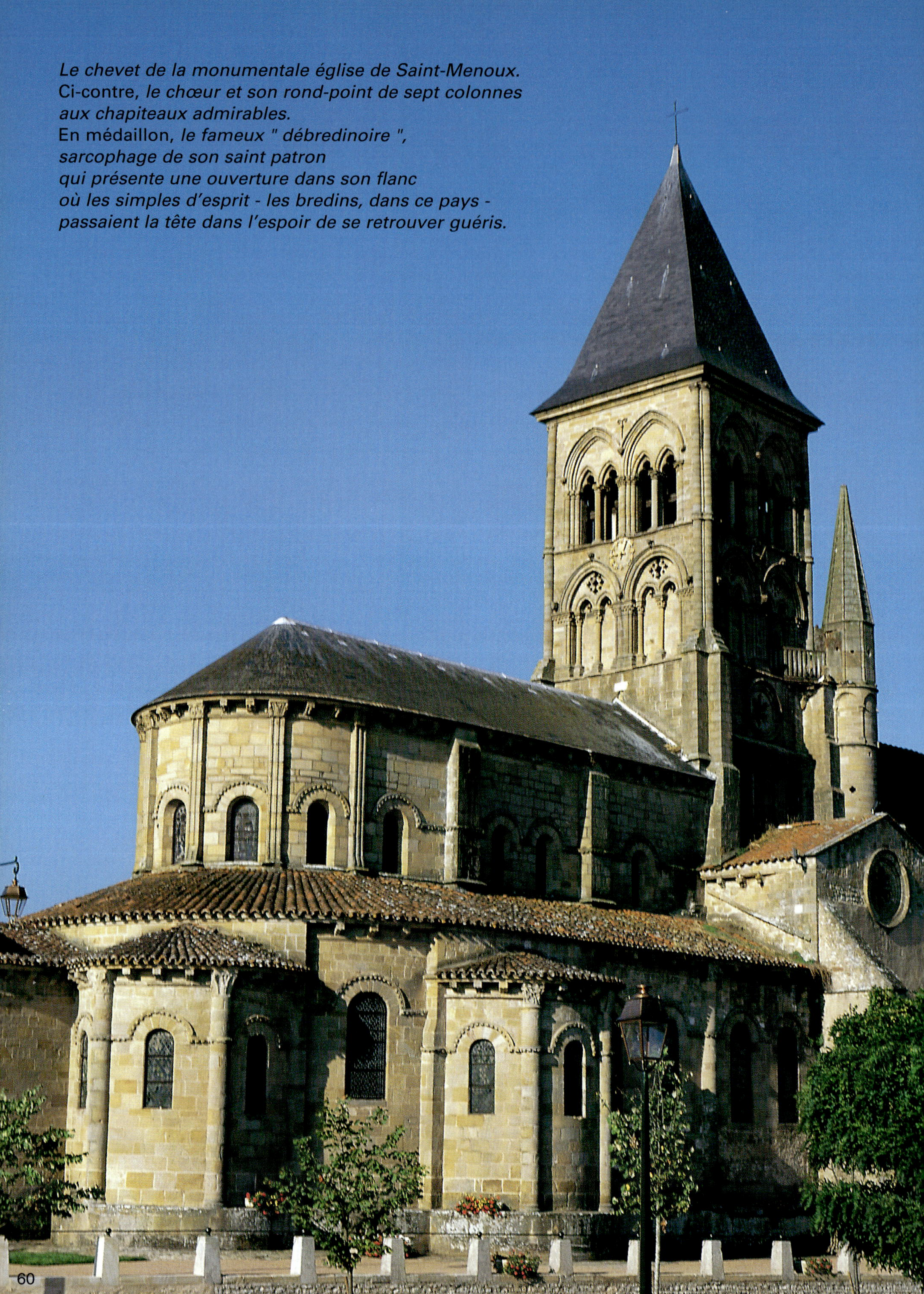

Le chevet de la monumentale église de Saint-Menoux.
Ci-contre, *le chœur et son rond-point de sept colonnes aux chapiteaux admirables.*
En médaillon, *le fameux " débredinoire ", sarcophage de son saint patron qui présente une ouverture dans son flanc où les simples d'esprit - les bredins, dans ce pays - passaient la tête dans l'espoir de se retrouver guéris.*

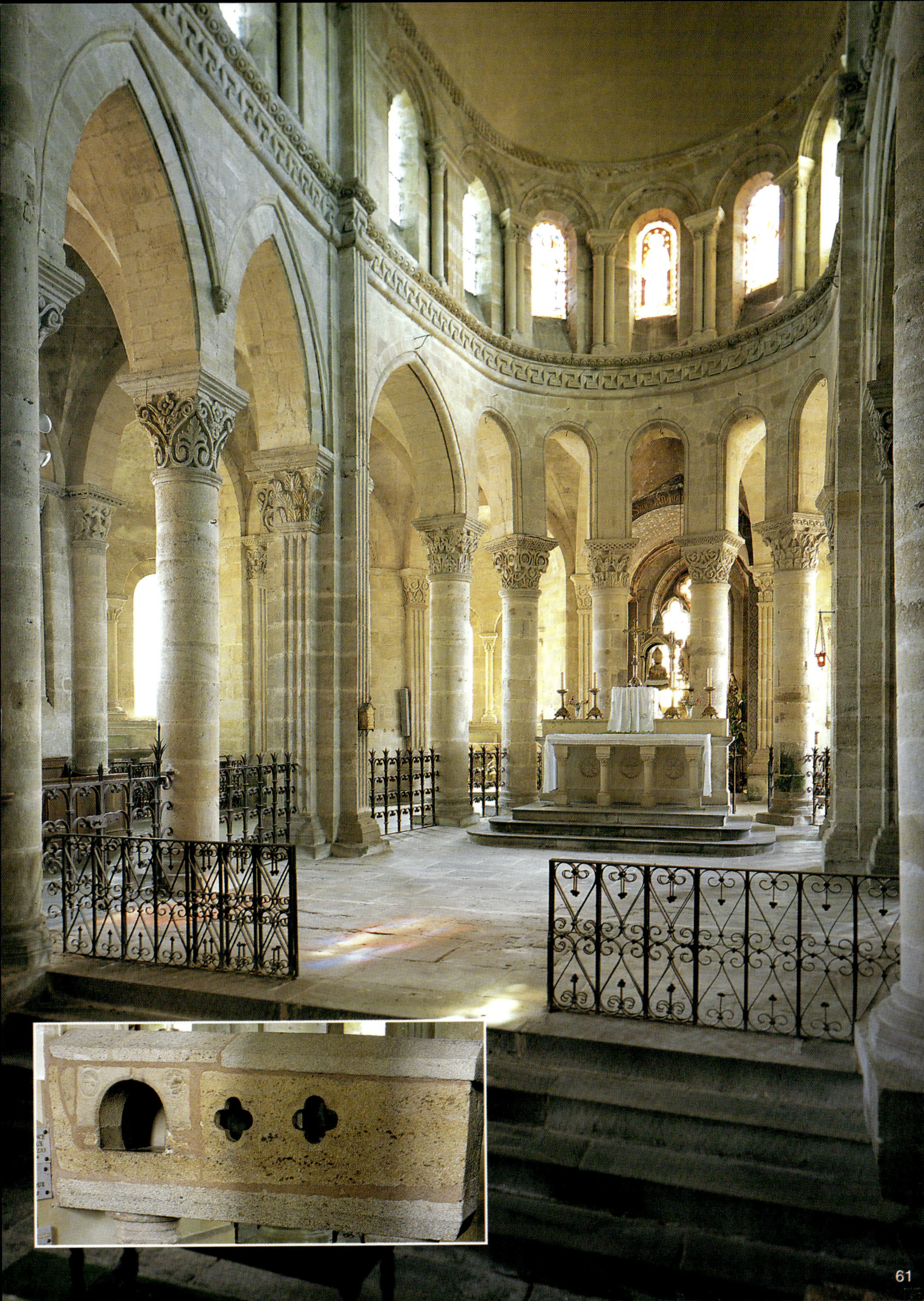

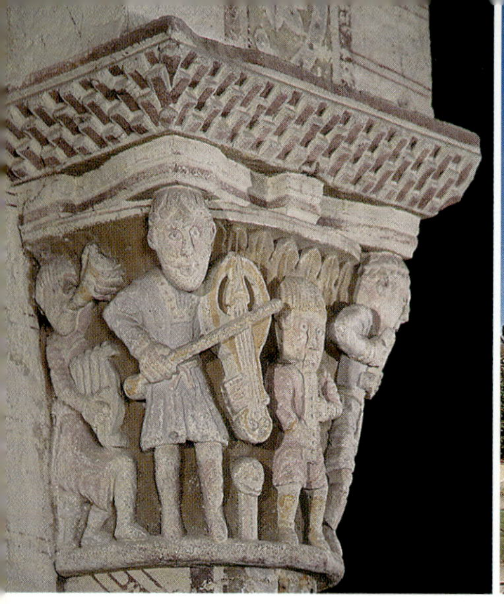

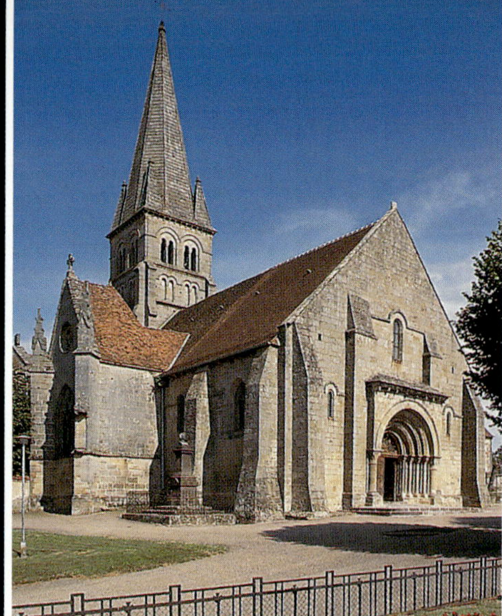

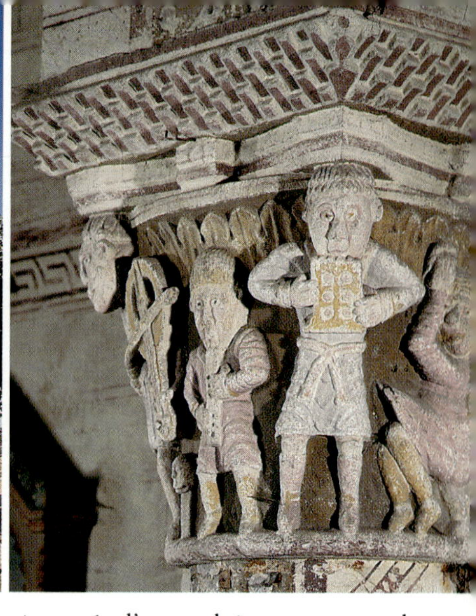

EN MARGE DE L'AUVERGNE

Au nord de l'ancien diocèse de Clermont, l'art roman auvergnat a fait des émules, que ce soit pour l'architecture ou pour la statuaire. Ainsi peut-on par exemple faire la part, dans l'église Saint-Georges de Bourbon-L'Archambault, de ce qui est inspiré par Souvigny, et donc indirectement par Cluny, et de ce qui se rapporte à une tradition purement auvergnate. L'influence bourguignonne est surtout illustrée par des détails décoratifs comme les voussures ornées d'oves, de palmettes et de rubans perlés, l'Auvergne s'affirmant quant à elle au travers de chapiteaux pleins de saveur, à l'exemple de celui des Musiciens qui figure des joueurs de syrinx, de flûte, de viole et de cor.

Non loin, la sculpture régionale trouve l'un de ses témoignages marquants en l'église de la Sainte-Trinité d'Autry-Issards. Ce sanctuaire est coiffé d'une tour-clocher carrée à deux étages qui est l'une des plus belles du Bourbonnais. Mais devant cette église les visiteurs lèvent plutôt les yeux vers le linteau sculpté du portail, remarquable à plusieurs titres. L'œuvre est l'une des très rares qui porte la signature de son auteur, identifié par l'inscription NATALIS ME FE(cit). Ce linteau en bâtière, à décor de damiers et d'imbrications, est orné d'une gloire en amande, dont le Christ a malheureusement disparu, que portent avec fougue les archanges Michel et Raphaël, en un tableau qui trahit des influences auvergnates liées au portail de Sainte-Foy de Conques.

Pour s'en convaincre, il suffit de se rendre aux confins orientaux du Bourbonnais, à Neuilly-en-Donjon, où le portail de l'église est surmonté d'un linteau inspiré cette fois par l'école bourguignonne. Cette superbe réalisation très fouillée montre l'Adoration des mages, Adam et Eve et la Cène.

À l'ouest du Bourbonnais, Montluçon fait découvrir comment l'art roman auvergnat a su de la même façon s'allier à des conceptions venues du Berry voisin. L'église Saint-Pierre, qui était sous la dépendance de l'archiprêtré d'Huriel, est très représentative de ce mariage, associant une coupole sur trompes parfaitement auvergnate à de typiques « passages berrichons » qui relient une nef sans bas-côtés aux bras du transept. À deux pas de Montluçon, l'église Saint-Georges de Néris-les-Bains affiche plus nettement encore son appartenance à la tradition auvergnate avec un chevet à déambulatoire et trois chapelles rayonnantes, surmonté de pignons, qui évoque celui de Saint-Nectaire.

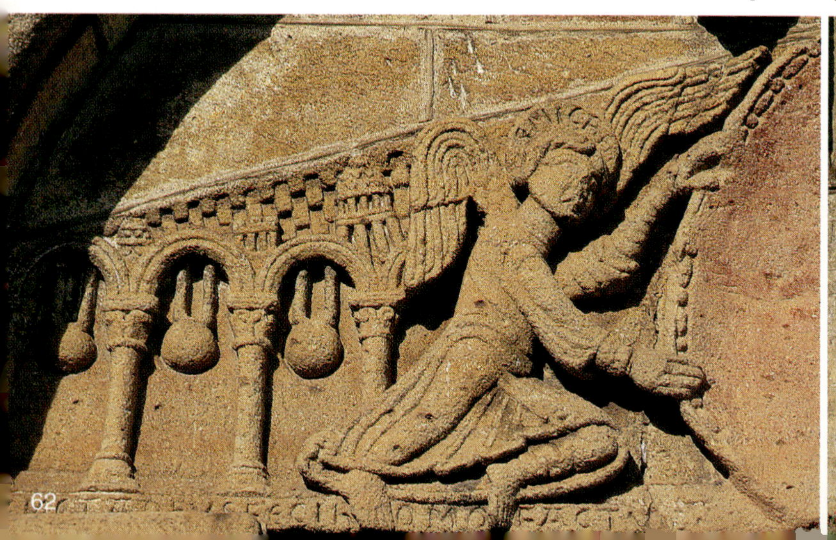

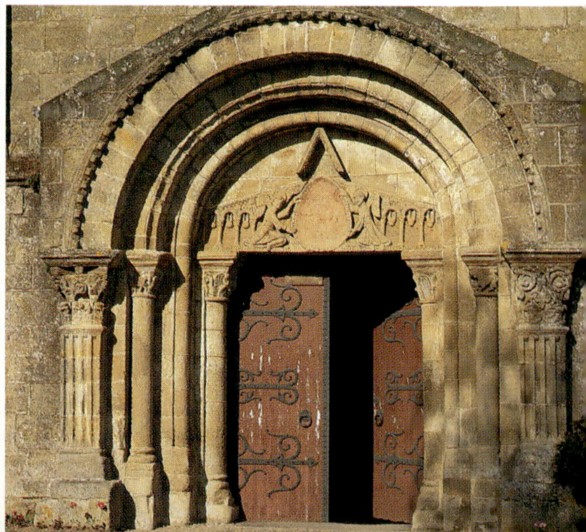

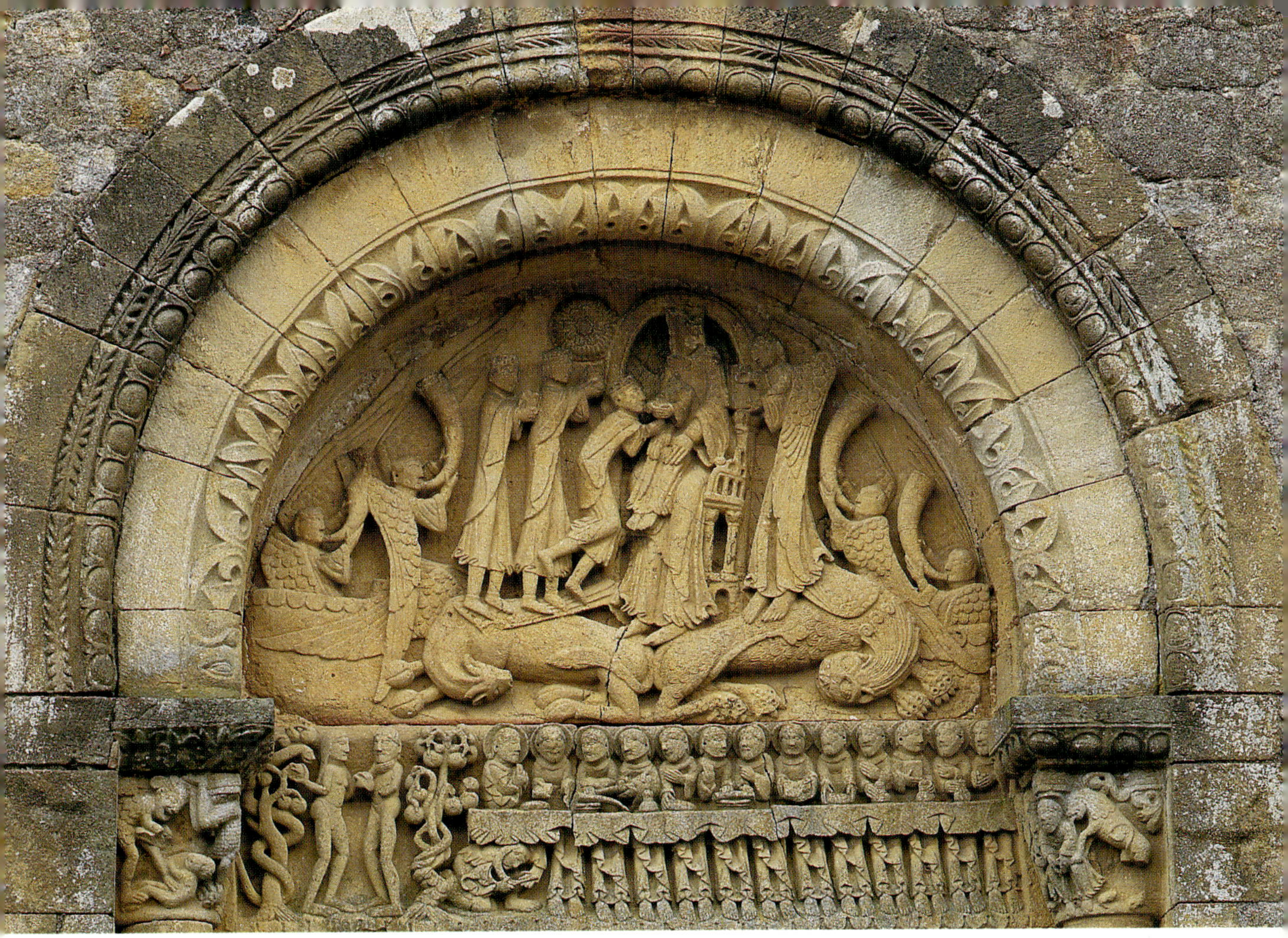

Le portail d'inspiration bourguignonne de Neuilly-en-Donjon : on remarque, au linteau, ans la représentation de la Cène, la figure de Marie-Madeleine prosternée aux pieds du Christ.
Ci-contre, en haut, *l'église de Bourbon-L'Archambault et deux aspects du chapiteau des Musiciens ;* en bas, *le portail de l'église d'Autry-Issards, avec un détail du linteau : l'archange saint Michel.*
Ci-dessous, *la nef de l'église Saint-Pierre de Montluçon, avec sur les côtés ses étroits « passages berrichons ». L'église de Néris-les-Bains, aux assises romaines.*

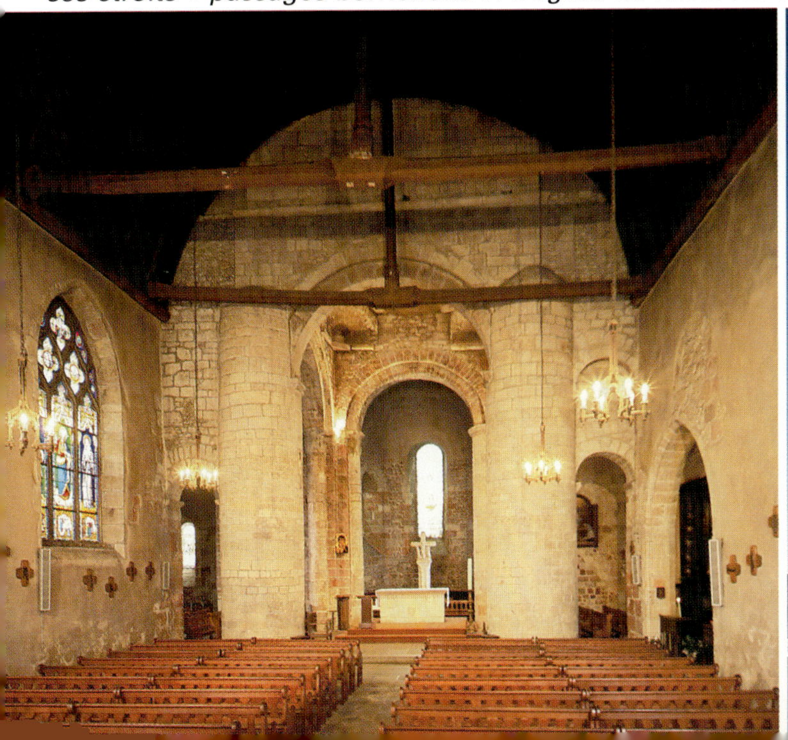

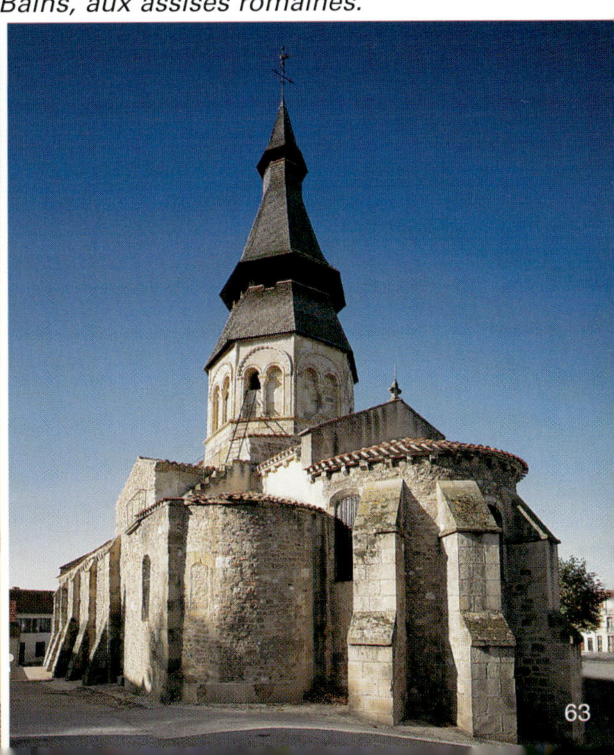

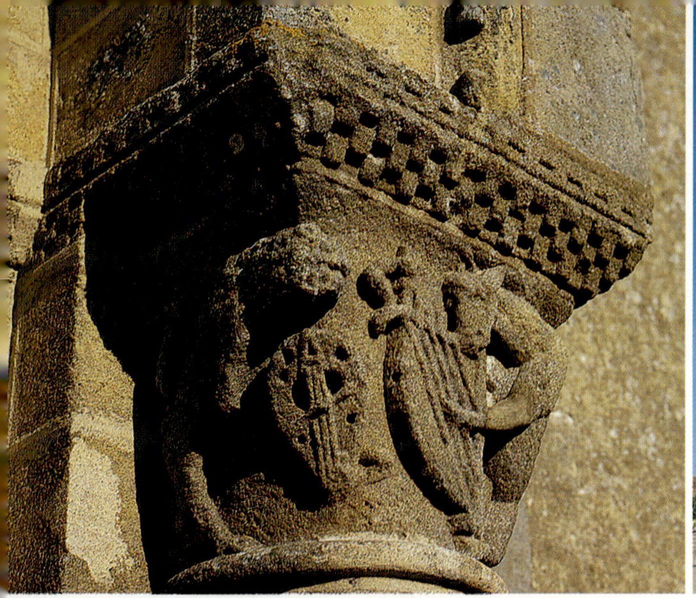
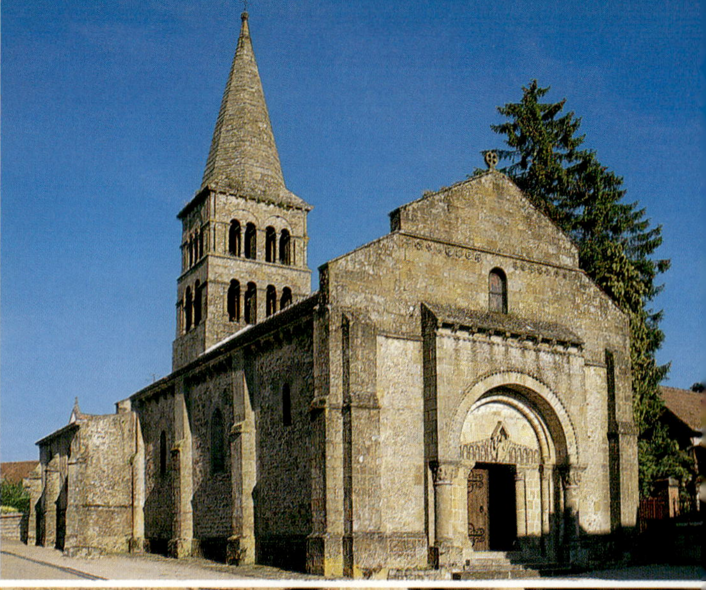
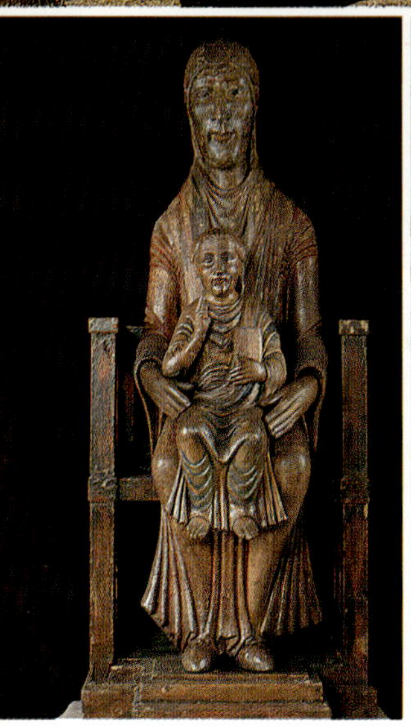
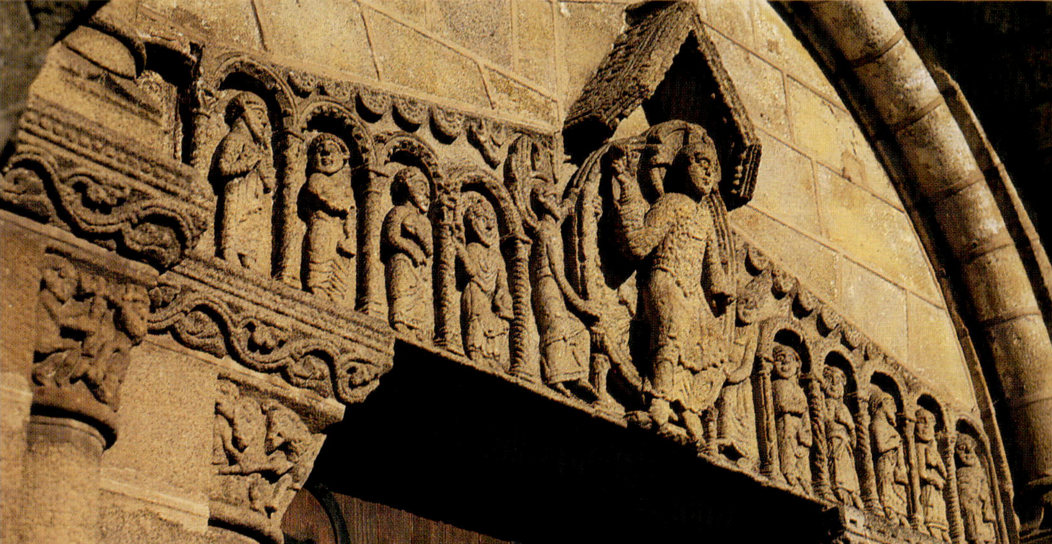

Plus importante, l'église Saint-Vincent de Chantelle qui s'élève dans l'enceinte du château des ducs de Bourbons n'est pas moins représentative du modèle régional avec le superbe étagement de son chevet. Parmi ses chapiteaux, assez frustes pour la plupart, on distinguera celui d'un des piliers du côté droit du chœur qui montre deux animaux bondissants et de curieux masques humains.

Moulins, la prospère capitale des ducs de Bourbon, s'est dotée d'une flamboyante cathédrale Notre-Dame qui a effacé le souvenir de l'âge roman en ses murs, mais ces temps restent présents tout de même au travers de la Vierge noire de style auvergnat qu'abrite l'édifice. Cette effigie vénérée est une réplique de celle du Puy-en-Velay et elle rappelle que Moulins était l'une des étapes d'un chemin secondaire des pèlerins de Compostelle. Par ailleurs, aux environs de la ville, en l'église de Meillers, se tient une émouvante Vierge de majesté dont la physionomie semble être celle d'une paysanne du terroir. L'église de ce village du bocage bourbonnais est en outre dotée à son portail d'un superbe linteau en bâtière bien dans l'esprit de la province.

Jusqu'à la guerre de Cent Ans, Yzeure demeura le chef-lieu de la paroisse de Moulins, dont elle est aujourd'hui une banlieue. L'église romane d'Yzeure relevait du diocèse d'Autun et l'on ne s'étonnera pas d'y détailler une ornementation bourguignonne parente de celle de Souvigny, notamment aux chapiteaux des colonnes engagées et à la porte principale.

L'appartenance d'une église était en effet soulignée chaque fois que possible et c'est ainsi qu'à quelques kilomètres, celle du Montet, rattachée à une abbaye piémontaise, laisse deviner des emprunts à l'Italie romane.

En haut, à gauche, *le chapiteau de l'âne et du lion musiciens à Meillers* ; à droite, *l'église Saint-Julien de Meillers, et son clocher au plan barlong.* En bas, à gauche, *la Vierge de Meillers ;* à droite, *le tympan de l'église de Meillers, avec son Christ en majesté dans une mandorle.*

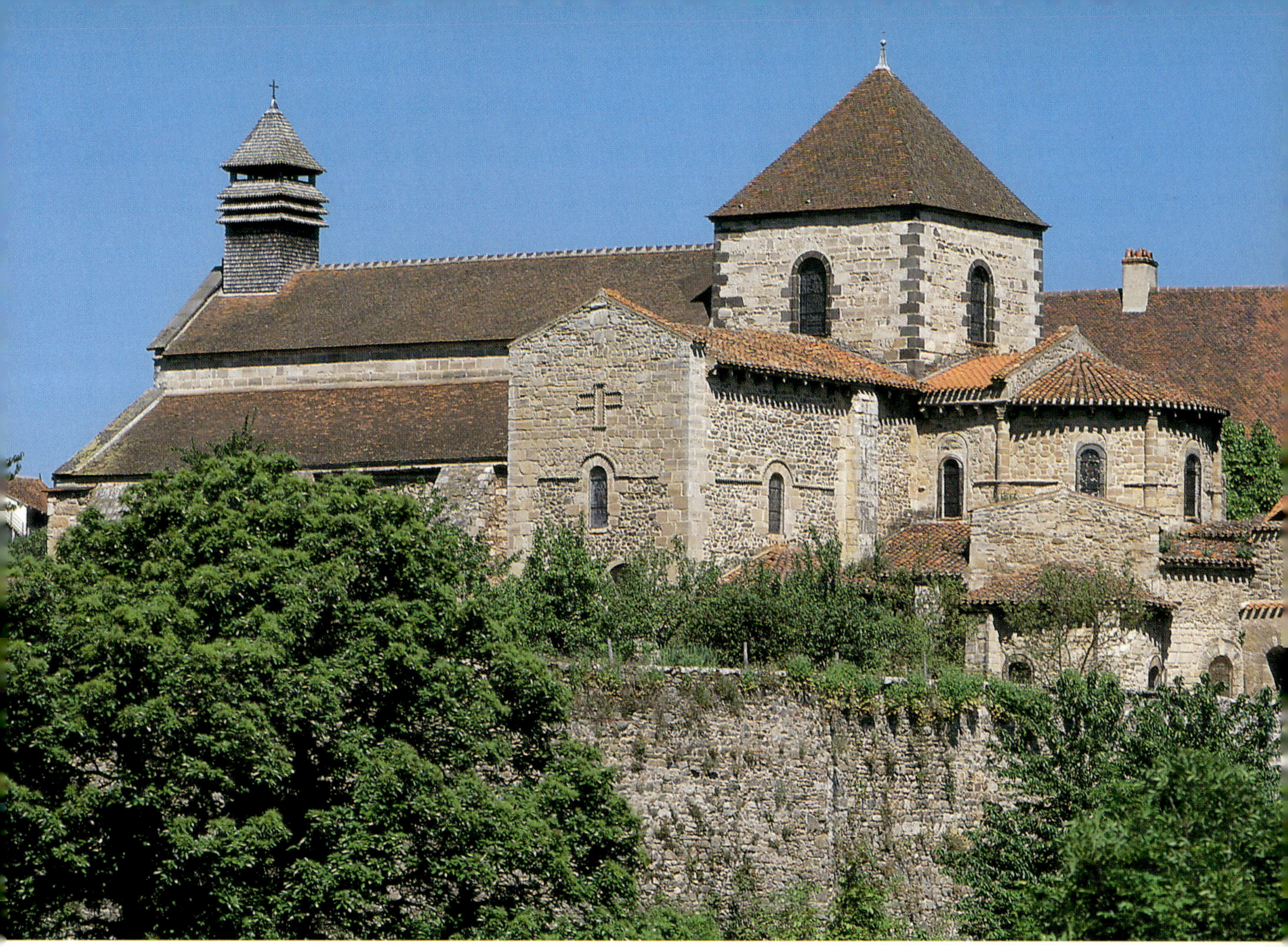

L'église de Chantelle, qui dessert un monastère de bénédictines.
Ci-dessous à gauche, *le portail du Montet,* et à droite, *la Vierge noire de Moulins, œuvre du* XIIe *siècle.*

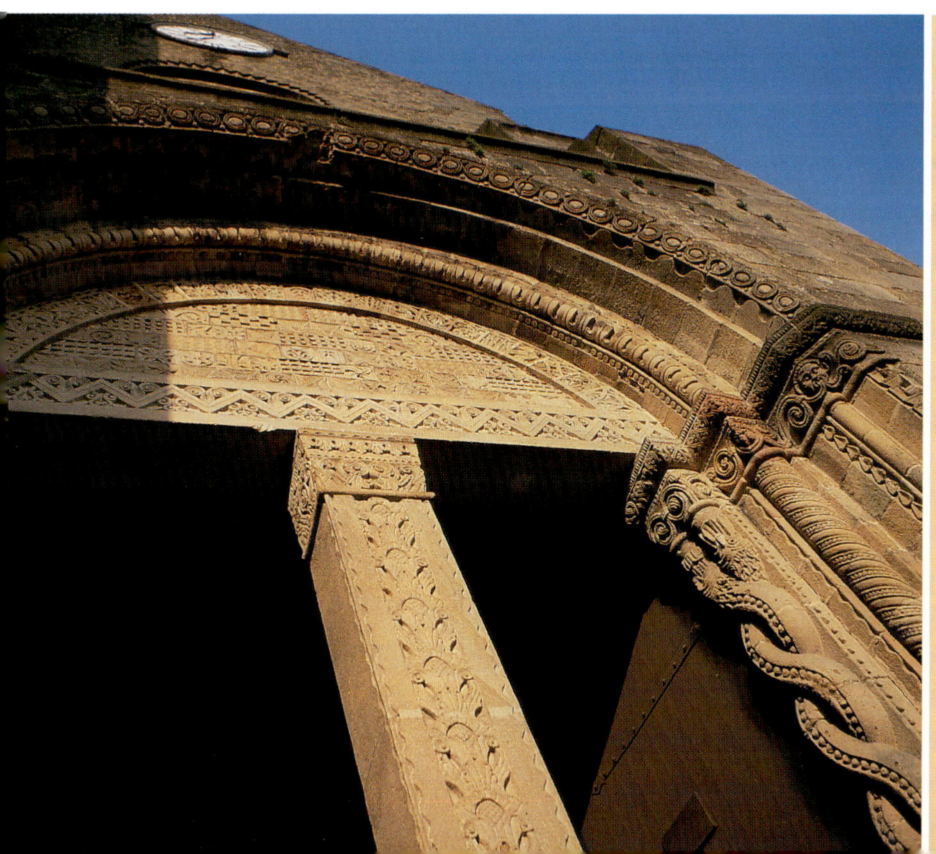

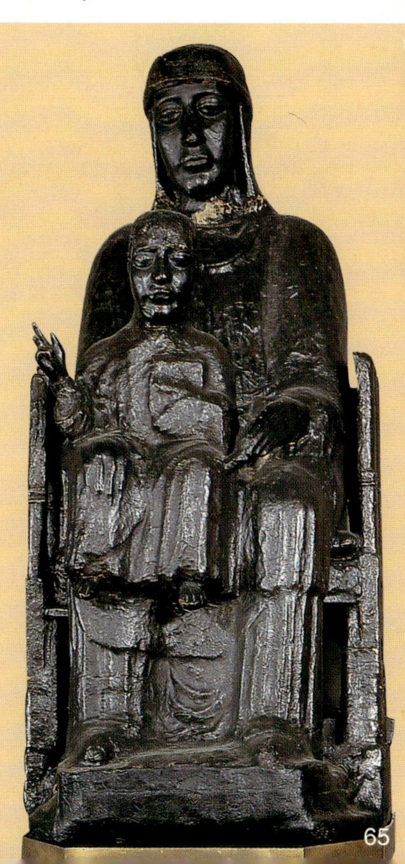

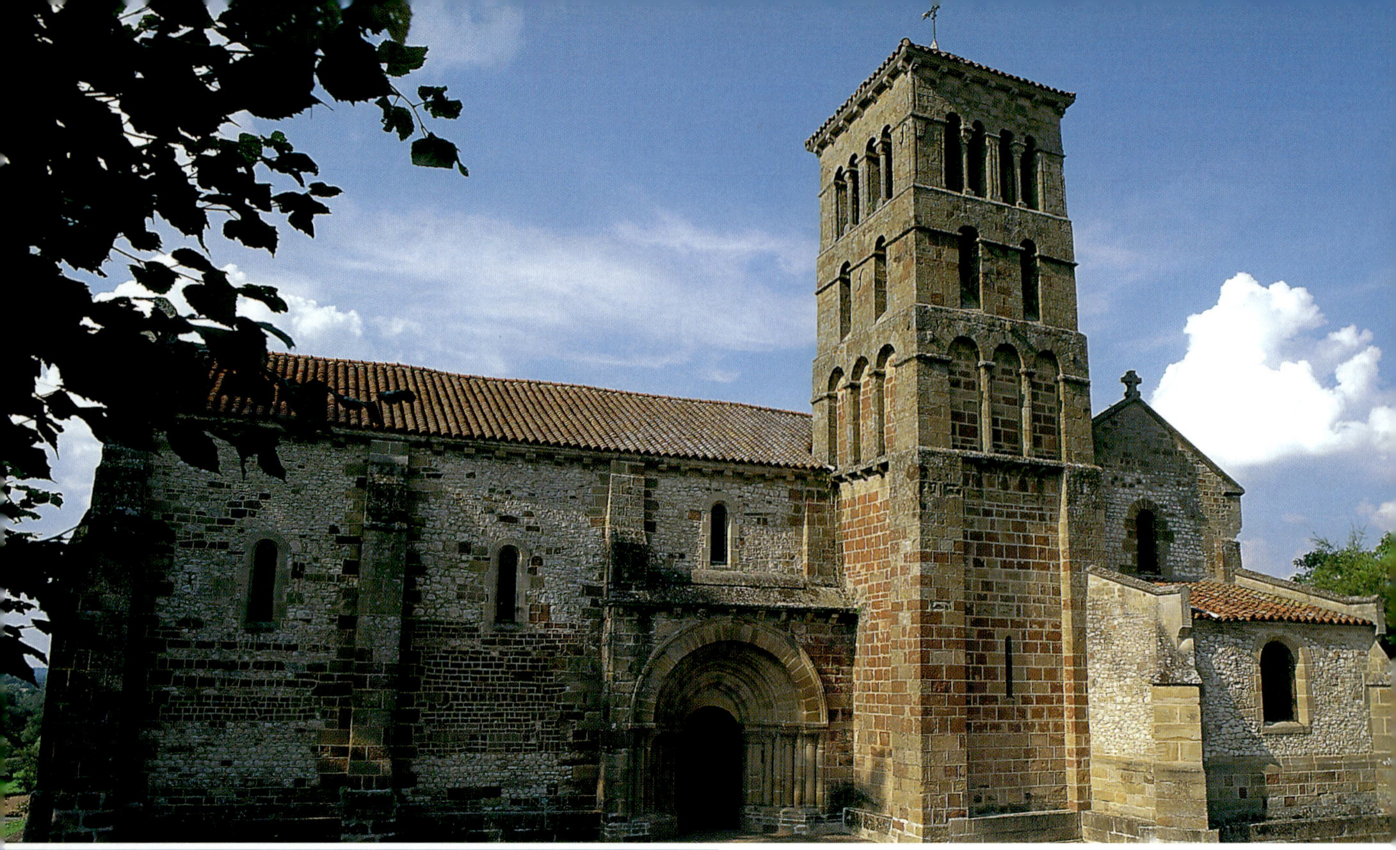

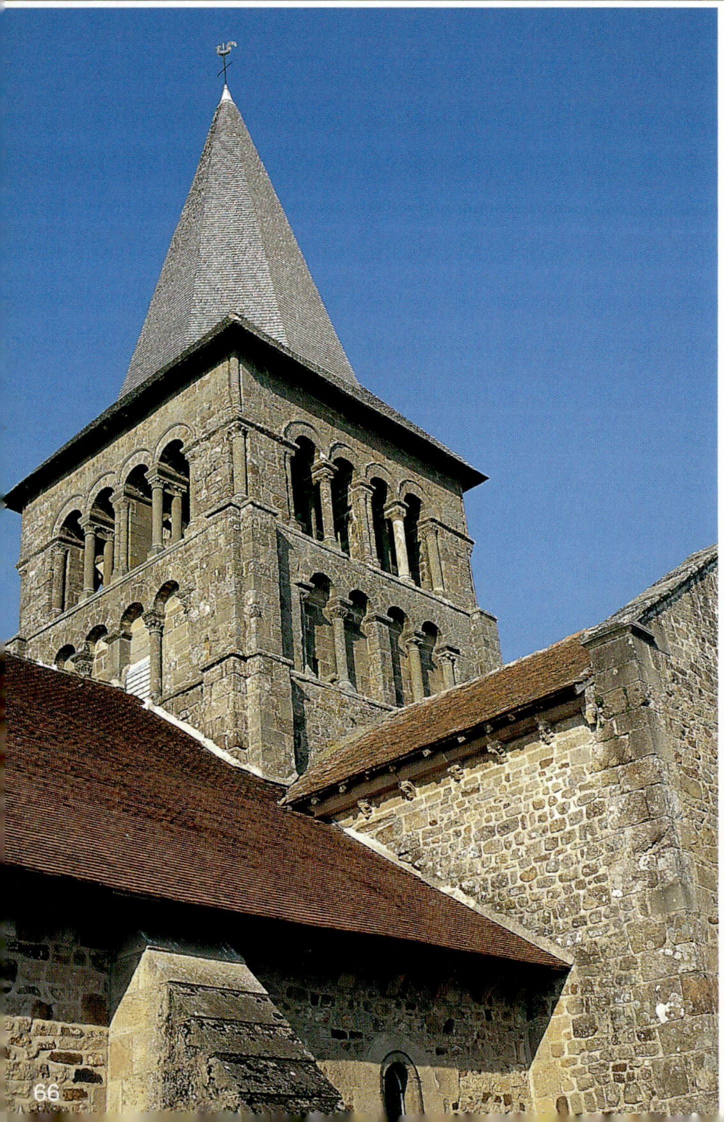

Tout en mêlant diverses influences au fond auvergnat, les édifices romans de la Limagne bourbonnaise présentent certains airs de famille. Le clocher de l'église d'Agonges, un peu au nord de Saint-Menoux, rappelle ceux de Meillers ou de Saint-Léger d'Ebreuil par son plan rectangulaire. Il en va de même du clocher de la proche église Saint-Étienne de Franchesse. En revanche, le clocher des XIe et XIIe siècles de l'église Saint-Martin de Coulandon est une tour carrée dont seule la base est barlongue ; on remarque aussi son beau portail roman.

En haut, *l'église d'Agonges, au décor d'inspiration bourguignonne ;* à gauche, *le massif clocher de l'église de Franchesse.* En bas, *l'église de Coulandon, que précède un "caquetoire" très bourbonnais.*

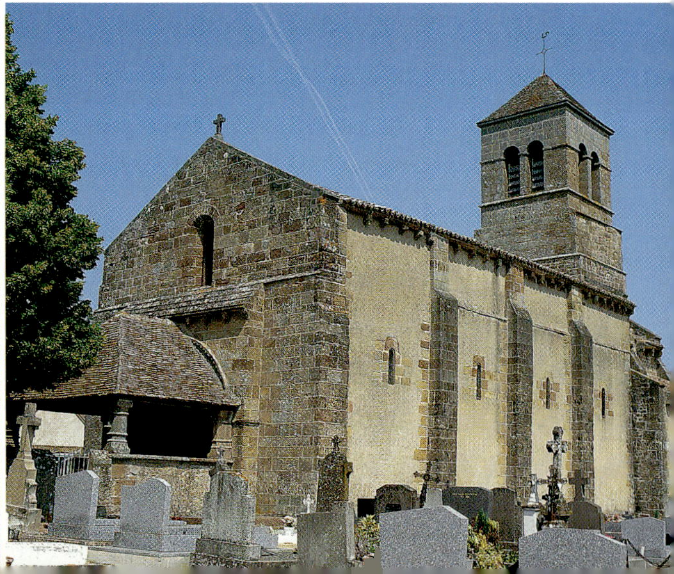

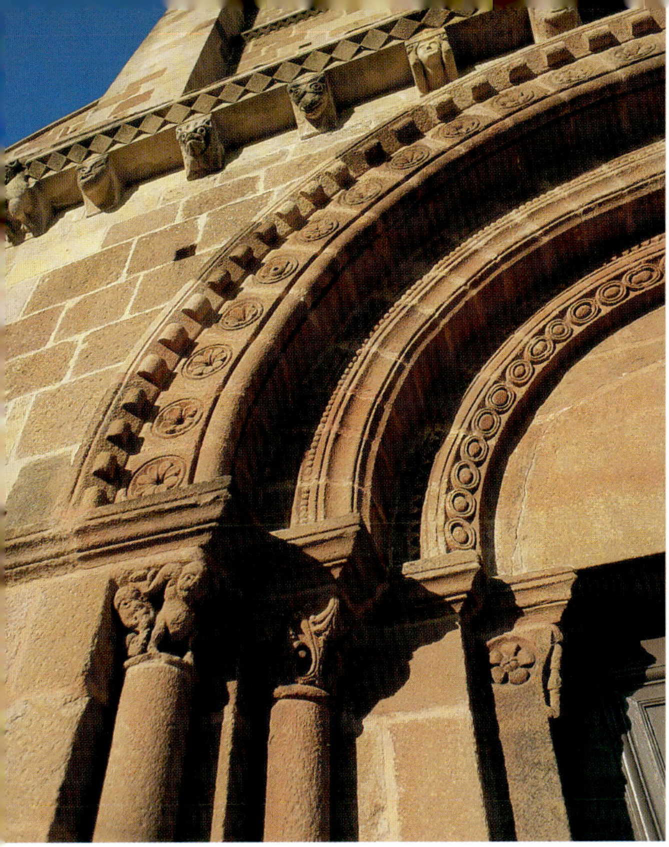

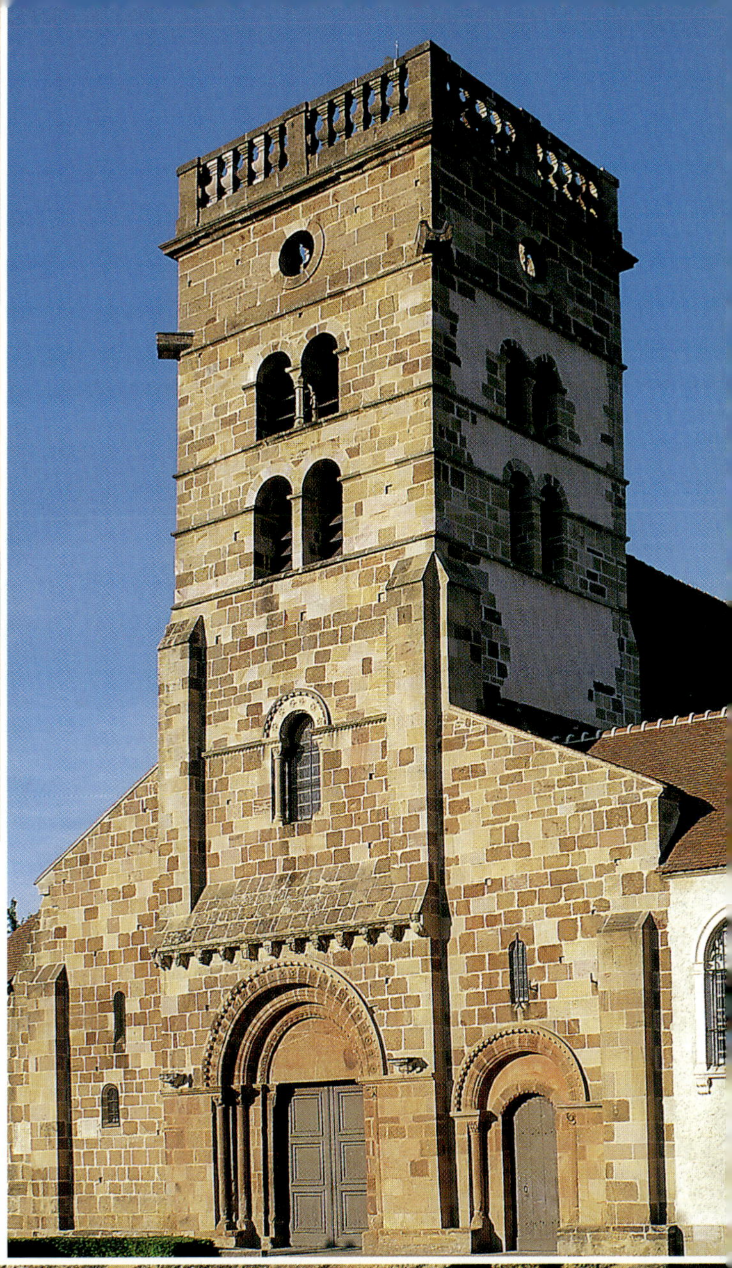

Surmontant une crypte plus ancienne, l'église Saint-Pierre d'Yzeure, édifice du XIIe siècle, possède un portail au décor bourguignon, avec un tympan laissé à nu. Le clocher est une tour carrée que couronne une balustrade du XVIIIe siècle. Au-dessus du portail s'alignent des modillons aussi variés qu'expressifs.

En haut et en bas, *le portail bourguignon de Saint-Pierre d'Yzeure et ses modillons* et ci-contre, *son clocher carré.*

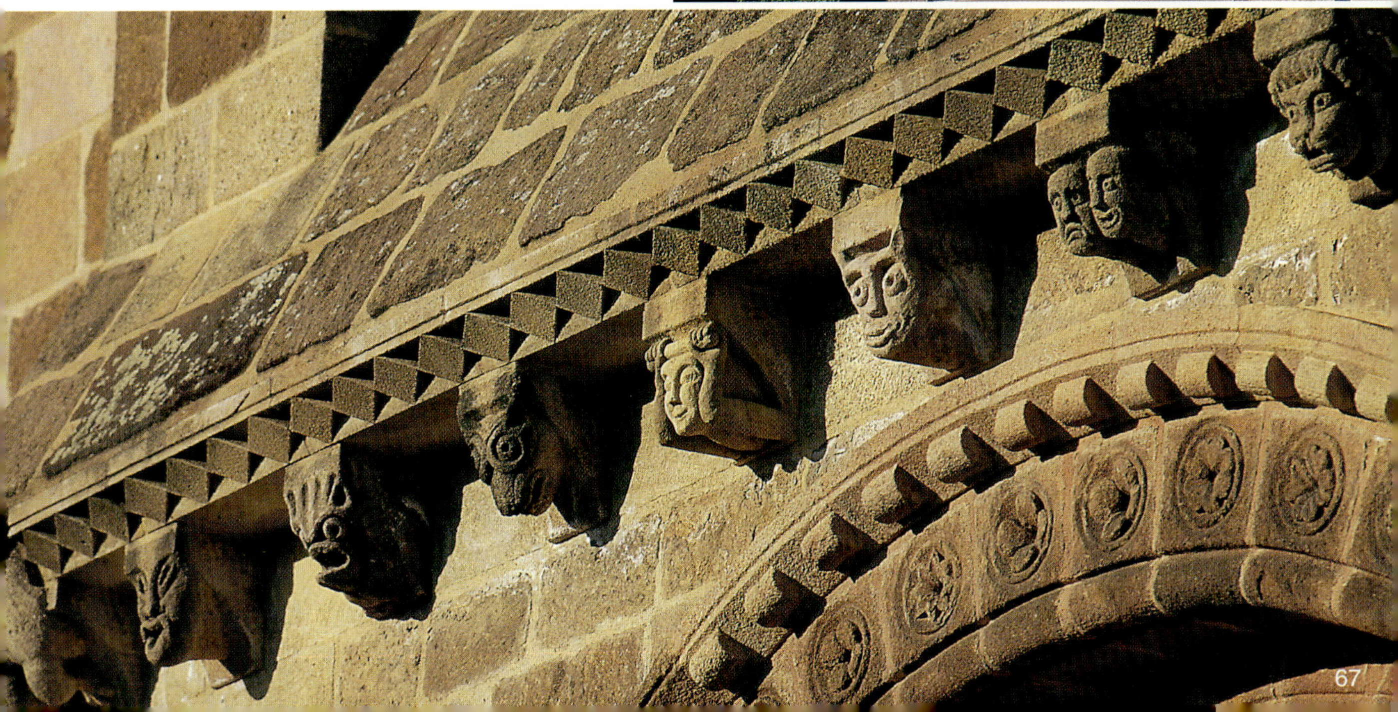

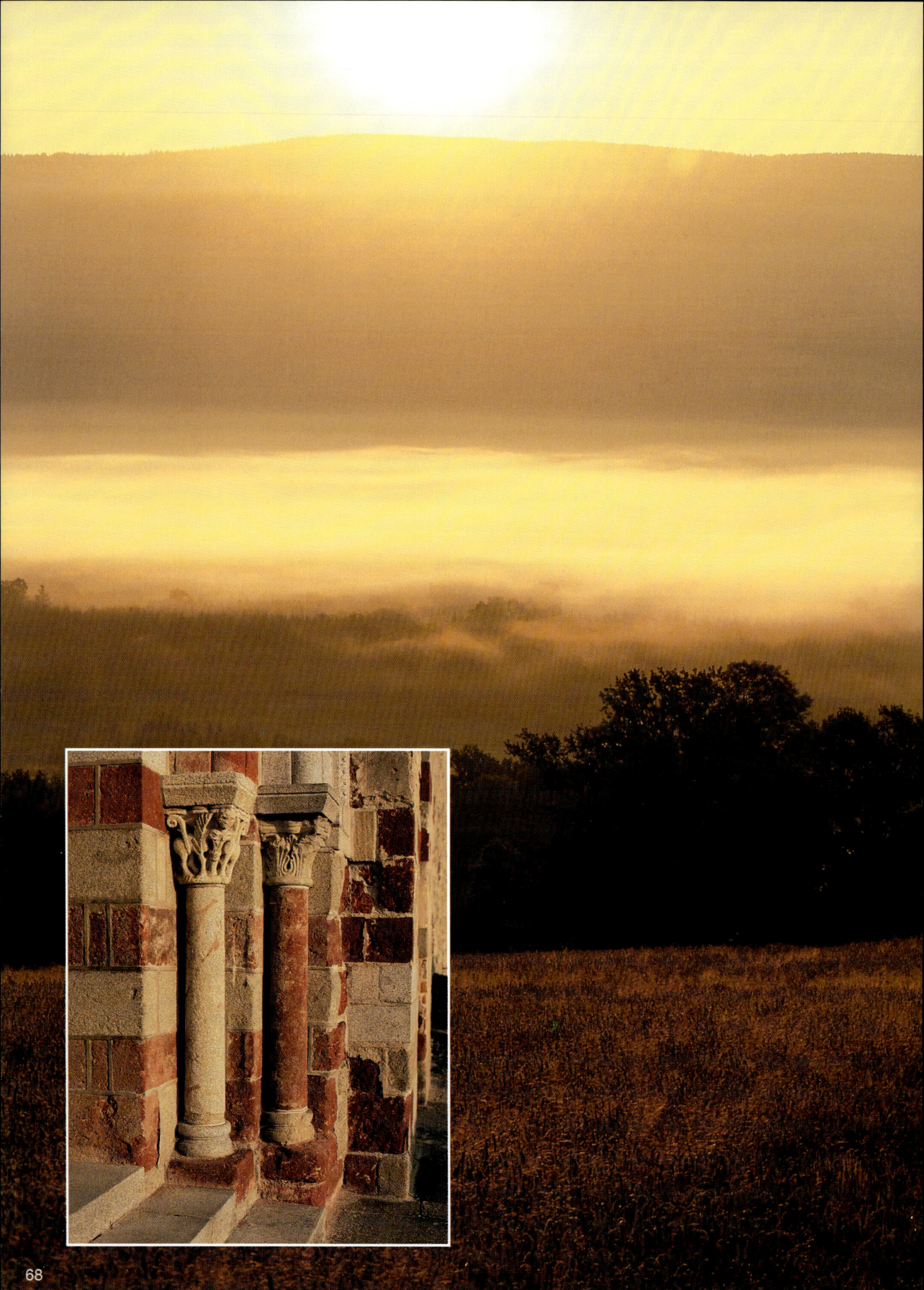

Livradois, Comté et Dauphiné

Autour des vals de Dore et d'Allier

Du pays de Thiers à celui de La Chaise-Dieu, le val de Dore creuse une profonde échancrure dans les monts d'Auvergne, en direction du Velay. À l'est de cette rivière aux mille courbes s'élève la haute barrière des monts du Forez, une Auvergne du levant presque déserte d'où l'on allait jadis surveiller l'apparition du jour le plus long de l'année. Sur le flanc occidental de la Dore court la douce houle des monts du Livradois, autre terroir de l'herbe et du bois qui s'est mieux prêté aux entreprises humaines. Ce pays chanté par Henri Pourrat dans *Gaspard des Montagnes* a pour prolongement les deux entités historiques de la Comté et du Dauphiné d'Auvergne, contrées hérissées de buttes volcaniques qui encadrent le val d'Allier moyen et cousinent donc avec les Limagnes.

Au XIIe siècle, ces horizons se couvrirent d'églises généralement rustiques, au plan simple, mais qui montraient cependant une remarquable diversité. En effet, certains de leurs traits architecturaux étaient empruntés au Velay ou au Forez, alors que leur décoration restait purement auvergnate. Par ailleurs, la variété des partis adoptés tient à ce qu'un grand nombre de ces églises furent à l'origine des prieurés ou des collégiales dépendant de quelques abbayes importantes, Manglieu, Issoire, Sauxillanges et surtout La Chaise-Dieu. Il est à souligner qu'à l'époque gothique, quand cette dernière adopta le nouveau style, bien des églises du Livradois et de la Comté furent également mises au goût du jour.

La sérénité de la vallée de la Dore au petit matin.
En médaillon, *Saint-Dier d'Auvergne : un détail du portail.*

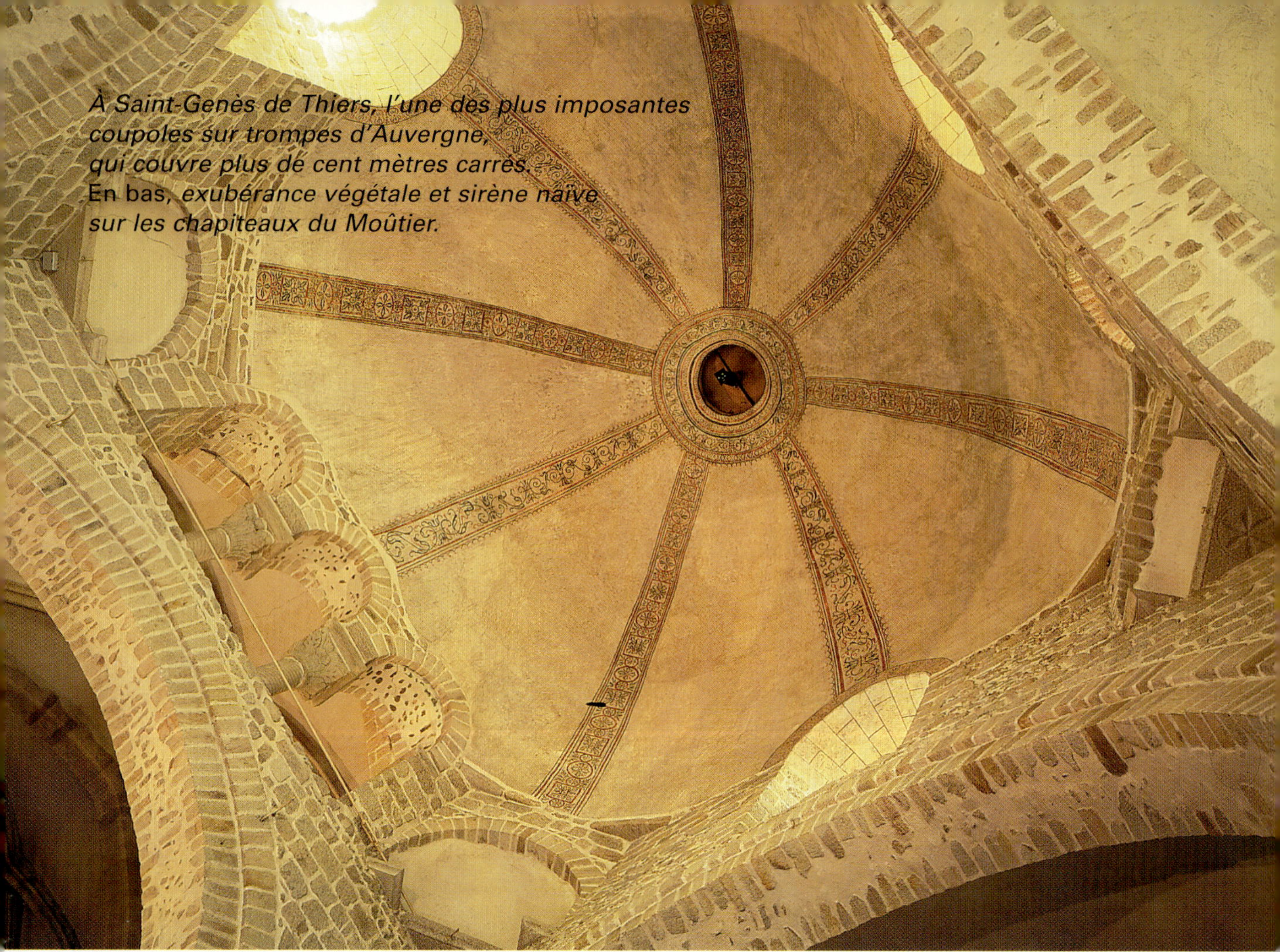

À Saint-Genès de Thiers, l'une des plus imposantes coupoles sur trompes d'Auvergne, qui couvre plus de cent mètres carrés. En bas, exubérance végétale et sirène naïve sur les chapiteaux du Moûtier.

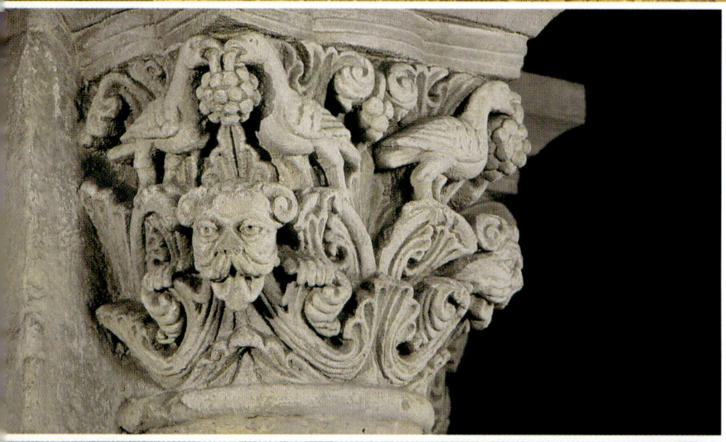

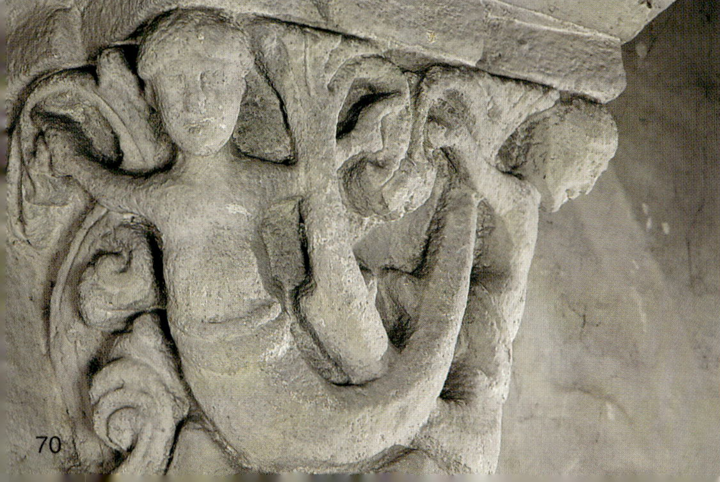

Deux églises sur la Durolle

C'est saint Avit, évêque de Clermont, qui dota Thiers de sa première église Saint-Genès, édifiée sur le plateau à la fin du VIe siècle, tandis qu'un peu plus tard la cité vit prospérer une abbaye bénédictine dans son quartier bas, qui en garde le nom du Moûtier. Les deux églises romanes que possède aujourd'hui la capitale de la coutellerie sont les héritières de ces fondations. Saint-Genès a pour particularité d'abriter les fidèles sous la nef centrale la plus large d'Auvergne, à l'origine couverte en charpente. La croisée du transept est coiffée d'une coupole sur trompes à la mesure de la nef, rare exemple d'audace donné par les maîtres d'œuvre de la province. La récente restauration de l'église a permis de dégager dans l'abside une fresque du XIIe siècle figurant un beau Christ bénissant, ainsi que des fragments de mosaïque provenant de l'église mérovingienne. L'église du Moûtier a été dénaturée par une restauration de 1882 qui a fait disparaître l'abside du Xe siècle et le chœur du milieu du XIe siècle, précoces réalisations de l'école auvergnate. Elle garde néanmoins des chapiteaux du XIIe siècle où la symbolique régionale est teintée d'influences antiques.

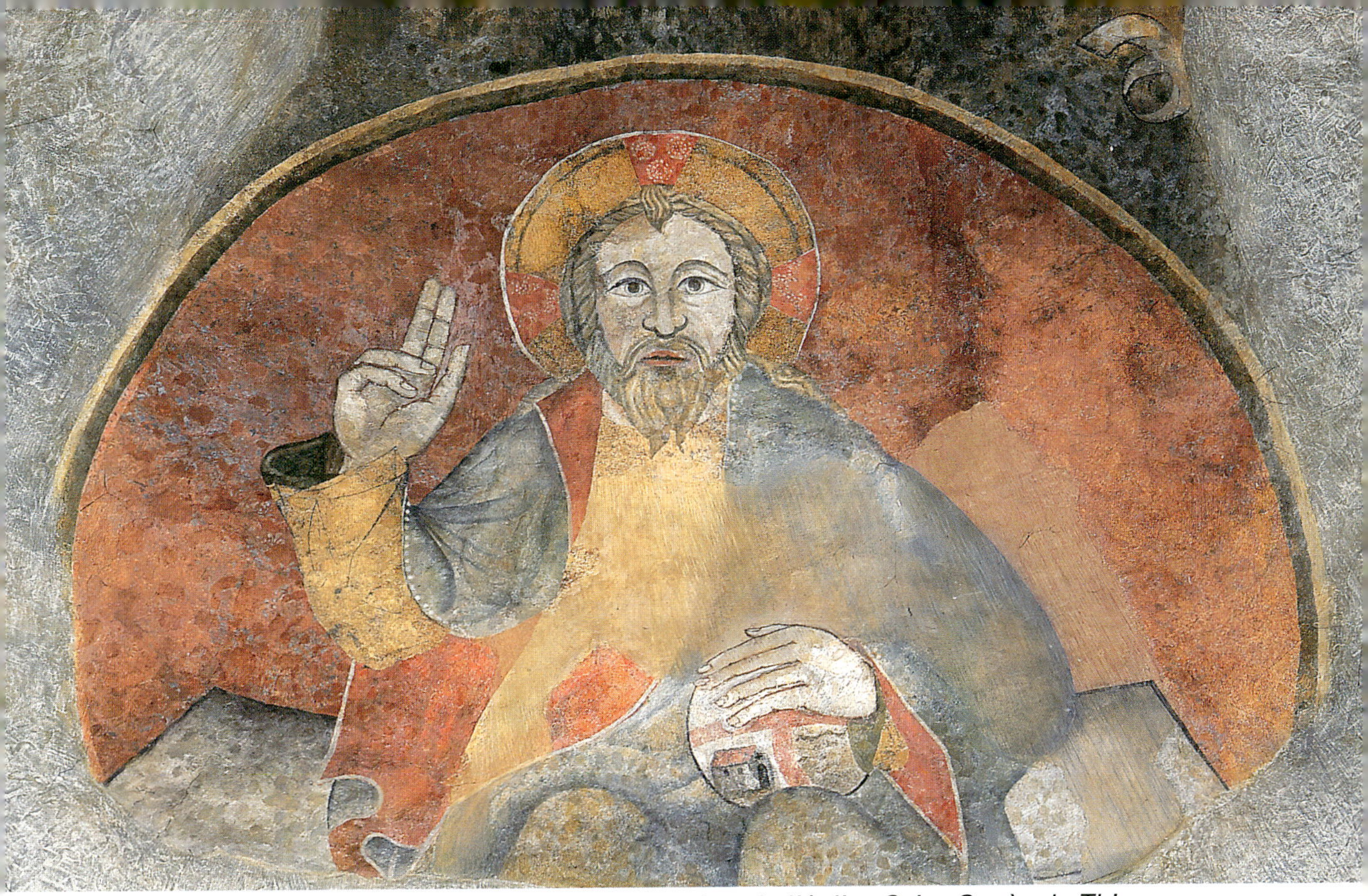

Le Christ bénissant, révélé par la dernière restauration de l'église Saint-Genès de Thiers.
Ci-dessous, *la nef de l'église.*

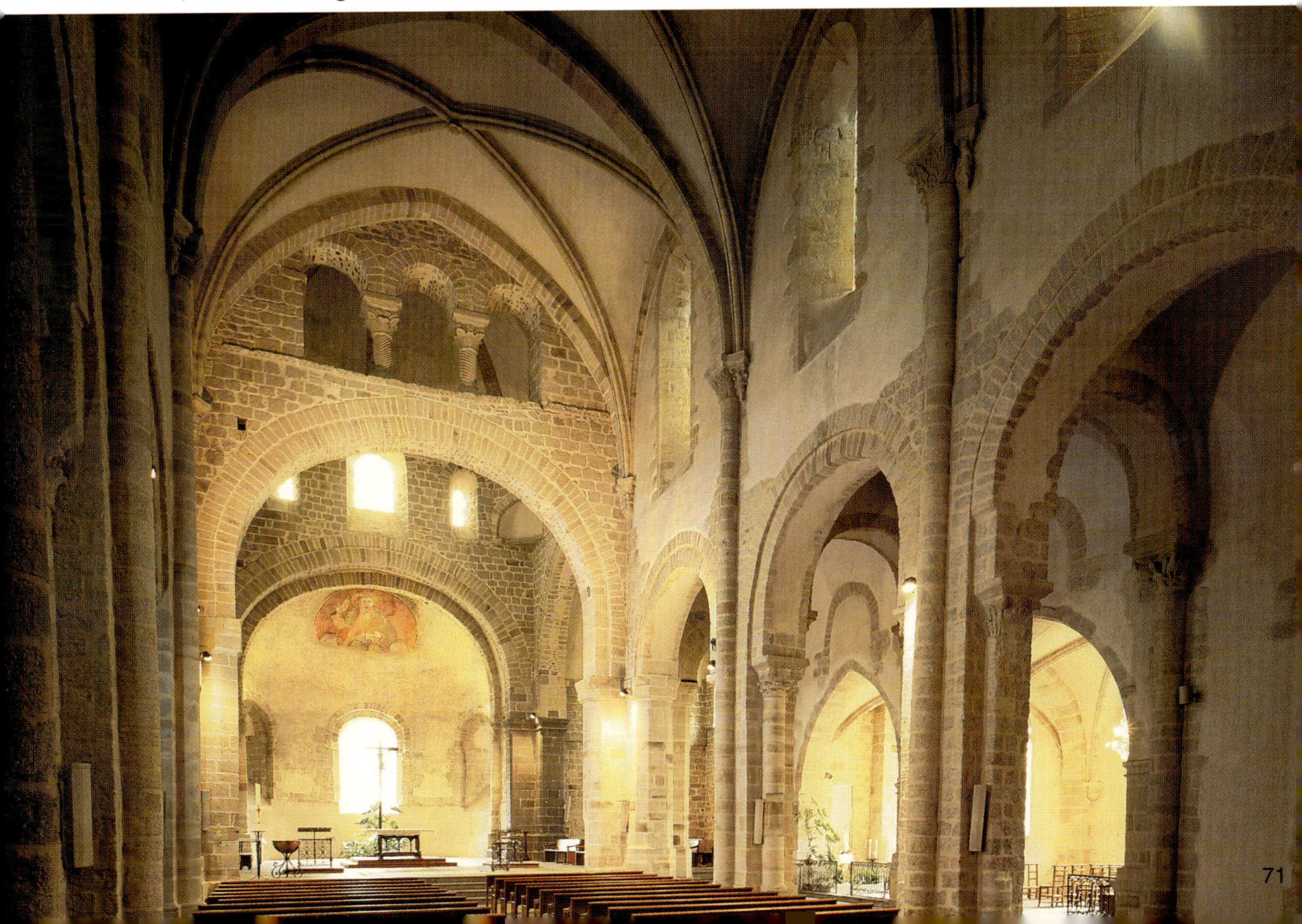

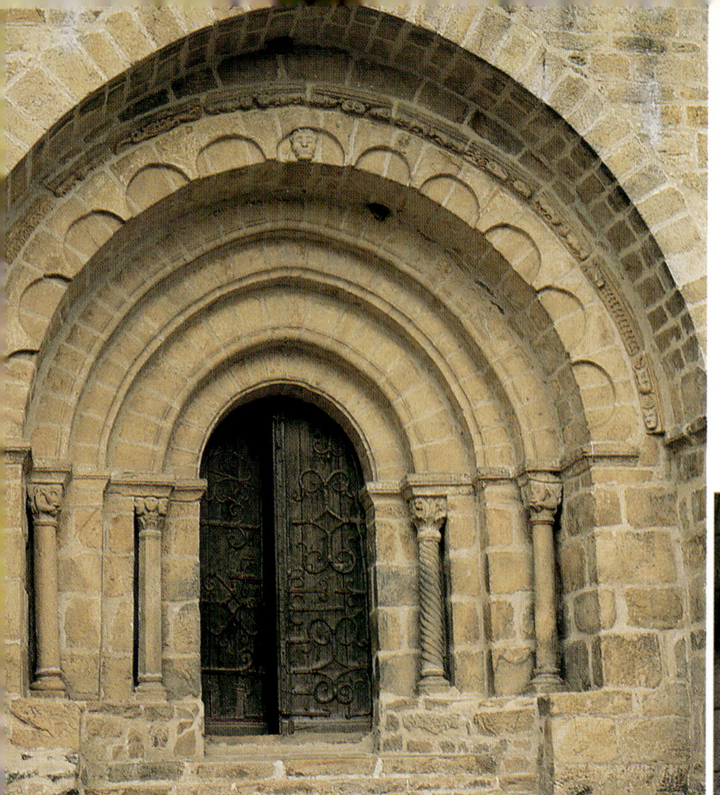

En remontant la Dore

Vers l'amont de la Dore, le premier grand jalon roman est Courpière, qui partage avec Thiers sa spécialité coutelière, ainsi qu'à son église des chapiteaux signés du Maître du Moûtier. Puis viennent Arlanc et Dore-l'Eglise. La première nommée dispose ses maisons en cercle autour d'une église à trois nefs et trois travées que coiffe un clocher gothique, tandis que le sanctuaire de la seconde, comme à La Chaise-Dieu dont il dépendait, arbore une façade précédée d'un escalier monumental.

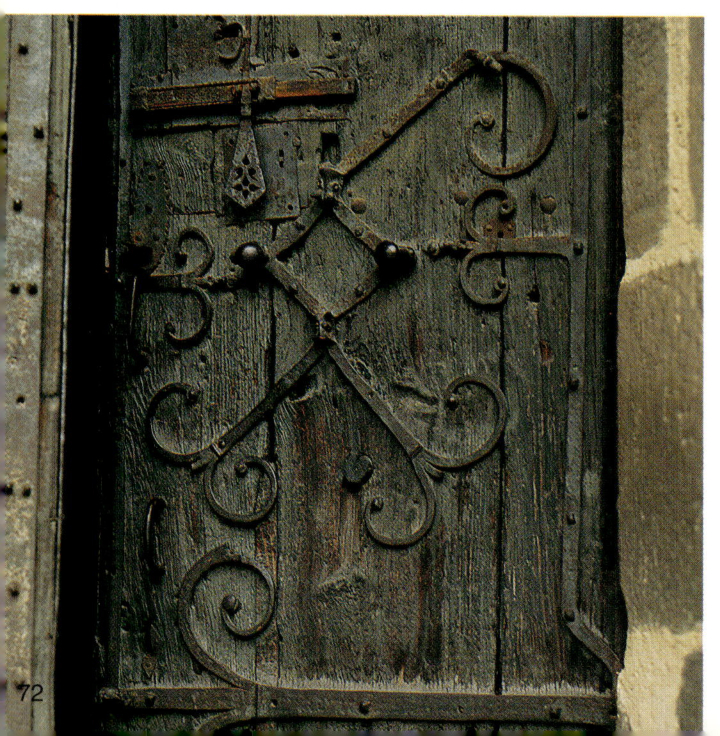

Quelle est cette boule ?

L'église de Courpière possède des chapiteaux qui sont à la fois originaux et de grande qualité. Parmi ces sculptures se trouvent une sirène à double queue et un lion à double corps, mais aussi deux êtres qui courent en portant un gros objet sphérique. S'agit-il d'enfants jouant à la balle, d'une préfiguration des modernes jeux de boules, ou encore de quelque symbole oublié ?

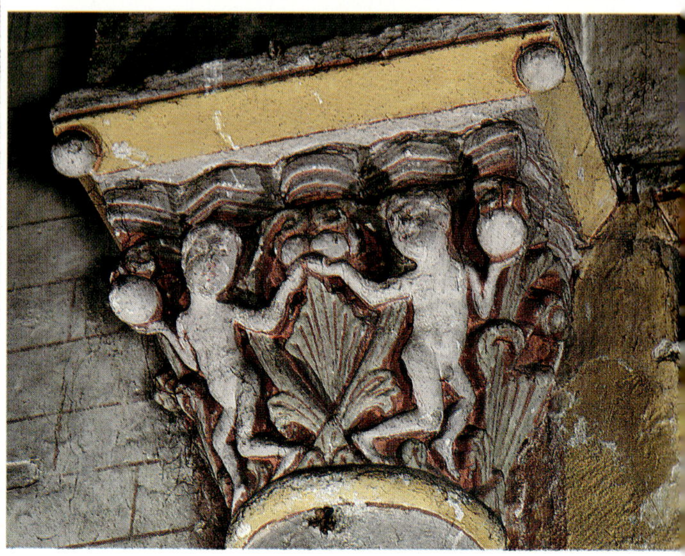

Le châtiment divin s'abat sur le seigneur de Belle-Fille

En pénétrant dans la petite église de Dore-l'Eglise, on ne peut manquer d'en admirer les portes, qui restent équipées de pittoresques pentures du XIIIe siècle. Dans le pays, on affirme qu'elles proviennent du château disparu de Belle-Fille, dont le seigneur, le redoutable Bouchardat, était très imbu de ses prérogatives. Ainsi par exemple ne devait-on commencer la messe hors de sa présence. Un jour où le retard du seigneur avait paru excessif, le curé passa outre. Bouchardat survint enfin et, voyant que l'office avait commencé, se précipita sur le prêtre et le poignarda. À l'instant même la foudre frappa le meurtrier et le réduisit en cendres, tandis qu'un autre éclair mettait le feu à son château qui fut pareillement anéanti. Il n'en resta que les portes, miraculeusement intactes, que la fille du châtelain fit porter à l'église en vœu expiatoire.

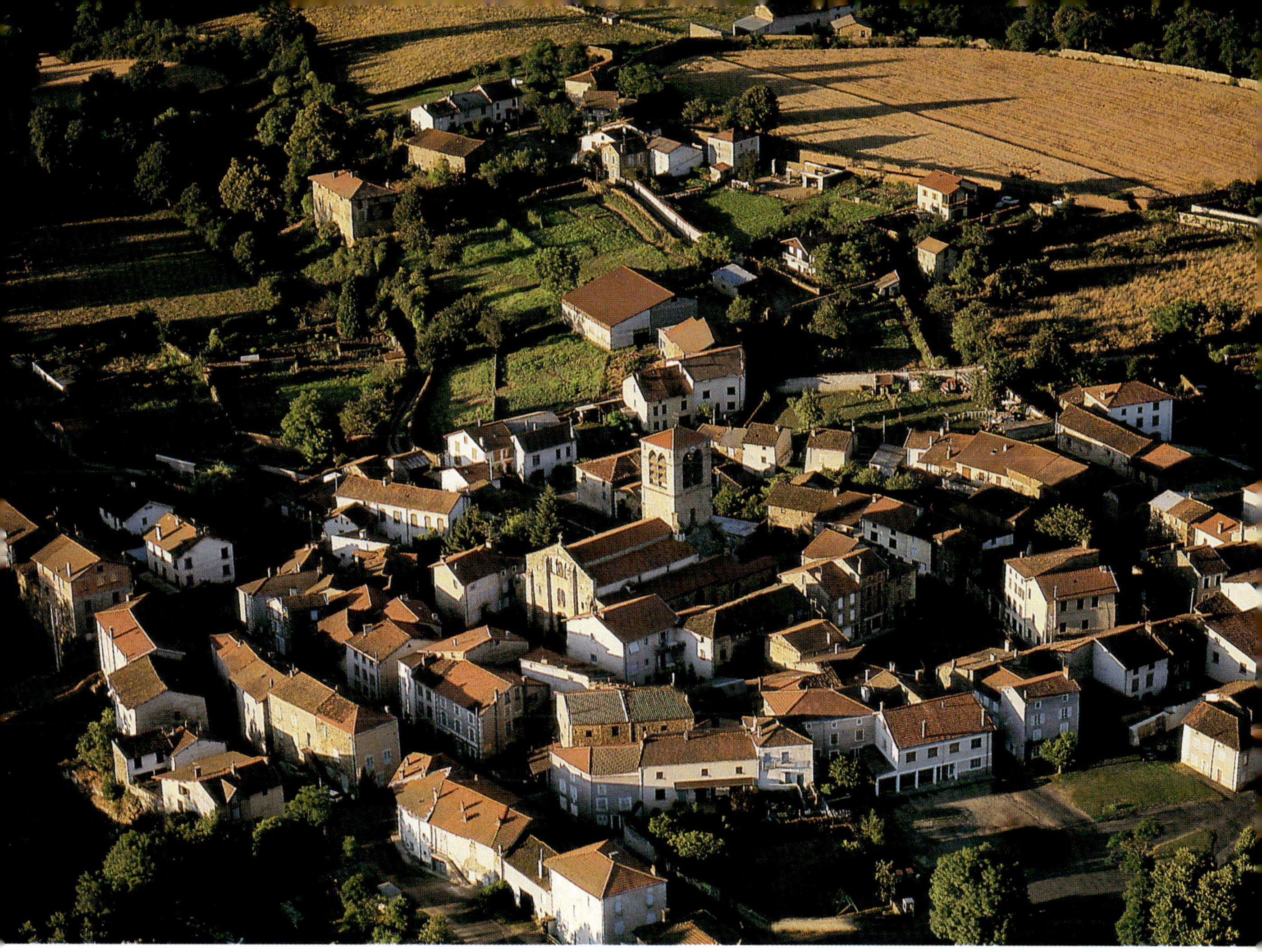

Le quartier de l'église d'Arlanc. Ci-dessous, *son chevet et sa triple abside en cul-de-four.*
Ci-contre, en haut, *le portail de Dore-l'Église* et, en bas, *l'un de ses vantaux romans ;*
au centre, *l'étrange chapiteau de Courpière.*

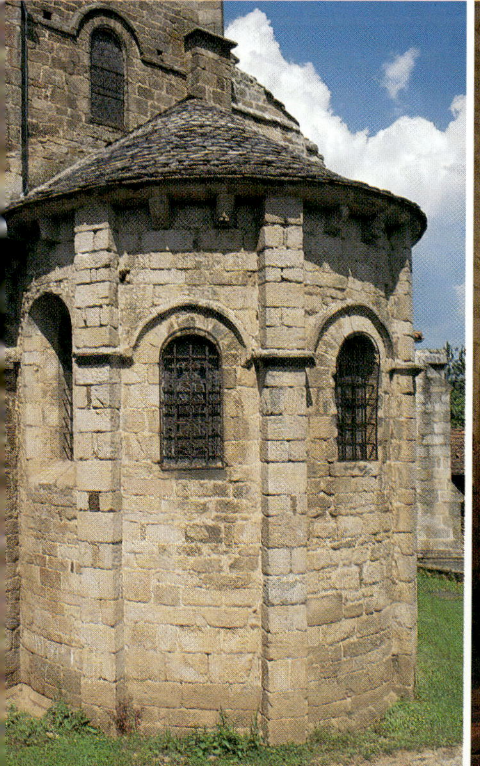

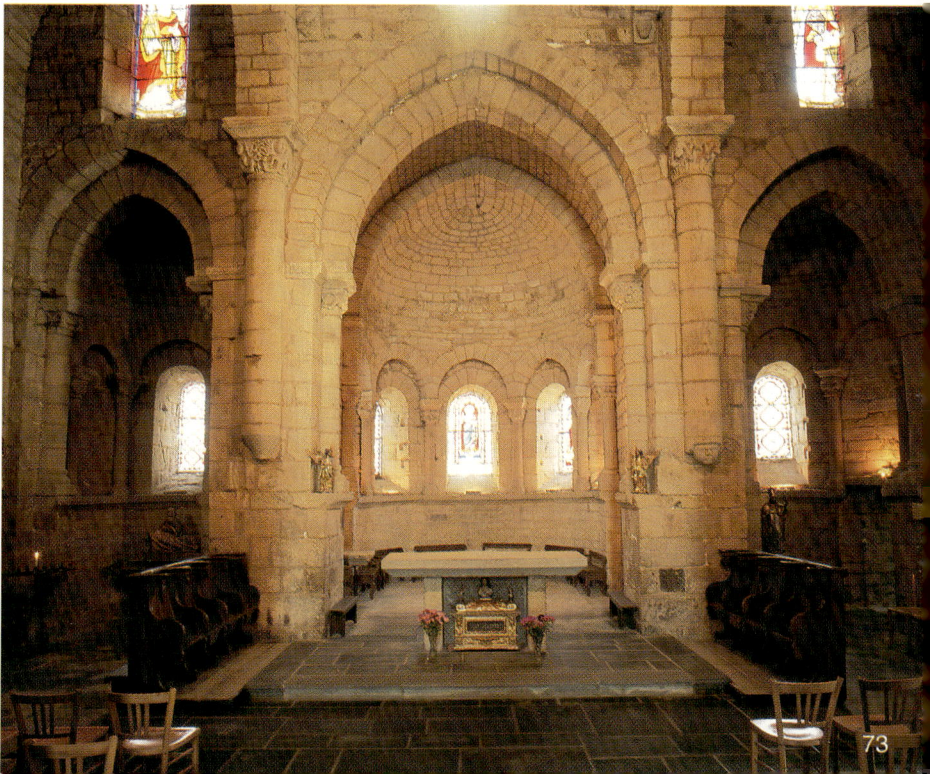

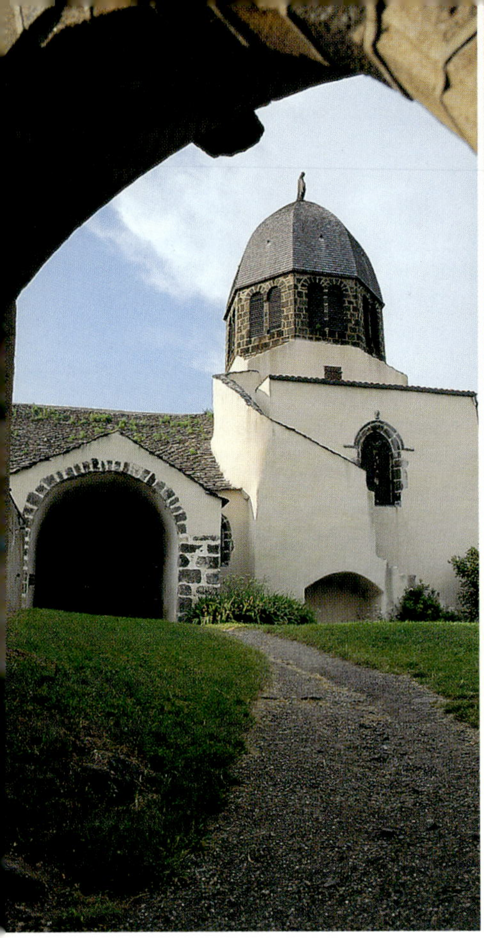

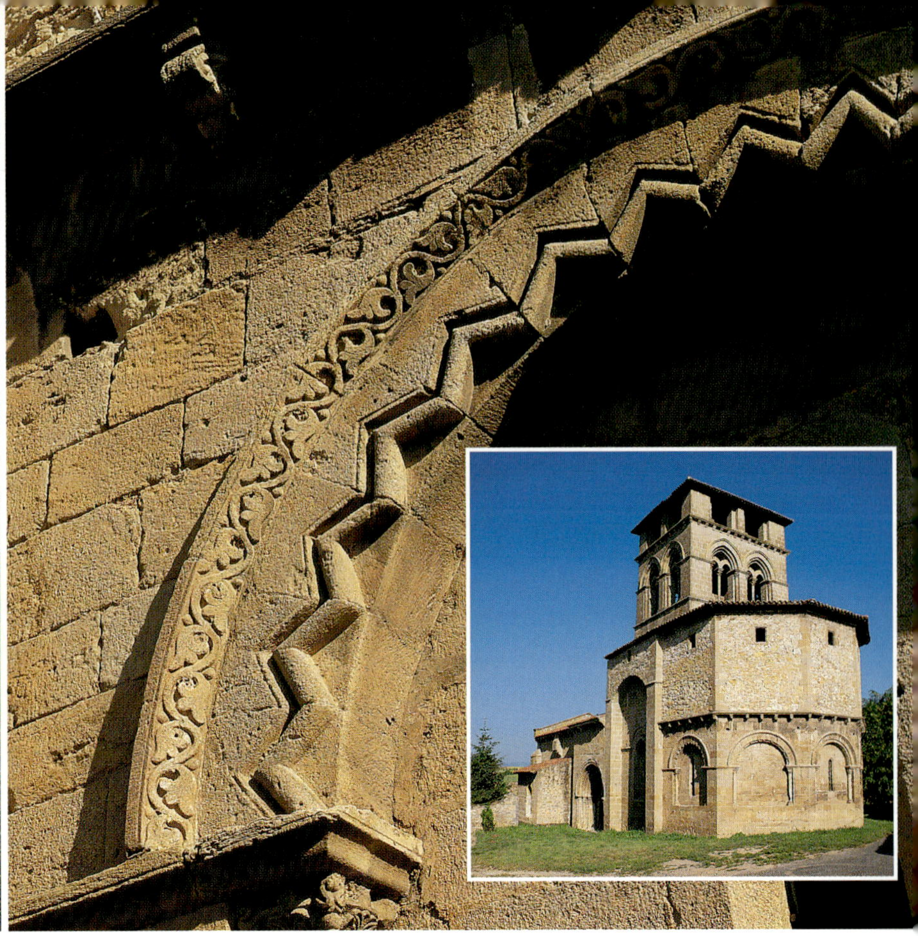

En haut, à gauche, *l'église de Ronzières,* à droite, *une arcature de l'église de Mailhat, décorée de bâtons rompus* et, en médaillon, *une vue générale du sanctuaire.*
En bas, *le narthex à étage de Saint-Sébastien de Manglieu.*

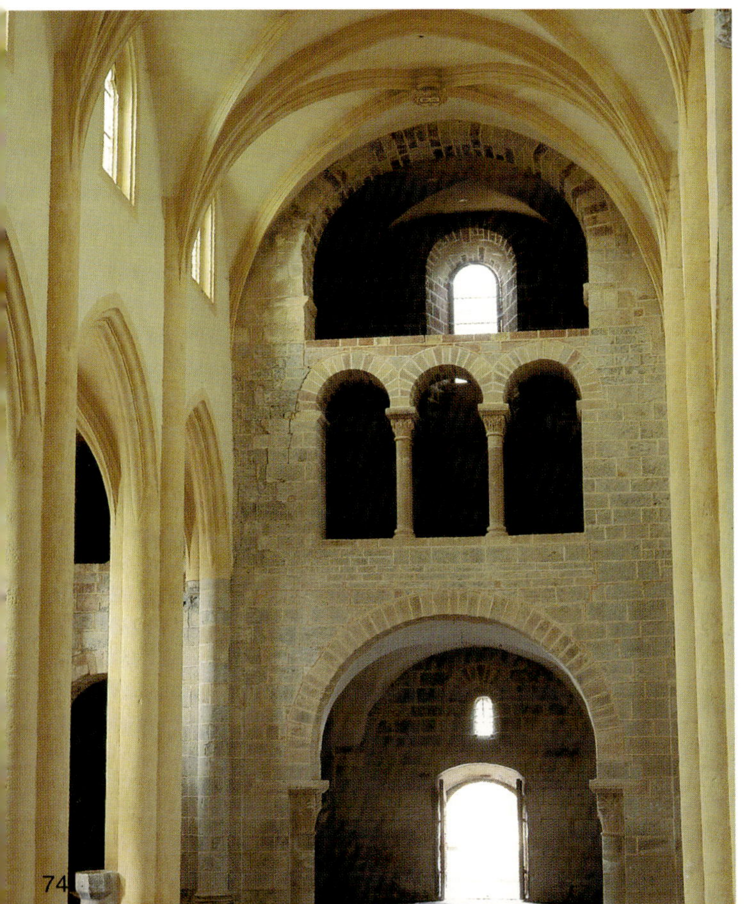

Le pommier qui fit Manglieu

Vers l'an 630, dit la chronique, un vieux moine auvergnat fort malade, du nom de Magnus, s'en alla à Rome prier sur le tombeau de saint Sébastien et s'en trouva guéri. Revenant en son pays avec quelques reliques de son sauveur, il passa la dernière nuit du voyage sous un pommier de la Comté auquel il avait accroché son précieux bagage. Mais au matin, la branche où était son sac se trouvait hors de portée et ni Magnus ni les gens appelés à la rescousse ne purent s'en saisir. On vint alors des environs admirer le prodige et plusieurs personnes recouvrèrent la santé devant ce pommier. Il apparut évident que les reliques de saint Sébastien ne devaient pas être conservées ailleurs et bientôt saint Genès, l'évêque de Clermont, vint fonder au pied de l'arbre miraculeux un des plus anciens monastères de la province. L'endroit fut baptisé le lieu de Magnus, Magnilocensi, ce qui finit par donner Manglieu.

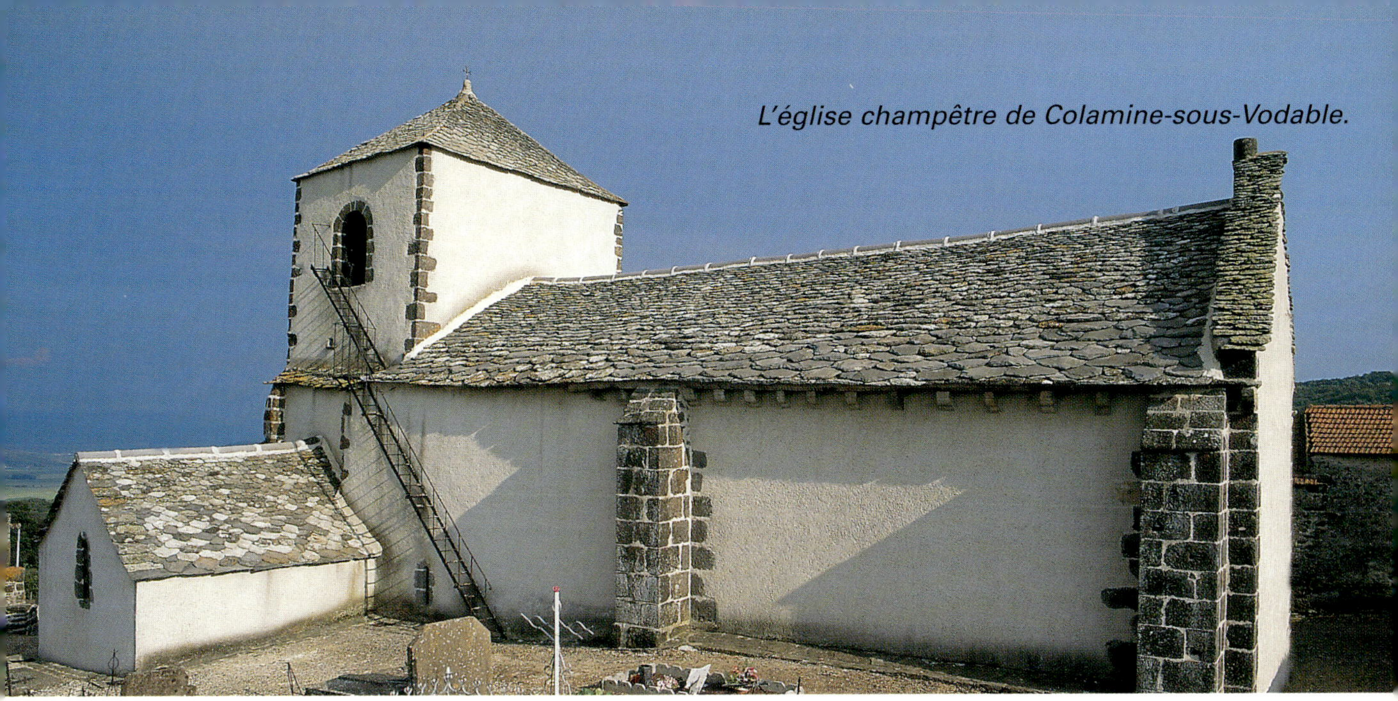

L'église champêtre de Colamine-sous-Vodable.

Clochers carrés au pays des buttes

Parmi les réalisations romanes les plus vénérables qui jalonnent les paysages d'entre Dore et Allier, se distingue d'abord l'église de Saint-Dier, ancien prieuré de La Chaise-Dieu qui montre comme souvent en Velay une façade au portail à claveaux polychromes. Dans la Comté, la curieuse église abbatiale de Manglieu conserve un narthex roman à étages et un chevet mérovingien. La discrète église de Mailhat, qui dépendait du prieuré clunisien de Sauxillanges, appartient à la famille archaïque des édifices à nef unique, avec une abside pourvue de chapelles-niches creusées dans l'épaisseur du mur. Enfin, parmi les églises de la Comté, il faut au moins retenir celle de Ronzières, original édifice composite dédiée à saint Baudime. Les pèlerins y vénèrent maintenant une Vierge romane en bois polychrome dont le visage est d'une étonnante pureté.

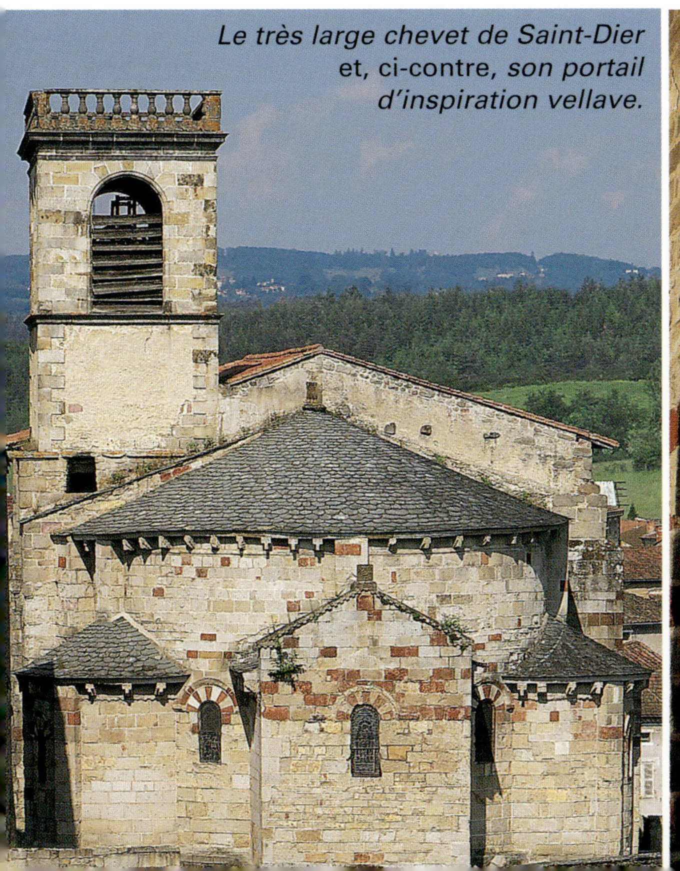

Le très large chevet de Saint-Dier et, ci-contre, son portail d'inspiration vellave.

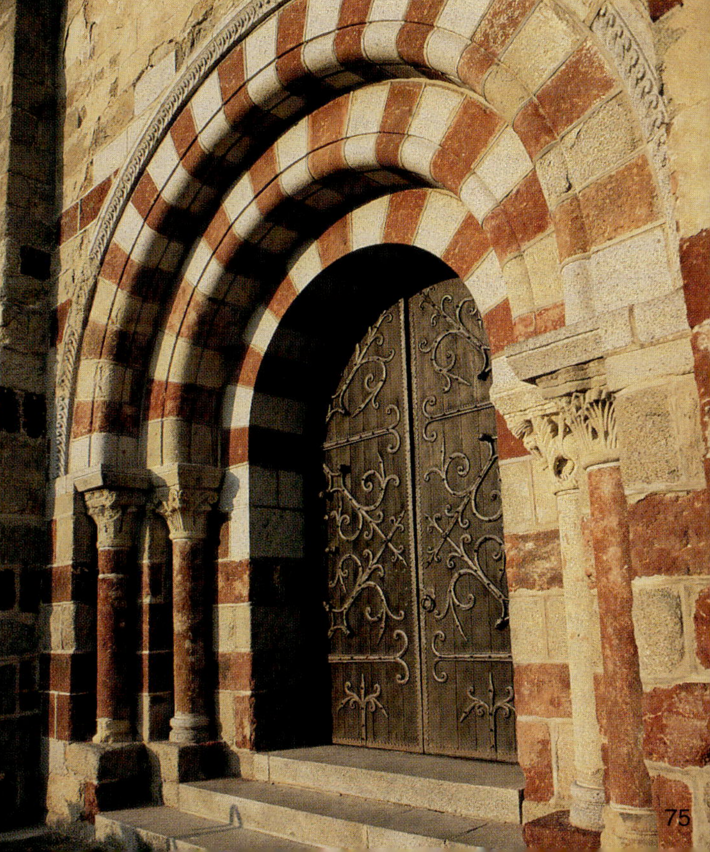

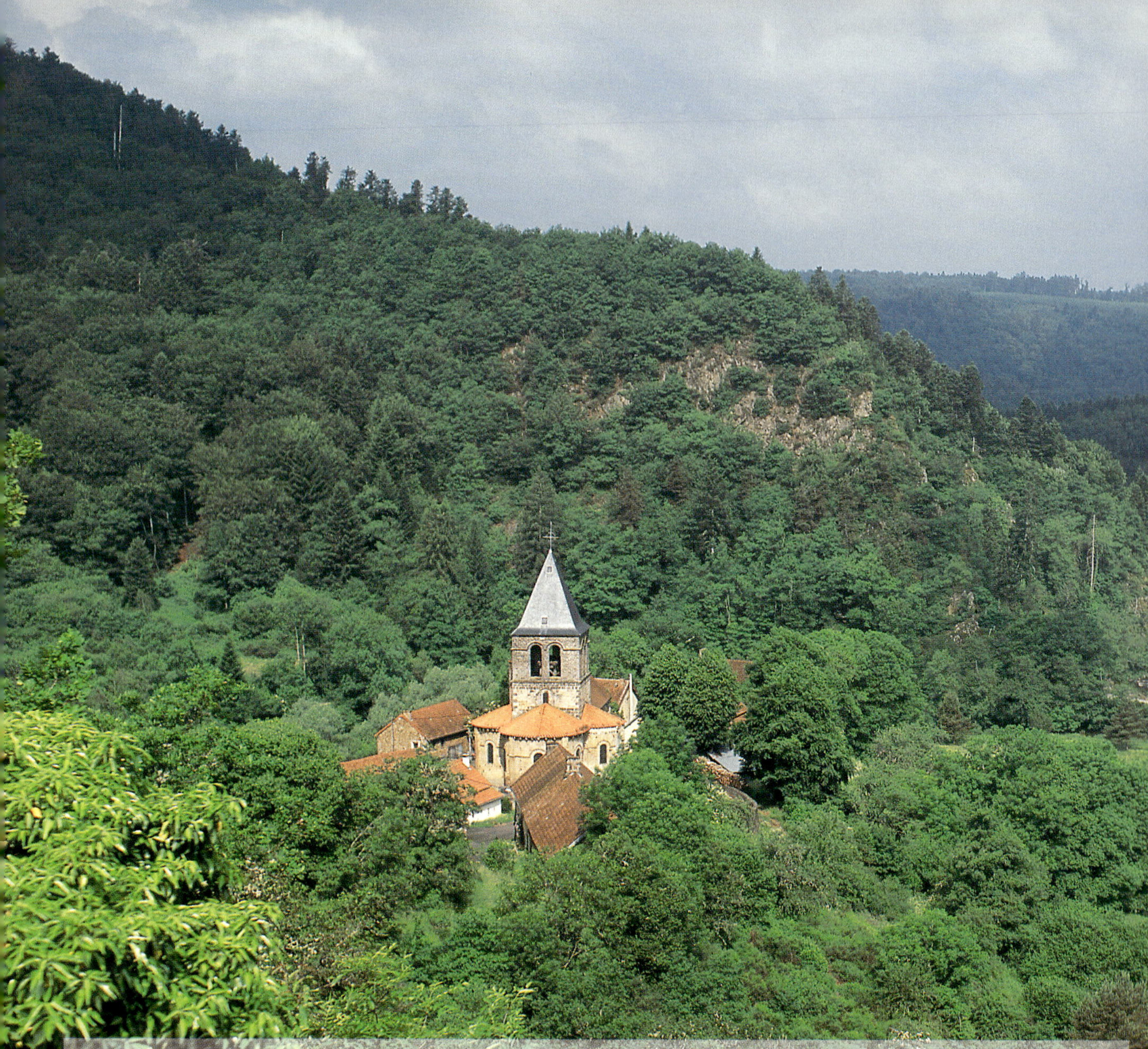

Les pays de la haute Sioule

La Combraille auvergnate - car ce pays sans capitale s'étend aussi en Creuse et en Bourbonnais - est une région bocagère formée de plateaux que les rivières, à l'exemple de la Sioule, ont entaillés de profondes vallées. Aux premiers temps du christianisme, les ermites trouvèrent sous ces cieux des retraites isolées propices à la prière, qui devinrent des abbayes influentes, telles que Menat et Montfermy. Au sud, par la Haute-Combraille déjà plus rude, on parvient au sévère pays des volcans. Au bas de ces monts Dômes et de ces monts Dore, de même qu'en Limousin, la ferveur ne fut pas moins durable, comme le prouvent les foules qui se pressent au pèlerinage de l'église majeure d'Orcival ou qui suivent Notre-Dame de Vassivière dans ses pérégrinations. Plusieurs Vierges de majesté soulignent en outre le caractère montagnard de ces pays, notamment à Vergheas, à Comps et à Heume-l'Eglise, dont les sanctuaires sont au moins partiellement romans.

Perchée au-dessus de la jeune Sioule, l'église Saint-Léger de Montfermy.
En médaillon, *la Vierge d'Heume-l'Église, qui veille sur la vie du village, car sa niche fait face à la porte de l'église, traditionnellement laissée ouverte.*

DE LA COMBRAILLE AUX MONTS DORE

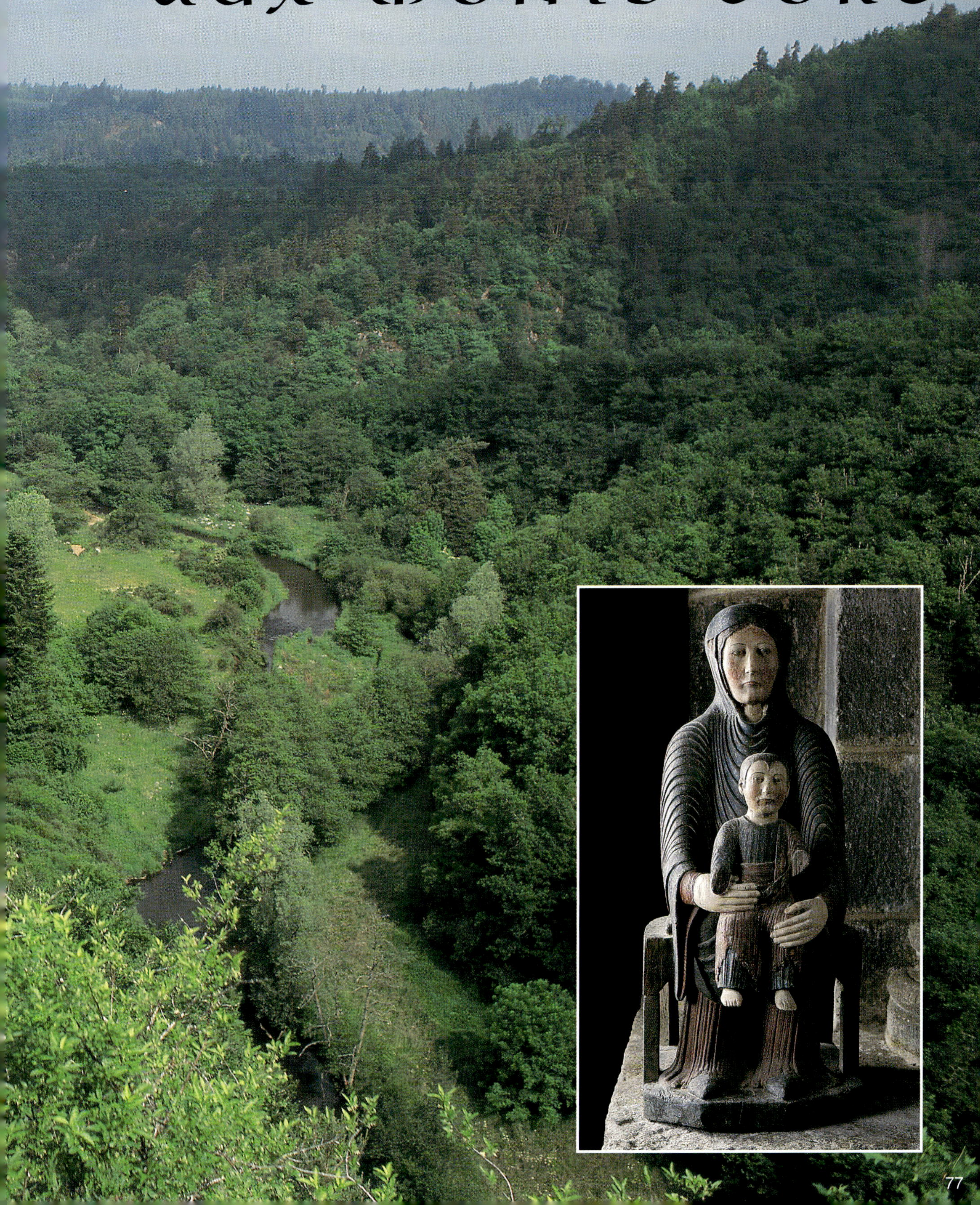

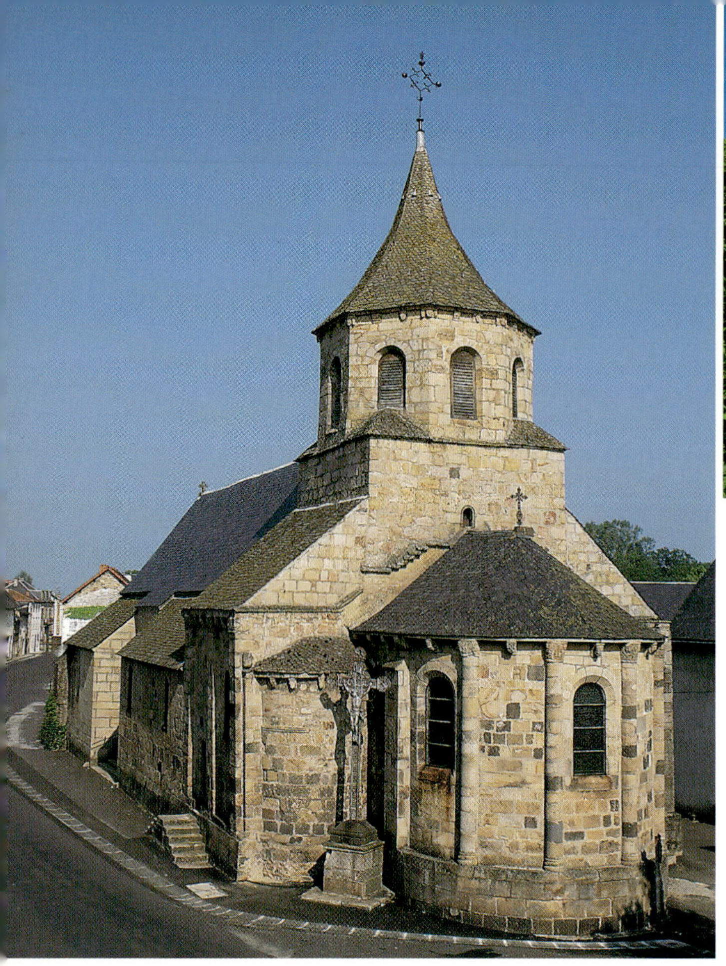

Symbole de l'influence de l'abbaye de Menat, la vaste église à triple nef que conserve la cité.

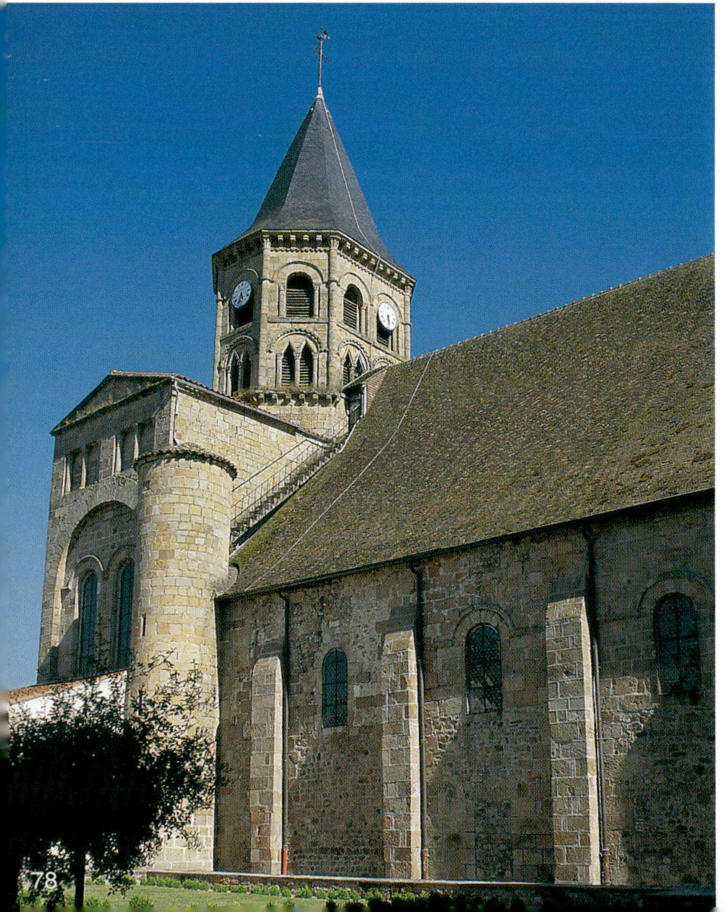

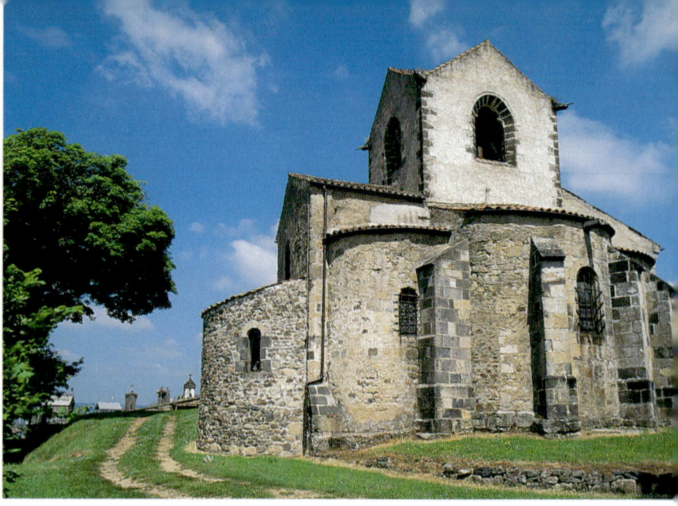

L'église de Miremont, qui coiffe une butte dominant une boucle du Sioulet.
Ci-contre, *l'église Saint-Fargeon de Bourg-Lastic.*

Les débuts de la sculpture romane

C'est approximativement vers l'an mil qu'apparut la sculpture romane, avec pour éléments privilégiés les portails et leurs tympans, ornement que la tradition auvergnate délaisse souvent au profit de la décoration de linteaux en bâtière. C'est toutefois au travers des chapiteaux de ses sanctuaires que la région traduit le mieux la personnalité de ses « imagiers ». S'il fallait désigner le plus ancien des témoignages sculptés que cette époque nous ait légué, ce serait sans conteste celui que l'on découvre dans l'église de Biollet. Le sanctuaire lui-même, construit en beau granite blond, est d'apparence primitive, avec des piliers bien trop forts pour les voûtes qu'ils ont à supporter, des arcs-doubleaux dont la province n'est pas coutumière et un chœur étroit qui pourrait être carolingien. Et que dire alors des chapiteaux « barbare » qui ornent cette église ? Ces ornements sont sculptés suivant une technique qui s'apparente à la taille en réserve et alignés en frise, parfois sur deux niveaux, révèlant une influence de l'orfèvrerie des premiers temps romans qui excellait en matière d'émaux cloisonnés. Les chapiteaux de Biollet sont surtout frappants par ce qu'ils représentent, c'est-à-dire des animaux étranges et des personnages embryonnaires, quelquefois embrassés, qui tiennent souvent de petites croix à la main. Cette stylisation des figures, jointe à leur absence de relief, fait penser que l'héritage gaulois était encore vivace dans l'Auvergne de l'an mil.

De granite et d'ardoise

Aux abords de la Sioule moyenne, qui se recourbe ici en un majestueux méandre, rien n'évoque mieux les débuts du christianisme que les vestiges de la chartreuse de Port-Sainte-Marie, perdus dans un site sauvage. Non loin, l'église Saint-Léger de Montfermy, bâtie sur l'emplacement de l'ermitage de saint Brachio, est pourvue d'un harmonieux chevet tréflé et fait admirer des chapiteaux sculptés par un disciple du Maître de Mozac. Sur les confins occidentaux de la région, la proximité du Limousin est soulignée à la croisée du transept de l'église d'Herment par la présence d'une coupole sur pendentifs et à celle de Bourg-Lastic par la discrétion des chapiteaux sculptés qui font ressortir le superbe appareillage des voûtes et de l'abside.

Réminiscences celtes

Le village de Saint-Ours, proche de Pontgibaud et de Montfermy, conserve une chapelle romane qui provient d'un prieuré dépendant d'Ébreuil. Saint Ours, le patron des lieux, est un compagnon de saint Victor dont on ne sait presque rien. Son nom pourrait être la christianisation d'un antique dieu de la mort, cet Orcus à forme animale -il s'agissait d'une sorte de chien-ours précurseur des ogres- d'après lequel auraient été baptisées les localités d'Orcival et d'Orcet.

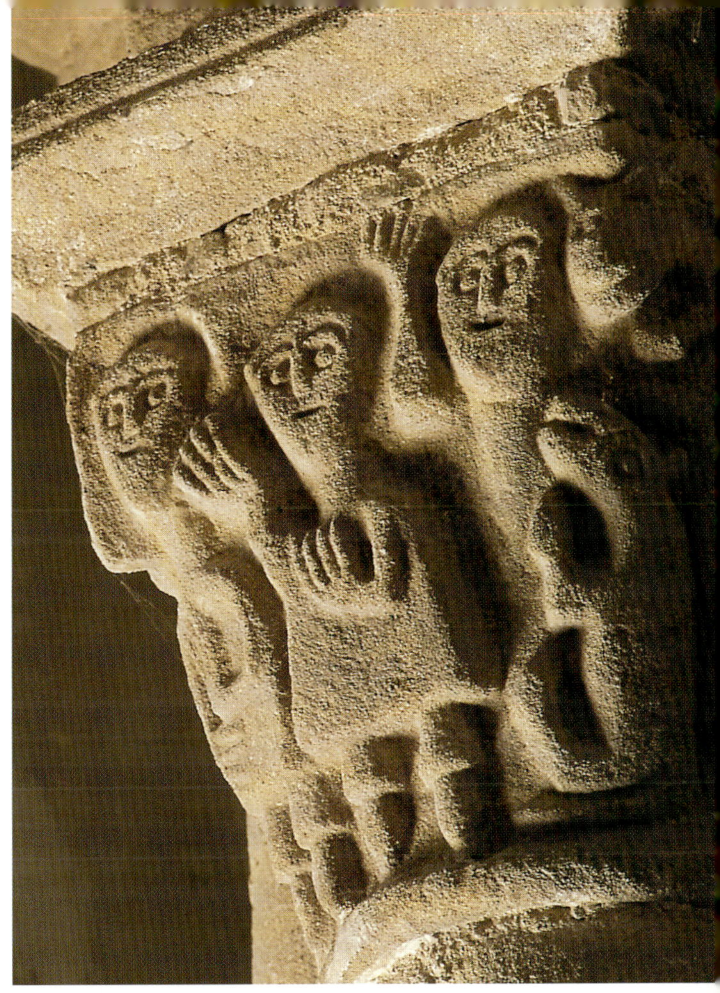

L'un des chapiteaux primitifs de Biollet.

La fresque romane de Montfermy qui montre des compagnons œuvrant à la construction de l'église.

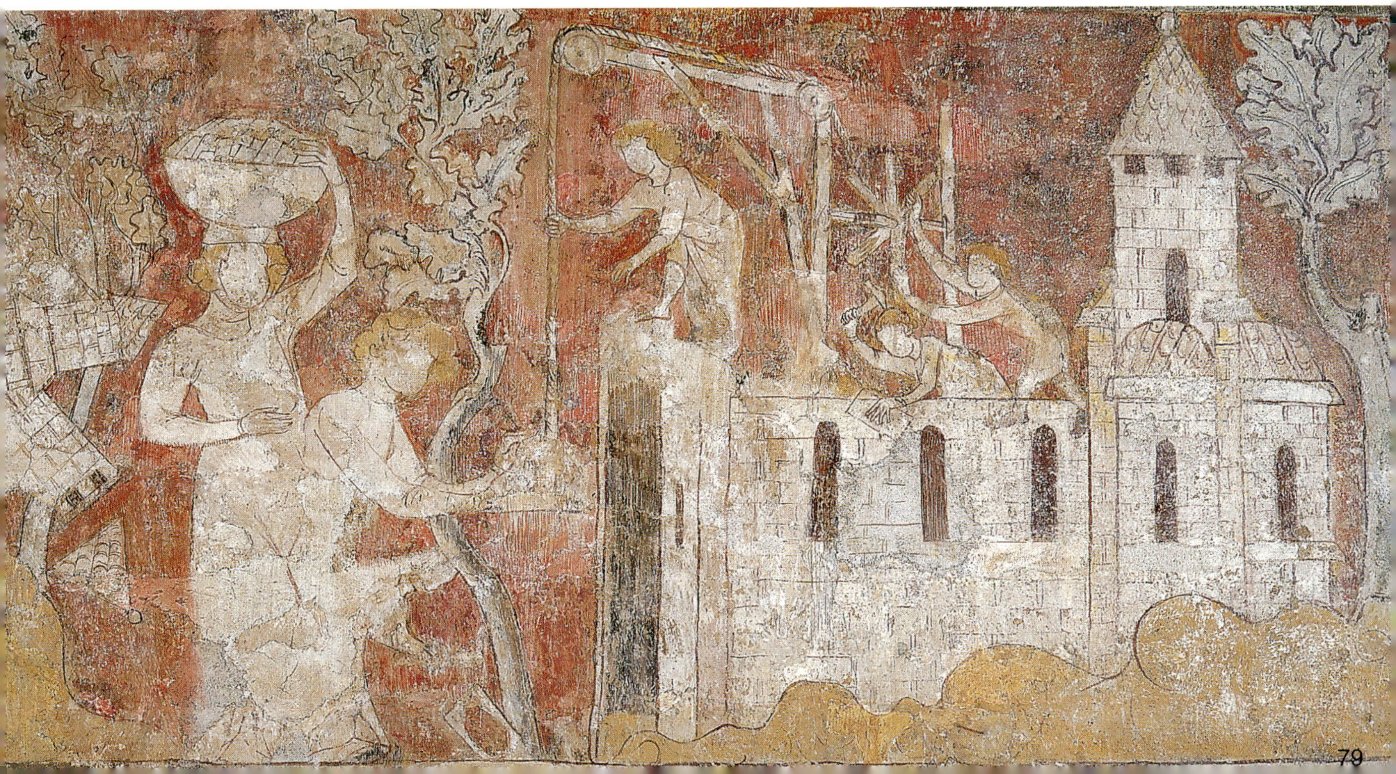

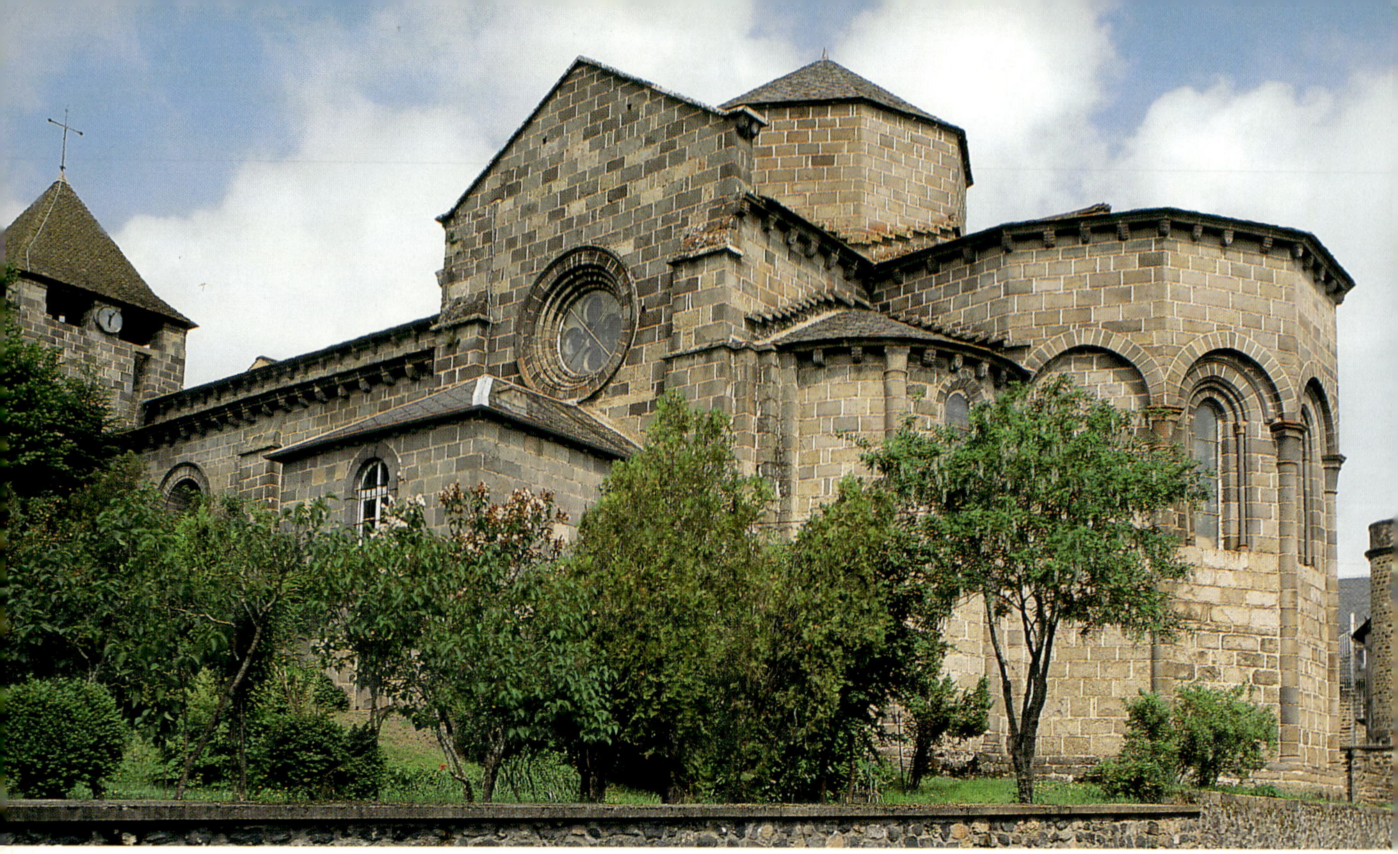

L'église d'Herment, une austère noblesse (Puy-de-Dôme).
Le chevet à triple abside polygonale de Meymac (Corrèze). Deux chapiteaux de Meymac : un évêque avec son bâton pastoral et un fidèle agenouillé, des monstres dévorant des femmes nues.

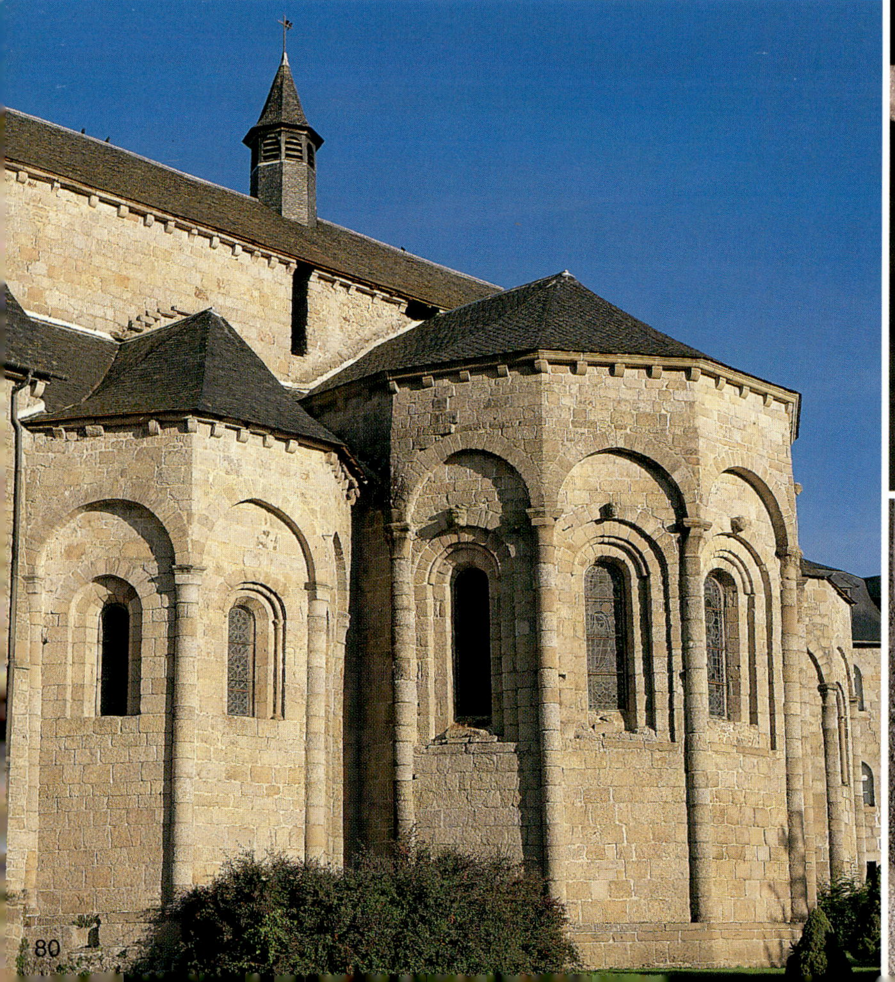

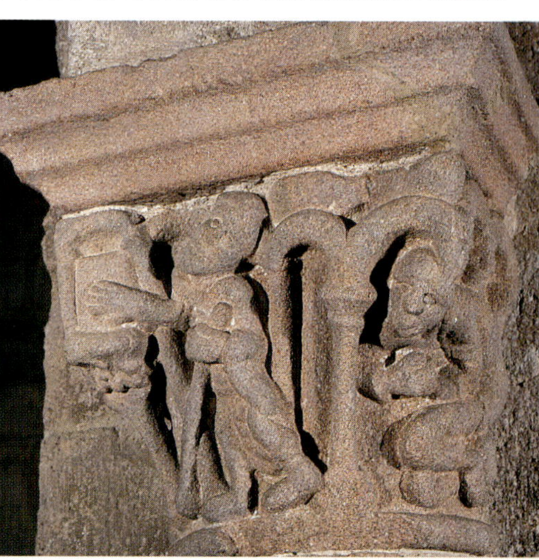

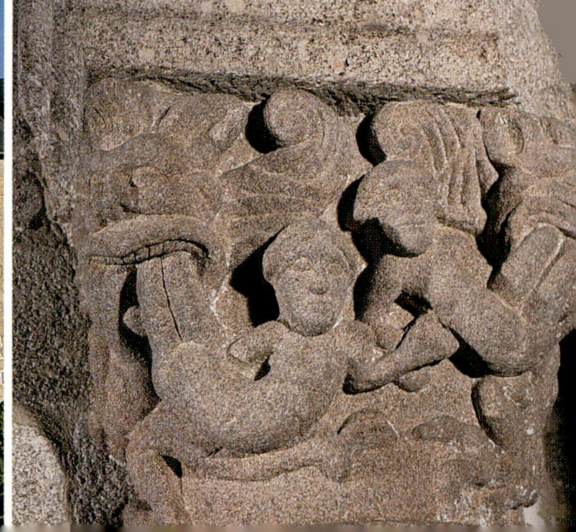

Limousin, terre des saints

Le Limousin fut aussi l'un des grands foyers monastiques du pays. L'art roman, cousin de celui d'Auvergne, fut ainsi développé par les ordres religieux qui peuplèrent leur ciel de ces clochers hexagonaux à base carrée si caractéristiques de la province. L'autre originalité du Limousin est l'emploi quasi-exclusif du granit, qui s'accommode mal de la sculpture et confère aux sanctuaires une sobriété qu'on dirait cistercienne. Peut-être est-ce ce qui poussa les artistes du cru à s'exprimer à travers l'orfèvrerie de la brillante manière que l'on sait. Par ailleurs, la province intégra des trouvailles venues des contrées limitrophes, notamment la technique de la voûte de la nef contrebutée à l'aide des demi-berceaux des bas-côtés ou des tribunes, mise au point par les bâtisseurs auvergnats.

L'abbatiale de Meymac rassemble quelques-uns de ces emprunts architecturaux, tout en montrant des chapiteaux archaïques qu'il est intéressant de comparer à ceux que produisit l'Auvergne. C'est toutefois par sa Vierge noire en majesté que le sanctuaire se rapproche le plus des églises de la province voisine. Cette effigie de bois du XIIe siècle est malgré tout unique, car l'artiste qui l'a sculptée l'a représentée avec la tête entourée d'un « turban ».

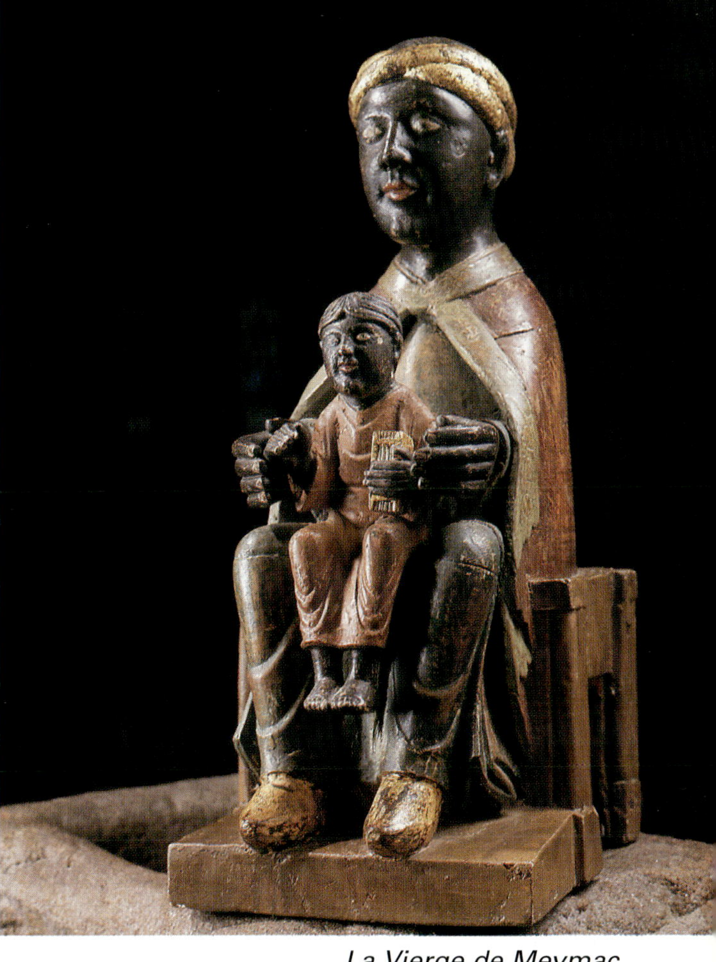

La Vierge de Meymac, coiffée d'un « turban » oriental qui lui a valu d'être surnommée « l'Égyptienne ».

Polygonales à l'extérieur, les absides de Meymac sont arrondies au-dedans, avec des voûtes en cul-de-four.

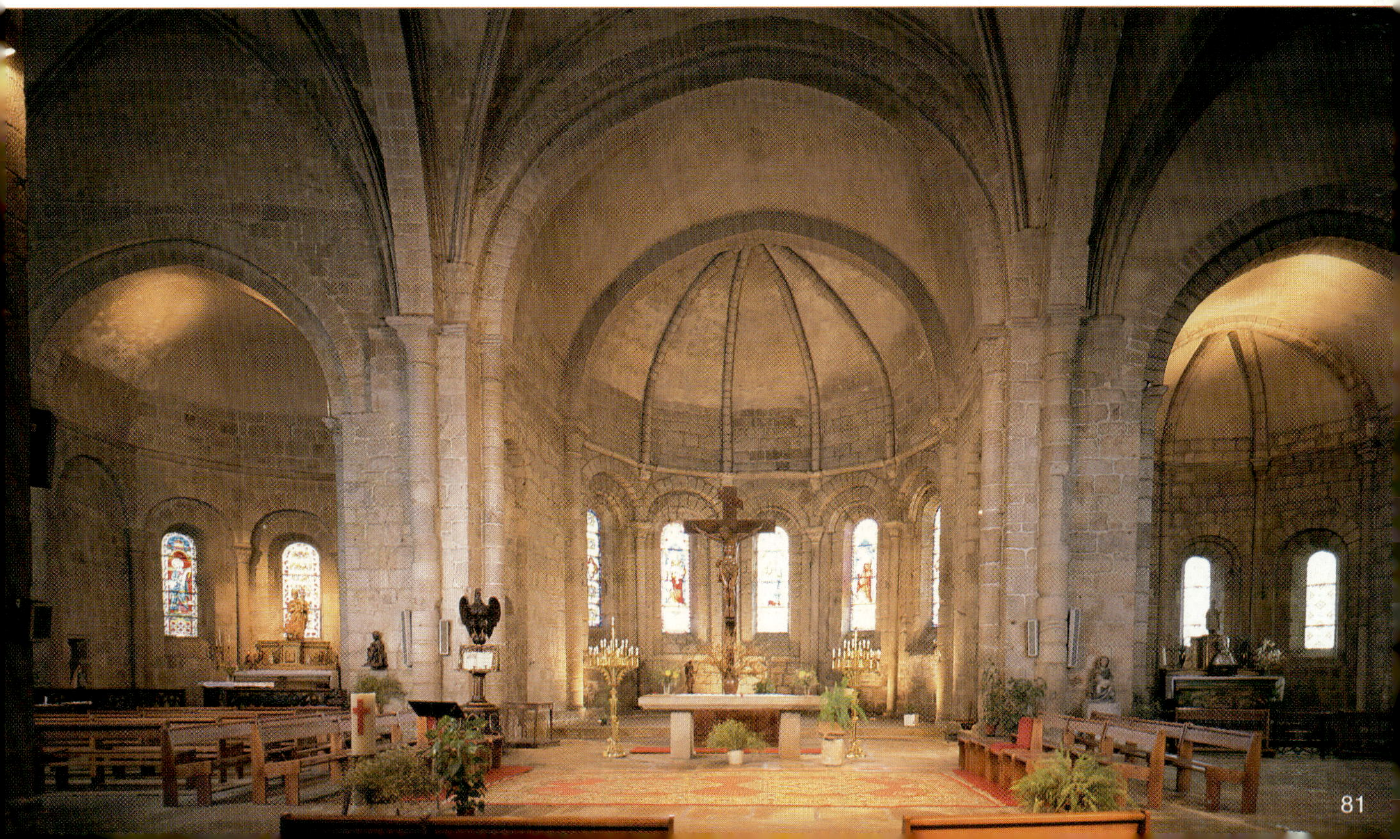

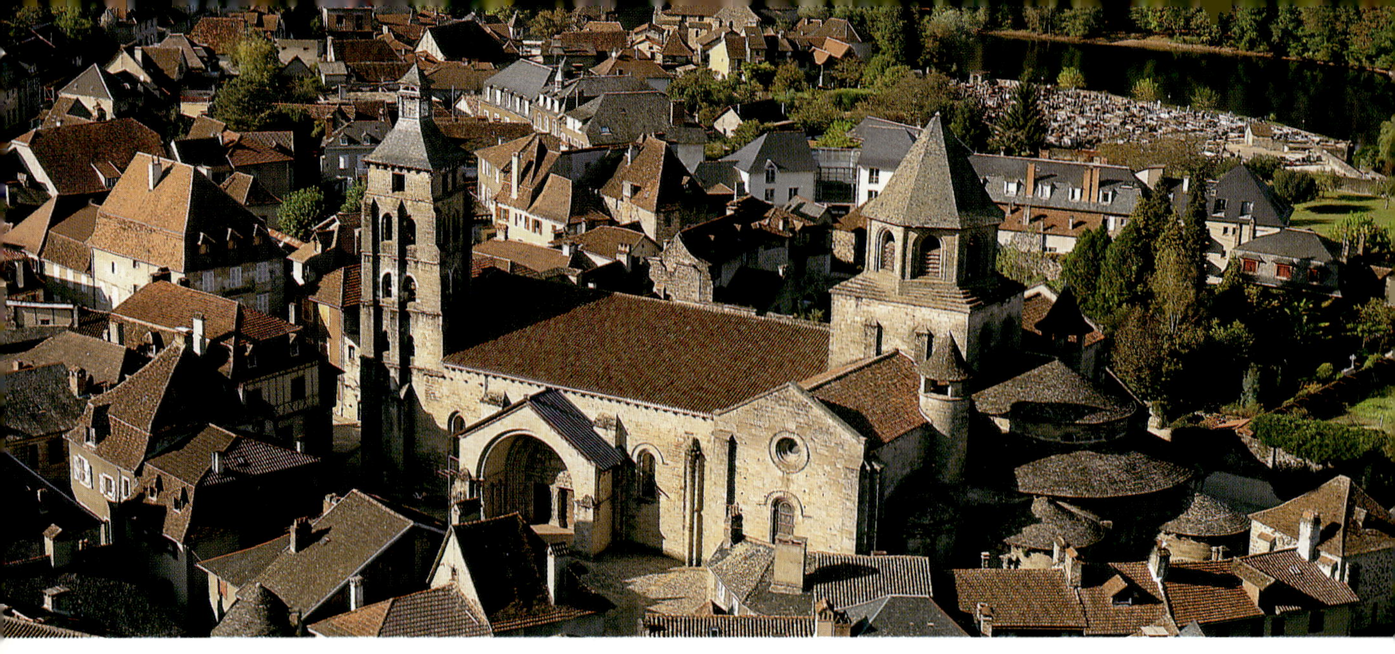

Beaulieu, à la croisée des voies romanes

Au Moyen-Âge, les grands centres de pèlerinage jouèrent un rôle essentiel de brassage humain et culturel ; en la matière le cas de Beaulieu-sur-Dordogne est exemplaire. Réputée pour les reliques qu'elle abritait, la cité de Beaulieu, proche par ailleurs de Rocamadour, était en effet placée au croisement des routes reliant l'Aquitaine à l'Auvergne et à Conques, et de celle qui menait de Saint-Martial de Limoges à Saint-Sernin de Toulouse par Cahors et Moissac. Les pèlerins affluaient de la sorte vers l'abbatiale Saint-Pierre, dont l'architecture symbolise la rencontre de divers courants, limousin, auvergnat et quercinois pour l'essentiel.

Les moines de Cluny commencèrent la construction de l'actuelle abbatiale vers 1100 et la terminèrent au début du XIIIe siècle par une simple façade en mur-pignon qui n'est pas conforme au plan initial. Cet édifice roman de grès ocre ne comporte à l'intérieur qu'une discrète décoration sculptée. Par contre, les imagiers toulousains qui ont aussi déployé leurs talents à Collonges-la-Rouge, à Moissac et à Souillac, ont paré l'extérieur de l'abbatiale d'un porche méridional qui est un joyau de la sculpture romane. Sur le thème du Jugement dernier, le tympan et le linteau présentent le ciel, la terre et l'enfer, en une puissante évocation dominée par un Christ impassible aux bras étendus, dépourvu de la mandorle habituelle. La liberté de la composition ainsi que le soin apporté aux détails, comme les drapés et les visages, rattachent cette œuvre à la veine languedocienne.

Dans le trésor de Beaulieu, la châsse du XIIIe siècle, en cuivre champlevé et émaillé, qui retrace l'Adoration des Mages. Magnifique réalisation des maîtres maçons du Limousin, le chœur parfaitement appareillé de l'abbatiale de Beaulieu (Corrèze).

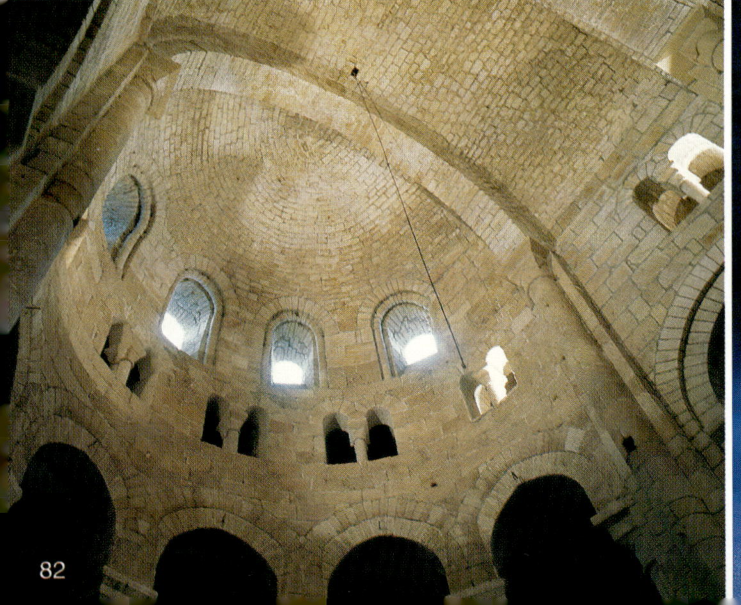

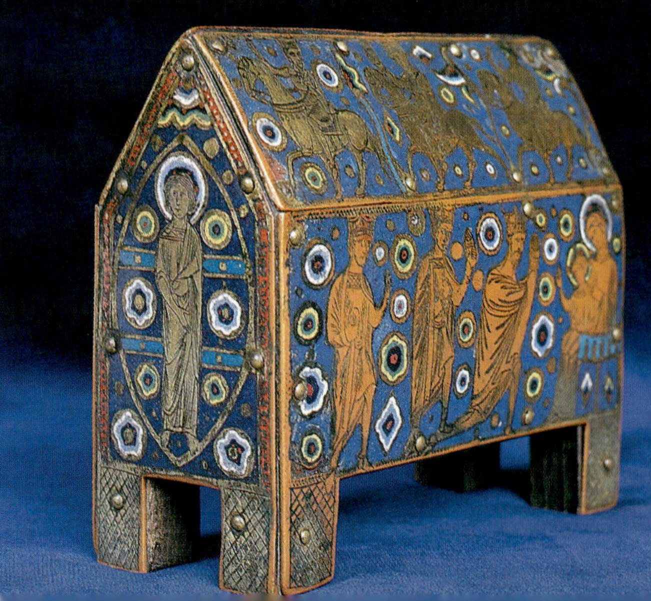

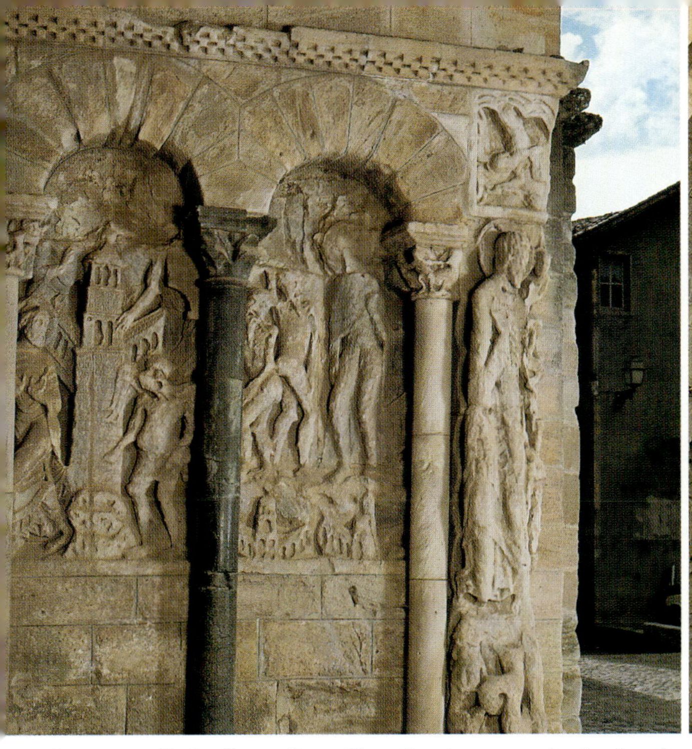

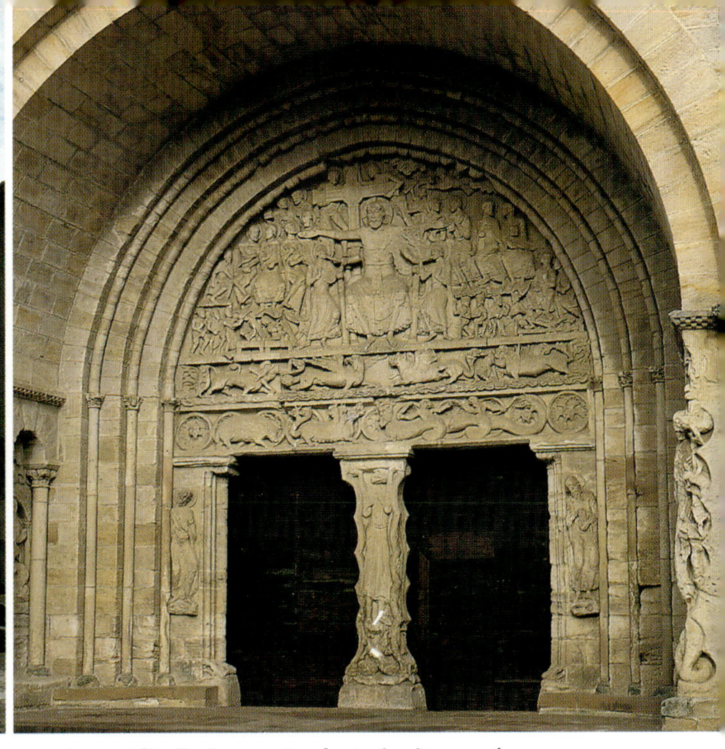

Le portail de Beaulieu (Corrèze), vue générale ; à gauche, *détail du contrefort droit représentant les trois tentations du Christ dans le désert*, et, ci-dessous, à droite, *sur la face latérale droite du trumeau, un vieillard à longue barbe, peut-être Isaïe*. À gauche, *la Vierge en majesté de Beaulieu, façonnée au début de l'âge gothique, garde la trace de la tradition romane auvergnate*.

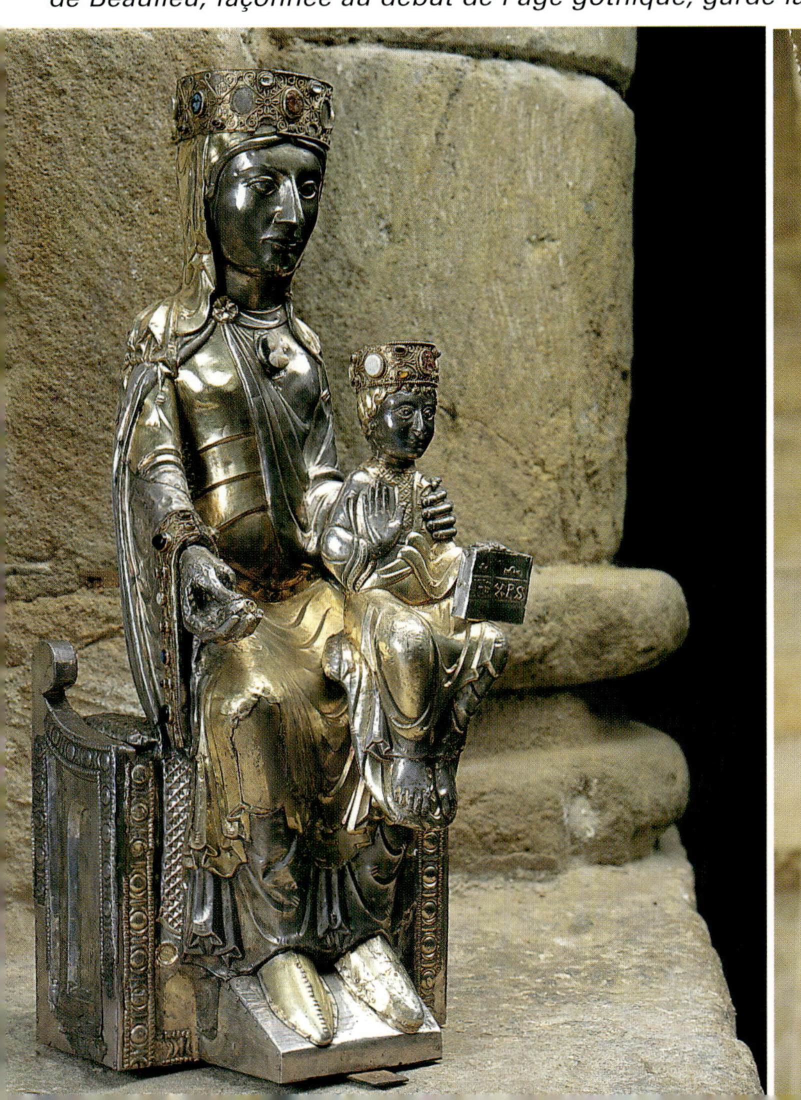

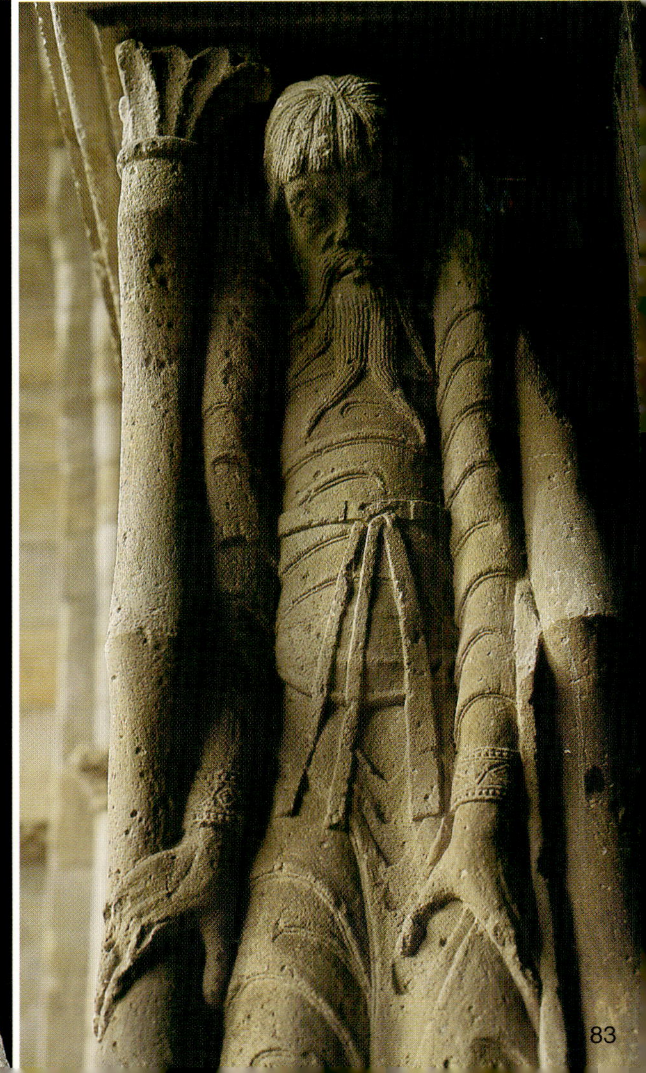

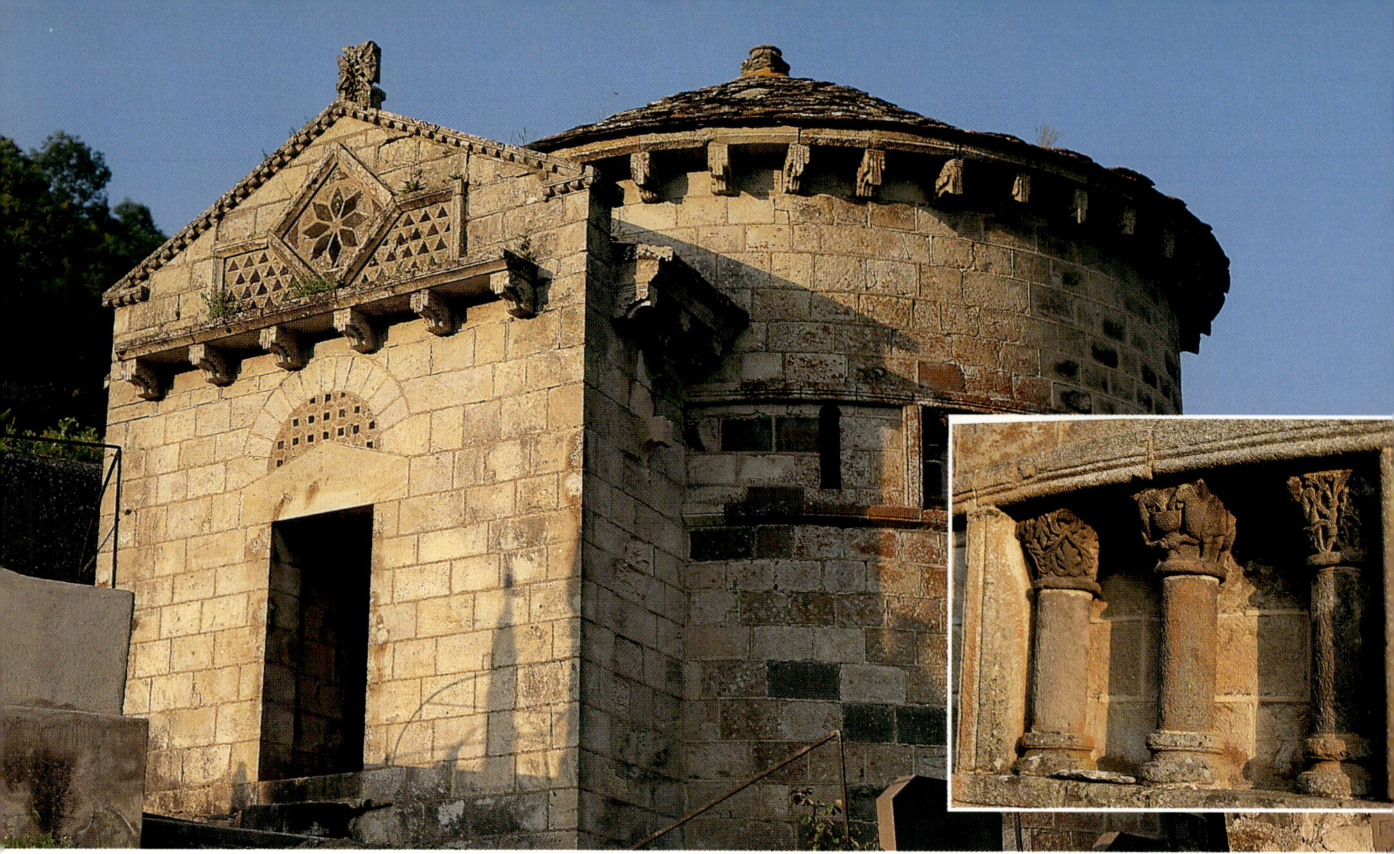

De lave et de lauzes

À proximité des sommets longtemps enneigés du massif du Sancy, où la Dordogne prend sa source, l'église du Chambon-sur-Lac illustre les modifications du paysage survenues depuis le XIIe siècle : son aspect trapu est la conséquence du surhaussement du sol survenu après chaque inondation de la Couze de Chaudefour, dont les alluvions ont aussi comblé la partie du lac qui bordait autrefois le village. On remarquera le linteau en bâtière du porche qui figure la Lapidation de saint Etienne, le patron de l'endroit.

Besse-en-Chandesse, charmant bourg Renaissance dont la prospérité est de longue date liée à la production de fromages, entasse ses toits de lauzes autour de l'église Saint-André. Ce sanctuaire affirme son caractère montagnard par des proportions ramassées et des voûtes basses, ainsi que par la rude facture de ses chapiteaux historiés. Un examen attentif de ces sculptures réalisées en pierre volcanique fera découvrir que saint André est figuré en supplice sur une croix latine et qu'un homme à jambe de bois officie dans une étrange scène de sacrifice… Cependant, les Bessards n'ont d'yeux que pour la statue de Notre-Dame-de-Vassivière, tout au moins quand la Vierge vénérée n'occupe pas sa chapelle de montagne, au milieu des troupeaux à l'estive.

Le curieux baptistère du Chambon-sur-Lac (Puy-de-Dôme), avec, en médaillon, quelques-uns des chapiteaux extérieurs.

Un chapiteau énigmatique

Au Chambon-sur-Lac, sur le versant où a été déplacé le cimetière, s'élève une originale construction romane qu'on désigne comme la rotonde, ou encore le baptistère. La vocation primitive de ce sanctuaire au fronton à mosaïque est mal établie, la tradition affirmant qu'il s'agissait de la chapelle sépulcrale des seigneurs de Murol. Le mystère est plus profond encore à propos d'un chapiteau de l'édifice, qui montre un homme nu couché sur un lit, entouré de personnages qui semblent s'intéresser fort à son cas. La scène représente-t-elle la circoncision d'Abraham, le martyre d'un saint ou l'évocation de pratiques de médecine traditionnelle ? Certains voient en cette sculpture la représentation d'une séance de « martelage de ventre" que les forgerons pratiquaient pour soigner les hernies. D'autres estiment que le chapiteau fait référence à une cérémonie de castration païenne, car l'un des protagonistes vêtu à l'orientale semble porter l'insigne du culte de Cybèle. Sur les chapiteaux des colonnettes extérieures on voit d'ailleurs des personnages qui accréditeraient cette thèse, l'un d'eux notamment, représenté sous un pin, pouvant être Atys, l'amant de Cybèle.

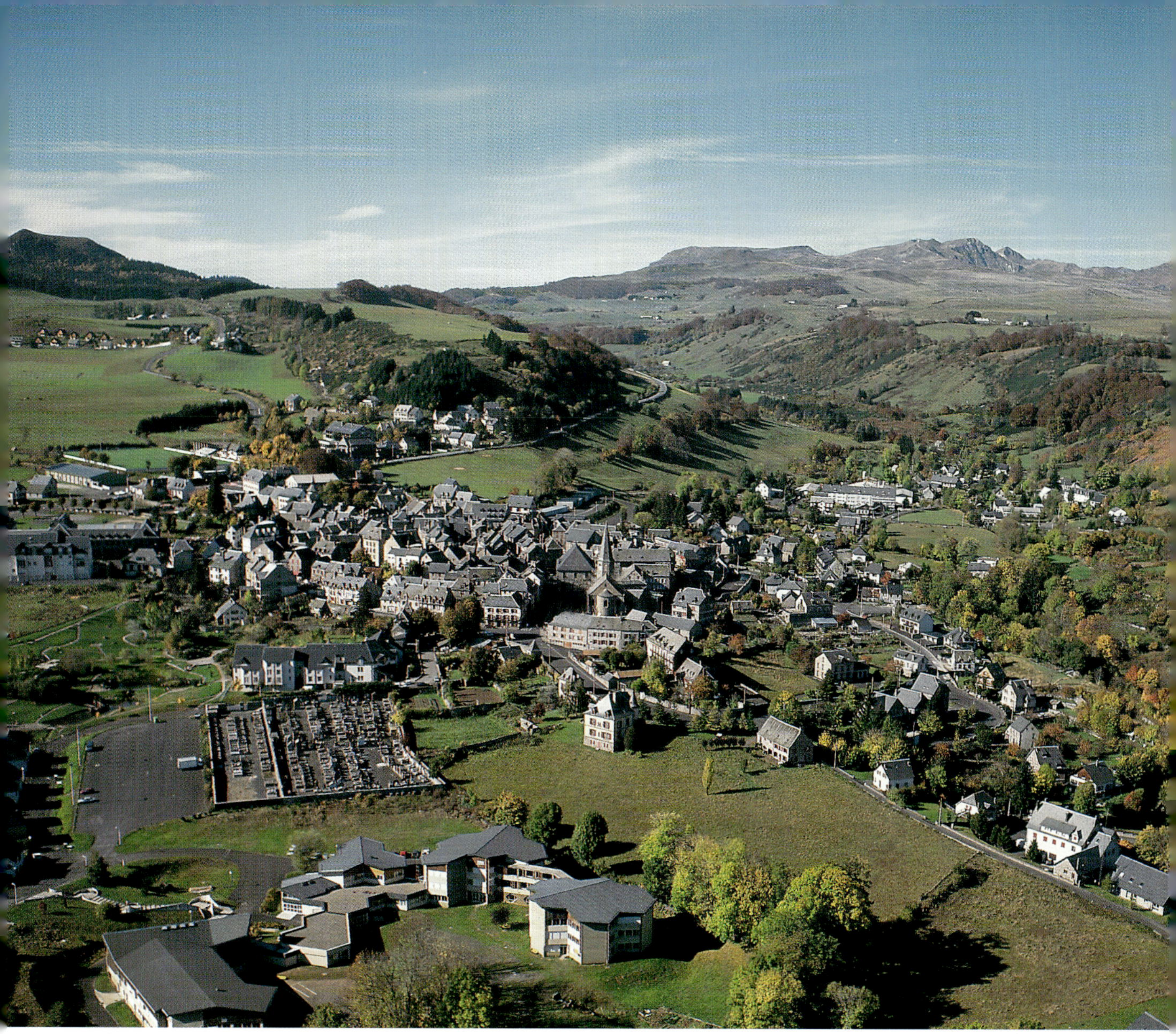

Vue générale de Besse-en-Chandesse (Puy-de-Dôme).
En bas, *des chapiteaux de l'église Saint-André,* à gauche, *le sacrifice avec l'homme à la jambe de bois,* au centre, *le supplice de saint André,* et, à droite, *le festin du Mauvais Riche.*

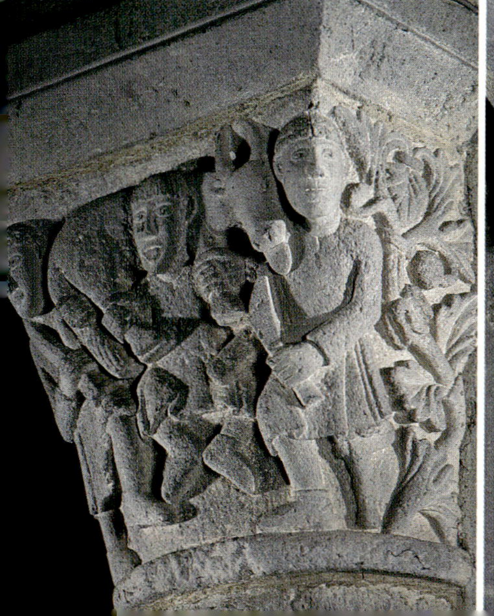

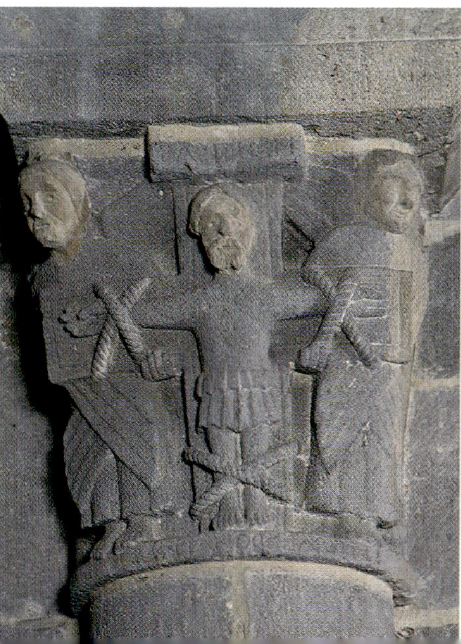

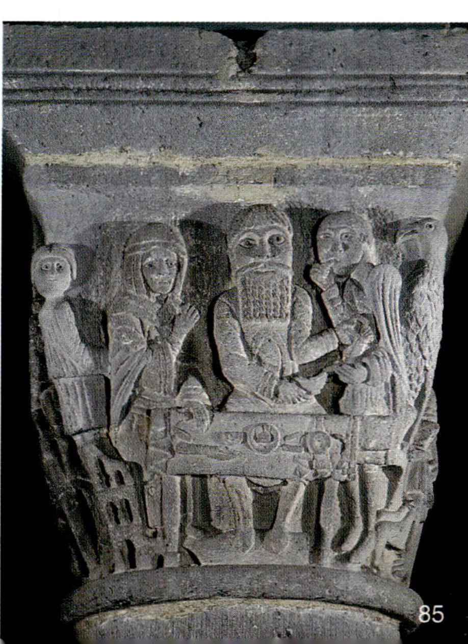

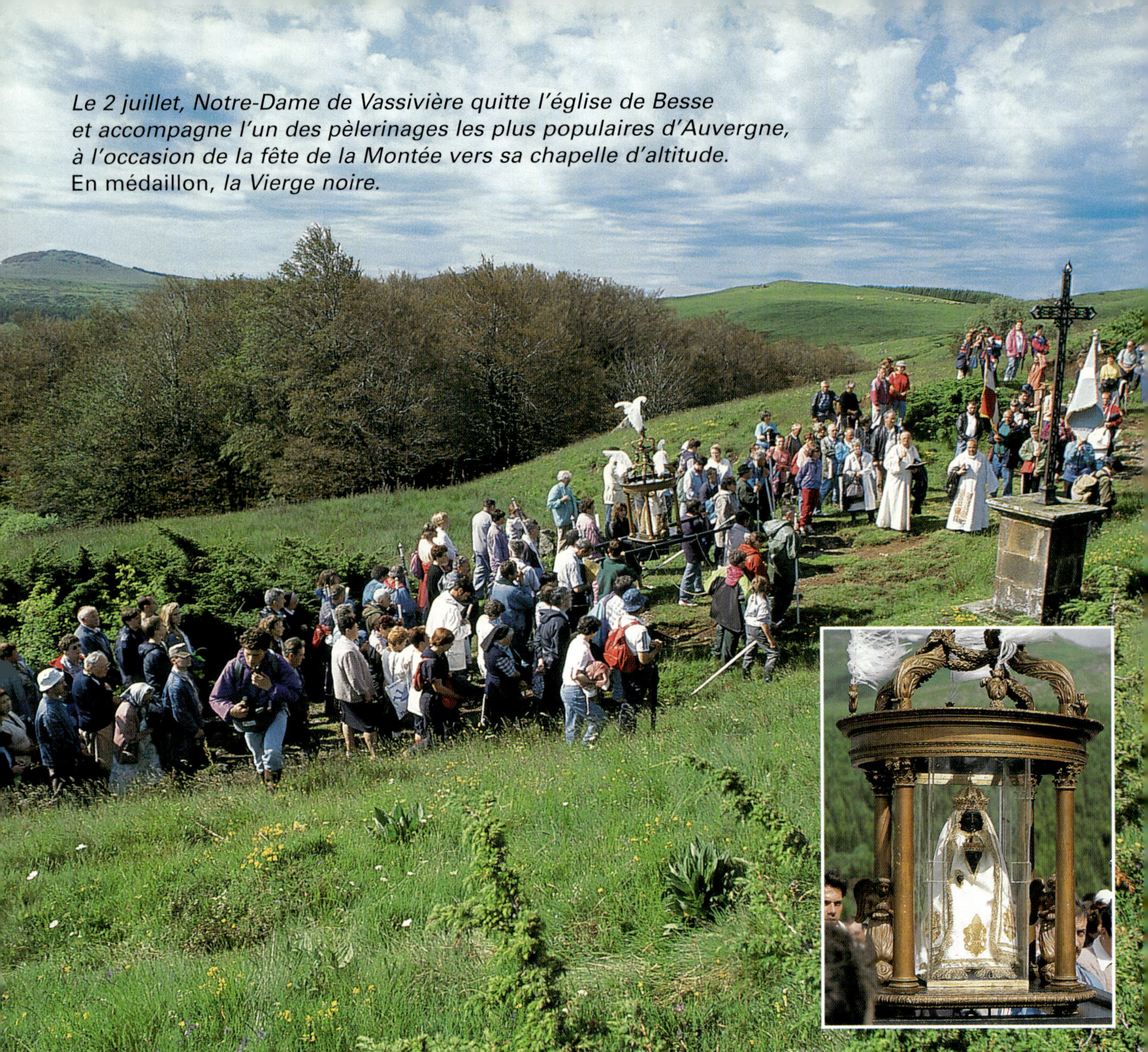
Le 2 juillet, Notre-Dame de Vassivière quitte l'église de Besse et accompagne l'un des pèlerinages les plus populaires d'Auvergne, à l'occasion de la fête de la Montée vers sa chapelle d'altitude.
En médaillon, *la Vierge noire.*

Le répertoire des chapiteaux

Aux chapiteaux des églises auvergnates, les sculpteurs de l'époque romane donnaient le meilleur de leur art, puisant leur inspiration à diverses sources. Contrairement à la tradition bourguignonne, par exemple, qui est dans le droit-fil des parchemins enluminés, la région conserva des influences gallo-romaines, d'où est issu un type de personnage trapu et revêtu de larges drapés. Du point de vue des sujets, beaucoup sont empruntés à l'Antiquité, mais les thèmes bibliques et évangéliques sont aussi très présents, ainsi que la vie des saints. La province s'est en outre largement inspirée des étoffes orientales, d'où proviennent des oiseaux à queue de feuillage, comme à Mozac, de nombreux lions à corps double de même que les aigles bicéphales de Saint-Germain-l'Herm. Le Moyen-Âge appréciait également les animaux fabuleux et les figures symboliques. Parmi ces dernières l'Auvergne a privilégié le « singe cordé », l'usurier, l'âne musicien et le bouc chevauché, qui dénonçaient respectivement le mal, l'avarice, la sottise et la luxure. Enfin, de rares chapiteaux rendent nommément hommage à des donateurs. C'est le cas à Volvic, où l'on voit la figure juvénile de Guillaume de Bezac, et à Notre-Dame-du-Port où est représenté Stephanus.

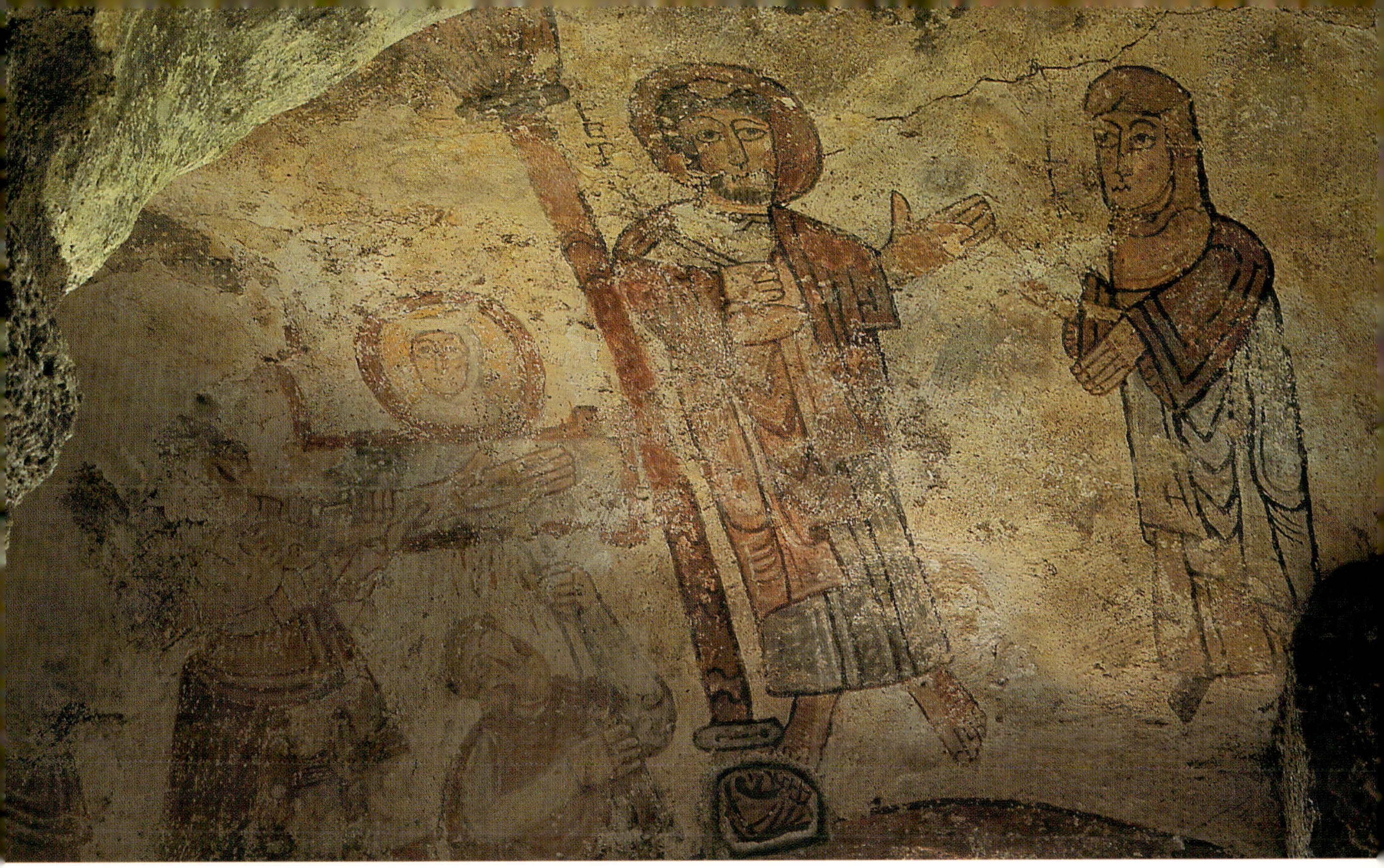

La fresque du reniement de saint Pierre. En bas, *creusée à même le roc, la chapelle de Jonas.*

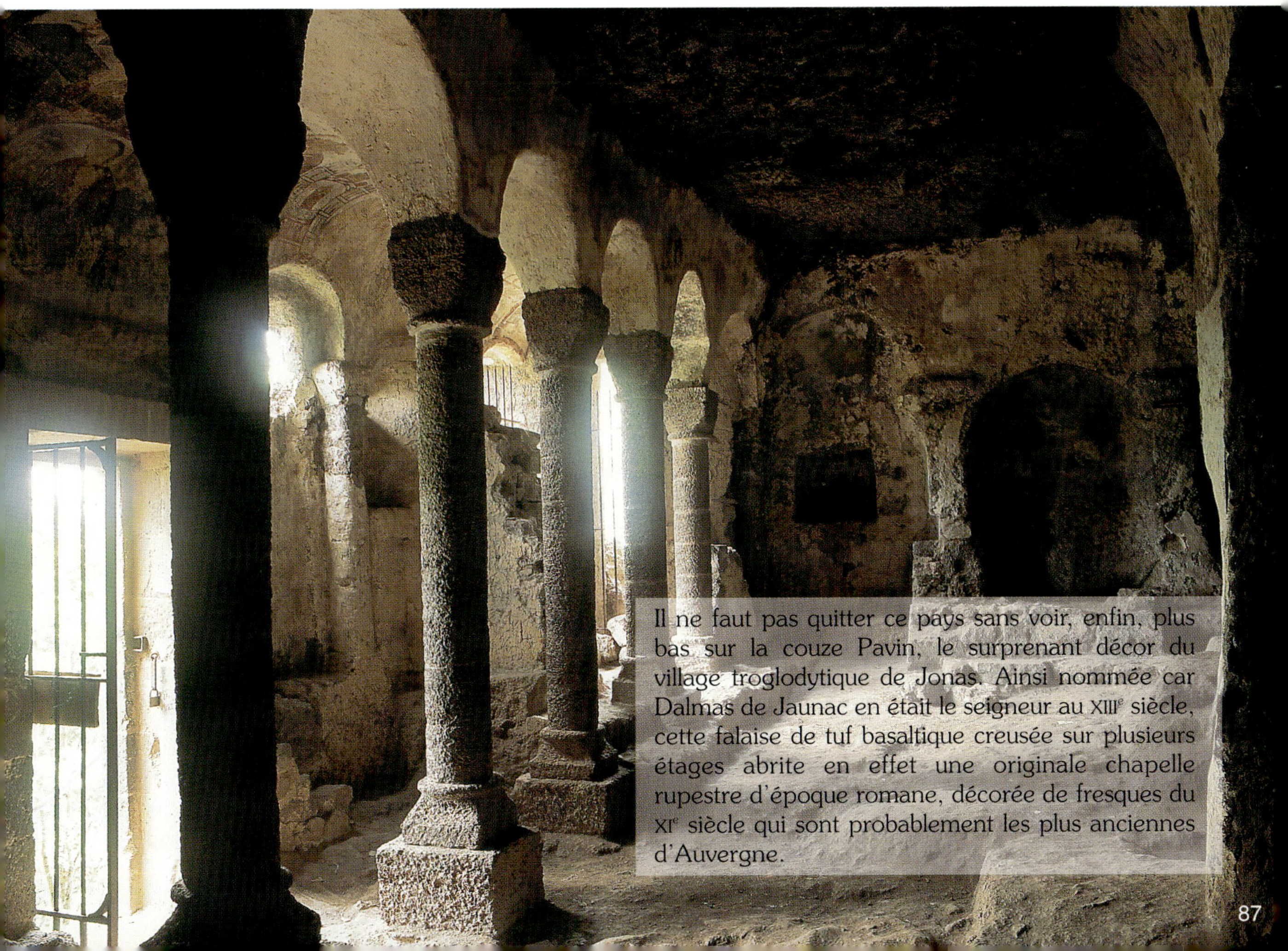

Il ne faut pas quitter ce pays sans voir, enfin, plus bas sur la couze Pavin, le surprenant décor du village troglodytique de Jonas. Ainsi nommée car Dalmas de Jaunac en était le seigneur au XIIIe siècle, cette falaise de tuf basaltique creusée sur plusieurs étages abrite en effet une originale chapelle rupestre d'époque romane, décorée de fresques du XIe siècle qui sont probablement les plus anciennes d'Auvergne.

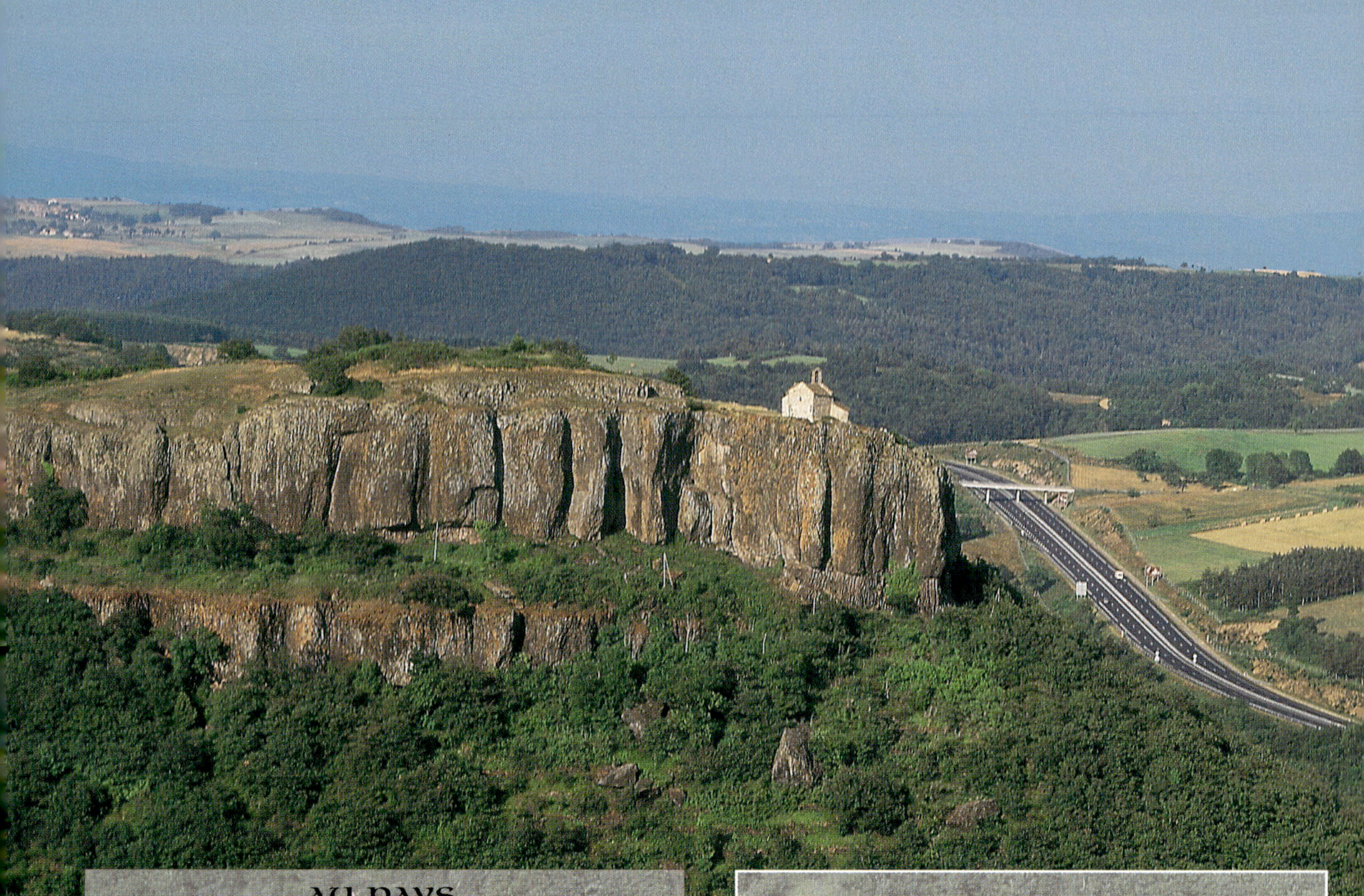

au pays des clochers à peigne

L'appellation de Haute-Auvergne correspond assez exactement à ce que notre époque connaît sous le nom de département du Cantal. Il s'agit donc d'un pays organisé autour du grand massif volcanique homonyme, que découpent une série de profondes vallées rayonnantes. Bien que l'activité pastorale ait de longue date colonisé les hautes pentes, les difficultés liées à l'altitude ont fait que l'occupation humaine s'est surtout concentrée dans ces vallées. A l'époque romane aucune ville proprement dite ne s'était encore développée en Haute-Auvergne. Ce temps était toujours celui des abbayes : le monastère d'Aurillac avait été fondé à la fin du IXe siècle par saint Géraud, quelques décennies après le prieuré de Mauriac. Ces établissements précédèrent d'un siècle l'abbatiale primitive de Saint-Flour tandis que la dernière grande église monastique fut celle de Montsalvy, élevée entre 1061 et 1070.

Le site de la vallée de l'Allagnon, porte du Cantal sur lequel veille la chapelle Sainte-Madeleine.
En médaillon, *chapelle du vertige, Sainte-Madeleine et ses toits de lauzes (Massiac).*

souvenir d'un culte préhistorique

Entre Blesle et Massiac, les falaises basaltiques qui se font face au-dessus de l'Alagnon portaient jadis deux chapelles dédiées à saint Victor et à sainte Madeleine. La chronique affirme que les ermites se rencontraient pour prier au milieu de la vallée, grâce au chapelet que sainte Madeleine transformait en passerelle. Seule subsiste de nos jours la chapelle du XIe siècle qui succéda à l'oratoire de la sainte, tout au bord de l'abîme, au-dessus d'une grotte qui paraît être un lieu de culte solaire remontant aux temps les plus reculés. En effet, la lumière du soleil n'éclaire le fond de la caverne que lorsqu'il est exactement au zénith. Au retour du pèlerinage annuel encore bien vivace qui a lieu à la chapelle Sainte-Madeleine le 22 juillet, jour de la fête patronale, les fidèles ne manquent d'ailleurs jamais d'aller fleurir cette grotte où, au temps des menhirs, fut célébré l'un des cultes auvergnats les plus anciens.

Haute-Auvergne

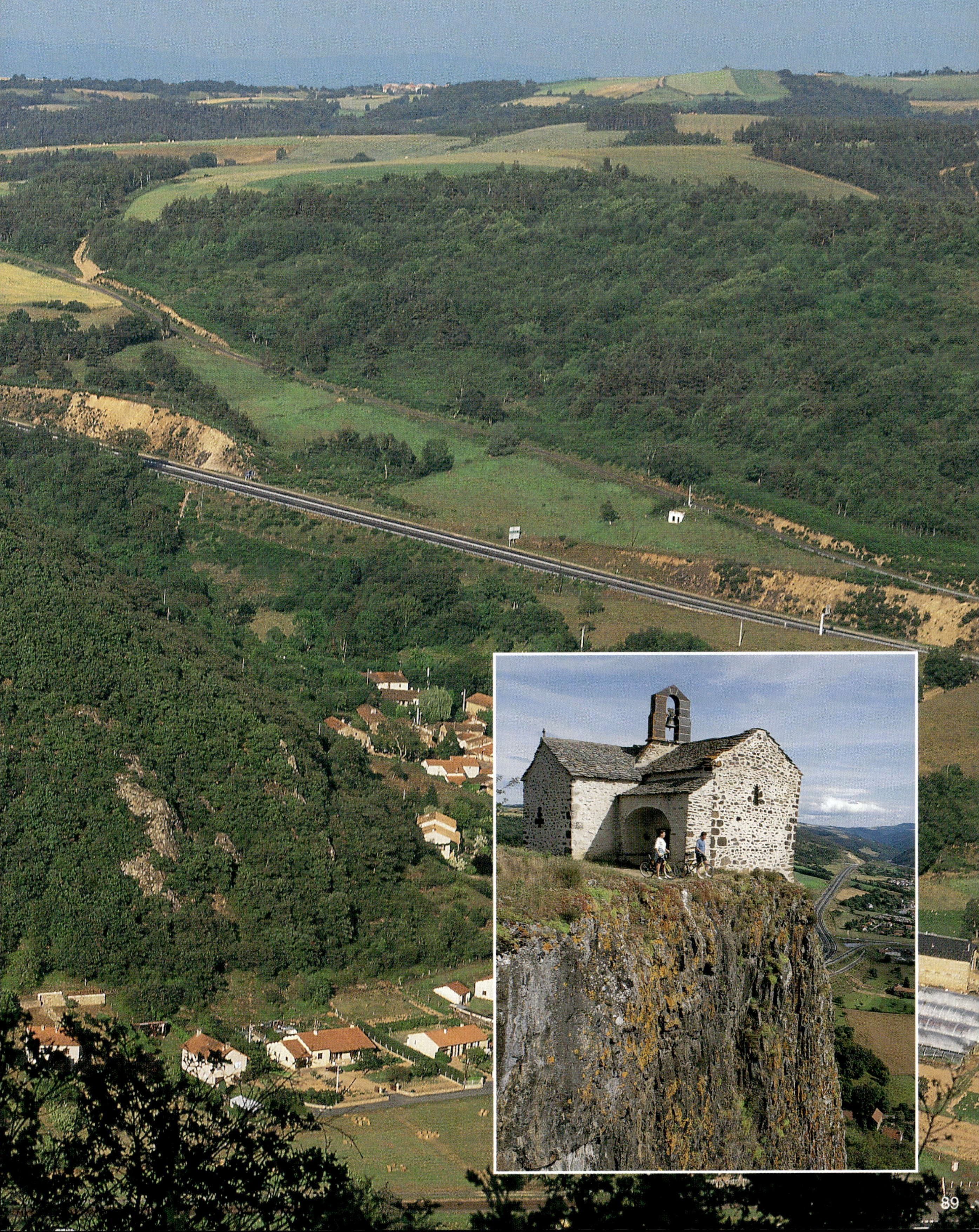

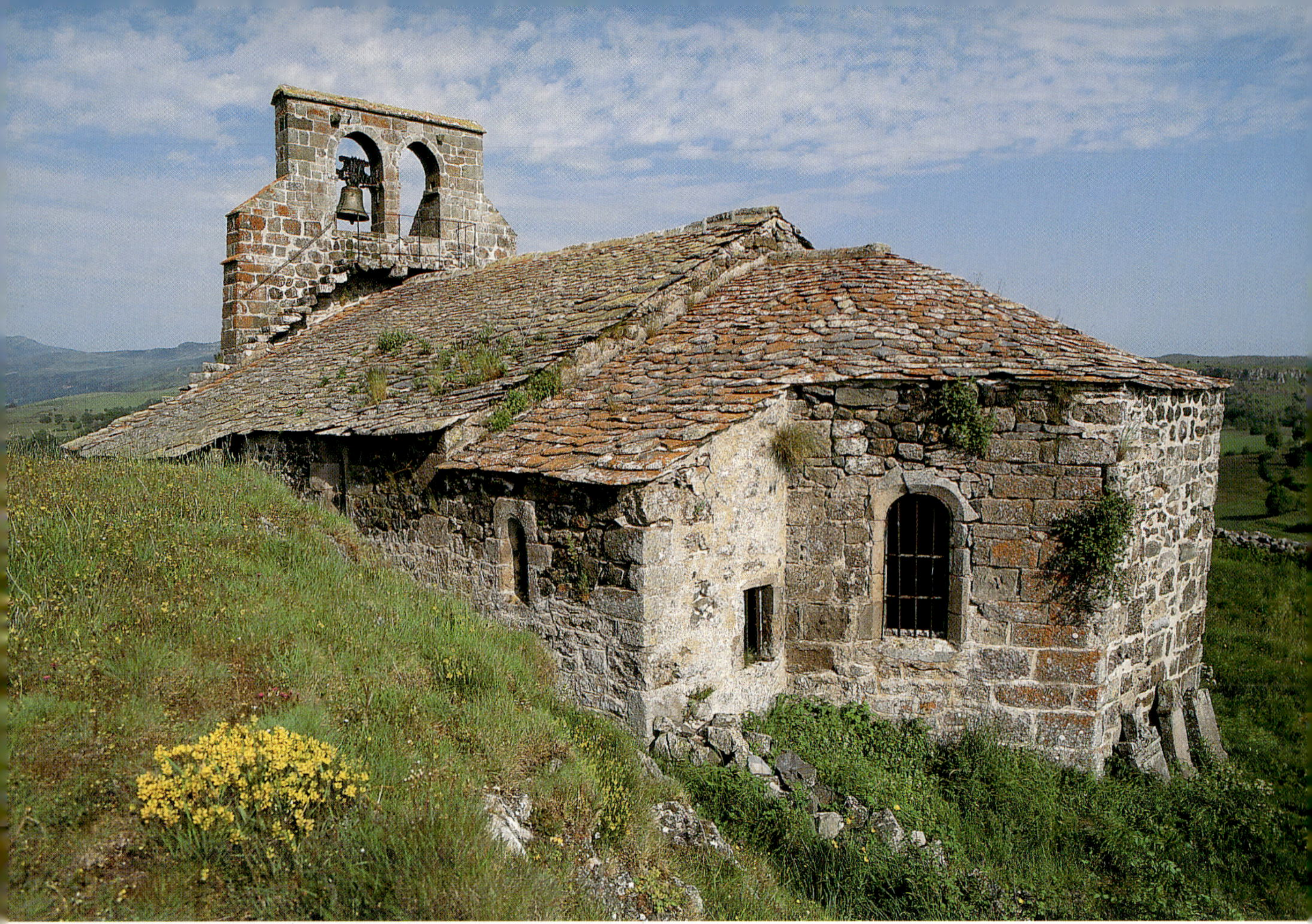

Aux côtés des abbatiales de Mauriac et de Montsalvy qui ont traversé les âges, subsistent des églises conventuelles plus modestes. Leur notoriété est souvent liée à une situation pittoresque, à l'exemple de Bredons, de Brageac ou de Vignonet. L'architecture romane de la Haute-Auvergne est en outre représentée par d'humbles sanctuaires campagnards couverts de lauzes et arborant un clocher à peigne caractéristique de la région. Parfois ces églises reculées réservent la surprise d'une des émouvantes Vierges romanes de majesté dont l'Auvergne eut le secret.

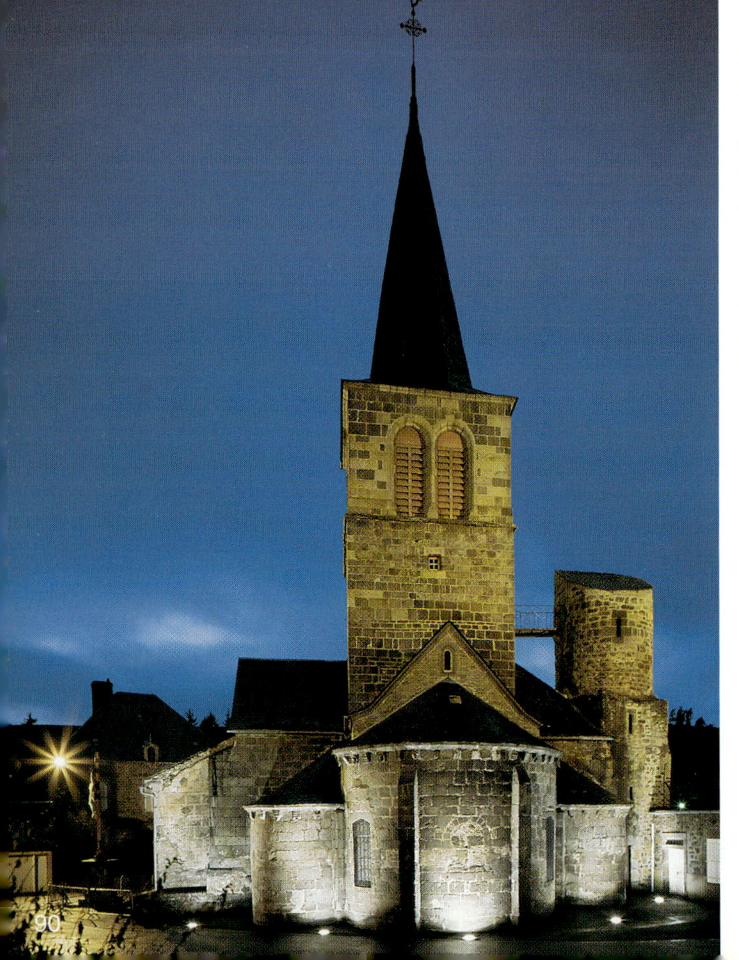

En haut, *à demi-enterrée et rappelant à la fois un buron et un four banal, une église de montagne typique, Chastel-sur-Murat.*
Ci-contre, *l'église d'Allanche, qui fut transformée en château-fort.*

Les majestés de l'Allagnon

La vallée de l'Allagnon, antique voie de passage cantalienne qu'empruntèrent aussi les pèlerins de Compostelle, compte deux jalons romans d'inégale réputation. Discrètement nichée dans les gorges, la chapelle de Vauclair est un tout simple sanctuaire dont l'architecture dénote des influences limousines. Chaque 8 septembre, les fidèles viennent s'y recueillir devant l'une des plus admirables Vierges de majesté de la province. Cette statue fascinante montre Marie vêtue d'une tunique aux plis élégants, avec un visage légèrement penché d'où émane une douceur farouche, portant un Enfant Jésus à l'expression très hiératique. Comme d'autres effigies-reliquaires, cette Vierge comporte un cabochon en cristal de roche qui permet d'apercevoir les reliques qu'elle renferme.

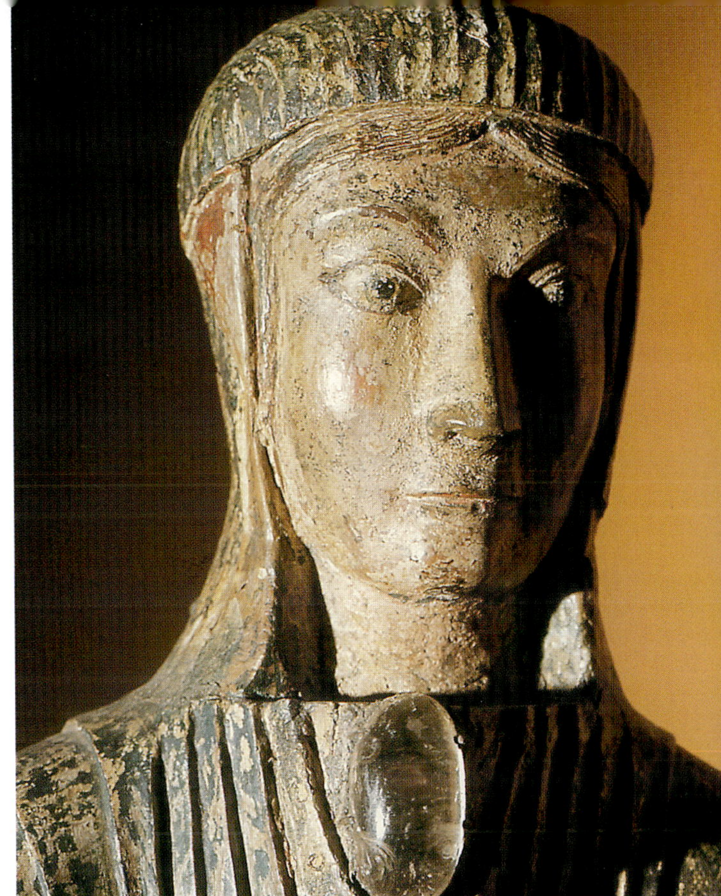

La Vierge de Vauclair, qu'une légende affirme avoir été trouvée dans les bois des gorges. Ci-dessous, *le site sauvage de Vauclair, dont le nom rappelle que les aveugles venaient le visiter pour recouvrer la vue.*

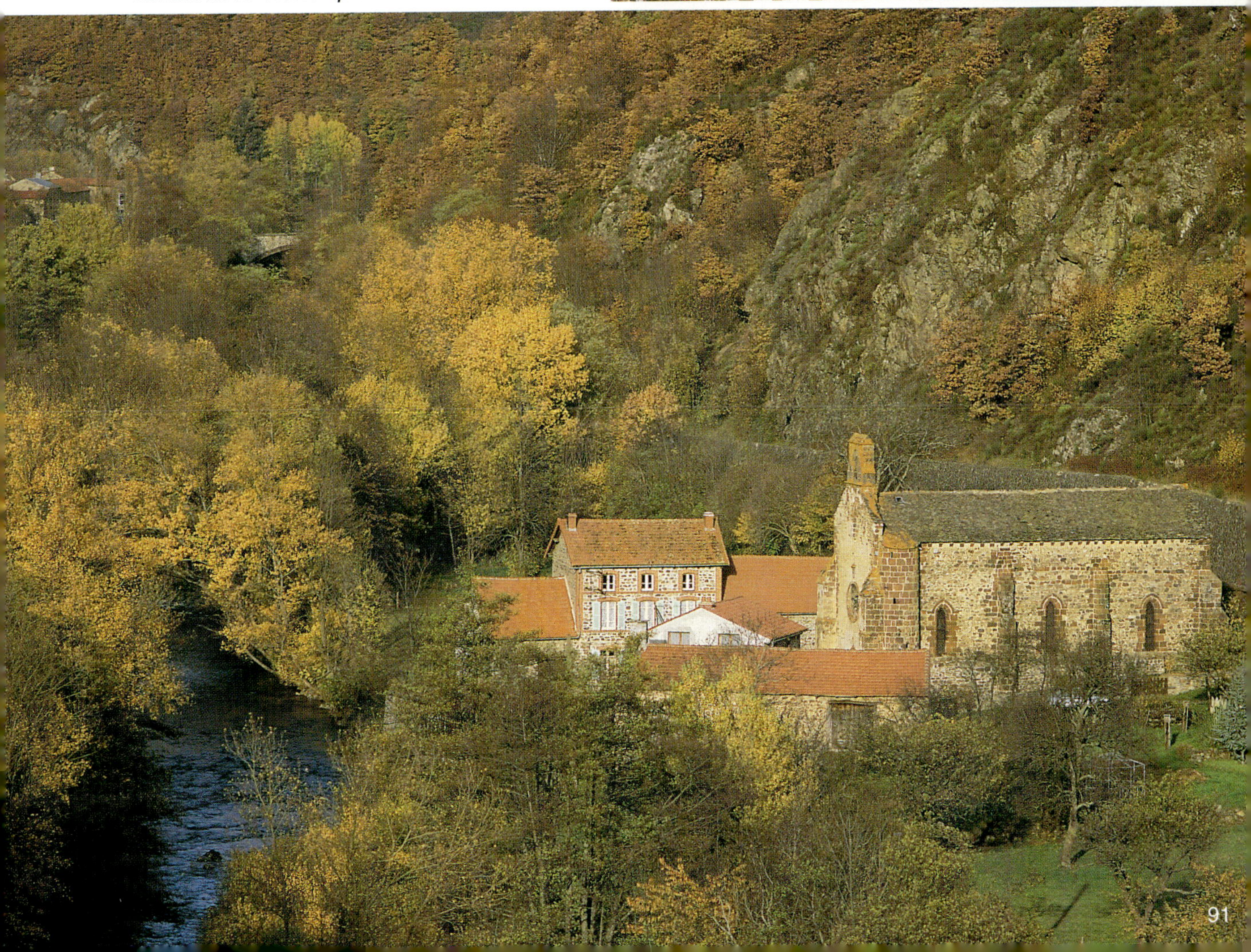

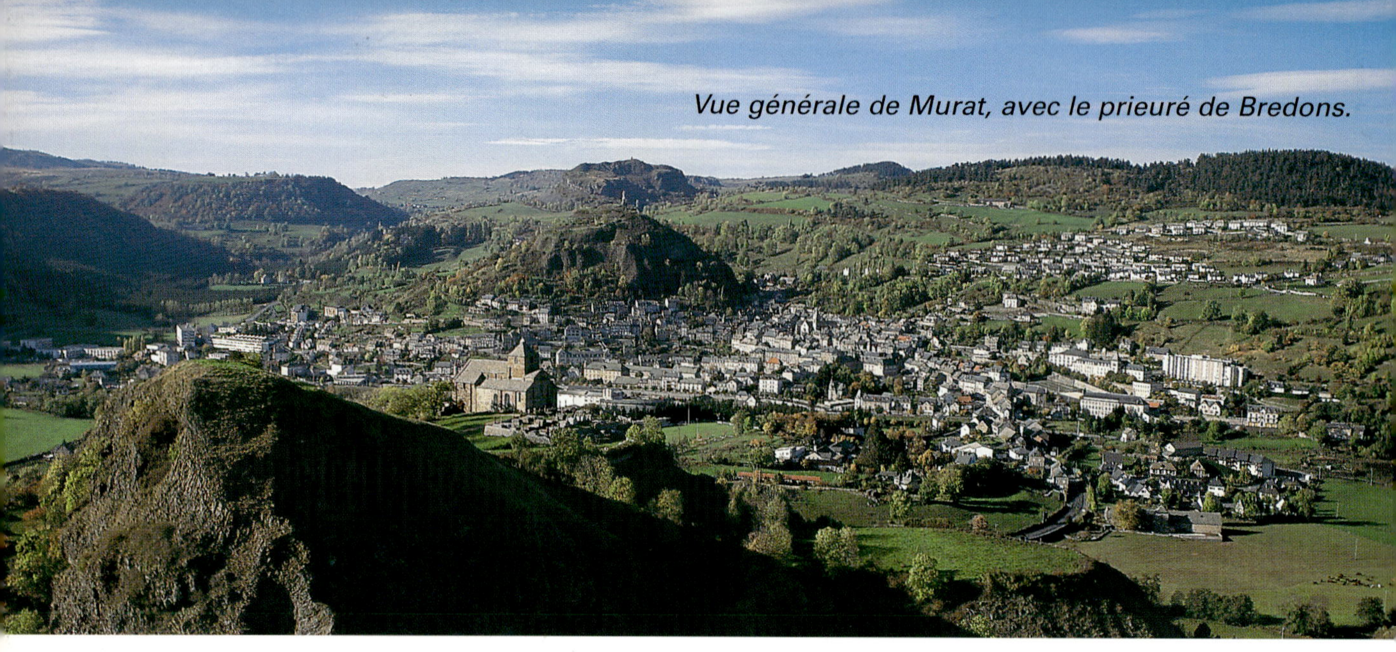

Vue générale de Murat, avec le prieuré de Bredons.

Plus en amont, au contraire de Vauclair, l'église de Bredons attire tous les regards puisqu'elle occupe seule le sommet d'un énorme culot de lave dominant la ville de Murat. Elle faisait partie d'un prieuré de Moissac fondé vers 1050 et se signale par le bel appareillage de ses pierres basaltiques, ainsi que par son porche méridional typiquement cantalien, avec des voussures triples à décor géométrique. L'église de Bredons cacha longtemps une statue en majesté de son patron saint Pierre, qui est un des joyaux de l'art roman.

La clef de Saint-Pierre au secours des enragés

Le beau portail roman de l'église Saint-Pierre de Bredons est fermé par une vénérable porte cloutée dont la clef servit longtemps à un curieux usage : portée au rouge, on s'en servait pour cautériser les morsures faites par les chiens enragés...

Le porche de Bredons,
avec Dieu le Père à la clef de voûte.
Ci-contre, en haut, *un chapiteau à motif végétal,*
en bas, *l'une des têtes stylisées qui forment les culs-de-lampe des colonnes du chœur.*

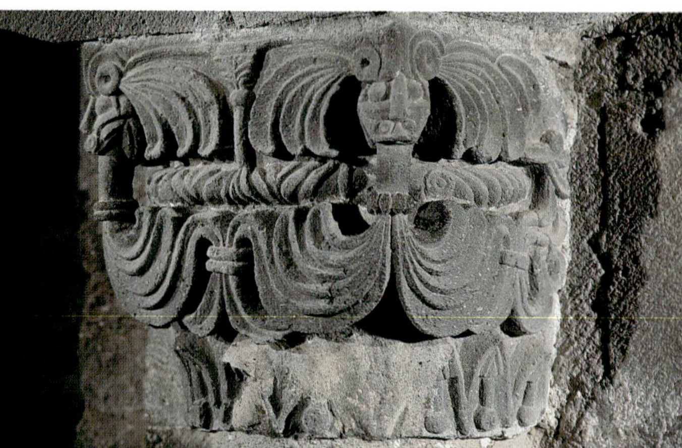

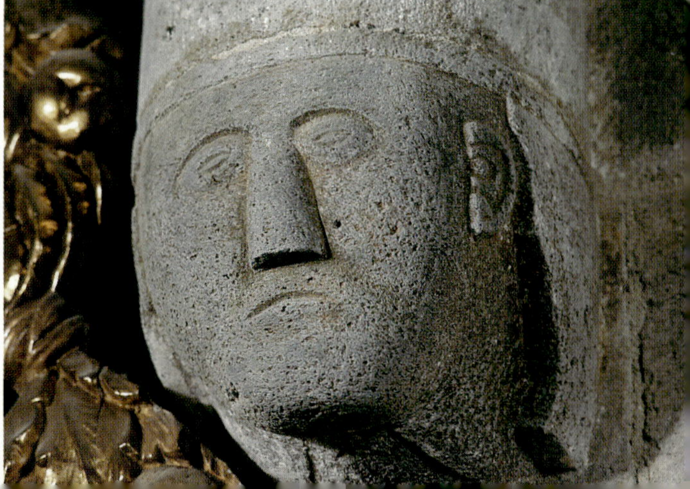

Deux siècles d'obscurité pour saint Pierre

Le fleuron de la décoration de l'église Saint-Pierre de Bredons est l'un de ses retables, qui surmonte le maître-autel et dont la composition est centrée sur la Résurrection. Lorsque vers 1720 il s'est agi de mettre en place cette œuvre monumentale, on dut masquer une baie qui s'ouvrait dans l'axe du cimetière et qui était pourvue d'une niche abritant une statue ancienne de saint Pierre. Le vicaire d'alors entreprit de détruire cette effigie barbare, mais en la manipulant il découvrit une petite porte dans son dos, derrière laquelle se trouvaient les reliques du patron de l'église : « Six ossements, grands et petits, pliés dans les mêmes trois linges et toiles jaunes, liés avec le même fil... » Il n'était plus question de brûler la statue et le vicaire la remit en place avec un mot expliquant sa découverte. C'est ainsi que la précieuse statue romane de saint Pierre en majesté fut plongée dans l'obscurité derrière le retable. On ne la redécouvrit qu'en 1954 et cette œuvre polychrome qu'on ne peut détailler sans être subjugué est aujourd'hui exposée au musée de Saint-Flour. Il est à noter que la tonsure du saint dissimule le couvercle d'une seconde niche à reliques.

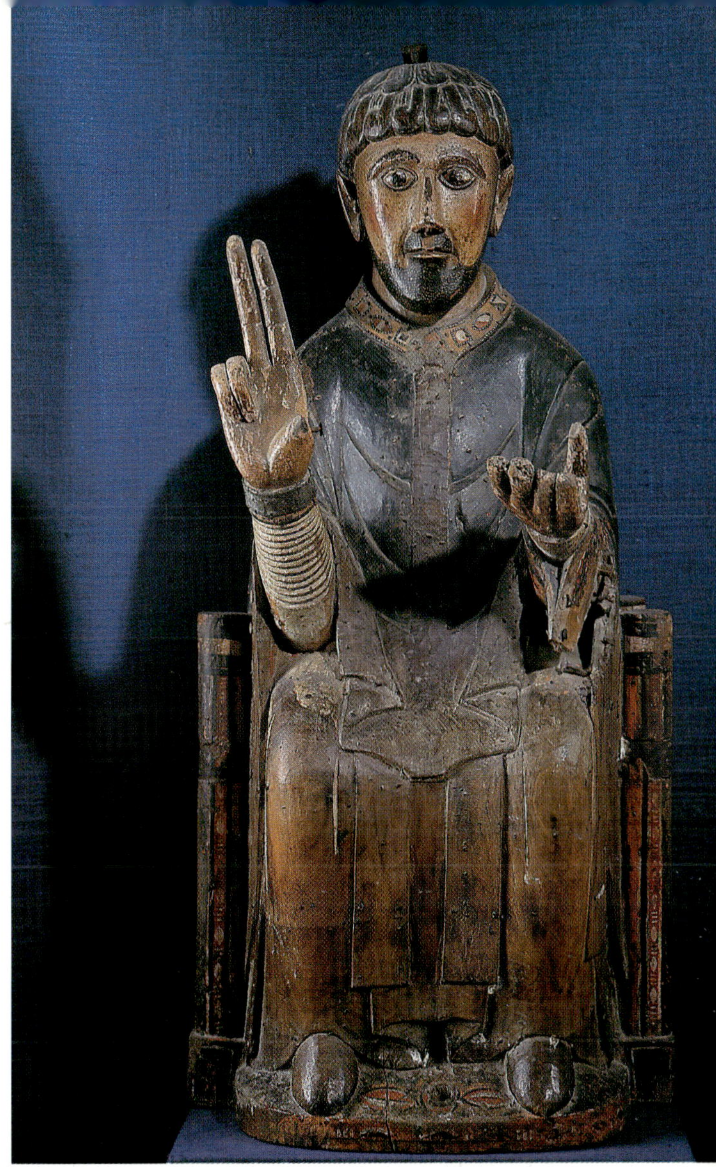

La statue de saint Pierre dont on pense que la main gauche tenait les clefs dont il a la charge.

Le chœur de Saint-Pierre de Bredons avec le retable baroque derrière lequel avait été oubliée la statue du patron des lieux.

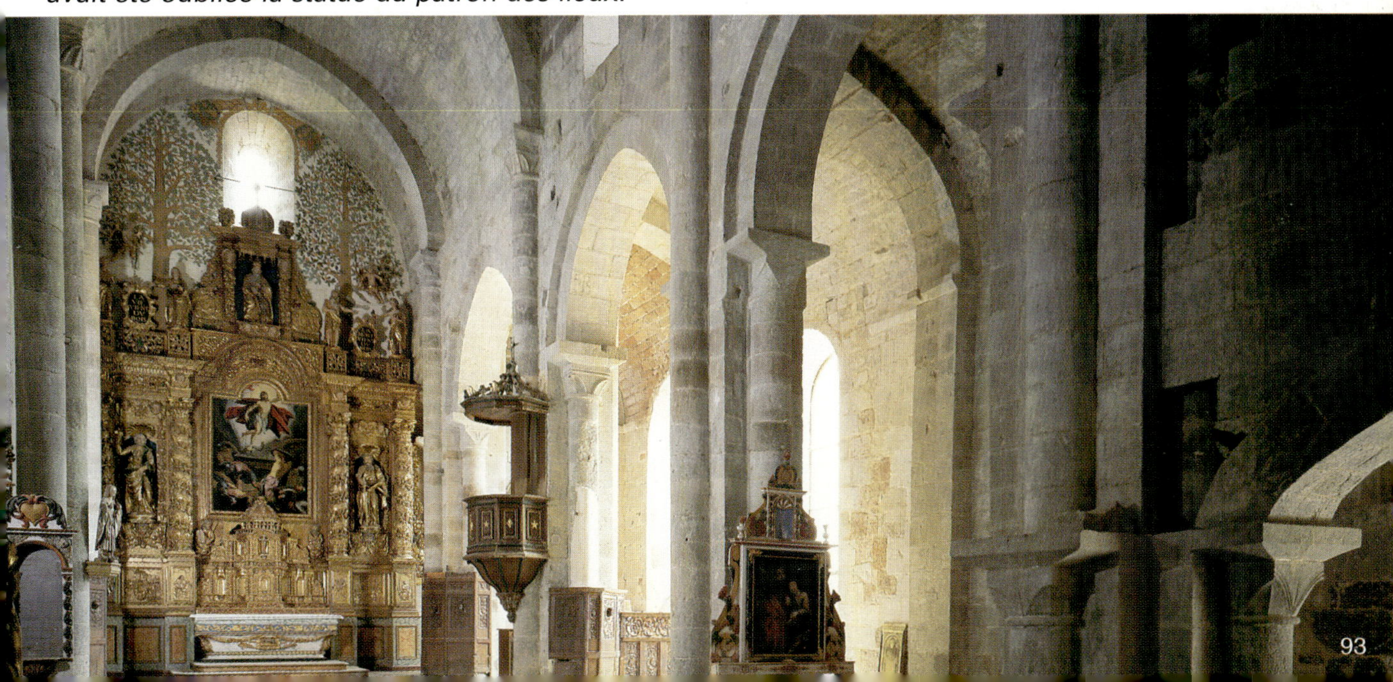

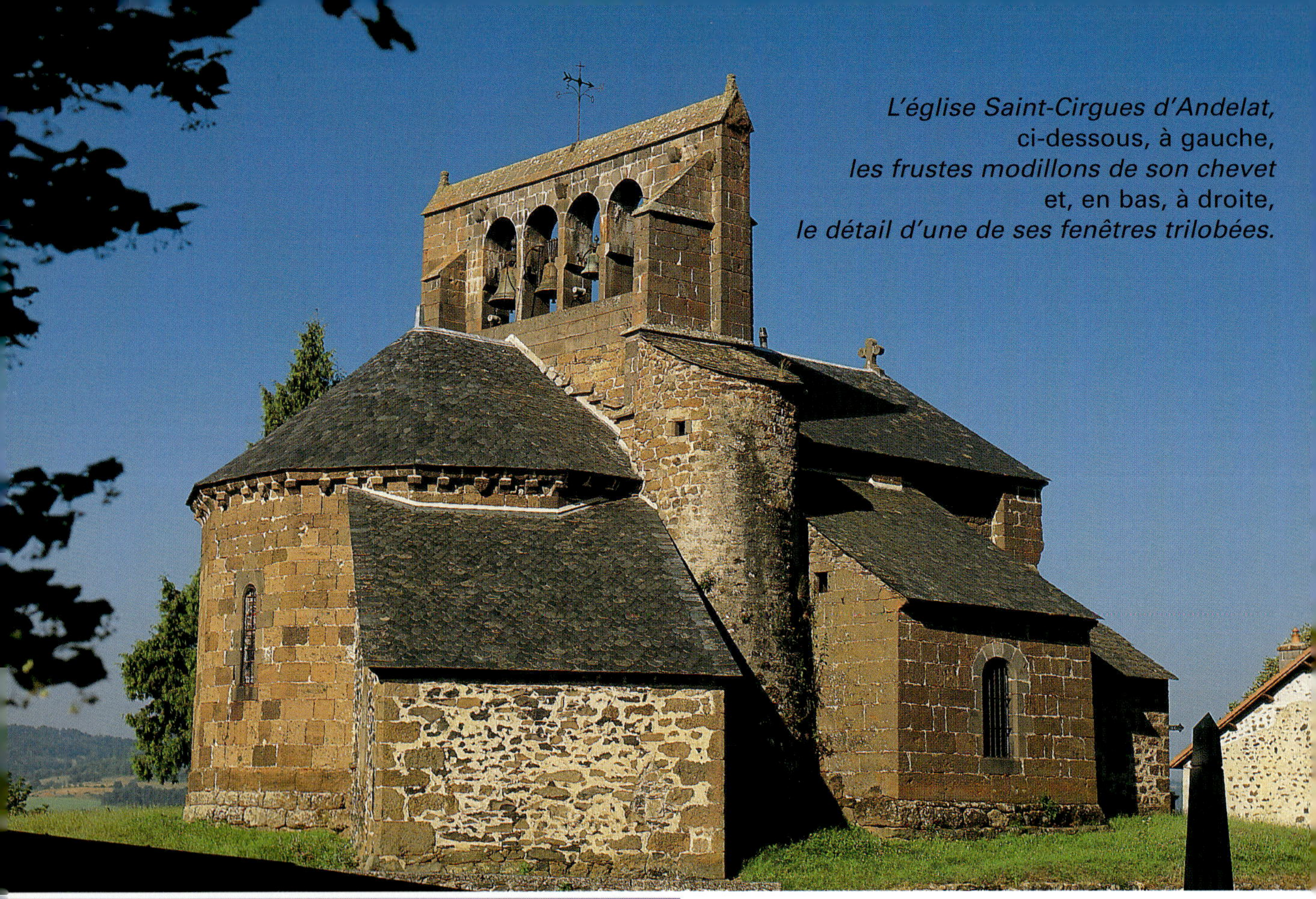

L'église Saint-Cirgues d'Andelat,
ci-dessous, à gauche,
les frustes modillons de son chevet
et, en bas, à droite,
le détail d'une de ses fenêtres trilobées.

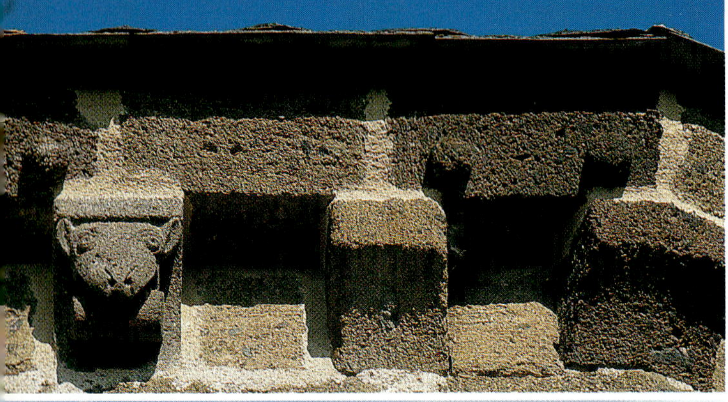

Toutes cloches au vent sur la Planèze

La Planèze cantalienne, qui entoure Saint-Flour, fut dévastée vers l'an mil par les luttes qui opposèrent les seigneurs de Brezons et ceux de Mercœur, puis fut à nouveau mise à feu et à sang pendant la guerre de Cent Ans. Cette terre si convoitée, comparée par Henri Pourrat à une « Beauce rude et nue sous la bise passant et les grolles croassant », est donc assez peu fournie en sanctuaires d'époque romane. Cela ne rend que plus précieuse la présence, à quelque distance de Saint-Flour, des églises d'Andelat et de Roffiac, au caractère local bien affirmé. Toutes deux sont coiffées d'un large clocher à peigne à quatre arcades qui surmonte l'arc triomphal à l'extrémité de la nef. Plus original, elles possèdent un chevet à pans coupés à l'extérieur et en hémicycle à l'intérieur, avec des chapelles-niches aménagées dans l'épaisseur du mur.

L'église de Chalinargues.

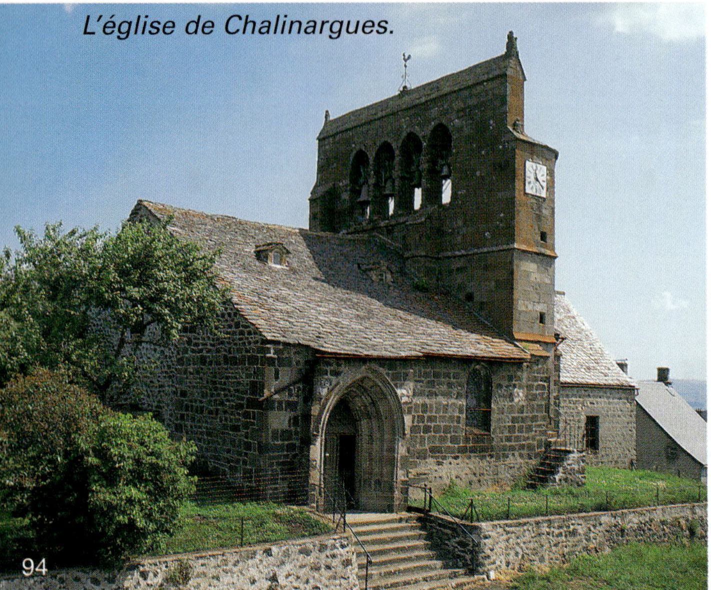

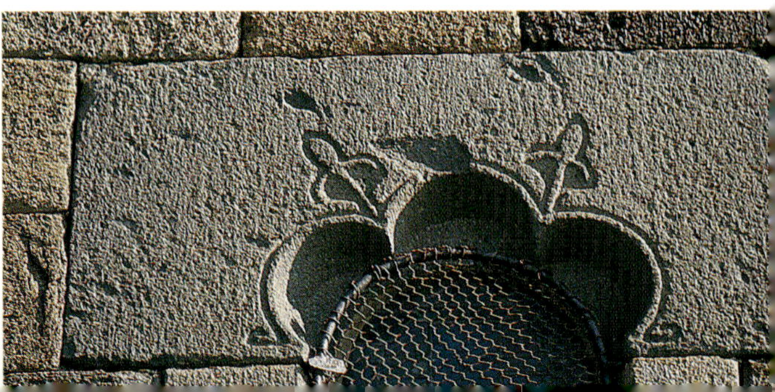

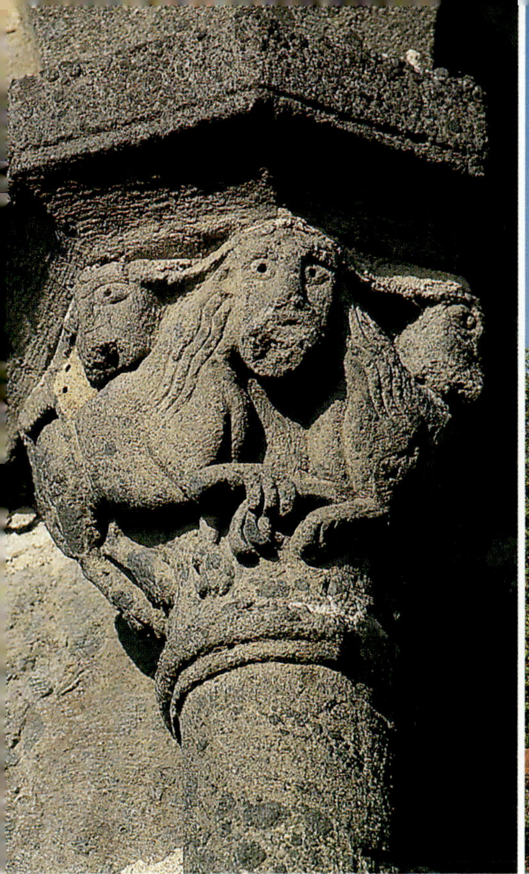

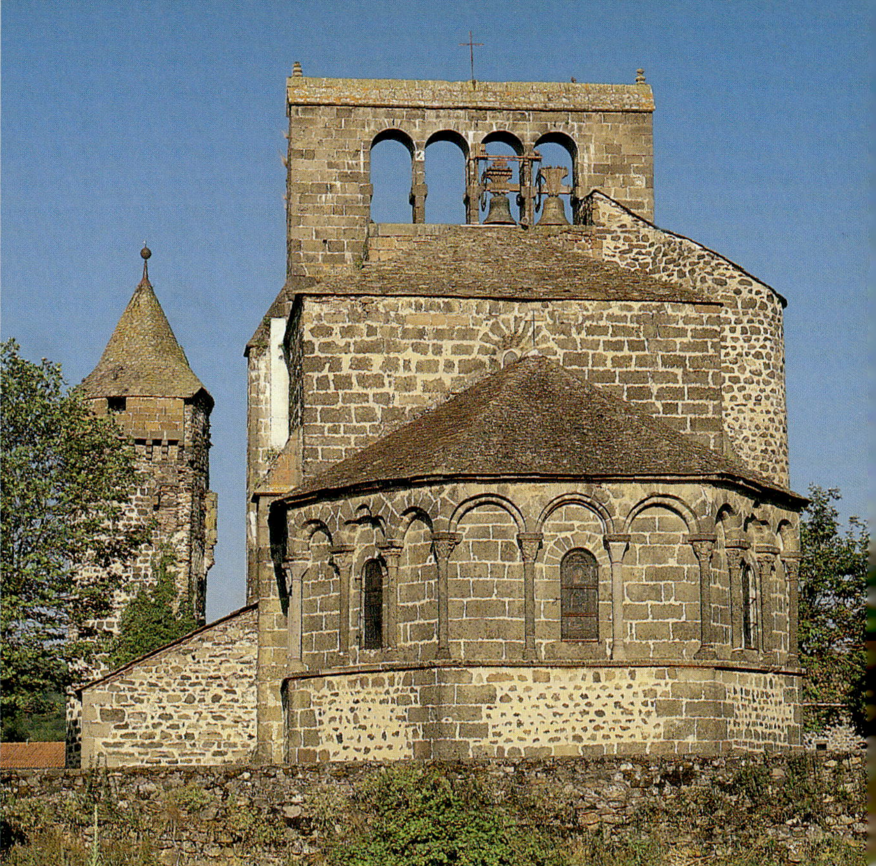

Ci-dessus, *l'église de Roffiac,* à gauche, *un des chapiteaux historiés de son chevet.*

Le Beau Dieu noir

Unique Christ noir connu en France, le « Beau Dieu noir » de la cathédrale de Saint-Flour est disposé sur le pilier situé à gauche de l'entrée du chœur. Cette œuvre grandeur nature du XIIe siècle à l'origine inconnue est admirable d'harmonie, le visage du Christ étant empreint d'une expression de majesté et de compassion sereine rarement égalée. Il semble que cette pièce exceptionnelle provienne d'un crucifix placé jadis à la place d'honneur du jubé qui fut abattu en 1851. C'est vers cette époque que pour une raison non élucidée la polychromie primitive de la statue fut dissimulée sous un enduit noir uniforme.

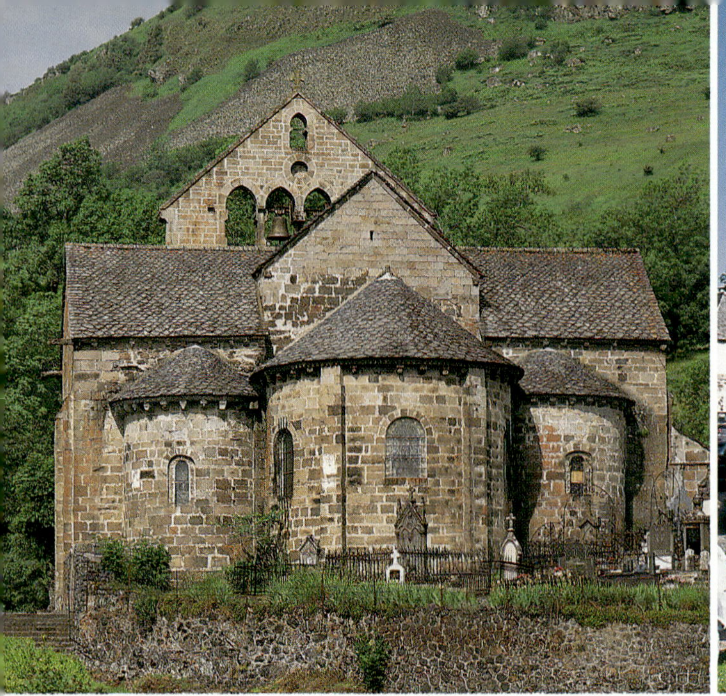

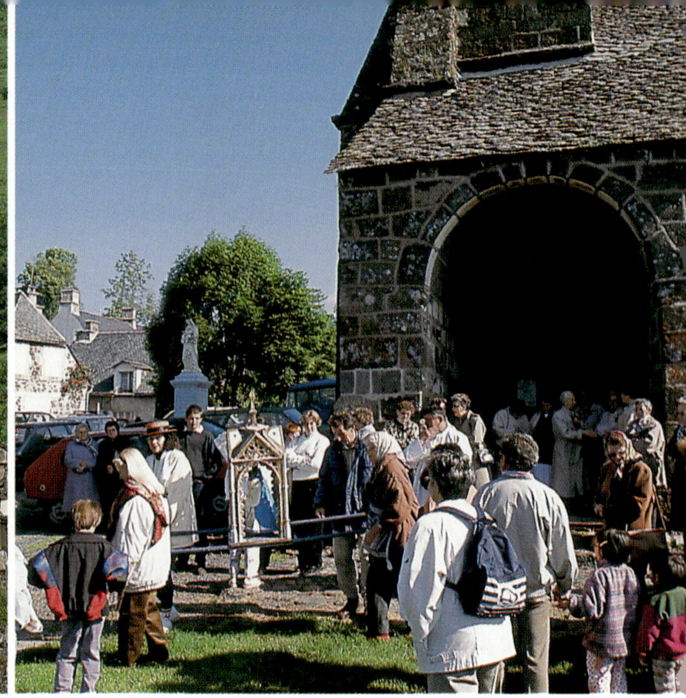

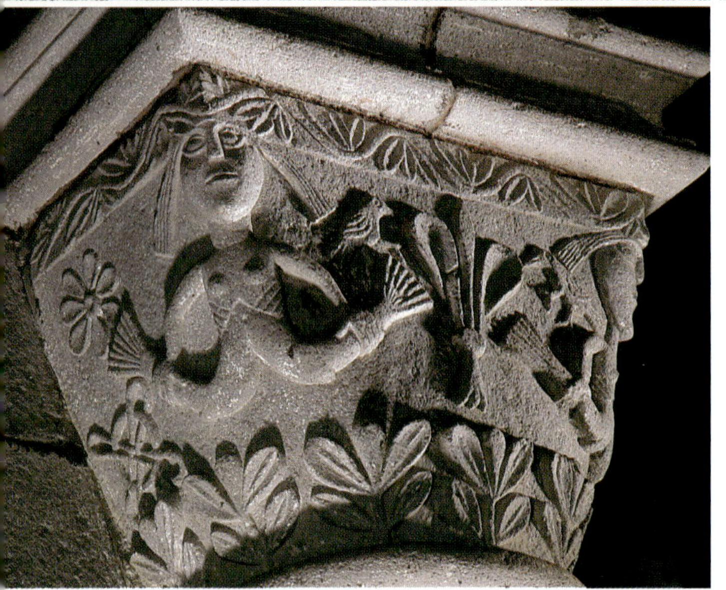

En haut, *l'église de Dienne dans son cadre d'altitude, avec,* en bas, *l'un de ses chapiteaux, la Luxure symbolisée par une sirène à deux queues.*

Sur la montagne aux burons

Les églises romanes qui jalonnent les routes de la montagne cantalienne entre Murat et Mauriac traduisent généralement la rudesse du pays par une architecture trapue, une construction en roches volcaniques d'aspect sévère, une décoration sobre et une façade aveugle, car le portail est ouvert au sud, souvent protégé en outre par un auvent, à moins qu'il ne soit profondément renfoncé. Le modèle de ces sanctuaires pourrait être l'église de Dienne, qui a pour toile de fond les plus hauts sommets du pays, aux contreforts hérissés de rochers basaltiques. Elle abrite un Christ roman en bois saisissant de réalisme.

Dans cette montagne, les rites eux-mêmes correspondent parfois au mode de vie ancestral, comme on le voit à la Font-Sainte, dont la Vierge des bergers, « montée » avec les troupeaux à l'estive, « descend » à la mi-octobre pour passer l'hiver dans l'église de Saint-Hippolyte. Riom-ès-Montagnes, la petite capitale de ces contrées retirées, a grandi autour d'une abbaye cistercienne de femmes dont l'église Saint-Georges est l'héritière. Cet édifice roman a été transformé par l'adjonction d'un clocher-donjon, mais garde la plupart de ses caractéristiques cantaliennes, dont un arc triomphal. Des chapiteaux historiés de qualité ornent le chœur, certains d'entre eux représentant de mystérieux cavaliers aux boucliers archaïques.

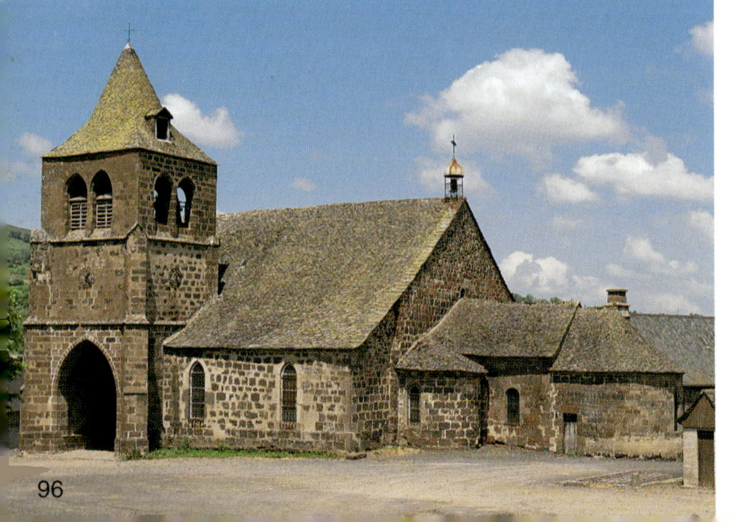

En haut, à droite, *l'église de Saint-Hippolyte, point de départ du pèlerinage de la Font-Sainte. Ci-contre, l'église de Cheylade, maintes fois détruite et relevée, qui garde un chœur, une abside et des absidioles d'époque romane.*

La bourrée du XIIe siècle

Quatre des chapiteaux de l'église de Menet représentent d'intéressantes scènes de danse de l'époque romane. Les personnages qui occupent les angles de ces chapiteaux exécutent en fait, semble-t-il, deux sortes de danse. On voit d'une part des femmes en robe dont les nattes volent tandis qu'elles pirouettent et des hommes barbus, vêtus d'une sorte de jupe qui évoque le kilt encore porté par les Ecossais. Les unes ont les bras levés et les autres les mains aux hanches, ce qui fait penser à une danse populaire dont serait dérivée la bourrée auvergnate. Par ailleurs, des hommes entre eux, qui portent des objets de forme carrée, paraissent occupés à un exercice plus martial, qui serait alors une danse d'origine guerrière. On remarque que l'un de ces hommes porte par-dessus sa jupe un tablier orné d'une étoile, ce qui indique peut-être qu'il s'agit d'un maître-maçon.

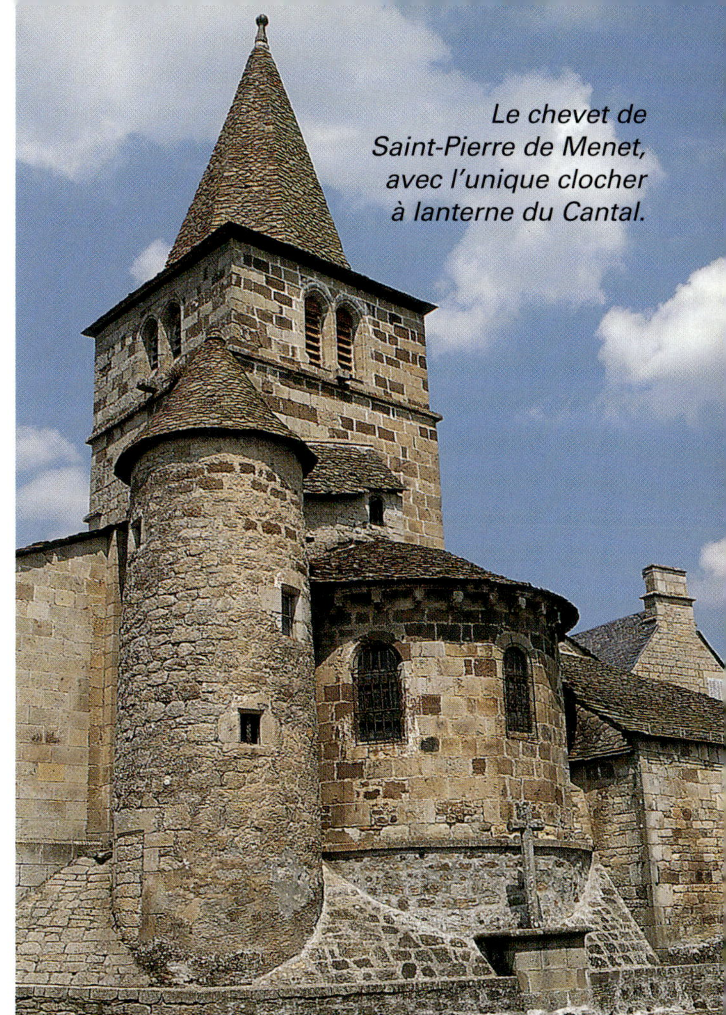

Le chevet de Saint-Pierre de Menet, avec l'unique clocher à lanterne du Cantal.

À droite, *détail du chevet de Riom-ès-Montagnes qui est l'un des rares du Cantal à présenter un décor inspiré de celui de la Basse-Auvergne, avec modillons à copeaux et cordons de billettes.*
En bas, *l'énigmatique chapiteau qui semble figurer une scène de chevalerie.*
Ci-dessous, *la nef de l'église Saint-Georges de Riom-ès-Montagnes, avec sa triple nef aux arcs doubleaux en berceau brisé.*

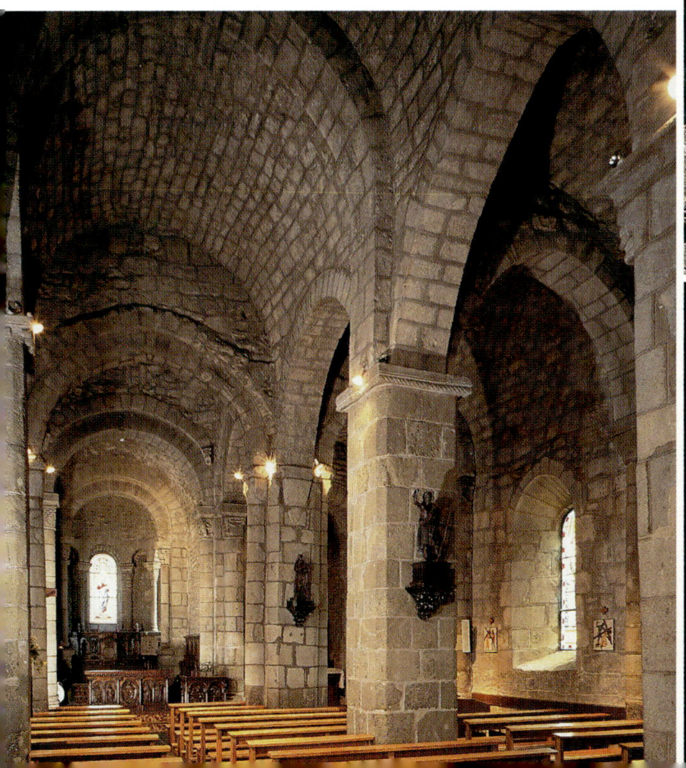

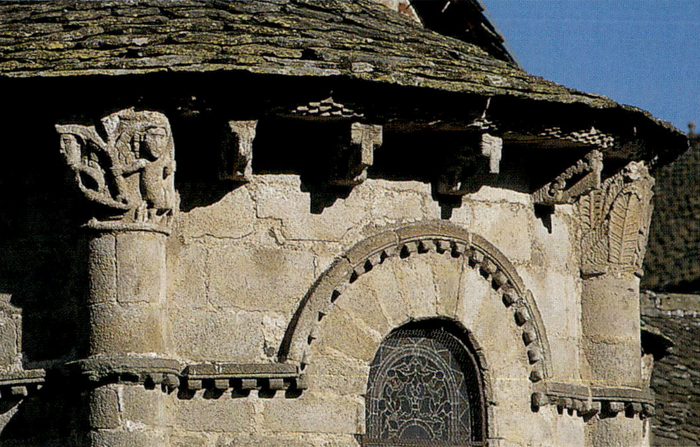

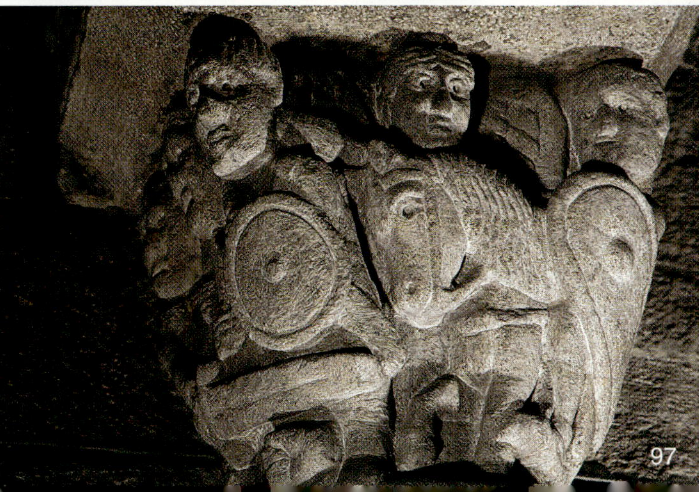

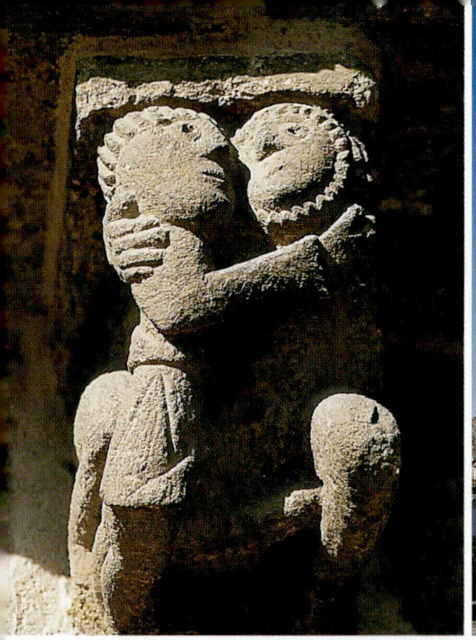

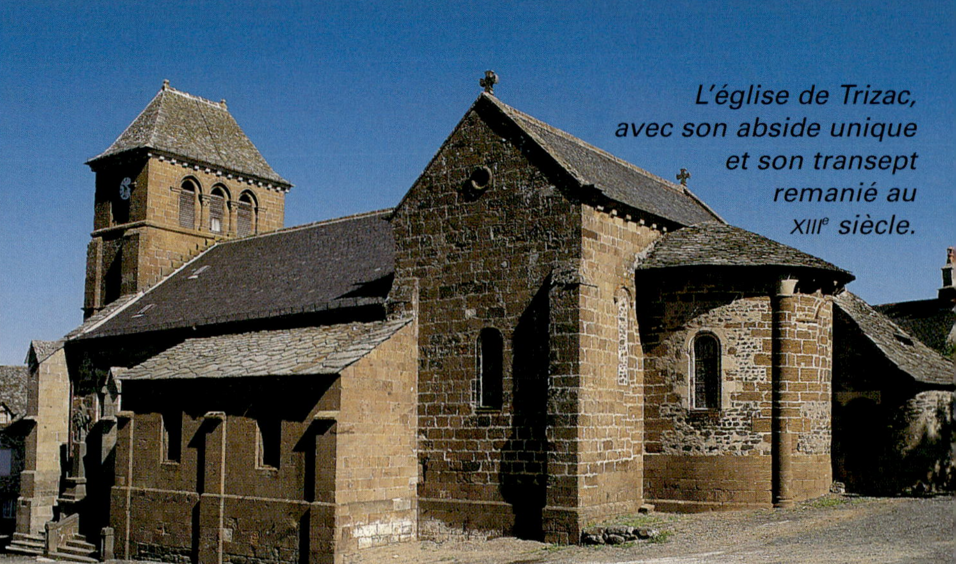

L'église de Trizac, avec son abside unique et son transept remanié au XIIIe siècle.

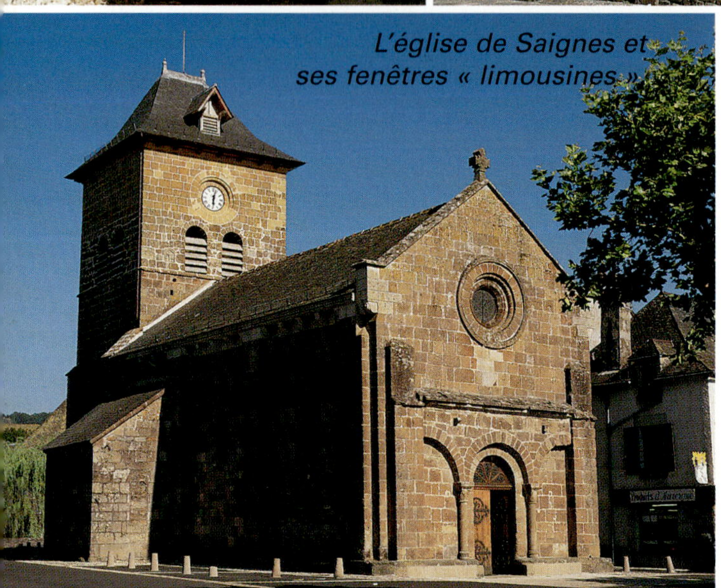

L'église de Saignes et ses fenêtres « limousines ».

Les burons du Christ

«L'art roman est lui aussi une source. Complexe, lente à naître, chez nous dès ce magnifié XIe siècle où chaque val a connu sa chapelle. On a la richesse d'un choix unique, le privilège des pierres charpentées pour toujours, des vierges noires, des retenues d'eau lustrale, ces fonts baptismaux d'une paysannerie chrétienne (...). Il y a mille leçons à retrouver depuis Orcival, Saint-Myon ou Châtel-de-Neuvre. Vingt autres à perdre. Ce morcellement des lieux de foi correspondait alors à celui des sols, des pâtures, des labours. Le paysage connaissait la dépense entière de chaque moment d'une vie, de la naissance à la fin. Ce sont ces burons du Christ, né sur la paille dix siècles plus tôt, qui rapprochèrent les gens.»

Patrick Cloux, Auvergne immense et libre
Éditions du Miroir

Salguebrou !

Le porche de l'église d'Ydes se termine par un portail de facture assez simple comprenant, sous un tympan nu, un trumeau qui le divise en deux baies encadrées de quatre colonnettes. La décoration est constituée par des dragons qui s'agitent sous les piédroits de la porte, dont il faut apprécier les pentures anciennes, et surtout par une étrange figure humaine sculptée en ronde-bosse, qui émerge du tympan. Cette tête qui semble pousser un cri était considérée dans le pays comme un démon, qu'on a baptisé « Salguebri » ou « Salguebrou », c'est-à-dire « Sauve-toi brrr ! ». Les spécialistes estiment pour leur part qu'il pourrait s'agir de l'illustration d'un passage de l'Apocalypse disant : « Alors les habitants de la terre entendirent une voix puissante qui venait du ciel ».

Le chevet de Sainte-Croix de Saignes, avec ses sculptures pleines de fantaisie, telle celle des «Amoureux», en haut, à gauche.

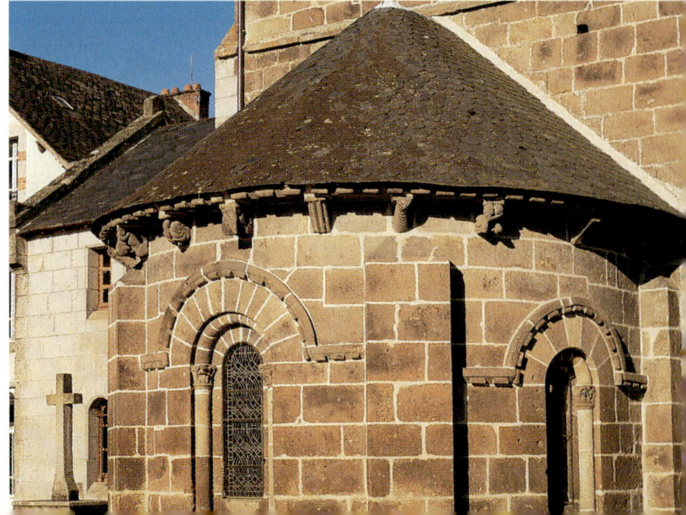

La verve des imagiers

À l'exemple de ce qui avait été réalisé à Mauriac pour Notre-Dame-des-Miracles, les sculpteurs du Moyen-Âge ont fait étalage d'imagination dans presque chaque église d'entre Sumène et Maronne et l'on s'interroge souvent sur la signification de certaines scènes. À Saignes, les bases des colonnes, les chapiteaux et les modillons de l'abside déploient ainsi un répertoire qui va d'un lion piaffant à deux amoureux tendrement réunis. L'église d'Ydes est fameuse pour son porche ouvragé qui s'apparente à celui de Beaulieu-sur-Dordogne : il est encadré de bas-reliefs figurant l'Annonciation et Daniel dans la fosse aux lions, sculptures que complètent autour de l'abside des modillons pleins de truculence.

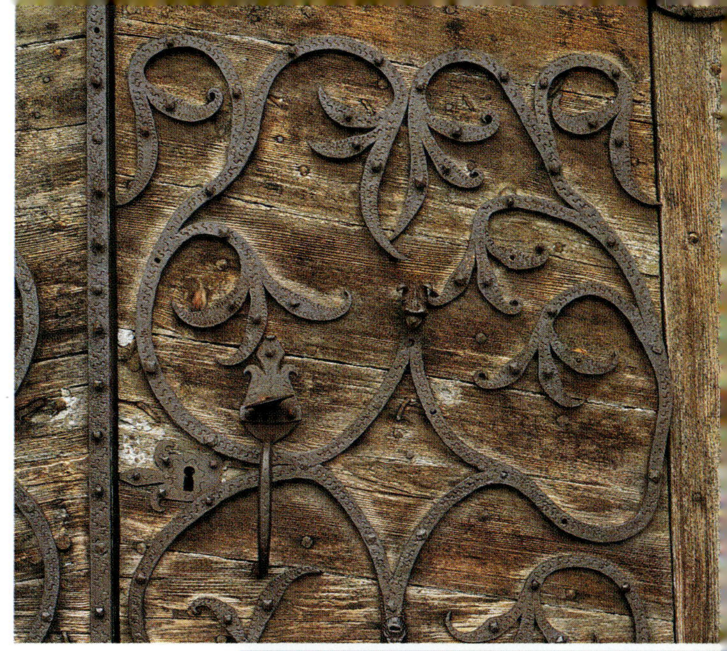

Les pentures de fer forgé de la porte ouest de l'églse de Lanobre.
A l'opposé de son superbe porche, l'église Saint-Georges d'Ydes montre une abside qui n'est pas moins remarquable par l'appareillage de sa pierre dorée.
A droite, *le chevet et ses colonnes à chapiteaux et bases ouvragées.*

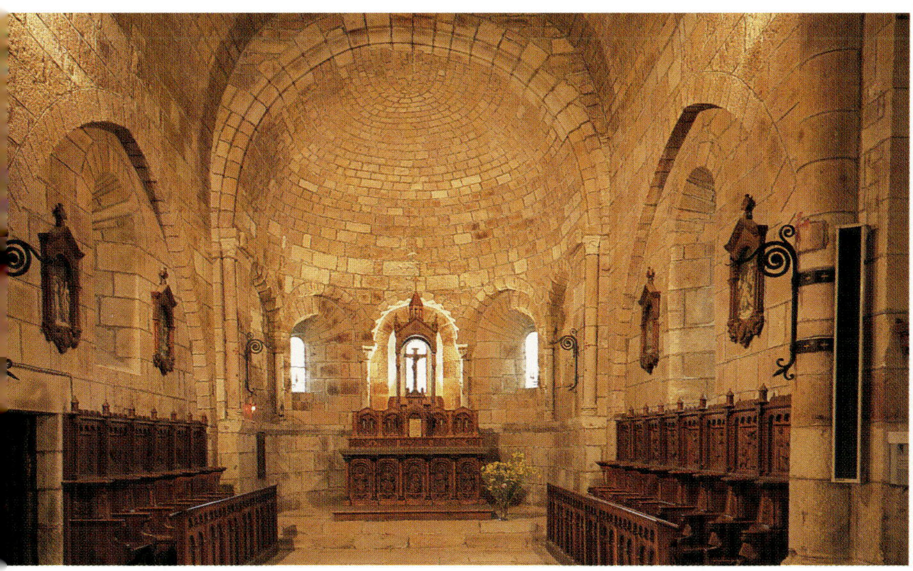

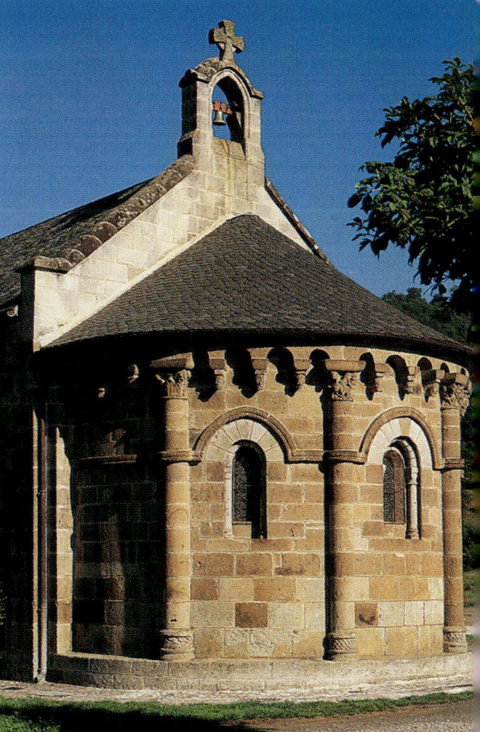

Ci-contre, à droite, *la pyxide romane du trésor d'Ydes, sorte de boîte à hosties qui servait avant l'apparition des ciboires.*
Ci-dessous, *l'Annonciation, relief gauche du porche occidental d'Ydes, les modillons du chevet et le chapiteau de Samson terrassant le lion.*

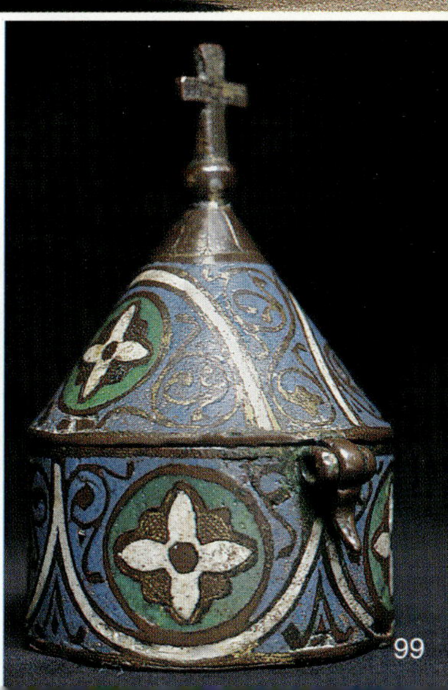

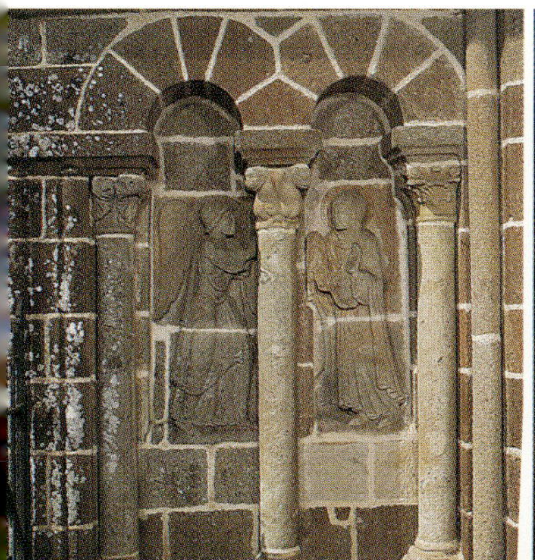

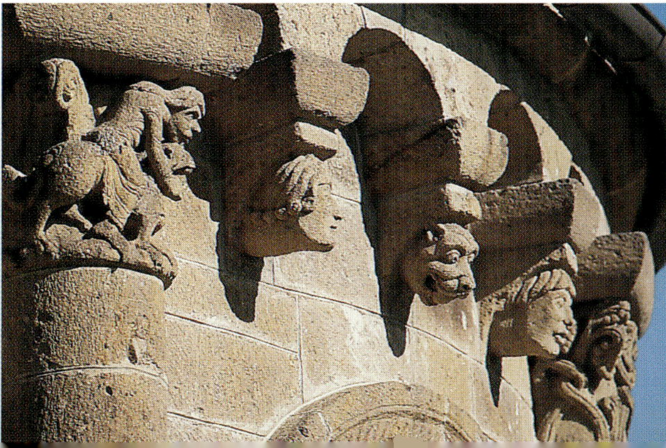

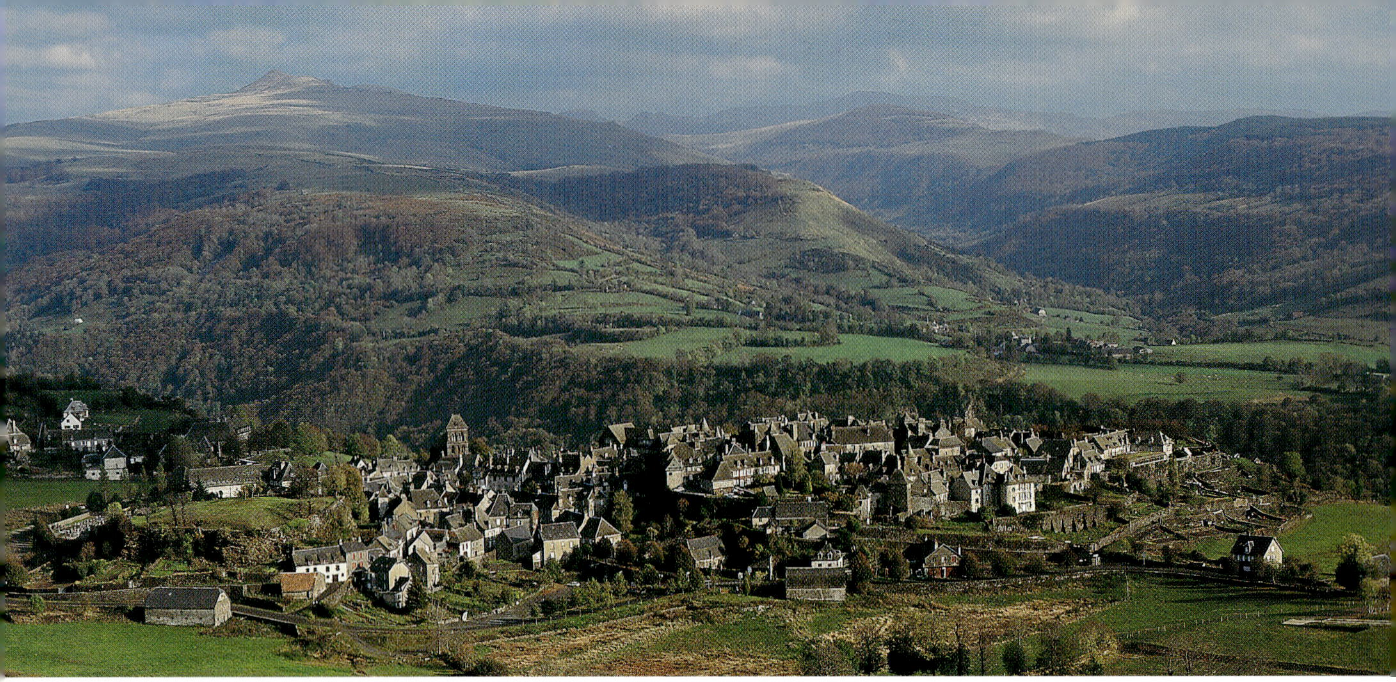

Mauriac, sous la protection de Notre-Dame-des-Miracles

Les plateaux de l'ouest cantalien, coupés par les gorges de rivières qui vont grossir la Dordogne, sont placés sous l'autorité de la vieille cité de Mauriac. D'origine gallo-romaine, Mauriac prit de l'ampleur à partir de la fondation d'un monastère que la légende attribue à la fille de Clovis. Dépendant de Sens, cet établissement dédié à saint Pierre suscita le courroux de l'évêque de Clermont qui fit construire tout à côté un second couvent, complété d'une église Notre-Dame. Entre les deux communautés, les seigneurs du cru et les habitants, les conflits furent si nombreux que le pape lui-même dut intervenir.

De nos jours, Mauriac a perdu le monastère Saint-Pierre, dont des fouilles ont toutefois révélé la chapelle Saint-Benoît et une superbe salle capitulaire du XIe siècle. La basilique Notre-Dame-des-Miracles, bien que fortement restaurée à plusieurs reprises, demeure l'un des édifices romans les plus remarquables de la Haute-Auvergne. A l'extérieur, l'austérité d'ensemble ne fait que davantage ressortir la magnifique entrée que possède cette église, un portail à cinq voussures avec l'unique tympan du Cantal, qui a pour thème l'Ascension, œuvre magistrale d'un atelier languedocien.

Vue générale de la cité médiévale de Salers, dont l'église conserve un porche du XIIe siècle à trois voussures (en bas, à gauche). *L'un des chapiteaux de la porte ouest de Saint-Martin-Cantalès.*

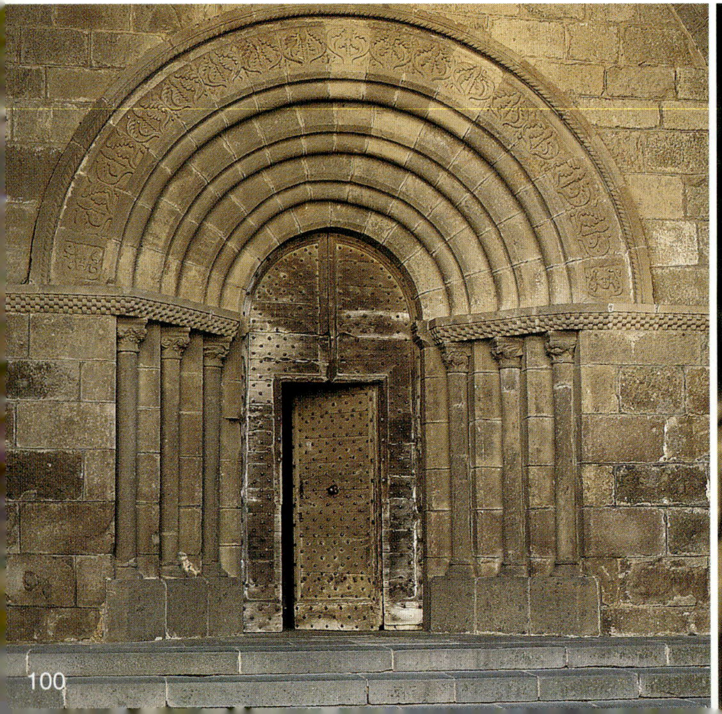

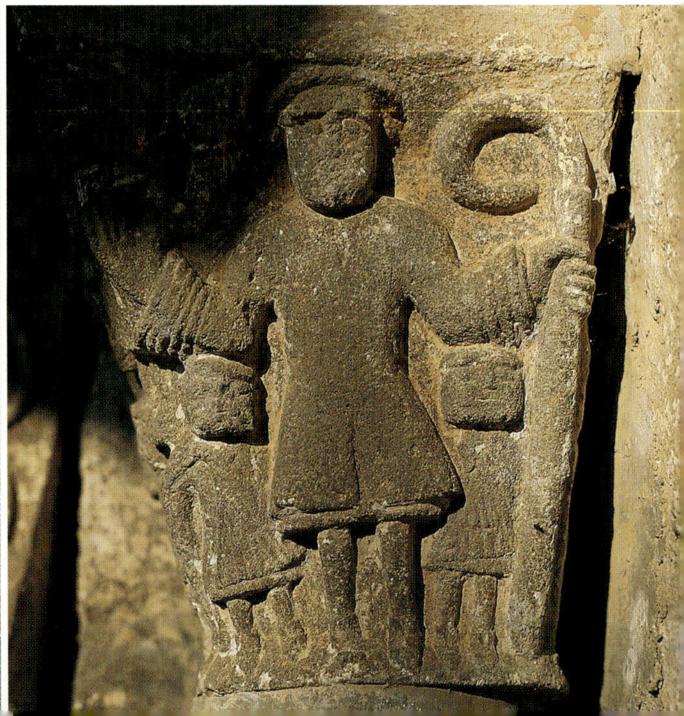

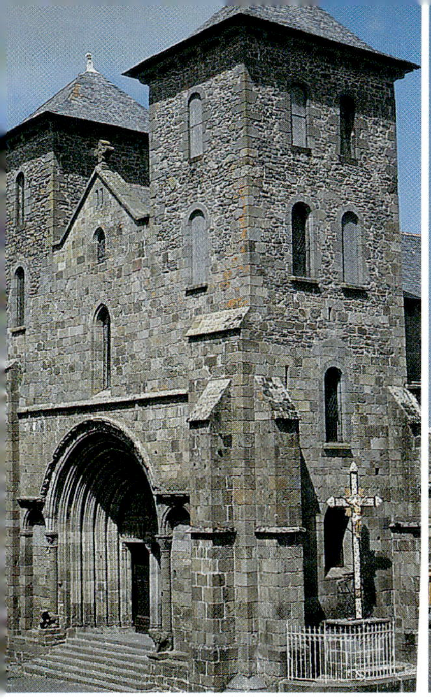

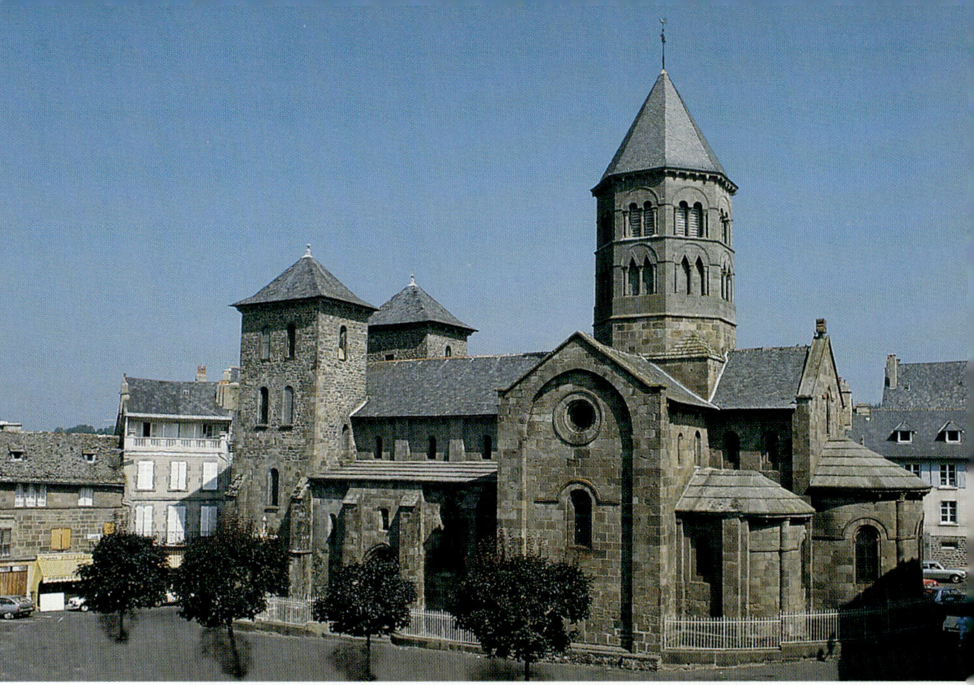

Ci-dessus, à droite, *l'imposante basilique Notre-Dame-des-Miracles à Mauriac, le plus vaste sanctuaire roman de Haute-Auvergne* ; à gauche, *encadré de tours rustiques du* XVIIe *siècle, le portail ouest que surmonte le fleuron de la basilique.*

Ci-contre, *le linteau et le tympan du portail ouest, avec un Christ très comparable à celui du portail nord de la cathédrale de Cahors.*

En bas, à droite, *la cuve baptismale de Mauriac, du* XIIe *siècle, l'une des seules d'Auvergne, taillée dans un bloc de trachyte* ; à gauche, *l'église d'Anglards-de-Salers sans transept, mais avec un « carré » à coupole sur pendentifs, disposition peu fréquente en Auvergne.*

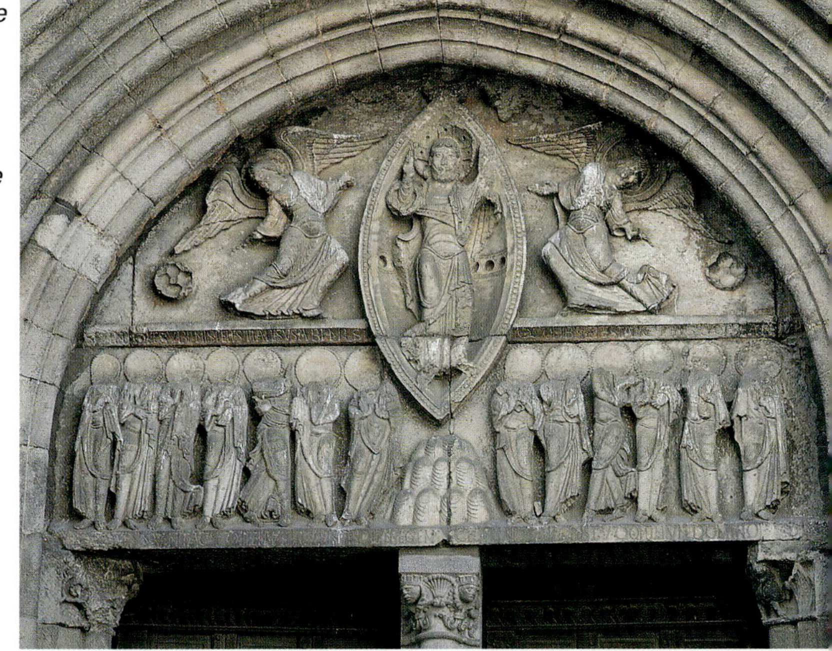

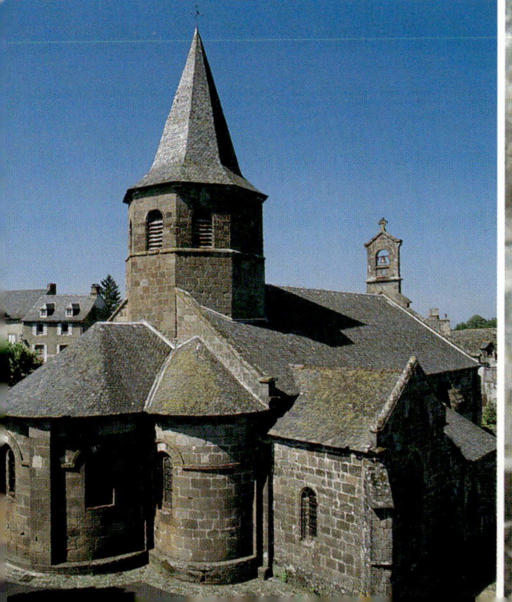

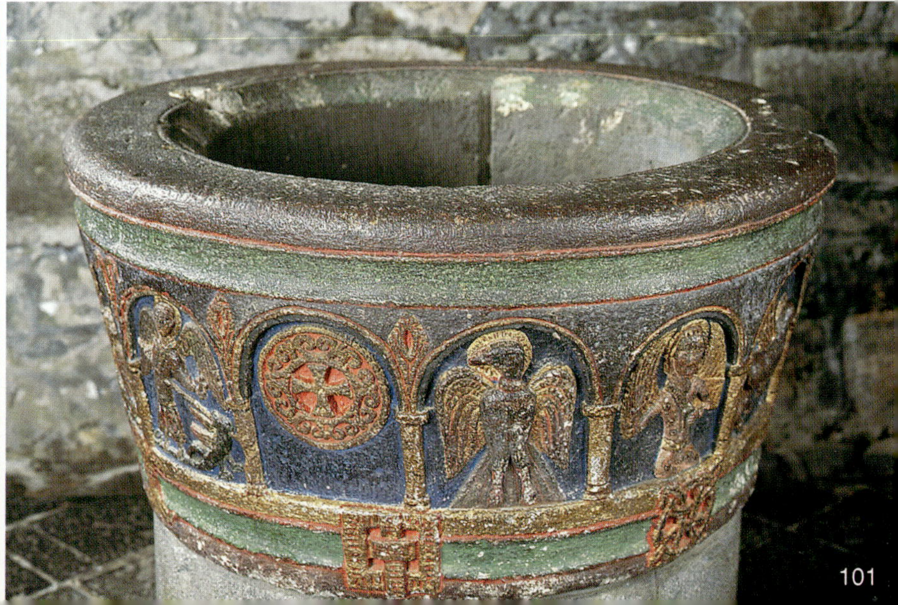

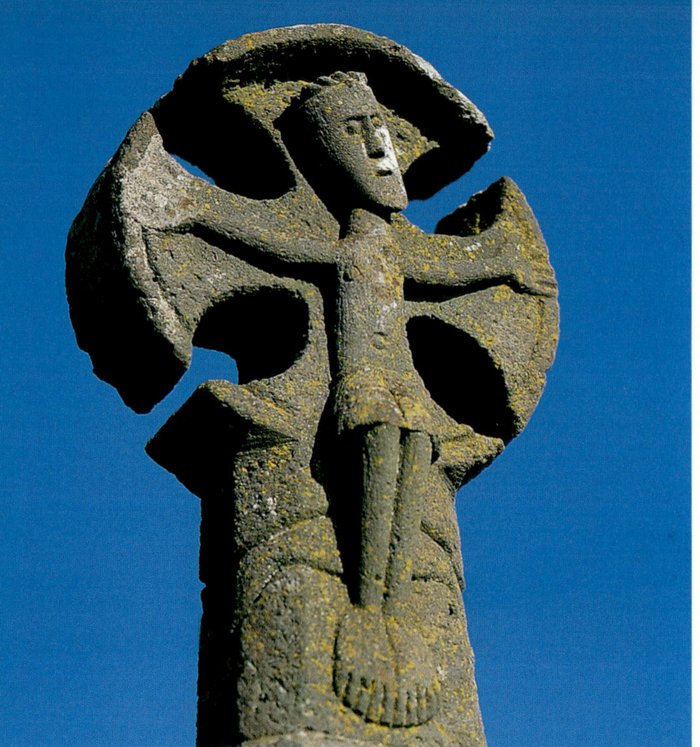

La croix discoïdale du XIII*e siècle de Tourniac, d'une forme rare dans la province, s'inspire de la tradition romane.*
En bas à gauche, *le chœur de l'église romane Saint-Martin de Jaleyrac, surmonté d'un Christ en gloire ;*
à droite, *un détail du porche gothique de Pleaux, dont les sculptures reprennent des motifs et des symboles romans.*

Les croix romanes du Cantal

Chemins, carrefours, ponts, cols, sommets, fontaines, places et cimetières, les perspectives auvergnates sont parsemées de croix monumentales, mais parmi elles bien peu sont romanes. Cette rareté s'explique d'abord par le fait qu'aux XI*e et* XII*e siècles la pratique d'ériger de tels témoignages de ferveur venait tout juste d'être apportée d'Irlande, et ensuite parce que ces frêles monuments exposés à tous les vents sont d'une grande fragilité. Pourtant c'est en Haute-Auvergne que ces croix romanes de plein air sont les plus présentes. Trois sont datées avec certitude. À Montsalvy, vers Boutelongue, se trouve la croix Sainte-Anne, croix discoïdale de granite montée au* XI*e siècle sur un socle arrondi pour marquer la limite du monastère fondé alors par saint Gausbert. A Pleaux, la robuste Croix de la Croisade est un monument de carrefour dont la croix maltée témoigne de l'implantation templière dans la région au* XII*e siècle. La croix de Chaussenac, à Cussac-Xaintrie, près de l'abbaye de Brageac, est de la même époque et se situe aussi à un carrefour : elle est formée d'un croisillon discoïdal échancré sur lequel est plaqué un Christ aux jambes croisées, à la façon languedocienne.*

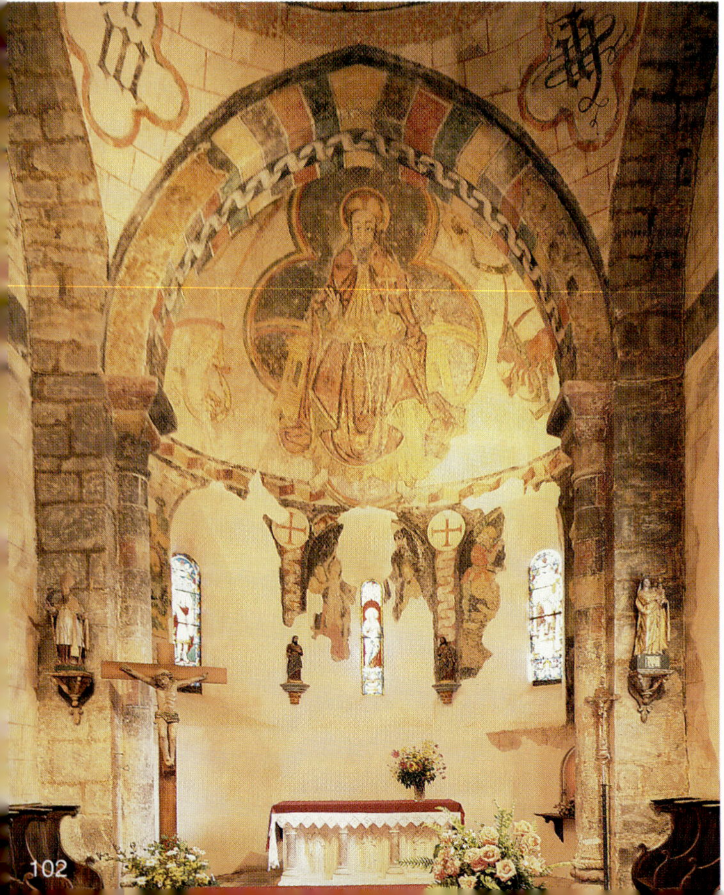

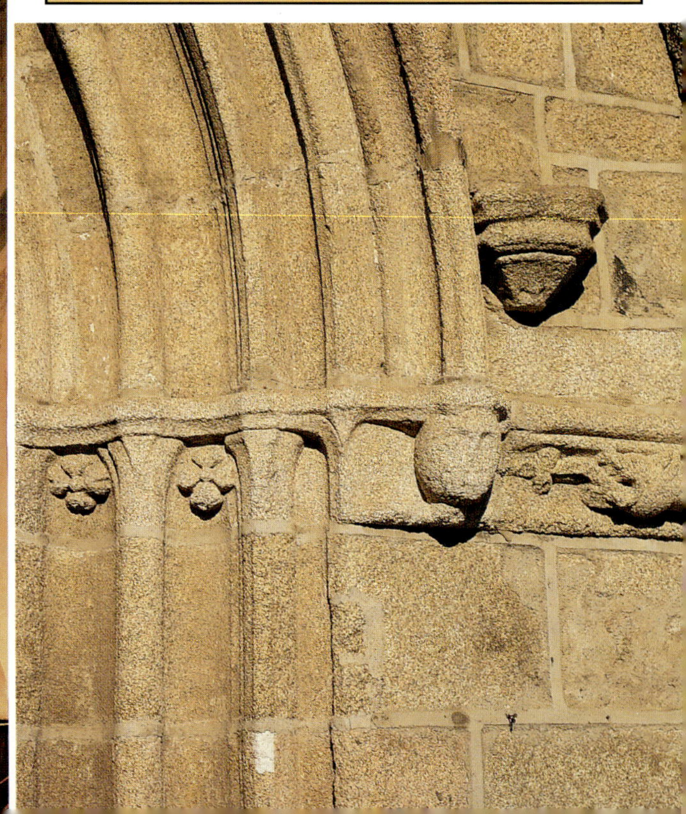

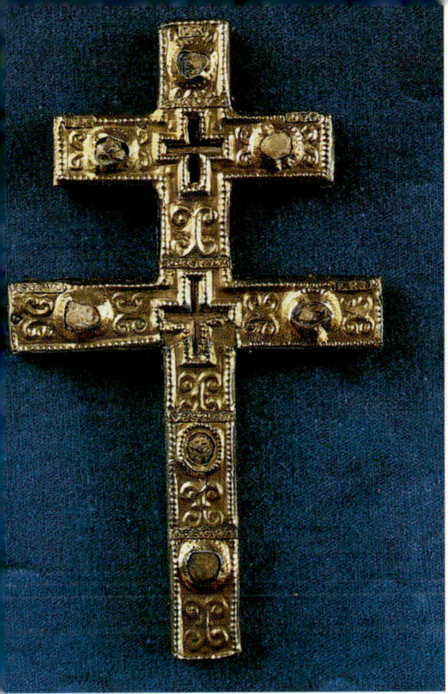

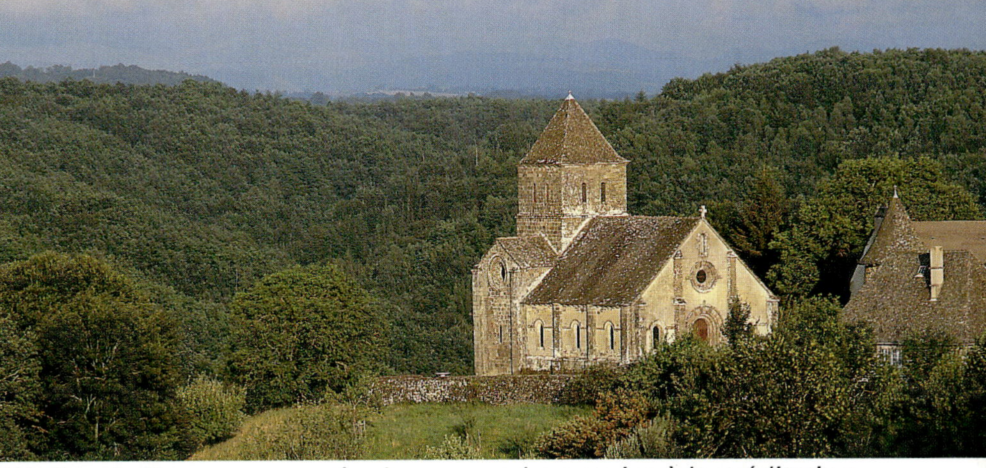

L'église de Brageac, campée dans un cadre propice à la méditation. Ci-contre, *la croix-reliquaire à double traverse du* XIIIe *siècle que compte le trésor de Brageac.*

Des trésors cachés

Une récente restauration du sanctuaire de Jaleyrac a révélé une autre facette du talent des artistes de la Haute-Auvergne, avec des fresques du XVe siècle qui sont parmi les plus intéressantes du Cantal. À peu de distance, la modeste église de Moussages - dont quelques modillons sont assez impudiques - abrite la Vierge de Claviers, qui est considérée comme la plus remarquable de Haute-Auvergne et qui présente des similitudes avec celle d'Heume-l'Église (Puy-de-Dôme). André Malraux, qui l'avait découverte à l'occasion de ses actions dans la Résistance, lui a fait une place de choix dans son *Musée imaginaire*. La légende affirme que le sire de Scorailles aurait offert cette statue à la veille de son départ pour la croisade, en 1098. L'œuvre paraît toutefois dater du XIIe siècle. Il est par contre avéré qu'à leur retour de Terre Sainte, Gui et Raoul de Scorailles ont été à l'origine de la fondation de l'abbaye bénédictine de femmes de Brageac. Son église, magnifiquement située au-dessus des gorges de l'Auze, est un modèle de pureté architecturale et de soin dans l'appareillage.

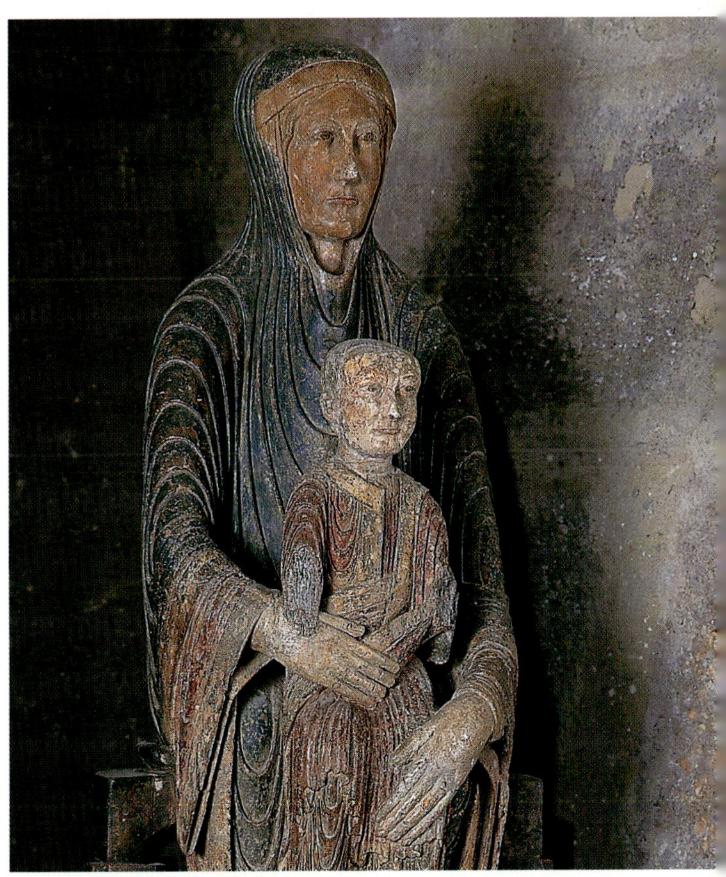

Ci-contre, *la Vierge de Moussages, qui était jadis transportée chaque été dans la chapelle de montagne de Jailhac.*

La Vierge noire de la Maronne

Accroché au-dessus des gorges de la Maronne, le village de Saint-Christophe comprenait jadis deux châteaux. Il n'en subsiste qu'une chapelle castrale d'époque romane, qui cache son clocher à peigne et son toit de lauzes au milieu d'un enclos, dans un creux de rochers. Ce modeste sanctuaire isolé abrite l'une des belles Vierges noires du Cantal, dont la tradition dit qu'elle fut offerte en même temps que deux autres statues par le sire Raoul de Scorailles, alors qu'il partait combattre en Terre Sainte. Bien que l'Enfant Jésus qu'elle porte sur le bras gauche ait une apparence quelque peu exotique avec ses yeux bridés, cette effigie est très vraisemblablement celle d'une Vierge romane tout à fait auvergnate. Longtemps les pèlerins vinrent la vénérer après avoir gravi à genoux les degrés de l'escalier taillé dans le roc qui mène à la chapelle Notre-Dame-du-Château.

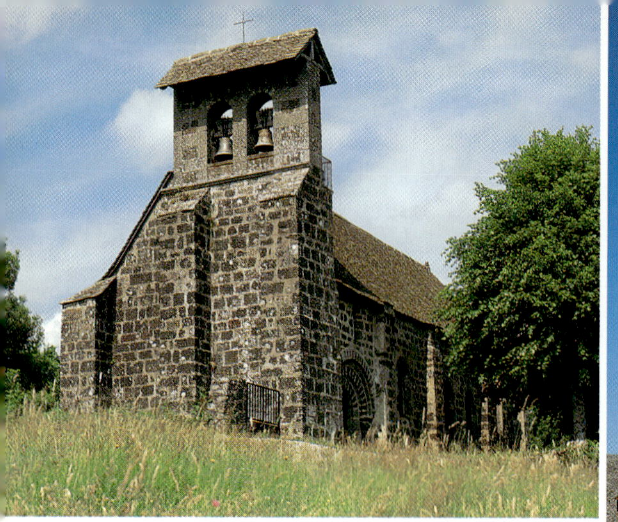

L'église de Girgols, typique d'un genre cantalien particulier au versant occidental du massif.

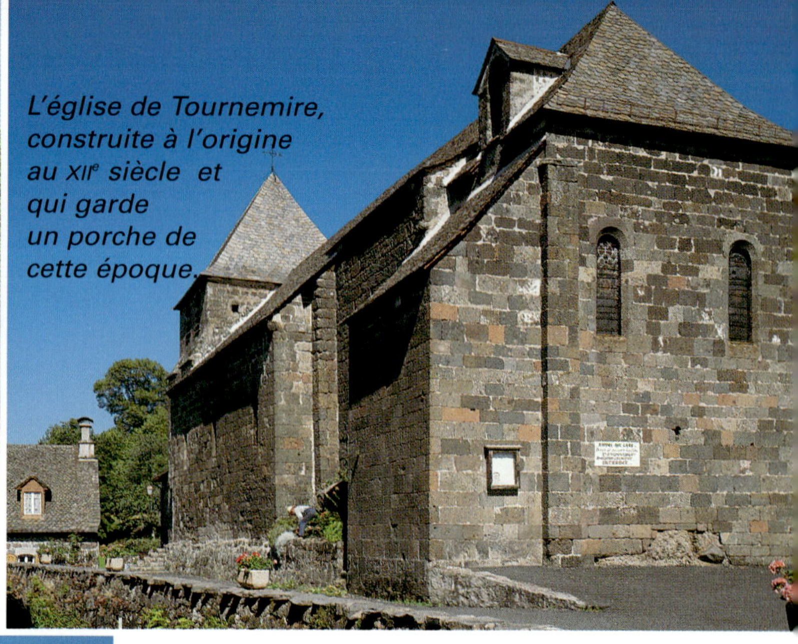

L'église de Tournemire, construite à l'origine au XIIe siècle et qui garde un porche de cette époque.

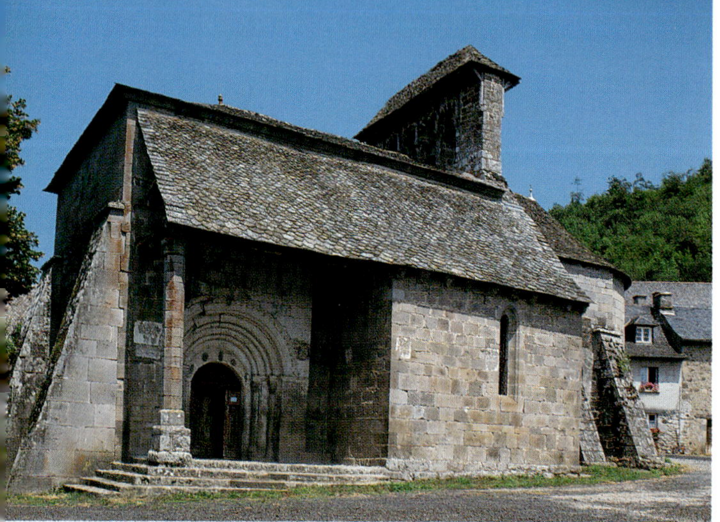

La petite église de Jou-sous-Monjou, avec le clocher à peigne qui surmonte l'arc triomphal intérieur.

Des murs de pierre épais et noirs

«L'Auvergne est hivernale, venteuse et montagnarde. Pour lutter contre les ténèbres, la pluie, les terreurs du solstice, l'Auvergnat se groupe comme les moutons afin de mieux résister au vent. Puis il bâtit autour de lui des murs de pierre épais et noirs, qui ont donné des châteaux célèbres, comme Tournoël, des églises fortes comme Royat, de grands gibets comme à Allègre et le style roman auvergnat.»

Alexandre Vialatte,

Dernières nouvelles de l'Homme. *Juillard*

En bas, *l'église de Lascelles, bien caractéristique des sanctuaires de la vallée de la Jordanne.*

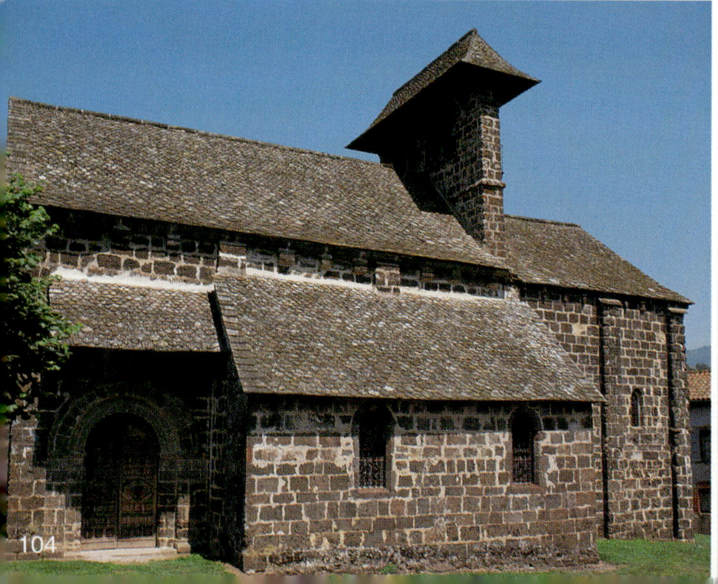

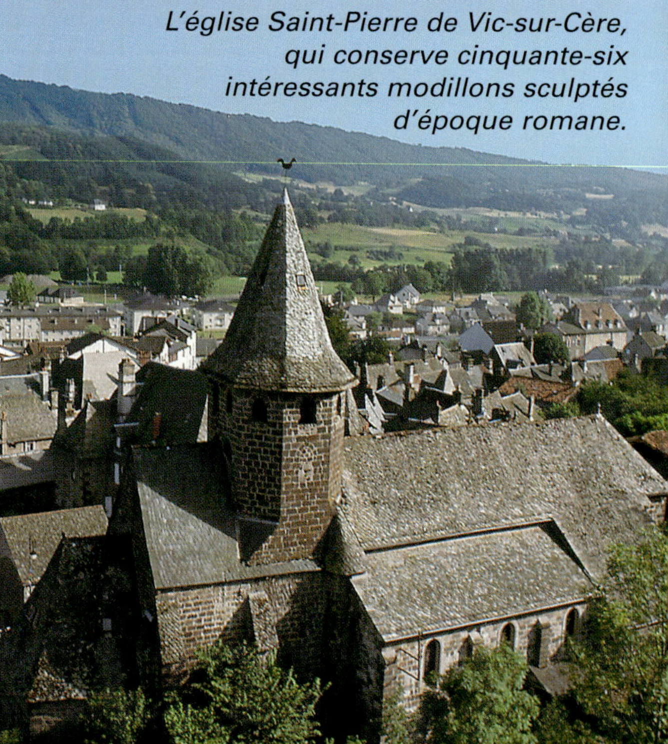

L'église Saint-Pierre de Vic-sur-Cère, qui conserve cinquante-six intéressants modillons sculptés d'époque romane.

Le souvenir de Saint Géraud

Aurillac doit son développement au « Bon Comte » Géraud, qui vers l'an 900 fonda près de la Jordanne, au bas de son château, une abbaye dépendant directement de Rome. Riche, puissant et influent, cet établissement s'enorgueillit de donner, avec Odon, son second abbé à Cluny et avec Gerbert, un ancien berger de la planèze, le premier pape français de la chrétienté. Promue deuxième ville du diocèse, Aurillac fut dotée d'une des églises romanes les plus considérables d'Auvergne, que le pape Urbain II consacra en 1095. Cette église a presque complètement disparu sous les remaniements ultérieurs, quelques fragments lapidaires étant conservés toutefois dans la chapelle Saint-Géraud, tandis que le transept sud garde une triple arcature romane.
Quelques sanctuaires des environs témoignent de l'âge d'or de l'abbaye Saint-Géraud, notamment sur une butte volcanique de la vallée de la Jordanne l'église de Lascelles, qui en était un des prieurés, tout comme celles de Girgols et de Laroquevieille, dans le même secteur du Cantalès.

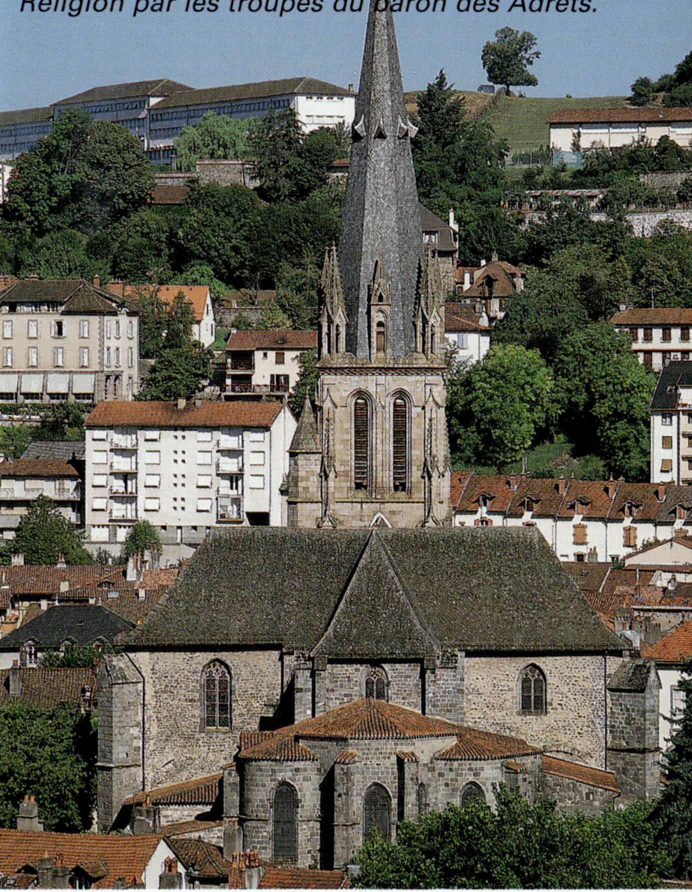

L'église Saint-Géraud d'Aurillac, héritière d'un édifice roman qui fut abattu lors des guerres de Religion par les troupes du baron des Adrets.

Ci-dessous, *la statue de Saint-Géraud, du XVIIe siècle, qui le montre tenant une maquette de son abbaye à la main.*
Ci-contre, *la vasque en serpentine du XIIe siècle qui provient du cloître de Saint-Géraud, devant une maison ornée d'arcatures romanes.*
En bas, à droite, *Samson, l'un des chapiteaux préromans rescapés de l'abbatiale d'origine.*

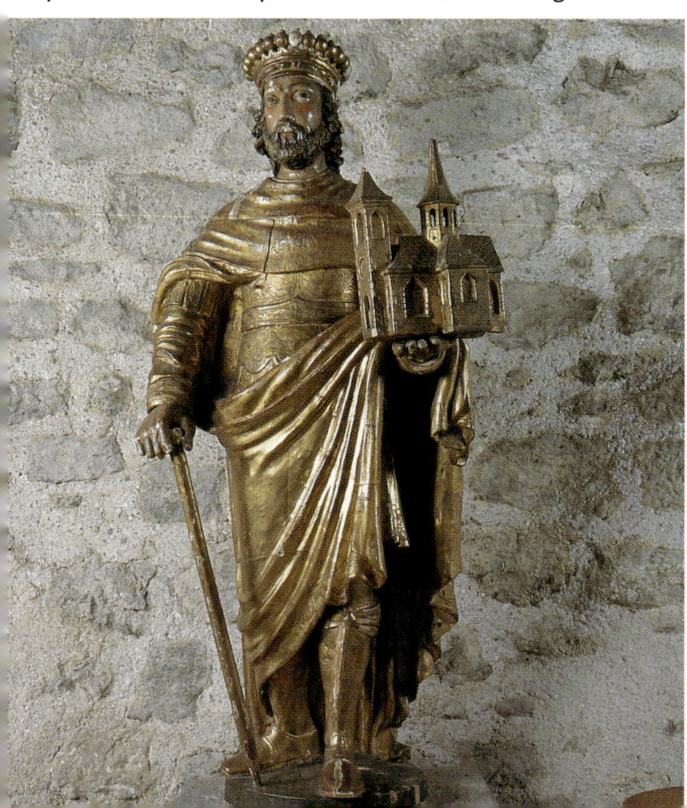

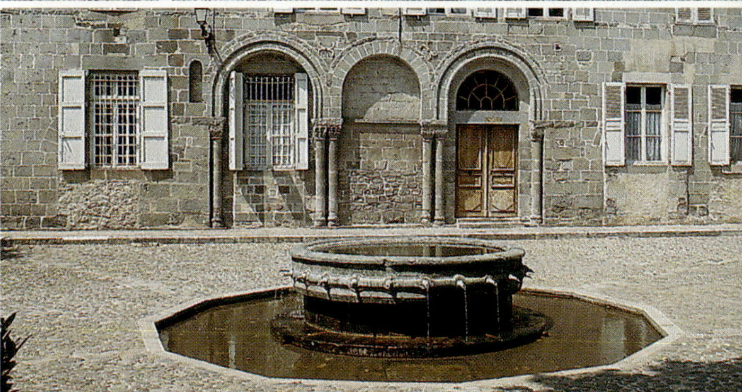

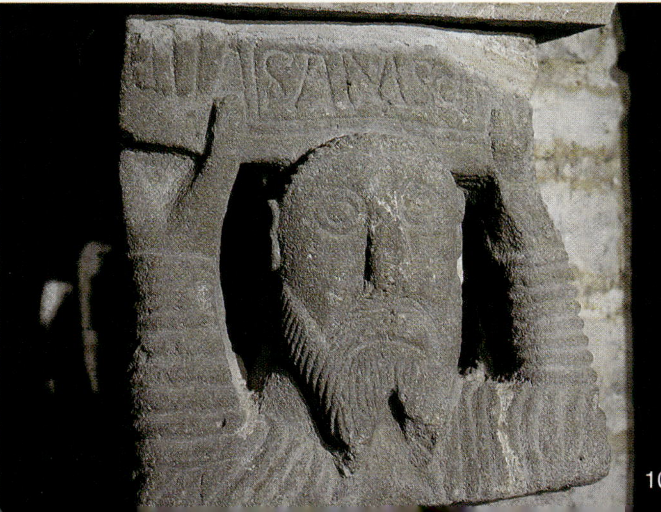

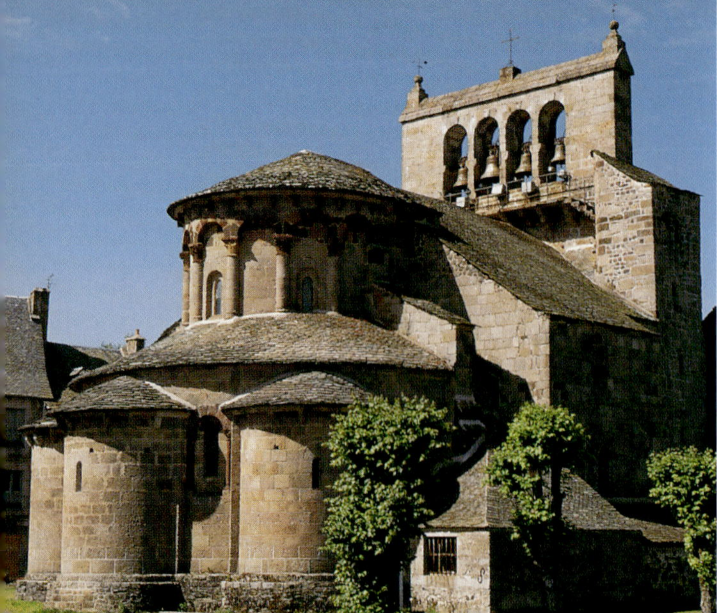

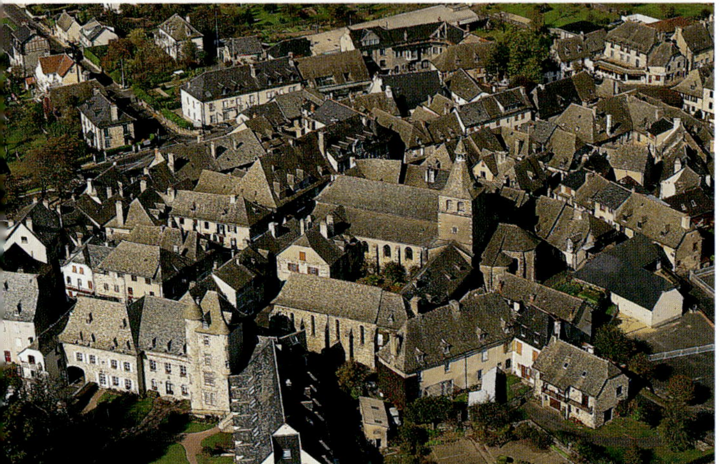

Les étapes des pèlerins

Aux confins méridionaux de la Haute-Auvergne, plusieurs localités furent jadis animées par la venue des pèlerins qui se rendaient à Compostelle en se recueillant au passage sur le tombeau de saint Géraud, devant les reliques de saint Césaire à Maurs ou devant celles de saint Georges et de sainte Foy à Conques. Ainsi l'église de Saint-Urcize, la seule du Cantal qui possède un déambulatoire, est-elle d'un style mêlant les traditions rouergates et auvergnates, comme celle de Montsalvy, l'unique église romane de la Châtaigneraie. Cette dernière sert de cadre à un grand crucifix de bois polychrome de la fin de la période romane. Saint-Pierre de Maurs abrite pour sa part le joyau de l'orfèvrerie de Haute-Auvergne qu'est le buste-reliquaire de saint Césaire, l'évêque d'Arles, éclatante effigie dont la puissance d'évocation égale celle de la statue de sainte Foy de Conques.

De la roche et d'un rêve...

«L'église de Saint-Urcize, un peu basse, est une des plus belles romanes du Cantal. Son abside à chapelles rayonnantes, ses lucarnes, ses mosaïques diaprées, feraient penser qu'elle s'est bâtie comme de soi, de la roche et d'un rêve ; simplement elle a imité ces natures que sont le nid de bourdons, la coque d'escargot, les touffes de fleurs dans les amas de pierres rondes. Et certaines vieilles maisons, dans ces rues resserrées, semblent pareillement s'être faites de soi-même. Quelque follet de la montagne aura endormi le maçon, le charpentier ; et c'est son songe à lui, qui a pris corps.»

Henri Pourrat, En Auvergne. *Arthaud*

En haut, *sur le modèle de celle de Conques, l'église de Saint-Urcize possède un chevet rehaussé d'une noble arcature.* Ci-desus, *Montsalvy, avec la collégiale qu'entourent les bâtiments du prieuré des chanoines,* et en bas *la croix discoïdale (XIe) et le Christ de tradition romane ;* en bas à gauche, *la crosse de saint Césaire du trésor de Maurs (XIIIe).*

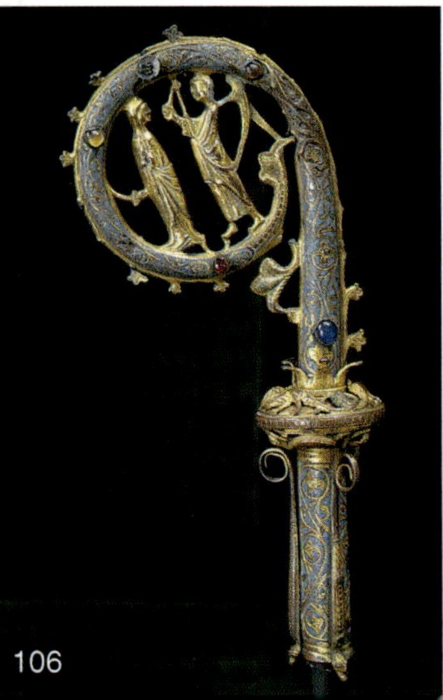

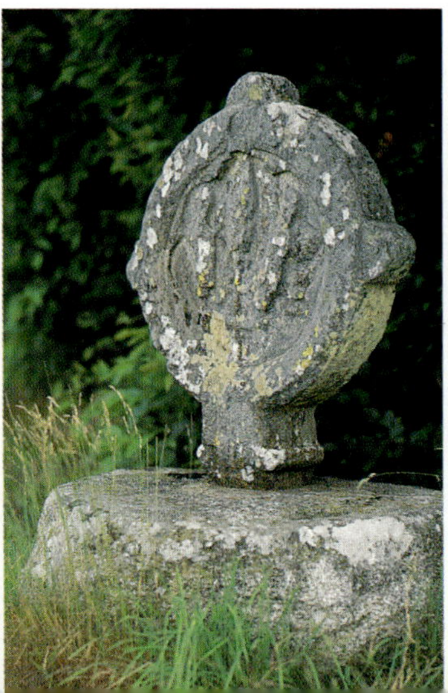

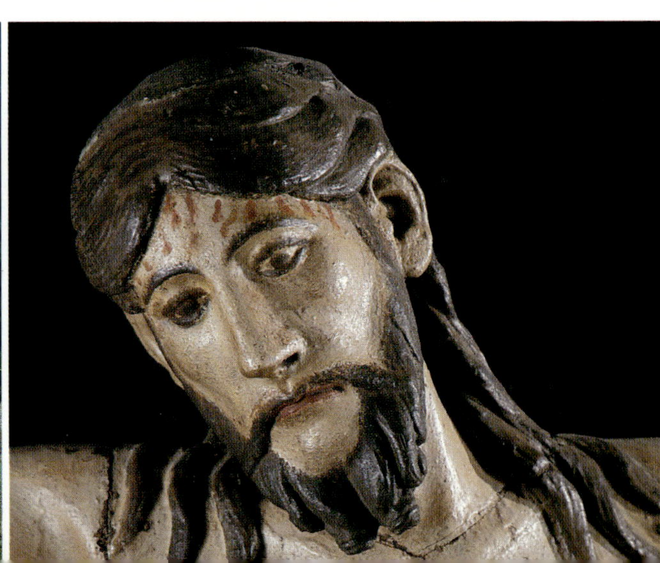

D'argent et cuivre doré sur âme en bois, avec des cabochons d'émeraude, de saphir, de topaze, d'ivoire et de verre teinté, le buste-reliquaire de saint Césaire.

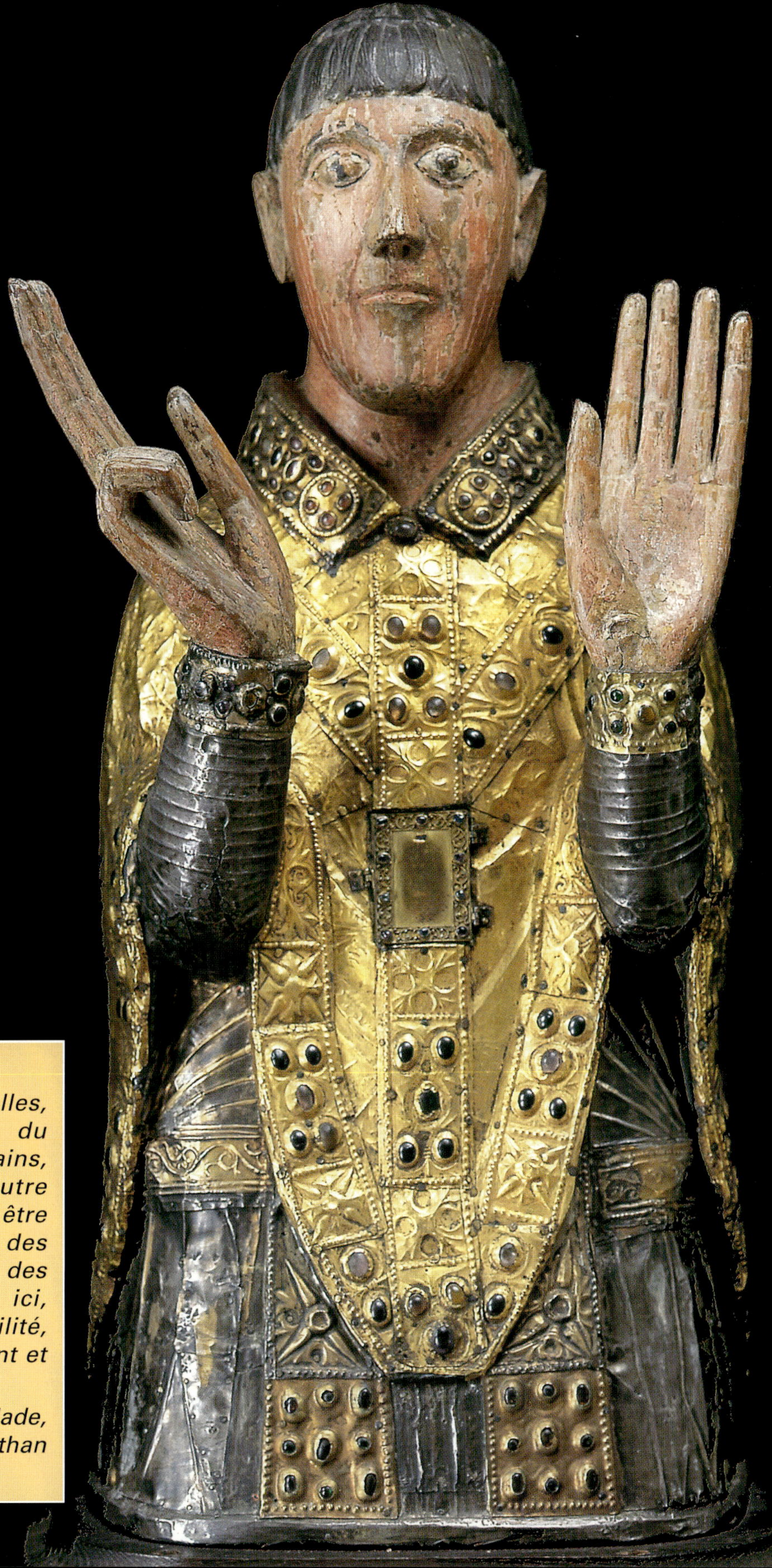

«L'éclat sombre des prunelles, la démesure du nez, du menton, l'énormité des mains, l'une bénissante, l'autre accueillante, faites pour être vues de loin, au cours des processions, portées sur des échines humaines, ont ici, dans leur rutilante immobilité, quelque chose d'hallucinant et de formidable.»

Jean Anglade,
Auvergne. *Nathan*

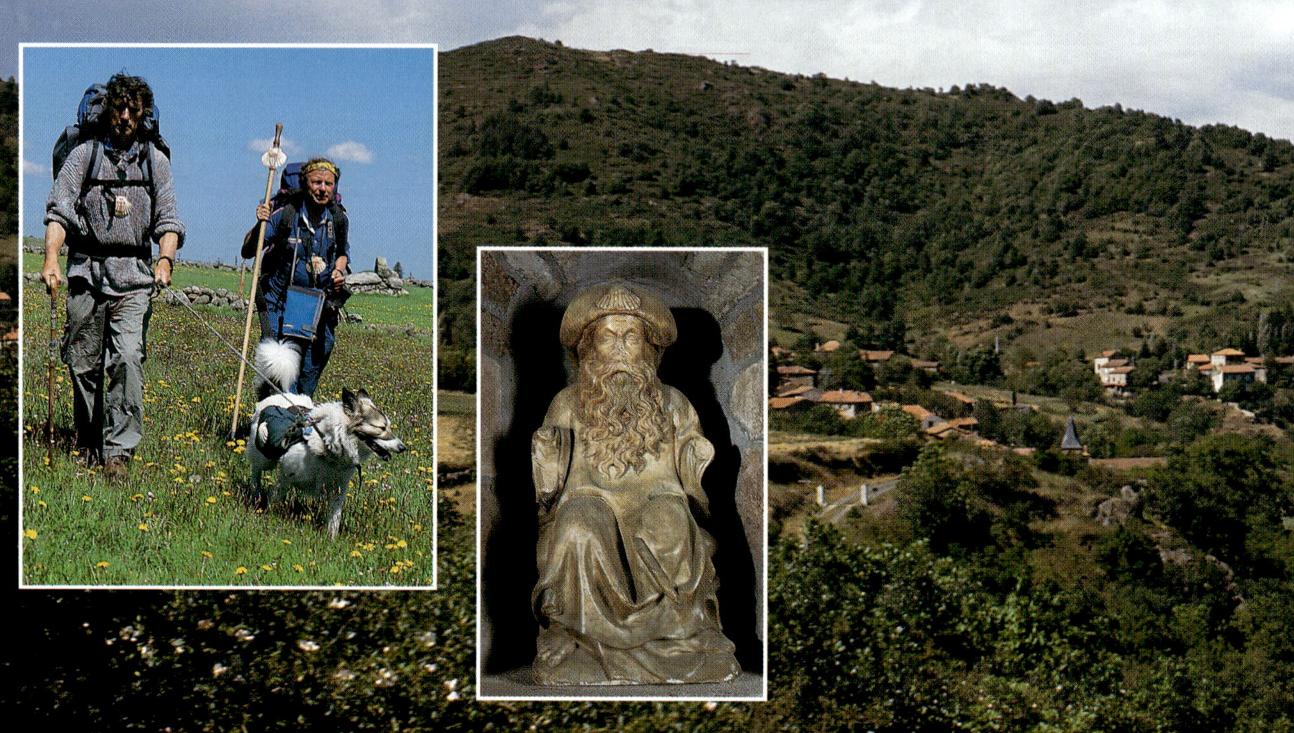

La chapelle castrale de Saint-Ilpize domine l'un des plus beaux sites de la Ribeyre - ainsi nomme-t-on les gorges de l'Allier en amont de Vieille-Brioude.
En médaillon, à gauche, *toujours d'actualité, le pèlerinage à Compostelle ;* à droite, *témoin du passage des pèlerins d'autrefois, la statue de saint Jacques du XVe siècle qui se tient dans une niche de la basilique Saint-Julien de Brioude.*

Les jalons des pèlerins

Les fidèles qui mettent de nos jours leurs pas dans ceux des pèlerins des siècles passés trouvent encore nombre de repères pour les guider vers Compostelle, spécialement sur la via podensis *(du Puy), l'un des itinéraires les plus empruntés. Au Puy, c'est d'abord un oratoire dédié à leur patron, dans la rue Saint-Jacques ; puis de la « croix des pèlerins » du Chier à celle de Monistrol-d'Allier qui montre le pèlerin dans ses vêtements traditionnels, en passant par la chapelle Saint-Jacques de Saint-Privat-d'Allier, les jacquaires parvenaient à Saugues, où ils ne manquaient pas d'implorer la protection de la Vierge.*
Les pèlerins redoutaient en effet les loups, les brigands et les tourmentes de neige de la traversée de l'Aubrac. Dans le village homonyme, existe toujours la « cloche des perdus » que l'on sonnait par temps de brouillard et qui porte l'inscription ERRANTES REVOCA *Au fil des rivières, la suite du chemin dans l'Aveyron est plus commode, et à nouveau les jalons se succèdent, de la croix de pierre où est sculpté un pèlerin sur le pont de la Boralde, à Saint-Chély, à la statue flamboyante de saint Jacques que porte le porche de l'église d'Estaing. En cette cité, l'histoire revit d'ailleurs chaque année le premier dimanche de juillet, lorsque la procession de la Saint-Fleuret met en scène des pèlerins en costume (Fleuret, évêque de Clermont mort en ce lieu, était lui-même pèlerin).*

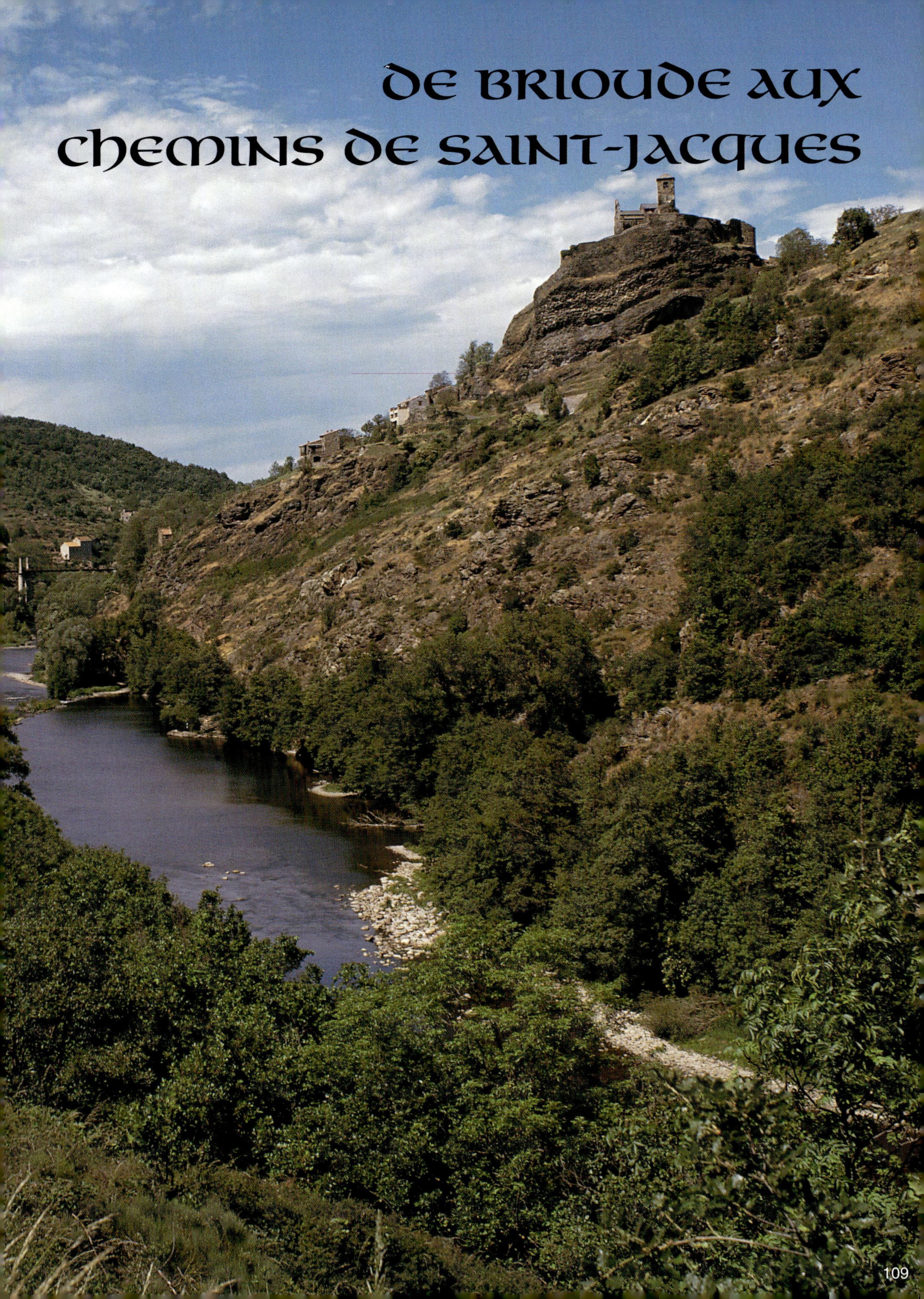

De Brioude aux chemins de Saint-Jacques

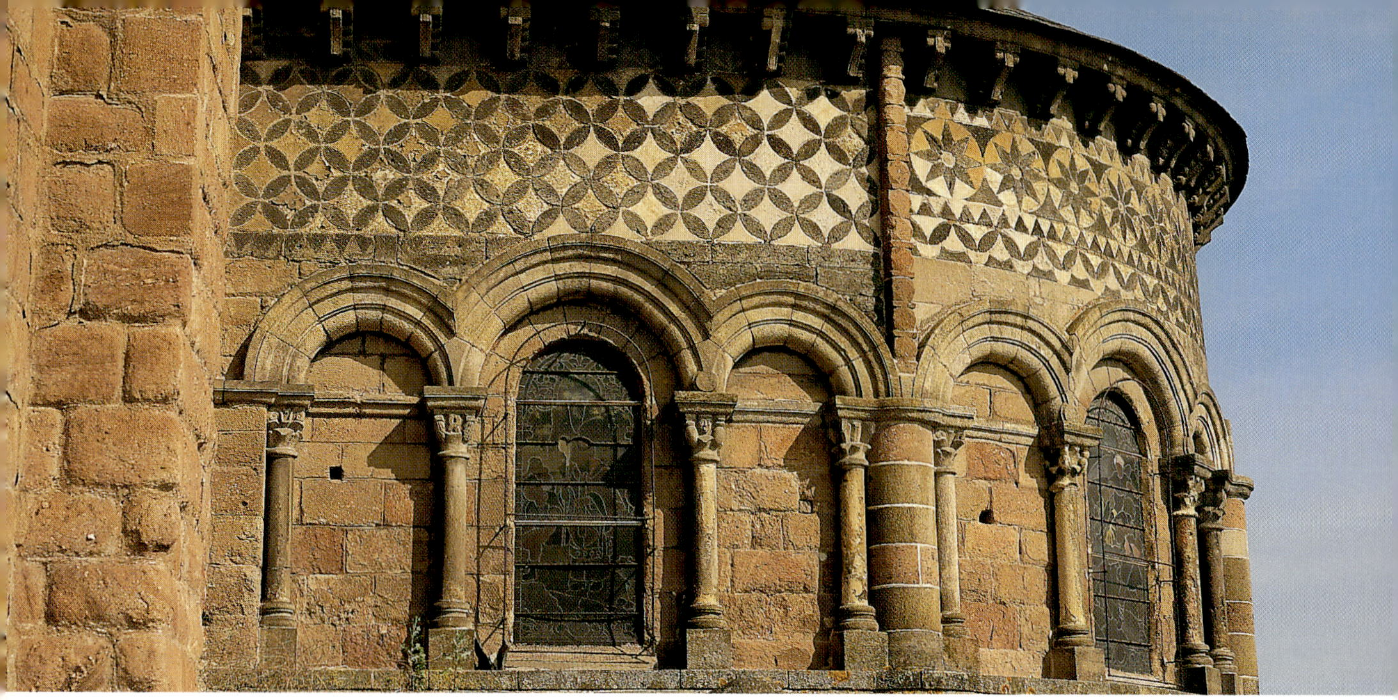

Brioude, une immense châsse de pierre

Autour du tombeau de saint Julien

Au cours des siècles, saint Julien de Brioude fut vénéré presque à l'égal de saint Martin de Tours et en regard des centaines d'églises qui lui sont encore consacrées à travers la France il est logique que la basilique de Brioude soit la plus importante église romane d'Auvergne. La cité est entrée dans l'histoire en 304, après que Julien, soldat romain converti, ait fui Vienne pour se réfugier en Auvergne, où il fut rejoint et décapité. Sa tête, rapportée à Vienne, fut ensevelie aux côtés du corps de son compagnon Férréol, tandis que deux vieillards, Arcons et Ilpize se chargèrent d'enterrer le corps du supplicié à Brioude, à la suite de quoi ils recouvrèrent miraculeusement leur jeunesse. Ce fut le premier miracle d'une longue série et Brioude vit alors affluer les pèlerins, d'autant que la ville se trouvait sur le chemin du Puy, de Saint-Gilles et de Compostelle.Les XIe et XIIe siècles furent la grande époque des pèlerinages, mais avant que le puissant chapitre des chanoines-comtes de Saint-Julien ne fasse élever l'église actuelle, plusieurs monuments l'avaient précédée, comme autant de châsses successives disposées autour du tombeau du saint, dont la crypte garde le souvenir. À l'instar des joyaux de l'orfèvrerie romane, la basilique fait jouer toutes les nuances de la pierre auvergnate, grès rouge d'Allevier, calcaire de Beaumont, basalte brun noir ou rouge foncé de la Vergueur, granulite de Saint-Just, marbres gris et roses de Lauriat, à quoi s'ajoutent la polychromie du toit du clocher et la mosaïque bien auvergnate de la grande abside. À l'extérieur, il convient d'apprécier en outre l'harmonieuse perspective du chevet à cinq absides, dernière grande entreprise romane d'Auvergne, ainsi que les porches, celui du sud gardant de belles portes du XIIe siècle.

La porte méridionale, à l'origine marouflée de cuir, a gardé ses ferrures et ses heurtoirs de bronze d'époque romane.

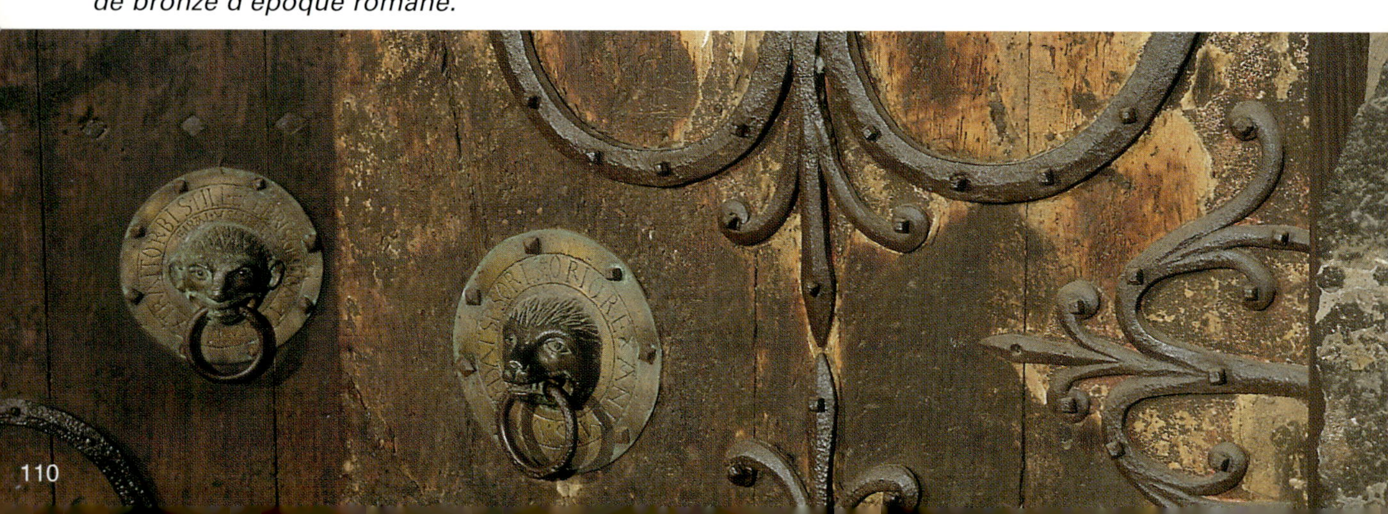

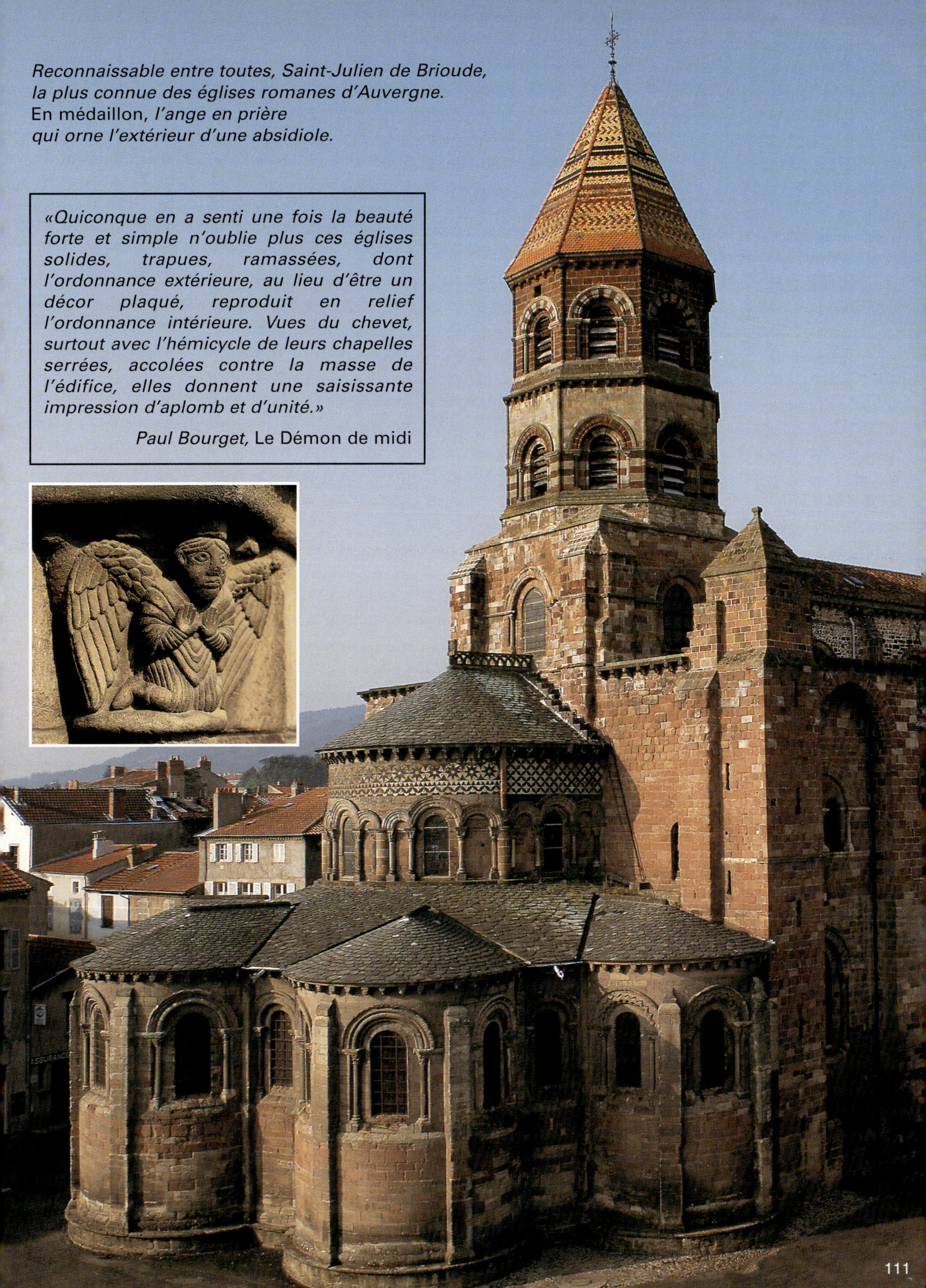

Reconnaissable entre toutes, Saint-Julien de Brioude, la plus connue des églises romanes d'Auvergne.
En médaillon, *l'ange en prière qui orne l'extérieur d'une absidiole.*

> *«Quiconque en a senti une fois la beauté forte et simple n'oublie plus ces églises solides, trapues, ramassées, dont l'ordonnance extérieure, au lieu d'être un décor plaqué, reproduit en relief l'ordonnance intérieure. Vues du chevet, surtout avec l'hémicycle de leurs chapelles serrées, accolées contre la masse de l'édifice, elles donnent une saisissante impression d'aplomb et d'unité.»*
>
> *Paul Bourget,* Le Démon de midi

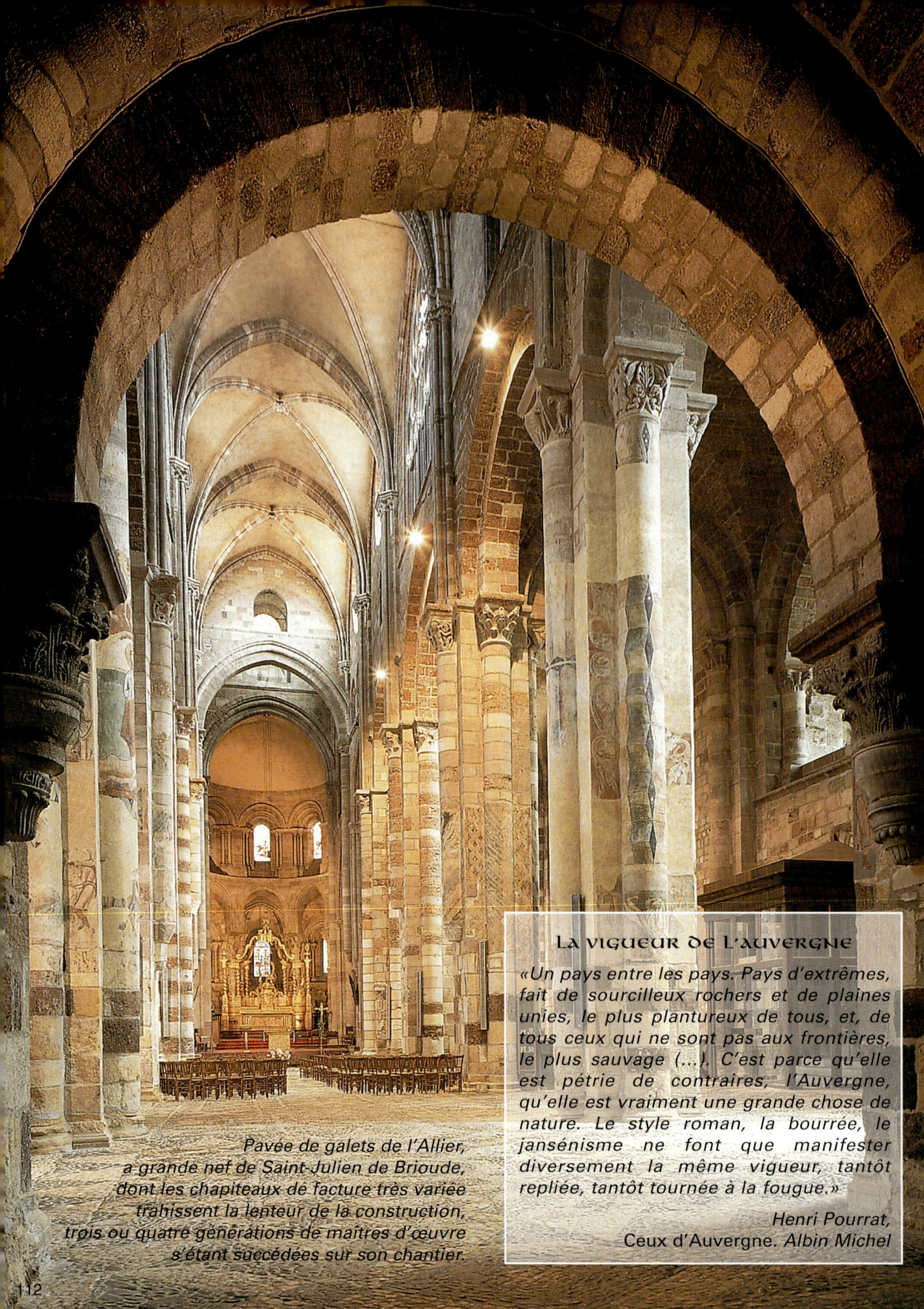

Pavée de galets de l'Allier, a grande nef de Saint-Julien de Brioude, dont les chapiteaux de facture très variée trahissent la lenteur de la construction, trois ou quatre générations de maîtres d'œuvre s'étant succédées sur son chantier.

La vigueur de l'Auvergne

«Un pays entre les pays. Pays d'extrêmes, fait de sourcilleux rochers et de plaines unies, le plus plantureux de tous, et, de tous ceux qui ne sont pas aux frontières, le plus sauvage (...). C'est parce qu'elle est pétrie de contraires, l'Auvergne, qu'elle est vraiment une grande chose de nature. Le style roman, la bourrée, le jansénisme ne font que manifester diversement la même vigueur, tantôt repliée, tantôt tournée à la fougue.»

Henri Pourrat,
Ceux d'Auvergne. *Albin Michel*

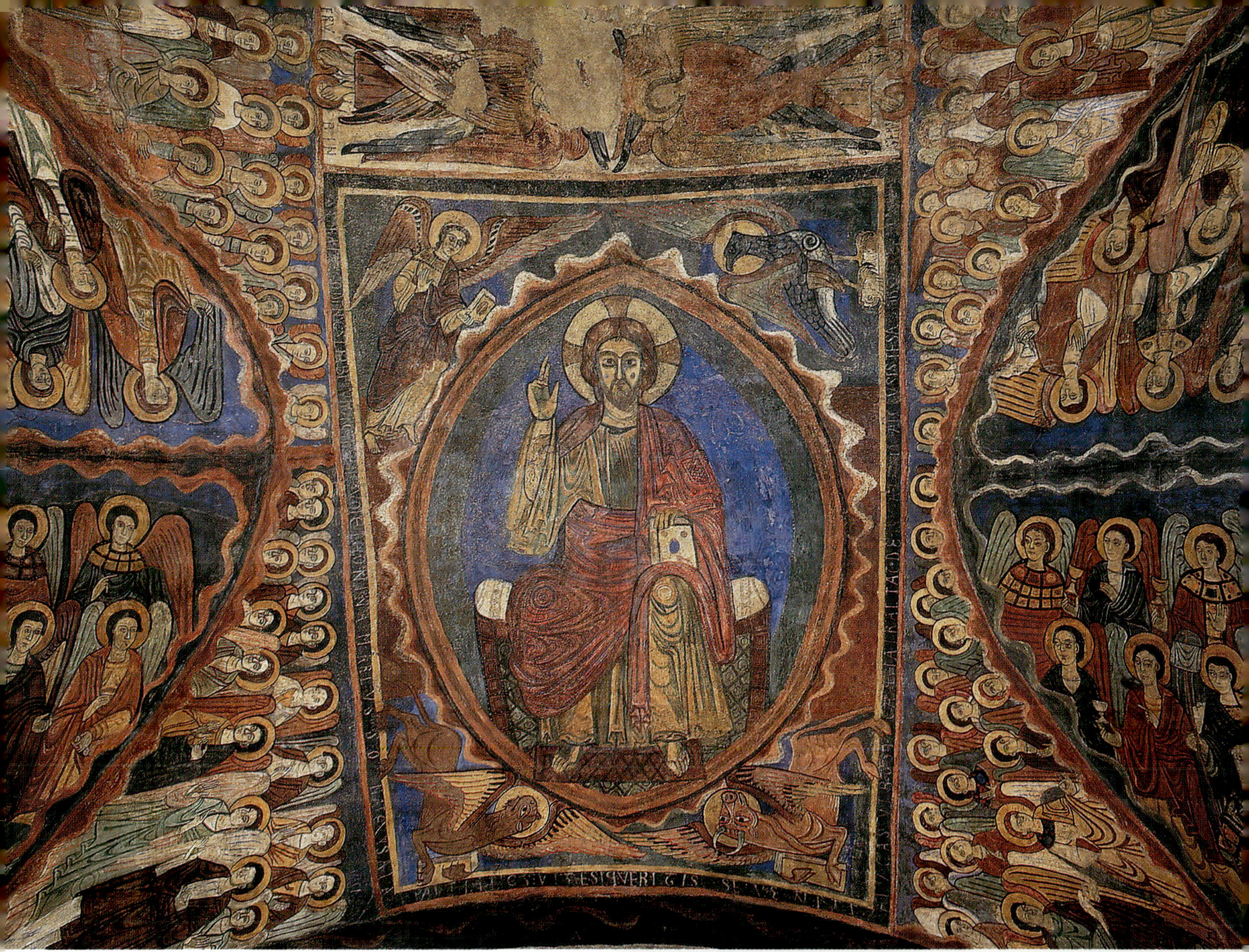

UN DÉCOR RAFFINÉ

L'entrée dans la basilique se fait par un magnifique narthex à deux étages qui en est la partie la plus ancienne et la plus remarquable du point de vue de l'architecture. La nef fait ensuite valoir le bel élancement de ses piliers, mais ce sont surtout des éléments de décor qui retiennent l'attention, à commencer par les célèbres chapiteaux qu'ils portent, Auvergne oblige. Parmi ceux-ci, les ânes jouant de la lyre, les sirènes et le minotaure. Les travaux récents ont également mis en valeur l'ancien pavage de la nef en galets multicolores de l'Allier et surtout de précieuses fresques romanes, notamment les cavaliers de l'Apocalypse et les saints qui occupent les voûtes de deux absidioles ainsi que le Jugement dernier du narthex.

Ci-dessus, *la fresque du XIIIe siècle qui couvre le plafond de la chapelle Saint-Michel, à l'étage du narthex de Saint-Julien de Brioude : le Christ en gloire bénissant, entouré de la Punition des mauvais anges et du Triomphe des Vertus sur les Vices*
Ci-contre, *l'un des culs-de-lampe en forme de tête royale qui encadrent le chœur.*

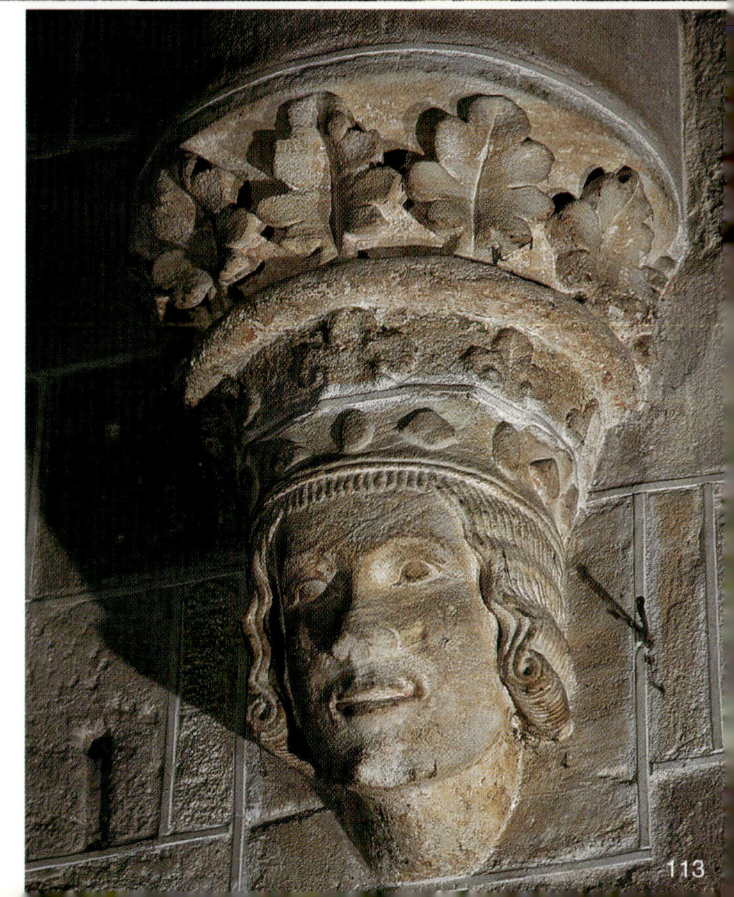

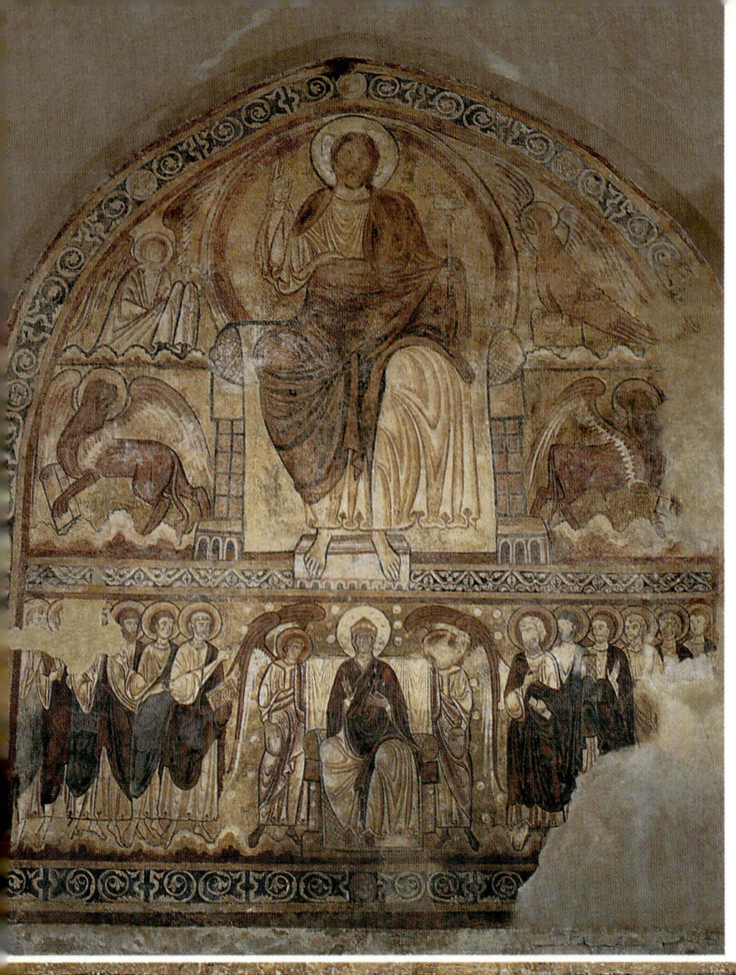

D'illustres monastères de bénédictines

Avec Lavaudieu et Blesle, le Brivadois compte deux des monuments sacrés les plus intéressants que l'époque romane nous ait légués. Complétant un village pittoresque du vallon de la Sénouire, qui coule entre les plateaux de La Chaise-Dieu et l'Allier, le monastère de Lavaudieu est en effet le seul d'Auvergne à n'avoir pas souffert durant la Révolution et son cloître est unique en la province. Entre le réfectoire et une abbatiale à la simplicité campagnarde, ce petit cloître charme par sa galerie de bois et l'irrégularité de ses colonnes. Sans doute le monastère fut-il épargné en raison de sa modestie, mais celle-ci ne fait que renforcer l'impression de sérénité qui se dégage de la « Vallée de Dieu ».

Ci-contre, *la fresque de la paroi est du réfectoire de Lavaudieu qui s'organise autour d'un immense Christ en majesté entouré des symboles des Évangélistes.* Ci-dessus, *un détail, trois des apôtres qui encadrent la Vierge au registre inférieur.*

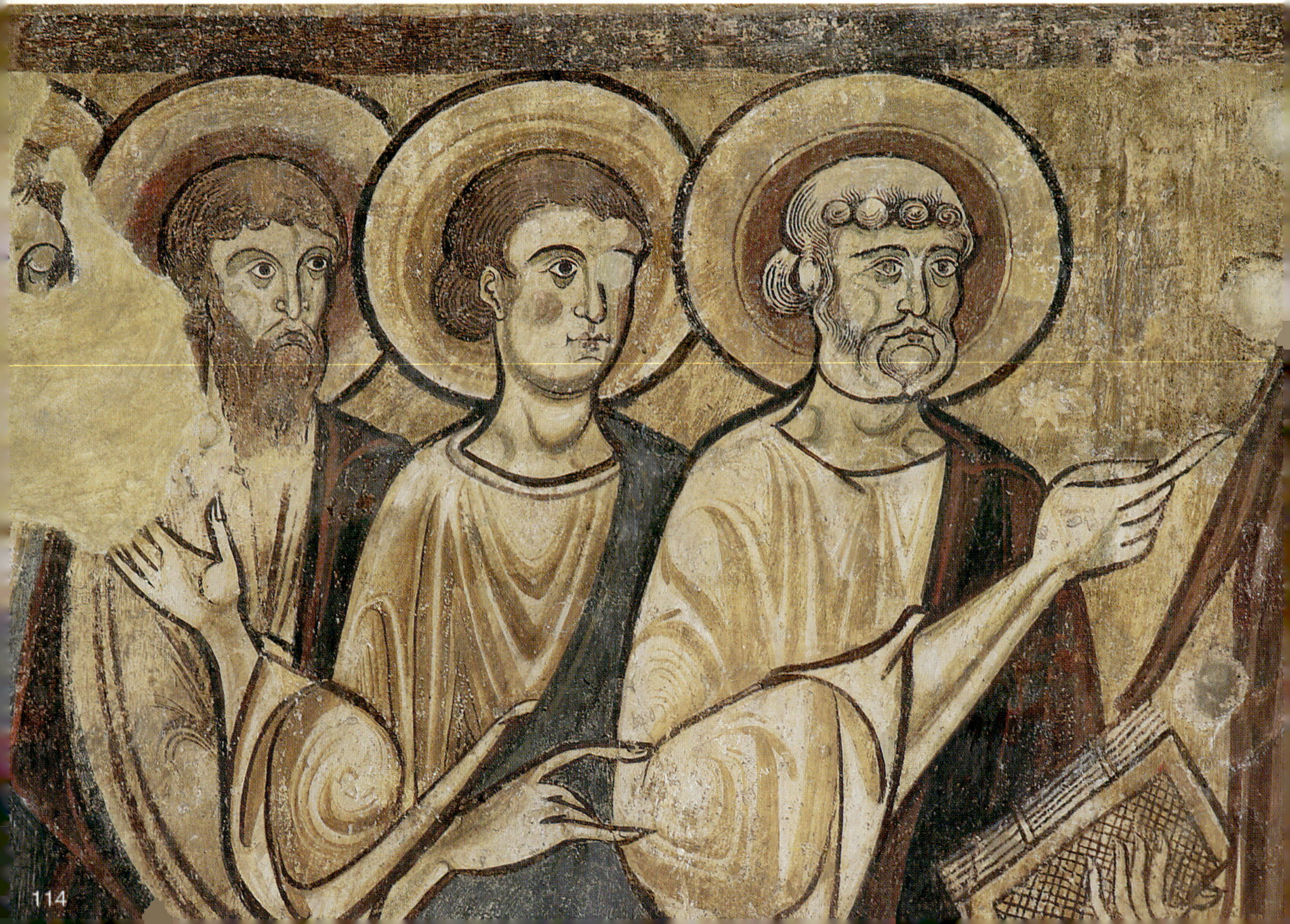

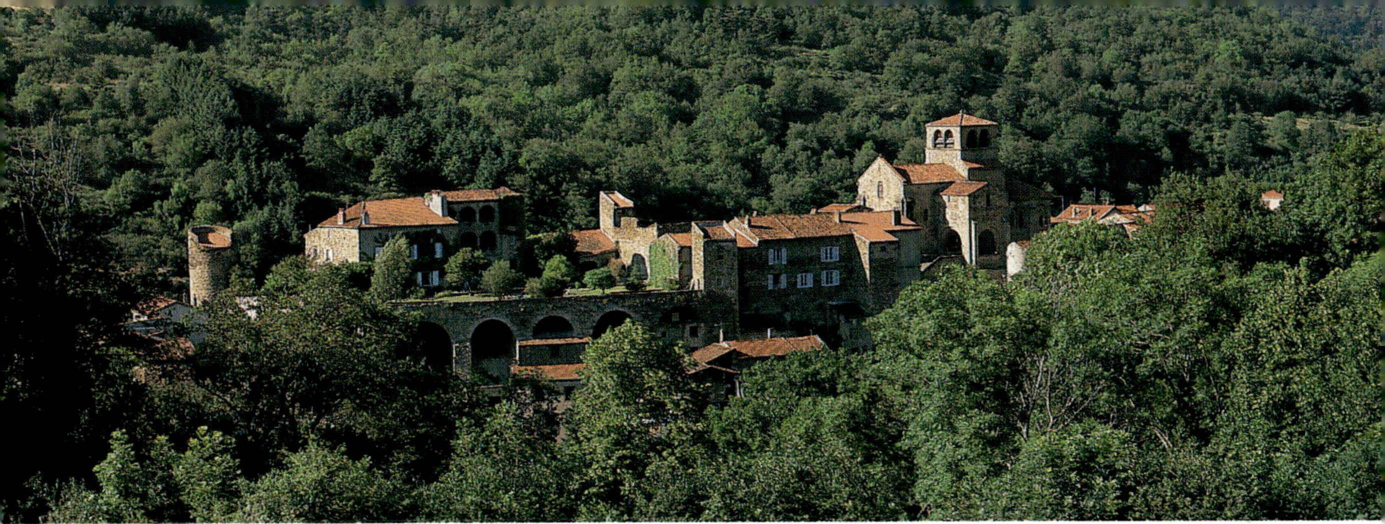

La ganivelle d'Auzon

Juchée tout en haut du village, sur un socle de rocher, l'église d'Auzon s'atteint par deux rampes qui longent son flanc méridional et se terminent en escaliers. Comme à Brioude, à leur rencontre s'élève une ganivelle, c'est-à-dire un porche majestueux, dont il convient d'apprécier les chapiteaux historiés consacrés à la Nativité du Christ. Derrière cet abri, la porte de l'église a gardé ses vantaux d'époque romane, avec de belles ferrures et des clous qui ont tous des têtes différentes. Sous certains d'entre eux restent pris des lambeaux des peaux de sanglier qui protégeaient à l'origine le bois des vantaux. L'église d'Auzon abrite un des plus beaux Christ romans de la province.

Les fiancés à l'abbaye

On sait que l'abbaye bénédictine de femmes de Lavaudieu fut créée par saint Robert en 1058, une quinzaine d'années après qu'il eût fondé celle de La Chaise-Dieu. Une légende rapporte qu'il procéda ainsi pour éviter que ne se rallume l'amour entre Simon de Crépy, comte de Bar-sur-Aube, qui était entré dans les ordres à Saint-Oyen dans le Jura et demandait à être admis à La Chaise-Dieu, et sa fiancée Judith, fille du comte d'Auvergne Robert, qui avait suivi son exemple et occupait le bâtiment des moniales, à côté de l'abbaye principale. S'il est avéré que ces deux personnages existèrent bel et bien et consacrèrent leur vie à Dieu, les dates démentent la légende, puisque c'est en 1077 seulement que Judith prit le voile à Lavaudieu.

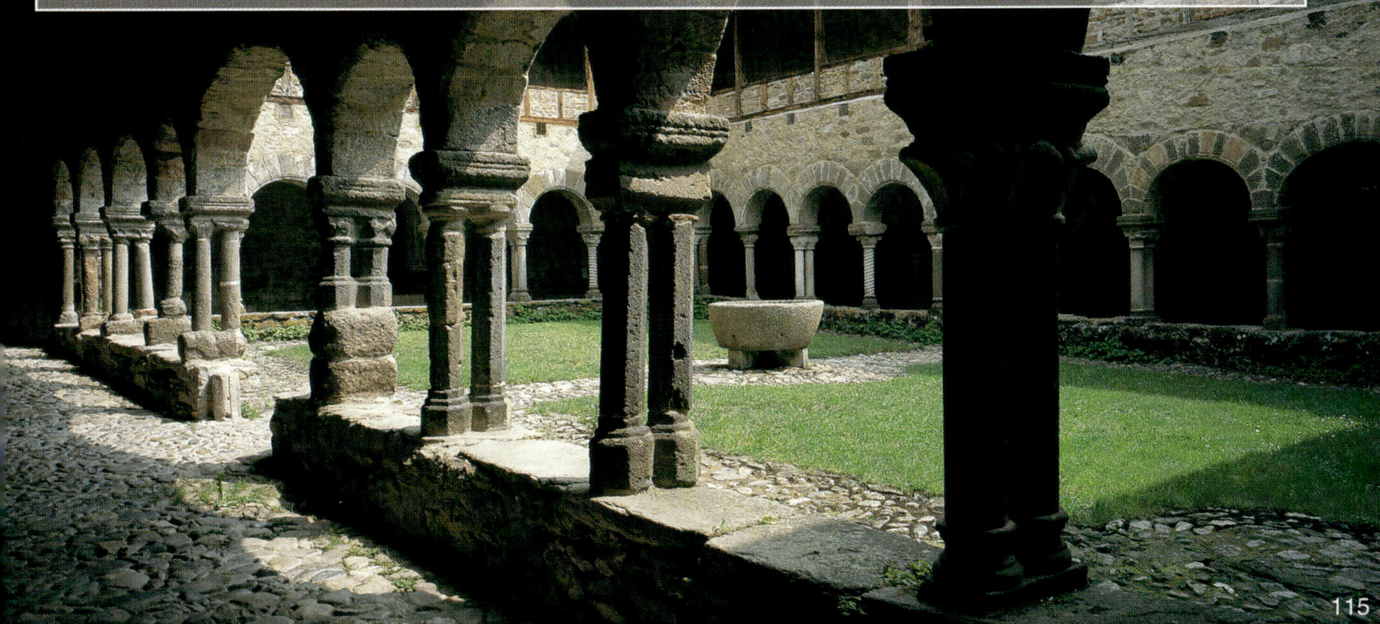

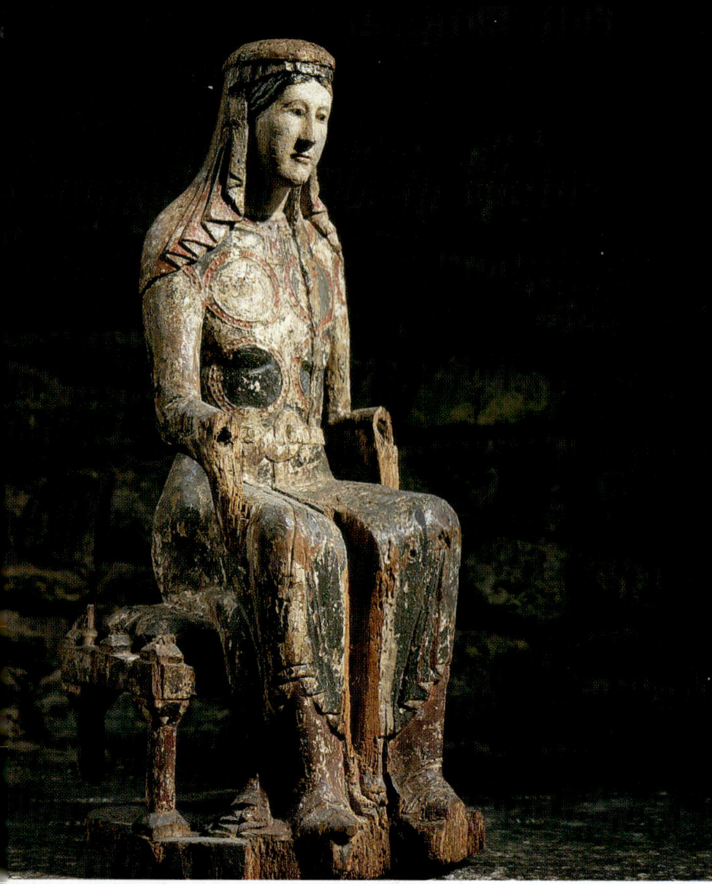

Blesle, l'église des Dames

Cachée en bordure des gorges de l'Allagnon, la cité de Blesle a pour joyau une ancienne abbatiale romane sertie dans un décor urbain vénérable, d'où se détachent une rare maison de la même époque et l'orgueilleux donjon féodal des Mercœur, surnommé la « tour aux vingt angles ». L'histoire architecturale complexe de l'abbatiale Saint-Pierre s'étend de l'époque carolingienne à la fin de l'âge roman. Il en va de même de ses éléments décoratifs, depuis un autel de marbre donné par le pape à la fondatrice en 865, jusqu'aux portes en bois cloutées du XIIe siècle, en passant par une grande Vierge de majesté en bois polychrome. Il est à remarquer que la nef est surélevée, ce « chœur des Dames » étant jadis destiné à séparer les nobles moniales des paroissiens ordinaires lors des offices.

Ci-contre, *Notre-Dame du Cheylat, la Vierge en majesté (XIIIe) qui trône maintenant dans le trésor de Blesle.*
Ci-dessous, *la nef et le chœur de l'église Saint-Pierre de Blesle, qui témoigne de toutes les périodes de l'art roman.*

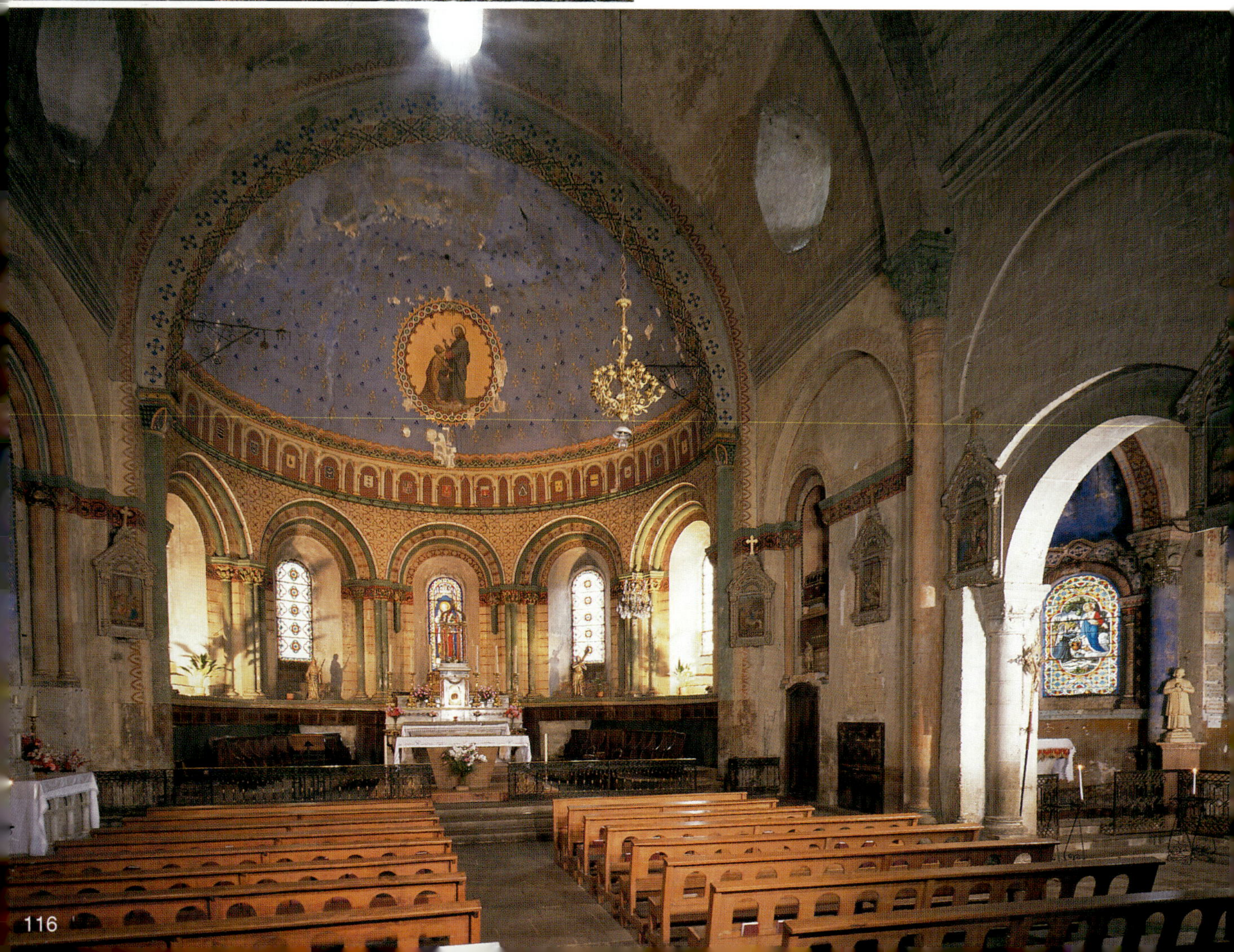

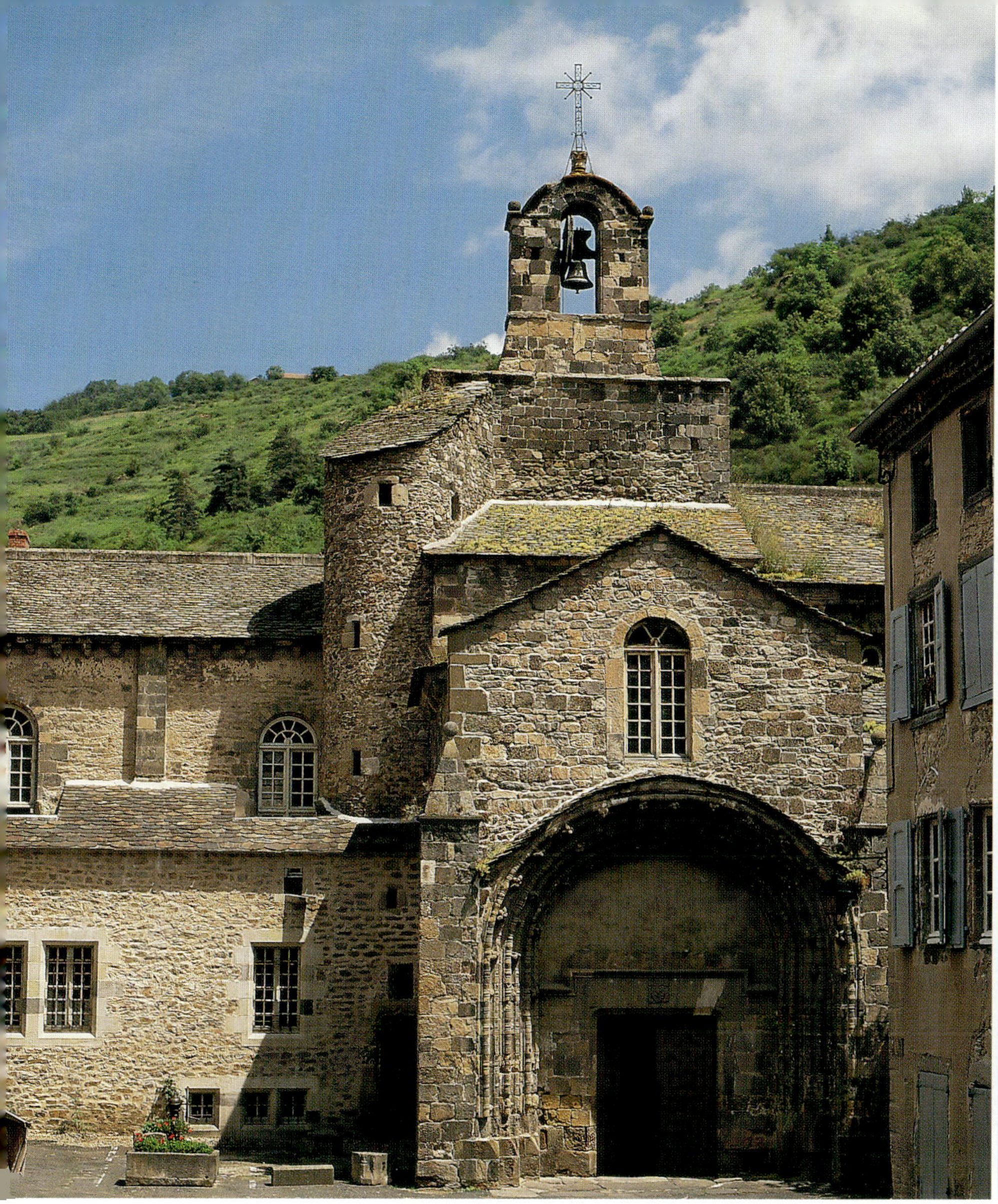

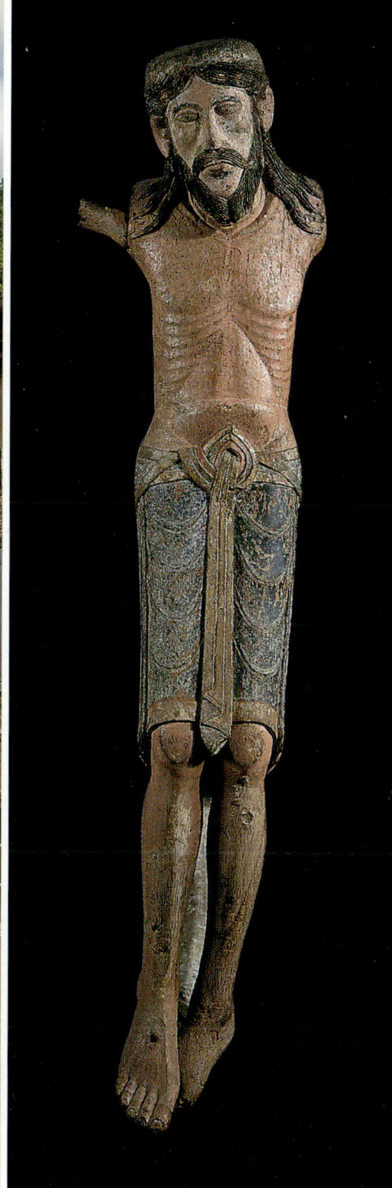

Le porche du croisillon sud, du XIIe siècle, dont les voussures sont ornées d'originales fleurs à cinq pétales.
Le crucifix de bois polychrome du trésor de Blesle, qui illustre l'art roman populaire.

Un curieux décor pour des chanoinesses

Dès sa fondation, vers 870, par Ermengarde, la femme du comte d'Auvergne Bernard II dit Plantevelue, l'abbaye Saint-Pierre de Blesle fut conçue pour une quarantaine de religieuses. Jusqu'à la Révolution, les chanoinesses qui se succédèrent à Blesle eurent sous les yeux les sculptures romanes pour le moins surprenantes, qu'on voit encore à l'église Saint-Pierre. Les chapiteaux des fenêtres du chœur font ainsi alterner des scènes bibliques, comme une Résurrection du Christ, avec un bestiaire fantastique d'oiseaux qui croisent leurs becs, de lions affrontés, de griffons ailés et de sirènes à deux queues. Plus étonnants, des chapiteaux extérieurs figurent des dragons ailés dont les cous sont enlacés et les queues nouées, deux cavaliers affrontés dont l'un est bizarrement androgyne et surtout une femme à la généreuse poitrine qui allaite avec volupté un serpent et une salamandre. D'un côté la salamandre s'agrippe de ses pattes arrières à la lèvre et à la cuisse d'un homme nu au visage grimaçant qui porte une couronne, tandis que de l'autre le serpent sort de la bouche d'un deuxième homme pareillement nu, une besace autour du cou. Bien qu'il s'agisse vraisemblablement d'une variation sur les thèmes habituels de la luxure et de l'avarice, aucune interprétation satisfaisante de ces sculptures n'a encore été proposée.

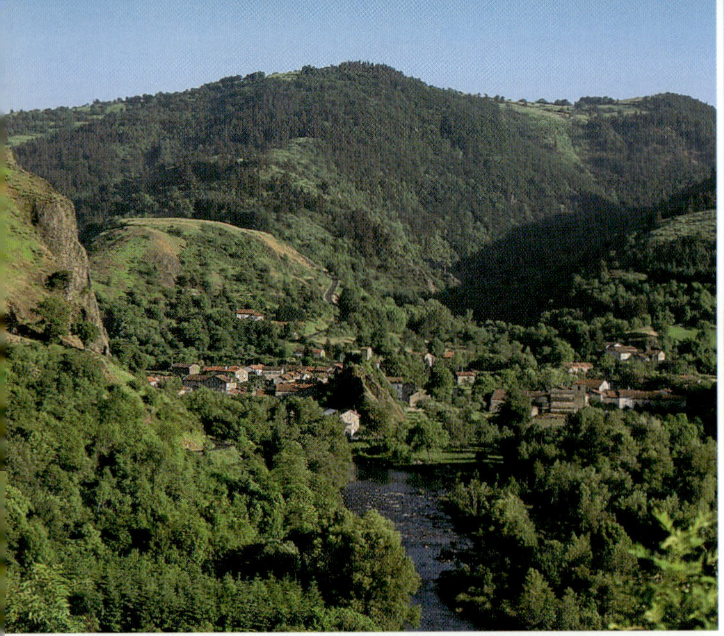

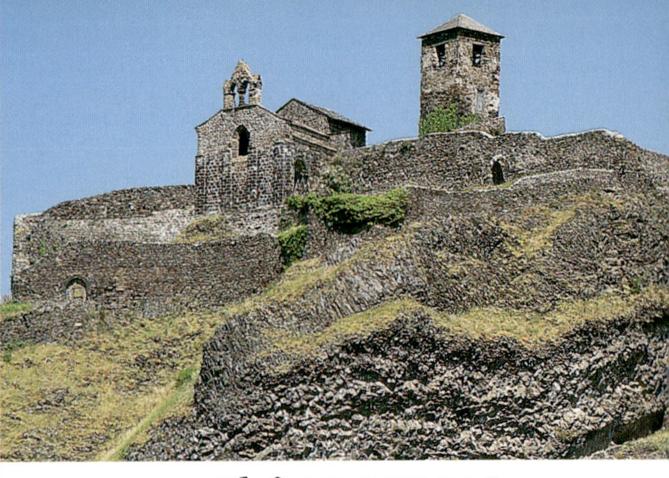

Au fil des gorges

Bordées de pointements volcaniques, les gorges de l'Allier font se succéder les sites pittoresques, qui furent mis au service des armes ou de la prière. A Saint-Ilpize, qui honore le nom d'un des fossoyeurs de saint Julien, les deux fonctions sont liées, car les ruines du château des Dauphins d'Auvergne enserrent l'ancienne chapelle seigneuriale, petit édifice roman de belle facture. Vers l'amont s'impose ensuite Chanteuges, dont l'abbatiale bénédictine est fièrement perchée sur une coulée de lave rongée à la base par l'Allier. Provenant du même atelier que ceux de Brioude, les chapiteaux de ce sanctuaire sont d'une grande qualité et comptent notamment des aigles aux ailes déployées, des porteurs de brebis, des atlantes et l'usurier dont la province aima à railler le comportement. Pareillement spectaculaires sont la chapelle de Sainte-Marie-des-Chazes, complètement isolée dans les gorges sous une imposante coulée de basalte, et le village de Prades, pourvu d'une église romane, qu'entoure un singulier paysage volcanique.

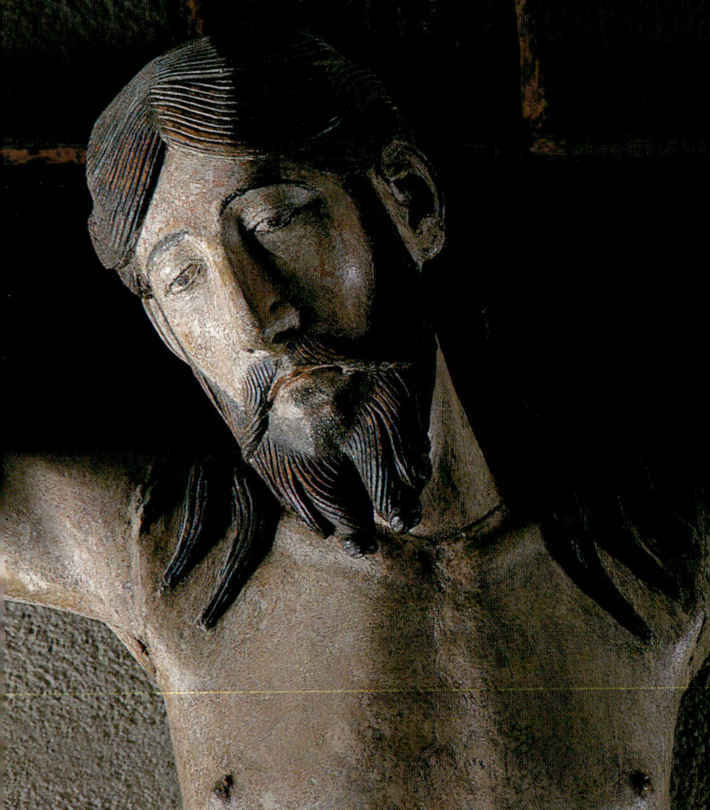

En haut à gauche, *Prades, dans les gorges de l'Allier* ; à droite, *la chapelle de Saint-Ilpize.* Ci-contre, *le Christ de Lavoûte-Chilhac, facture byzantine de la fin de l'époque romane, provient de la léproserie Sainte-Madeleine de Chilhac.* En bas, *la chapelle de Sainte-Marie-des-Chazes, but de pèlerinage perdu dans les gorges de l'Allier.*

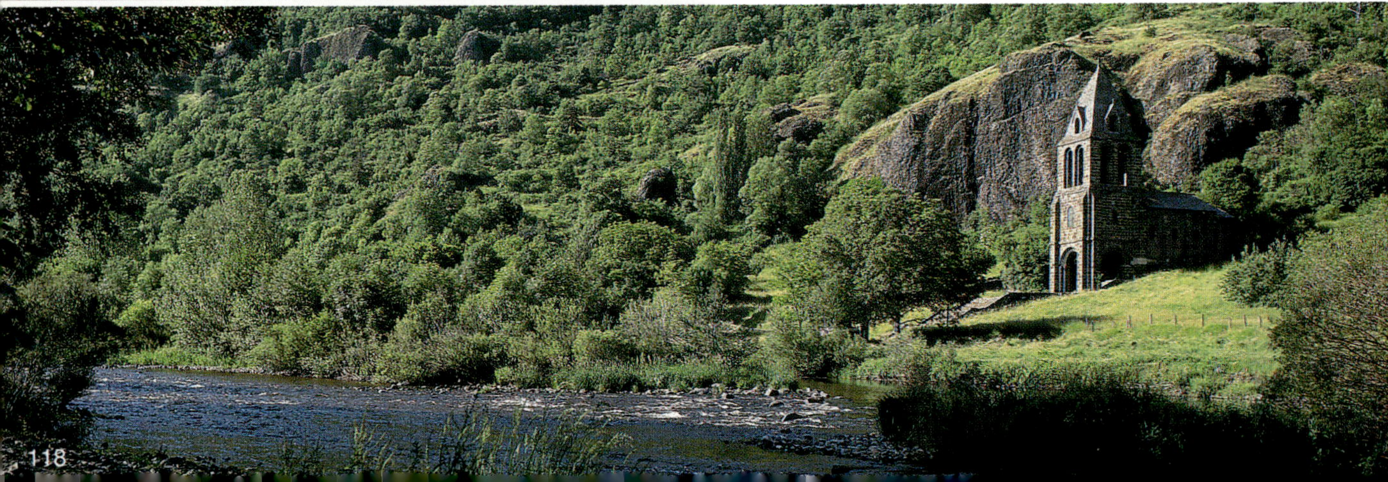

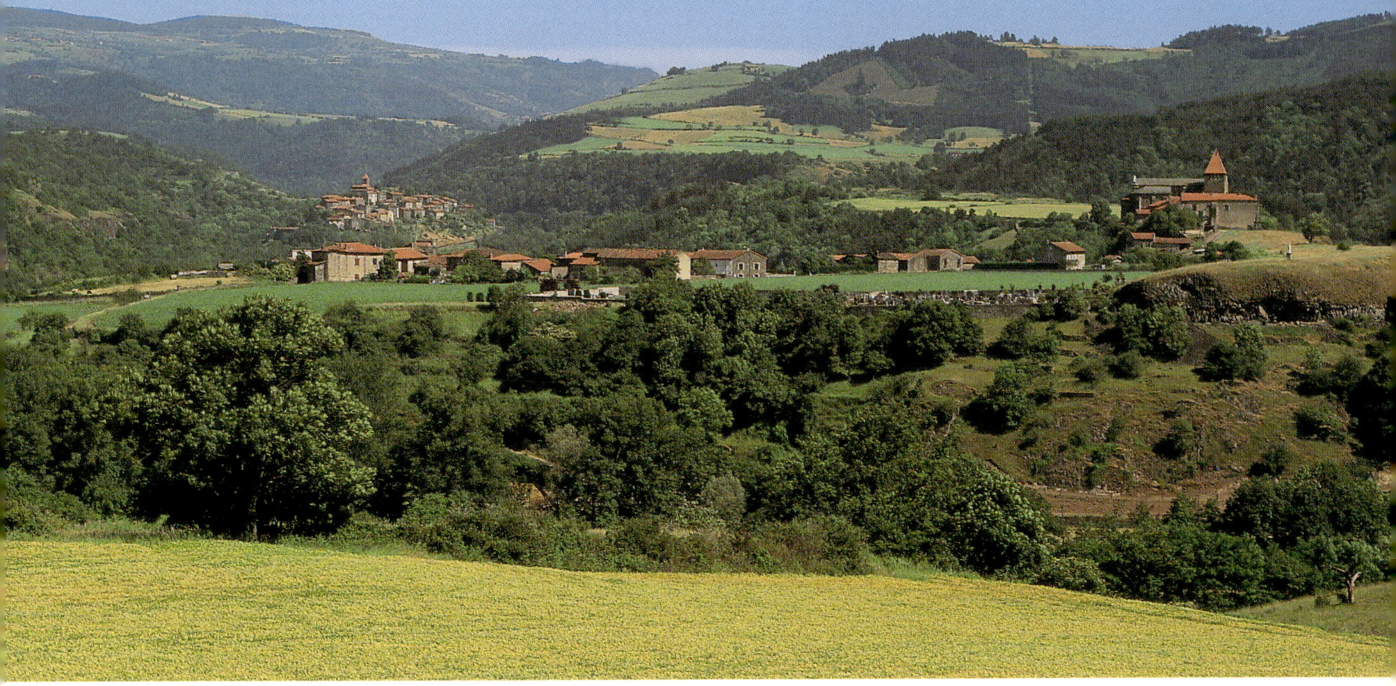

De part et d'autre des gorges de l'Allier, Chanteuges et, au loin, Saint-Arcons.
Ci-dessous, à gauche, *l'abbatiale de Chanteuges, dont le profil ramassé provient d'une restauration du* XVe *siècle ayant abouti à en réduire la hauteur;*
à droite, *une vue générale du village de Chanteuges ;* en bas, *trois chapiteaux de Chanteuges, attribués à l'atelier de Mozac, la tempête apaisée, le porte-mouton et les aigles aux ailes déployées.*

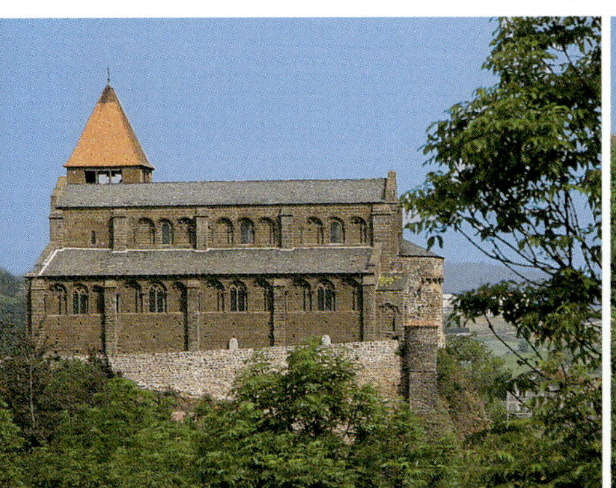

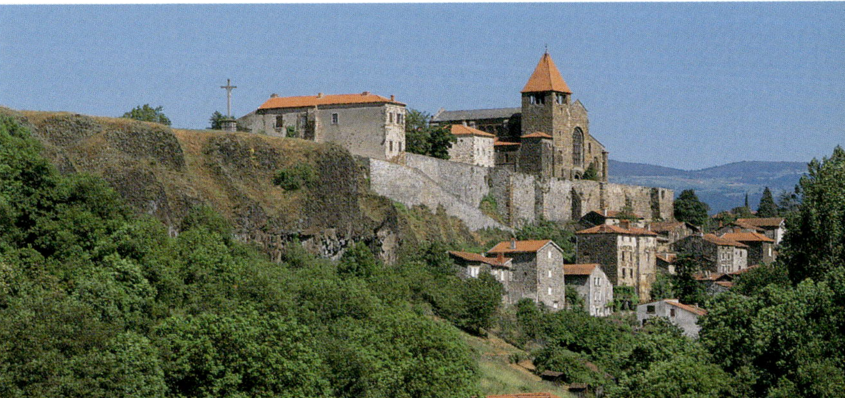

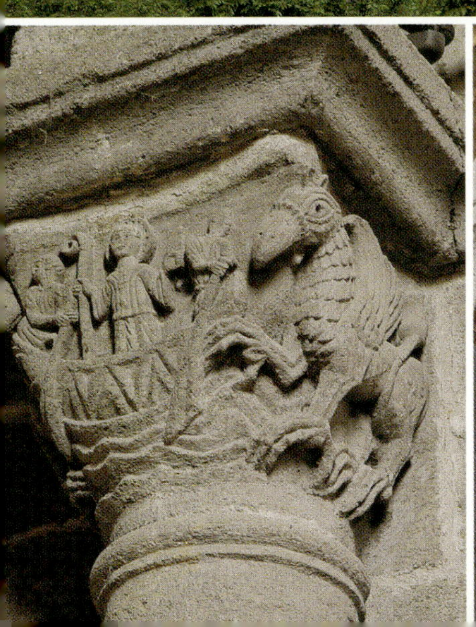

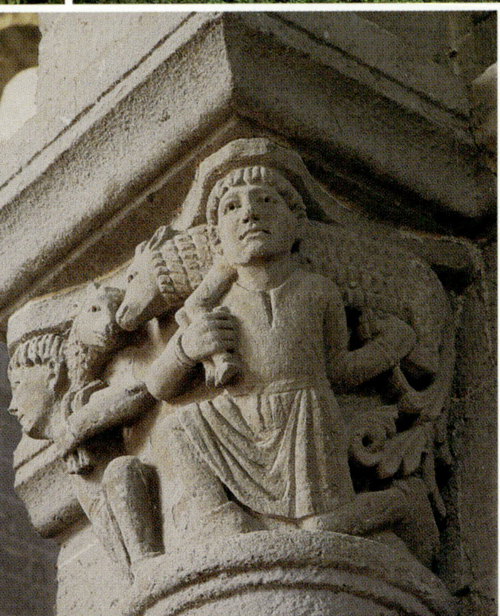

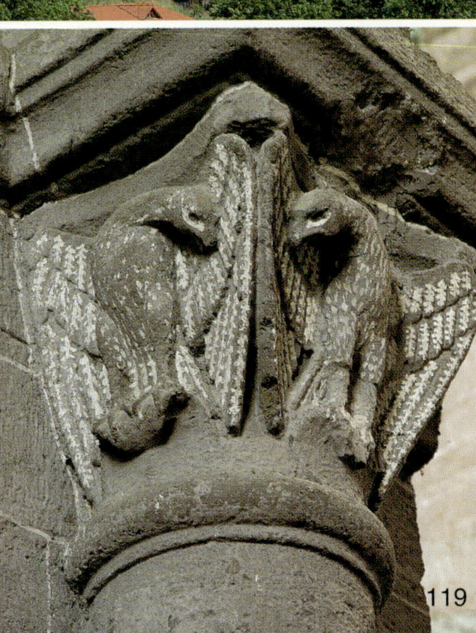

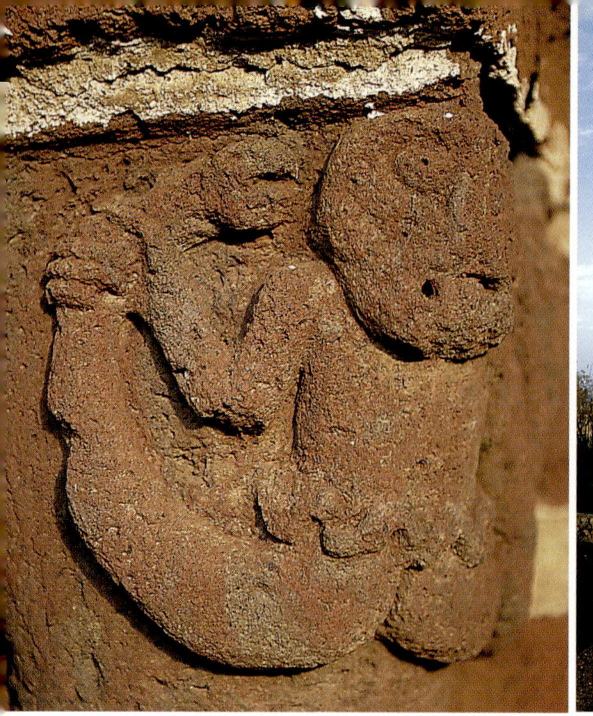

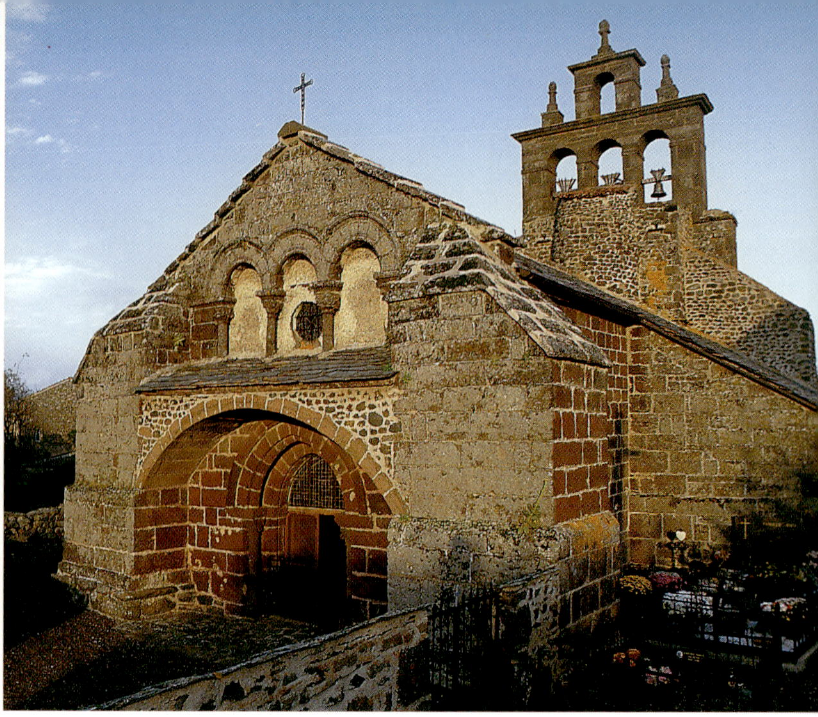

Saint-Rémy et Polignac

Isolée entre Loudes et Bains, l'église de Saint-Rémy associe une silhouette massive, un clocher à peigne et un portail très renfoncé, tout à fait à la manière des églises de montagne du Cantal, et c'est bien à une planèze que fait penser le haut plateau volcanique où elle veille, au couchant du Puy-en-Velay.

Dans l'ombre d'un site et d'un château qui attirent tous les regards, l'église du bourg de Polignac mérite d'être détaillée. Cette église Saint-Martin fut élevée aux XIe et XIIe siècles avant d'être embellie d'un large portail gothique.

Sous ses voûtes, on apprécie le chœur carré primitif, des chapiteaux qui figurent en particulier des vieillards adorant l'Agneau et des hommes désignant des animaux, et, dans l'abside, des fresques sur le thème du Jugement dernier et de saint Michel.

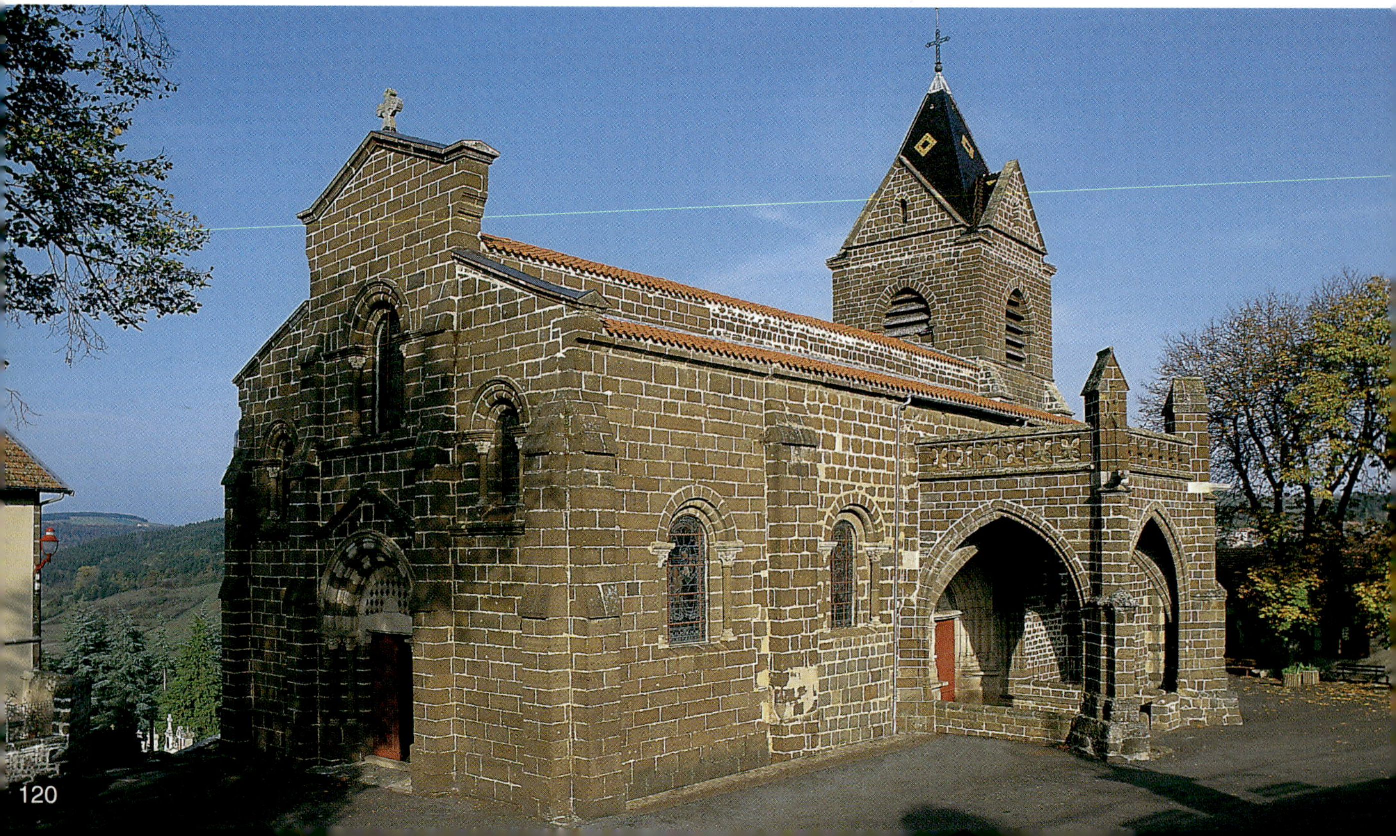

En haut, à gauche, *détail d'un chapiteau de Saint-Rémy, de facture très fruste ;* à droite, *l'église Saint-Rémy, son clocher à peigne et son porche profond.*

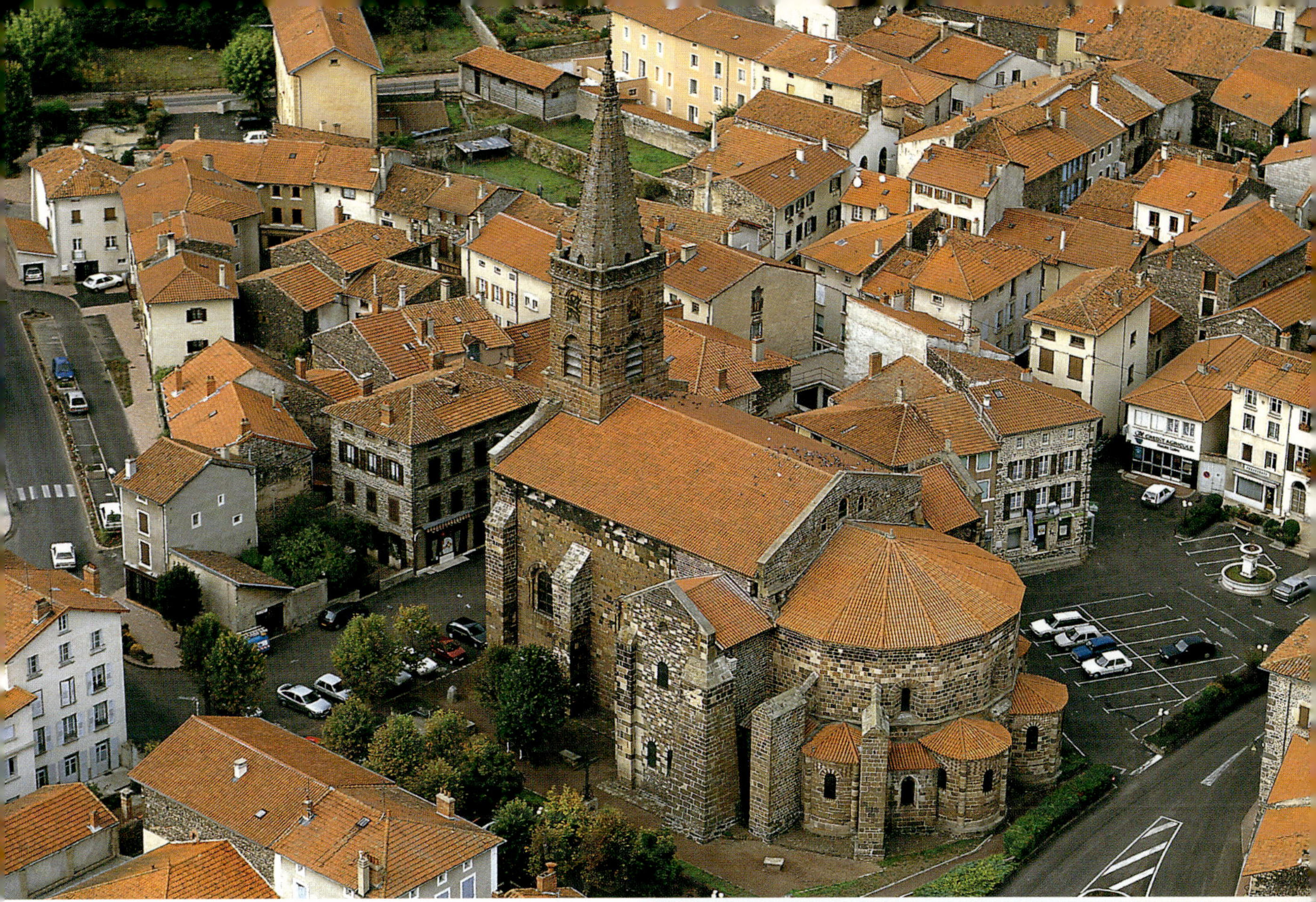

La pierre à tuer les bœufs de Saint-Paulien

Ancienne capitale gallo-romaine du Velay sous le nom de Revessio, Saint-Paulien cultive ce passé en montrant une mystérieuse “pierre à tuer les bœufs ” qui sert d’autel dans la collégiale Saint-Georges.
Le sanctuaire, bâti en brèche polychrome, incorpore d’ailleurs des fragments lapidaires antiques, tandis que certains chapiteaux des absidioles sont sculptés d’entrelacs repris de l’art celte. Des sept chapelles absidiales, quatre sont romanes.
Un peu à la manière de celle de Chamalières-sur-Loire, la collégiale a la particularité de posséder une très vaste abside, dépourvue de déambulatoire, qui est associée à une nef unique.
L’absence de cloisonnement intérieur, qui a entraîné l’adoption de puissants contre-forts, évoque les églises romanes languedociennes.

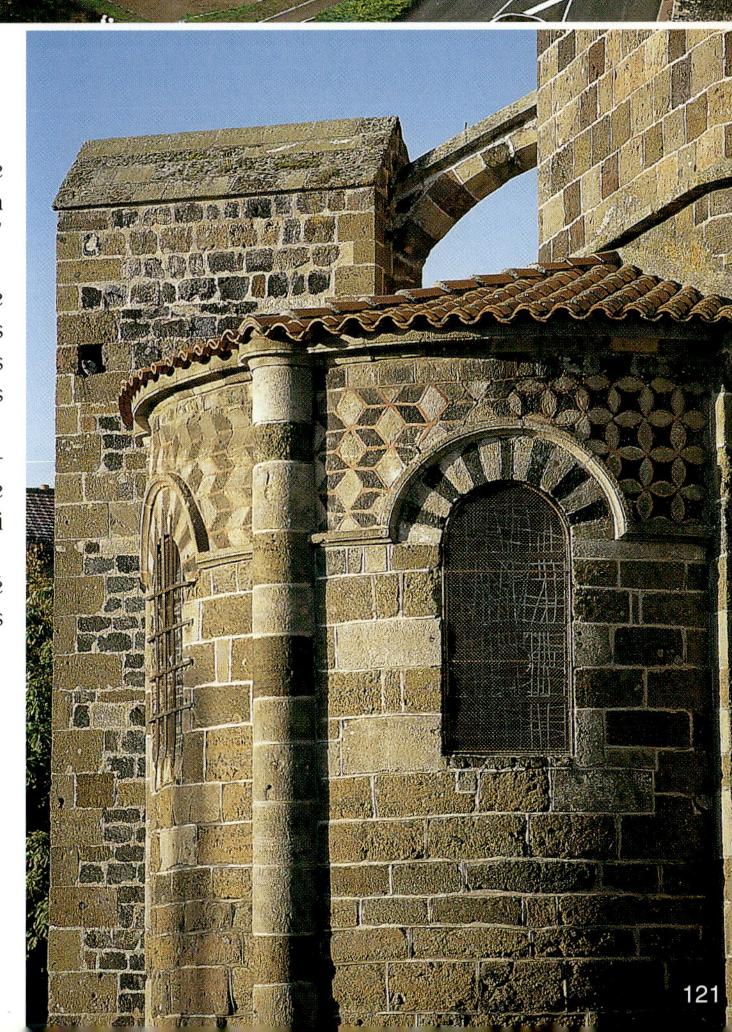

En haut, *vue aérienne de l’église de Saint-Paulien.*
En bas, *un détail du chevet, avec une absidiole et un arc-boutant.*
Ci-contre, *l’église Saint-Martin de Polignac.*

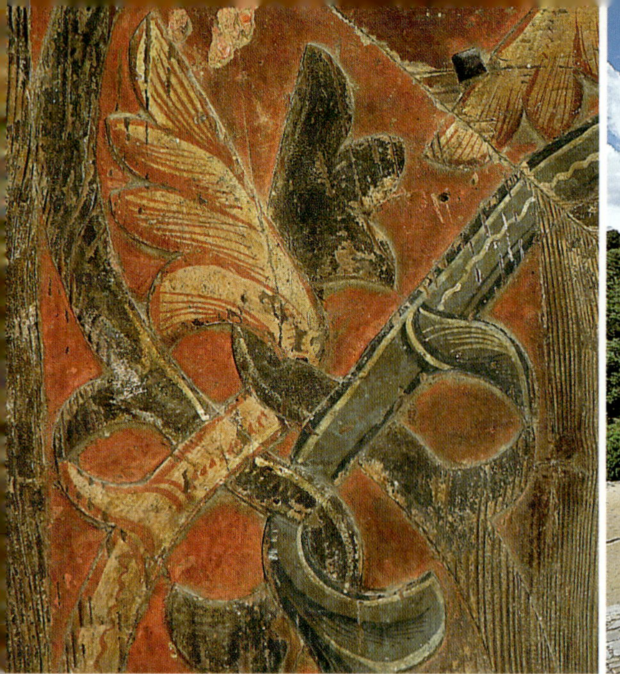

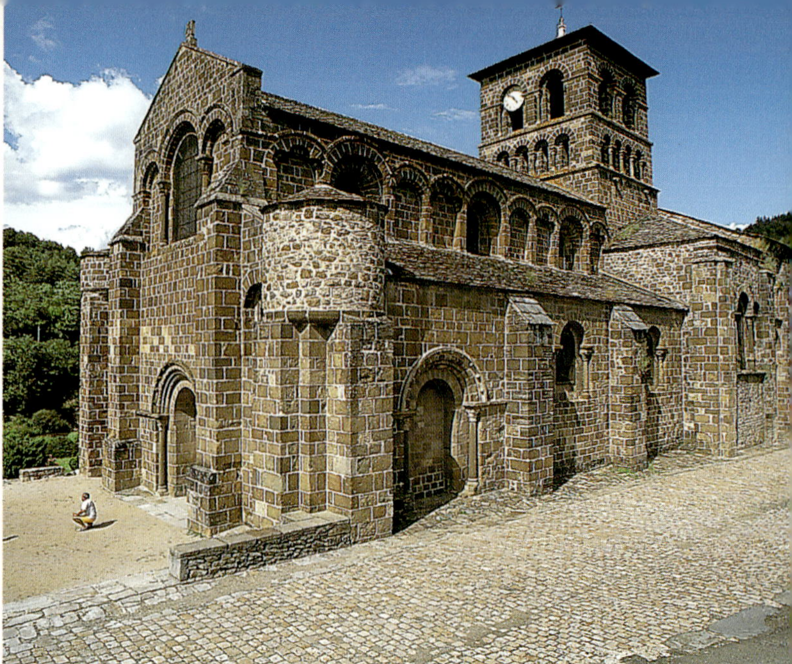

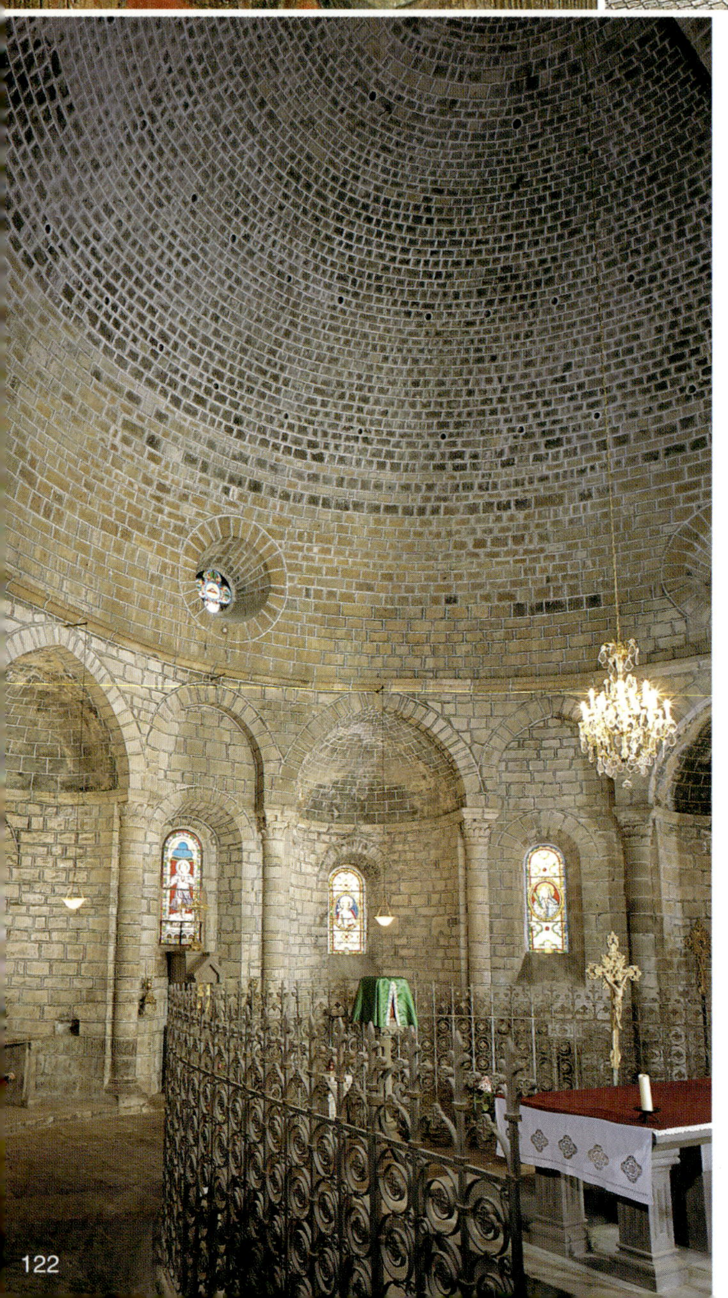

La grandeur passée de Chamalières-sur-Loire

Chamalières-sur-Loire fut un des foyers spirituels du Velay, puisque le site connut d'abord un oratoire dédié à la Vierge, puis un prieuré dépendant du Monastier, dont le renom considérable était lié à la possession des reliques du Saint Clou, donné par Charlemagne, et de saint Gilles d'Arles.

Le fleuve ayant emporté la plupart des bâtiments monastiques, sauf quelques arcades du cloître, l'église Saint-Gilles actuelle est le principal témoignage de cette grandeur. Elle a été bâtie au XIIe siècle et fut peu modifiée.

La grande sobriété de son aspect extérieur mettait en valeur les vantaux historiés et peints de son portail, enluminures hélas très dégradées, maintenant conservés à l'abri des intempéries.

À l'intérieur, on admire une immense abside semi-circulaire qui était pourvue d'un déambulatoire à l'origine, ainsi que le célèbre "bénitier des prophètes" d'époque romane, des bas-reliefs et des fresques.

En haut à gauche*, un détail des anciens vantaux de l'église de Chamalières sur Loire* et à droite*, l'édifice dans son ensemble.*
Ci-contre, *la vaste abside en cul-de-four de l'église de Chamalières sur Loire.*

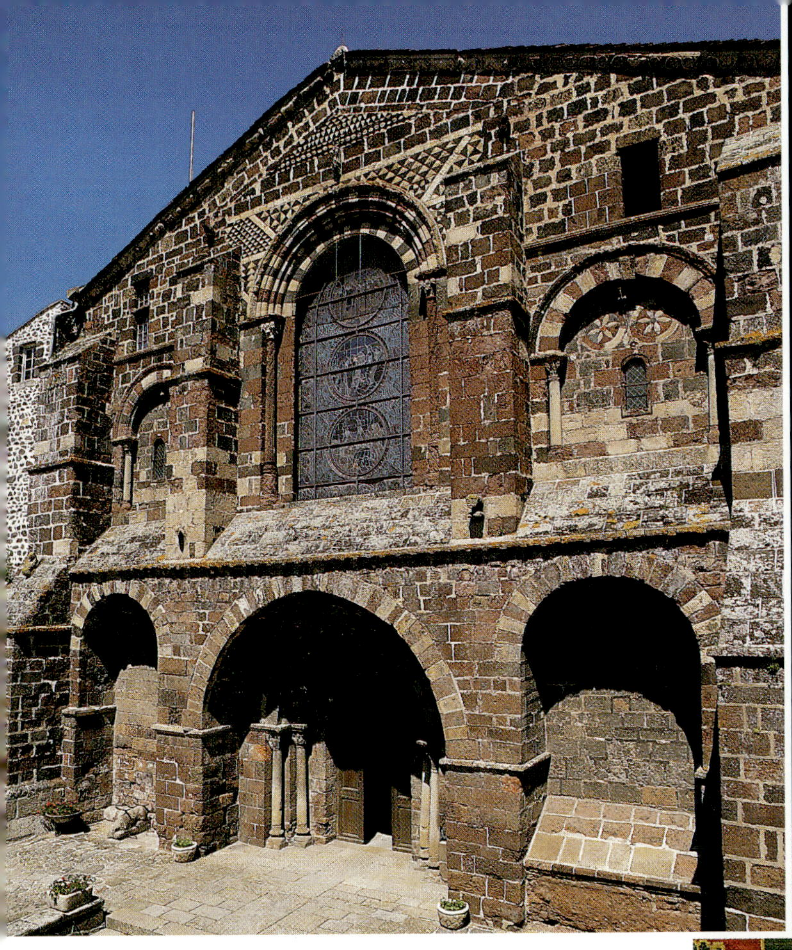

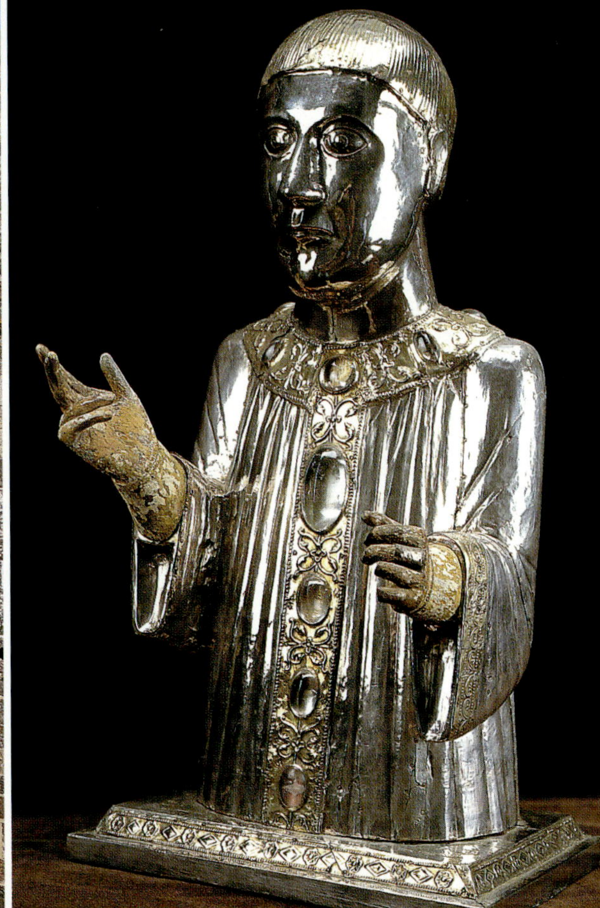

Le rayonnement du Monastier

Le Monastier-sur-Gazeille doit son nom à la plus ancienne fondation monastique du Velay, due au comte d'Auvergne Calminius, en 680, et l'imposante abbatiale du bourg est l'héritière de cet établissement.
Détruit lors du passage des Sarrasins, le monastère fut relevé autour de l'église et du château abbatial qu'on voit encore de nos jours et longtemps son rayonnement égala celui de La Chaise-Dieu.
C'est pourquoi l'abbatiale abrite un trésor particulièrement riche. La pièce maîtresse, d'époque romane, en est un buste reliquaire de saint Chaffre, ou saint Théofrède, qui fut le deuxième abbé du Monastier.
On admire également deux rares soieries byzantines du Xe siècle montrant des griffons affrontés.

En haut à gauche, *la façade de l'abbatiale du Monastier* et, à droite, *le buste reliquaire de saint Théofrède, en bois plaqué d'argent.* En bas, *un détail d'une des soieries byzantines que comprend le trésor du Monastier.*

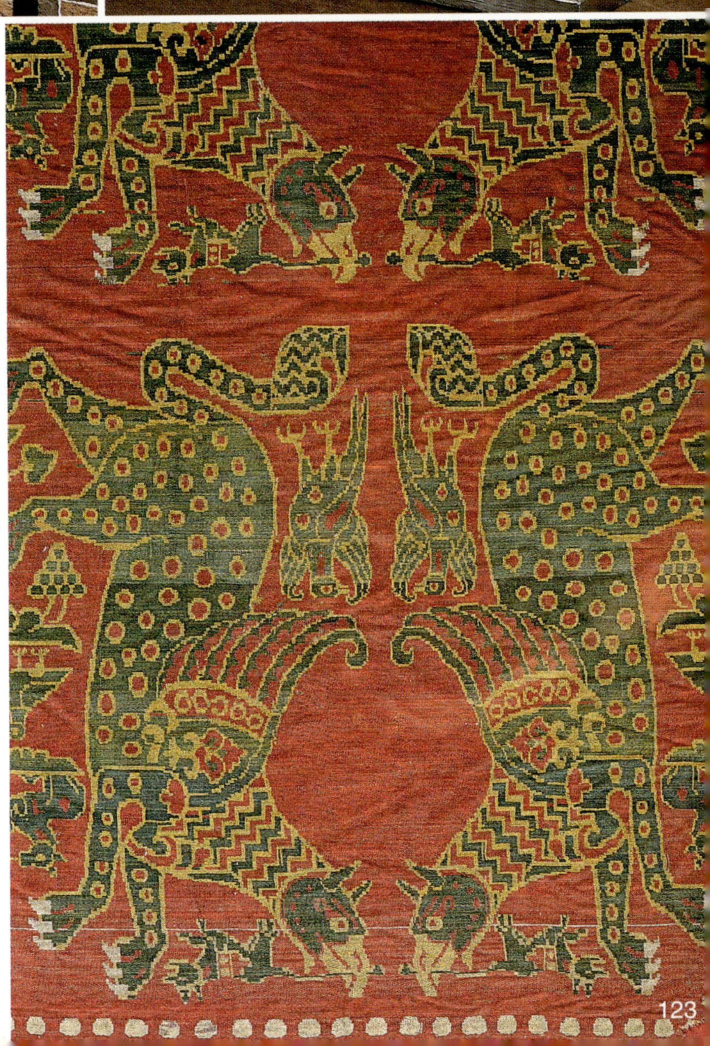

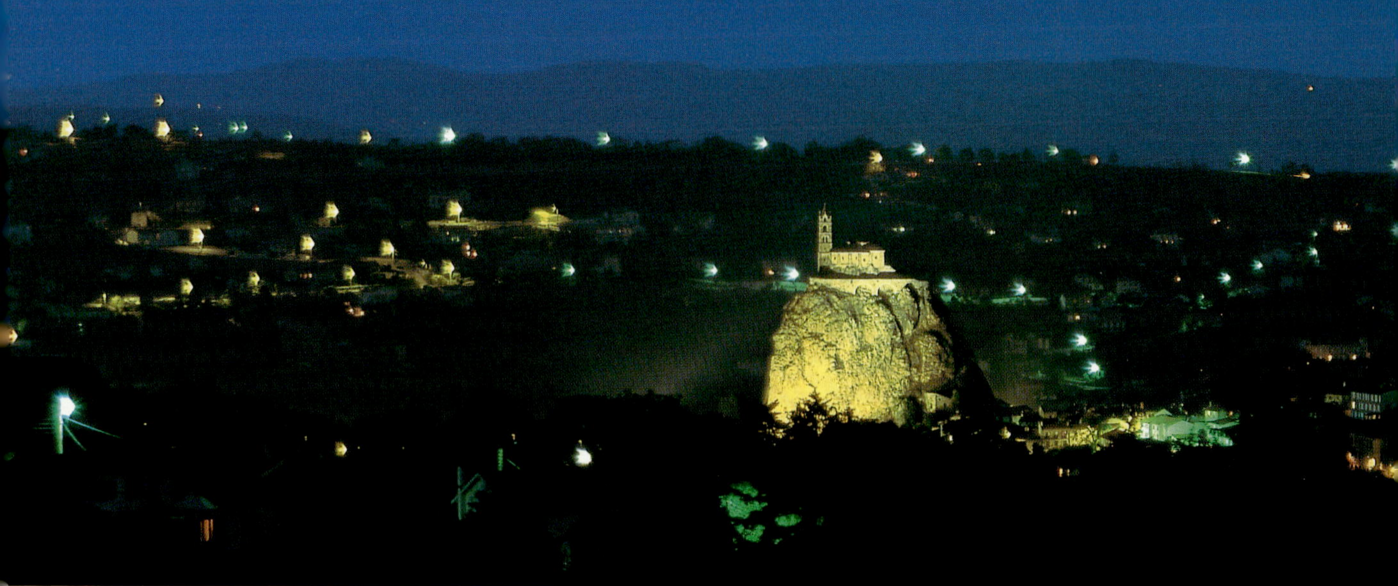

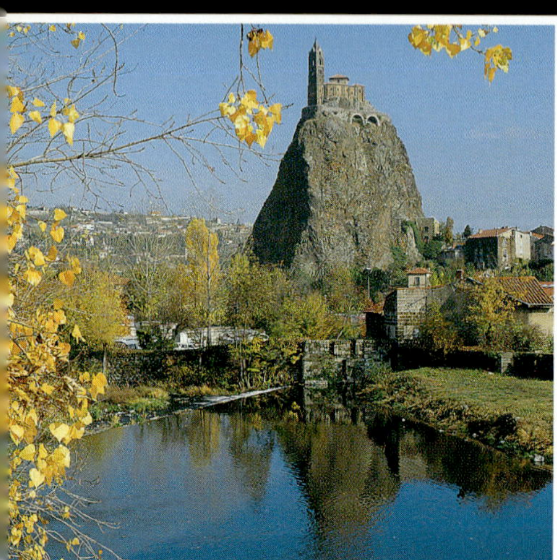

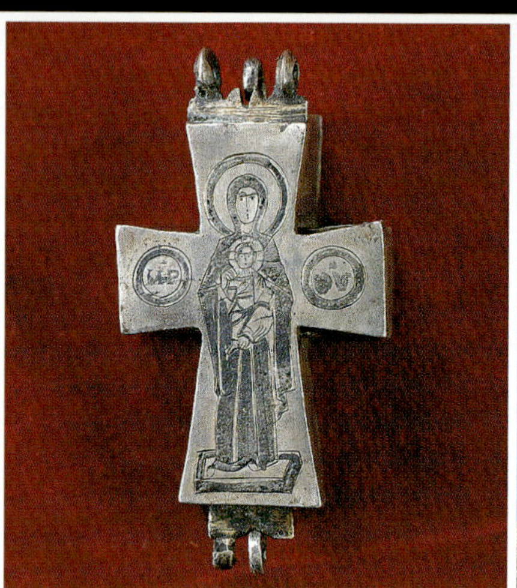

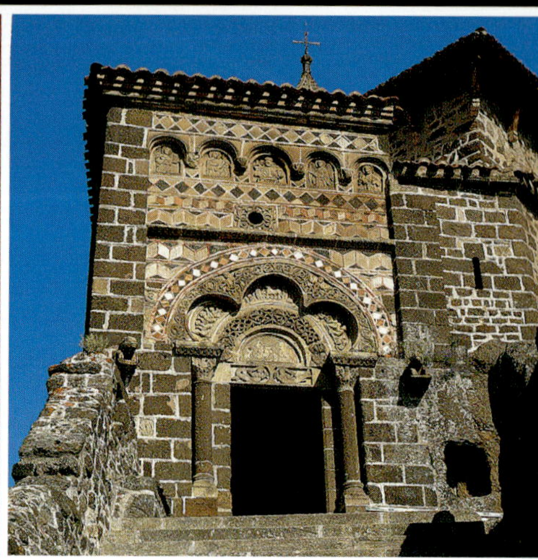

Le Puy-en-Velay, porte de Compostelle

Tout en étant la grande cité mariale que l'on sait, Le Puy-en-Velay fut connue jadis comme l'un des quatre points de ralliement en France des pèlerins en route vers Saint-Jacques-de-Compostelle, aux côtés de Paris, de Vézelay et d'Arles. Ce rôle de choix est attesté par exemple par le fait que le premier de ces pèlerins dont l'histoire fasse mention était Godescalk, l'évêque du Puy, qui prit le chemin de la Galice en 950.

Une telle ouverture sur le monde ibérique est encore inscrite à pleines pierres dans le paysage urbain de la ville, car la chapelle Saint-Michel-d'Aiguilhe et la cathédrale Notre-Dame, ses principaux monuments romans, sont largement teintés d'influences mozarabes. Des influences plus directement orientales sont par ailleurs dues au retour des croisés, car c'est à l'évêque du Puy, Adhémar de Monteil, que le pape Urbain II confia en 1095 la direction de la première croisade. Ces édifices conservent toutefois une architecture apparentée à celle du Limousin et illustrent pour une partie de leur décor le vieux fond d'inspiration gallo-romaine commun à l'Auvergne.

Le cadre naturel extraordinaire du Puy fut le théâtre d'une des plus anciennes apparitions de la Vierge, vers l'an 420.

Depuis lors, la dévotion populaire n'a jamais connu d'interruption, prenant probablement le relais de croyances venues de la nuit des temps puisque la table d'un dolmen, rebaptisé « pierre des fièvres » occupa longtemps le chœur du sanctuaire qui précéda la cathédrale et se trouve maintenant au plus haut palier des grands escaliers.

Ville sainte s'il en fut, Le Puy, avant d'être en-Velay, s'appela donc Le Puy Sainte-Marie et ensuite Le Puy Notre-Dame.

Le principal objet de la ferveur des foules fut une Vierge noire détruite lors de la Révolution dont une reproduction fidèle montre qu'elle correspondait à la tradition auvergnate, hormis le fait que l'Enfant n'est pas représenté bénissant, et que ses mains, comme celles de la Vierge, sont curieusement blanches.

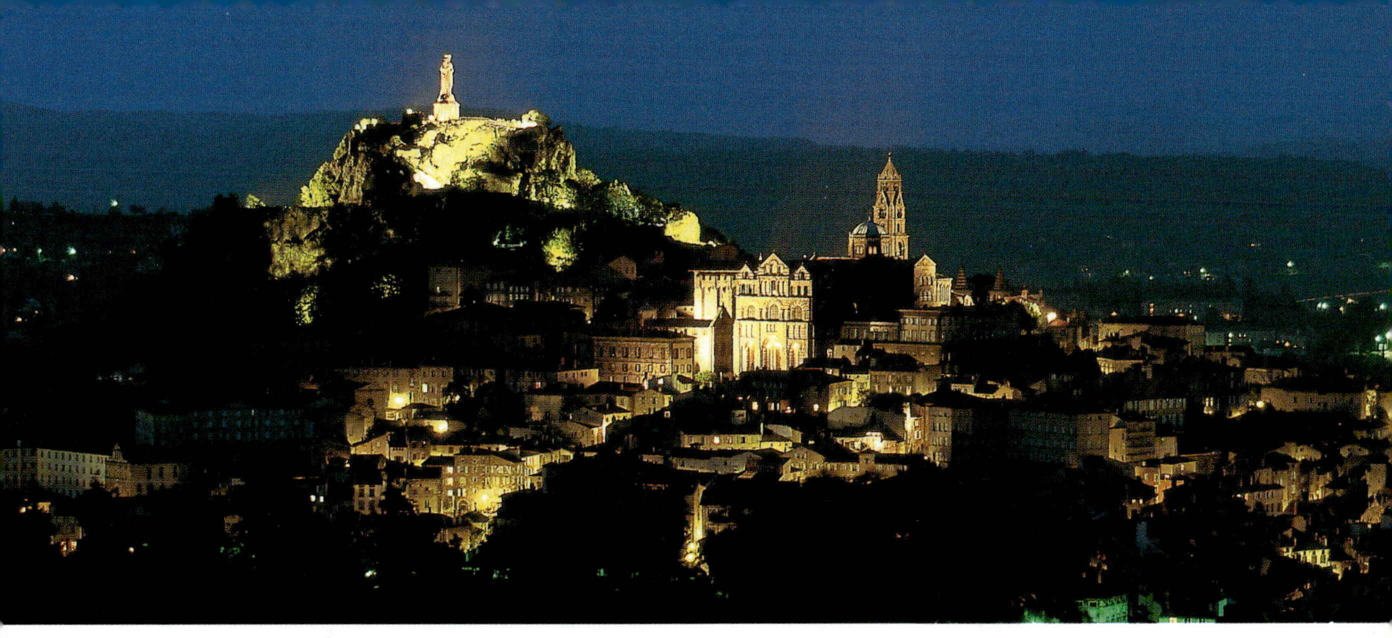

SAINT-MICHEL D'AIGUILHE, LA HUITIÈME MERVEILLE

Fascinante en elle-même, l'aiguille volcanique qui se dresse aux portes du Puy a été transfigurée il y a plus de mille ans par la construction d'un sanctuaire à nul autre pareil dont la fine silhouette prolonge sa pointe. Dédié à saint Michel, comme il est de règle pour les chapelles bâties en hauteur, l'édifice s'atteint par un escalier de 268 marches que commande un portail roman à linteau auvergnat. Au dernier palier de cette éprouvante montée, se révèle « une espèce de petit bijou d'architecture », pour reprendre les mots de Mérimée. Fascinante vision en effet que celle de la façade polychrome de Saint-Michel d'Aiguilhe, avec son portail trilobé aux sculptures d'inspiration byzantine. Les références orientales sont nettes également en ce qui concerne les fresques de la chapelle et il en va de même de son architecture, que coiffe un clocher pyramidal comparable à celui de la cathédrale.

Ci-contre, à gauche, *reflété par les eaux de la Borne, le rocher d'Aiguilhe,*
au centre, *une croix pectorale reliquaire gravée d'une Vierge byzantine,*
à droite, l*e portail de Saint-Michel d'Aiguilhe, dont les sculptures s'inspirent de la Genèse et de l'Apocalypse de Saint-Jean.*
Ci-dessous, *la disposition biscornue de la chapelle Saint-Michel d'Aiguilhe montre avec quelle ingéniosité les maîtres maçons se sont adaptés à la topographie du piton volcanique.* En médaillon, *le Christ roman d'allure espagnole du trésor, probablement ramené par un pèlerin de Compostelle.*

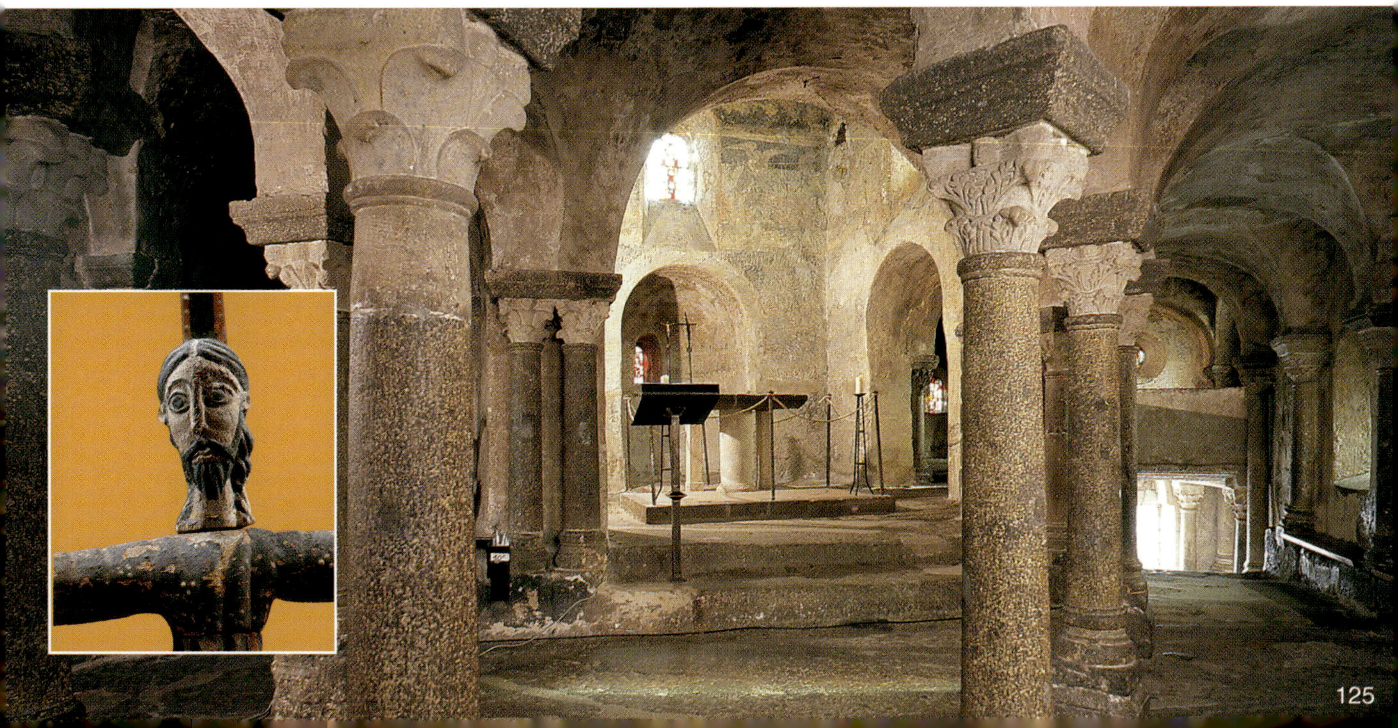

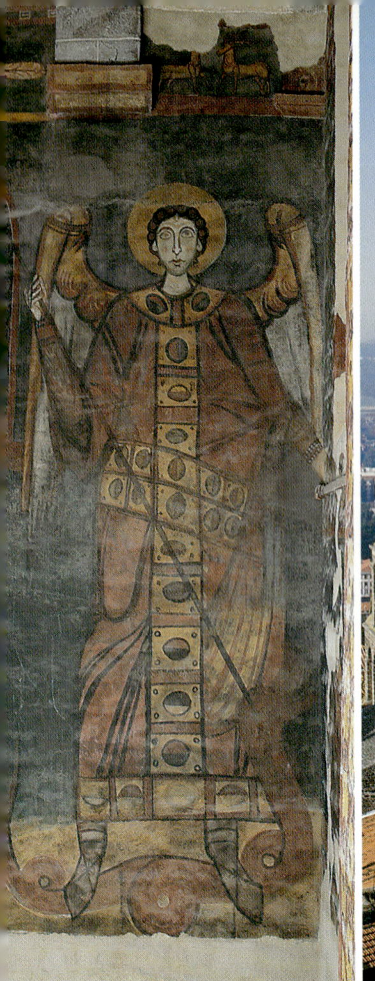
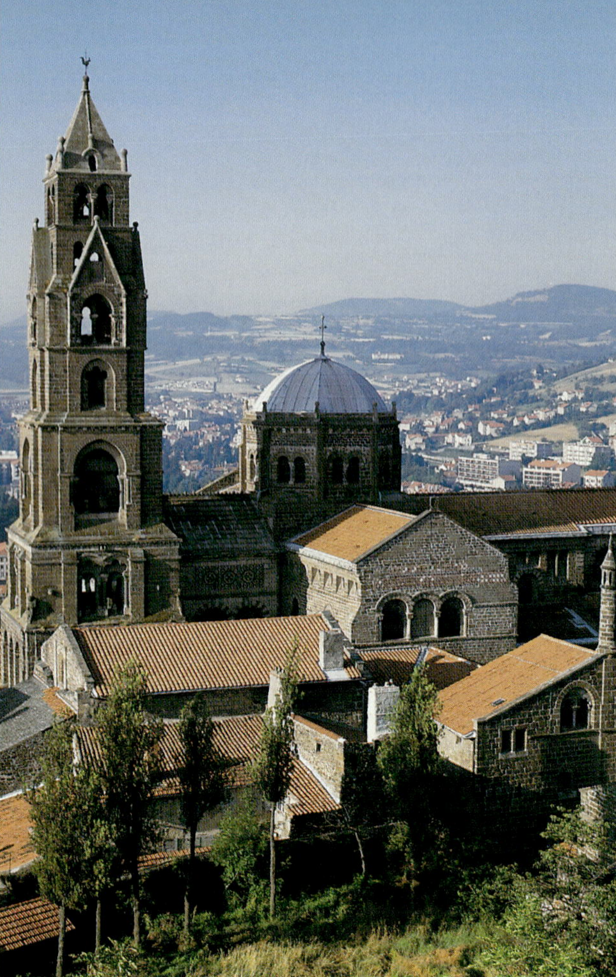
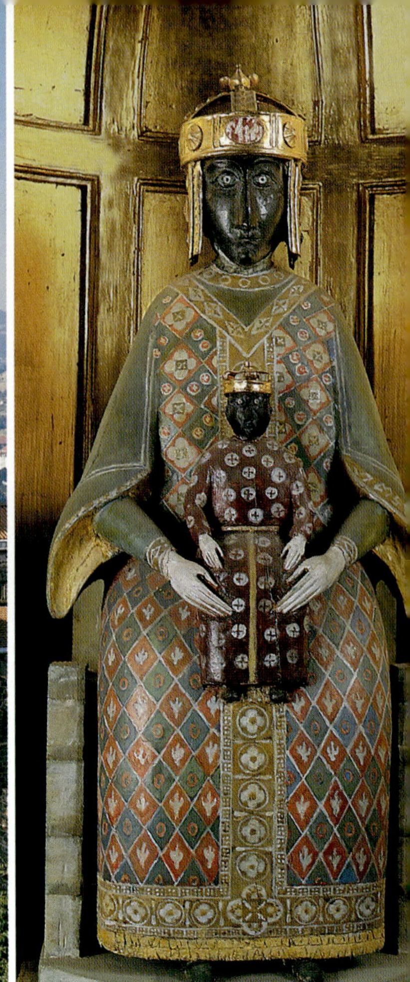

Une cathédrale avec un nombril et des oreilles...

À l'instar de Saint-Michel d'Aiguilhe, la cathédrale Notre-Dame du Puy s'harmonise parfaitement à son cadre qu'elle domine d'un singulier clocher inspiré du phare d'Alexandrie. Le rocher qui la porte est couvert par un entassement complexe de bâtiments religieux, l'ensemble mariant avec un art consommé les différents volumes, ainsi que les tons des laves, des calcaires et des tuiles. Contemplé de plus près, ce haut lieu de la spiritualité révèle la profonde originalité des conceptions romanes qui ont présidé à sa réalisation. La façade principale, superbement dressée au-dessus des marches qui la précèdent, associe de faux clochers-arcades et un savant décor de mosaïque de pierres. Derrière ce front altier, la nef est coiffée de coupoles contrebutées par les bas-côtés, un archaïsme d'origine orientale qui va de pair avec le plan de l'édifice.

L'accès à la cathédrale s'est longtemps fait par la porte papale, que couvre le plus ancien des linteaux auvergnats en bâtière, daté du VIe siècle. À l'origine, les pèlerins pénétraient dans le sanctuaire « par son nombril et en ressortaient par les deux oreilles », selon une expression du XVIIe siècle, c'est-à-dire par un tunnel amenant directement devant le chœur, disposition que des travaux récents viennent de restituer. Si l'architecture de Notre-Dame du Puy fut peu imitée en Auvergne, son décor peint et sculpté servit au contraire de modèle dans toute la province. C'est vrai également pour ce qui est de l'organisation de ces figures à la manière d'une Bible en images destinée à l'édification des foules de pèlerins illettrés. Car avant les rois et les princes, c'est le peuple qui fit du Puy ce qu'elle était, une sorte de Lourdes du Moyen-Âge.

A gauche, *sur le mur ouest de la tribune septentrionale, la fresque qui représente un saint Michel de 5,55 mètres de haut, ce qui en fait le plus grand portrait du genre en France.*
Au centre, *une vue générale de la cathédrale et des bâtiments monastiques qui l'entourent. On remarque la cheminée arabisante du cloître, d'un modèle unique en Auvergne.*
A droite, *reproduite par Philippe Kæppelin, d'apès un dessin de Faujas de Saint-Fond, la Vierge noire du Puy, œuvre du xe siècle qui fut détruite par les révolutionnaires.*

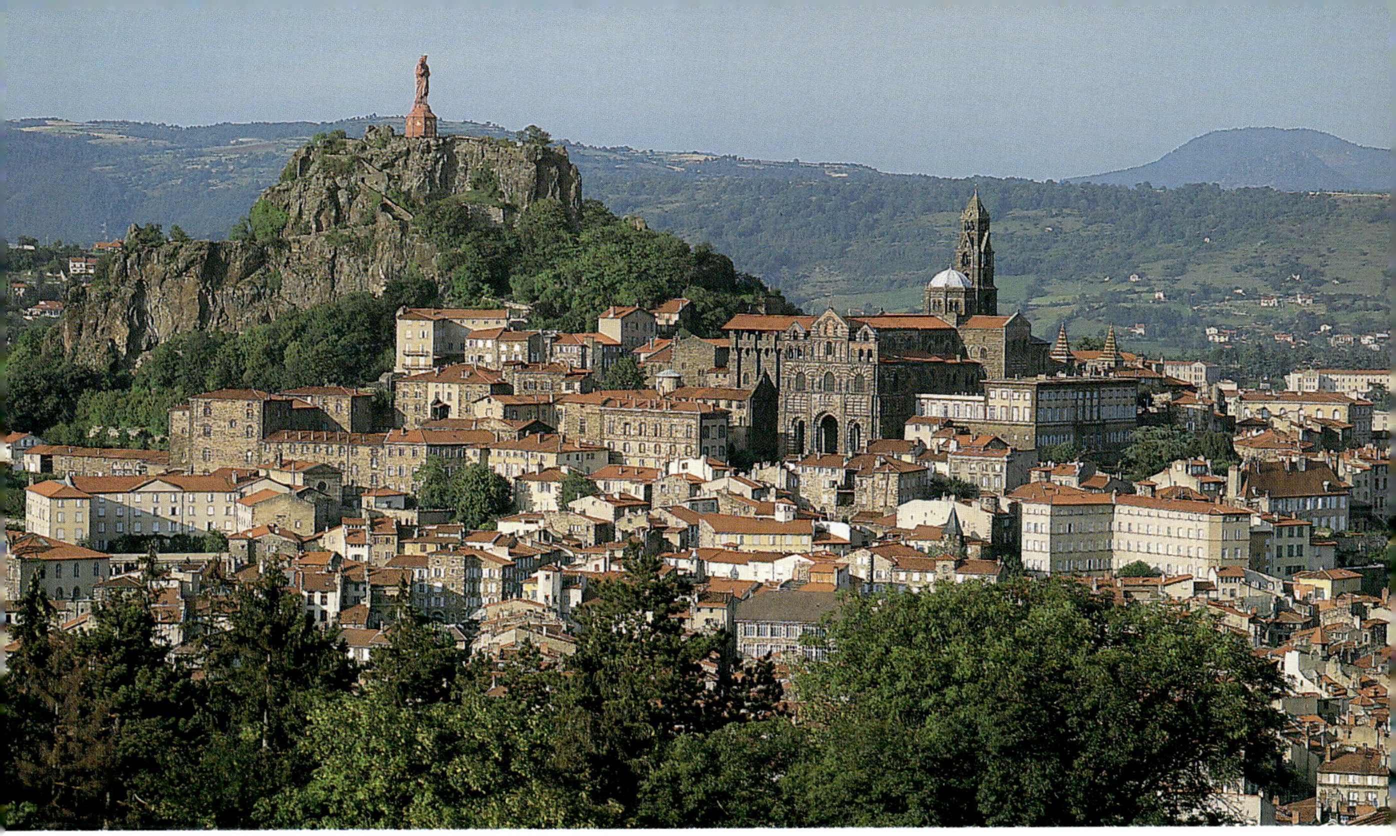

La ville haute, autour de la cathédrale, est sous la protection de Notre-Dame de France qui couronne le rocher Corneille.
Ci-dessous, *le Martyre de sainte Catherine d'Alexandrie, l'une des fresques des absidioles jumelles situées sous la tribune de gauche.*

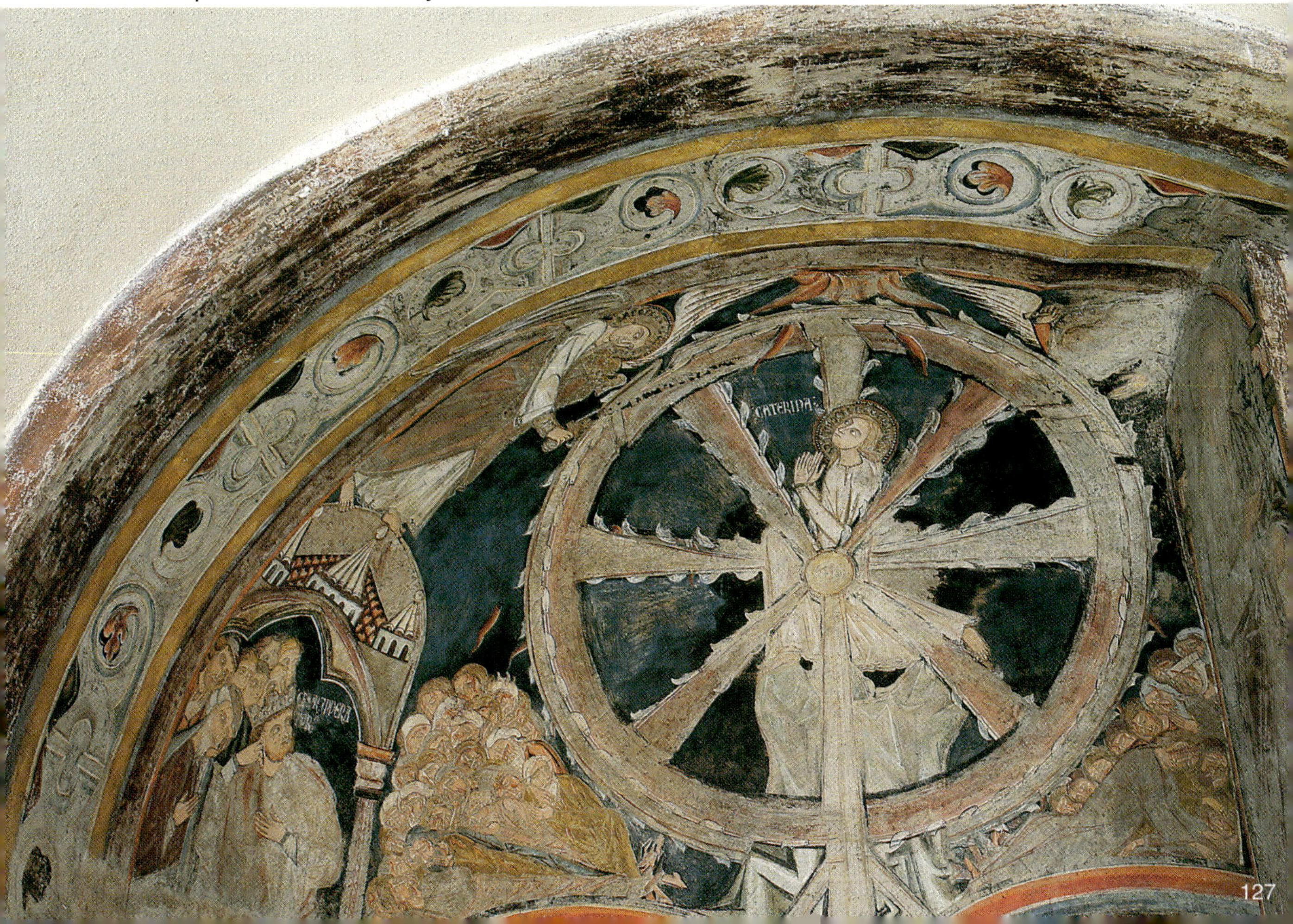

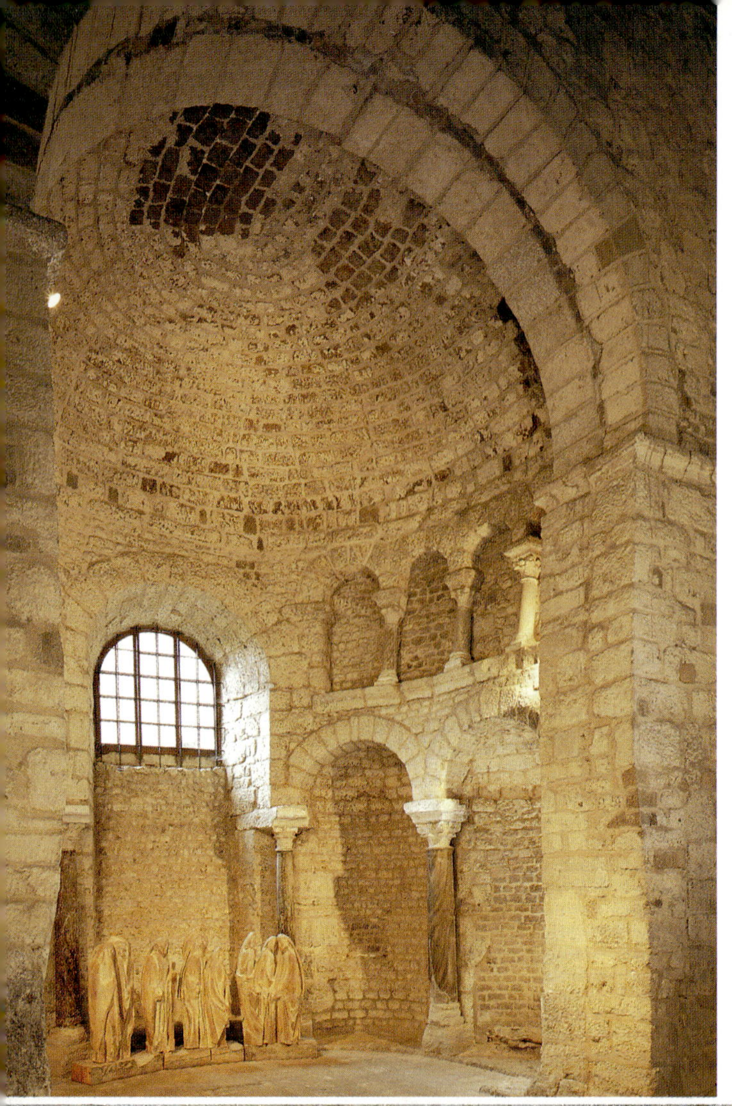

Le baptistère Saint-Jean, le plus ancien monument religieux du Puy, s'ouvre par un portail roman précédé de deux lions de pierre à la mode lombarde. Sa nef unique se termine par un arc triomphal qui donne sur une abside semi-circulaire surmontée d'arcatures. L'extrémité opposée de la nef est aménagée en tribune. Construit sur des murs carolingiens, le baptistère incorpore des pierres gallo-romaines sculptées de frises ou d'amours.
Il est relié à la cathédrale par l'arche du porche Saint-Jean et au bâtiment des Clergeons par une voûte sous laquelle commence la rue du Cloître, imbrication qui illustre le "groupe cathédral" d'origine dont il est le seul vestige.

Ci-contre, *l'abside du baptistère Saint-Jean, avec les sculptures des Pèlerins de Saint-Jacques de Dominique Kaeppelin.*

Fresques de la cathédrale :
Ci-dessous, *la fresque de la Vierge à l'Enfant, au porche des grands escaliers côté ouest ;*
page suivante, *saint Etienne, un détail de la fresque de la Transfiguration, au porche oriental des grands escaliers.*

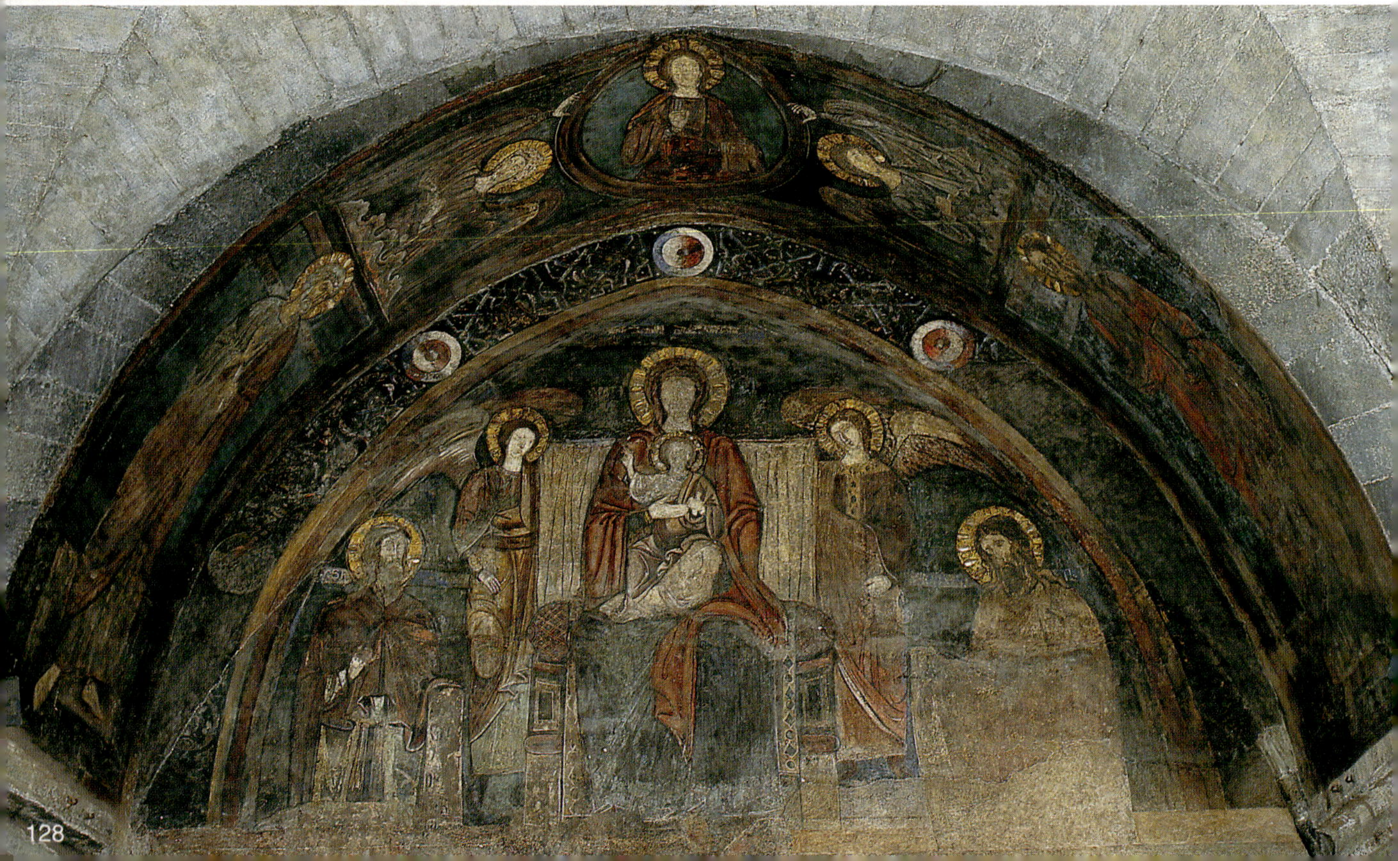

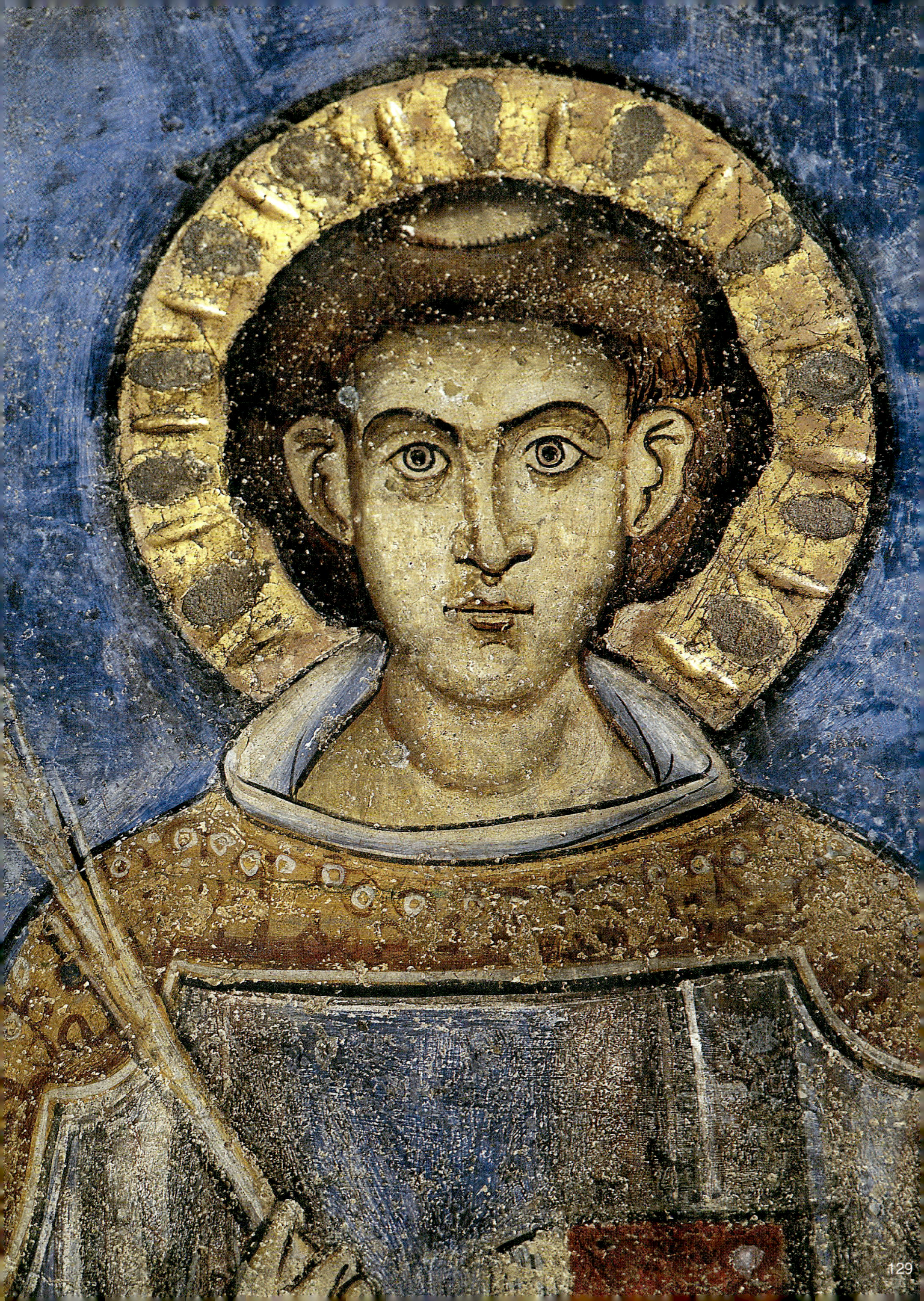

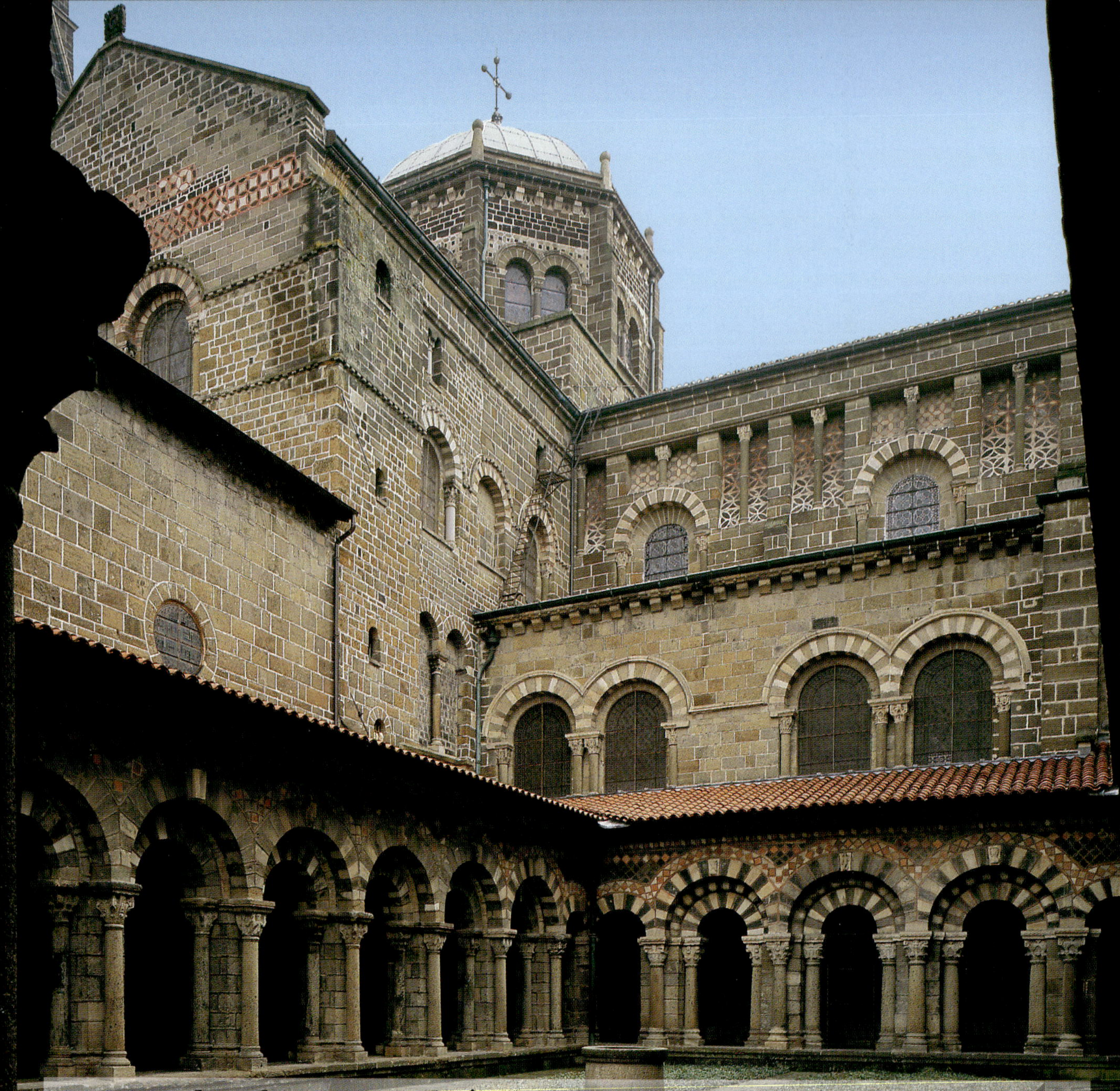

« Le plus beau cloître de l'Europe chrétienne »

La formule d'Émile Mâle, l'éminent spécialiste de l'art religieux médiéval, souligne qu'il faut absolument prendre le temps d'une visite au cloître de la cathédrale. Construit en même temps que cette dernière, cet espace de méditation a en effet gardé tout son caractère d'origine car il a échappé aux vigoureuses campagnes de restauration du XIXe siècle. Comme en écho aux caractères coufiques qui chantent la gloire d'Allah sur les portes de Cèdre de la cathédrale, le cloître évoque la mosquée de Cordoue par des claveaux alternativement blancs et noirs, rouges et noirs et une chaude marqueterie de pierre d'inspiration arabe.

Au-delà de ces surprenantes correspondances, les sculptures du cloître sont éminemment chrétiennes et décrivent la lutte quotidienne que le fidèle doit mener pour mériter le salut : ainsi en est-il par exemple du chapiteau montrant une centauresse fuyant un centaure pour échapper à la luxure, tandis que la félicité des élus au paradis est figurée par deux colombes s'abreuvant à un vase. De même, la frise qui court sous le toit représente à grand renfort de scènes évocatrices les trois tentations majeures, la luxure, la gourmandise et l'orgueil.

Ci-contre, au centre, *le chapiteau de la lutte du bien et du mal, symbolisée par un abbé et une abbesse se disputant une crosse,* en bas, *celui de la centauresse, à l'extérieur de la galerie ouest.*

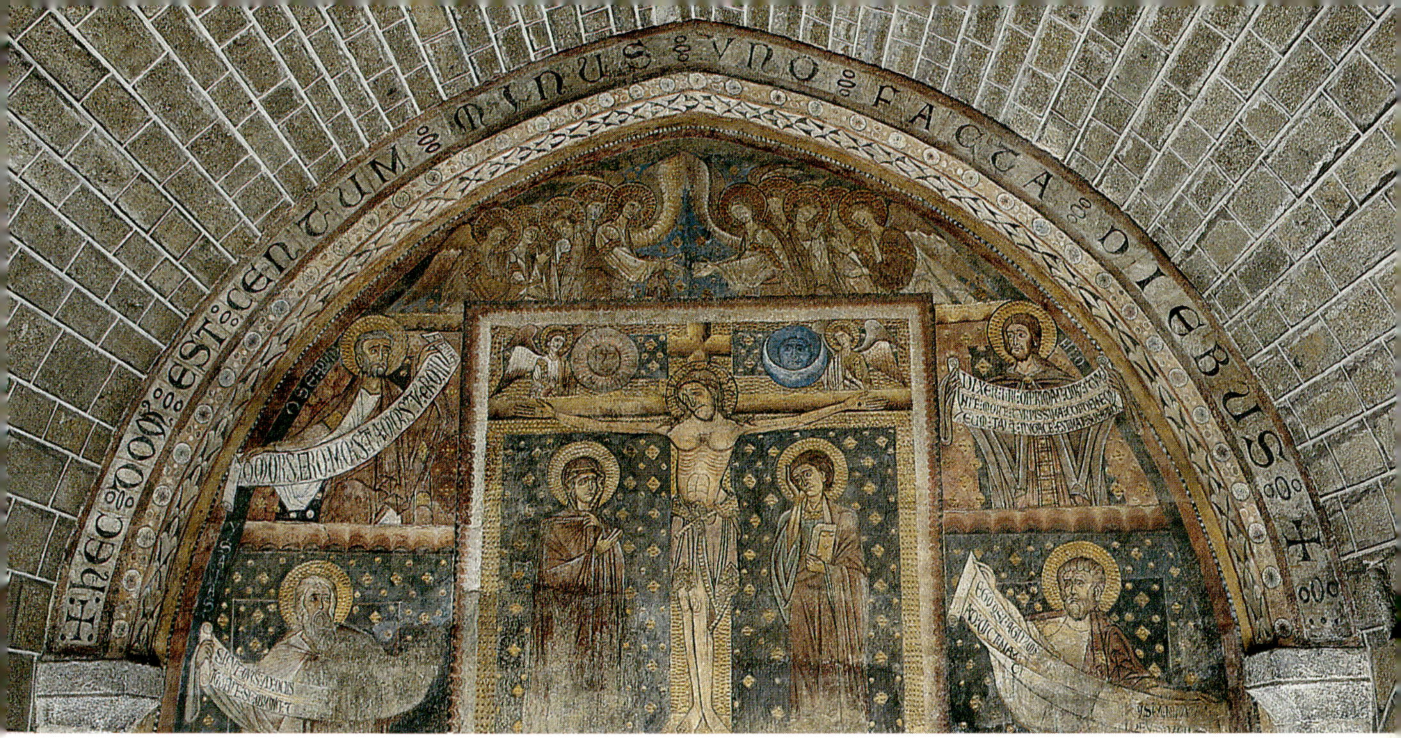

Ci-dessus, *la salle capitulaire, aussi appelée chapelle des morts car on y enterra les chanoines à partir du* XVIIe *siècle, comporte une grande fresque de la Crucifixion de la fin du* XIIe *siècle. L'inscription qui l'entoure indique que l'œuvre fut réalisée en cent jours moins un.*

Ci-dessous à droite, *la grille romane du cloître, l'un des plus beaux témoignages de la ferronnerie de cette époque et l'un des mieux conservés, doit son aspect précieux aux coups de poinçon et de burin dont l'artisan a recouvert toute sa surface.*

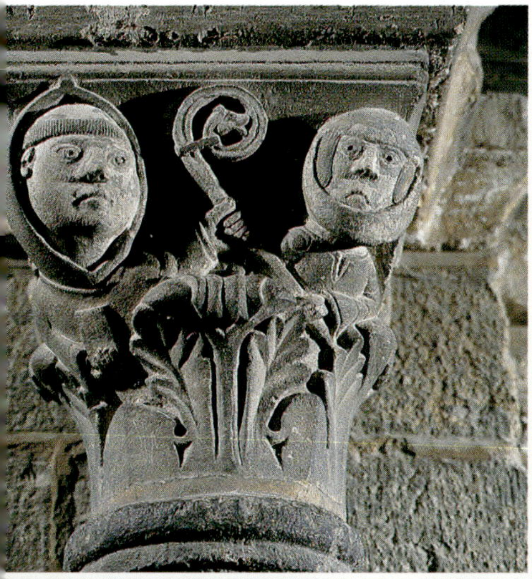

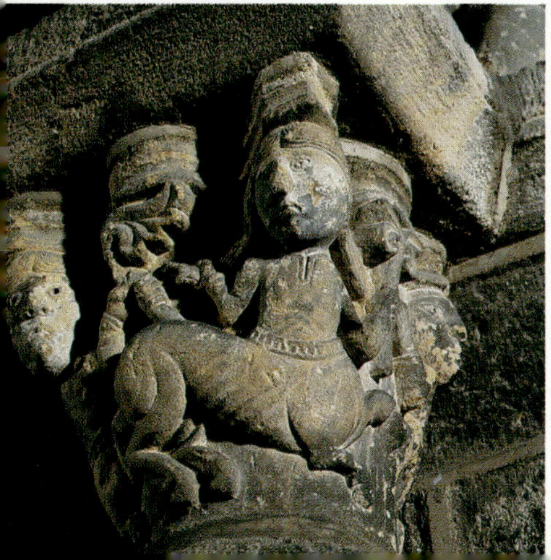

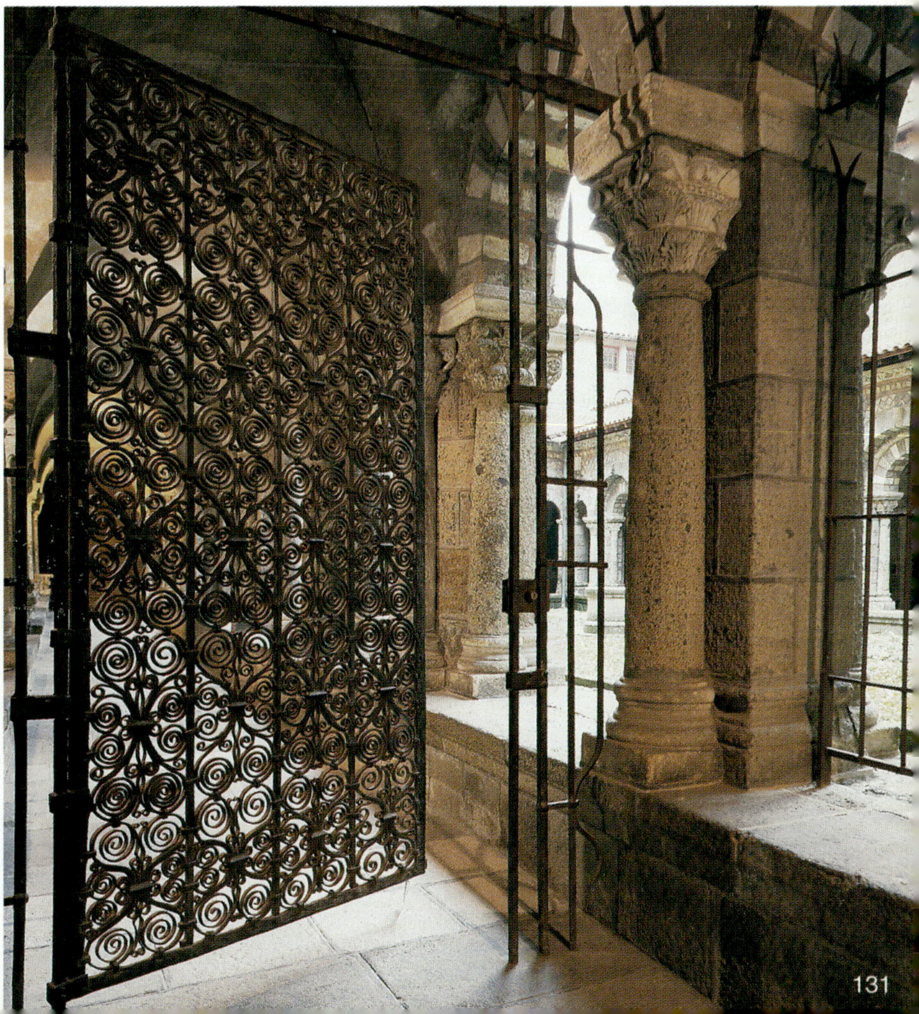

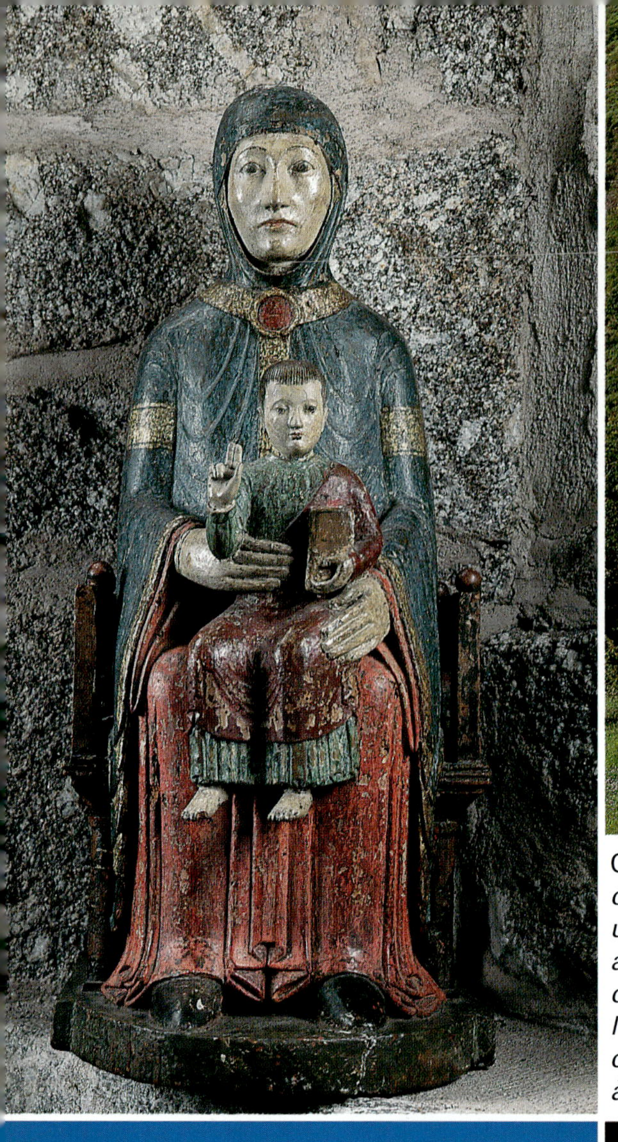

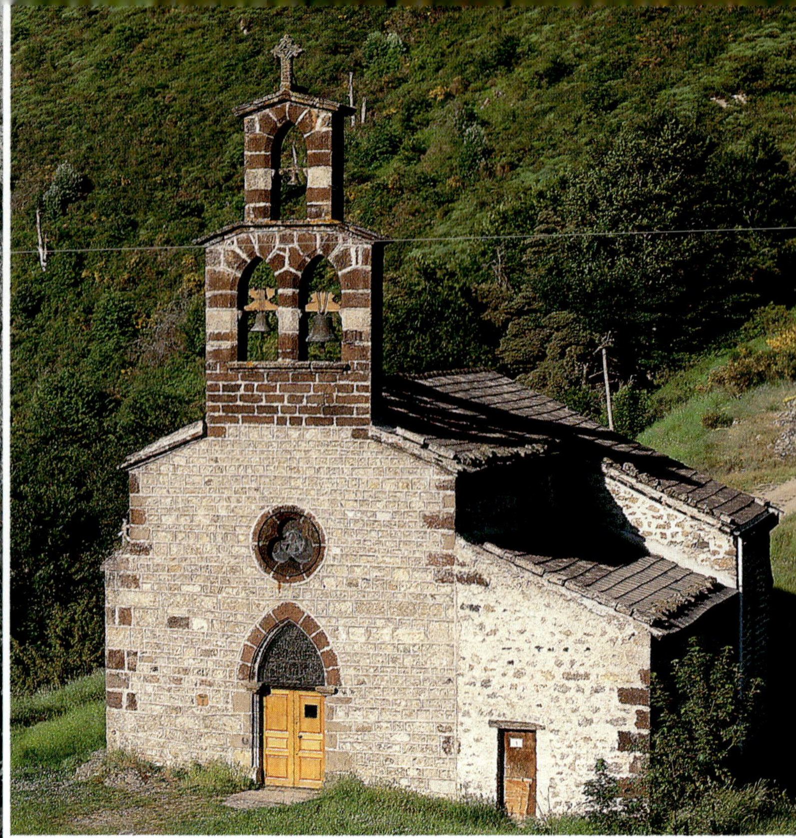

Ci-dessus, *entre deux ravins, la chapelle de Notre-Dame d'Estours.* Ci-contre, *la Vierge d'Estours qui inspire un important pèlerinage. La légende veut qu'elle soit apparue à de petits bergers pour leur demander de faire édifier la chapelle qui l'abrite.* Ci-dessous, à gauche, *la collégiale Saint-Médard de Saugues que domine un clocher octogonal à la mode d'Auvergne* ; à droite, *le visage à l'expression impénétrable de la Vierge romane de Saugues.*

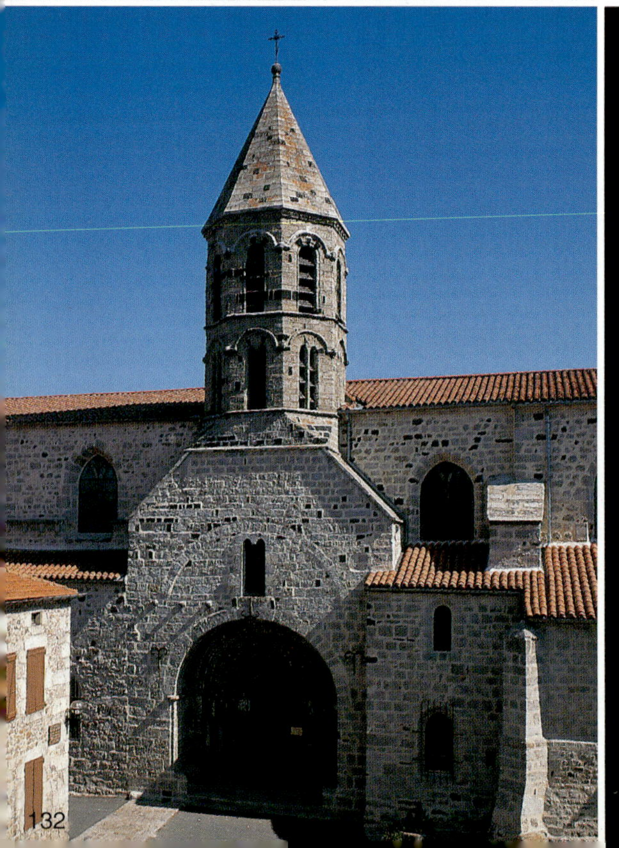

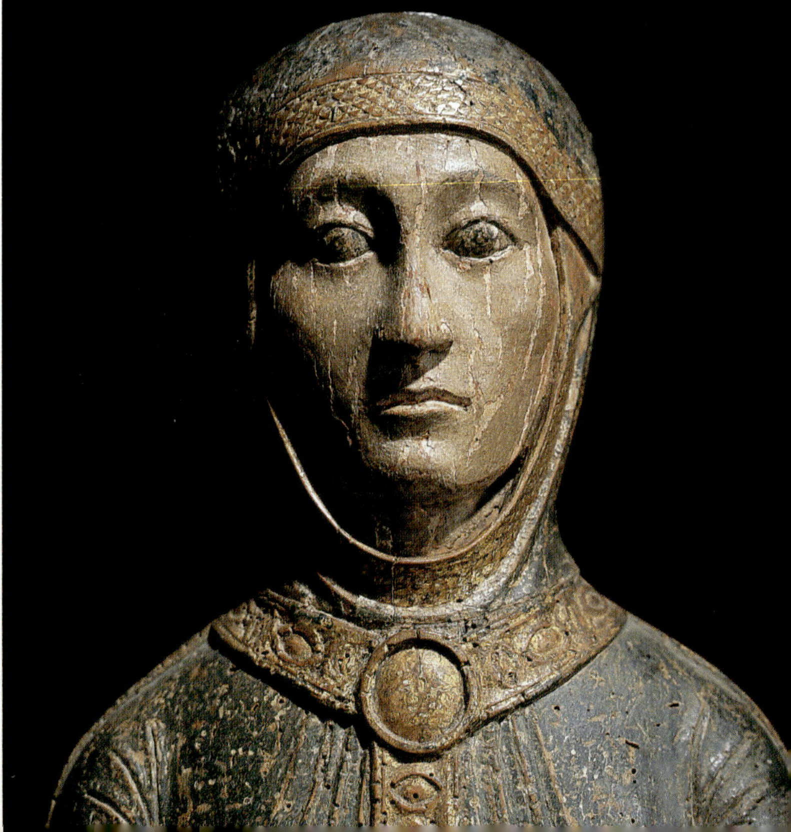

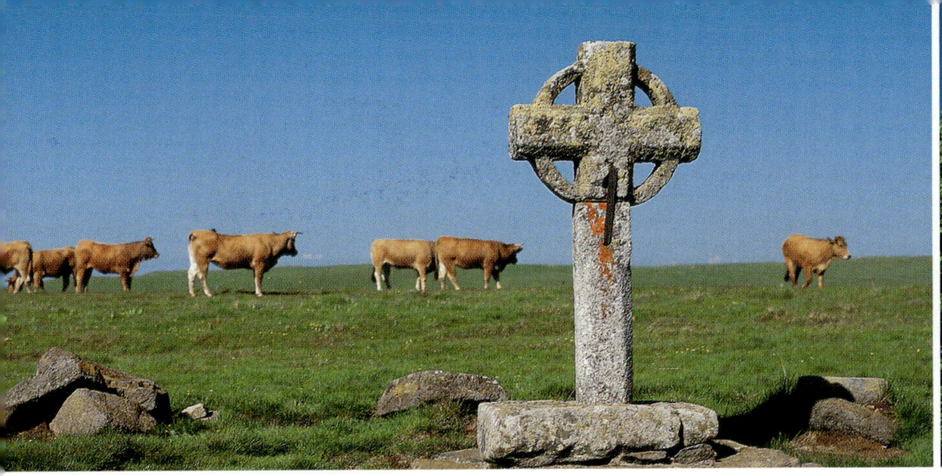

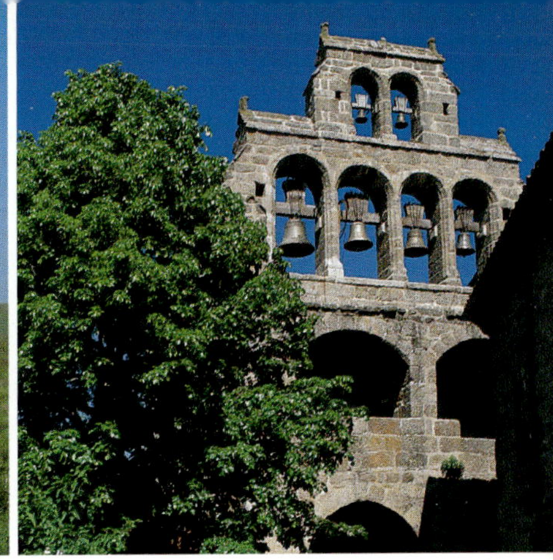

SOUS LE SIGNE DE SAINT ROCH

Lorsqu'ils quittaient Le Puy, munis comme toujours de leur bourdon, de leur gourde et de leur coquille symbolique, les jacquaires avaient devant eux l'une des portions les plus malcommodes du chemin de Saint-Jacques, avec la traversée des gorges de l'Allier et le franchissement de l'Aubrac. Jusqu'à Saugues, cette voie millénaire est remarquablement préservée et l'on y découvre que le culte de saint Roch, propagé par les dominicains, fut là très vivace.
Les chapelles qui célèbrent ce protecteur des pèlerins sont encore nombreuses, mais celle qui leur tenait le plus au cœur est consacrée à Notre-Dame d'Estours. Dressée dans un site sauvage des gorges de la Seuge et abritant une Vierge polychrome du XIIe siècle, elle fait toujours l'objet d'un culte fervent. Non loin, Monistrol-d'Allier occupe un cadre séduisant des gorges de l'Allier, qu'il rehausse de son église romane Saint-Pierre. Après le difficile franchissement de la rivière, où il n'y eut longtemps aucun pont, le paysage, très accidenté, continue de faire la part belle au basalte, avant l'accalmie bienvenue du plateau de Saugues.
Ancienne capitale du Gévaudan, Saugues était une étape importante, point de regroupement des pèlerins d'Auvergne qui trouvaient en ces murs le réconfort d'un monastère-hôpital. La cité est signalée par la collégiale Saint-Médard, bâtie à l'origine sur le modèle des basiliques romanes auvergnates. Depuis huit siècles au moins, les prières des fidèles s'y adressent à une Vierge de majesté portant l'Enfant Jésus bénissant, sculpture qu'anime une douce polychromie. Il est à noter que le trésor de la collégiale comprend notamment une rare chasuble romane brodée par les dames de la cour de Charles X.

En haut, à gauche, *isolée au milieu des immenses horizons de l'Aubrac, la croix de la Rodde indiquait aux pèlerins en route entre Le Puy et Conques qu'ils étaient sur le bon chemin* ; à droite, *les cloches de Chanaleilles sonnaient sans cesse les jours de brouillard.*
En bas, à gauche, *un passage à gué près de Nasbinals* ; en médaillon, *d'inspiration auvergnate, l'église de Nasbinals rattachée à la Domerie d'Aubrac* ; à droite, *Notre-Dame-des-Pauvres, la Domerie d'Aubrac de la fin du XIe siècle, du temps où les ordres de chevalerie assuraient la protection et le réconfort des pèlerins.*

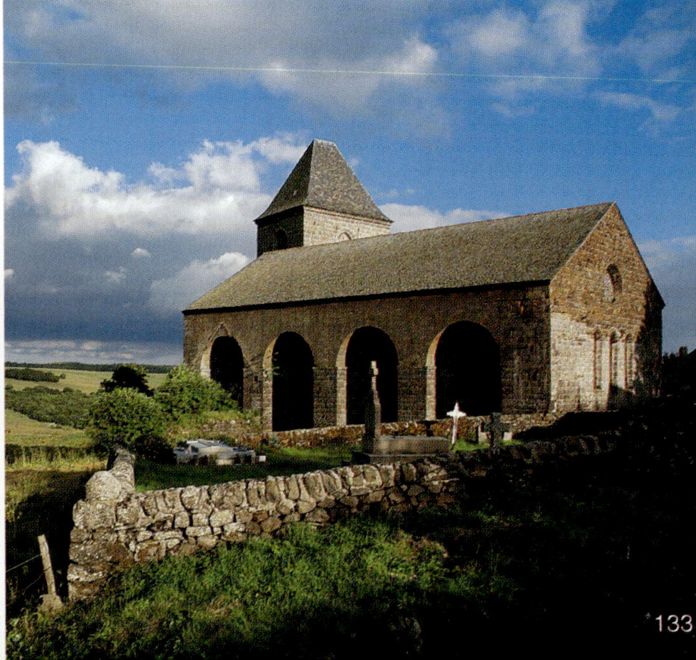

Sainte Foy de Conques, le modèle des églises de pèlerinage

La présence de précieuses reliques, dont celles de sainte Foy l'illustre vierge - dérobées à Agen par un moine rouergat ! -, firent de Conques le but d'un des plus importants pèlerinages de France. Le monastère, déjà placé sous les plus hauts auspices depuis Charlemagne, se dota à partir de 1040 d'une basilique monumentale propre à accueillir aussi bien son importante communauté de religieux que les foules avides de miracles.

Ainsi Sainte-Foy de Conques devint-elle le modèle des grandes églises romanes de pèlerinage, avant Saint-Cernin de Toulouse, avant Saint-Martial de Limoges, avant Saint-Martin de Tours et avant même Saint-Jacques de Compostelle.

Cet art roman auvergnat particulier au Rouergue inspira également de plus humbles sanctuaires, tels que l'église de Perse, dédiée à saint Hilarian, qui desservit longtemps la paroisse d'Espalion.

Cette église faite d'un grès rouge éclatant possède en effet un chevet au savant ordonnancement de colonnes et un portail aux sculptures raffinées.

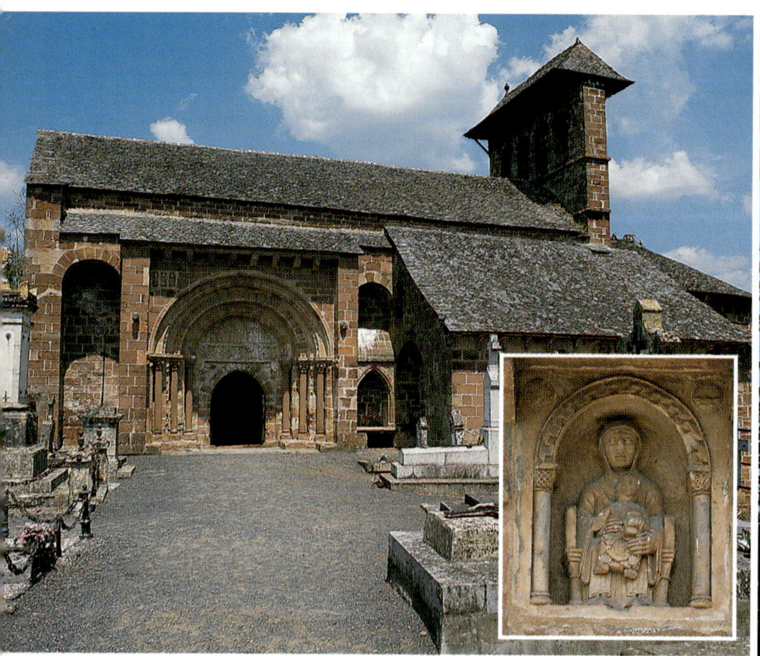

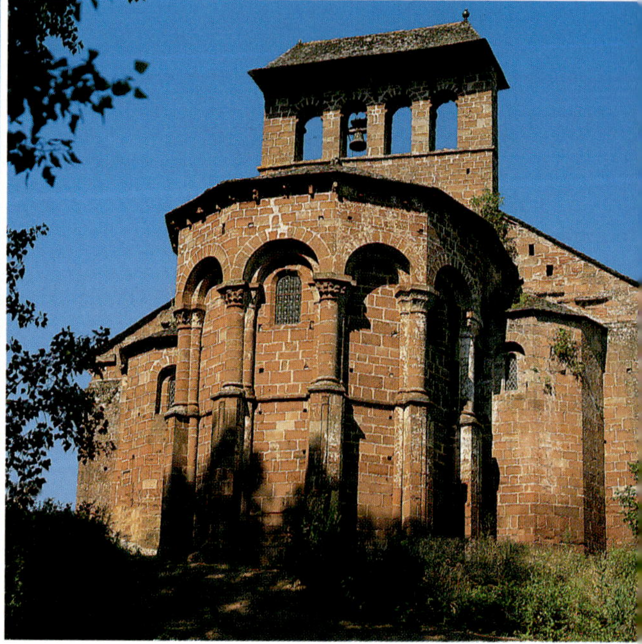

Construite sur les lieux du martyre de saint Hilarian, l'église de Perse d'Espalion ; en médaillon, *la Vierge romane, directement inspiré des Vierges en majesté auvergnates, qui se tient dans une niche à l'extérieur du sanctuaire ;* à droite, *sous le clocher à peigne, le chevet de l'église de Perse, avec son abside pentagonale animée d'une suite d'arcades et de colonnes engagées, sur le modèle de Sainte-Foy de Conques.* Ci-dessous, *la chapelle romane Saint-Pierre de la Bouysse à Saint-Côme-d'Olt, dite chapelle des Pénitents ;* à droite, *Estaing, à l'époque romane, ne disposait que d'un précaire pont de bois sur le Lot.*

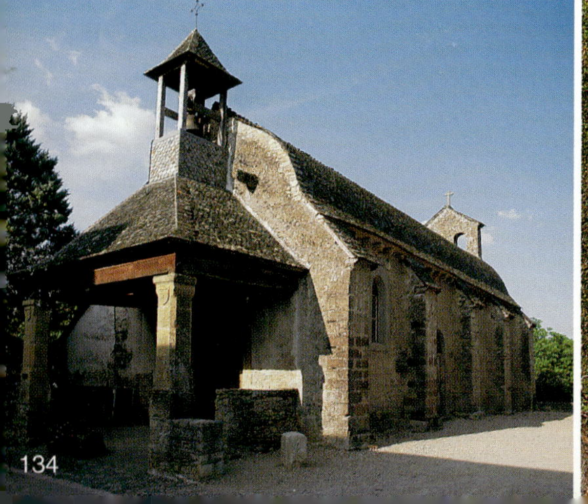

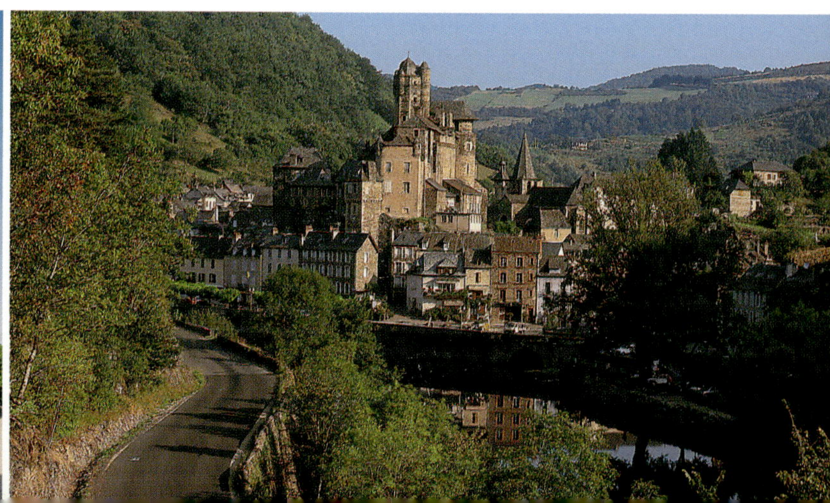

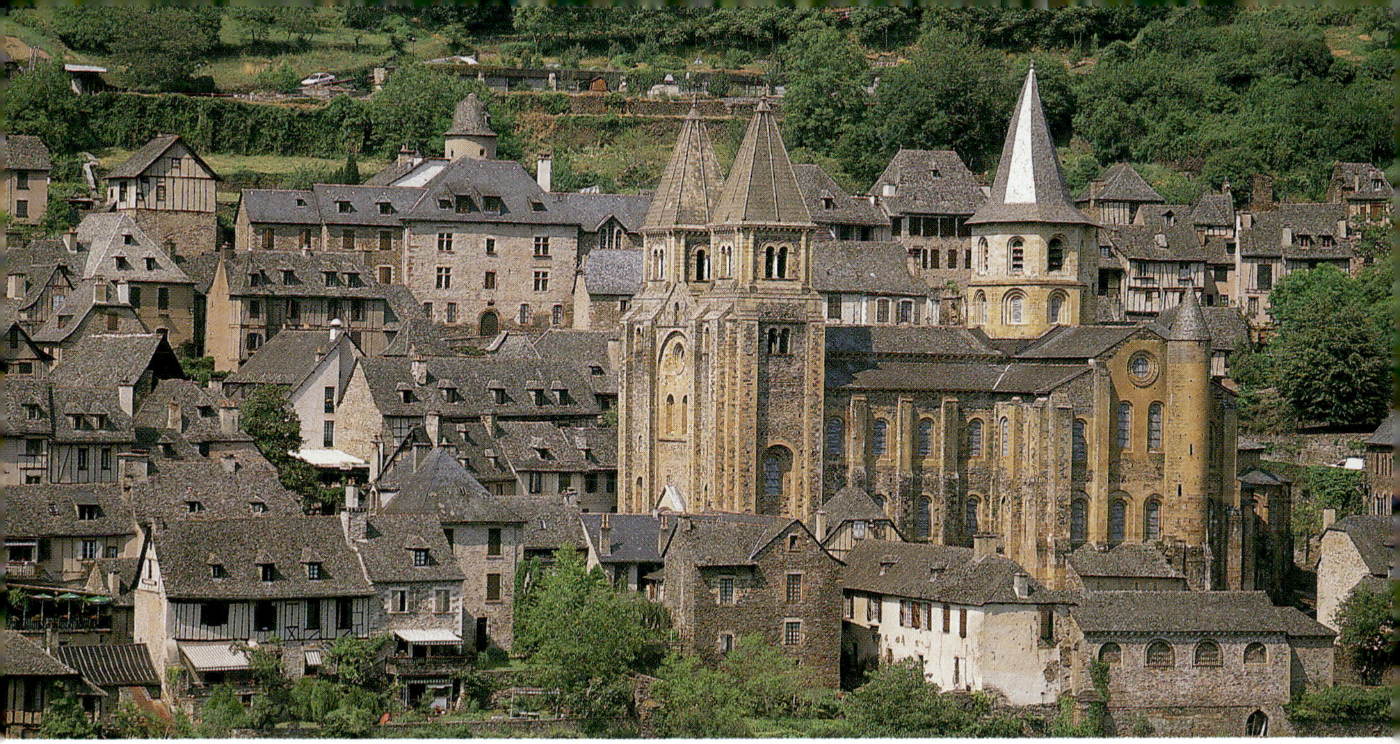

« Autrefois asile des bêtes fauves et des oiseaux mélodieux, ce lieu était resté inconnu de l'homme que rebutait son aspect sauvage. » Ermold le Noir (IXe siècle).

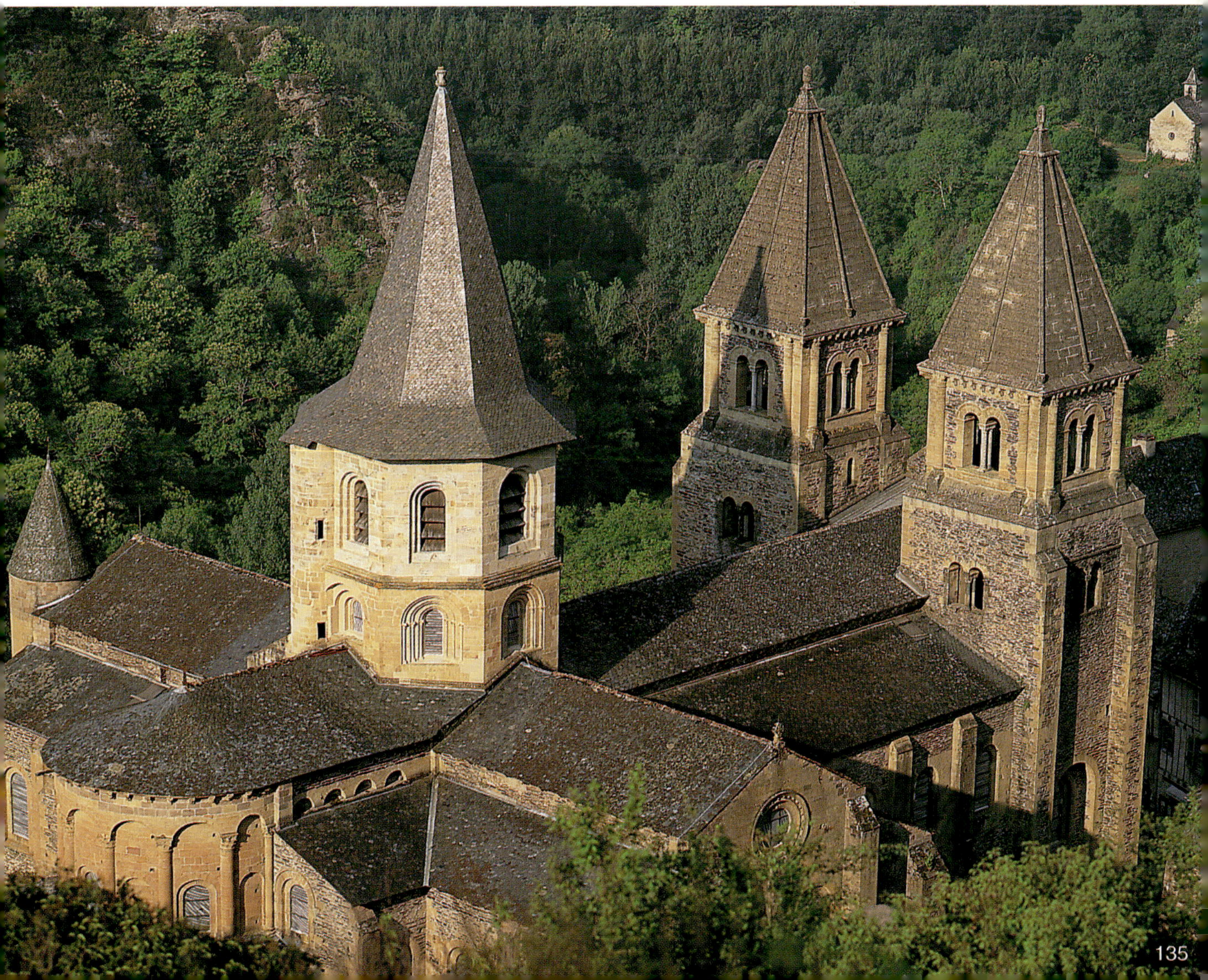

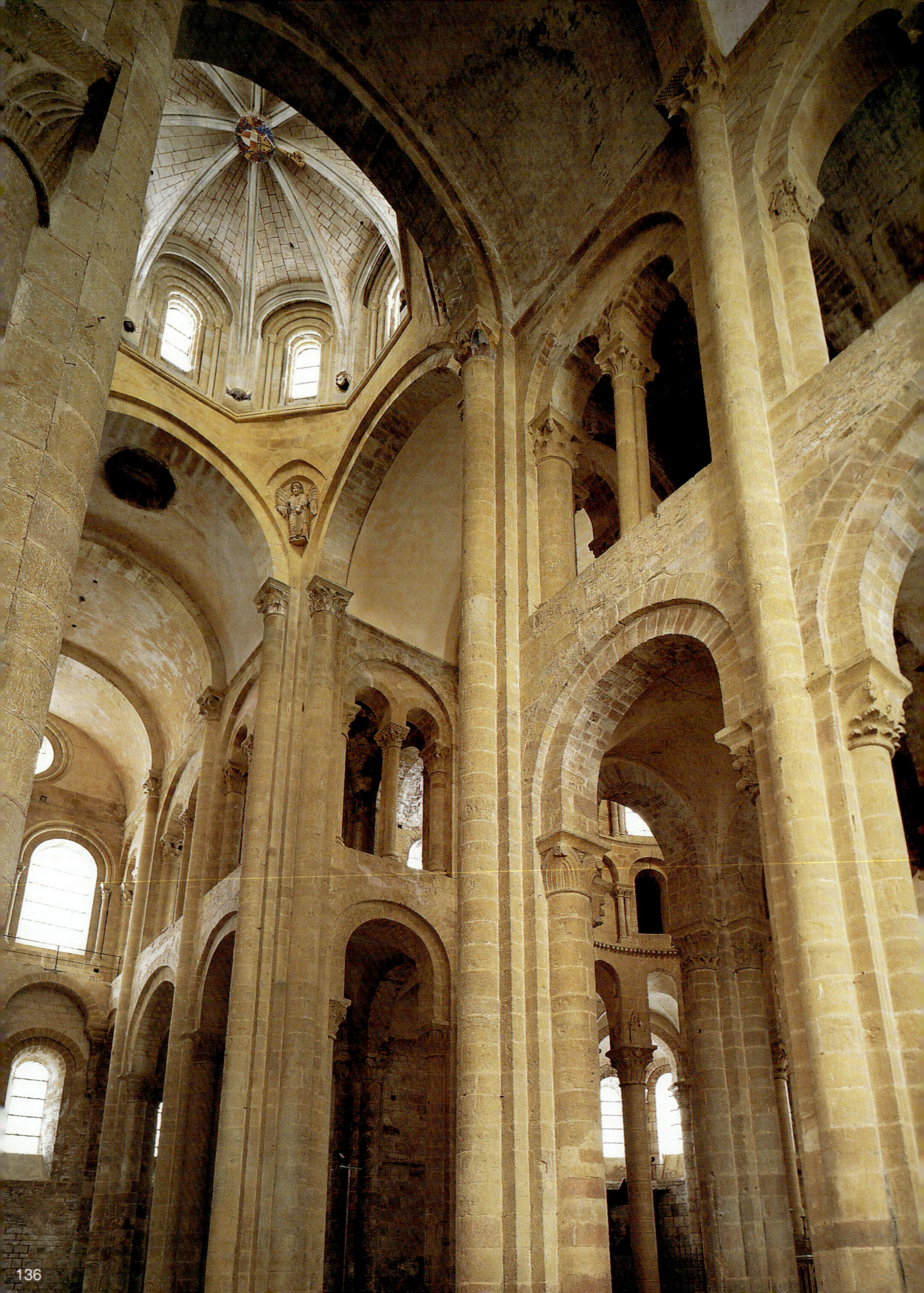

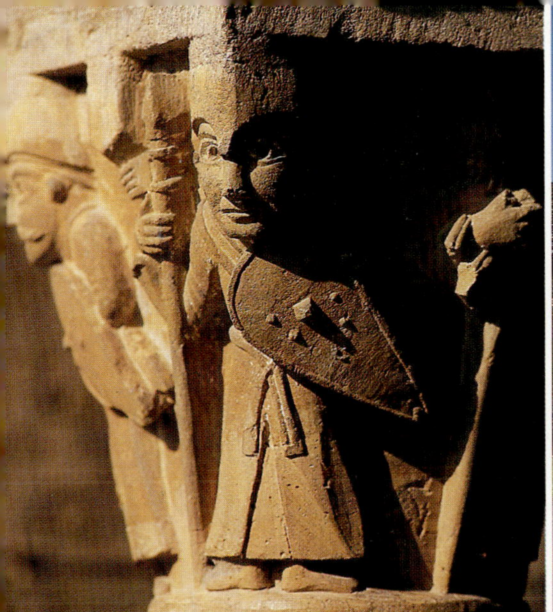
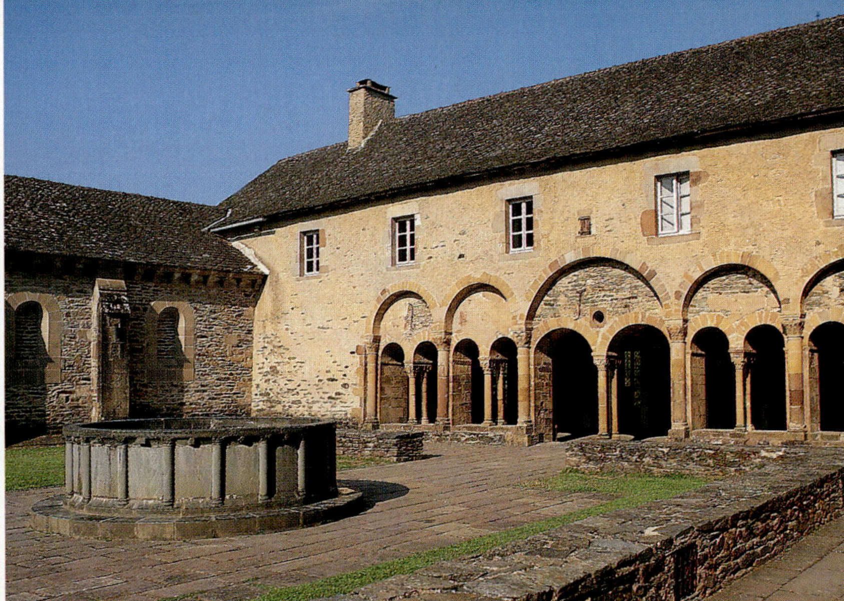
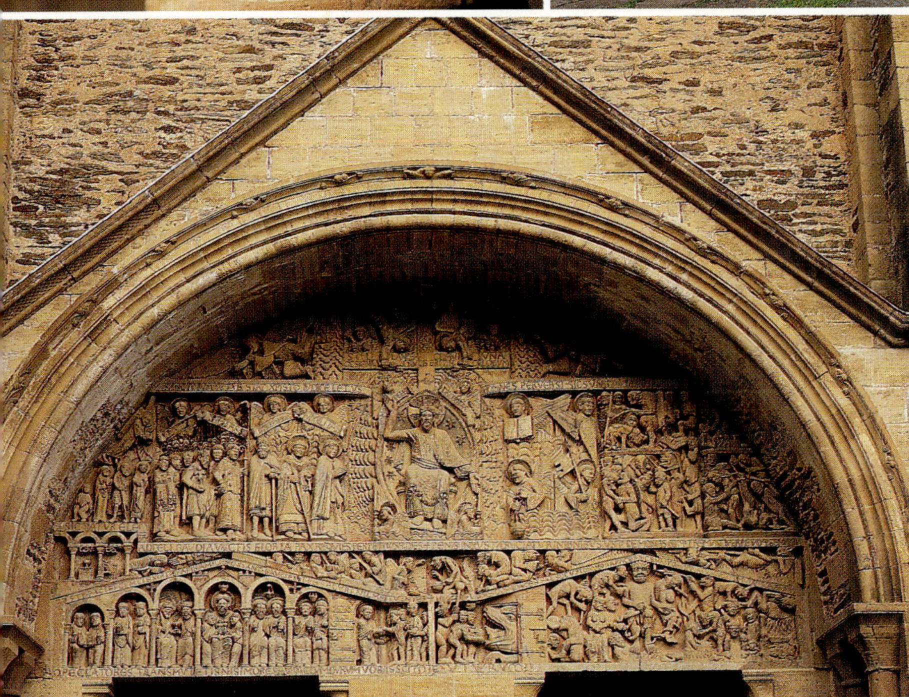
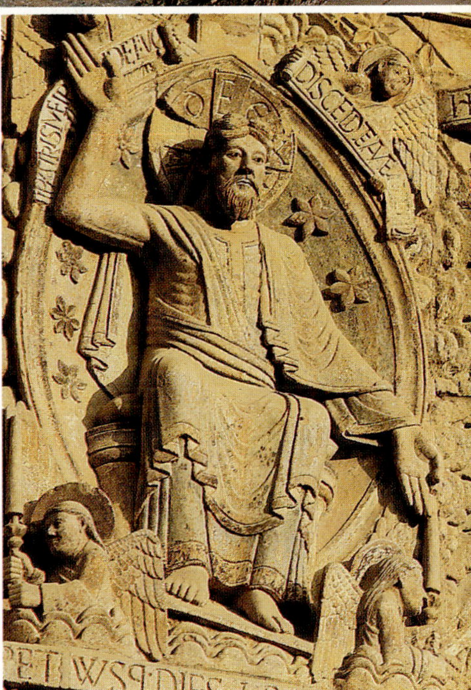

UN ART ROMAN COMME UNE PRIÈRE

Pénétrer dans l'abbatiale Sainte-Foy de Conques, c'est changer de dimension, tant le jaillissement du vaisseau central évoque un élan vers le divin. Cette impression est produite par une architecture dépouillée à l'extrême, mais qui utilise toutes les ressources d'une science médiévale des nombres dont on redécouvre la subtilité.

Avant de ressentir dans tout son être cet appel à la prière, le fidèle est invité à méditer devant le somptueux tympan du Jugement Dernier qui surmonte le portail occidental de l'abbatiale. Exceptionnel par les dimensions, par la quantité des personnages, par l'originalité de leur traitement et en un mot par sa beauté, cet ensemble sculpté, en parfait état, s'organise très clairement autour d'un Christ démesuré qui capte le regard. À sa gauche figurent les damnés suppliciés et à sa droite le cortège des élus, tandis qu'au registre inférieur deux linteaux à l'auvergnate reprennent l'évocation de l'enfer et du paradis.

En haut, à droite, *le cloître de Conques et son bassin de serpentine, rare dans le monde chrétien ;*
à gauche, *l'un des chapiteaux du cloître, dit des Chevaliers.*
Ci-dessus, à gauche, *sommet de la sculpture romane, le tympan de Conques et son foisonnement de personnages, dont l'agencement reflète des influences byzantines et carolingiennes;*
à droite, *le Christ, présidant au destin de l'humanité entière.*

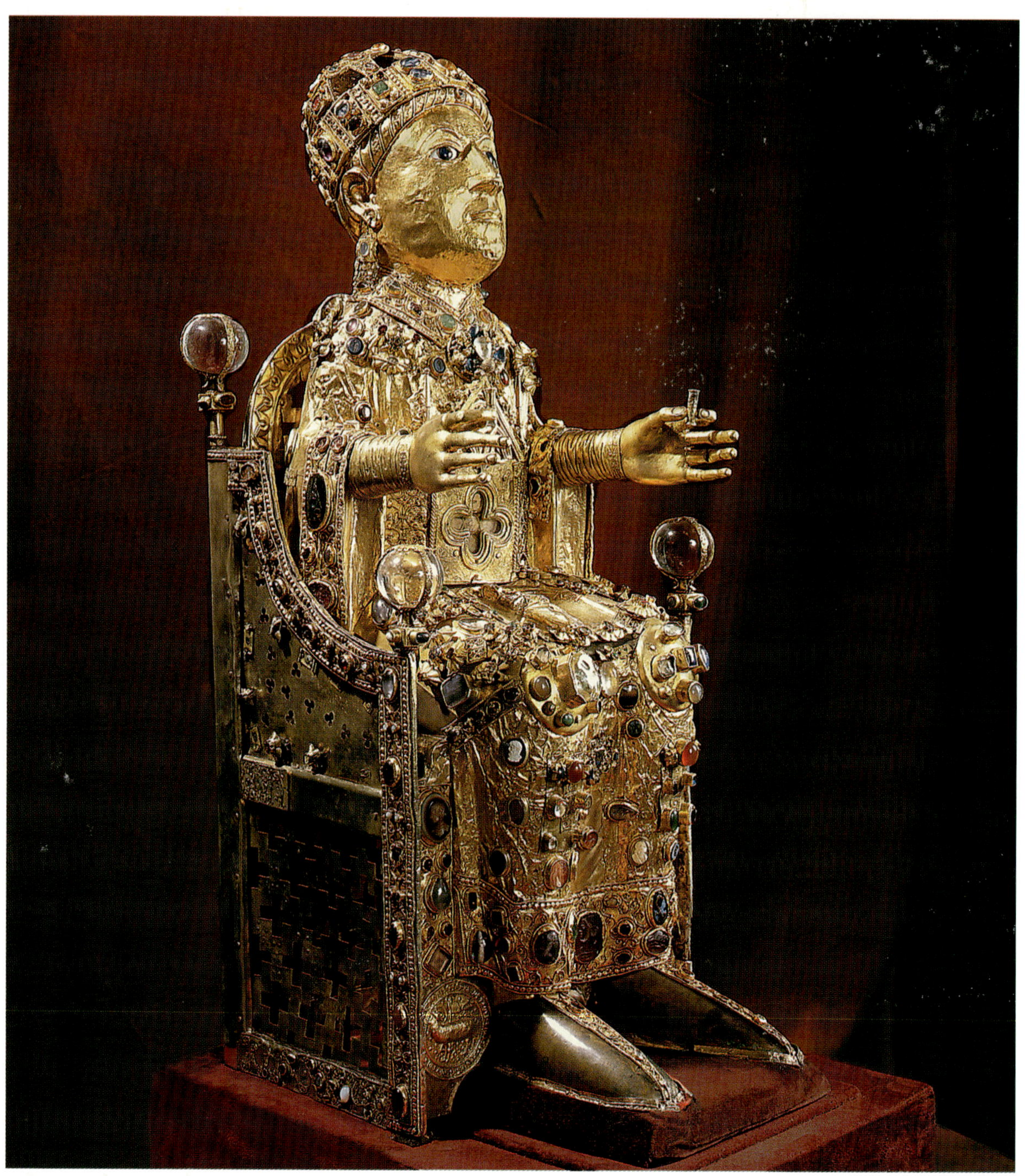

TRÉSOR MILLÉNAIRE

Ayant trouvé sa grandeur dans le culte des reliques, l'abbaye de Conques devint tout naturellement l'un des foyers de l'orfèvrerie. Le trésor de Sainte-Foy témoigne de la sorte d'un millénaire de cette facette de l'art sacré.

Or, argent, ivoire, bijoux et pierres précieuses, souvent d'origine antique, provenaient des dons reçus en abondance par l'abbaye et étaient transformés par un atelier monastique qui œuvra du IXe au XVIe siècle. Le plus remarquable est que ce trésor sans égal dans notre pays ait traversé les âges sans être pillé ou dispersé, en particulier grâce à l'action des Conquois au moment de la Révolution. La pièce maîtresse en est la majesté de Sainte-Foy, statue-reliquaire dont la tête d'or repoussé, datant des débuts du christianisme, surmonte un corps et un trône façonnés vers 866, au moment de l'arrivée des reliques. Parée au fil des siècles de gemmes multicolores, cette statue à l'expression étrange est ainsi le symbole de la persistance de la foi sur les chemins de Compostelle.

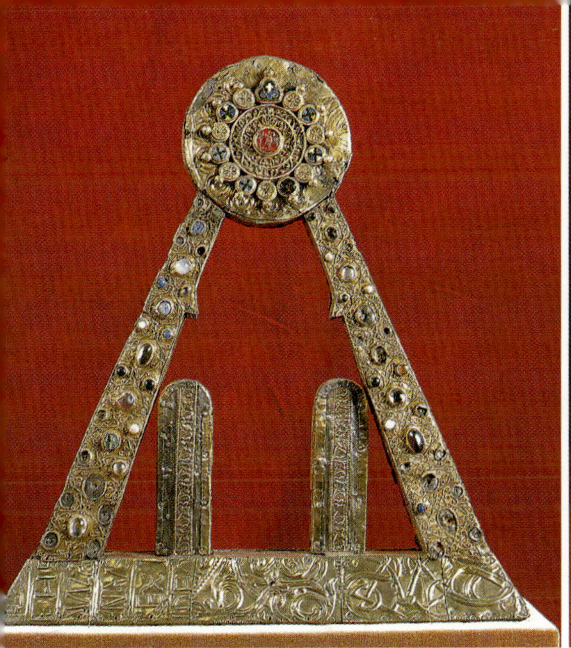

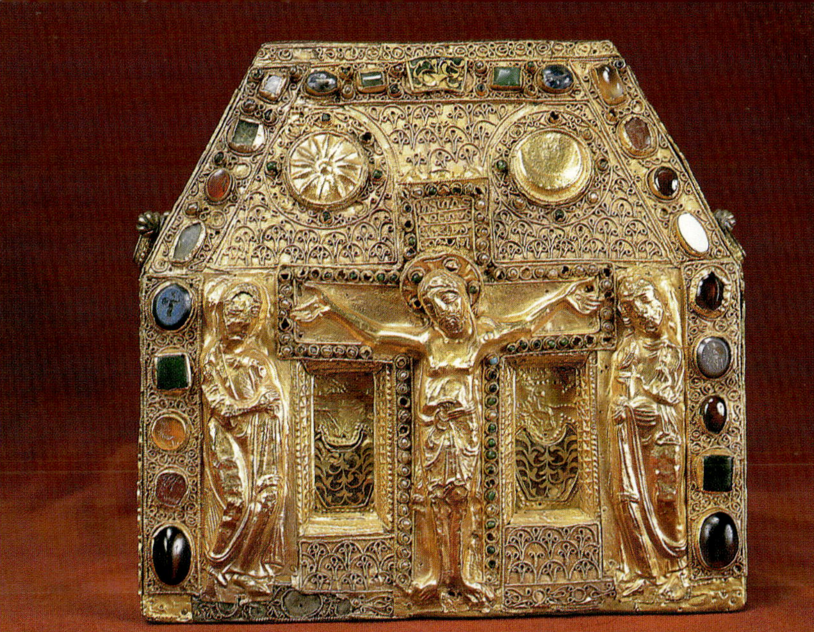

En haut, à gauche, *le A dit de Charlemagne (IXe):*
offert par l'Empereur, ce reliquaire illustrant
la première lettre de l'alphabet témoignerait
de la préférence qu'il accordait à Conques.
En haut, à droite, *le reliquaire de Pépin (IXe, Xe et XIe)*
est la pièce la plus ancienne du trésor.

Ci-contre, *l'autel portatif en albâtre, dit de Sainte Foy,*
de la fin du XIe siècle, orné d'émaux champlevés
puis cloisonnés sur cuivre doré;
Page de gauche, *la majesté de Sainte Foy.*

En bas, à gauche, *la lanterne de Bégon III,*
abbé entre 1083 et 1107, réalisée par les orfèvres
de l'atelier de Conques.
Au centre, *le bras reliquaire du XIIIe siècle*
qui contient les reliques de saint Georges,
moine de Conques et évêque de Lodève au IXe siècle.
A droite, *reliquaire pentagonal qui inclut*
des fragments mérovingiens et carolingiens.

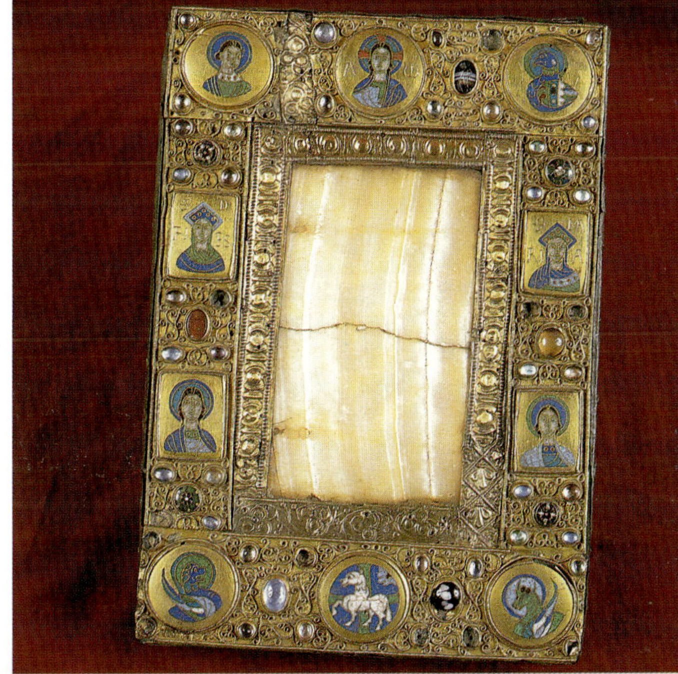

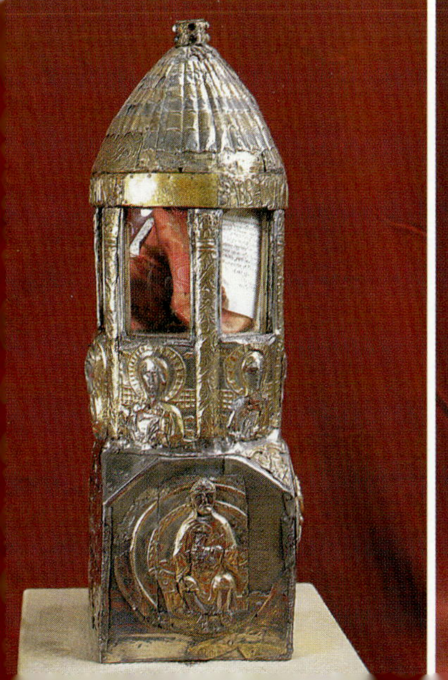

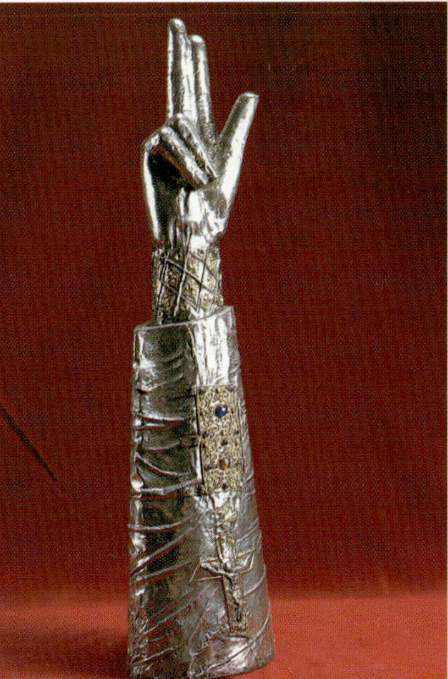

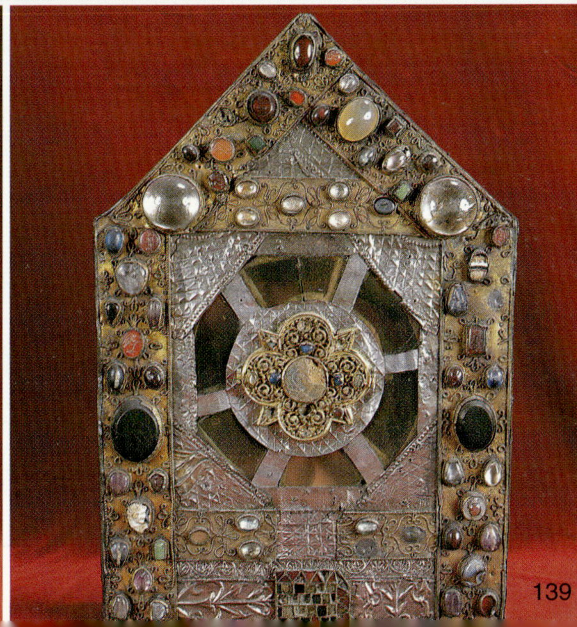

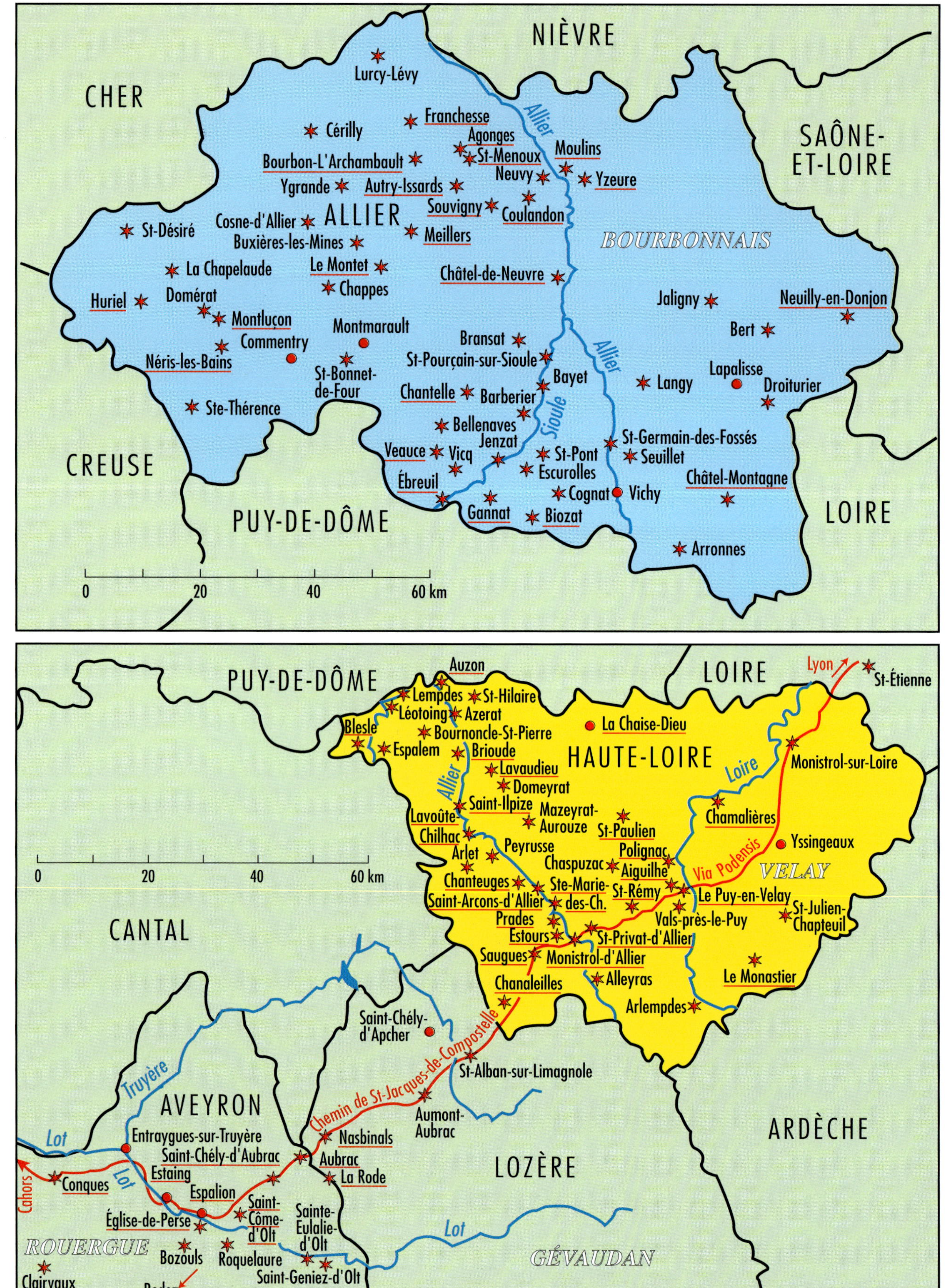

NIÈVRE
CHER
SAÔNE-ET-LOIRE
ALLIER
BOURBONNAIS
CREUSE
PUY-DE-DÔME
LOIRE
Allier
Sioule
Lurcy-Lévy
Franchesse
Cérilly
Agonges
St-Menoux
Moulins
Bourbon-L'Archambault
Neuvy
Yzeure
Ygrande
Autry-Issards
Souvigny
Coulandon
St-Désiré
Cosne-d'Allier
Meillers
Buxières-les-Mines
La Chapelaude
Le Montet
Châtel-de-Neuvre
Chappes
Huriel
Domérat
Montluçon
Jaligny
Neuilly-en-Donjon
Montmarault
Commentry
Bransat
Bert
Néris-les-Bains
St-Bonnet-de-Four
St-Pourçain-sur-Sioule
Lapalisse
Bayet
Chantelle
Barberier
Langy
Droiturier
Ste-Thérence
Bellenaves
Jenzat
St-Germain-des-Fossés
Veauce
Vicq
St-Pont
Seuillet
Escurolles
Ébreuil
Châtel-Montagne
Cognat
Vichy
Gannat
Biozat
Arronnes
0
20
40
60 km
PUY-DE-DÔME
LOIRE
Lyon
St-Étienne
Auzon
Lempdes
St-Hilaire
Léotoing
Azerat
Blesle
Bournoncle-St-Pierre
La Chaise-Dieu
Espalem
Brioude
HAUTE-LOIRE
Lavaudieu
Monistrol-sur-Loire
Allier
Loire
Domeyrat
Saint-Ilpize
Mazeyrat-Aurouze
Lavoûte
St-Paulien
Chamalières
Chilhac
Yssingeaux
Arlet
Peyrusse
Polignac
Via Podensis
VELAY
Chaspuzac
Aiguilhe
Chanteuges
Ste-Marie-des-Ch.
St-Rémy
Le Puy-en-Velay
Saint-Arcons-d'Allier
St-Julien-Chapteuil
Vals-près-le-Puy
Prades
Estours
St-Privat-d'Allier
Saugues
Monistrol-d'Allier
Le Monastier
Alleyras
Chanaleilles
Arlempdes
0
20
40
60 km
CANTAL
Saint-Chély-d'Apcher
Chemin de St-Jacques-de-Compostelle
St-Alban-sur-Limagnole
Truyère
AVEYRON
Aumont-Aubrac
Lot
Entraygues-sur-Truyère
Nasbinals
Saint-Chély-d'Aubrac
Aubrac
ARDÈCHE
Estaing
La Rode
LOZÈRE
Cahors
Conques
Lot
Espalion
Saint-Côme-d'Olt
Sainte-Eulalie-d'Olt
Église-de-Perse
Lot
ROUERGUE
Bozouls
Roquelaure
GÉVAUDAN
Clairvaux
Saint-Geniez-d'Olt
Rodez

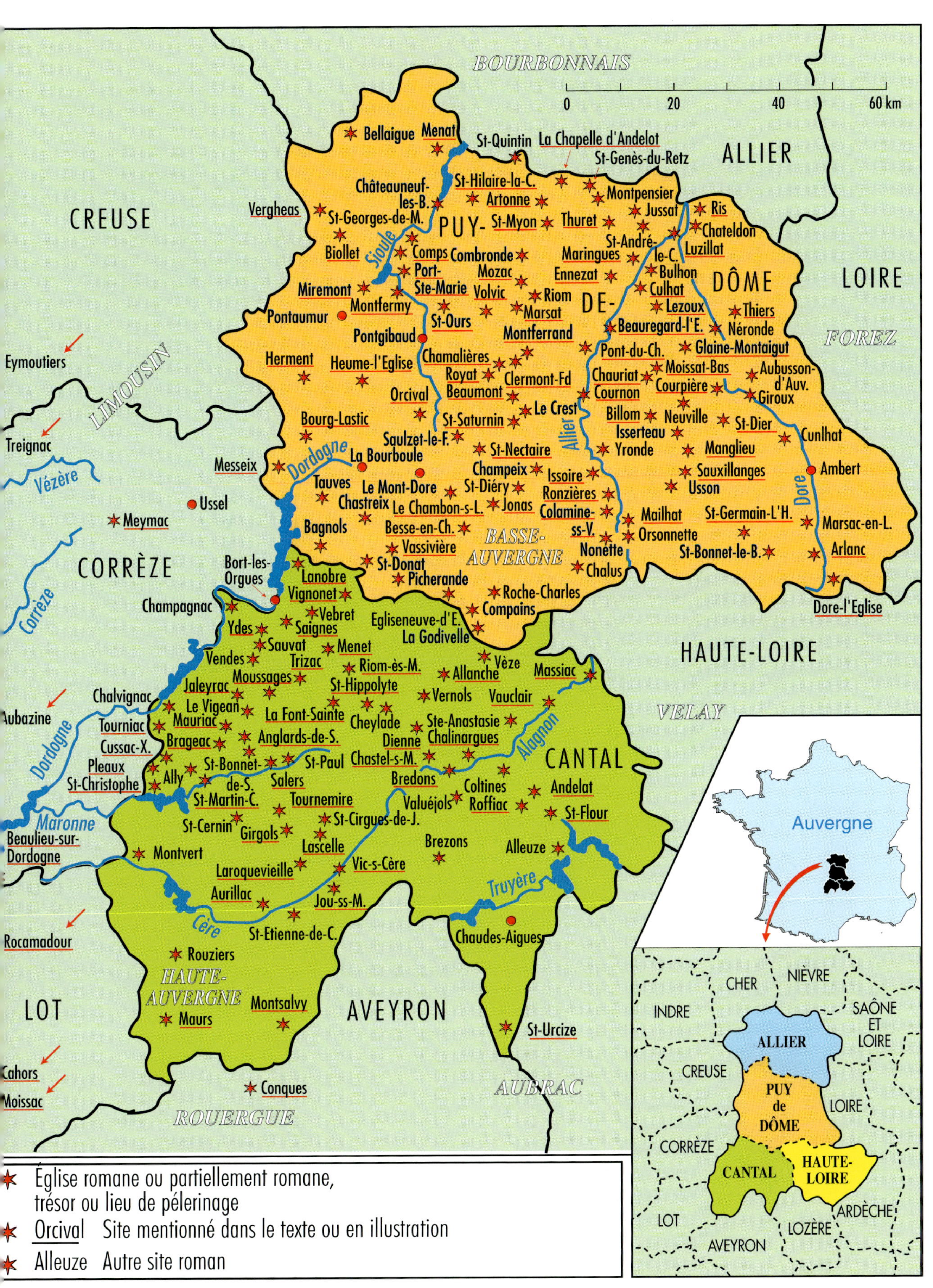
BOURBONNAIS
0
20
40
60 km
ALLIER
CREUSE
LOIRE
FOREZ
LIMOUSIN
CORRÈZE
HAUTE-LOIRE
VELAY
CANTAL
AVEYRON
LOT
AUBRAC
ROUERGUE
PUY-DE-DÔME
BASSE-AUVERGNE
HAUTE-AUVERGNE
Sioule
Allier
Dore
Dordogne
Vézère
Corrèze
Maronne
Cère
Alagnon
Truyère
Bellaigue
Menat
St-Quintin
La Chapelle d'Andelot
St-Genès-du-Retz
St-Hilaire-la-C.
Artonne
Montpensier
Châteauneuf-les-B.
Vergheas
St-Georges-de-M.
St-Myon
Thuret
Jussat
Ris
Chateldon
St-André-le-C.
Luzillat
Biollet
Comps
Combronde
Maringues
Port-Ste-Marie
Mozac
Ennezat
Bulhon
Miremont
Volvic
Riom
Culhat
Montfermy
Marsat
Lezoux
Thiers
Pontaumur
St-Ours
Beauregard-l'E.
Néronde
Pontgibaud
Montferrand
Pont-du-Ch.
Glaine-Montaigut
Herment
Heume-l'Eglise
Chamalières
Chauriat
Moissat-Bas
Aubusson-d'Auv.
Royat
Clermont-Fd
Courpière
Giroux
Beaumont
Cournon
Orcival
Le Crest
Billom
Neuville
Bourg-Lastic
St-Saturnin
Isserteau
St-Dier
Cunlhat
Saulzet-le-F.
Yronde
Messeix
La Bourboule
St-Nectaire
Manglieu
Ambert
Champeix
Issoire
Sauxillanges
Tauves
Le Mont-Dore
St-Diéry
Usson
Ronzières
Chastreix
Le Chambon-s-L.
Jonas
Colamine-ss-V.
Mailhat
St-Germain-L'H.
Marsac-en-L.
Bagnols
Besse-en-Ch.
Orsonnette
Vassivière
Nonette
St-Bonnet-le-B.
Arlanc
St-Donat
Chalus
Picherande
Roche-Charles
Compains
Dore-l'Eglise
Eymoutiers
Treignac
Ussel
Meymac
Bort-les-Orgues
Lanobre
Vignonet
Champagnac
Vebret
Egliseneuve-d'E.
Ydes
Saignes
La Godivelle
Sauvat
Menet
Vèze
Vendes
Trizac
Riom-ès-M.
Allanche
Massiac
Moussages
St-Hippolyte
Jaleyrac
Vernols
Vauclair
Chalvignac
Le Vigean
La Font-Sainte
Mauriac
Cheylade
Ste-Anastasie
Aubazine
Tourniac
Anglards-de-S.
Dienne
Chalinargues
Brageac
Cussac-X.
St-Bonnet-de-S.
St-Paul
Chastel-s-M.
Pleaux
Ally
Salers
Bredons
Coltines
Andelat
St-Christophe
St-Martin-C.
Tournemire
Valuéjols
Roffiac
St-Flour
St-Cirgues-de-J.
St-Cernin
Girgols
Beaulieu-sur-Dordogne
Brezons
Alleuze
Montvert
Lascelle
Laroquevieille
Vic-s-Cère
Aurillac
Jou-ss-M.
St-Etienne-de-C.
Chaudes-Aigues
Rocamadour
Rouziers
Montsalvy
Maurs
St-Urcize
Cahors
Moissac
Conques
Auvergne
CHER
NIÈVRE
INDRE
SAÔNE ET LOIRE
ALLIER
CREUSE
PUY de DÔME
LOIRE
CORRÈZE
CANTAL
HAUTE-LOIRE
ARDÈCHE
LOT
LOZÈRE
AVEYRON
Église romane ou partiellement romane, trésor ou lieu de pélerinage
Orcival Site mentionné dans le texte ou en illustration
Alleuze Autre site roman

Glossaire

Abside : demi-cylindre sous cul-de-four formant le fond du chœur des églises sans déambulatoire.
Absidiole : petite abside formant le fond des chapelles.
Andésite : lave grise ou noire de la famille des diorites.
Arc triomphal : arc qui sépare la nef centrale du transept ou du chœur.
Arc doubleau : arc plaqué sur le dessous du berceau pour le renforcer.
Arc-diaphragme : arc portant un mur entre deux parties intérieures de l'église, notamment entre la nef et la croisée.
Arcature : série de petites arcades décoratives accolées, le plus souvent aveugles.
Arkose : roche sédimentaire ressemblant à un grès jaunâtre et dur.
Atlante : sur un chapiteau, personnage masculin paraissant soutenir le tailloir.
Baie : toute ouverture, porte ou fenêtre, fermée ou non d'une porte et pourvue ou non d'un vitrail.
Barlong (massif) : support du clocher à la croisée du transept, de plan rectangulaire, dont le grand axe est perpendiculaire à celui de l'église.
Bas-côté : nef latérale d'une église lorsque sa hauteur de voûte est inférieure à celle de la nef principale.
Bâtière (linteau en) : en forme de toit à deux pentes.
Berceau : voûte demi-cylindrique caractéristique de l'art roman.
Berceau brisé : se dit d'un berceau dont la clé-de-voûte forme un angle rentrant.
Billettes (cordons de) : motif ornemental enchaîné fait de demi-cylindres de pierre espacés d'une valeur égale à leur longueur.
Buste-reliquaire : buste représentant un saint et contenant ses reliques.
Capitulaire (salle) : salle où se rassemblait le chapitre des chanoines ou d'autres religieux.
Cella : partie des sanctuaires primitifs où se trouvait l'effigie du Christ.
Chapelle axiale : chapelle ouverte dans l'axe du chœur et de la nef.
Chapelles rayonnantes : chapelles dont l'axe longitudinal est un rayon du cercle formé par le déambulatoire sur lequel elles s'ouvrent et dont le centre est celui du chœur.
Chapiteau : tête de colonne, de pilier ou de pilastre au point de jonction du support et de la charge.
Châsse : coffre où sont conservées les reliques d'un saint.
Chevet : partie extérieure de l'église qui se trouve à la tête de la nef, derrière le chœur, et qui correspond à l'abside.
Chœur : à l'origine, l'endroit où se tenaient les chantres, prolongement de la nef centrale par-delà la croisée du transept, où se trouve l'autel.
Claveaux : pierres taillées en coin utilisées dans la construction des linteaux, des voûtes et des corniches.
Clocher à peigne : mur-pignon dont le sommet est percé de baies où sont logées les cloches.
Collatéraux : nefs latérales d'une église.
Colonne : support de section circulaire.
Colonne engagée : demi-colonne de plan semi-circulaire accolée à un pilier ou une paroi.
Contreforts : piliers supplémentaires disposés à l'extérieur de l'église pour absorber la poussée des voûtes.
Coupole : voûte hémisphérique.
Croisée (du transept) : espace carré ou rectangulaire déterminé par l'intersection de la nef et du transept.
Crypte : pièce plus ou moins souterraine creusée sous le chœur oriental de l'église et destinée à la conservation des reliques.
Cul-de-four : voûte formant un quart de sphère sur les absides et les absidioles.
Déambulatoire : galerie qui contourne le chœur d'une église et relie les bas-côtés.
Demi-berceau : voûte formant un quart de cylindre, typique des tribunes et des bas-côtés romans en Basse-Auvergne.
Évangéliaire : livre contenant des passages des évangiles lus ou chantés lors des messes de toute l'année.
Ex-voto : tablette avec inscription ou objet évocateur déposé en un lieu de pèlerinage à la suite d'un vœu ou en remerciement d'une prière exaucée.
Lauzes : pierres plates, de phonolithe, de schiste cristallin ou de gneiss, utilisées pour couvrir les toits dans les pays de montagne.
Narthex : synonyme de vestibule, local à l'ouest de la nef et des bas-côtés bien différencié de ceux-ci ; c'était à l'origine l'endroit réservé aux catéchumènes non encore baptisés qui ne pouvaient s'avancer plus loin dans l'église.
Majesté (en) : représentation du Christ ou de la Vierge, de face, généralement assis(e) sur un trône, dans une attitude hiératique.
Mandorle : forme ovale évoquant une amande dans laquelle apparaît le Christ en majesté du Jugement dernier.
Modillons : petits corbeaux de pierre portant la corniche du toit.
Orientées (absidioles ou chapelle) : se dit des chapelles dont l'axe longitudinal suit la direction est-ouest et dont le fond tourné vers l'Orient.
Pendentif : trompe formée d'une portion triangulaire et concave de sphère.
Penture : bande de fer fixée à plat sur le battant d'une porte de manière à la rattacher au gond.
Phonolithe : lave compacte (trachyte feldspathique), sonore sous le choc.
Piédroit : montant de la porte portant le linteau.
Pignon : Mur dont le sommet, portant le faîte du toit, forme un triangle isocèle.
Pilastre : pilier plat engagé dans un mur.
Pilier : support plus important qu'une colonne, de section carrée ou rectangulaire.
Plein-cintre : se dit des berceaux dont la coupe est en forme de demi-cercle, caractéristique de l'architecture romane.
Porche : local d'entrée de l'église ouvert sur l'extérieur par des baies sans vantaux.
Rond-point : ensemble des colonnes en demi-cercle qui séparent le déambulatoire du chœur.
Ronde-bosse : sculpture en relief qui se détache du fond, au contraire du bas-relief.
Rupestre : taillé ou peint à même le roc.
Statue-reliquaire : statue où est aménagée une cavité destinée à recevoir des reliques.
Tailloir : pierre moulurée ou sculptée formant le haut d'un chapiteau et sur laquelle repose le sommier de l'arc que soutient le pilier ou la colonne.
Trachyte : roche volcanique dure et rugueuse, le plus souvent de couleur gris-rouge.
Transept : nef transversale qui coupe la nef principale d'une église et lui donne sa forme symbolique de croix.
Transept (bras du) ou croisillons : espaces se trouvant aux extrémités nord et sud du transept.
Travée : portion de nef ou de bas-côté comprise entre deux supports, dans le sens longitudinal.
Tréflé : en forme de trèfle.
Tribunes : dans l'architecture romane, galeries donnant sur la nef centrale et s'interposant entre les arcades des bas-côtés et les fenêtres hautes.
Trilobé : composé de trois lobes.
Trompe : petite voûte en angle de la croisée qui permet de passer du plan carré de celle-ci au cercle de la coupole qui la couvre.
Tuf : roche volcanique légère et poreuse.
Tympan : paroi remplissant le demi-cercle entre le linteau et l'arc au-dessus des portes principales de l'église.
Voussures : petite voûte couvrant l'embrasure d'un portail ébrasé, c'est-à-dire enfoncé dans l'épaisseur du mur.

INDEX

*En caractères standard, les pages de texte ; en caractères **gras**, les pages des **illustrations**.*

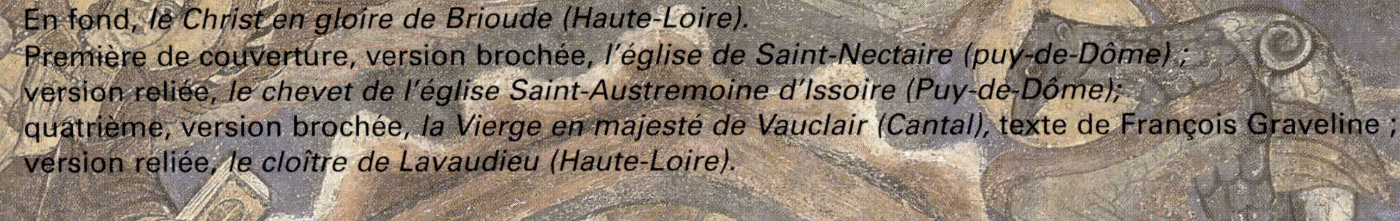

En fond, *le Christ en gloire de Brioude (Haute-Loire).*
Première de couverture, version brochée, *l'église de Saint-Nectaire (puy-de-Dôme) ;*
version reliée, *le chevet de l'église Saint-Austremoine d'Issoire (Puy-de-Dôme);*
quatrième, version brochée, *la Vierge en majesté de Vauclair (Cantal),* texte de François Graveline ;
version reliée, *le cloître de Lavaudieu (Haute-Loire).*

2e édition enrichie de 16 pages, achevée d'imprimer en France en mai 2002 - Dépot légal mai 2002
ISBN 2-913381-08-1 version brochée française - ISBN 2-913381-09-X version reliée française
(1re édition ISBN 2-9509180-5-0 version brochée - ISBN 2-9509180--6-9 version reliée)
Versions étrangères achevées d'imprimer en France en mai 2002 - Dépot légal mai 2002
ISBN 2-913381-10-3 version brochée allemande - ISBN 2-913381-11-1 version brochée anglaise

rue Becquerel - Z.A. de l'Artière -F- 63110 Beaumont
Téléphone 33 (0)4 73 27 43 00 - Fax 33 (0)4 73 26 26 12
www.editions-debaisieux.fr

Art in Brighton 2018

Created by
Alison & Torben Krog

Art in Brighton 2018

First edition printed 2018 in the United Kingdom.

A catalogue record for this book is available from the British Library.

ISBN 978-0-9928543-3-1

Published by Kemp Street Productions. For more copies of this book, please email: info@artymagazines.com Tel: 01273 670426

Designed and set by Kemp Street Productions. www.artymagazines.com Printed in Great Britain.

Acknowledgements

With our gratitude to the awesome community of artists, creators and makers in and around the city of Brighton & Hove who continue to support Arty publications with unerring faith and passion. We are privileged to know you.

A huge thank you to 'paper head' Dominic Vacher at Four Corners Print for his gsm powers of persuasion.

Thanks also to the tenacity of our eagle-eyed proof-reader, Steph Wilkinson, and to Russell Day, who re-touched the images with panache.

Front cover artwork Bottled Water by Simone Riley (page 49).

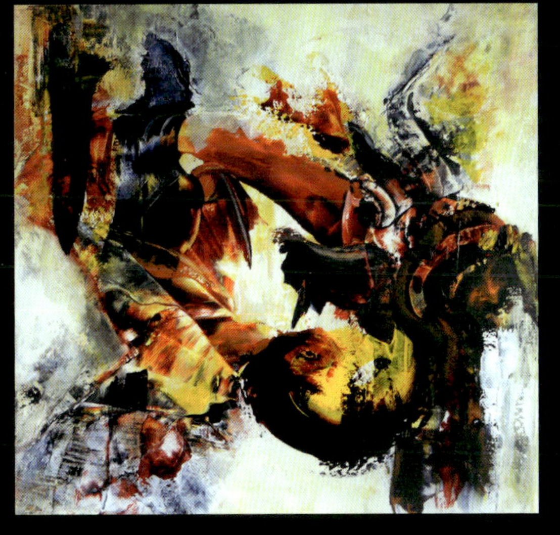

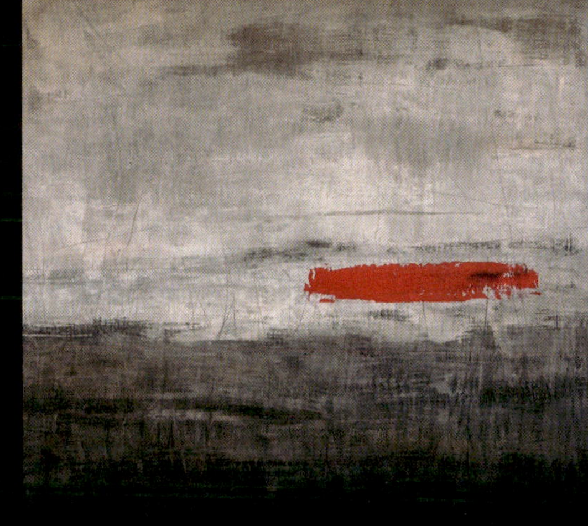

EVERYTHING
YOU NEED IS
RIGHT HERE

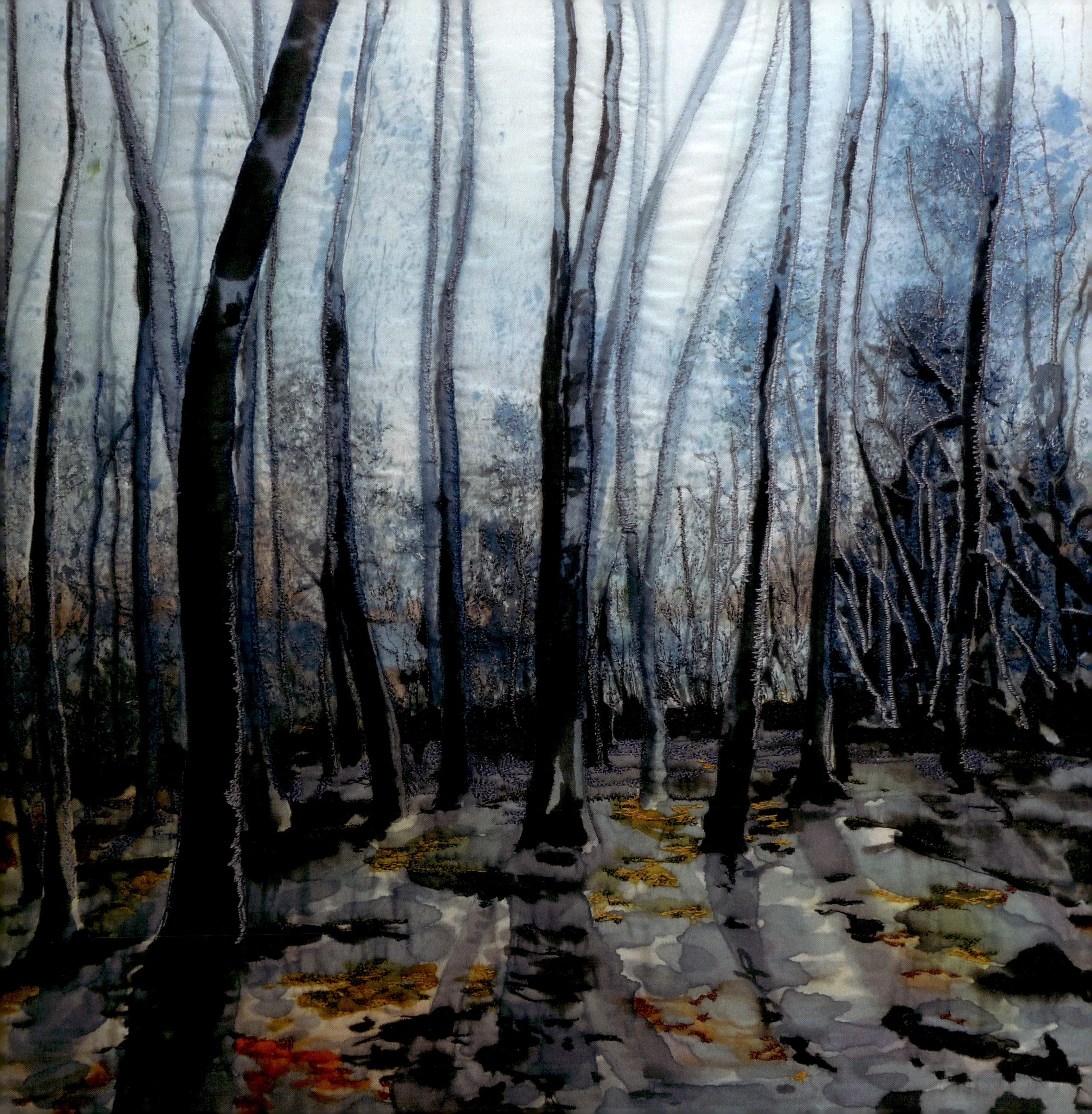

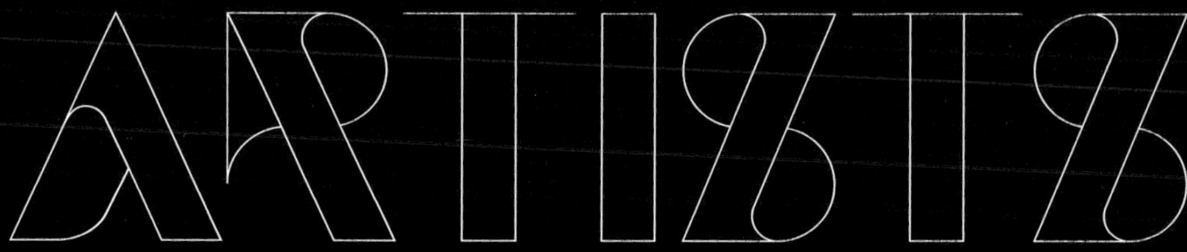

Fine art, printmaking, portraiture, sculpture, textile art, photography and more

Deep in Slindon Woods by Diane Rogers
See page 40

Romany Mark Bruce

Artist & Sculptor
www.romanymarkbruce.com

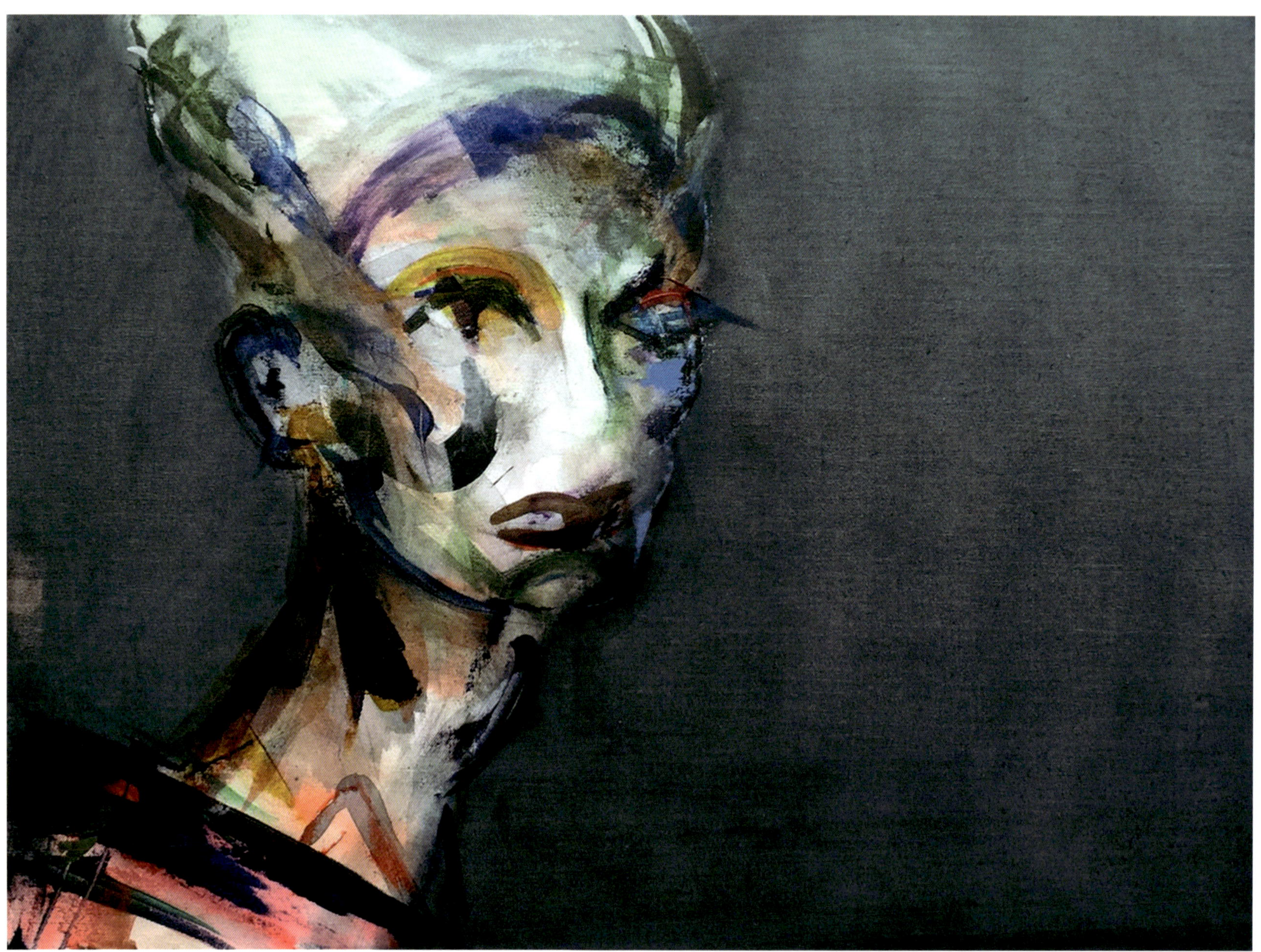

Irish-born Romany Mark Bruce is one of Brighton's most highly regarded artists, and the designer of the Brighton AIDS Memorial. The iconic landmark sculpture, which is four metres high, commemorates those whose lives have been affected by HIV and AIDS.

Romany's paintings merge effortlessly between figurative, abstract expressionism and the space between. He paints as he sculpts, with bold, charged and confident strokes of the palette knife. The seemingly random and chaotic shapes and colours come together to be challenging and powerful images.

Romany's reputation grows ever stronger, recently completing one of his most successful ever exhibitions in South Australia. This year he is working on several commissions for charities and he continues to raise thousands of pounds for HIV and other causes.

This page: Tilda
Opposite: Bremen

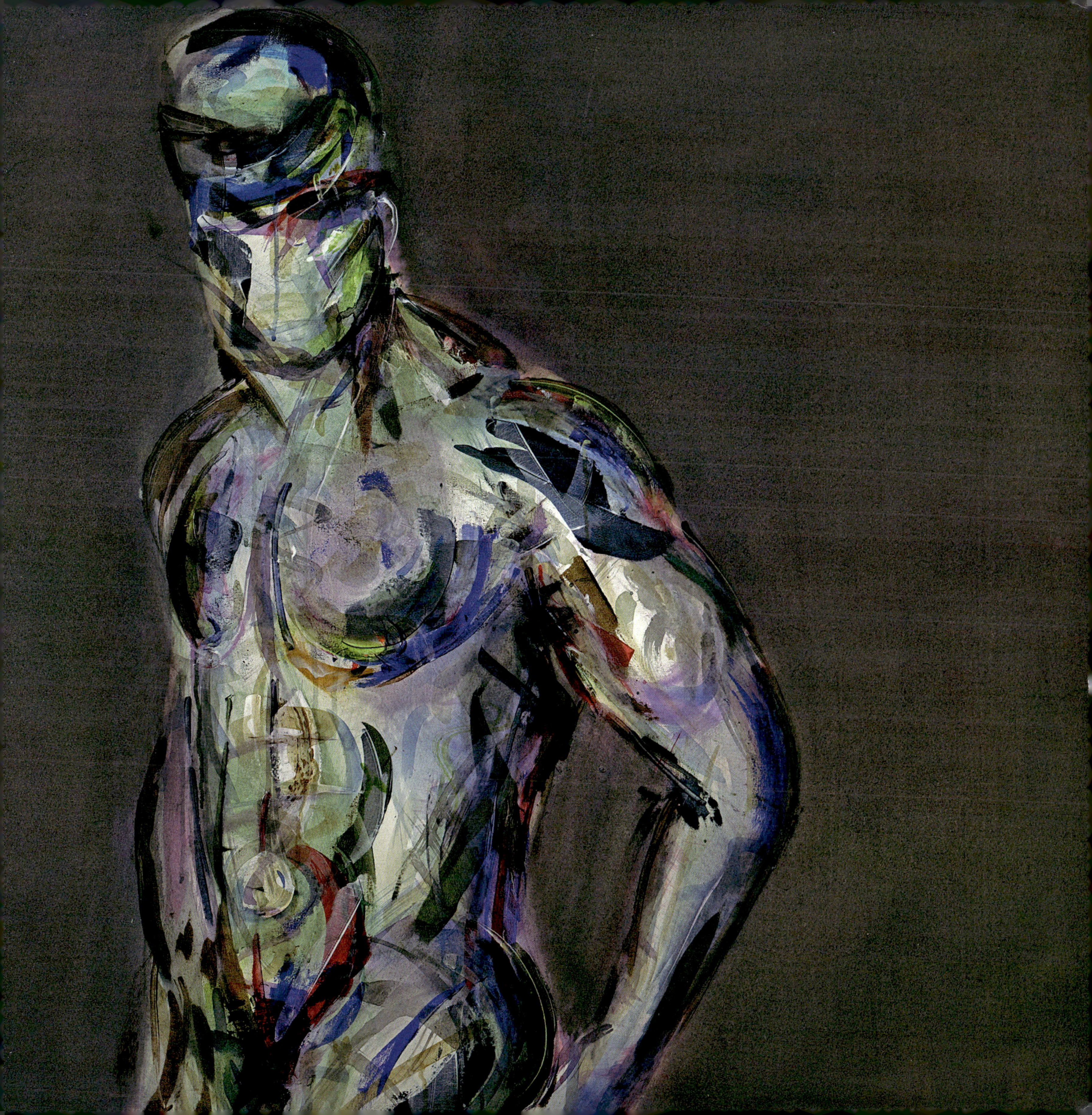

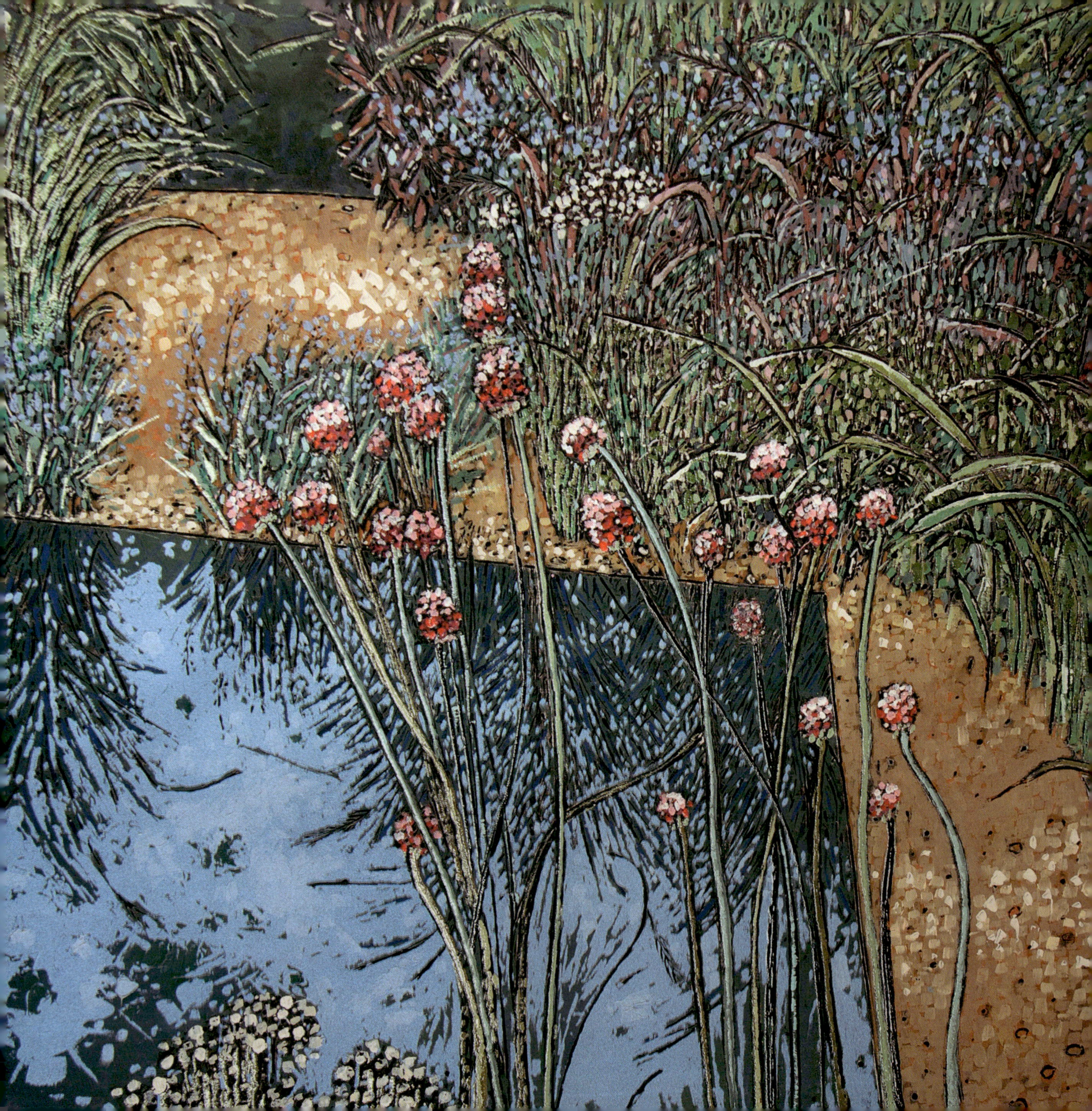

Kellie Miller

Artist
www.kelliemiller.com

"Her work has been recently described as having a pointillist style, with a visual quality reminiscent of the Impressionists"

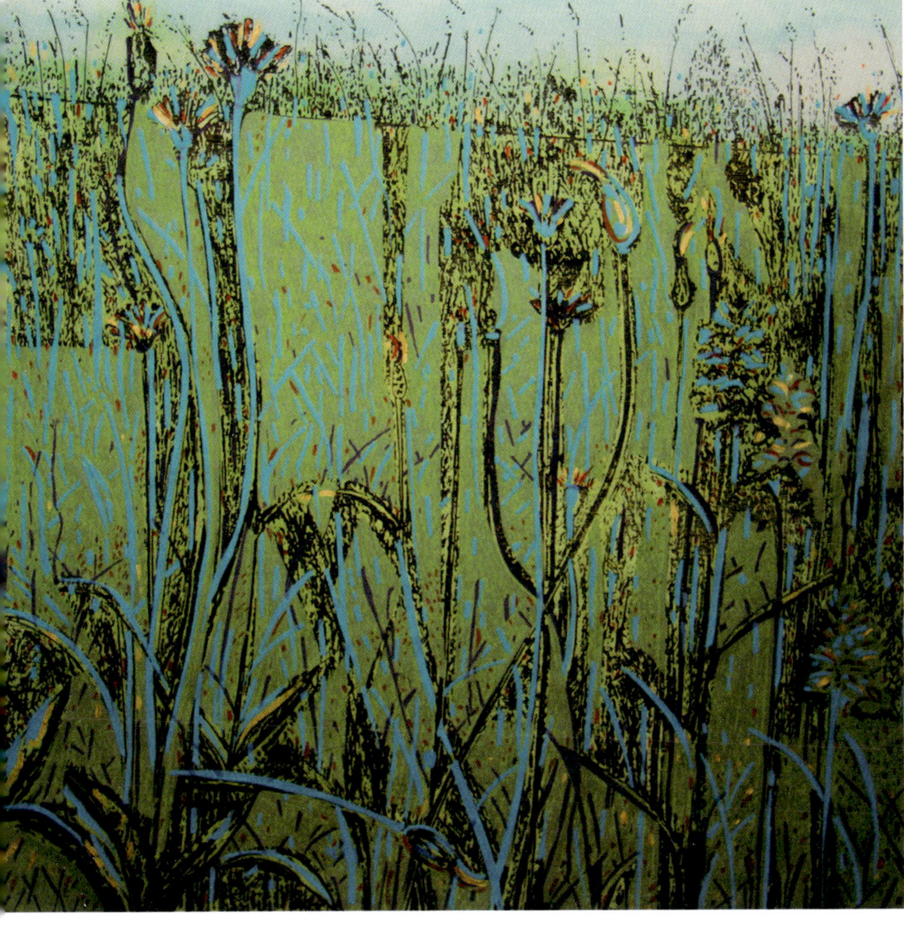

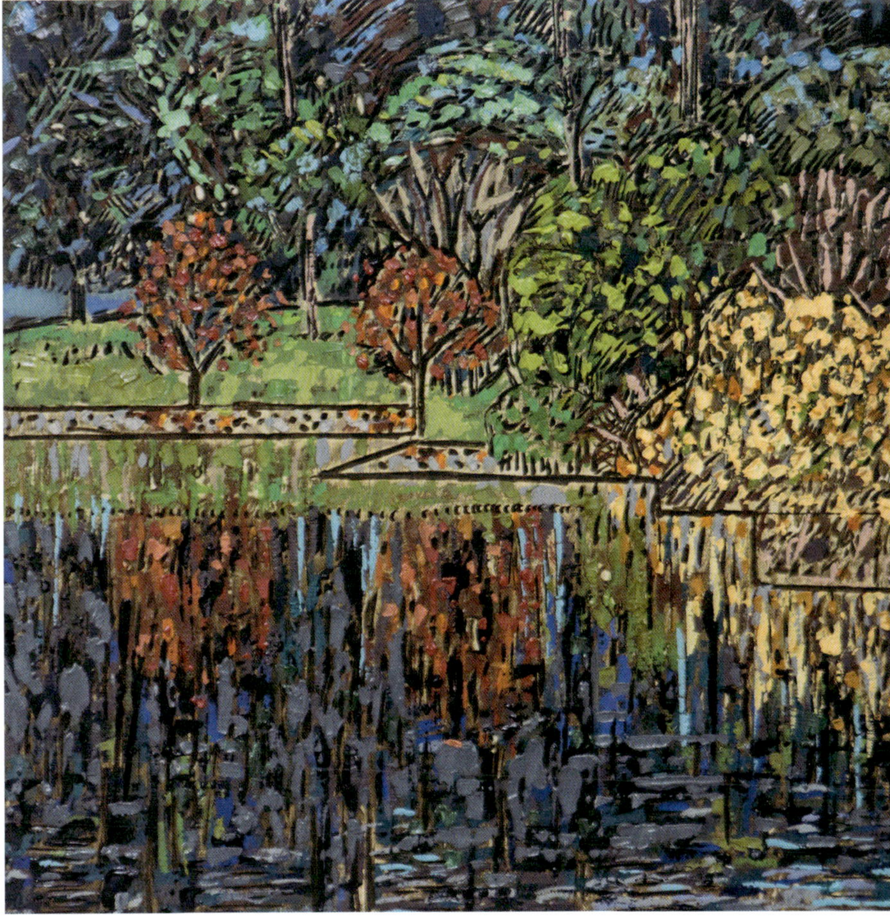

Working with different art forms and media is Kellie Miller's passion. For over 24 years she has produced diverse collections of artworks, all distinctively recognisable in her unique style. While also producing works in ceramics, design and print, she has predominantly focused her attention on painting over the past 10 years.

Kellie's carved paintings are produced using oil paint and gesso – a fine plaster material – on board. Inspired by nature and travel, they can be abstract or reflect landscape imagery, and are often described as 'journey landscapes'. Her work has been recently described as having a pointillist style, with a visual quality reminiscent of the Impressionists.

Kellie has exhibited extensively throughout her career, with solo exhibitions in Germany and Japan. Her work has been selected for competitions and international biennales. Works are held in private collections worldwide, and museum collections in Taiwan, Germany, Japan and the UK.

She also owns and curates Kellie Miller Arts Gallery (page 90).

This page (left to right): The Unseen Wonder; Headstand Trees
Opposite: Three Worlds

Heike Roesel

Artist
www.heikeroesel.co.uk

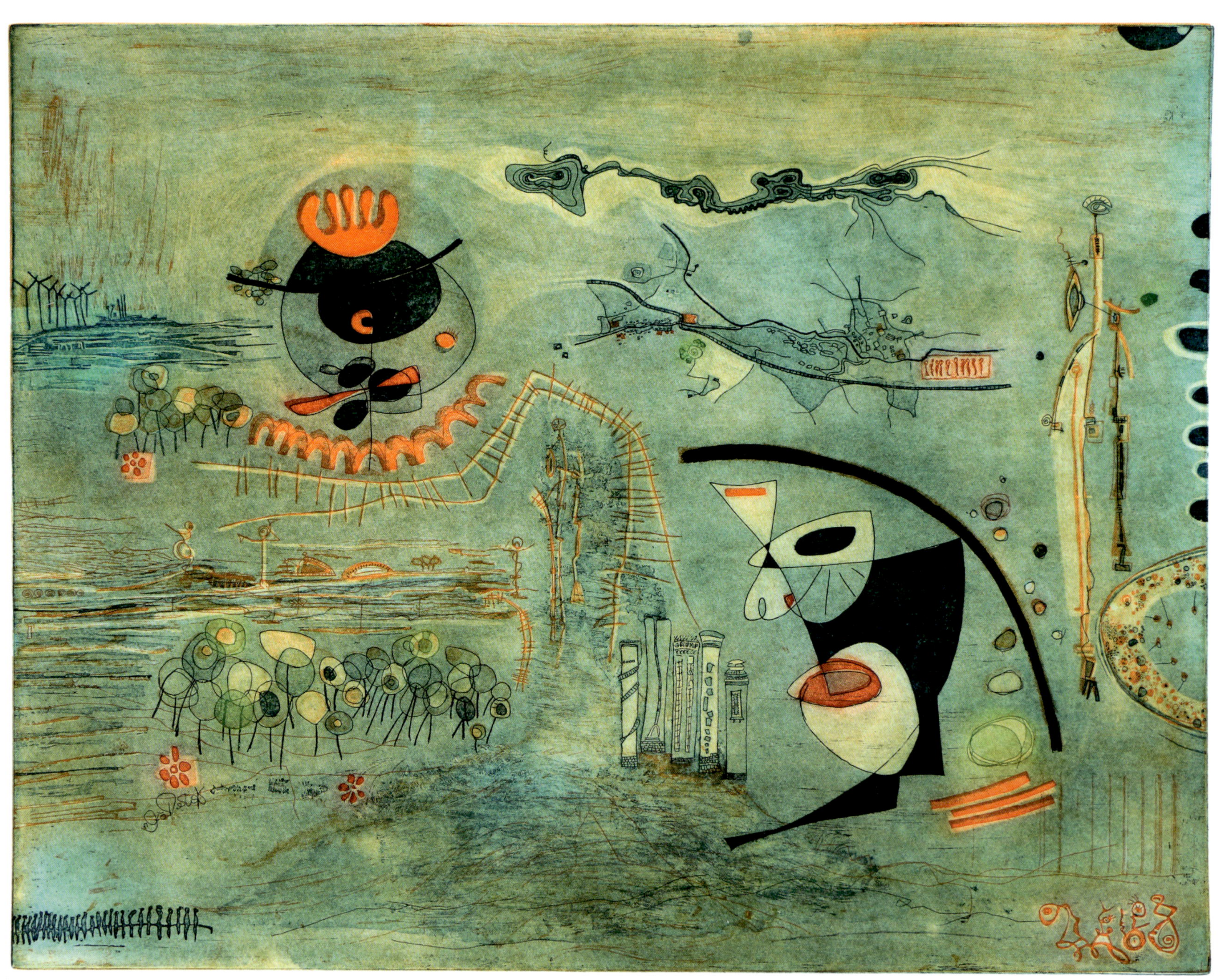

Free World (etching in edition of 20)

Janice Thurston

Artist
www.janicethurston.co.uk

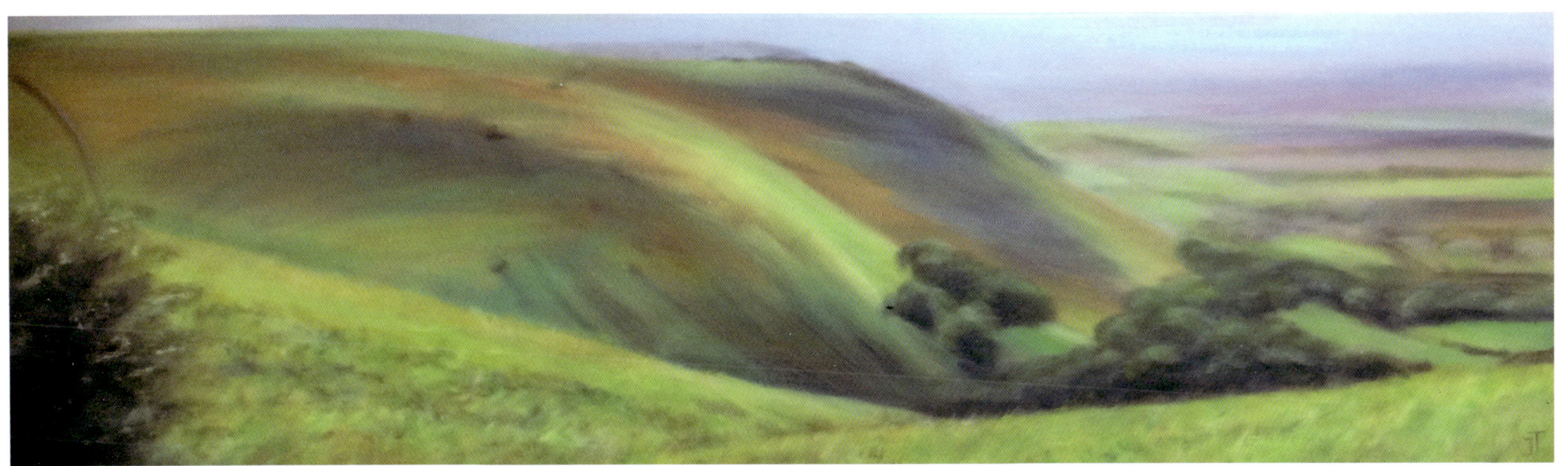

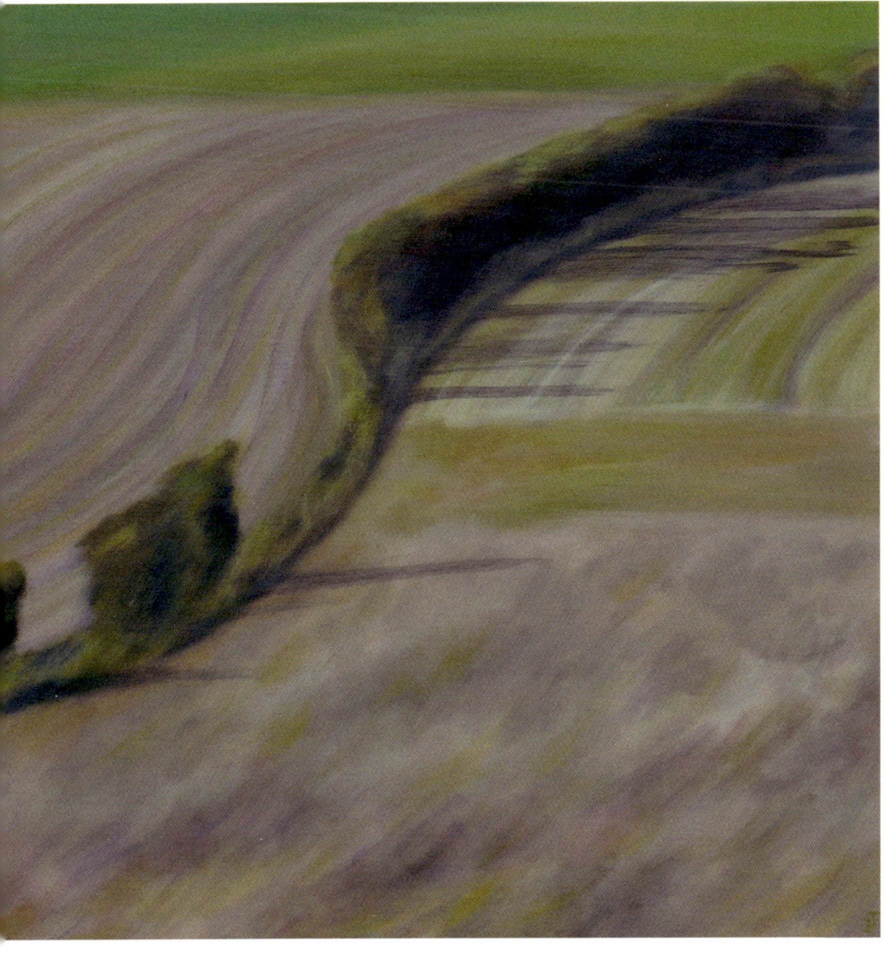

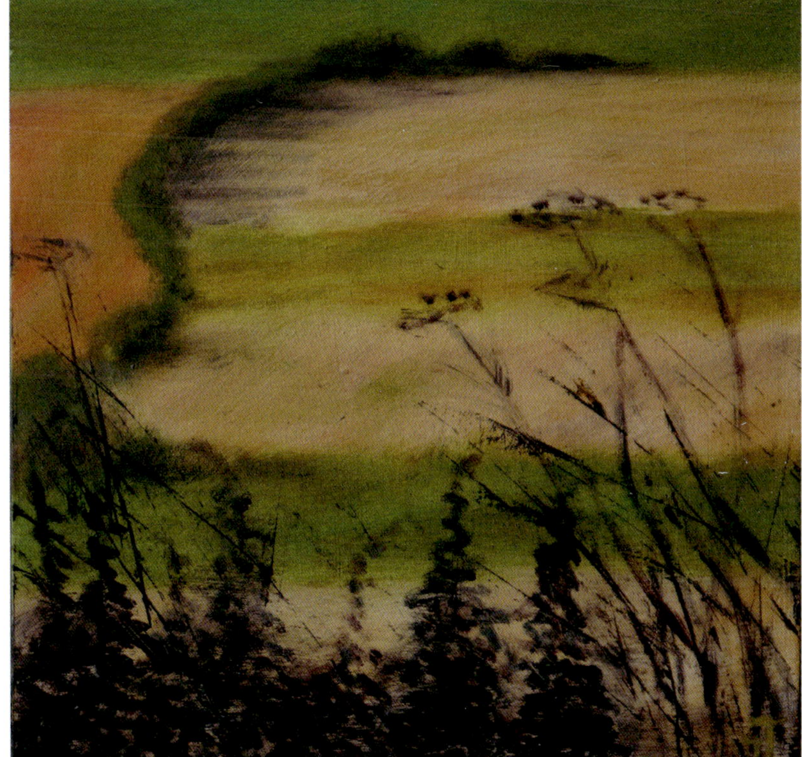

Born and raised in Sussex, Janice Thurston is inspired by the landscapes of the Sussex Downs. She loves the seasonal changes and the effect the shifting light has on the form, patterns and colours of the hills and fields, and invites the viewer to feel this emotional connection to nature in her paintings. Janice has been a member of Chalk Gallery, Lewes, since 2011.

Clockwise from top: Across from Devil's Dyke; Downland Mini; Hedgeline in Autumn

Geoff Hands

Artist
www.geoffhands.co.uk

Geoff Hands is a painter and art reviewer based in Brighton. He contributes regularly to *AbCrit* and *Conceptualfinearts*. Other reviews can be read on *Fineartruminations*.

Geoff's paintings explore time and place in various geographic locations utilising a semi-figurative and abstract visual language. Typically, his work explores both colour and gestural expression. Although his images are essentially abstract, the links to specific locations are considered as a fundamental framework for taking a journey into this painterly and expressionistic form of abstraction.

In recent years the artist's subject matter has been derived from regular visits to Cornwall, as well as from the Sussex Downs. A long-term fascination with the Shropshire landscape, from his youth, is also an ongoing influence.

Geoff exhibits his work at the Nigel Rose Gallery on Brighton seafront, close to the British Airways i360.

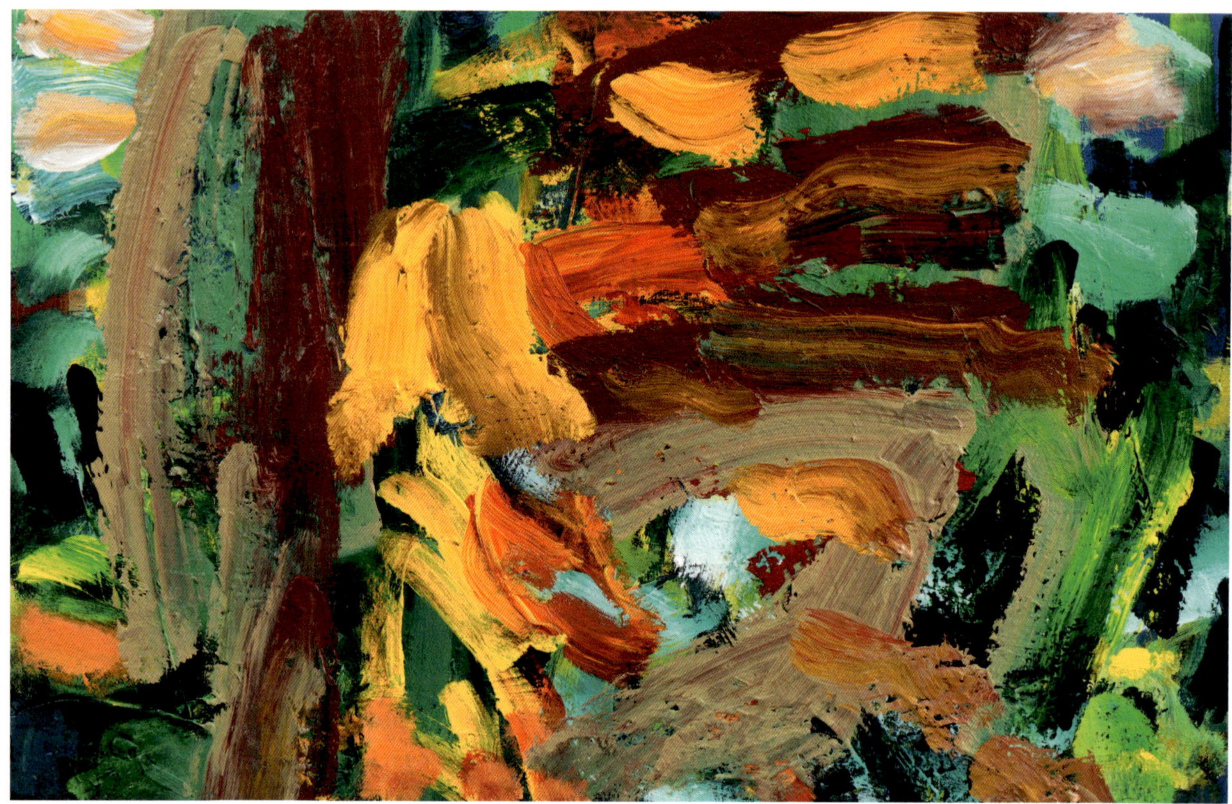

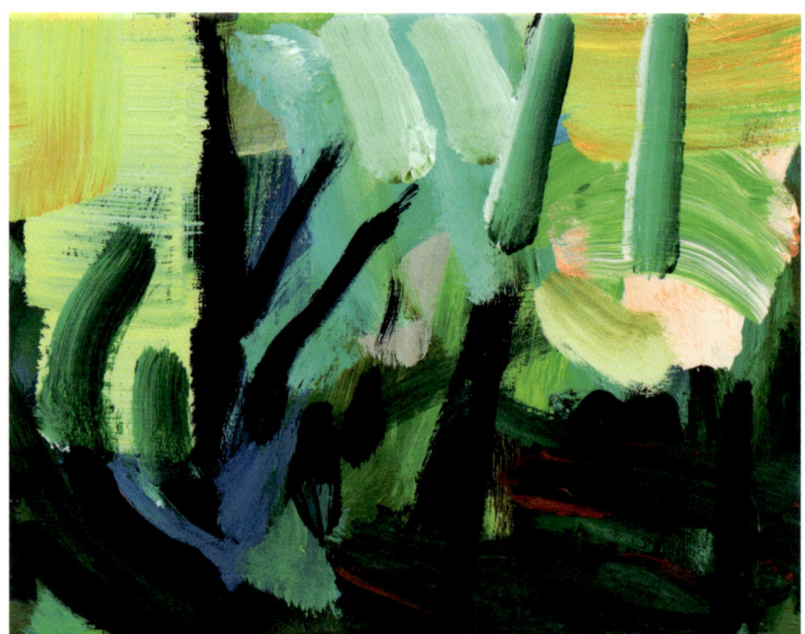

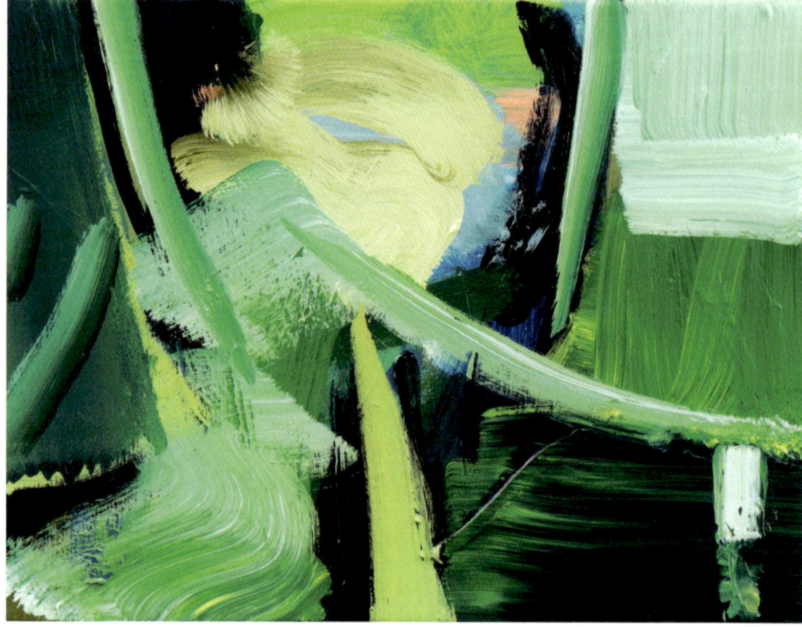

This page (clockwise from top): Woodland Immersion II; Wenlock Edge II; Wenlock Edge IV
Opposite: Woodland Immersion

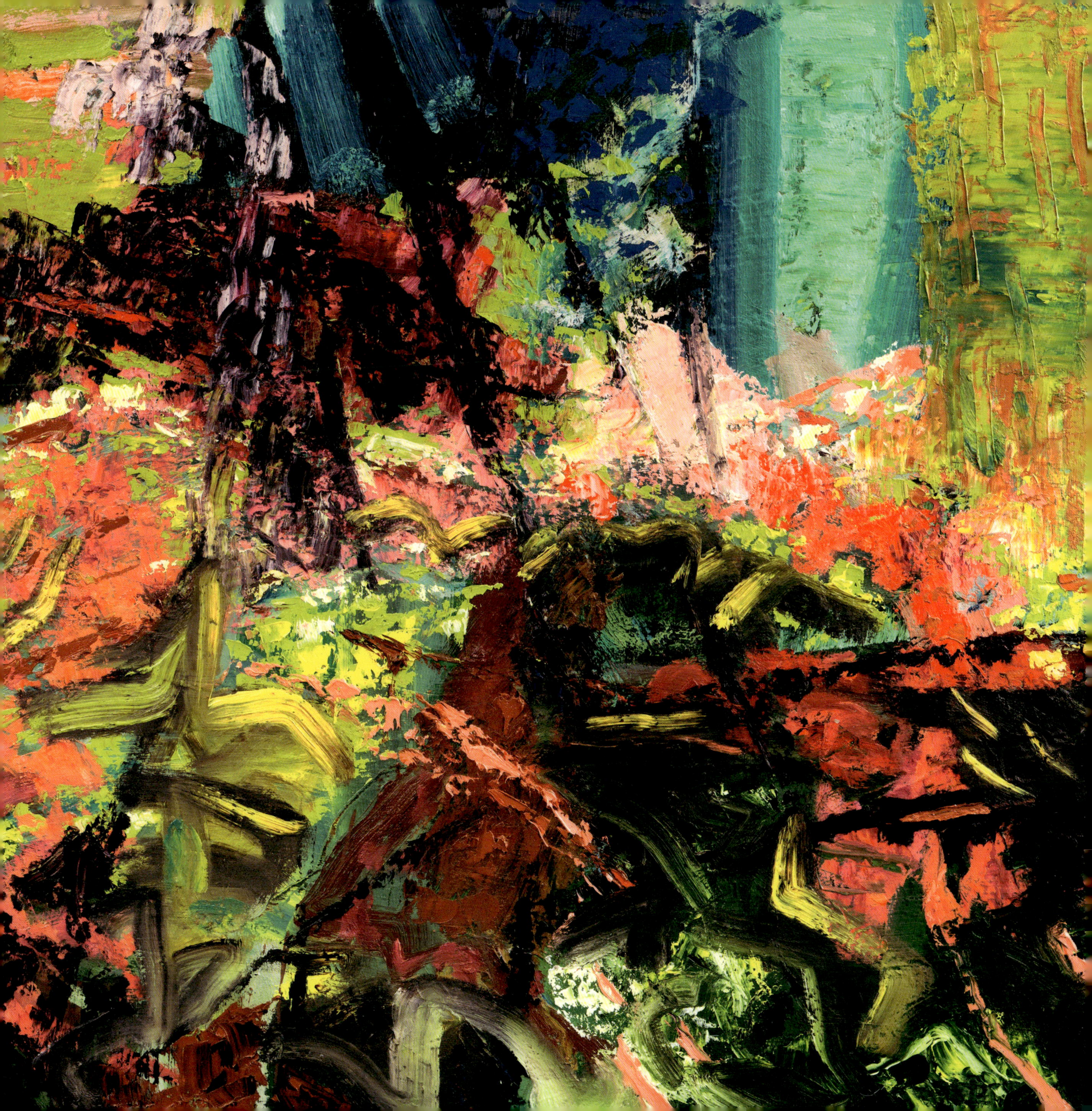

Hiroko Lewis

Artist
www.hirokoart.co.uk

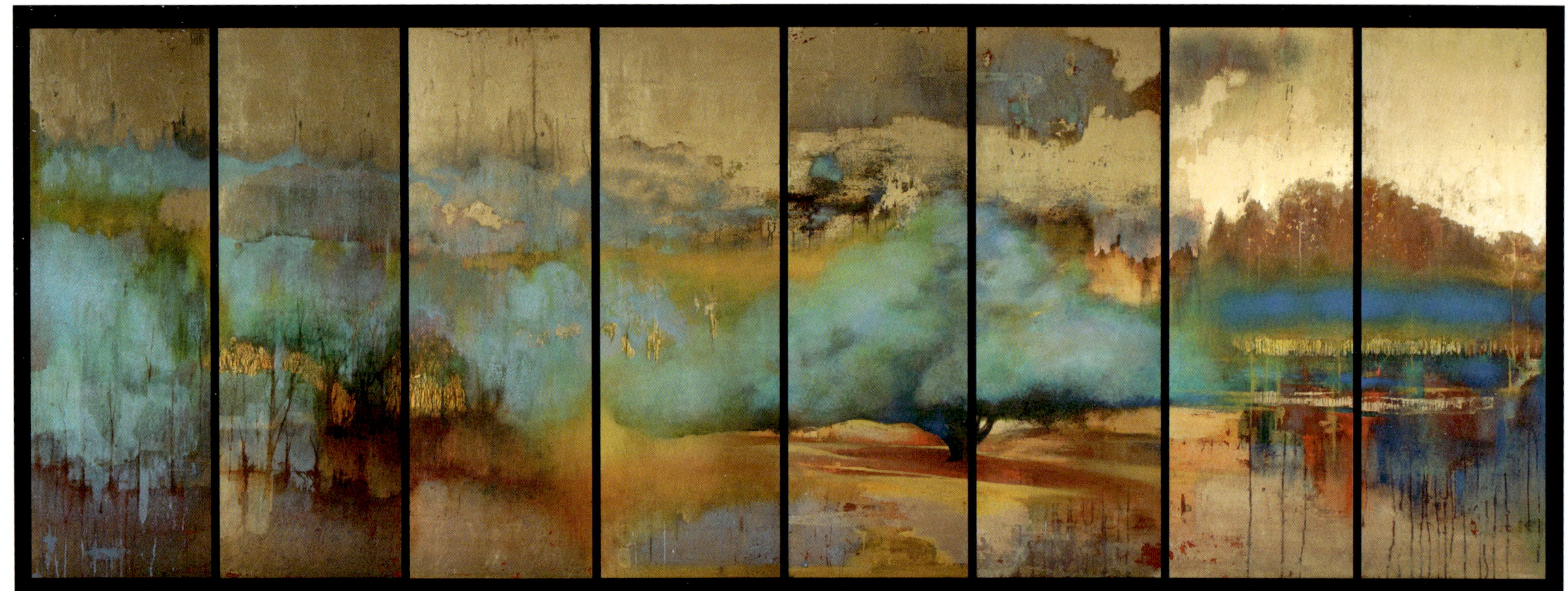

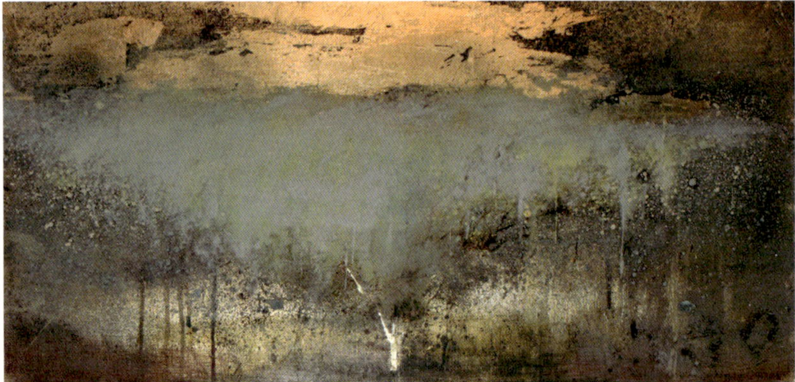

Hiroko Lewis is based in Sussex, where she creates semi-abstract mindscapes inspired by her local environment. Graduating with a degree in Fine Art from Kanazawa Art College, she exhibited widely in her native Japan, including at the prestigious National Art Centre, Tokyo.

Since moving to Brighton in 2011, Hiroko has added metal leaf to her repertoire. She is fascinated by the glow of *haku* metal materials and patination, which add extra dimensions and colours to allow a degree of expression that normal paints cannot achieve. Hiroko uses chemical reactions to create patinas that are then integrated with oil paint and traditional media to form a collaboration between unrestrained nature and control.

Hiroko's work has been displayed at venues including the ING Discerning Eye (Mall Galleries, London), Kimberly-Clark HQ, numerous Brighton Artists Open House (AOH) festivals, and at the Forest Gallery in Petworth. *Resonance* (top) – a major commission executed for law firm Cripps LLC – was completed in February 2017. Comprising 10 panels and measuring 1.5m x 5m, it fills the lobby at their Tunbridge Wells offices.

In 2018 Hiroko is opening her house for AOH on the Fiveways Trail.

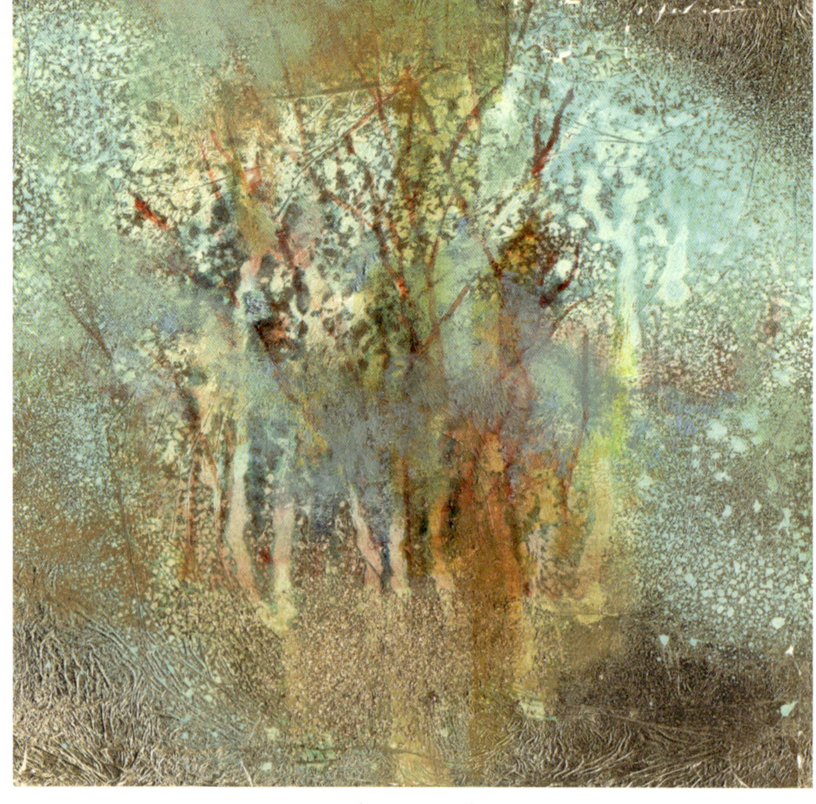

Clockwise from top: Resonance (main section); Forest Dawn; Echo II

Troy Ohlson

Painter & Printmaker
www.troyohlson.com

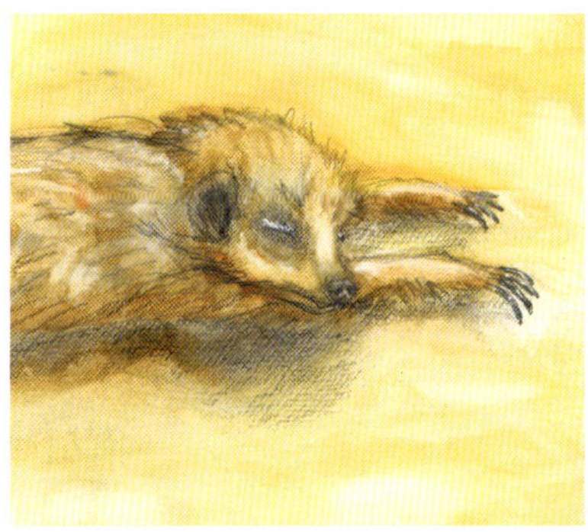

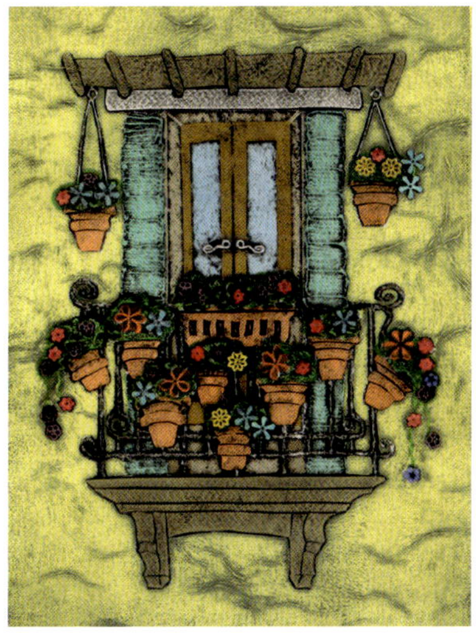

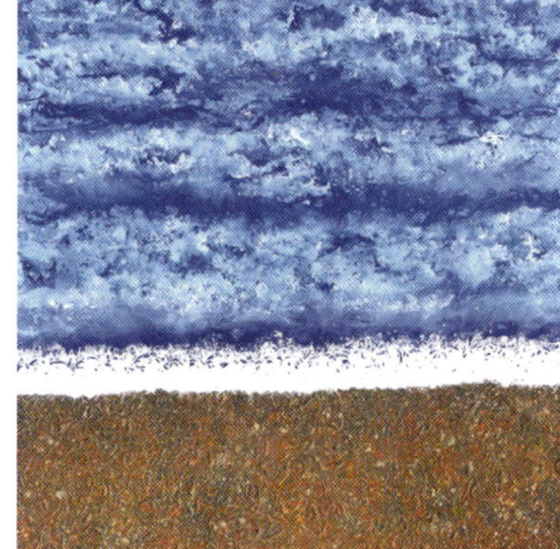

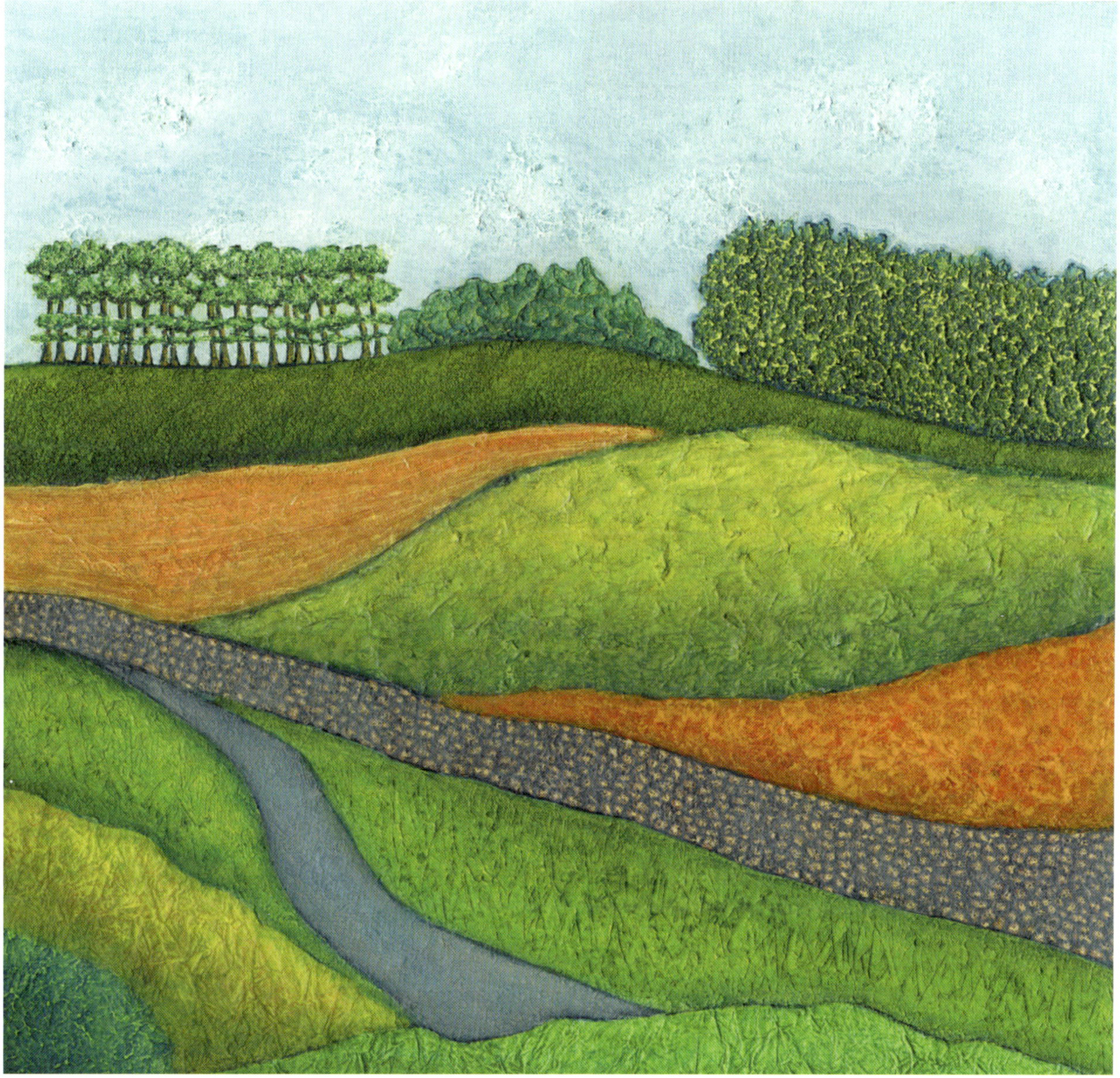

As both a painter and a printmaker, Troy Ohlson blurs the boundaries between the two, often mixing media and techniques within each piece. By embracing the creative process – allowing herself the freedom to challenge convention and enjoy 'experimenting' – this artist always keeps her work fresh and exciting.

Troy's landscapes and skies are inspired by exploring the beautiful British countryside in all weathers and seasons – the South Downs and Sussex coast often feature in her work. Combining layers and splashes of richly pigmented paint, bold brush strokes, gossamer glazes and touches of delicate detail with sculptural texture and collage, Troy's work captures the enchanting beauty, atmosphere and essence of each place.

Troy's wildlife and animal paintings are full of character and expression; their personalities come alive as they make you smile. She also creates a range of filigree jewellery. Her popular Artists Open House 'The Trojan House' has been opening for 16 years.

Clockwise from top left: Meerkat Catnap; Brass Point, South Downs Coast; Brighton Pebbles; Balcony Garden, Venice

Sheila Marlborough

Artist
www.sheilamarlborough.co.uk

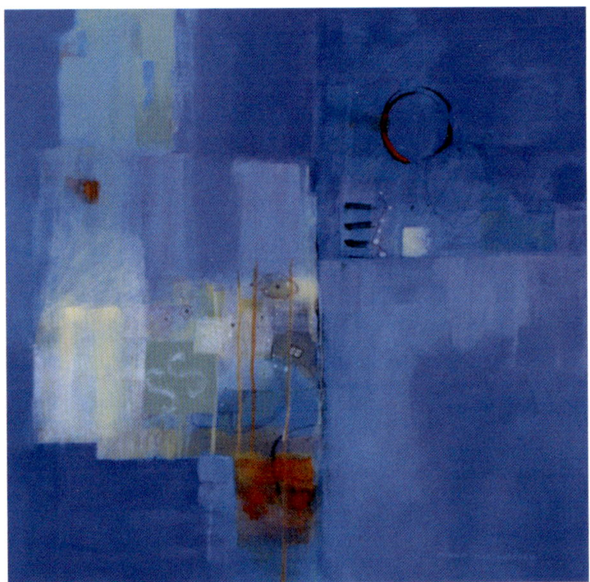

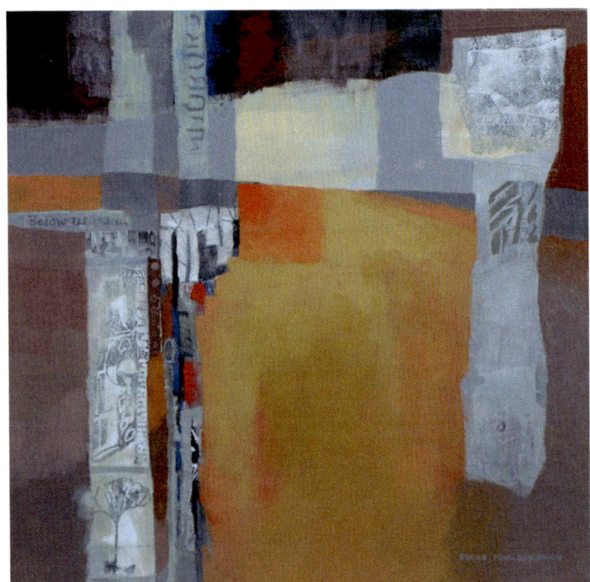

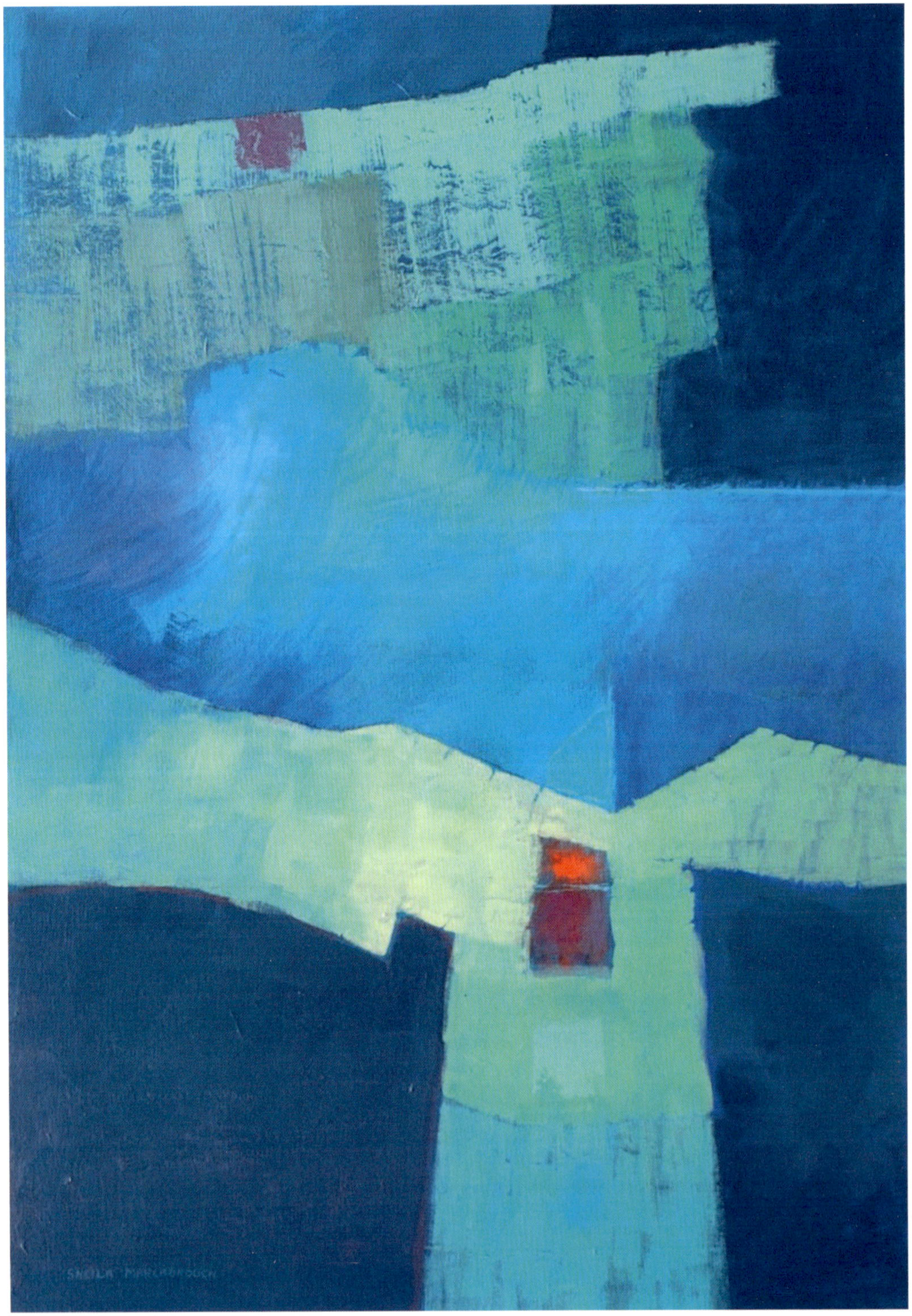

Since last year, Sheila Marlborough's work has focused more on abstraction. Beginning with no subject matter, each painting evolves in colour, texture and mood, until a certain stage is reached when a title suggests itself and the painting is finished. However, it is slightly more complicated than that – and much struggle and conflict exist in between. Music plays a part in creating a feeling and relaxing this artist's mind, so that the act of painting is often instinctive and more pleasurable.

Clockwise from top left: Holiday Memories; Referendum Blues; Below Us

Claire Harrison

Artist
www.claire-harrison.co.uk

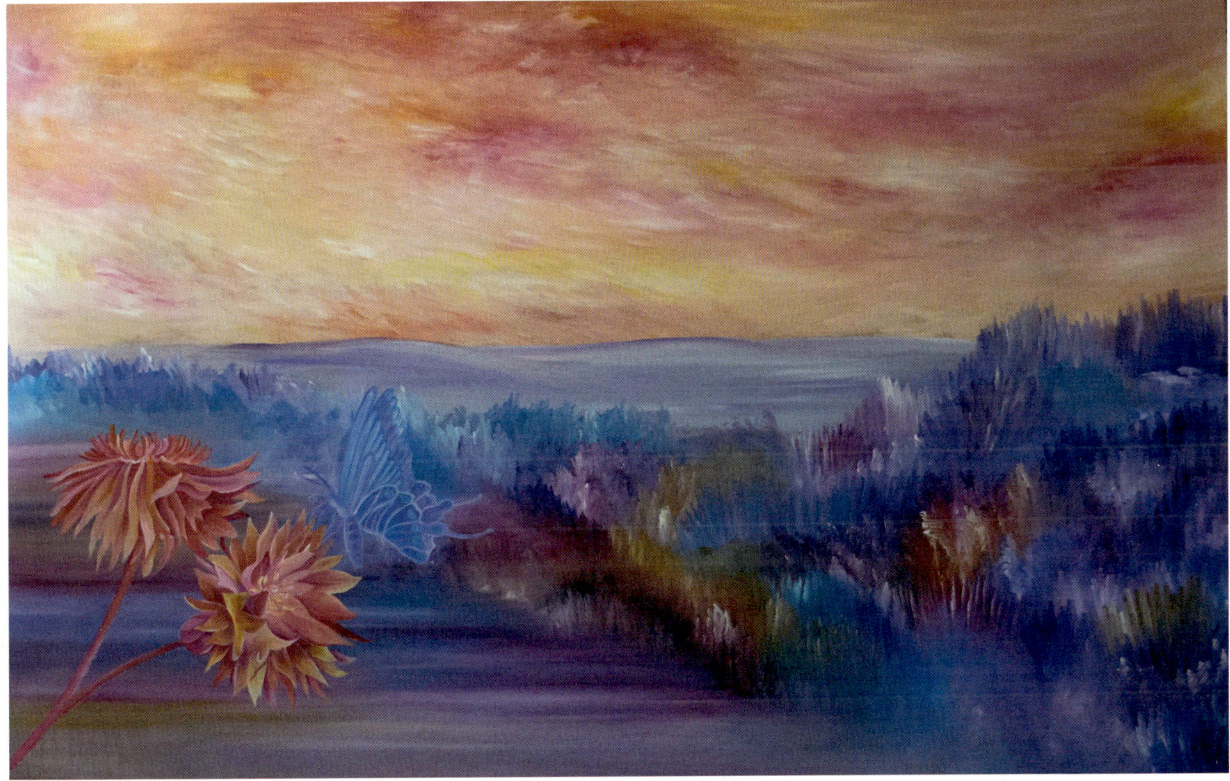

Claire Harrison is fascinated by the natural world, and has been since a young age. Based at her studio north west of Brighton, she grows flowers from seed, then studies each plant as it matures and slowly fades. Claire creates large, brightly coloured hyperreal oil paintings that are frequently painted in series. These capture either the miniscule world, a camouflaged insect, or the beauty of form in fading blooms.

This artist's work is full of colour inspired by the changing light of day or the varied spectrums of light that different insects see. A result of her textural style is that the outward appearance of each painting is disrupted by the underlying surface, creating a metaphor for the real landscape. Not simply rolling hills, but so much that we do not see; the fragile intertwined relationships between creatures in the ecosystem.

Since 2002, Claire has been a best selling artist in the UK and around the world. Her work features in public and private collections, selling to collectors in countries including the UK, Canada and China. She regularly exhibits with Ming Art Gallery, Hove. Claire enjoys sharing her passion for the arts, teaches at Guildford Institute, tutors private students and mentors fellow artists.

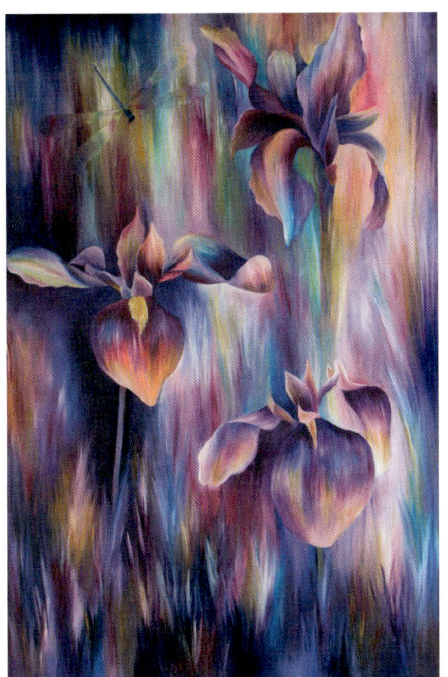

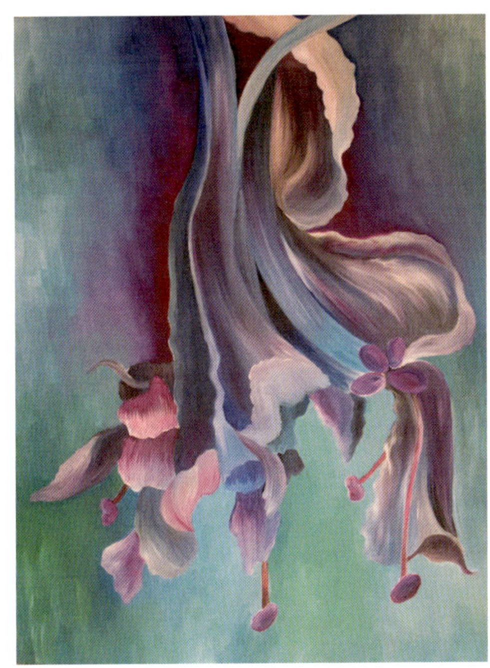

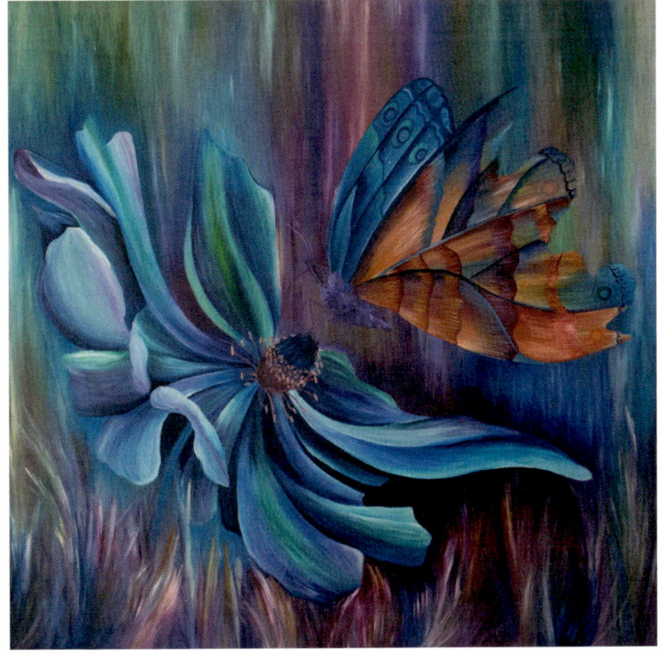

Clockwise from top: Towards the Horizon; Fading Blooms 3; Fading Blooms 1; Irises

Doug Abercrombie

Artist
www.theartofmathematics.com

Nature abounds with beautiful complex structures and phenomena at every scale, from the unique symmetry of each snowflake to the vast spiral arms of galaxies.

This seemingly infinite variety of forms is created from physical laws governed by surprisingly simple mathematics.

Doug Abercrombie's work explores the mysterious relationship between nature and mathematics to create visions of alternate worlds that are at once both familiar and alien. Nature, but not as we know it.

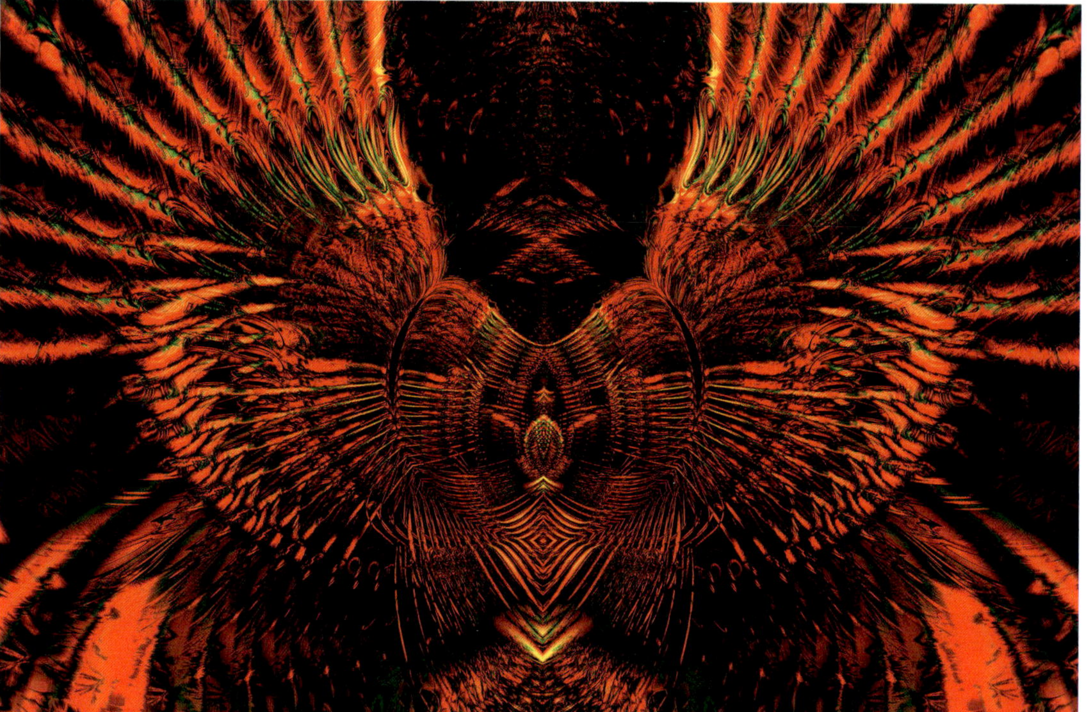

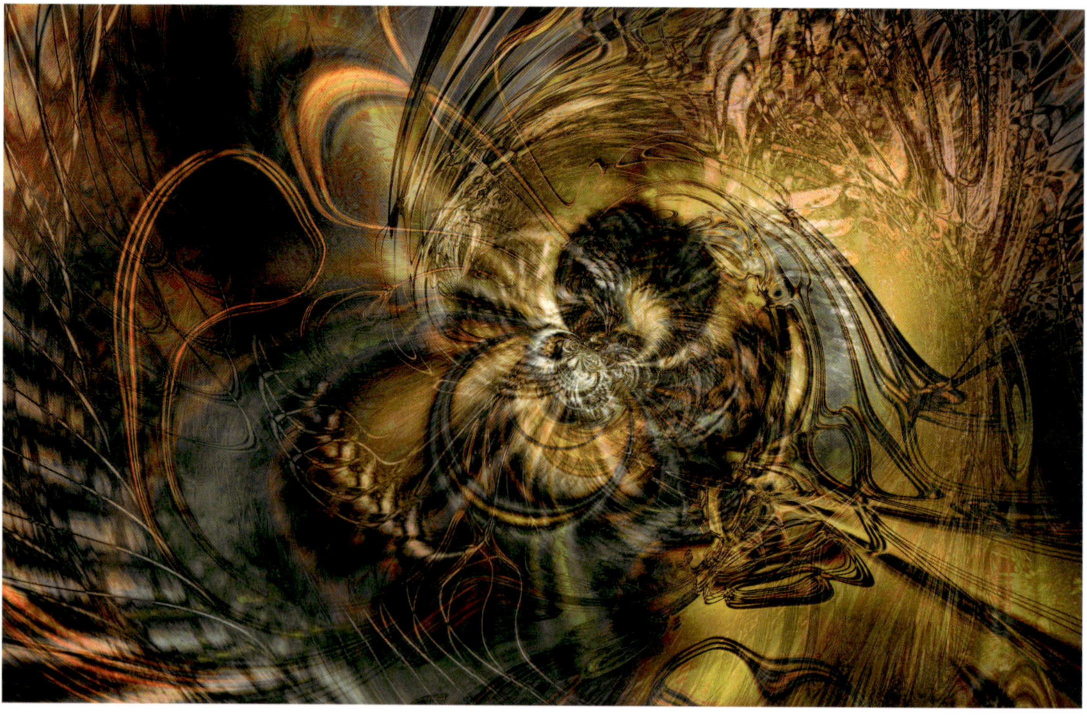

This page (top to bottom): Firebird; Sundance
Opposite: Masques

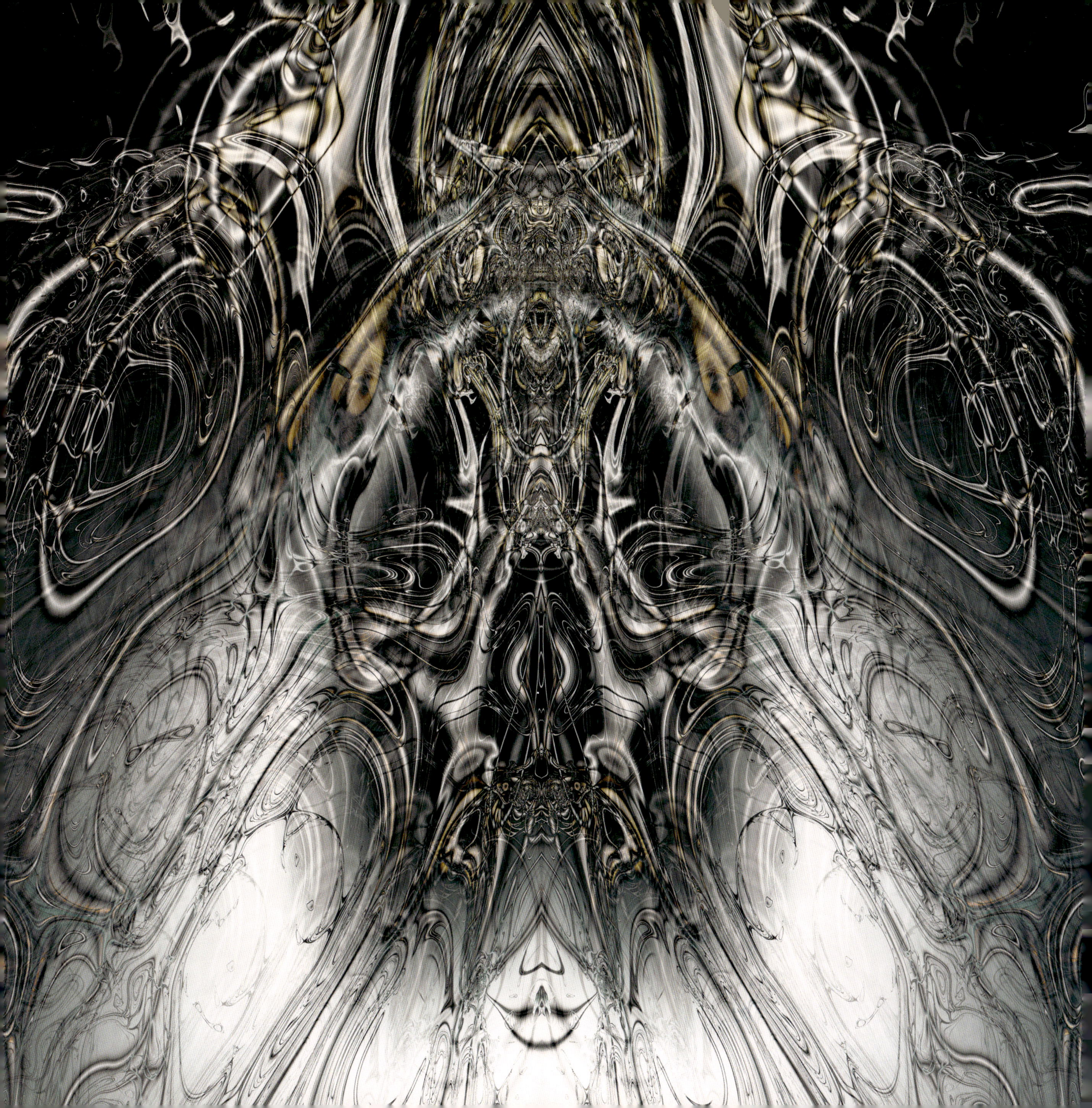

Jane Sampson

Artist & Printmaker
www.inkspotpress.co.uk

When Jane Sampson first started out as an artist she was inspired by the early work of Robert Rauchenberg, who combined non-traditional materials and objects in innovative ways in his paintings and prints. Her print *Rauchenbirds* (right) was, in fact, a response to the news of his death in 2008... a kind of private homage.

This image has evolved through several incarnations since then. In the most recent version Jane printed with gloss enamel and also gold and Prussian blue pigments on board instead of the usual inks on paper. The result has a rich velvety feel. The birds print unevenly, accentuating the feeling of movement and giving the image an evocative, dream-like sense of nostalgia.

Rauchenbirds is a good example of this artist's style. Jane likes to use a collage of imagery from a wide range of visual sources. These usually combine her own photographs and drawings mixed with found imagery and found objects such as pressed flowers or textured fabric. It often incorporates photographic materials and digital processes. This process of experimenting with layering and different textures and materials enables Jane to convey depth and meaning in her imagery.

Jane is the founder of Inkspot Press (page 104) and author of the book *Screenprinting* (The Crowood Press).

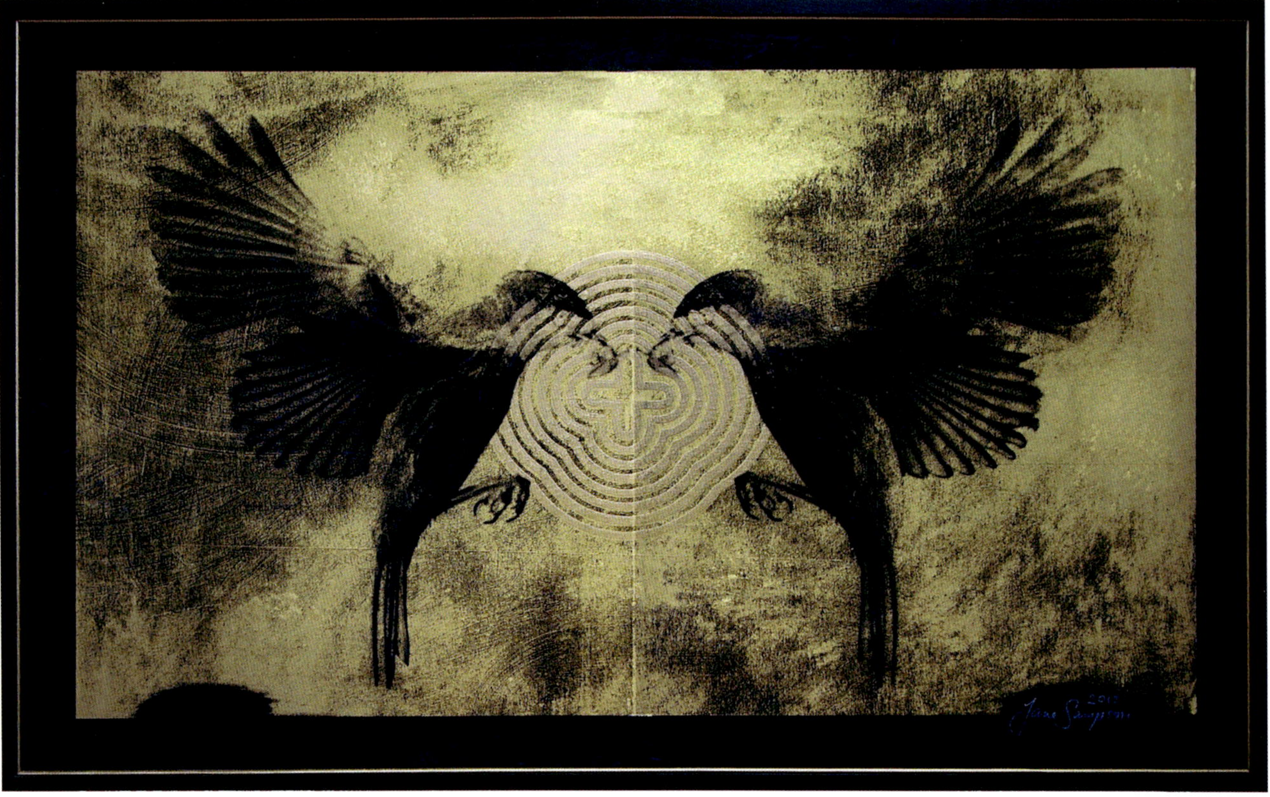

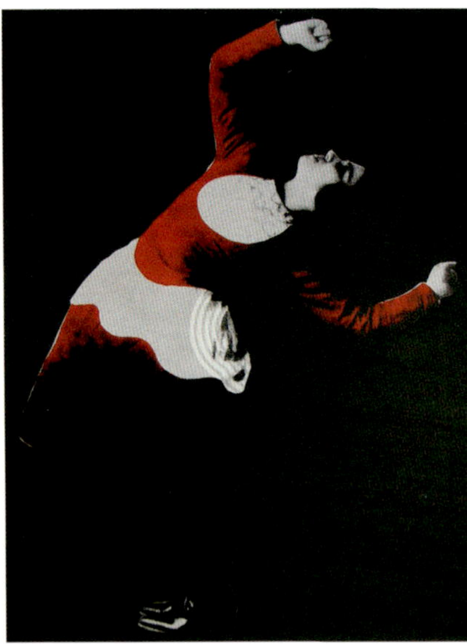

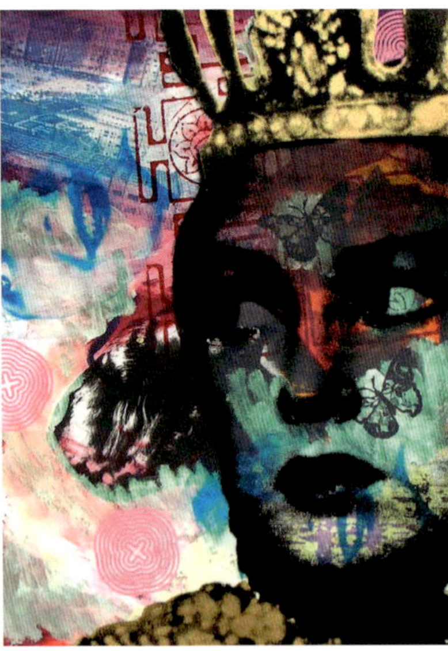

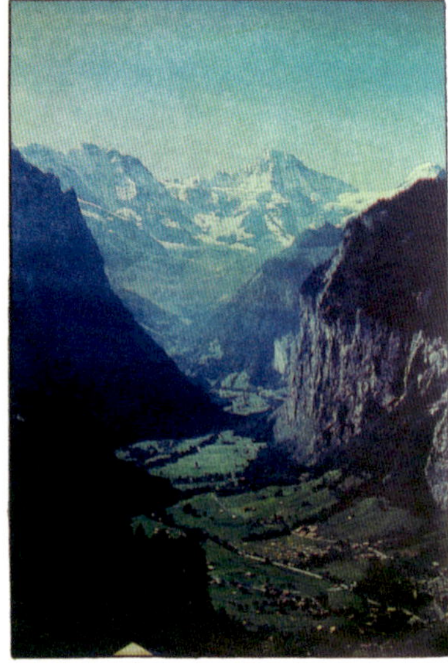

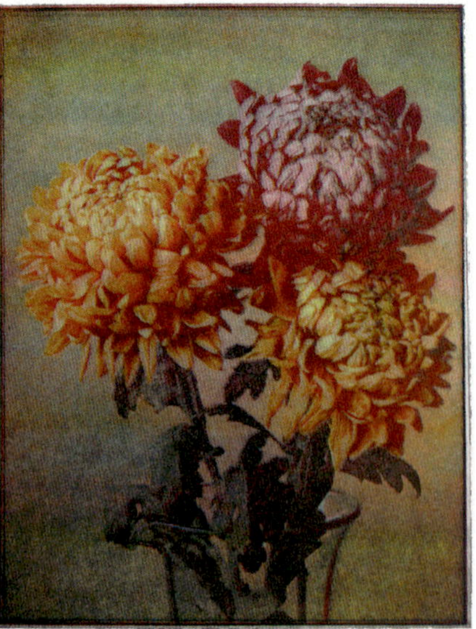

Clockwise from top: Rauchenbirds; Chrysanthemums; Lauterbrunnen; Solitare; Edge

Susan Lynch

Artist
www.susan-lynch.co.uk

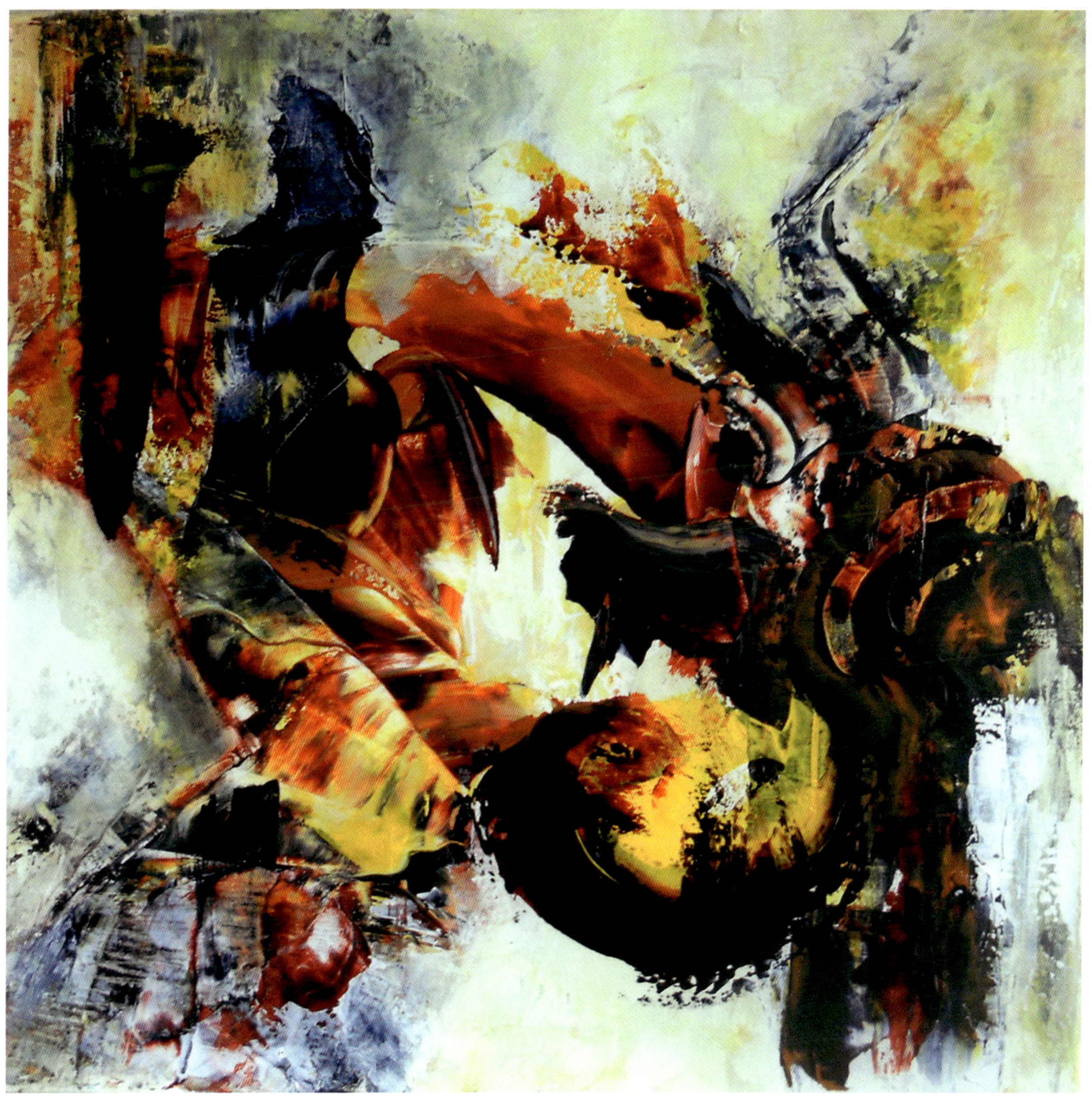

Susan Lynch paints with energy and enthusiasm, allowing her images to become what they will. The applied medium is what brings the paintings to life, somehow detaching the results from logical thinking. Although Susan gives her work titles to suggest what she sees, she hopes the viewers will also make their own unique interpretation.

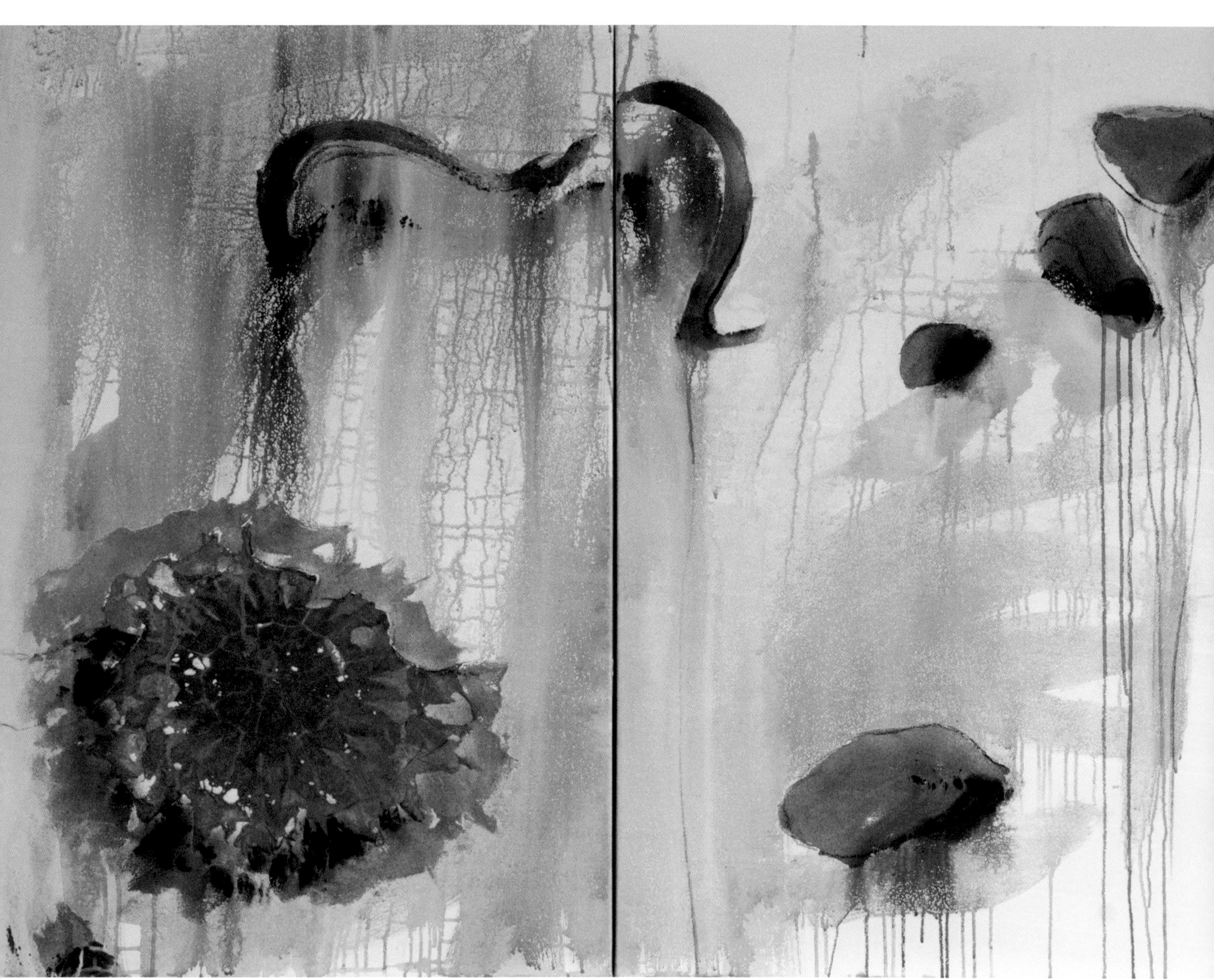

Nickova Behling

Artist
www.nickovabehling.com

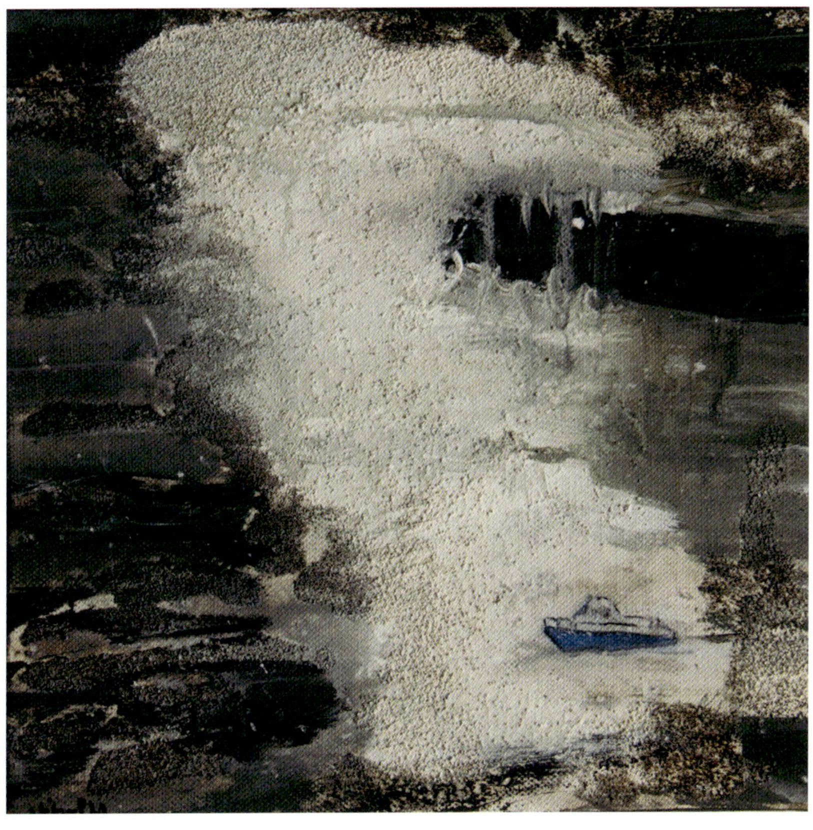

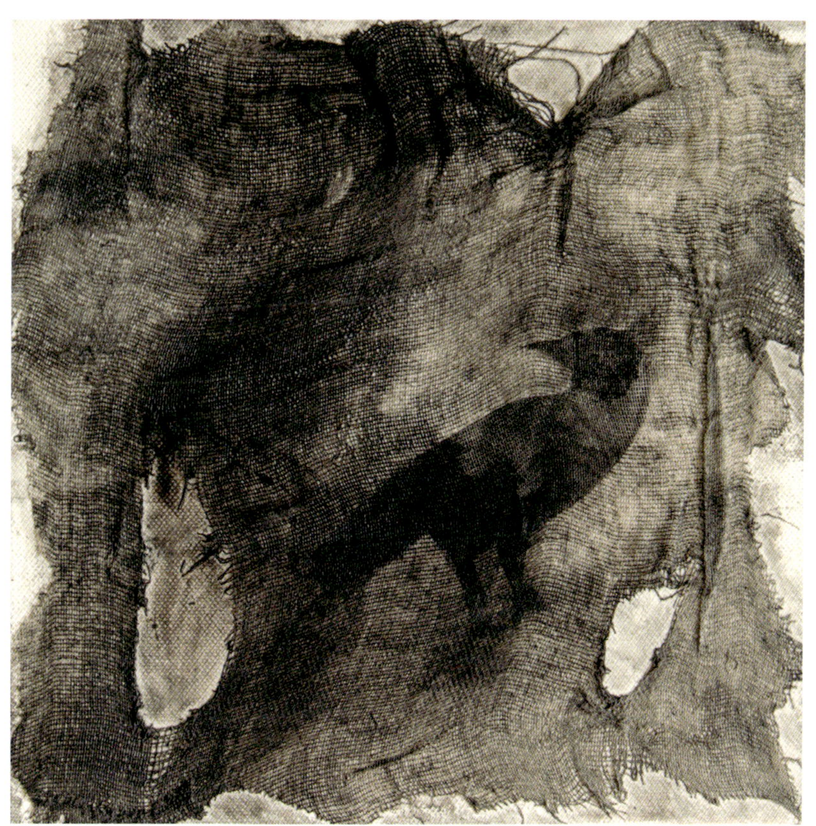

Left to right: Silver-Grey; Irish Crow

Linescapes

Artist

www.linescapes.co.uk / www.linescapescommissions.co.uk

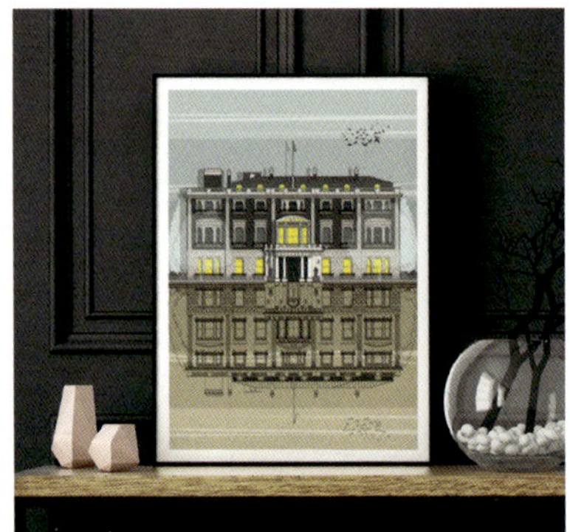

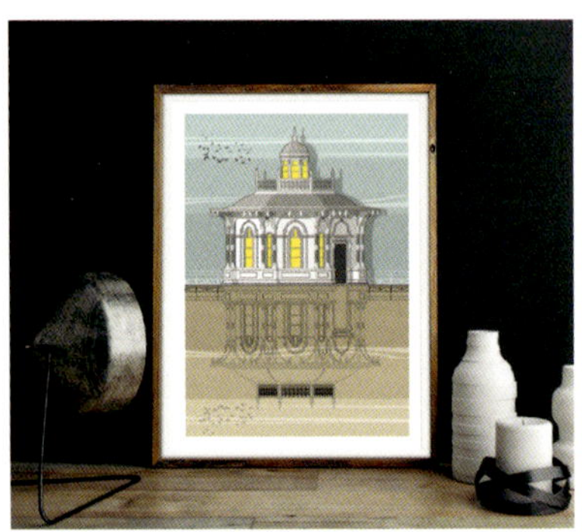

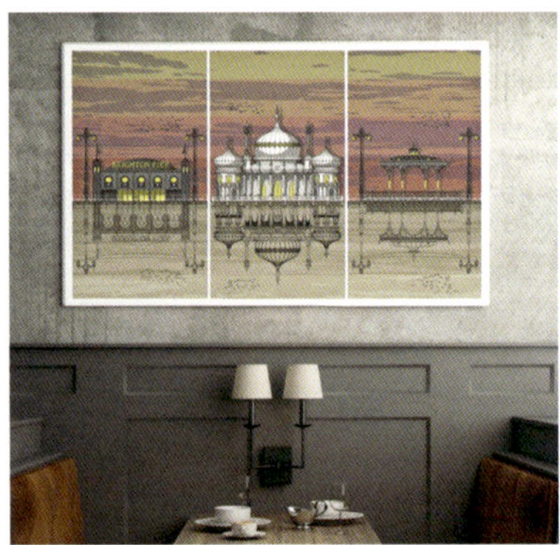

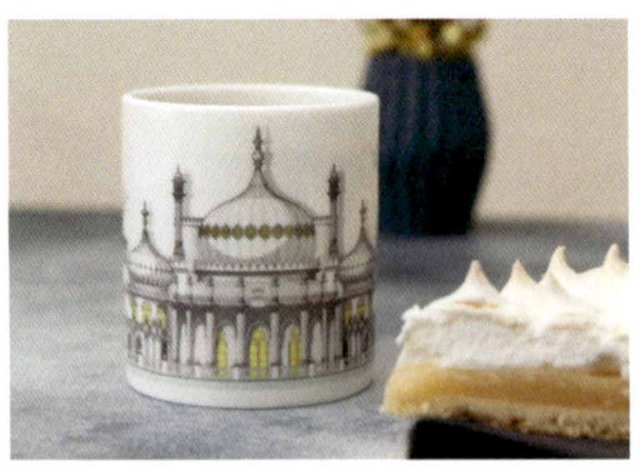

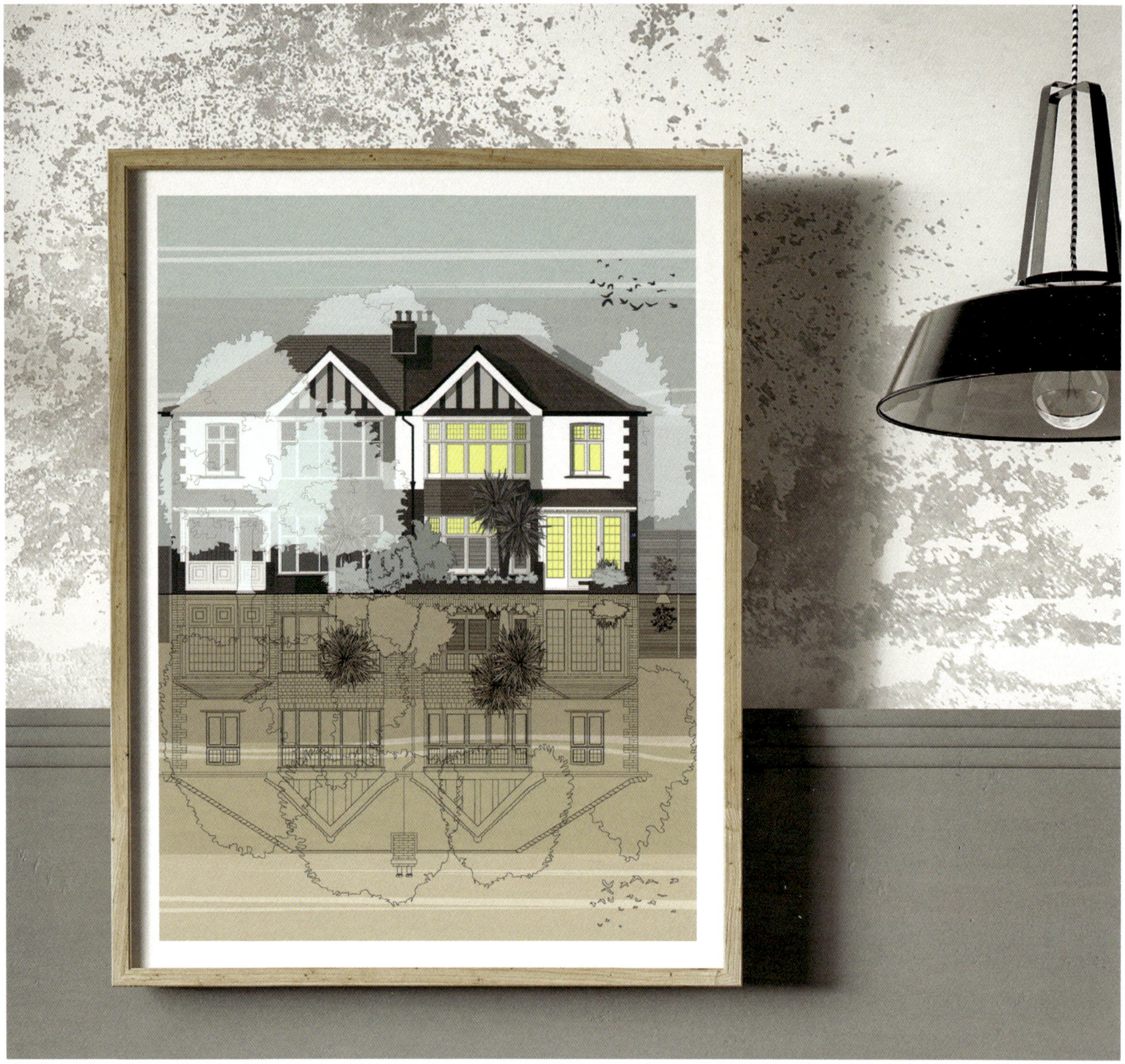

Linescapes specialises in highly detailed CAD architectural portraits of iconic buildings and landmarks. Set up in 2014 by Amalia Sanchez de la Blanca, Linescapes offers a range of architecture-inspired prints, cards and gifts.

The aim is to tap into people's emotional relationships with buildings. Architecture can evoke memories, a sense of belonging and relate to our aesthetic sense. That's why Linescapes' collections are constantly growing with drawings of buildings that mean something to people, whether they are cultural landmarks, architecturally significant structures or bespoke house portraits.

Amalia has built a collection of over 40 illustrations that are available from stock. She also carries out commissions for private individuals, professionals and large organisations.

Amalia's background as an architect, and consequent attention to detail and trademark style, ensures that all her products sit well together in an elegant and understated collection.

Linescapes offers a personalised approach to each client's needs and budget. If you are looking to commission artworks or would like to choose from the catalogue, Amalia can help. For samples of her work visit her websites (top).

Main image: House portrait commission
Left (from top): Wallace Collection portrait; West Pier Kiosk; Brighton Landmarks Triptych Sunset; Royal Pavilion bone china mug

Vicki Atkinson

sculptor
www.victoriaatkinson.co.uk

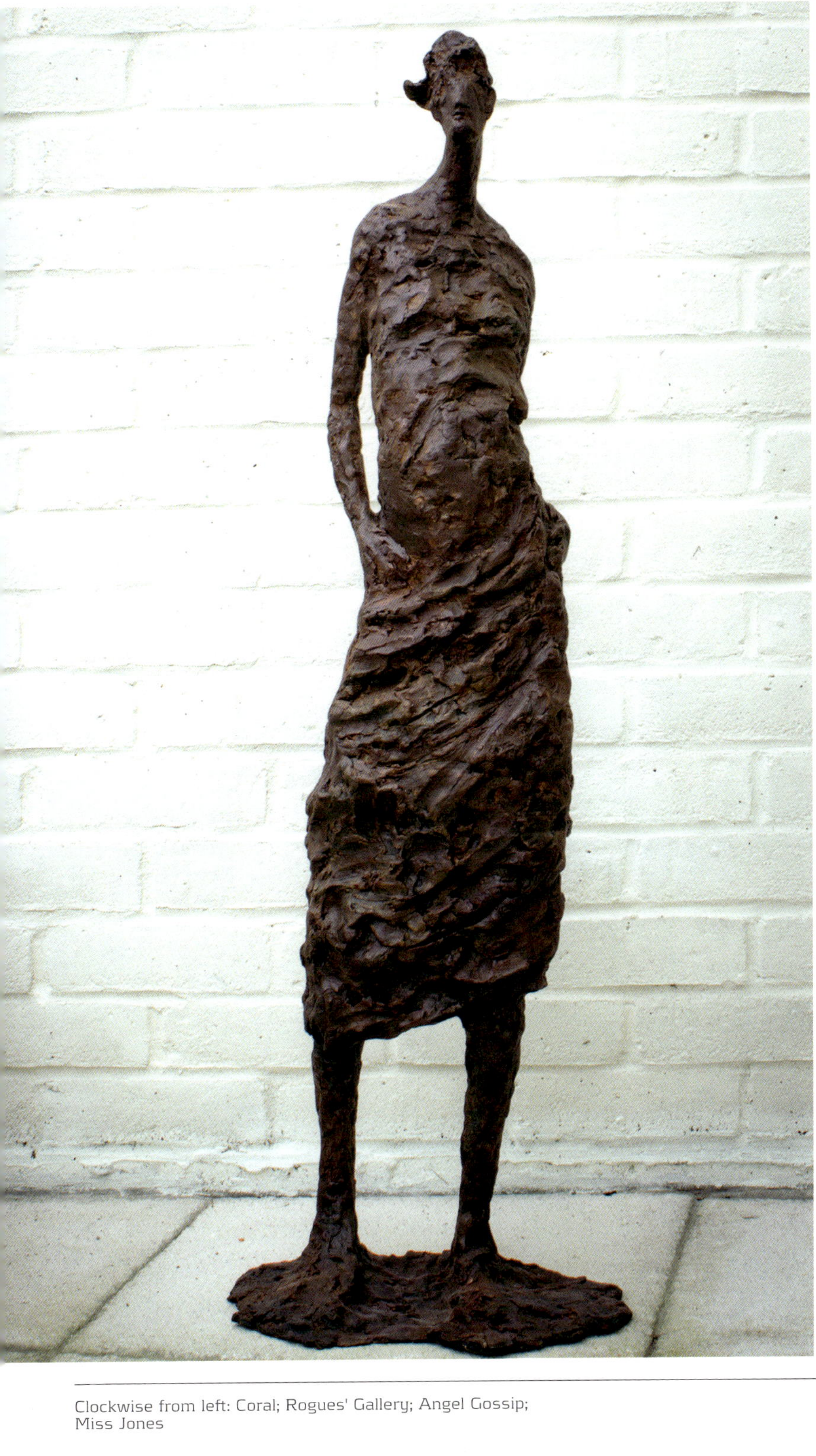

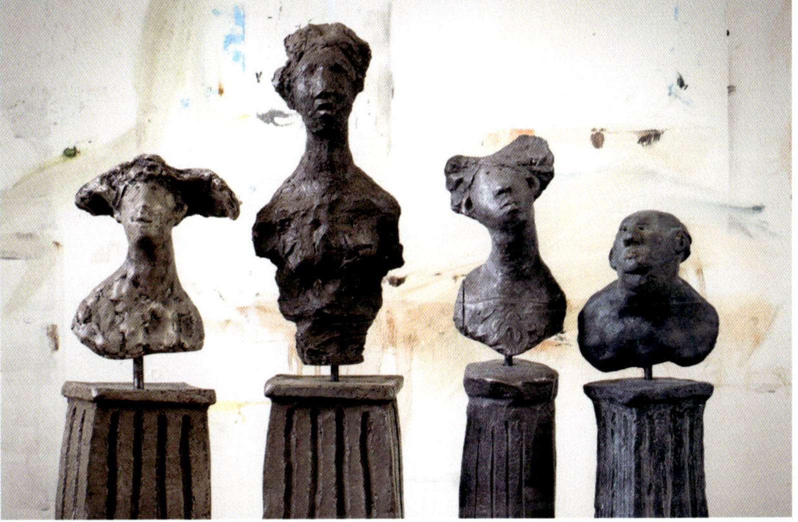

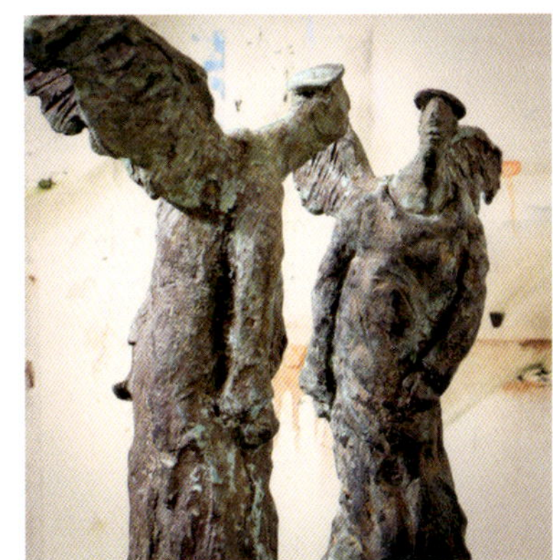

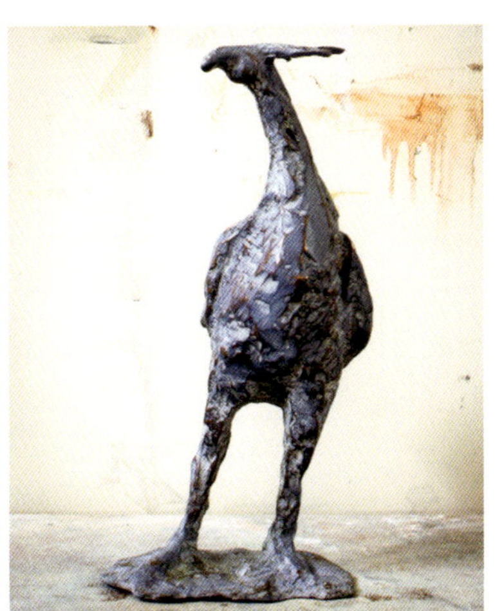

Focusing on posture, sculptor Vicki Atkinson's androgynous figures are captured at the edge of movement with a gentle reminiscent humour present in their body language.

Using wet clay, she gains a fluidity that condenses a pose to its bare essentials. Through this connection with the land she conjures up a sense of coming from the earth and being part of the natural life cycle. Monoliths and stone circles are evident, a sense of perpetual time and the feeling that something so still can evoke so much power. Although the poses of her sculptures are often static, their stillness has a presence.

The figures and faces are composed, timeless, part of a group and yet distant, as if they are hiding behind a persona like an actor on stage.

Clockwise from left: Coral; Rogues' Gallery; Angel Gossip; Miss Jones

Rob Ollerenshaw

Artist
www.artymagazines.com

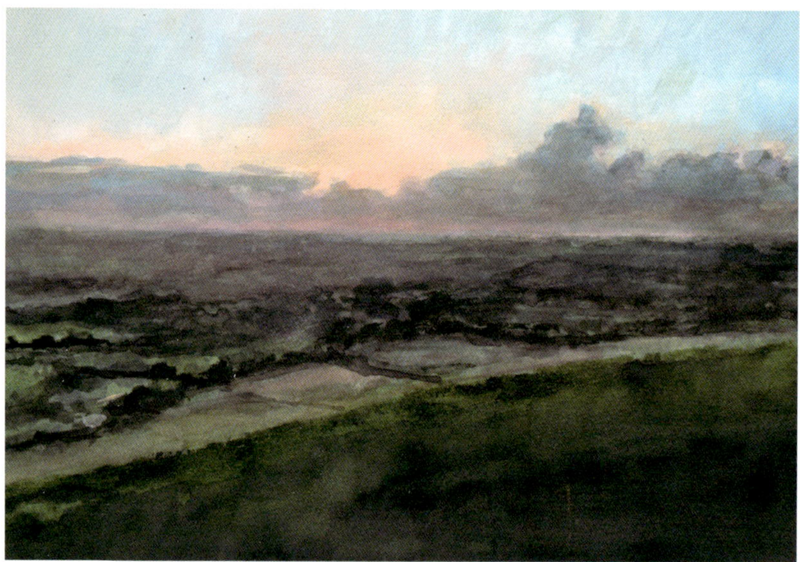

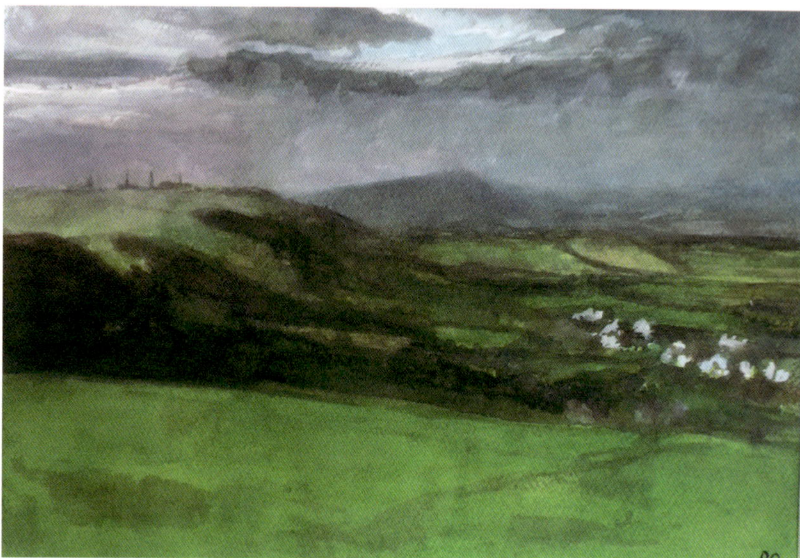

The city of Brighton and Hove, and the Sussex shoreline and countryside, provide endless inspiration for local artist Rob Ollerenshaw. He uses a variety of media – watercolour, gouache, pastel, inks and wax – working on paper, canvas and board.

Rob's paintings are a synthesis of light, colour and texture, and a personal impression of a particular place and time. Each artwork is a challenge to portray his experience of the scene – the fluctuation of light and shadow, and the movement of people coming and going.

A fine art graduate, Rob regularly exhibits in Brighton's Artists Open Houses. He also paints the landscape of Brittany in France, where he has exhibited several times.

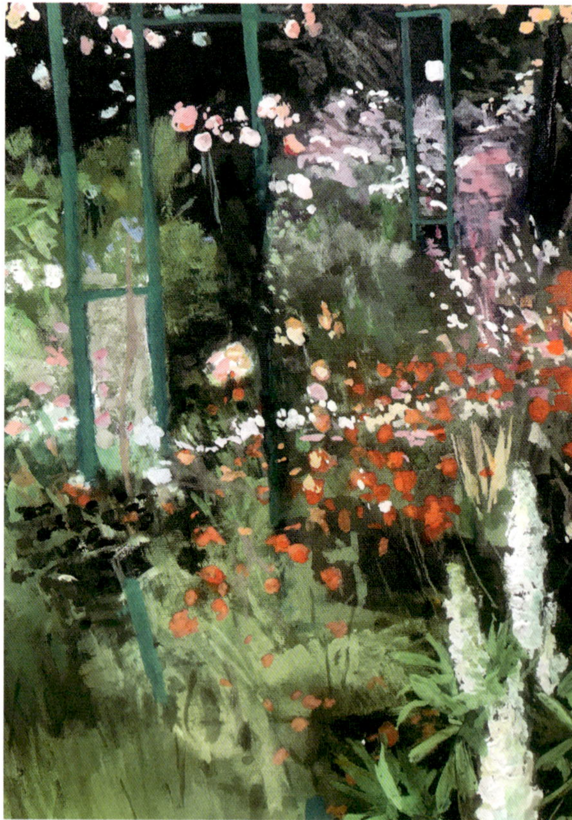

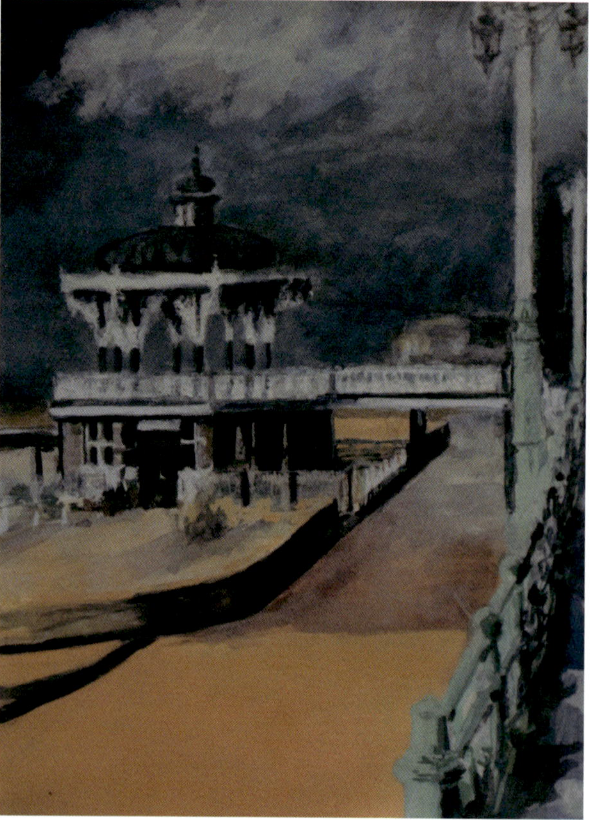

This page (clockwise from top left): Sunset over the Weald; South Downs looking west from Devil's Dyke; Bandstand on Stormy Day; Cate's Painting
Opposite: Beach by Carats Cafe

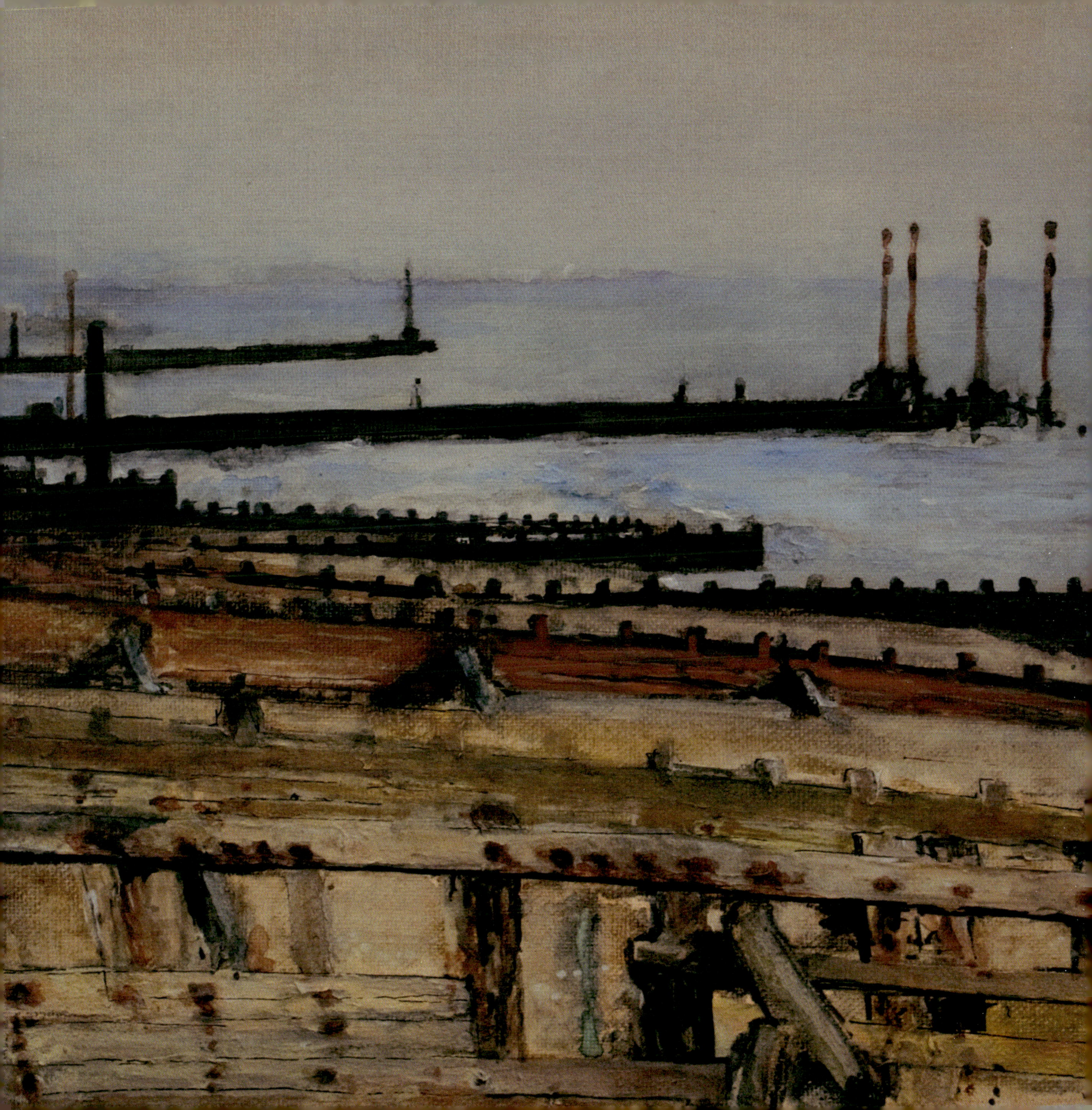

Jessica Zoob

Artist
www.jessicazoob.com

> "Zoob's use of line, texture and colour recall the work of Gerhard Richter's abstract paintings and the poetic quality of Claude Monet's later works. However, they are rich in imagination with an innate energy and beauty all of their own"

Leonie Irvine
Medici Gallery

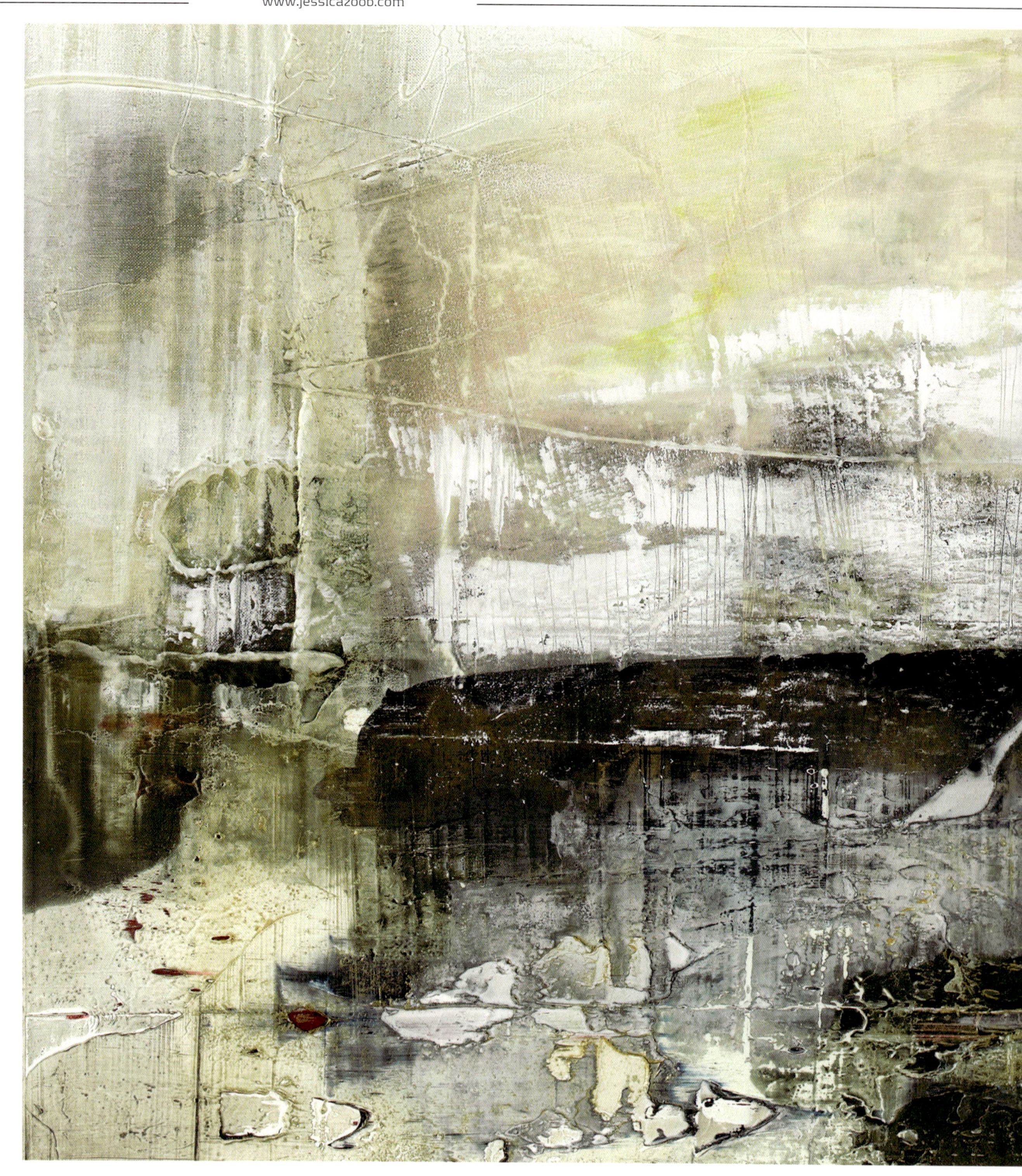

Jessica Zoob's oil paintings are collected worldwide. Interested collectors can view her works in her beautiful Sussex studio by appointment. Jessica now has a range of limited-edition prints available on paper, canvas and Diasec. Also available is a range of textiles, cushions and wallpapers in collaboration with Romo Black Edition. Please visit the shop section of her website (top) for further information.

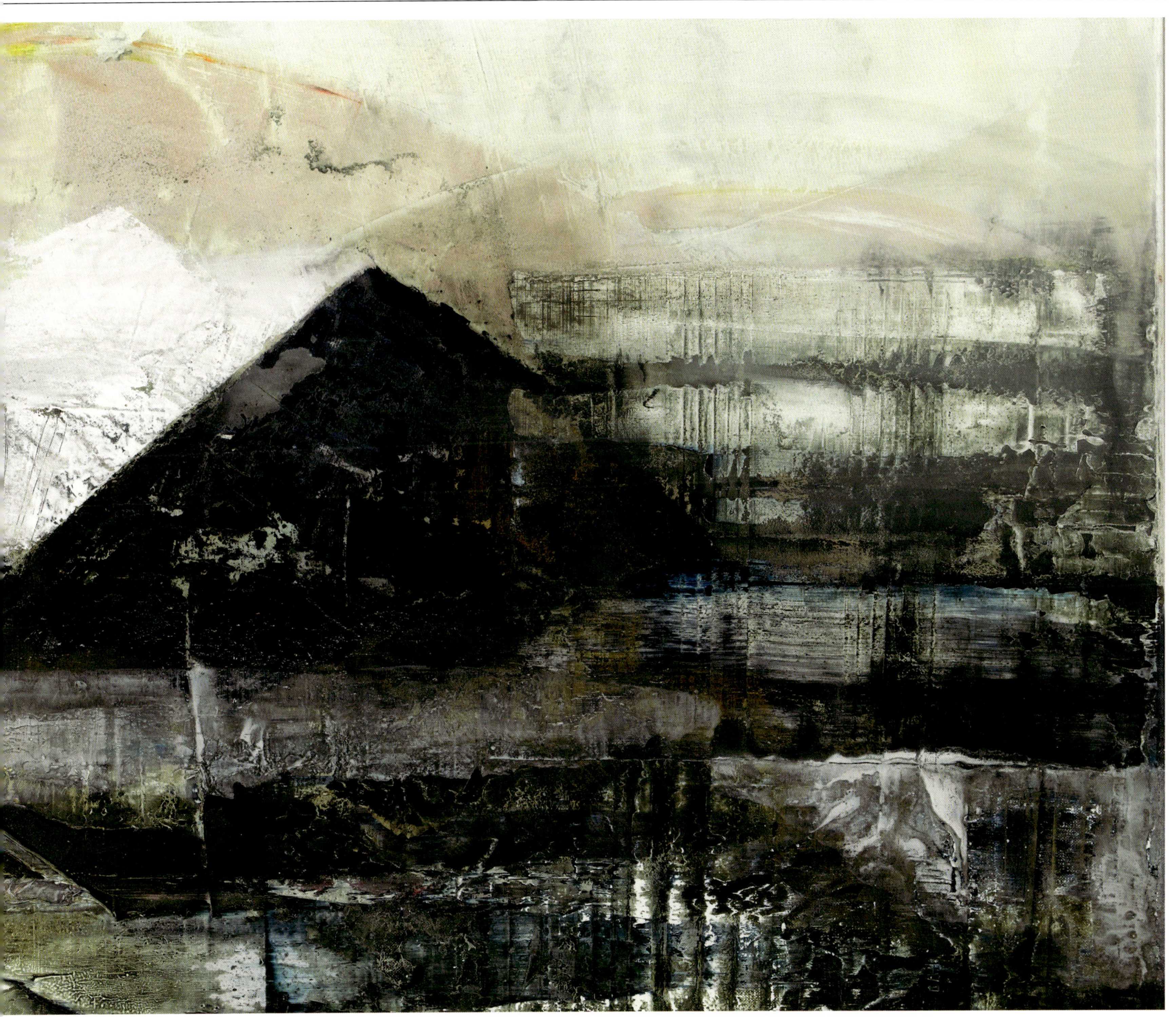

A Place Full of Magic

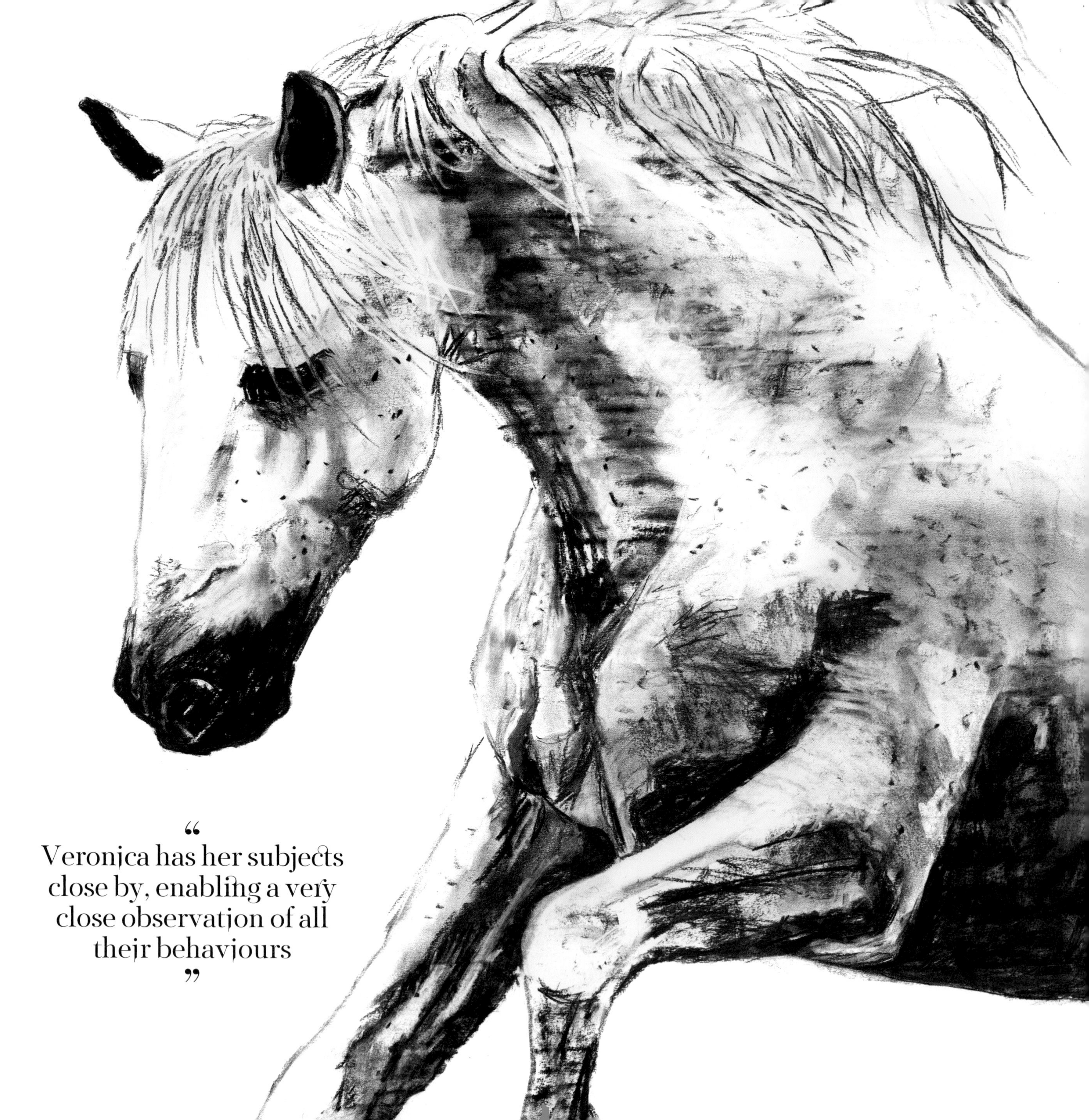

“Veronica has her subjects close by, enabling a very close observation of all their behaviours”

Veronica van Eijk

Artist
www.vaneijkarts.com

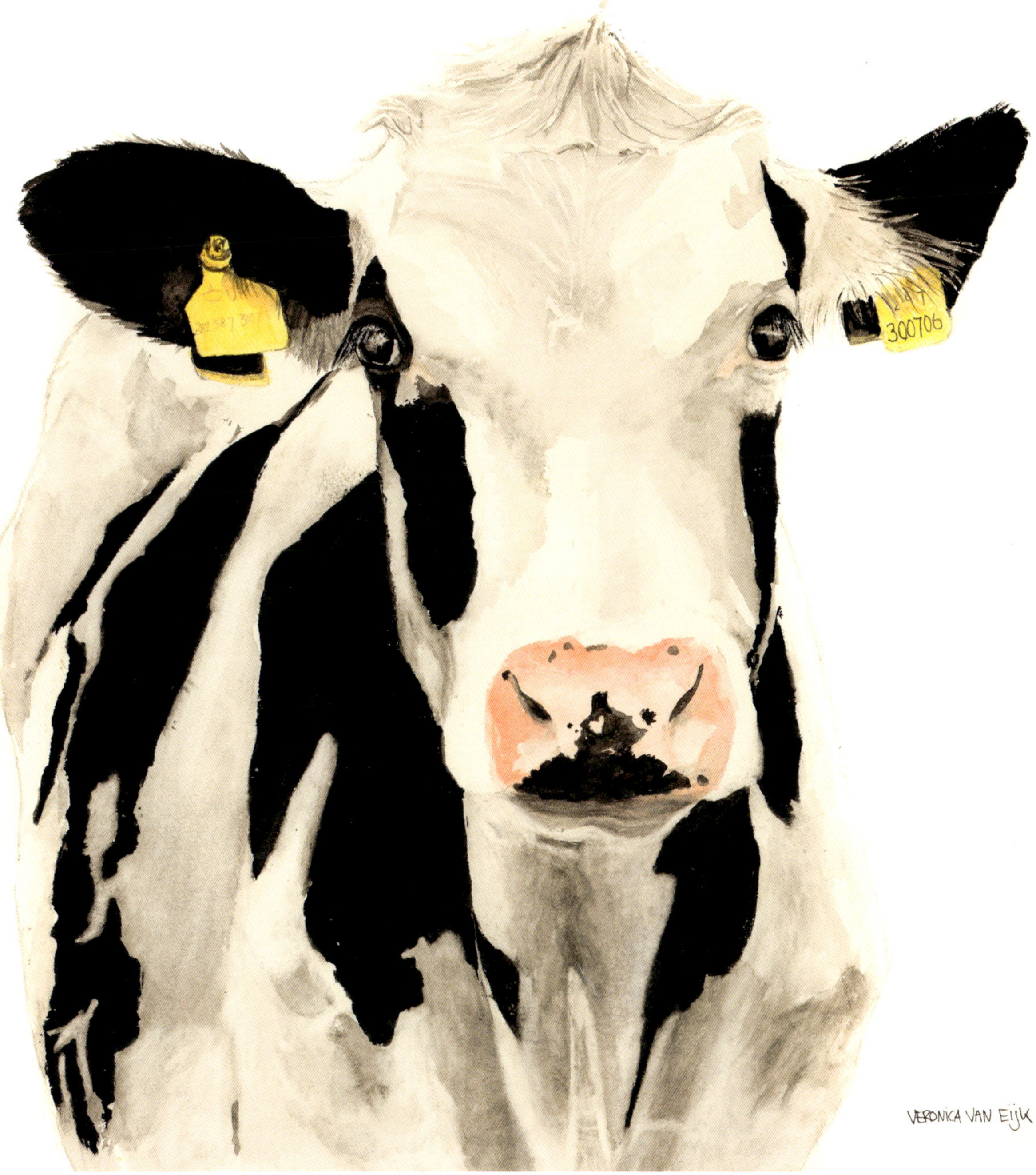

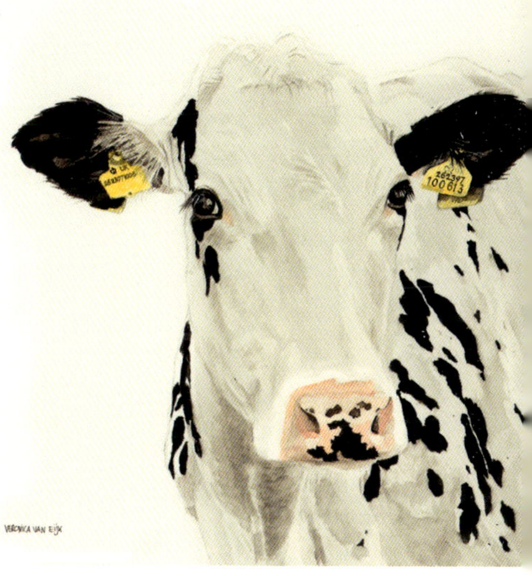

Cows have such strong individual characters and wonderful expressions in their faces. They have a way of looking at you: curious, interested, haughty, frightened, timed, relaxed... This is what Veronica van Eijk likes to capture in her large watercolours.

Fortunate to live next door to an organic dairy farm, Veronica has her subjects nearby, enabling a very close observation of all their behaviours. She is currently enjoying expressive gestural drawing and painting courses, resulting in large more loosely styled charcoal and watercolour-stick drawings done on paper and canvas.

Veronica regularly opens her studio – Longleys Studio Barns – to the public. Her work is in collections in several European countries, the US and Australia.

Opposite: Prancing Horse
This page (left to right): Ivy 70; Beautiful Ivy

Louisa Crispin

Artist
www.louisacrispin.co.uk

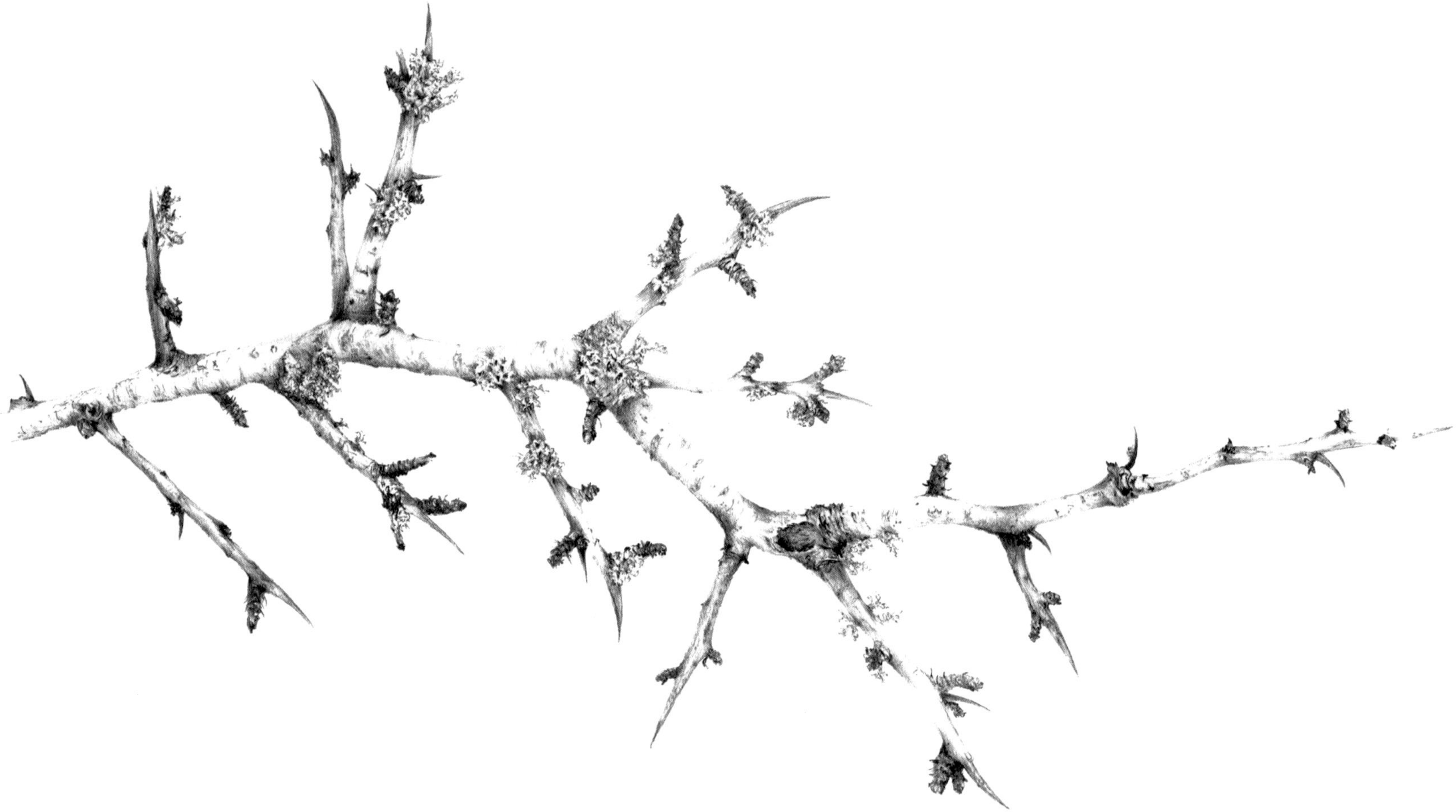

Entranced by the cycle of growth and decay, Louisa Crispin captures the details on silky smooth bristol board using ultra-sharp pencils. It's quiet in the studio, distanced from the world as she looks ever closer at nature. Texture, shadows, silhouettes and movement created with marks and tone; it's rarely about the colour.

Louisa discovered drawing in 2010. Winning the PURE Arts 2013 Drawing Prize encouraged successful applications to Society Open Exhibitions in London and RWA Bristol (where she is now an artist network member). Dividing her time between her studio in Kent and her partnership at Artichoke Gallery, she has been elected to the Free Painters and Sculptors, the United Society of Artists and the Society of Graphic Fine Art, winning further prizes for her delicate drawings along the way.

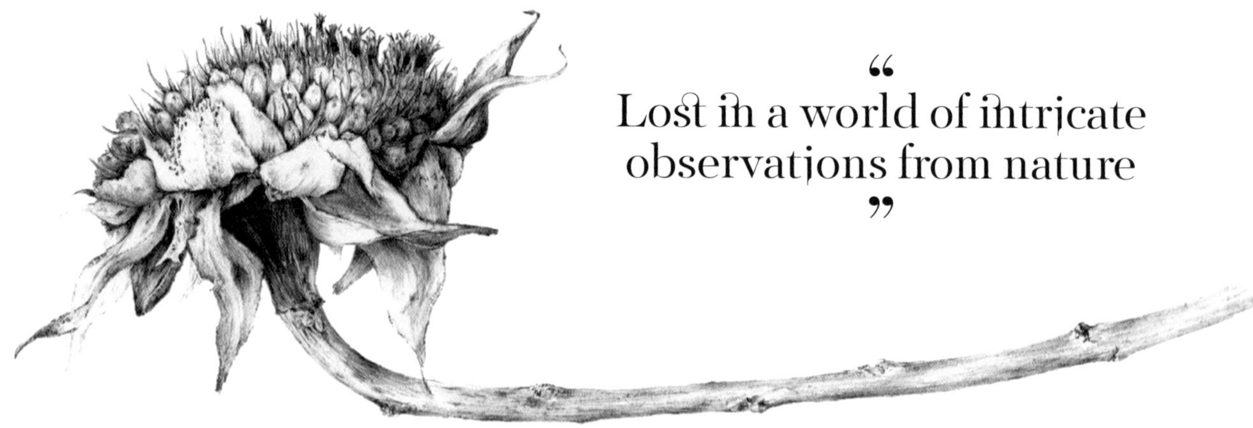

"Lost in a world of intricate observations from nature"

Top: Lichen on Hawthorn iii
Below: Decay iii - The Sunflower

Monika Jakimauskaite

Artist
www.moniusia.eu

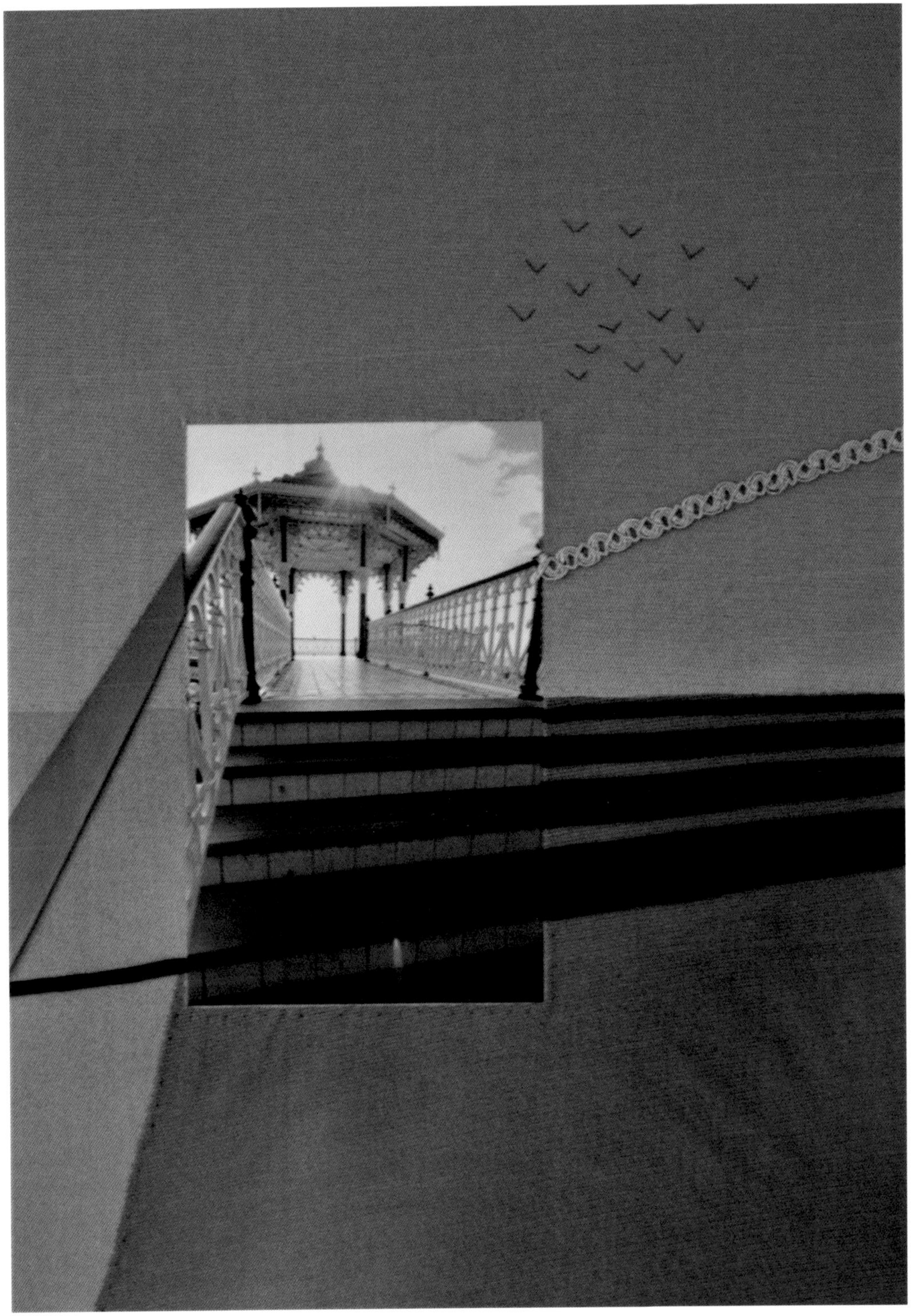

> "Details extend out from the constraints of the image to create continuity"

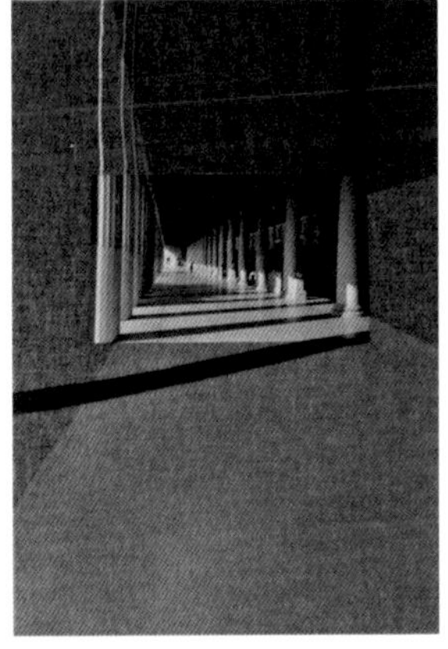

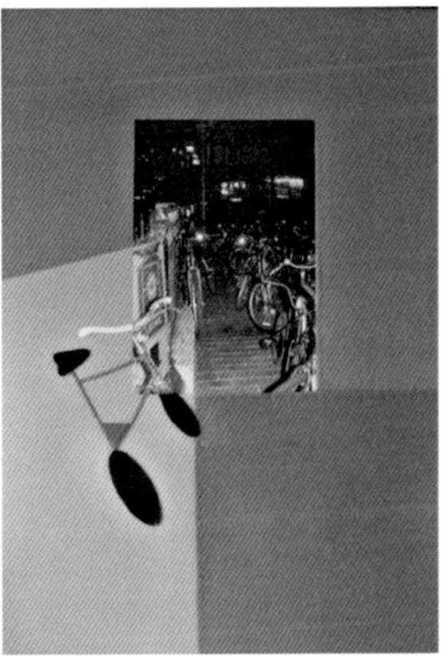

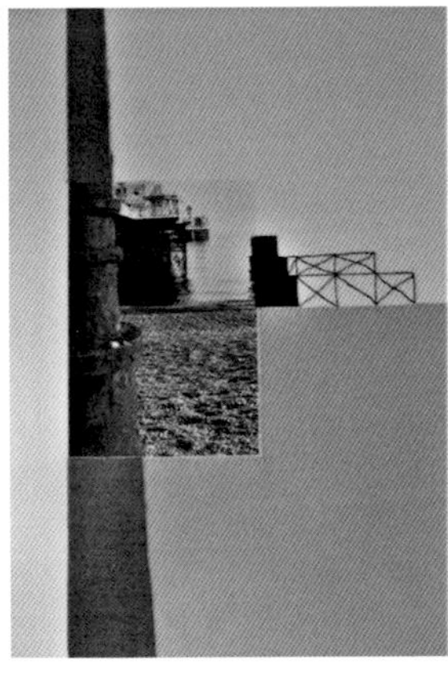

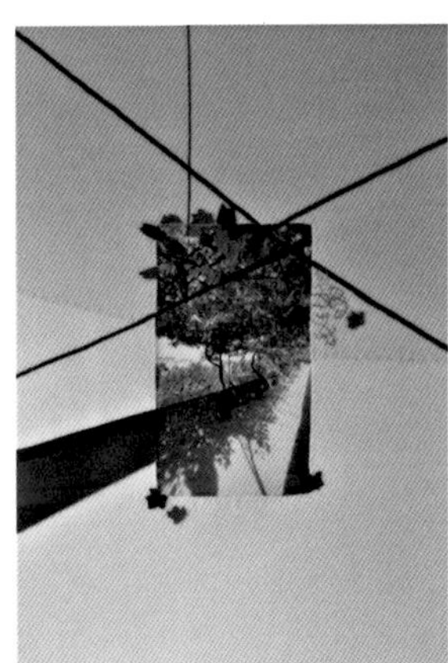

Lithuanian artist Monika Jakimauskaite has been based in Brighton for the past 12 years, and finds her inspiration here now. She combines photography and textiles to create intriguing, mixed-media works that achieve highly original – and often unexpected – results. The process starts with a photograph printed onto fabric. Then Monika extends the details out from the constraints of the image to create continuity onto the surrounding fabric and synergy between the two media. Her current approach is very clear, minimalistic and simple.

Monika recently toured Lithuania with her exhibition '*Black and White*', and is hoping to show her latest works in Brighton soon.

Smaller images (clockwise from top left): Colonnade; Brighton Station; Weave; Brighton Pier
Main image: Bandstand

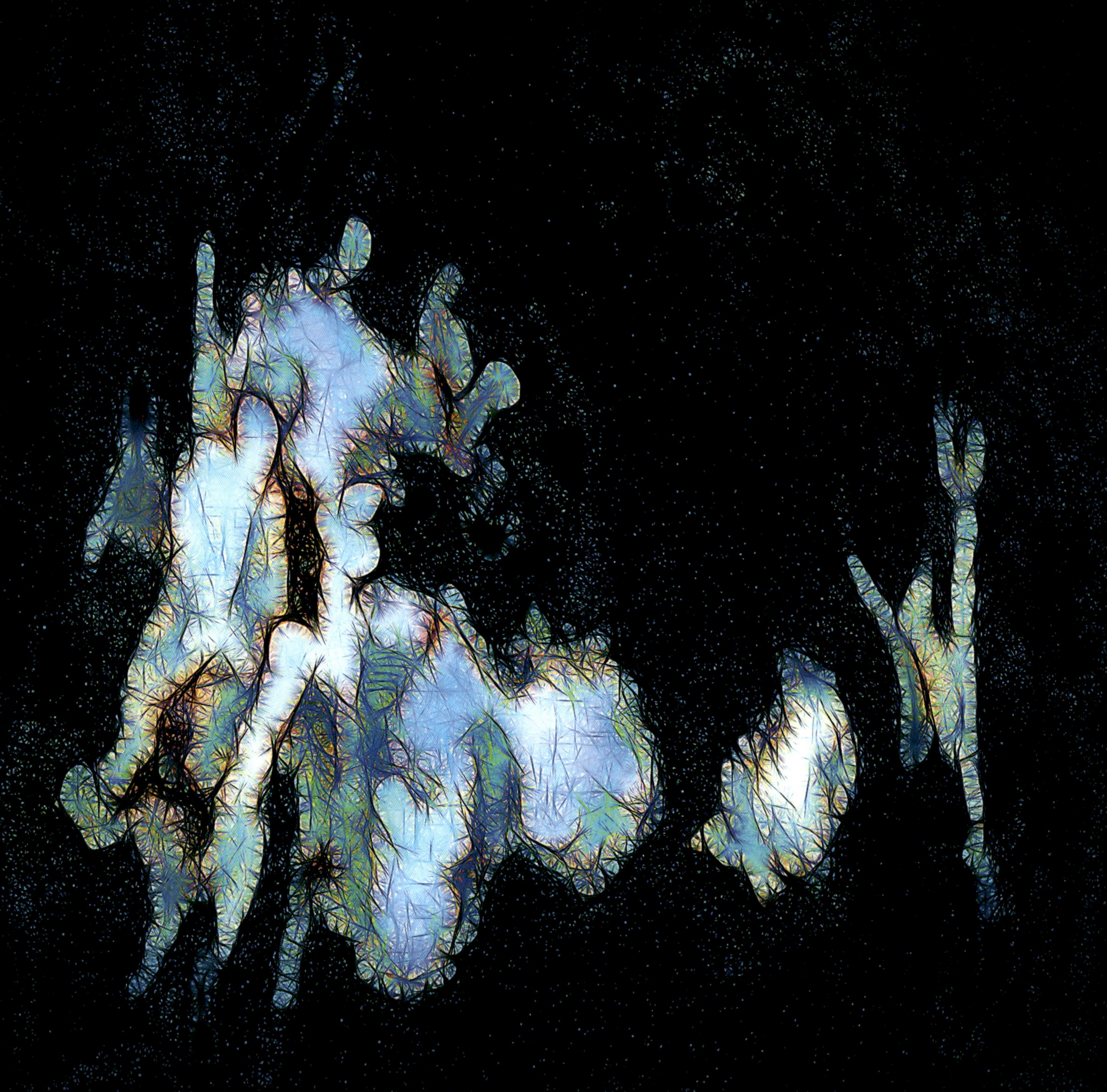

Heinz Michael Kalkbrenner (HMK)

Digital Artist & Photographer
www.hmkdigitalartphotography.net

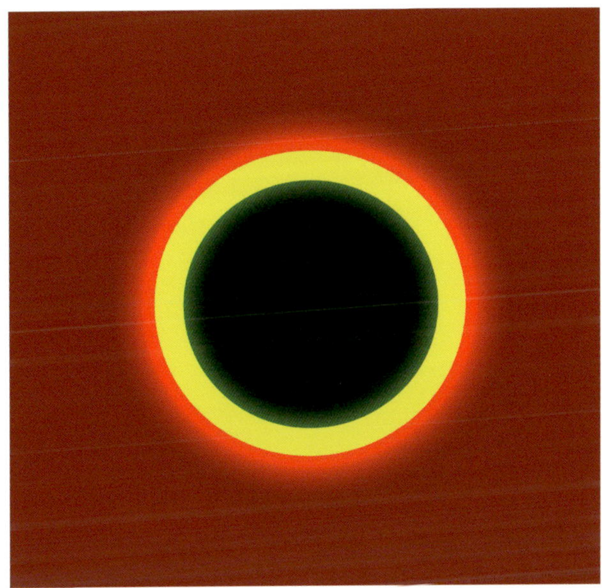

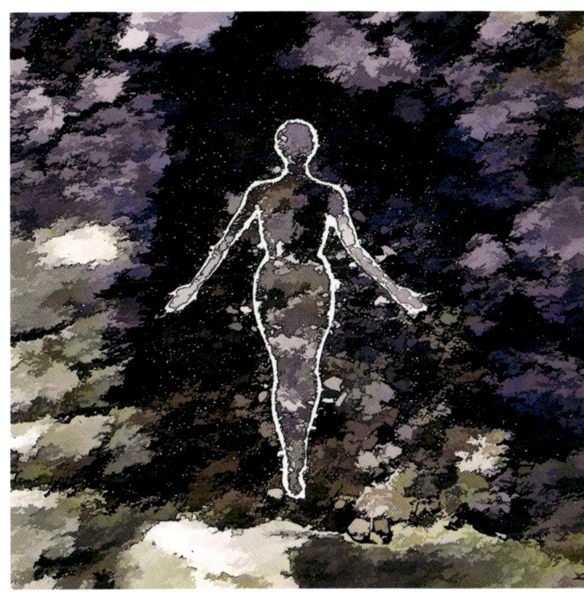

Heinz Michael Kalkbrenner (HMK) follows three lines of artistic enquiry: 'The abstract-symbolism-of-the-sublime'; 'The abstract-versus-nature-contrast'; and 'The photographic-observational-edge'.

HMK's art and design practice follows an abstracting process that can retain figurative elements and may also have a meditative focus. He explores limits and possibilities of different materials and procedures by combining analogue and digital art production methods.

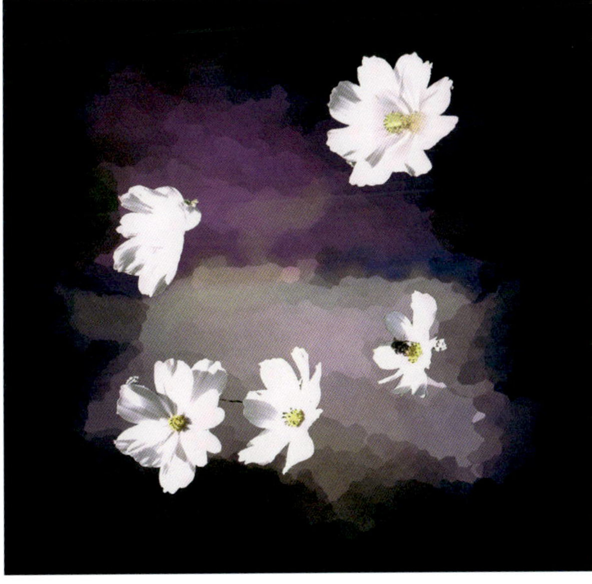

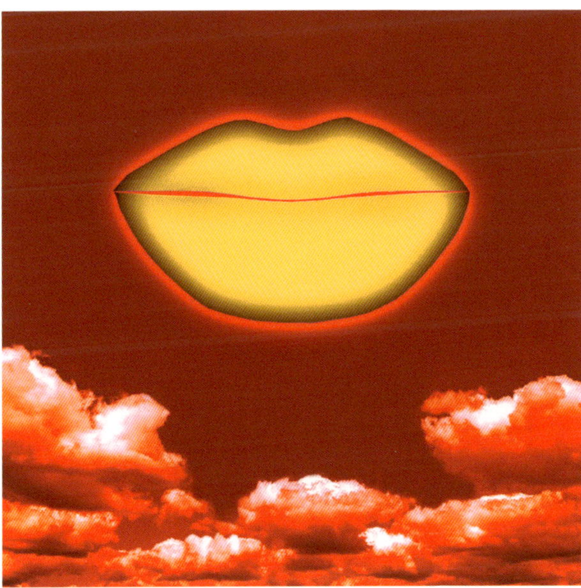

This page (clockwise from top): GFM inspired ring; Star Cloud Figure; The Sun's Lips; Floating Flowers
Opposite: Dancing Figures

Rick Fullwood

Photographer
www.rickfullwood.com

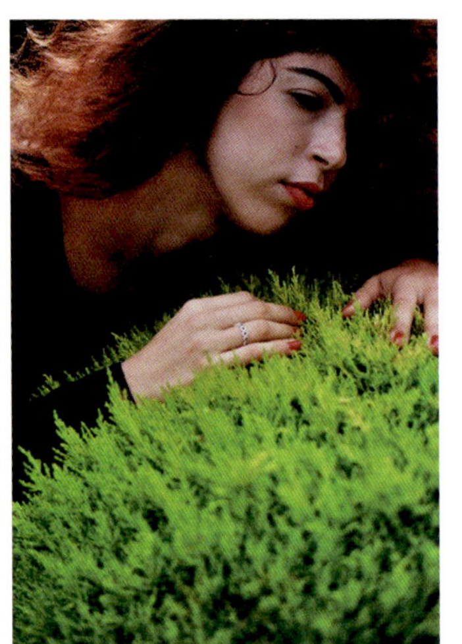

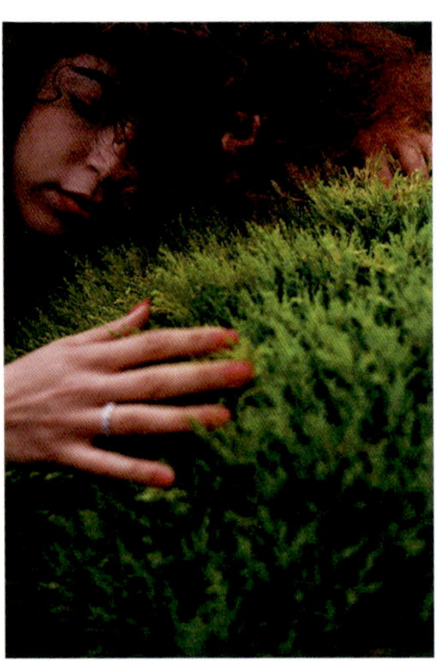

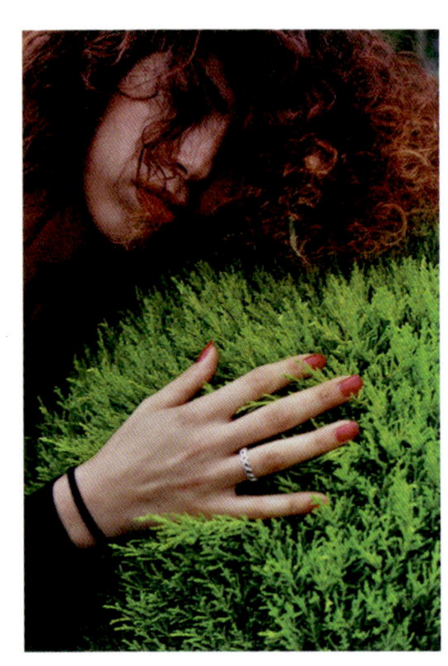

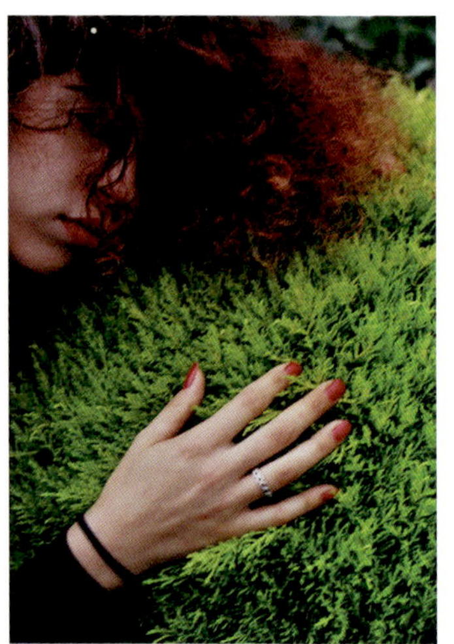

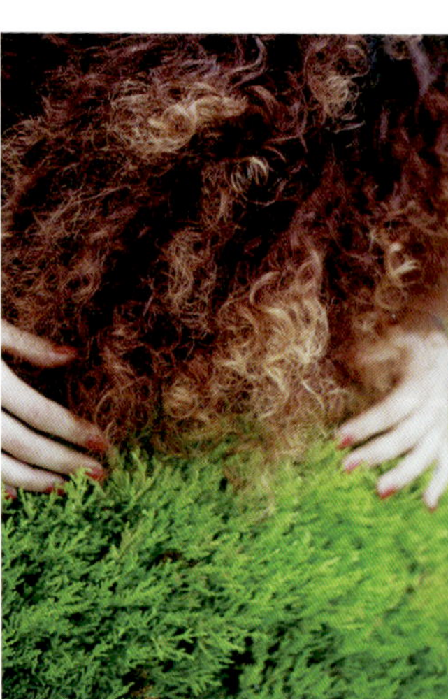

Glass in Fusion / Stephanie Else

Artist
www.glassinfusion.co.uk

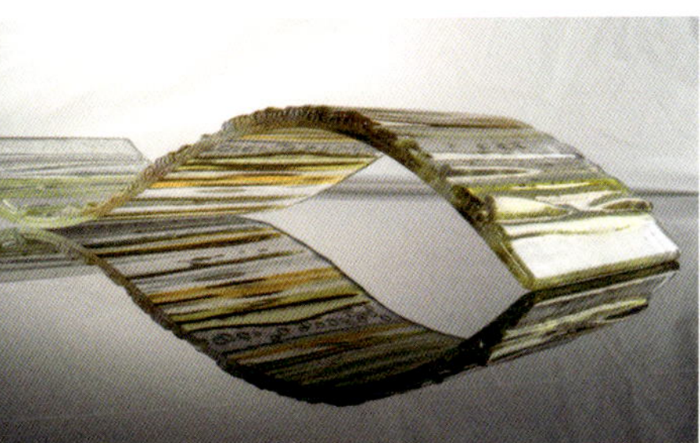

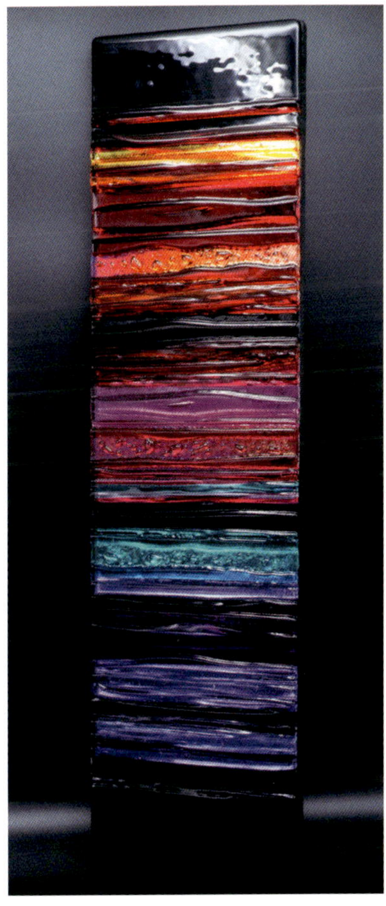

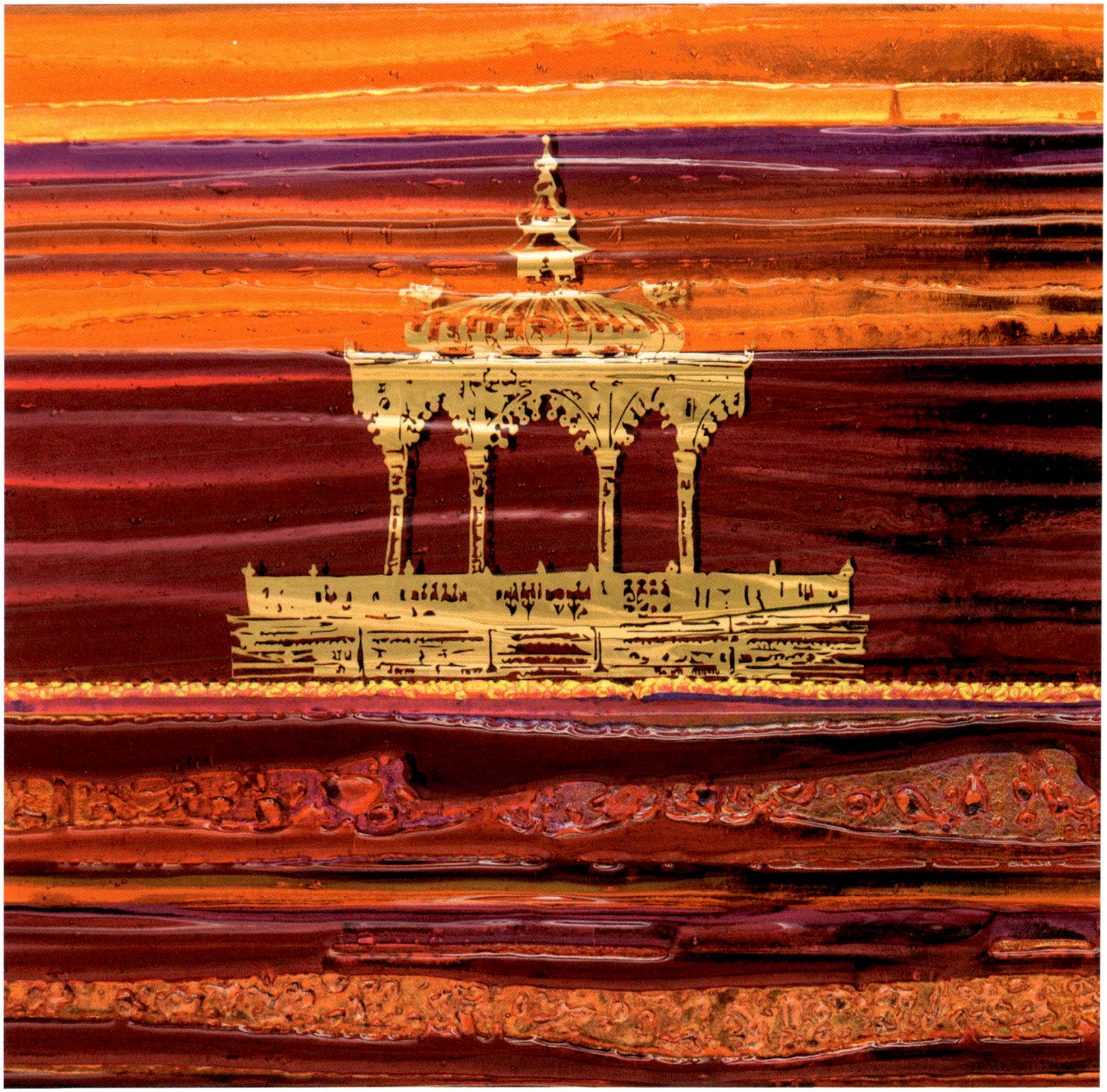

Stephanie Else specialises in creating beautiful contemporary glass designs using a variety of kiln-forming techniques.

Working with a combination of transparent and opaque glass, she adds metals, foils and lustres to produce a stunning range of both decorative and functional works of art and jewellery.

Taking inspiration from the world around her, Stephanie combines surface texture, pattern and colour within the glass to create beautifully tactile pieces while exploiting the natural translucent and jewel-like qualities it possesses.

She is also inspired by the unpredictable nature of the glass itself, never knowing exactly what a finished piece will look like when it comes out of the kiln.

Stephanie is a member of the Contemporary Glass Society and the Pure Arts Group, and has recently been selected as a finalist in the London Contemporary Art Prize 2018.

As well as exhibiting her work in galleries and art fairs, she has also completed numerous commission pieces and interior design projects. She offers a bespoke service and is happy to discuss any design ideas you may have.

Clockwise from top left: Amber Ice Wave; Brighton Bandstand Sunset; Masquerade

Kit Connor

Digital Artist & Photographer
www.kitconnor.com

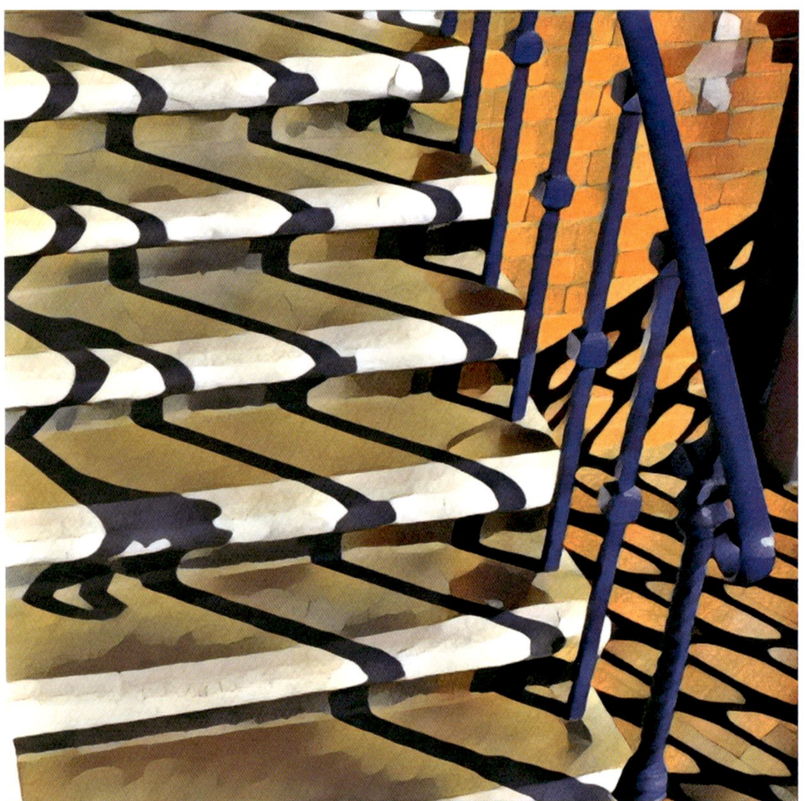

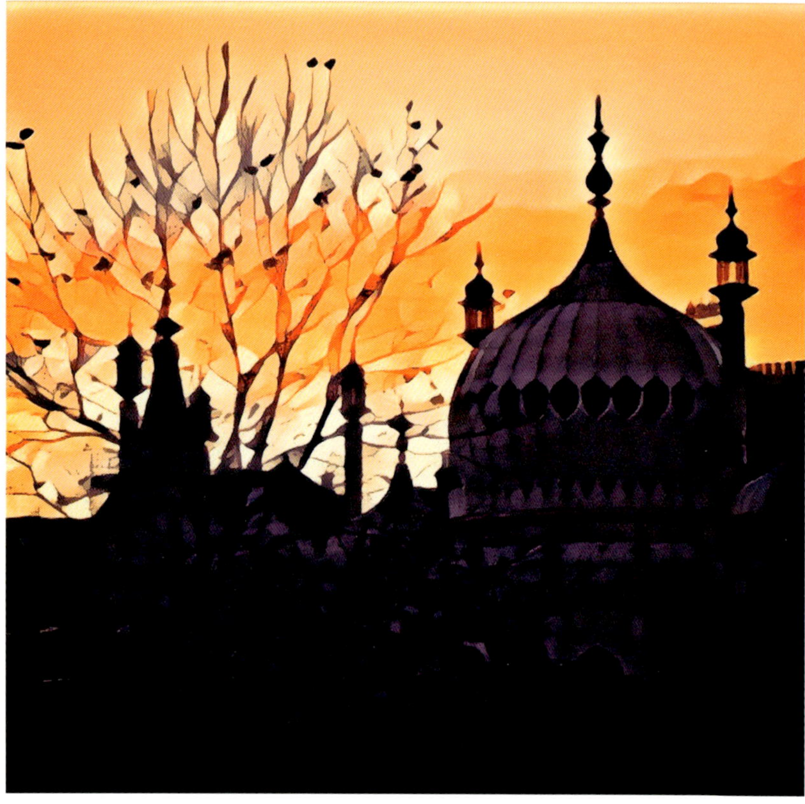

> "The algorithms I develop to manipulate my images are things of beauty in their own right"

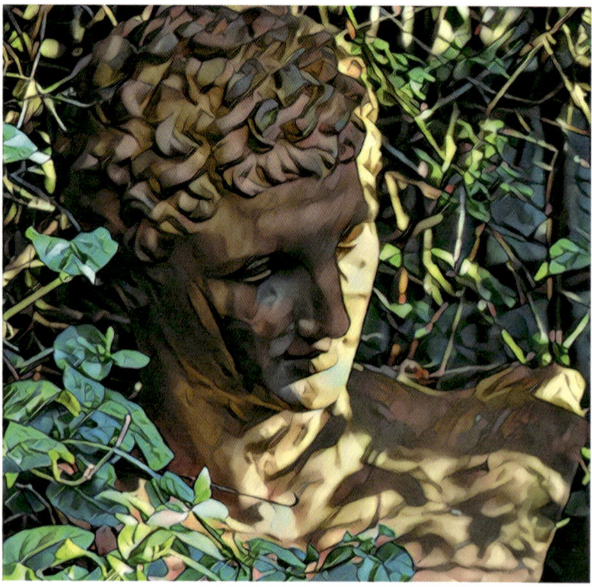

After a career in television as an illustrator and creative director – part of the team responsible for creating series including *Fingerbobs* and *Crystal Tipps and Alistair* – Kit Connor decided to change direction and chase his own ideas.

Drawn by his love for the light in Brighton, Kit was inspired to head south, graduating with a BA in Printmaking, quickly followed by a MA in Fine Art, both from Brighton University.

Kit's work then became more focused on examining our perceptions and the mystery of how we interpret the illusion of space. Looking into and beyond the surface and exploring new and different processes resulted in his latest direction – the manipulation of art and photographic images.

Developing algorithms has led Kit to create endless options, limited only by imagination. Complementing his own works, Kit is always intrigued when applying his techniques to other images and photographs, enjoying the smiles as people see them for the first time through his 'digital-i'.

Kit's works feature in private collections around the world.

This page (clockwise from top left): Stairway to Heaven; Golden Slumbers; Homer-erotic
Opposite: Down Under

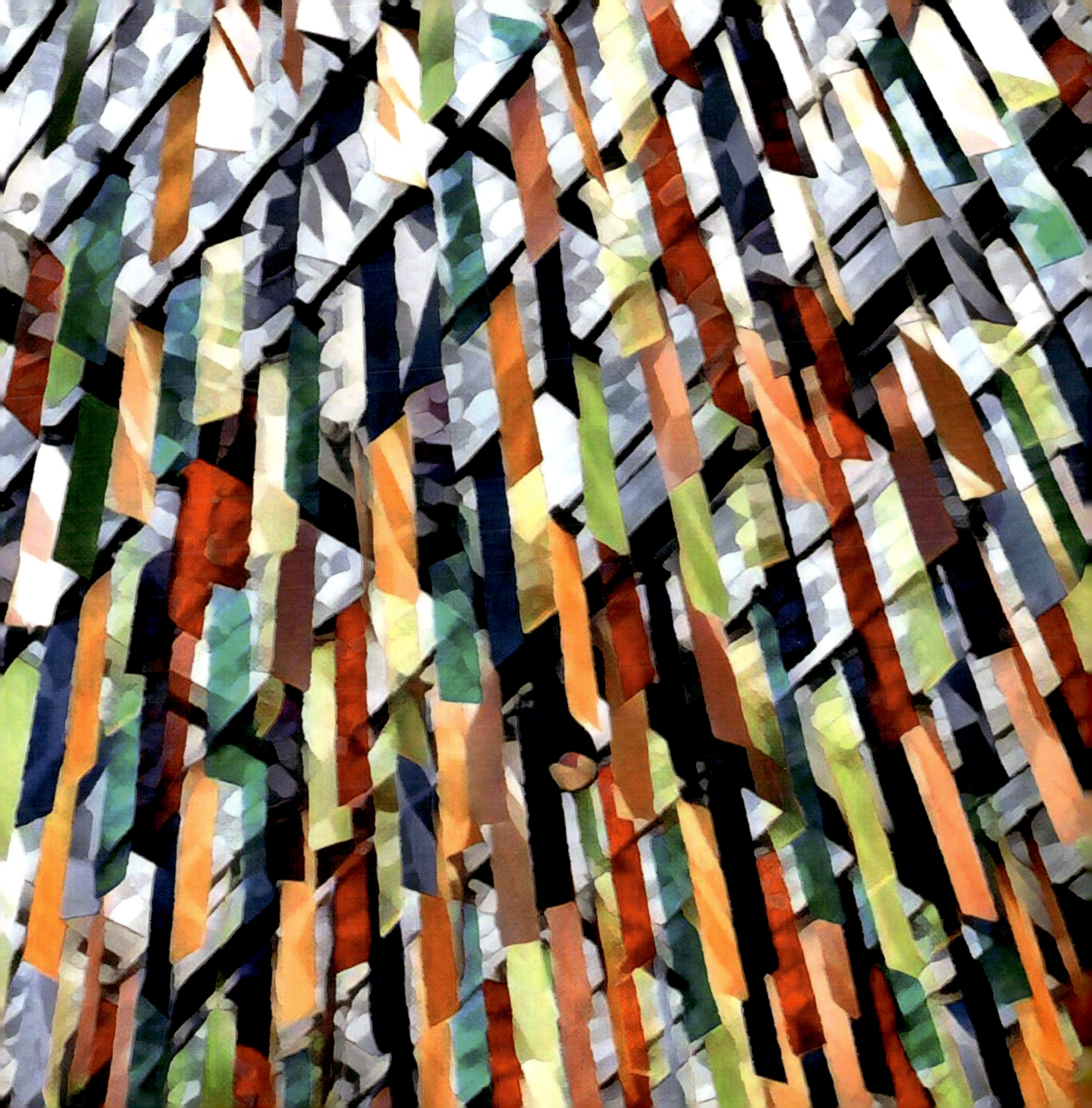

Diane Rogers

Textile Artist & Print Designer
www.dianerogers.co.uk

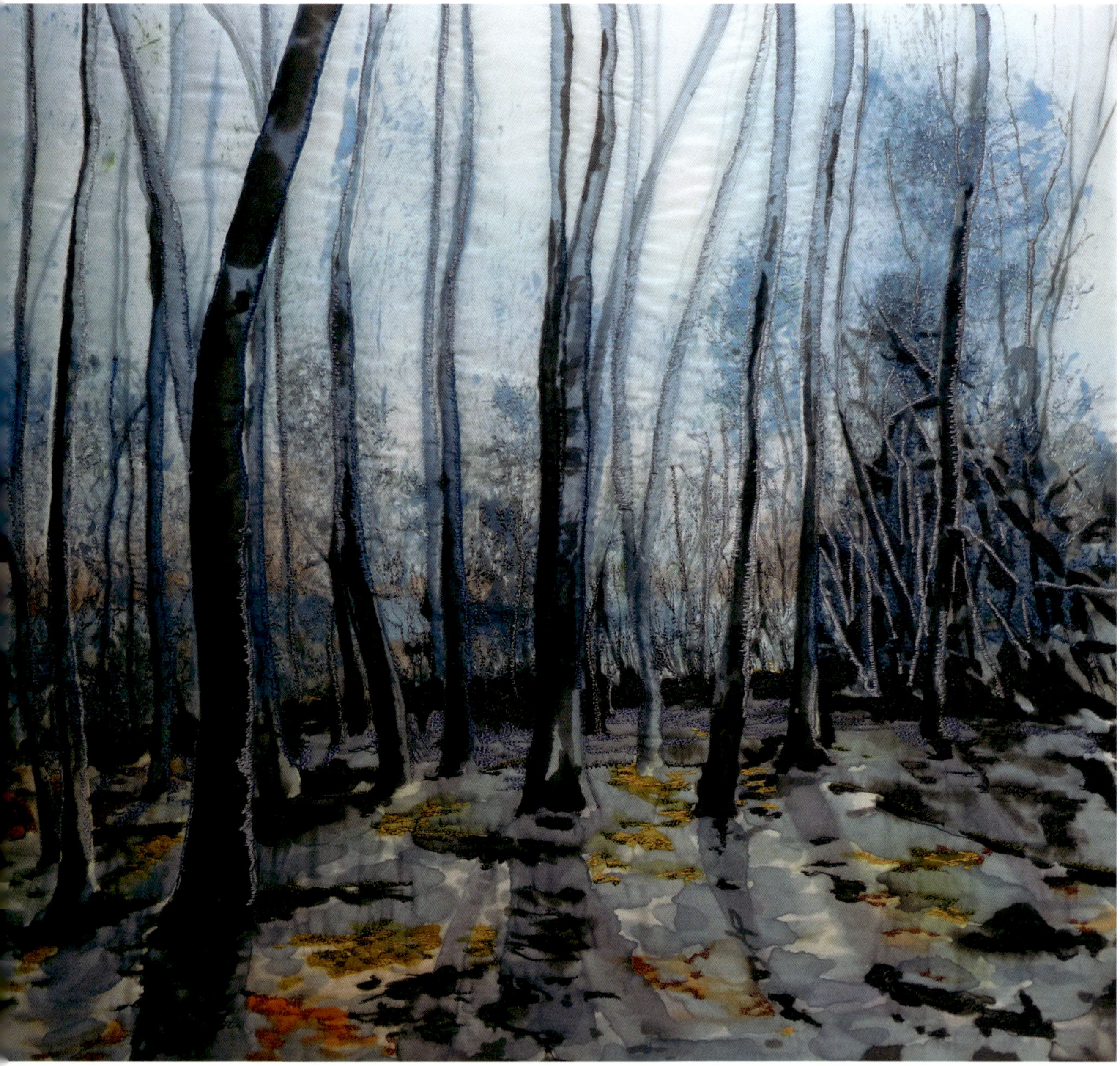

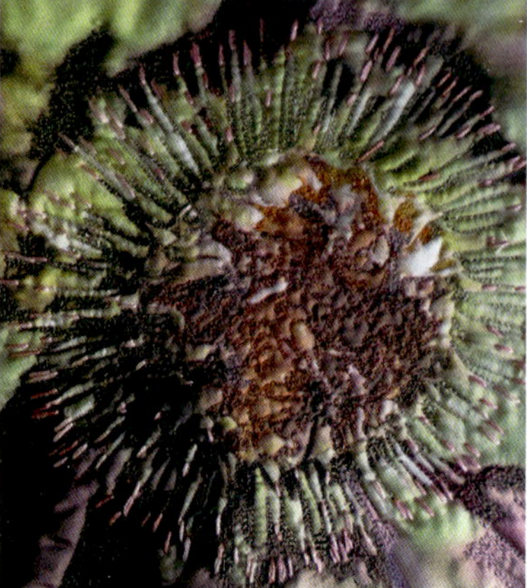

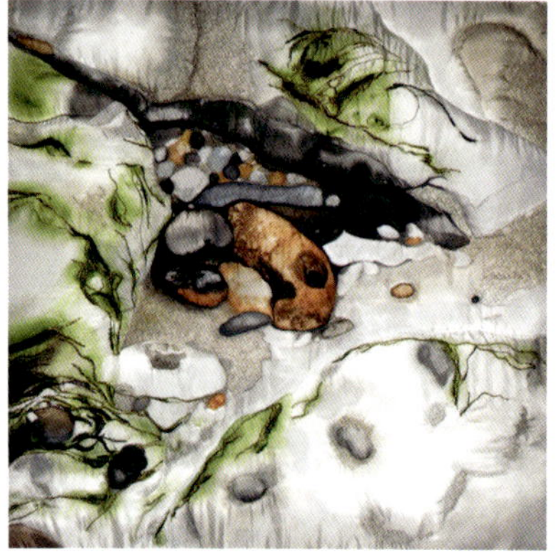

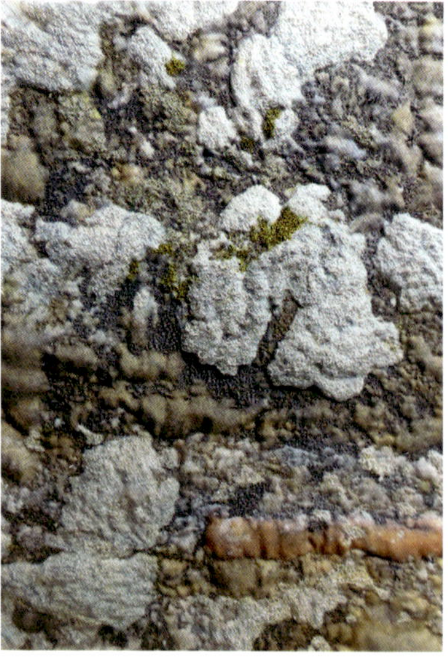

Diane Rogers is a textile artist and freelance print designer living and working in Brighton. She creates original hand-painted or printed images on silk, which are then quilted, embroidered and embellished by stitching. This creates texture and raised areas in relief, resulting in a compelling, irresistible tactile quality to each piece.

This artist's inspiration comes from nature and the natural environment: from rock pools, bark textures, lichen and flora to the patterns and textures created through decay and weathering of surfaces over time. Diane has exhibited in the US, Spain, London and south of England. She is also a member of, and shows with, the prestigious Sussex Guild.

Clockwise from main image (left): Deep in Slindon Woods; Starburst; Tidal Pool; Wall with Lichen Michelham

Felicity Flutter

Artist
www.felicity-flutter.co.uk

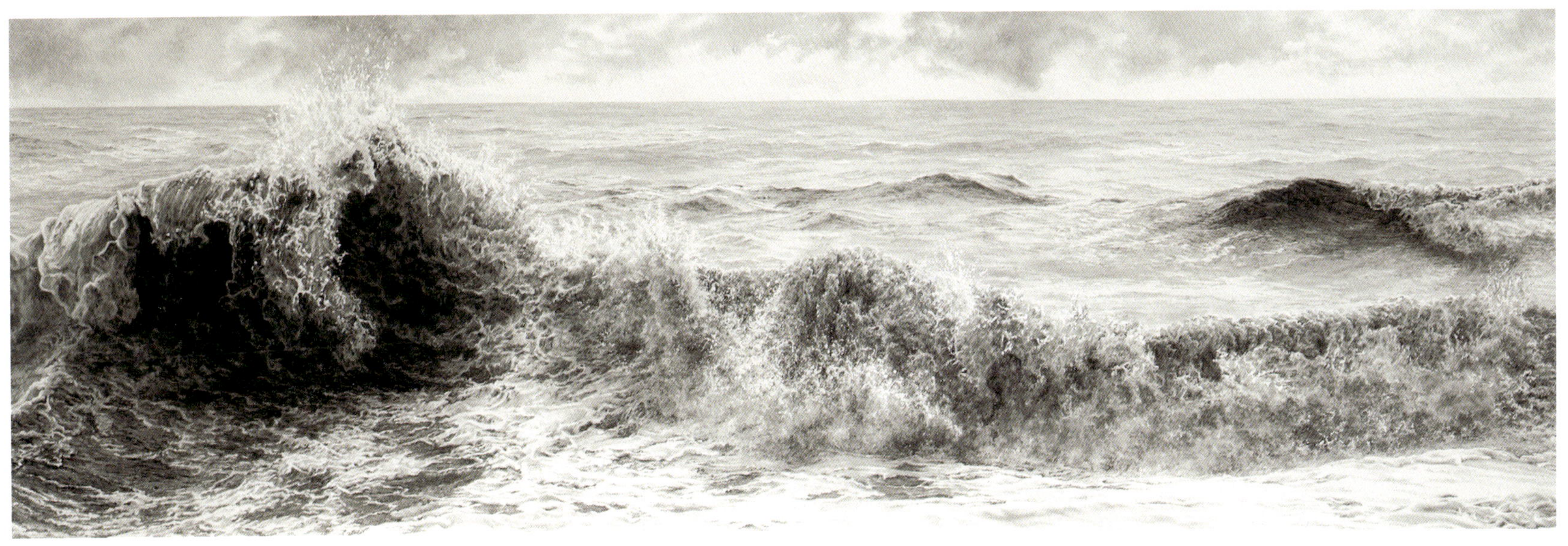

Felicity Flutter has been painting in watercolours for 25 years, but still finds there are new things to learn. This is an artist who likes to challenge herself to paint difficult subjects – water and skies in particular.

The quest to always learn, improve and move forward is at the forefront of what Felicity does. Recently this has meant combining watercolour with drawing to incorporate more mark making and texture.

Living not far from the coast near Rye, she finds inspiration from the sea and all its many moods and changes of weather. There are so many variations to be found on the surfaces of water: from a flat, calm mirror-like surface to wild foaming waves.

Felicity has exhibited in London with The Royal Institute of Painters in Water Colours, the Royal Society of Marine Artists and the ING Discerning Eye exhibition at the Mall Galleries. She is a full member of the Society of Graphic Fine Art, the Drawing Society, the group exhibit at Bankside and the Menier Gallery, also in London.

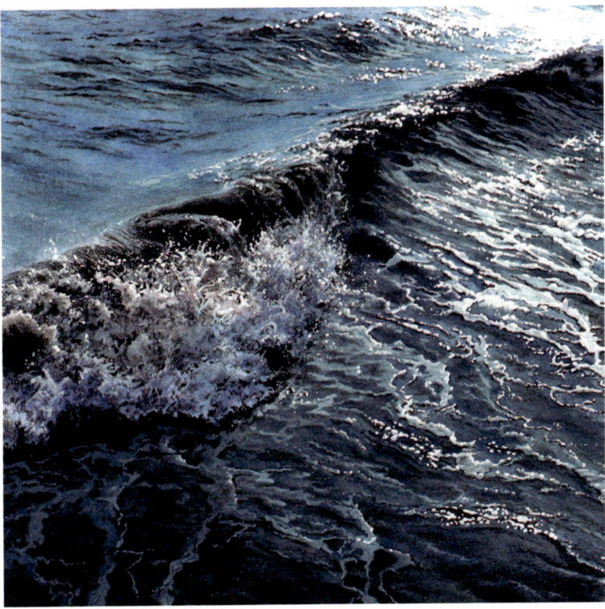

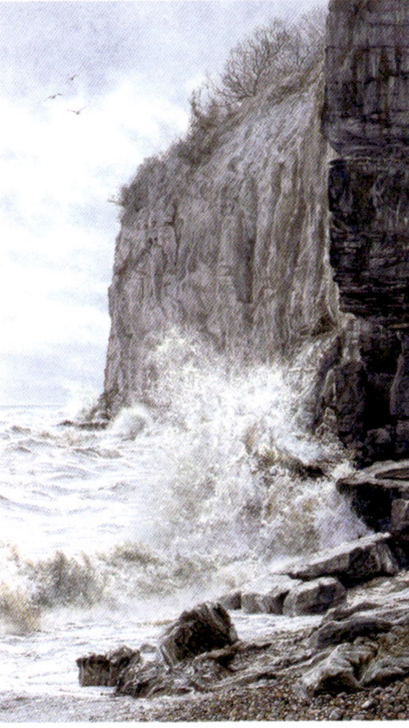

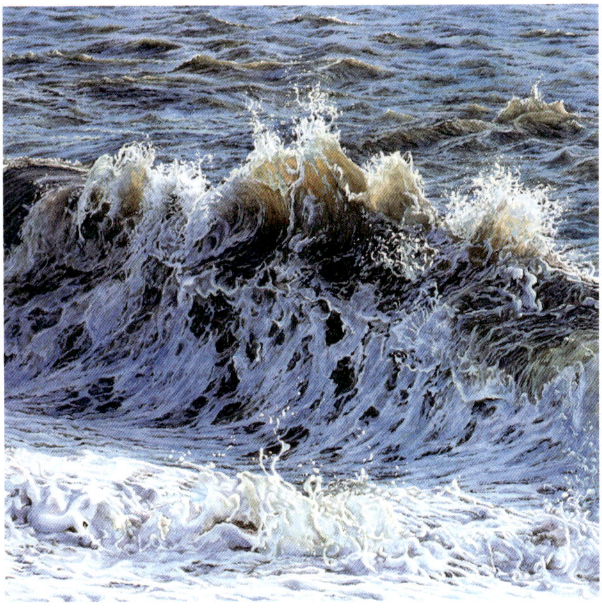

Top: Old as the Sea
Below (left to right): Sparkling Sea; Cliff End; Upswept Wave

Julie Snowball

Sculptor
www.jasceramicsandartworks.co.uk

Julie Snowball is primarily a figurative ceramic artist, creating sculptural pieces that focus on surface texture to create the illusion of movement.

She has many skills, not least her ability at the potter's wheel, which she uses to satisfy her obsession with shape and form, rather than as an end in itself, thus facilitating production of her evocative collection of 'Pavilion Pots', inspired by Brighton's exotic architectural extravagance, which has long exerted its fascination, suggesting an exciting diversion from her predominant passion.

> "She uses the potter's wheel to satisfy her obsession with shape and form rather than as an end in itself"

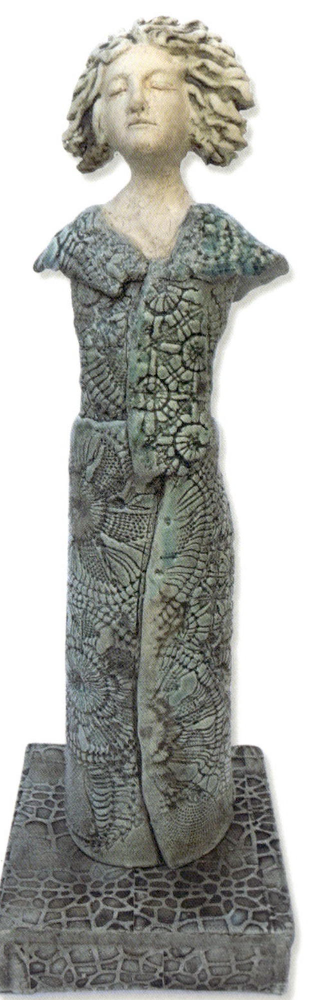

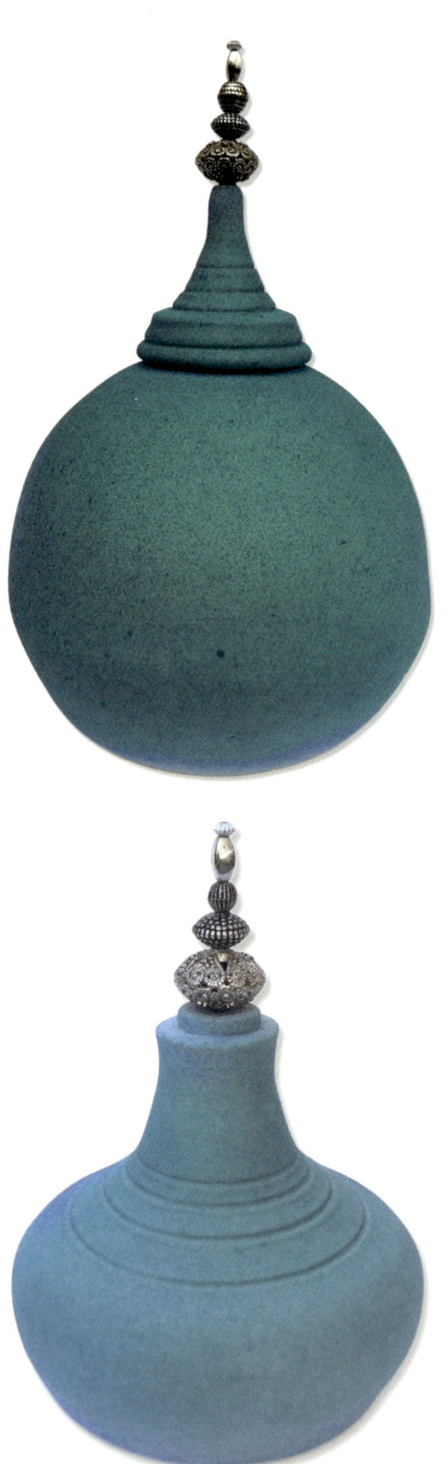

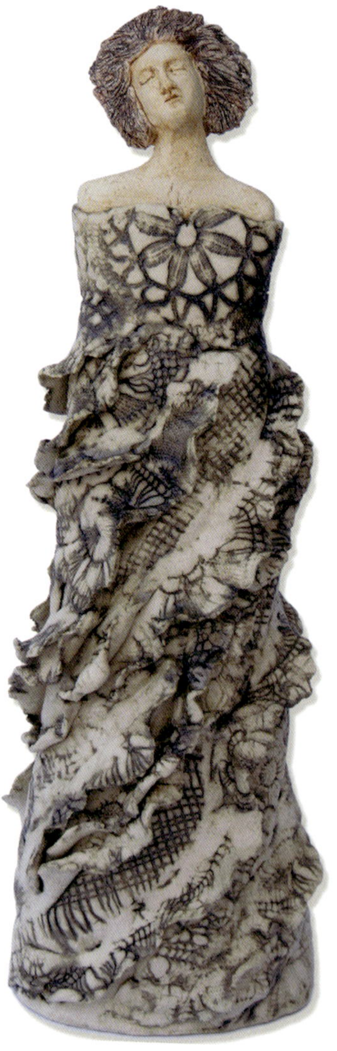

Clockwise from left: Carmetta; Pavilion Pot I; The Soprano; Pavilion Pot II

Lindsey Pearson

Artist
www.justlindsey.co.uk

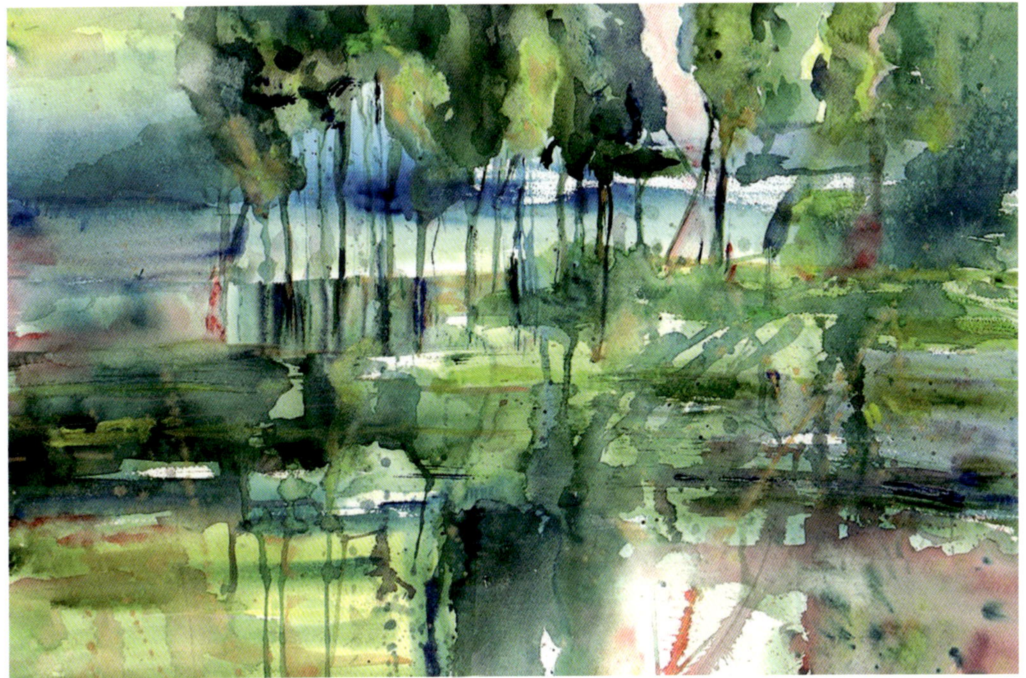

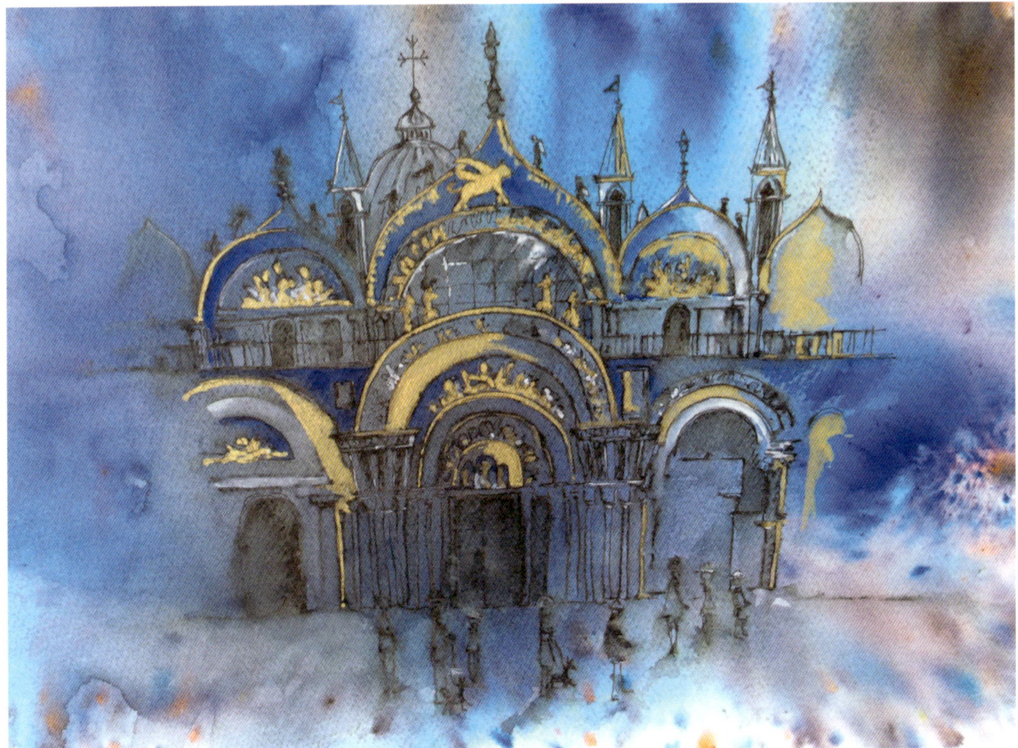

> "Lindsey includes vintage paper patterns in her work and exciting new developments have emerged"

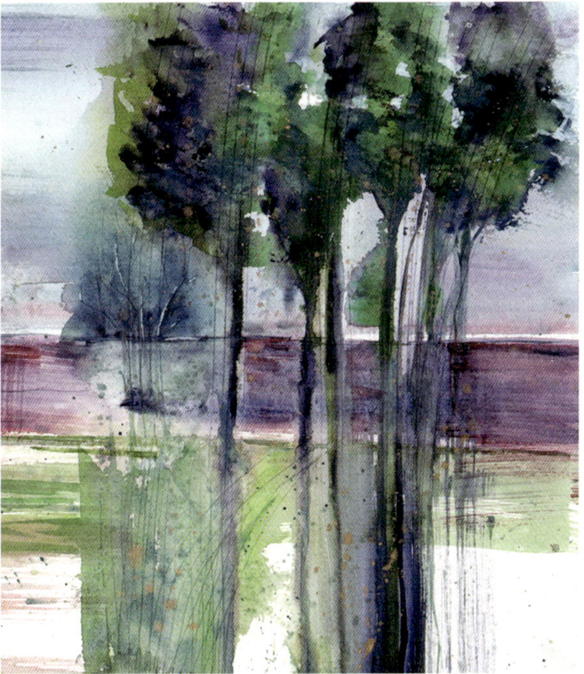

Much of the inspiration for Lindsey Pearson's work emanates from the sheer spontaneity and exuberance of painting with watercolour. Its unpredictable nature offers exciting challenges and opportunities to work wet in wet with bold washes of colour – such a wonderful, freeing and exciting process for a painter. She has recently developed more abstract paintings through the exploration of drawing and painting with earth inks. Their fabulous luscious colours have inspired her to produce new work that further enables the colourist in her to escape onto paper.

Lindsey also enjoys frequent painting trips to Venice, where she seeks out quiet piazzas and corners to work en plein air – capturing the wonderful architecture and light qualities of Venetian scenes in her vibrant pen-and-watercolour paintings. These works have recently evolved to depict the very essence of Venice and its construction. Lindsey includes vintage paper patterns in her work and exciting new developments have emerged.

Lindsey is a member of Chalk Gallery, Lewes; Horsham Artists Open Studios; and the Association of Sussex Artists. She exhibits widely across Sussex.

Clockwise from top left: Trees in the Full Flush of Spring; Standing Tall; St Mark's, Venice

Yvonne Coomber

Artist
www.yvonnecoomber.com

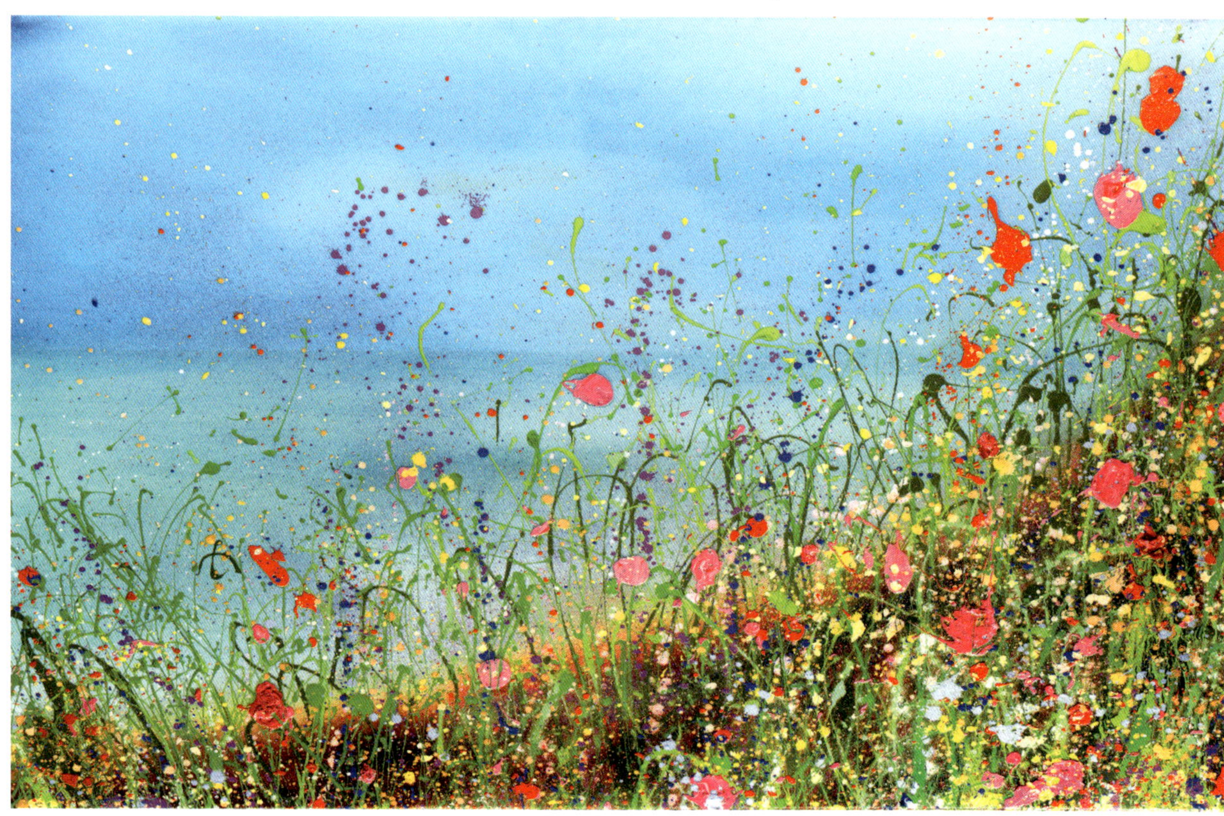

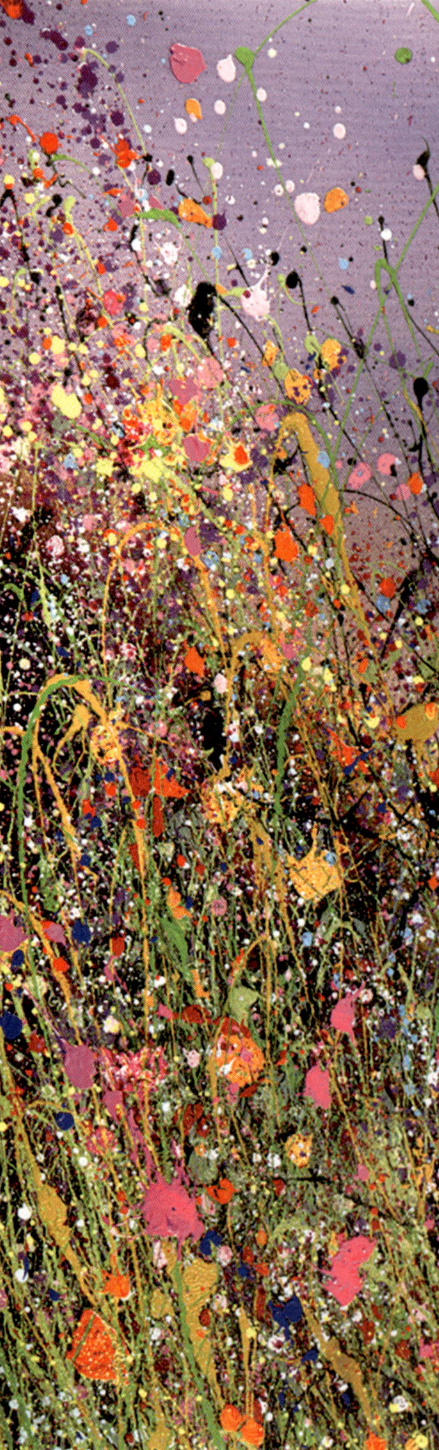

Yvonne Coomber's paintings are a testimony to all that is good in the world. Dancing with a rainbow spectrum of kaleidoscopic colours, the results are harmonious and joyful. Her paintings sing of innocence and ancient mysteries, and each piece twinkles with love.

Wild places are central to Yvonne's work. Hikes on Dartmoor and along the rugged coastline near her home are woven into each canvas. She has travelled extensively and has an inherent thirst for exploration and discovery. All these experiences, too, find their way into her practice.

Yvonne always works outside in her studio nestled in the folds of rural Devon. Her practice is extremely elemental, and howling gales, relentless rains and scorching sunshine all become part of the work. Oils, glazes, pigments, glitters, jewels, glosses and diamond dust are used to make a rich surface that is highly expressive in its creation. Layer upon layer of materials are applied with both pure abandon and painstaking patience. Risks are taken and magic happens. Bold colours and transparent washes have a gentle passionate energy that create the finished piece.

Yvonne's influences include Anselm Kiefer, Antoni Tapies, Cy Twombly, Gustav Klimt and Frank Bowling. She trained in fine art in Sussex before relocating to the south west, where she now lives with her husband and fellow artist Mike Boyer and their four children. Yvonne is a resident artist in Art5 Gallery in Brighton's South Lanes.

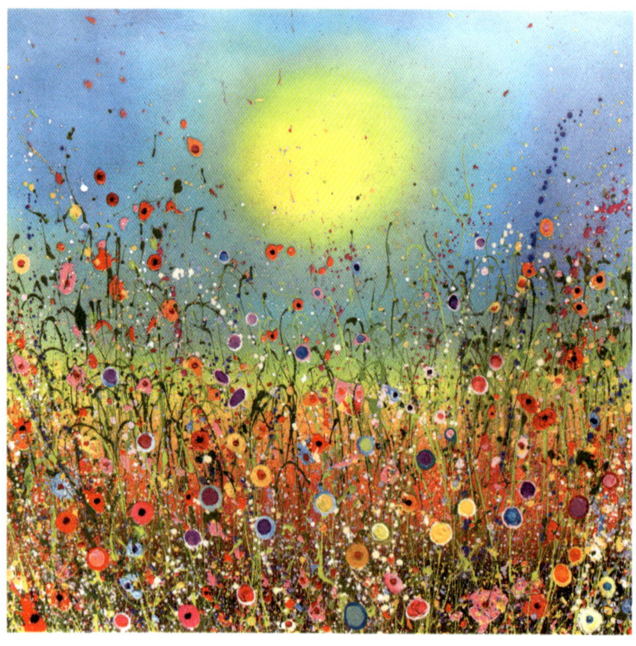

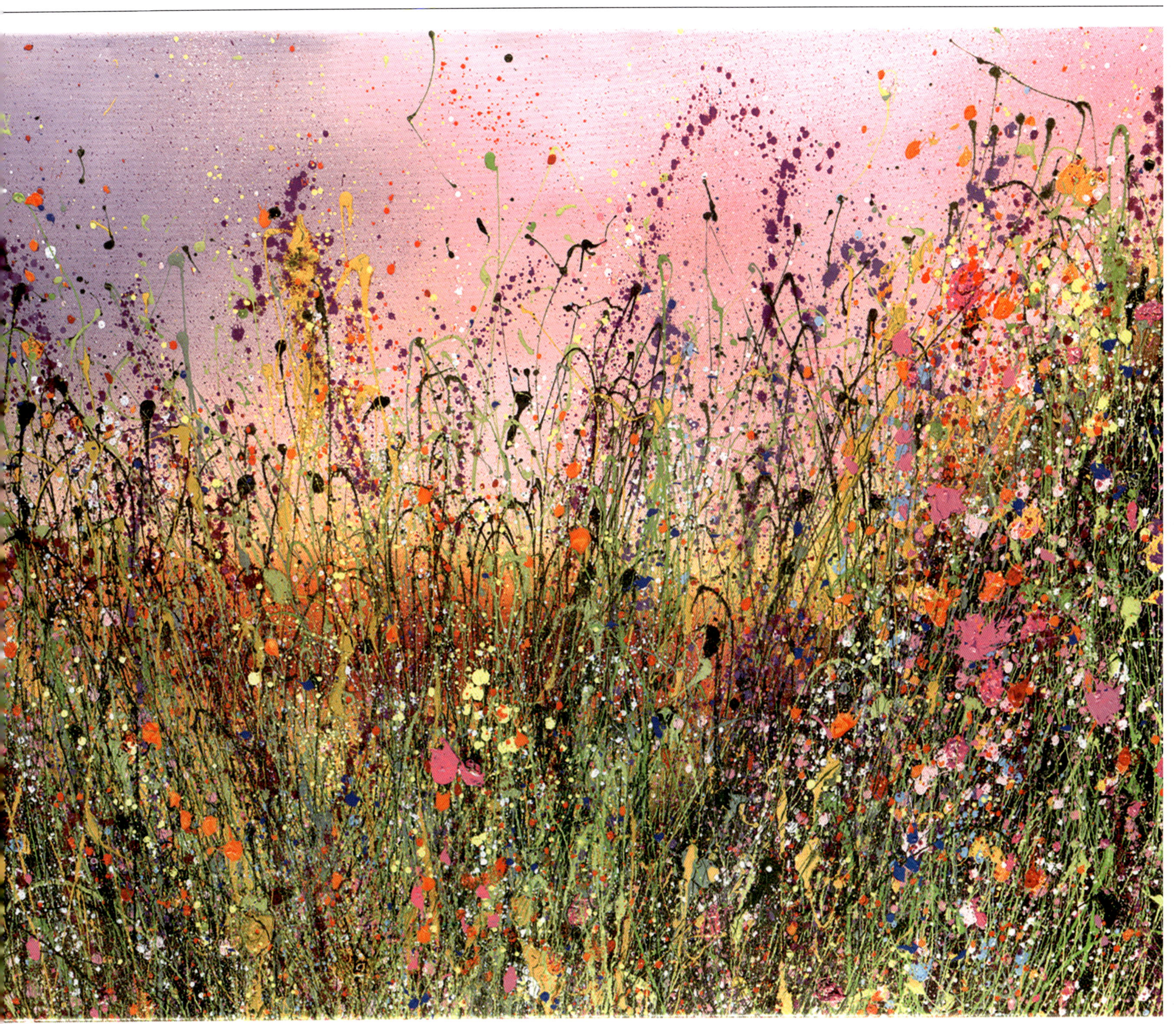

This page: Love is Here
Opposite (top to bottom): Ocean Love Song; You are my Sunshine

Nichola Campbell

Artist
www.nicholacampbell.com

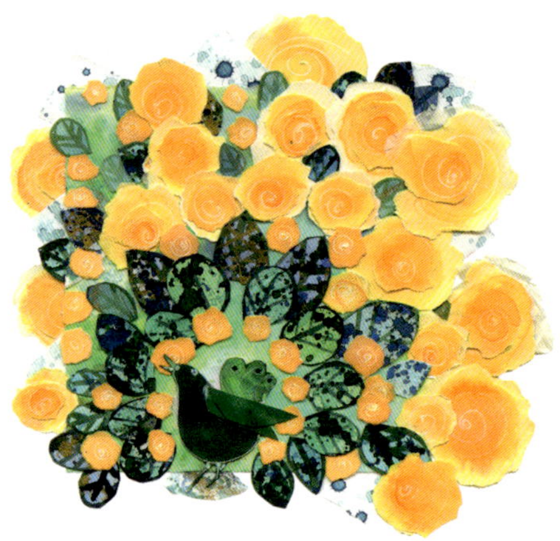

Landscapes, gardens, beaches and birds are the subjects of Nichola Campbell's atmospheric work, which she paints taking inspiration from the colours and patterns in the natural world and a love of the decorative arts. Nichola aims to capture the essence of the subjects she paints in her own unique way. She regularly exhibits throughout Sussex and is a member of the Chalk Gallery, Lewes (page 88).

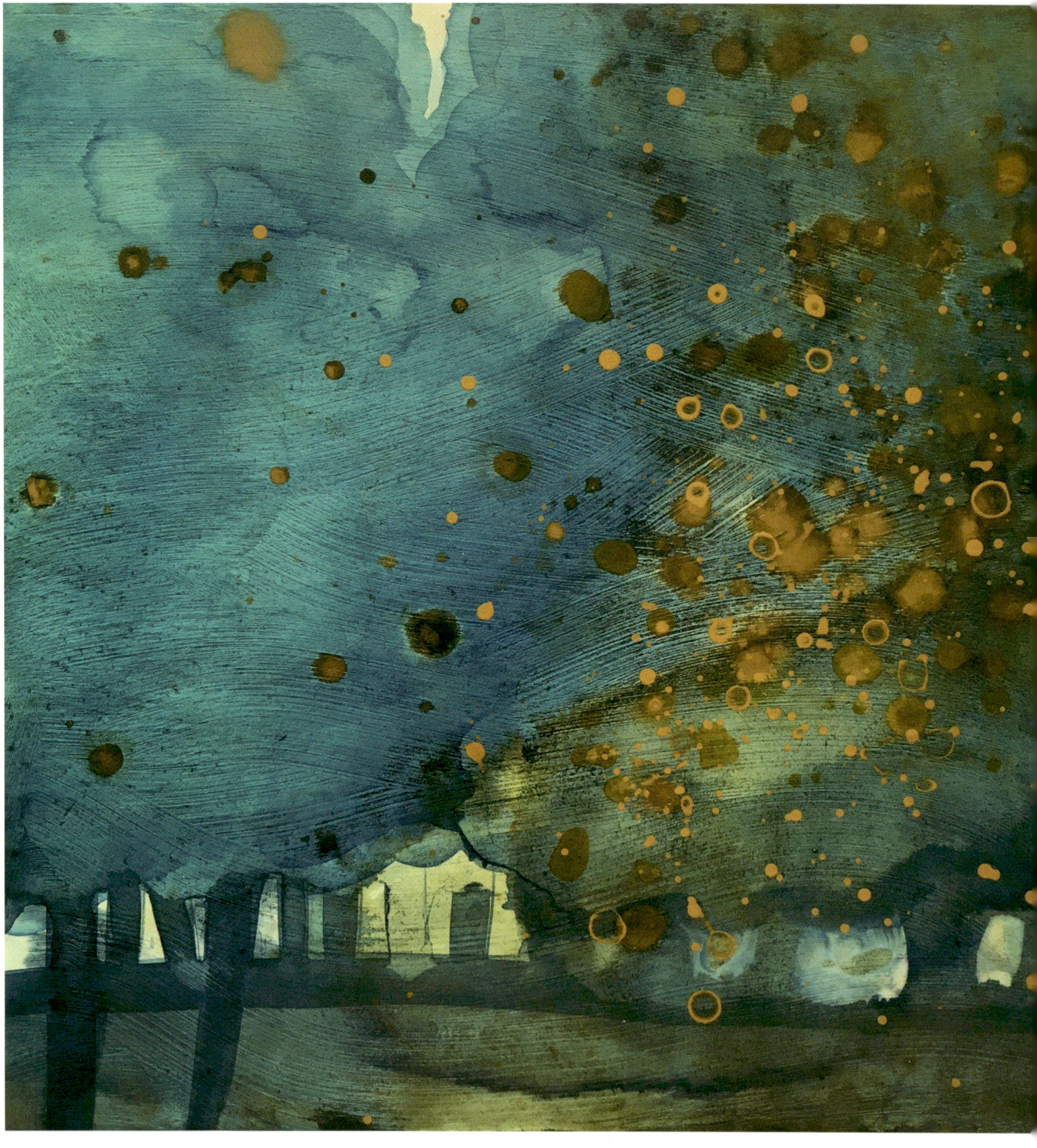

Clockwise from top left: Just Showing Off; New Golden Leaves

Agnes Chevalier

Fine Art Embroidery & Textile Artist
www.agneschevalier.co.uk

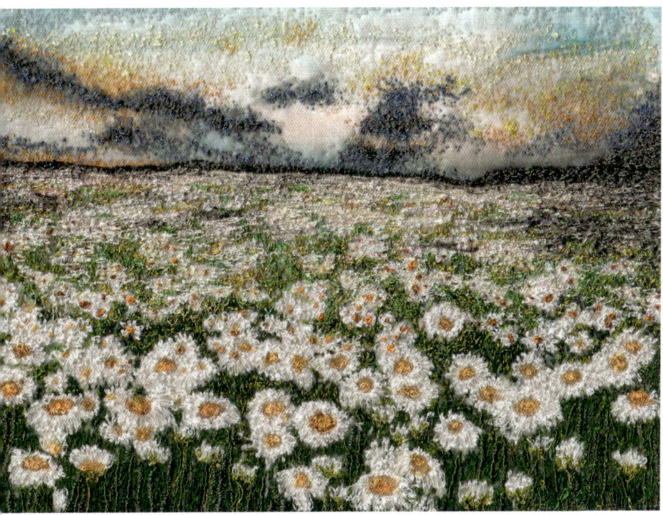

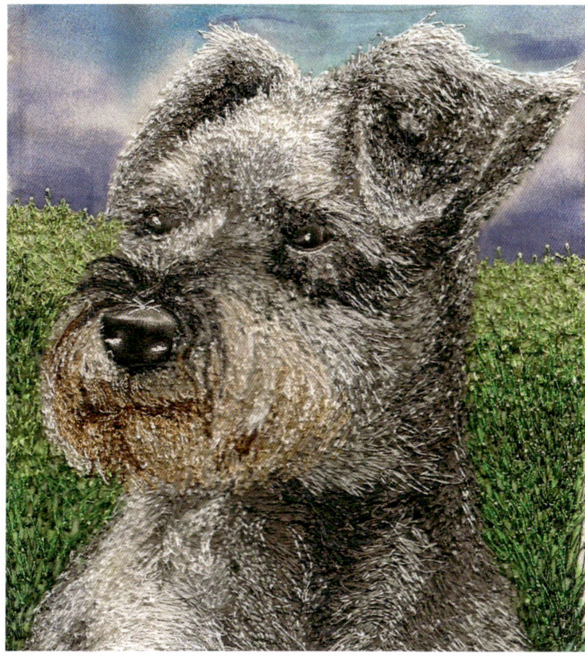

After graduating in France with a degree in Fine Art, Agnes Chevalier studied History of Art at the Sorbonne, University of Paris, and later Embroidery and Textiles at Goldsmith College, University of London.

She has been living and working in the UK for the past 30 years, developing an extensive portfolio of fine art embroidery inspired by the beauty of the south east English countryside where she lives. Her recent work has included portraits of animals.

Agnes 'draws' with the needle of her much trusted old sewing machine, and then 'paints' with a palette of vibrant coloured threads to create amazing 3D-effect pictures.

Her work has been exhibited in France, Belgium and England, where she has participated in Brighton's Artists Open Houses festival for the past decade. Last July, Agnes's work was also shown at the Brighton Jubilee Library.

Agnes is a member of the Embroiderers' Guild. Her work can be seen on the British Women Artists website.

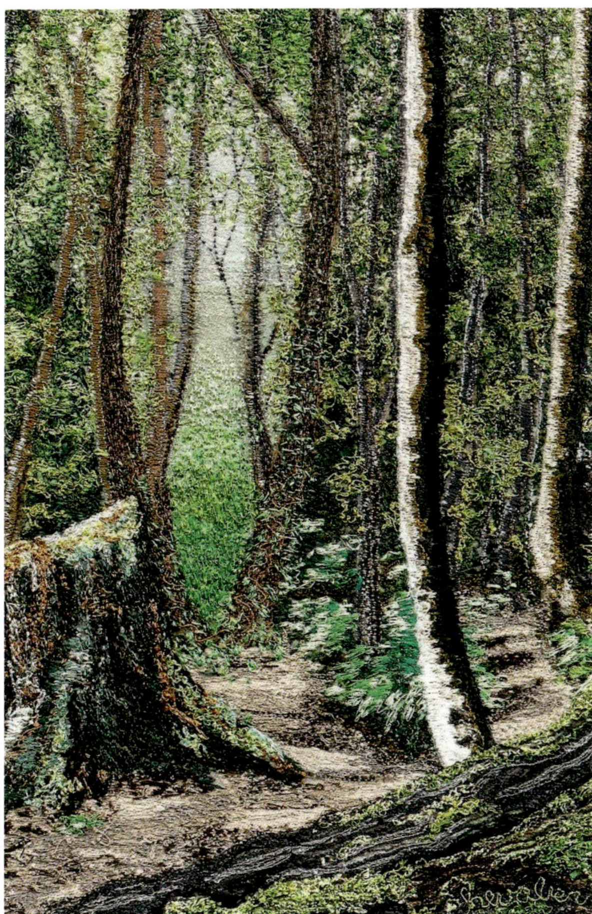

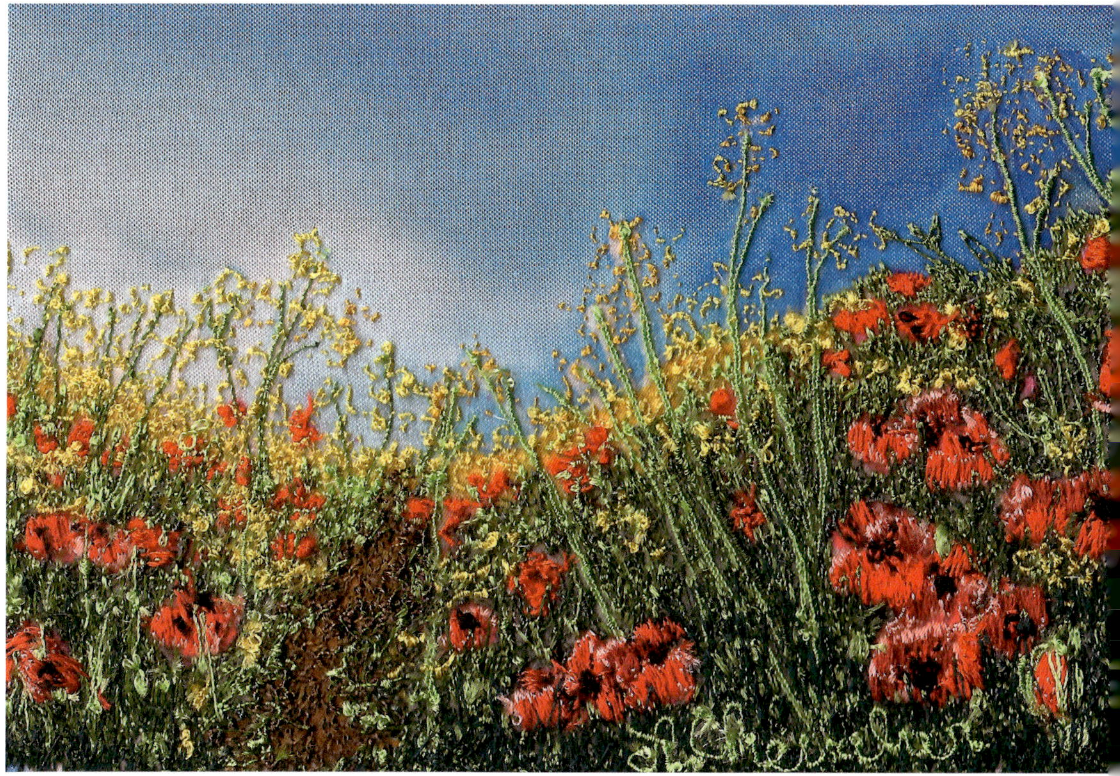

Clockwise from top left: Moon Daisies; Buddy; Poppies; Hollingbury Wood

Chris MacDonald

Found Object Sculptor
www.brightonartgallery.uk

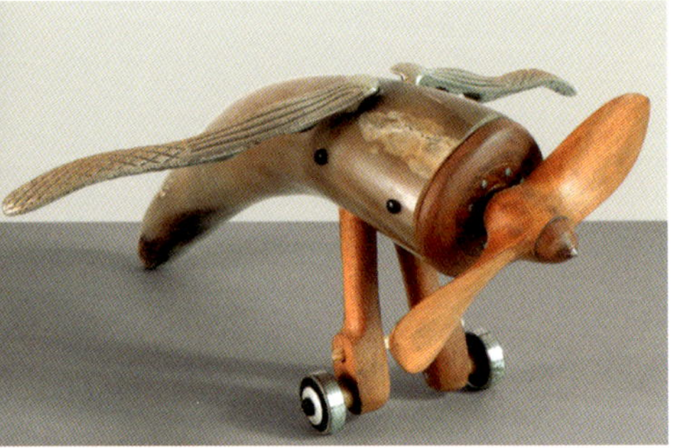

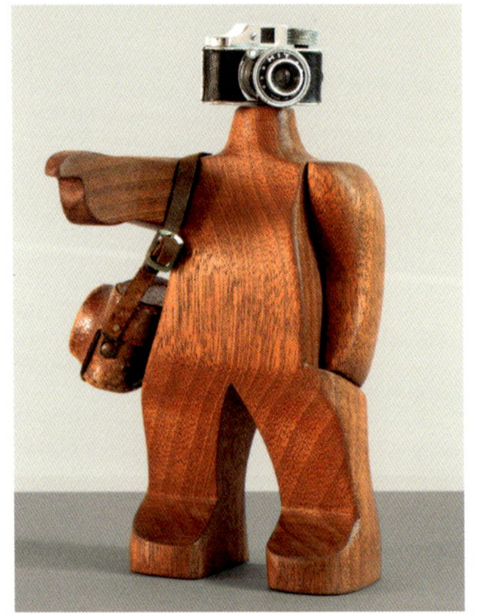

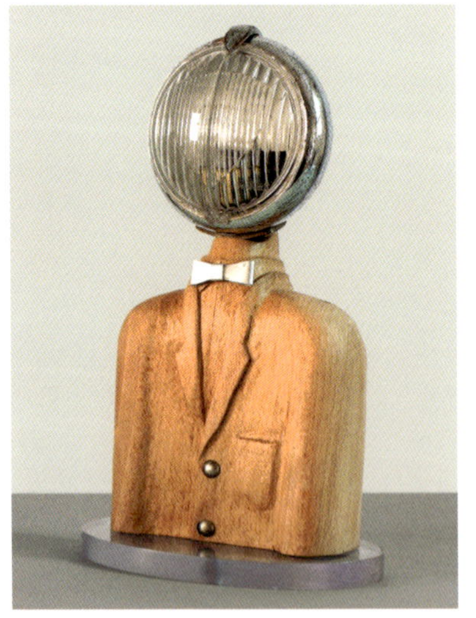

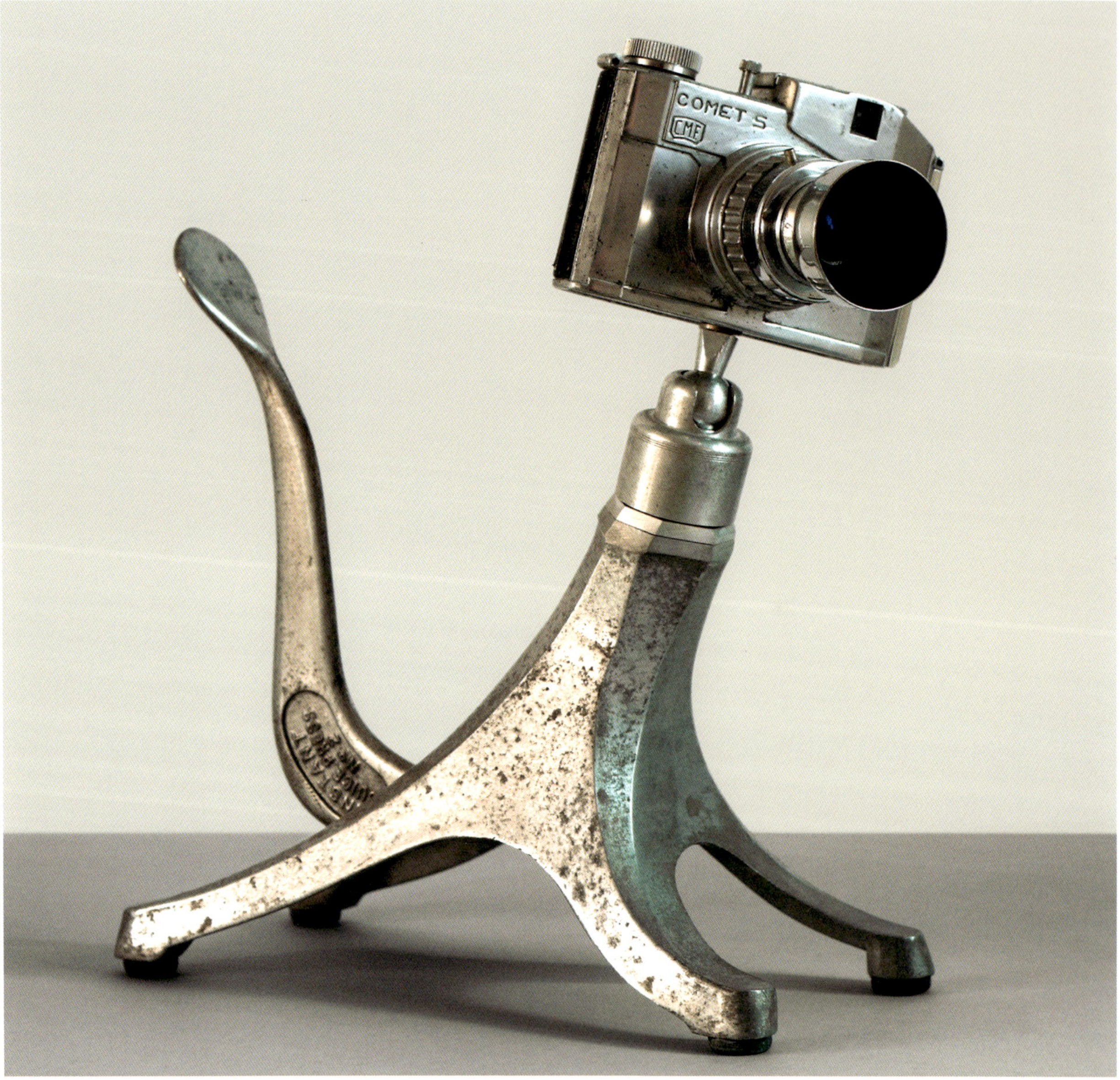

Tail upright, head cocked, paws outstretched, Chris MacDonald's 'Poodle' (above) is ready to play. Created from a long-discarded juice press and an old camera that only Brighton's irrepressible 'found object sculptor' could reimagine into something wonderful and new, it's the perfect example of what this artist is all about.

Enhanced by his masterful woodcarving, Chris's unique style is suffused with surreal wit. And if you are looking for a truly original piece of 3D artwork, he can transform what most regard as 'rubbish' into artworks that amaze with their imagination and skill.

Chris is one of Brighton's most accessible artists, and you can view his work in his front-room, invitation-only gallery at 24 Foundry Street. Just give him a call (see page 106).

Simone Riley

Artist
www.simoneriley.co.uk

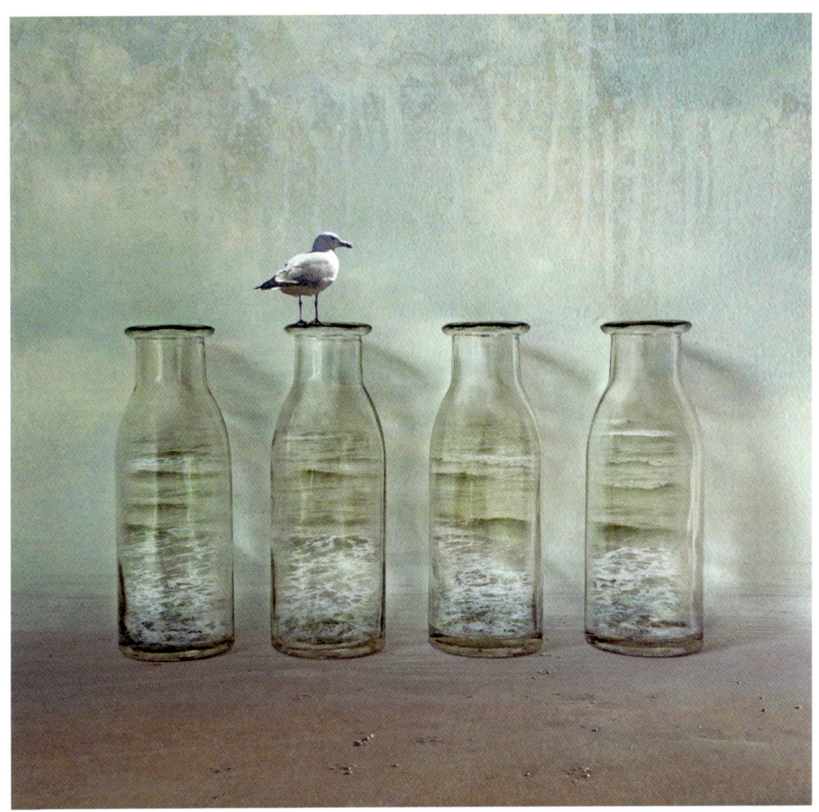

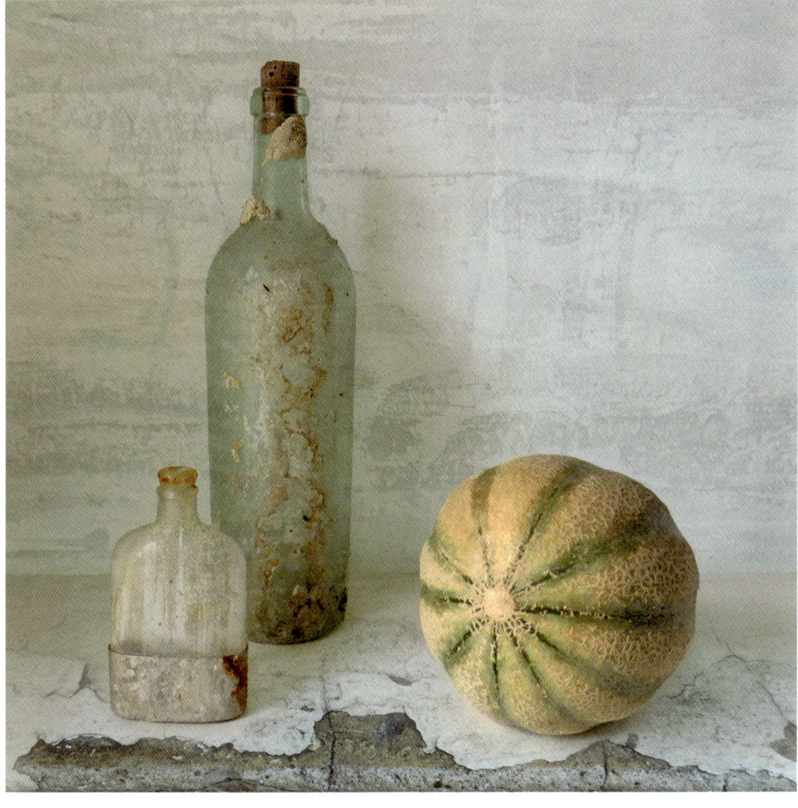

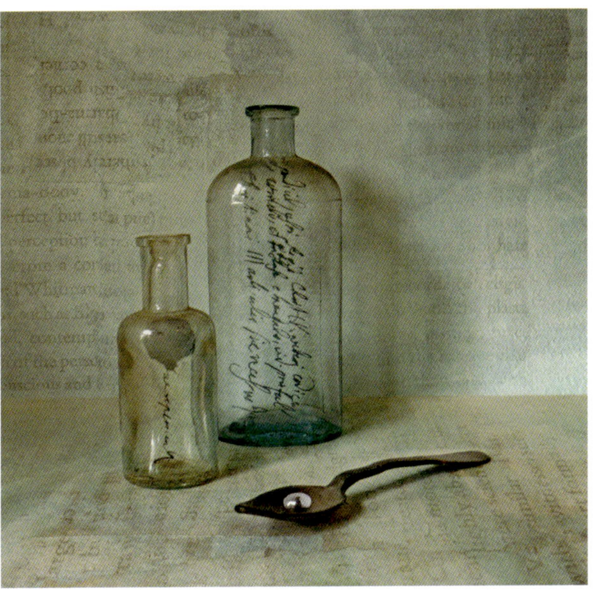

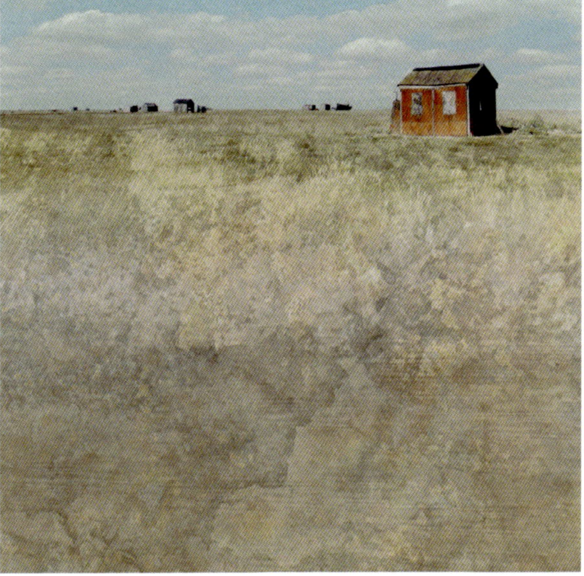

Originally qualified in graphic design, Simone has developed her own unique style and technique, creating images that sit between photography and fine art.

Regardless of the chosen medium or subject matter, Simone's work invariably involves a combination of textures, layers and subtle colours. Always inspired by textures, she has built up an extensive photographic collection over the years, which includes images of old walls, peeling paint, rust, weathered wood and many other worn surfaces.

Simone's photomontage images are created by taking an original photograph and then building up textural overlays, or combining different elements, from her own photographic collection.

Although these are digital works, all the images used are always her own to ensure that the artwork is a totally original piece.

Simone is a Director of the artist-run Chalk Gallery, Lewes (page 88).

Clockwise from top left: Bottled Water; Melon & Bottles; Dungeness; Mercury

Val Fawbert

Contemporary Artist
www.valfawbert.com

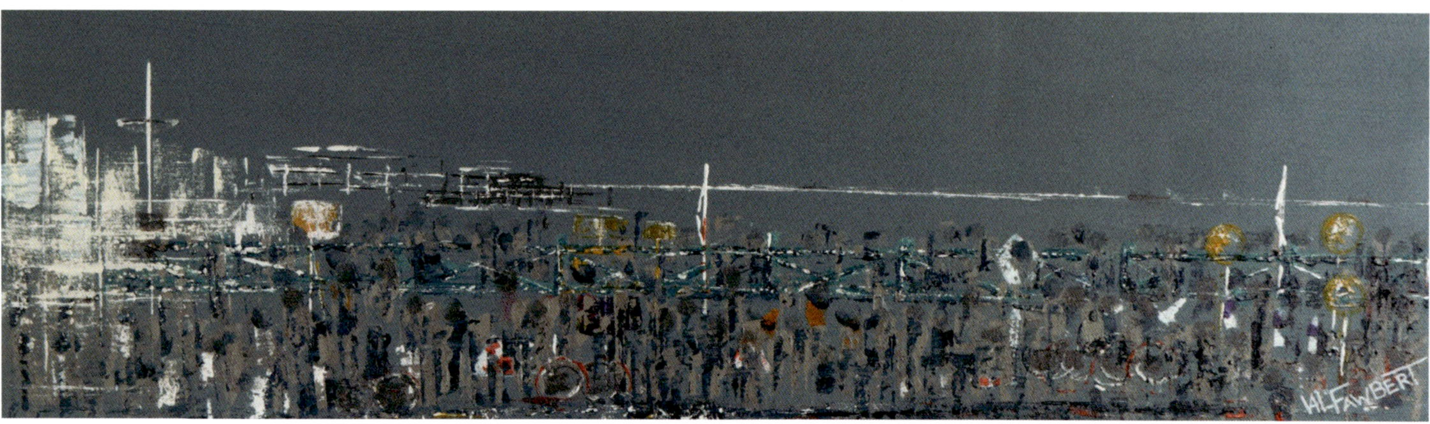

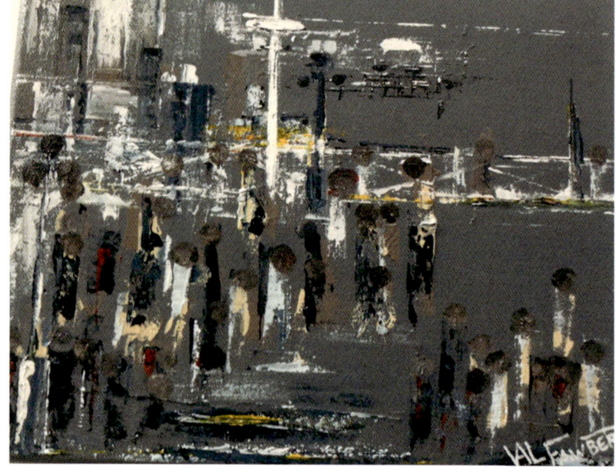

"Whether figurative, still life or landscape, these contemporary palette knife impressions identify the uniqueness of Val Fawbert 'the artist'"

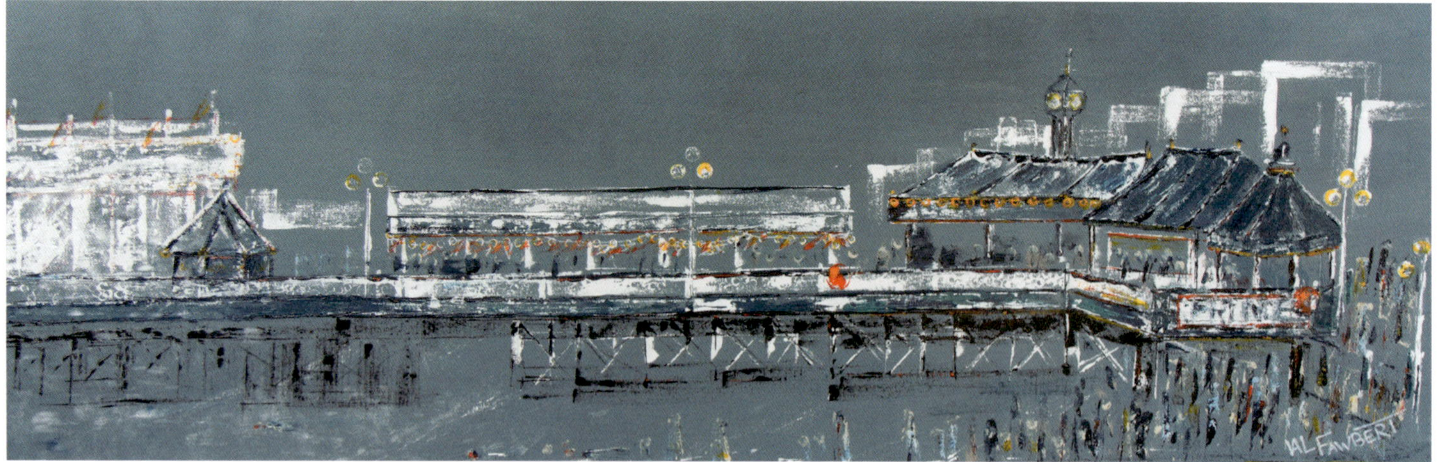

This page (top to bottom): Marathon; Onlookers; The Swimmers
Opposite: Making Tracks

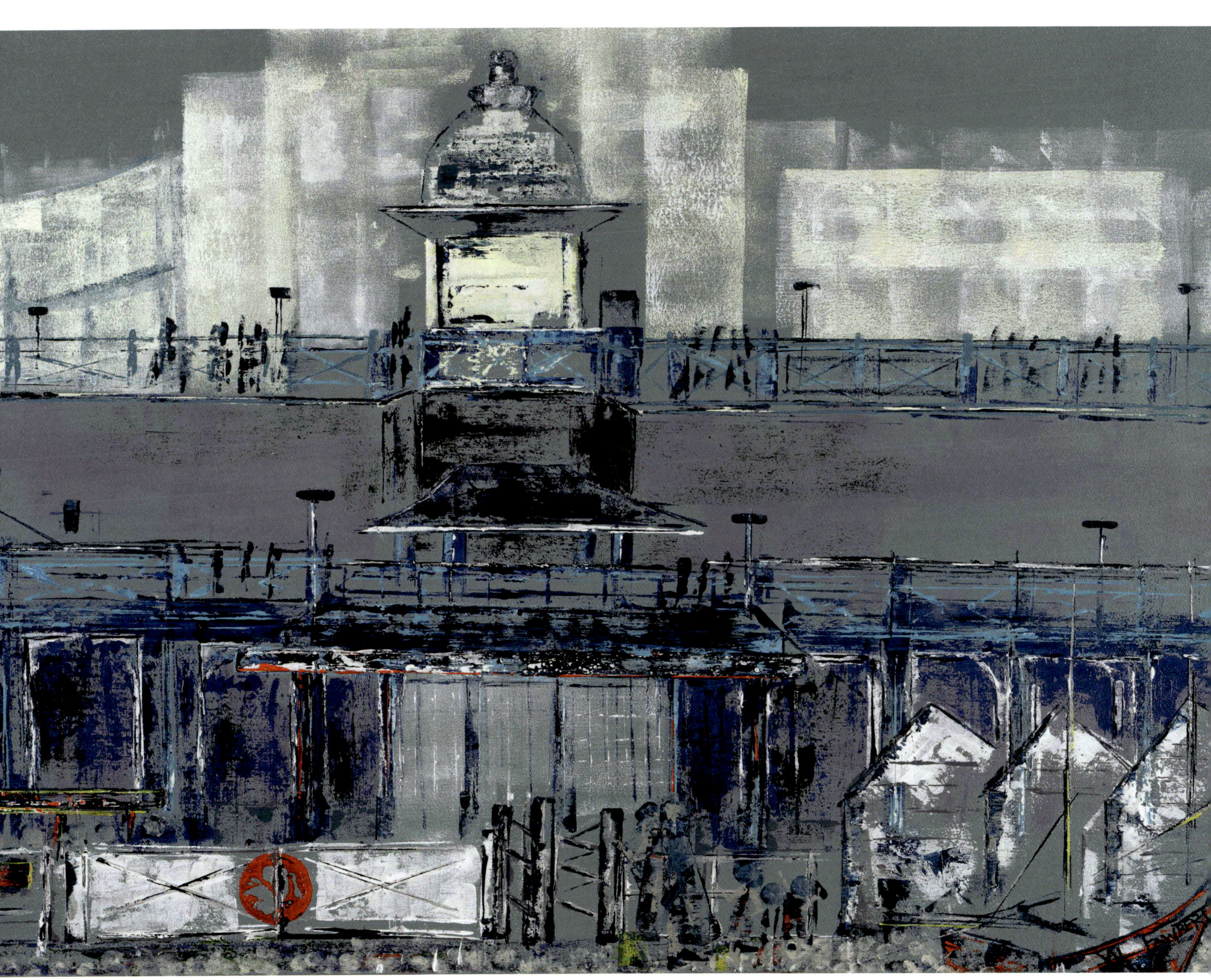

Tony Bowall

Photographer
www.tonybowallphotography.com

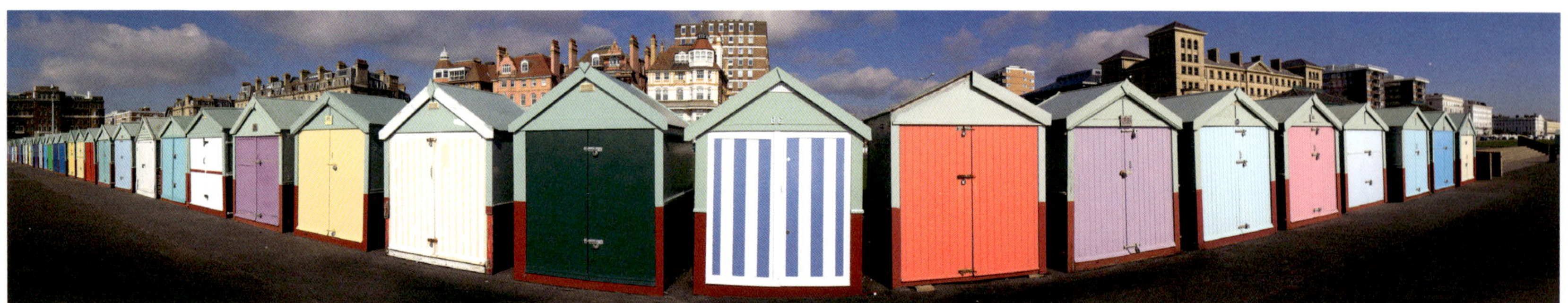

Hove photographer Tony Bowall is a Fellow of the Royal Photographic Society with over 35 years' experience recording what he sees. His work is well-known and widely exhibited in the city, and new commissions are regularly received.

Famed for his constant revisiting of Hove's iconic beach huts, Tony's tranquil, minimalist work is gentle and striking. Having experimented with 'Psychedelic Sussex' (extending his earliest projects now using modern technology), Tony finds himself drawn back to floral images, currently focusing on the theme of impermanence and change in his '*Transition*' series. This depicts flowers discarded for being past their prime, but which still radiate a subtle, innate beauty.

Tony shares his skills and knowledge on a one-to-one basis with clients from beginners to experienced photographers though 'Fine Eye Photography Tuition'.

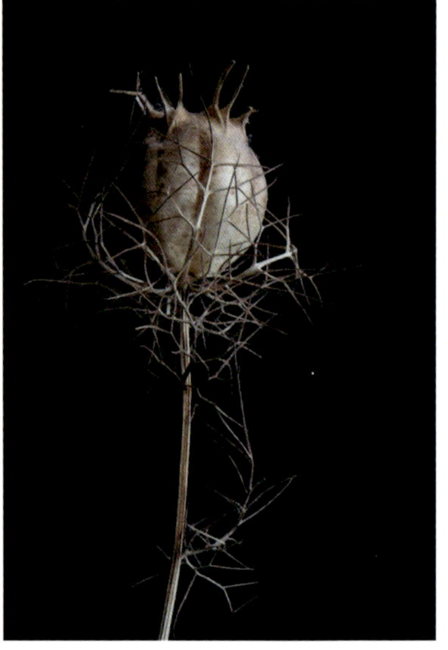

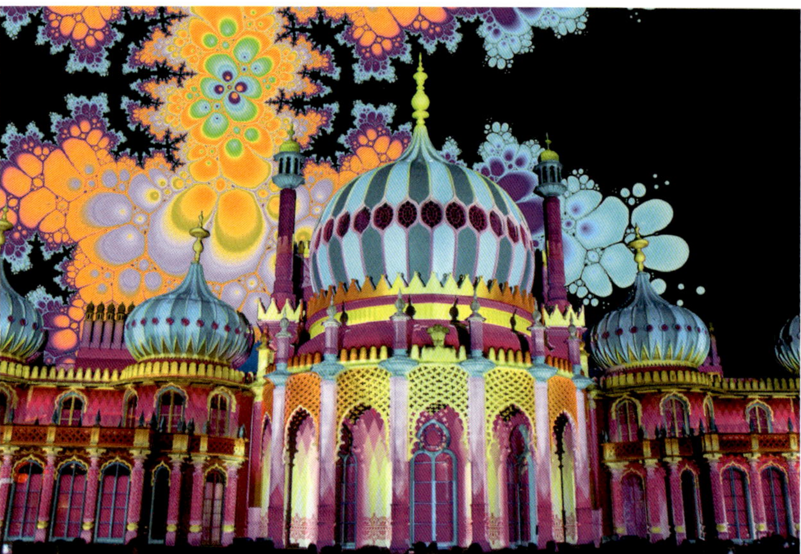

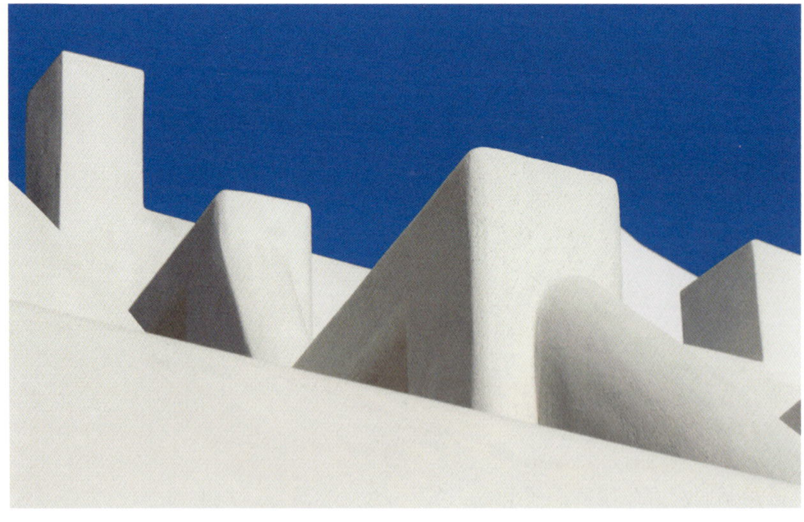

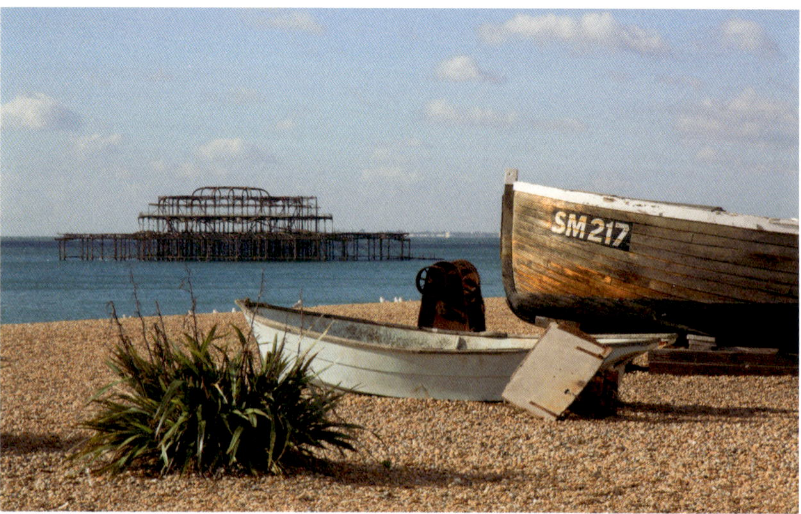

This page (clockwise from top left): Beach Hut Panorama; Fractal Pavilion; Pier, Beach and Boat; Greek Geometric Architecture; Dusty Nigella Head
Opposite: 36 Striped Beach Huts

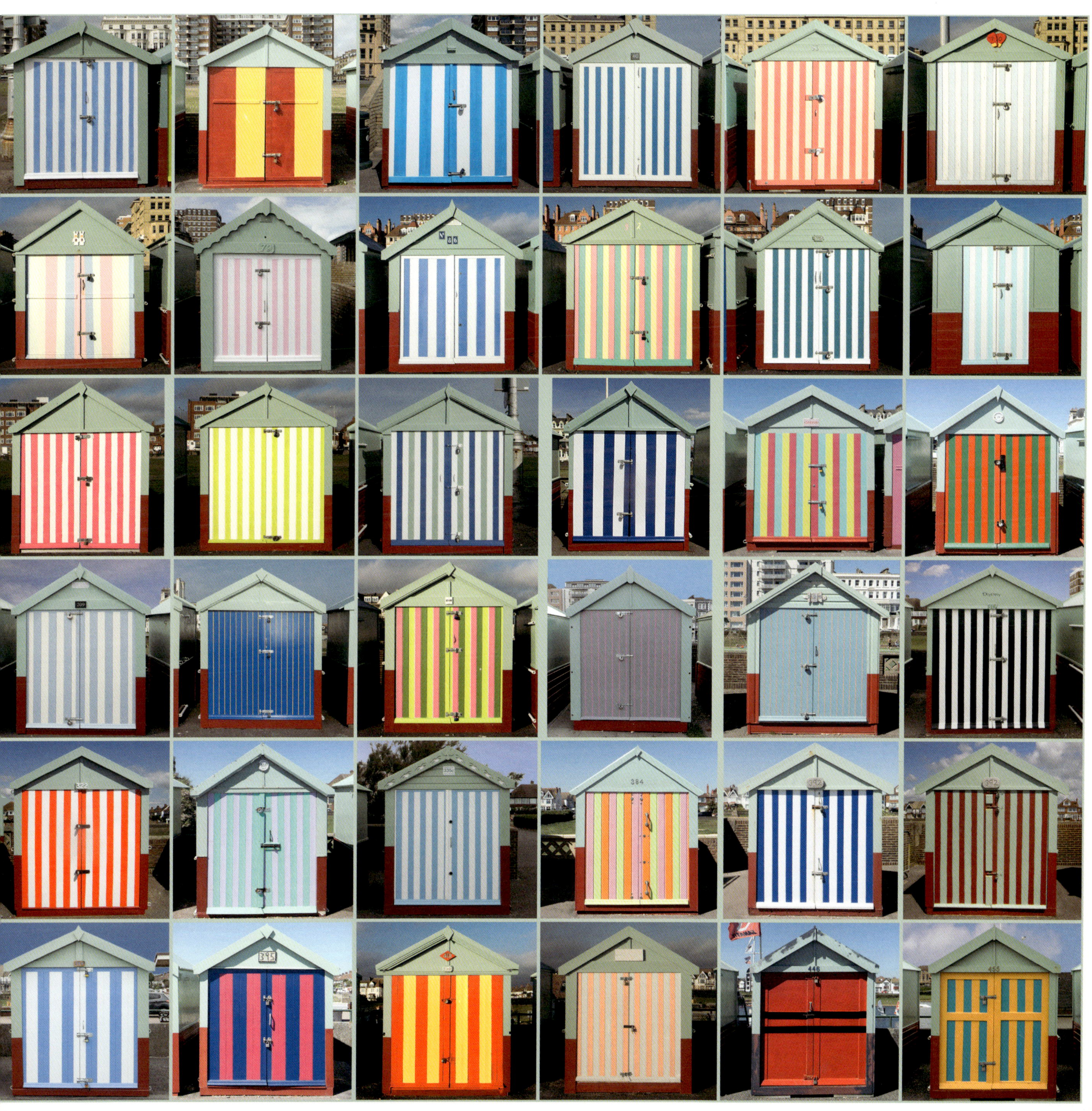

JanaNicole

Artist
www.jananicole.com

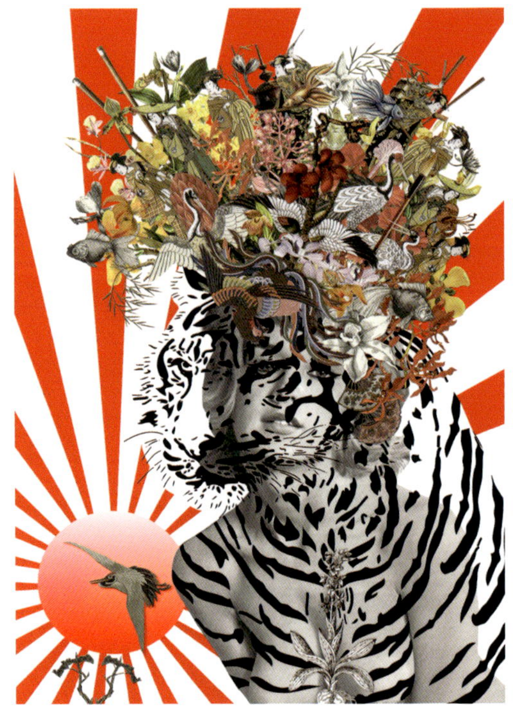

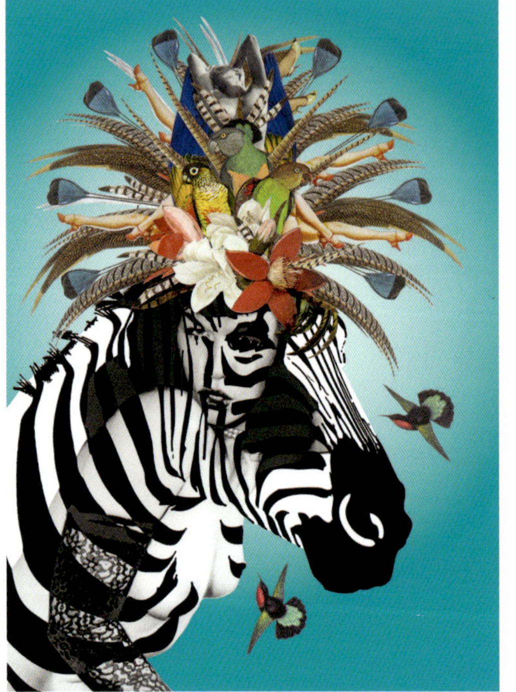

JanaNicole's work is a beautiful melding of style, subject and substance. Using mixed media, upcycling and collage techniques, her pieces are a fusion of memory and nostalgia, taking the iconic and the cultural and merging them with the abstract to create that uncanny line between the 'classically familiar and the downright bizarre'. Rich and evocative, JanaNicole's work shifts from the spiritual to the comical in surprising twists of aesthetic fate, resulting in a style that brims with charm and charisma.

Her current collection, *Animal Attraction*, represents perfectly the alignment of human characteristics often found in animals.

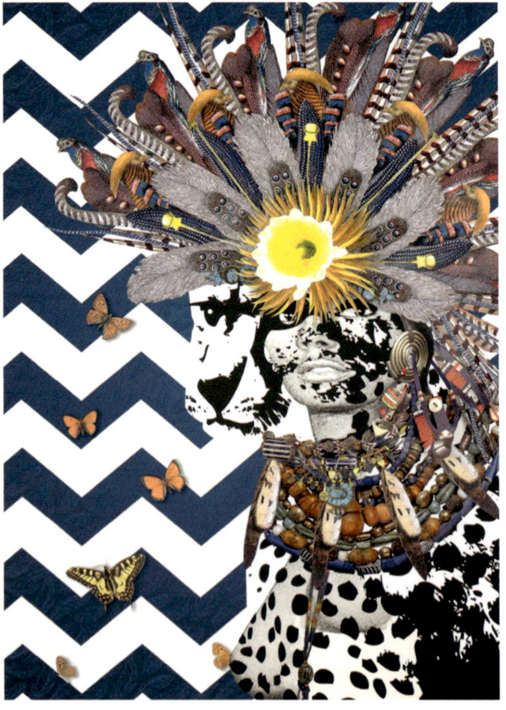

This page (clockwise from top left): Suki; Betty; Nakoda
Opposite: Georgie
All from the Animal Attraction collection

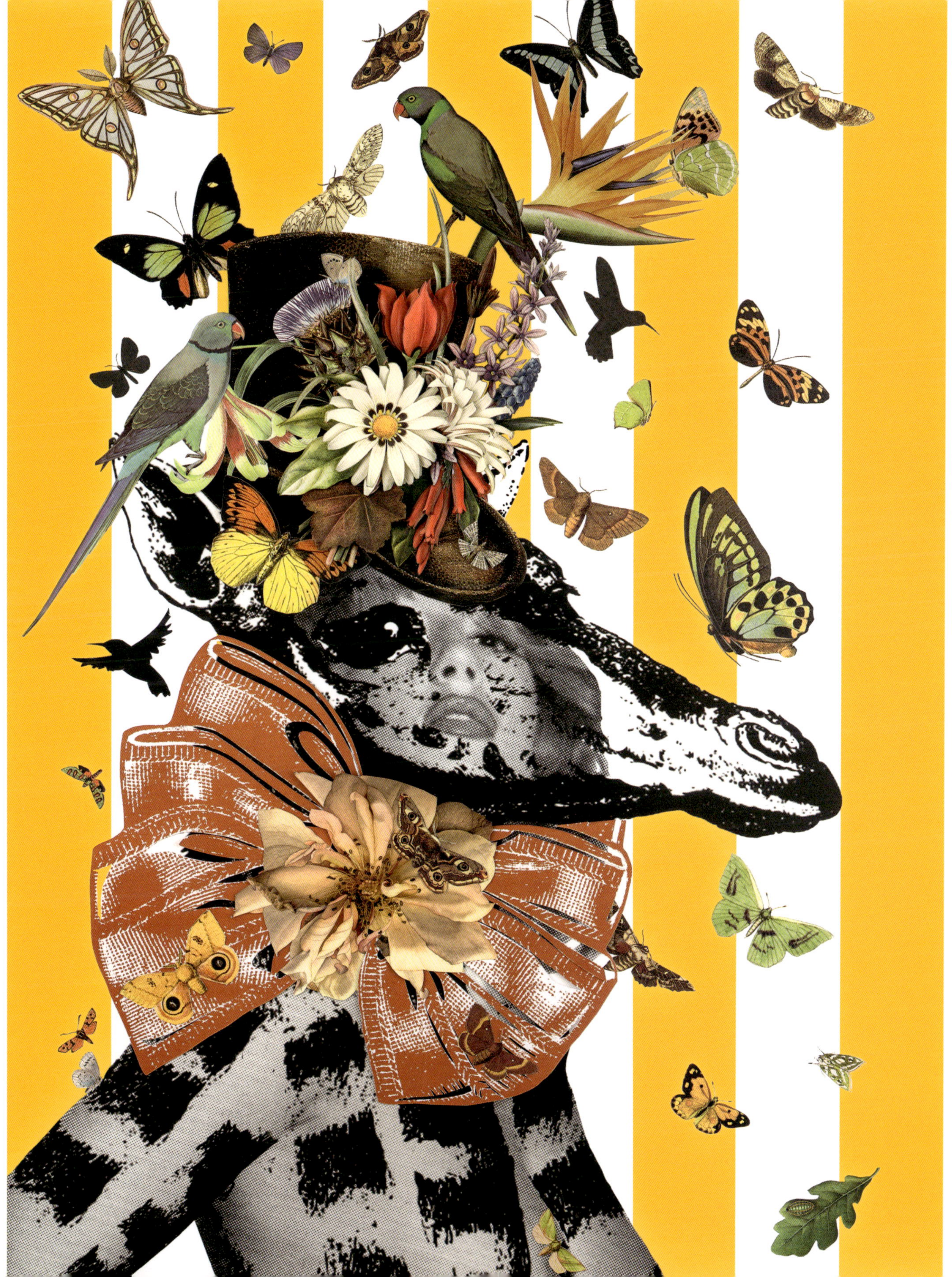

Ian Boutell

Artist
ianboutell@gmail.com

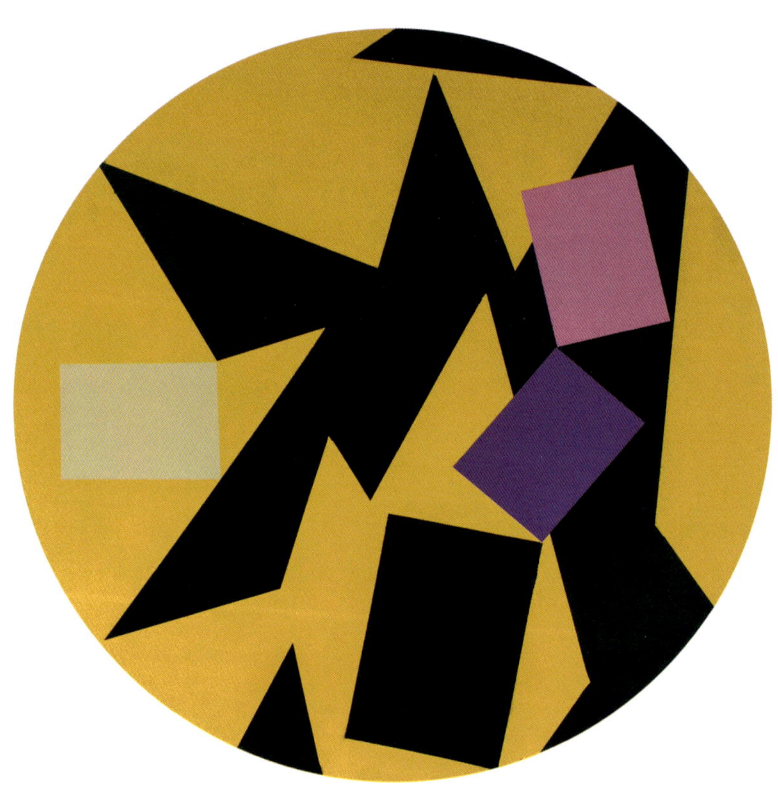

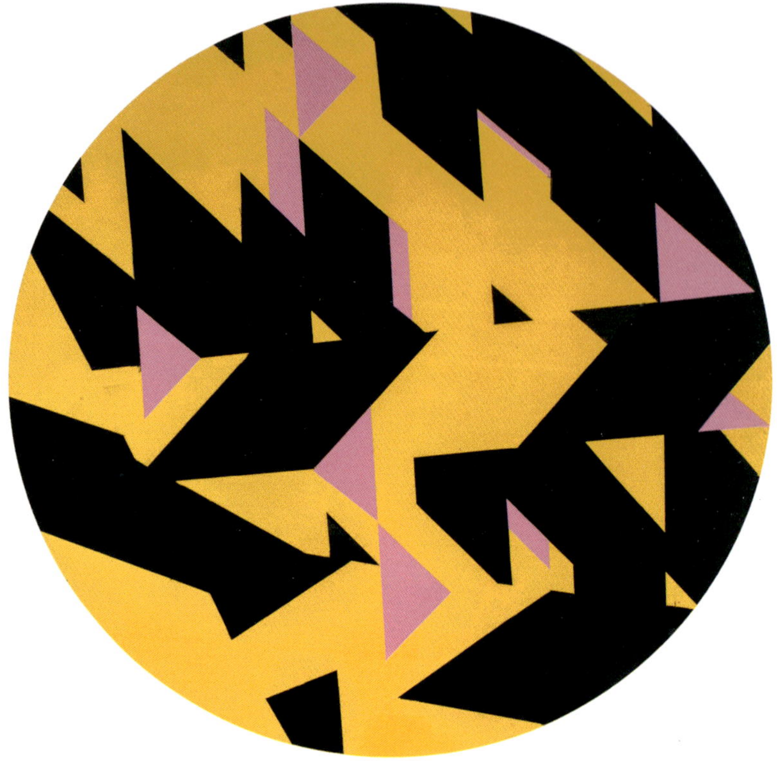

Physics is the starting point for these paintings by Ian Boutell. Physicists seek to understand the structure of the world from the subatomic to the universal. Artists do this, too, and Ian is particularly interested in the subatomic; not of form – the preoccupation of art of modernity – but of space and the energy that fills it, seeking visual metaphors for what cannot be seen. Painting as paradox.

Phoenix Open Studios, and College Mews on the Kemptown Open Houses trail in May are opportunities to see more, also on Instagram and Facebook as ianboutell.

Also check out Ian's project the *Cottage of Modern Art* on Facebook and Instagram, which show only one work at a time by contemporary artists.

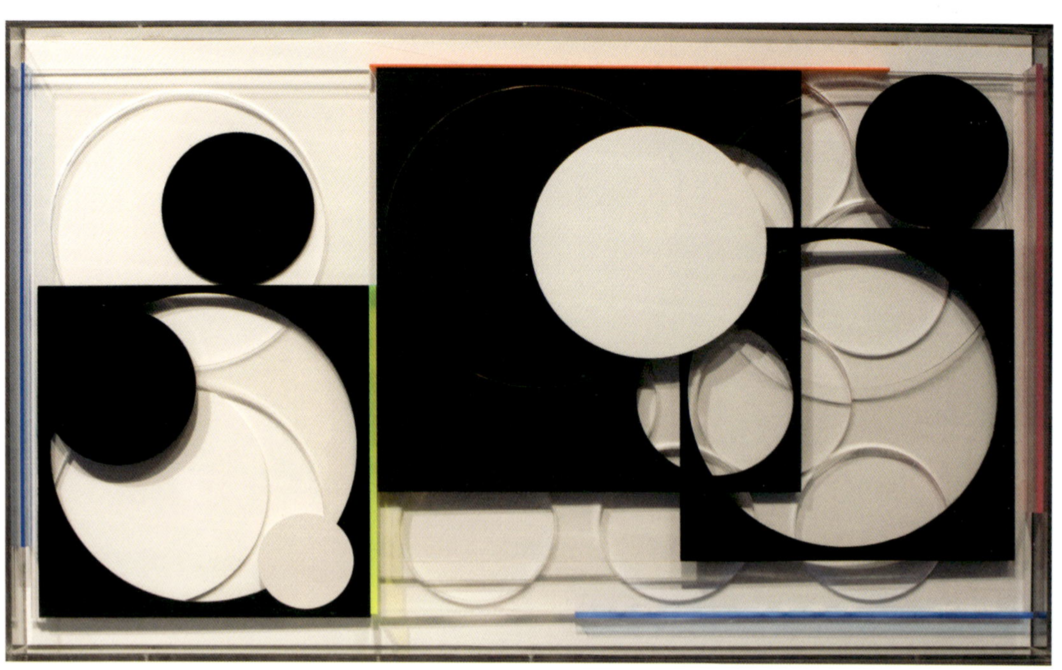

This page (clockwise from top left): Falling; Neverending; Continuum;
Opposite: Red Energy

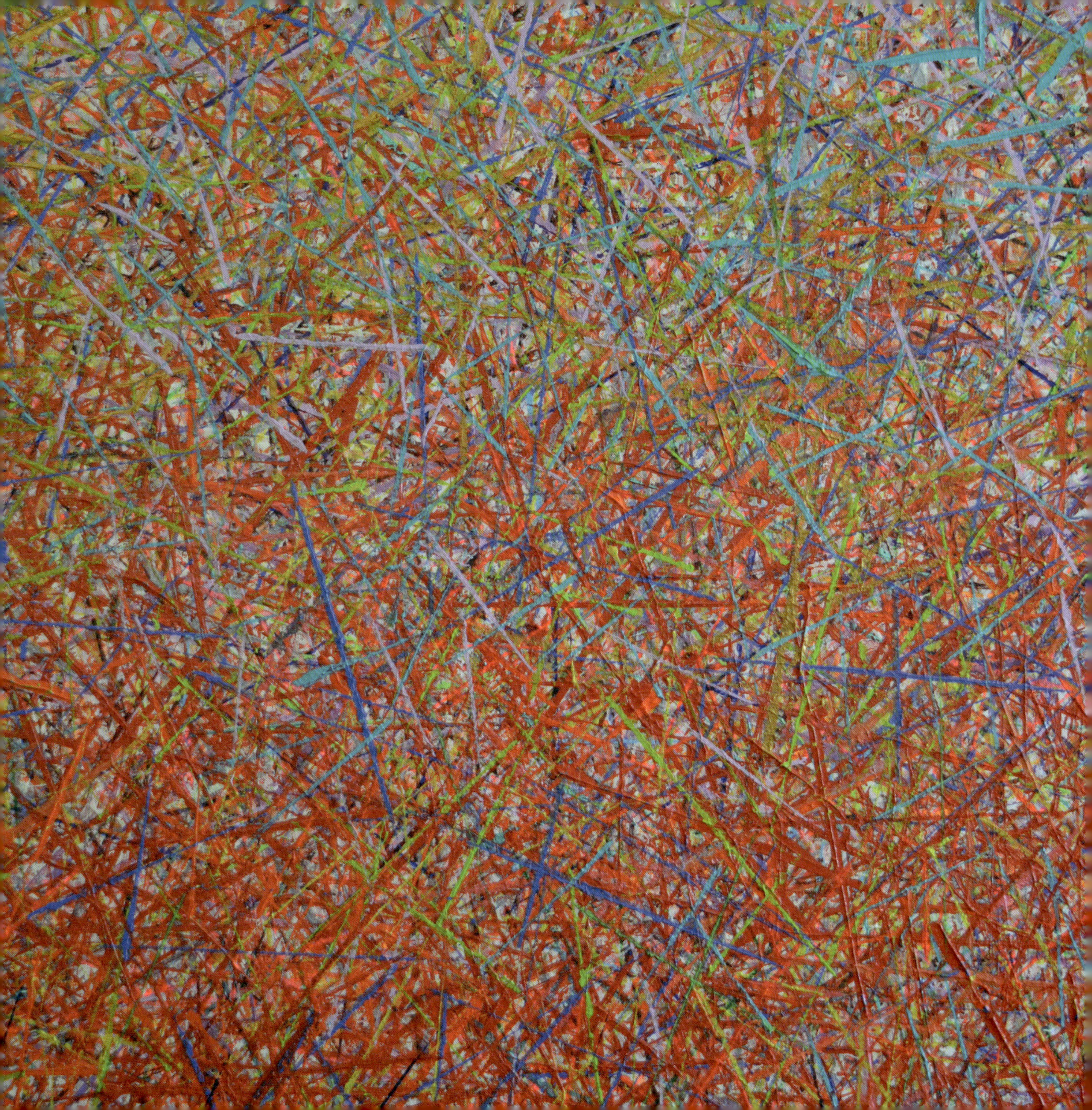

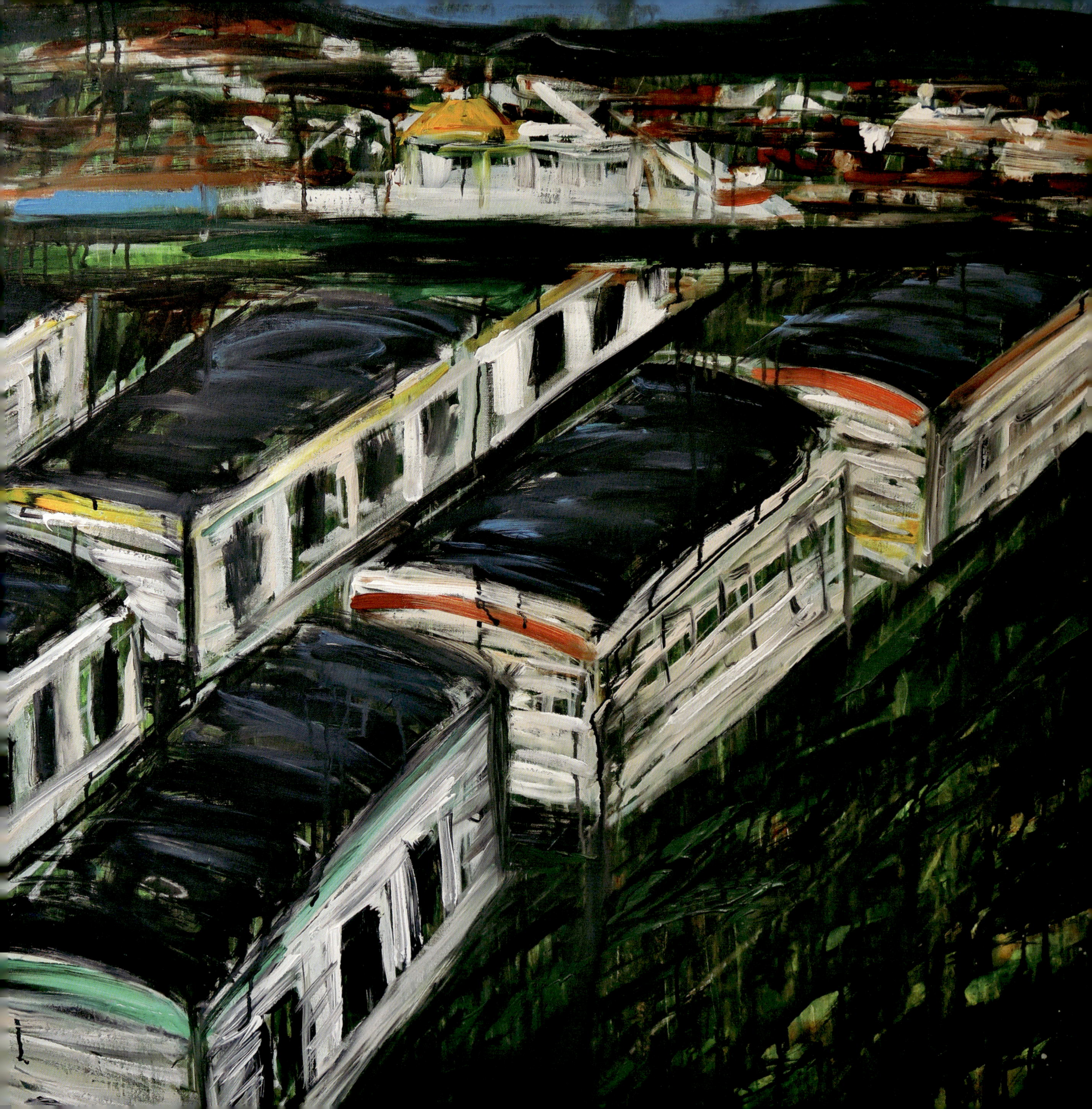

Mark Glassman

Artist
www.markglassman.org.uk

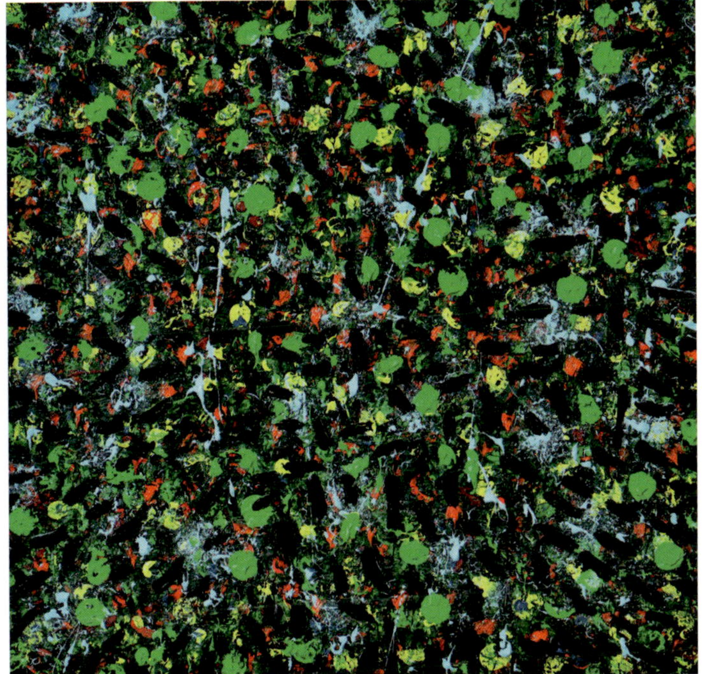

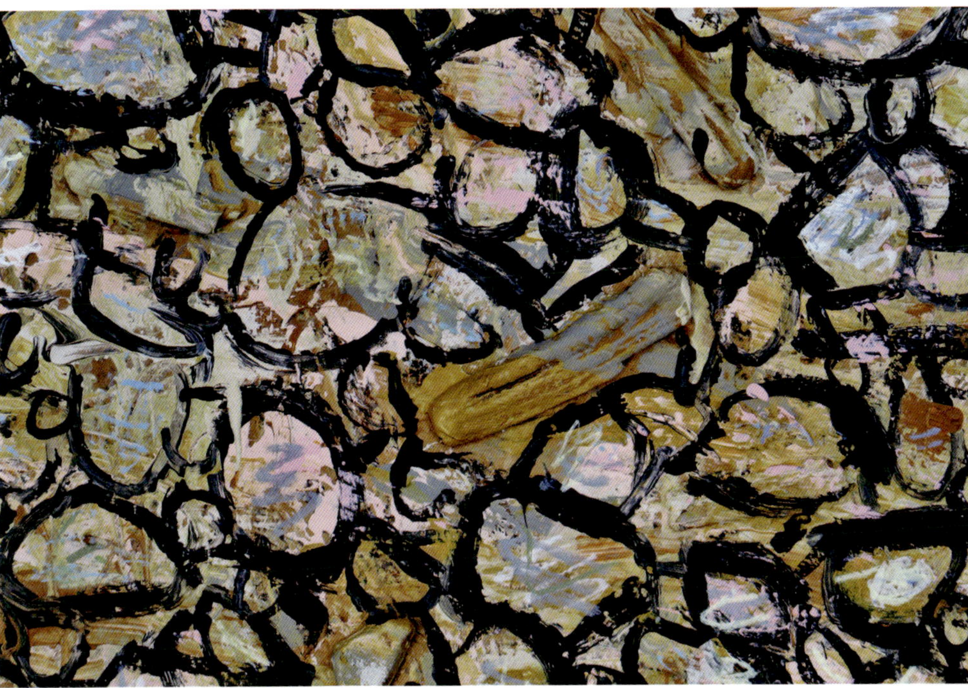

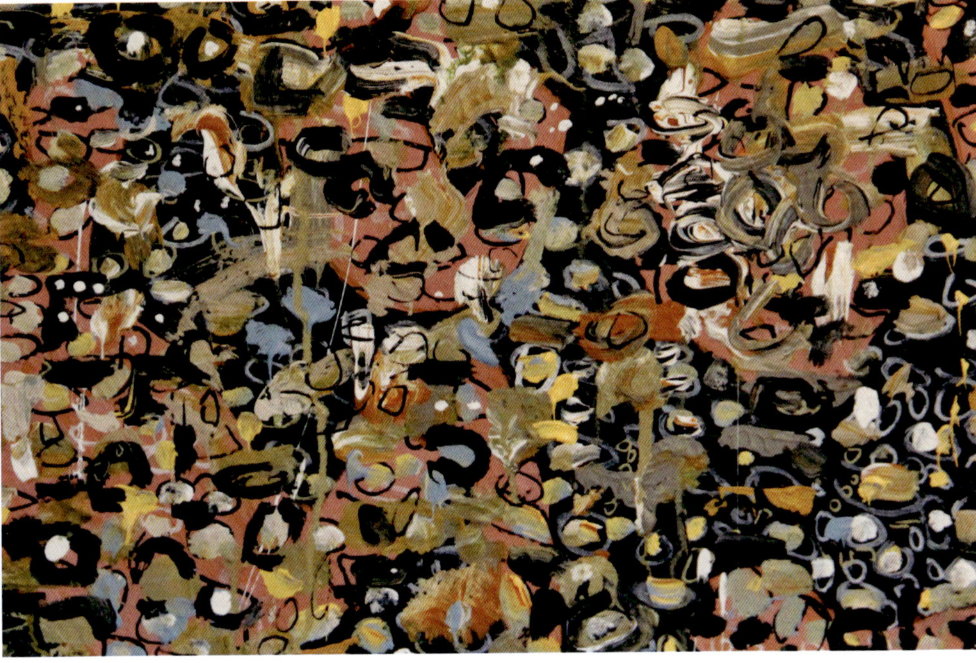

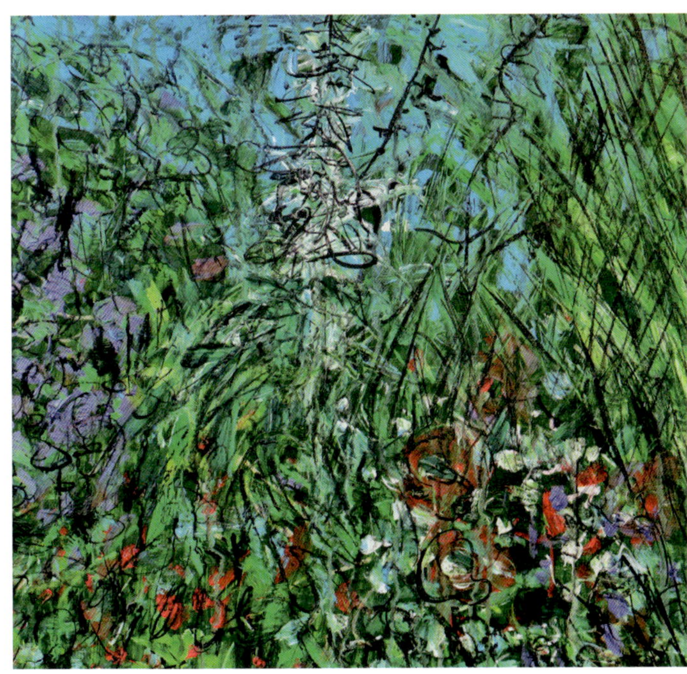

This page (clockwise from top left): Cosmic Garden; Beach 120; Garden 100; Beach 118
Opposite: Towards Newhaven

Sara Le Roy

Artist
www.saraleroy.com

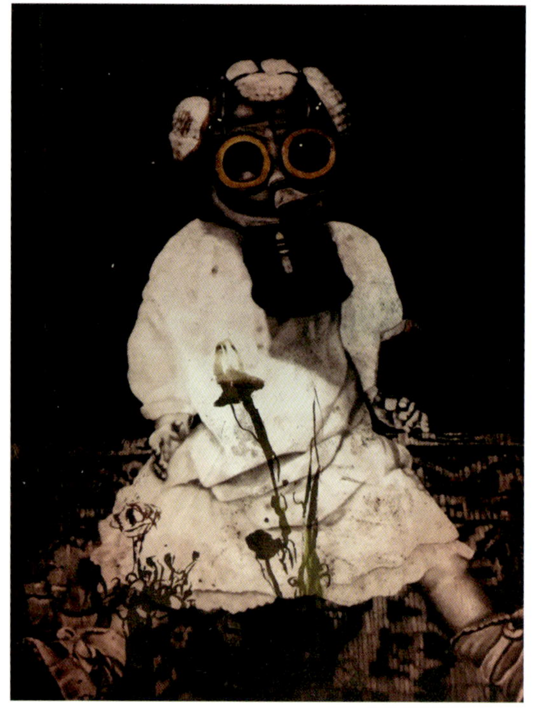

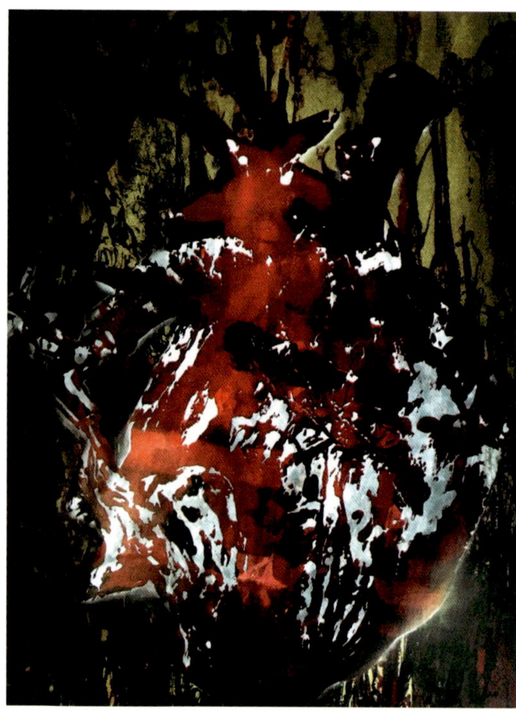

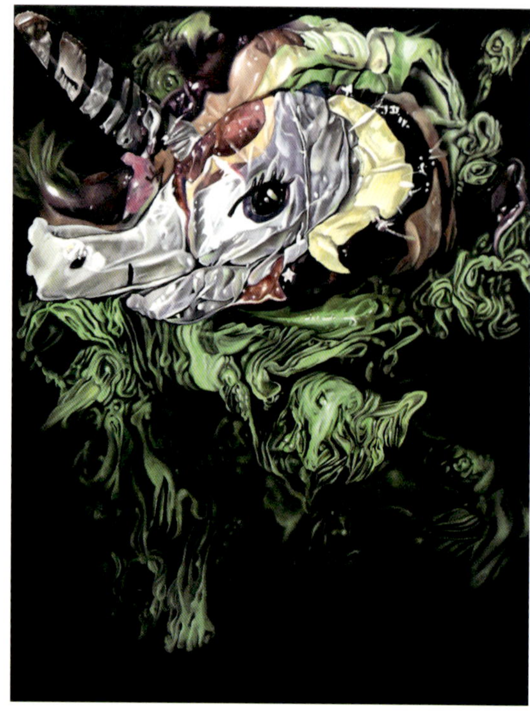

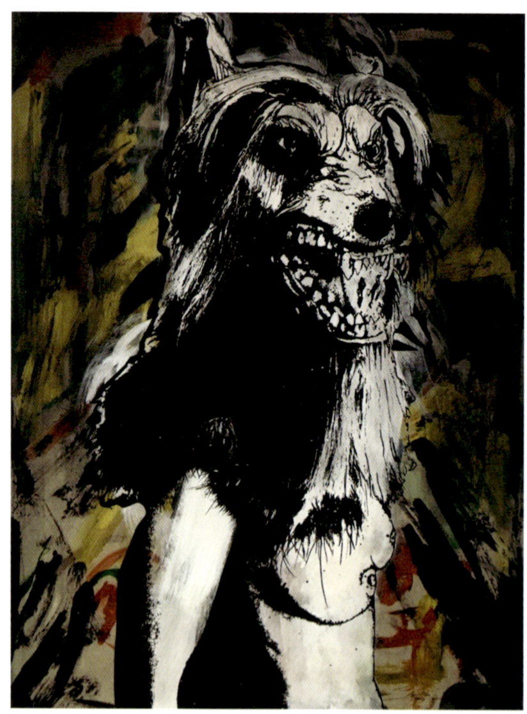

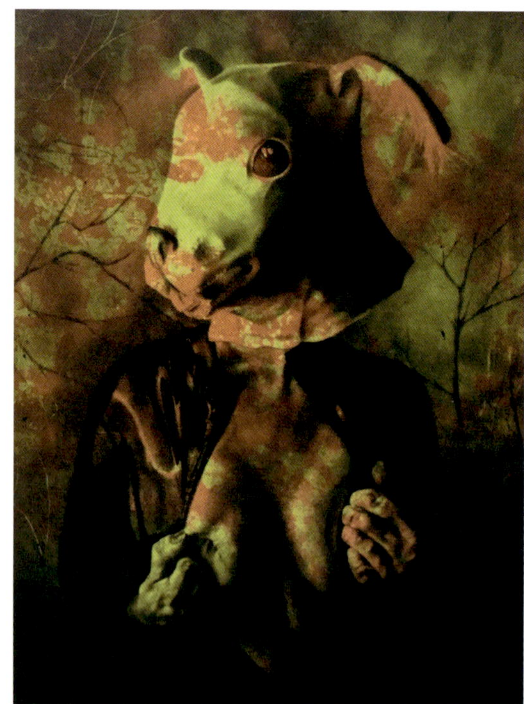

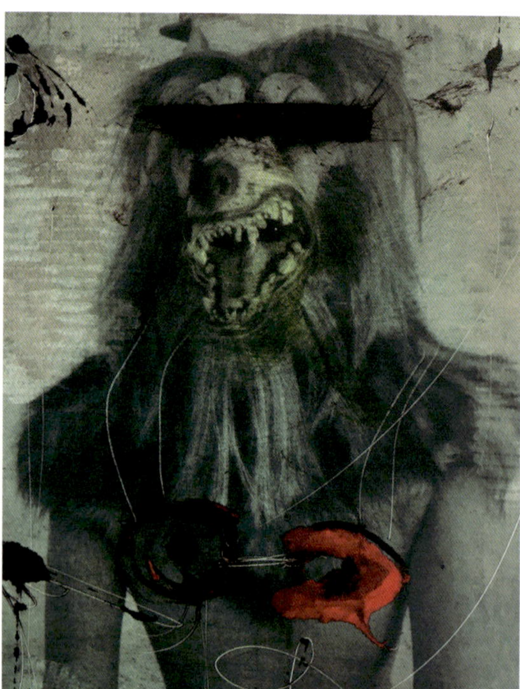

Clockwise from top left: Mickey Mouse Gas Mask (solar etching & screen print); Turn the Bloody Tap off (screen print); Uniporn (oil painting; Shewolf (screen print); Mastectomy Rabbit (solar etching & screen print); Backwards Wolf (solar etching)

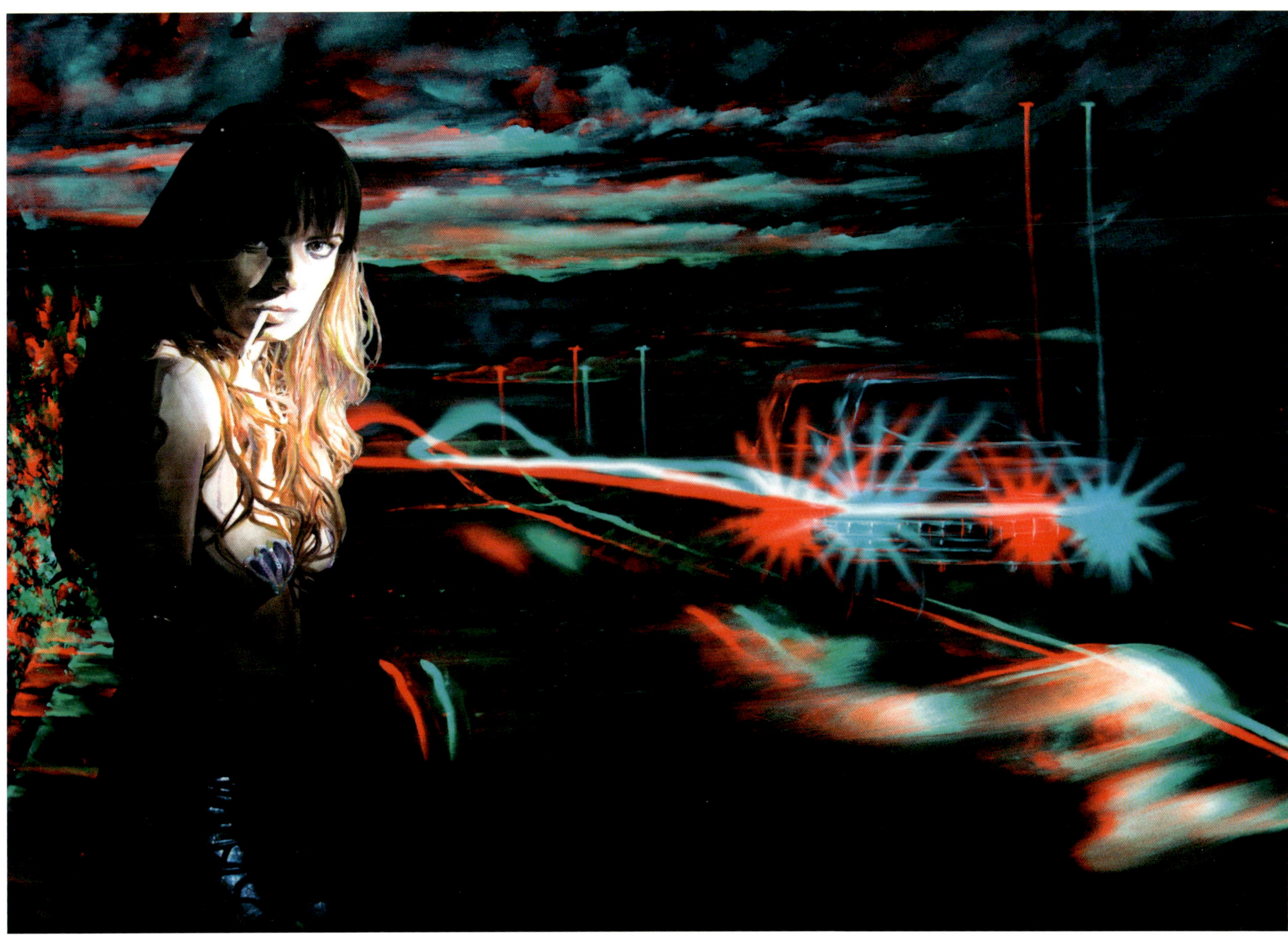

Sara Le Roy is a Dutch artist who recently moved to Brighton. Her work focuses on storytelling, folklore and mortality.

Fairytale female characters stand for innocence, virginity and perfection. With their beautiful hair and elaborate dresses, they are the stars of Disney movies and theme parks. But what if they are more humane and dark than they appear? The artist strips these sweet innocent figures of their happy endings.

Snow White, Sleeping Beauty and Tinkerbell find themselves in the disenchanted here and now, wandering through mental wards, hospitals and crime scenes. Sara's work can be understood as a gothic yet modern revision of traditional fairytales. The dwarves use heroin while Ariel whores herself on the streets. The morbid and sexual revisions deny these Disney characters the innocence and magic that are associated with them.

The use of red/blue 3D glasses augment this effect; the viewer literally goes through the looking glass.

Sara has exhibited worldwide, including the Mall Galleries, Piano Nobile Gallery, Cork Street Gallery and Rebecca Hossack Gallery in London, Aeroplastics Contemporary in Brussels and State-Of-The-Art Gallery in Hong Kong.

Her work is held in private and corporate collections across the world.

Whoring Ariel in 3D (oil painting)

Leila Godden

Artist
www.leilagodden.com

Leila Godden's source of inspiration is her connection with the sea. The vast panorama of changing light, dramatic weather and powerful water, framed by rocks solid with history, yet transient with time and the rhythm of the earth. The minutiae of rock pools juxtaposed against the expansive sweep of sea and sky. Here, she feels a completeness incorporating time and space, stillness and movement.

Her paintings seek to recreate this connection by distilling something essential about what it is to be part of this ever-changing, ever-the-same, timeless phenomenon. Her intention is to evoke a memory or sensation personal to you, the viewer.

Leila exhibits regularly in London with the Free Painters and Sculptors (FPS), the United Society of Artists (UA), and at Signet Contemporary, Kings Road, Chelsea. Her work has been selected for ING Discerning Eye and the Society of Women Artists (SWA) at the Mall Galleries and for Pure Arts Group (page 100). She is a Director of artist-run Chalk Gallery, in Lewes, East Sussex (page 88).

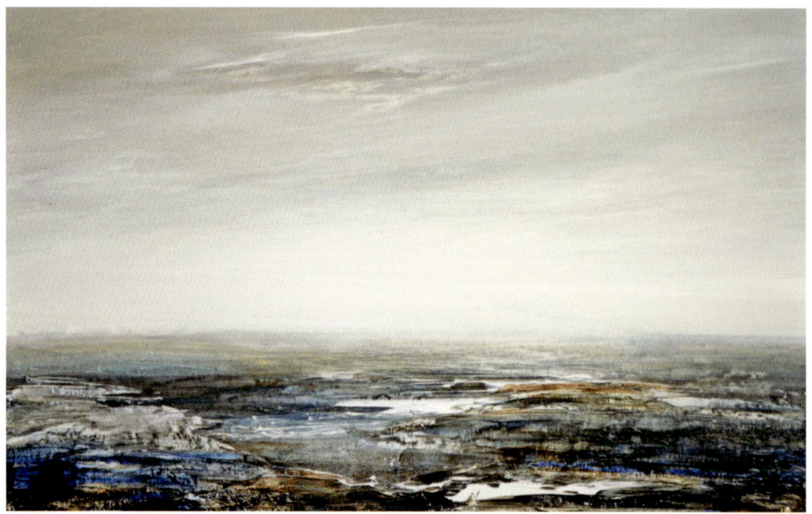

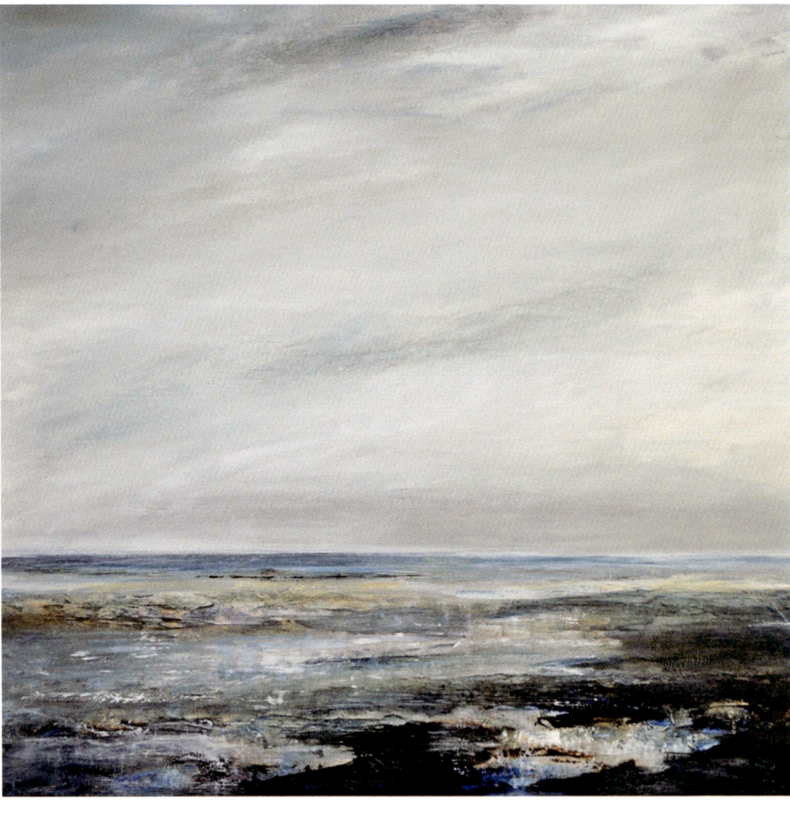

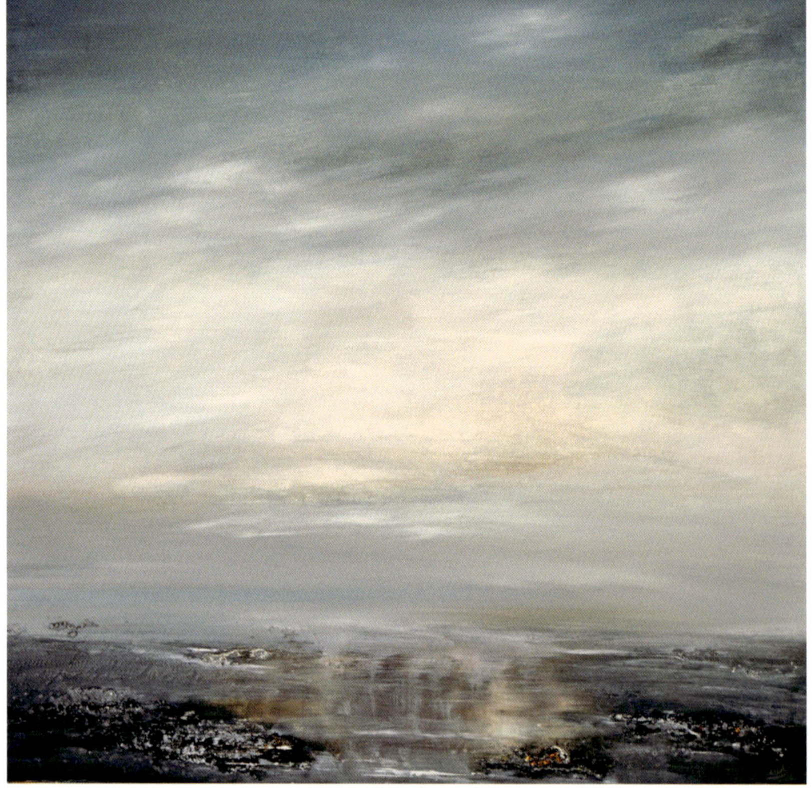

“Paintings that seek to evoke a memory or sensation personal to you, the viewer”

This page (clockwise from top right): Sapphire and Umber; Inner Solace; In the Moment
Opposite: Catching the Moment

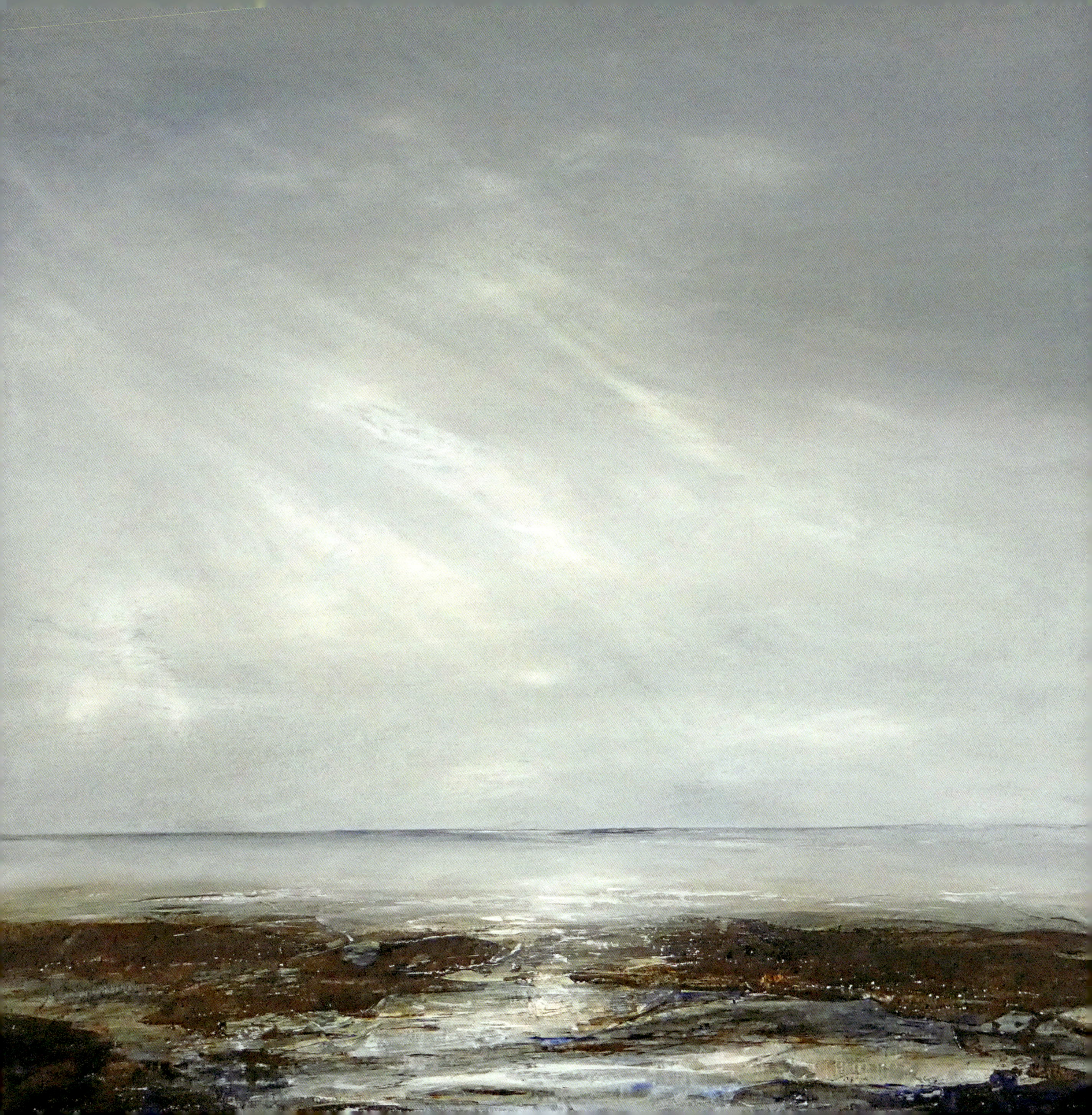

Adrian Hemming

Artist
www.adrianhemming.com

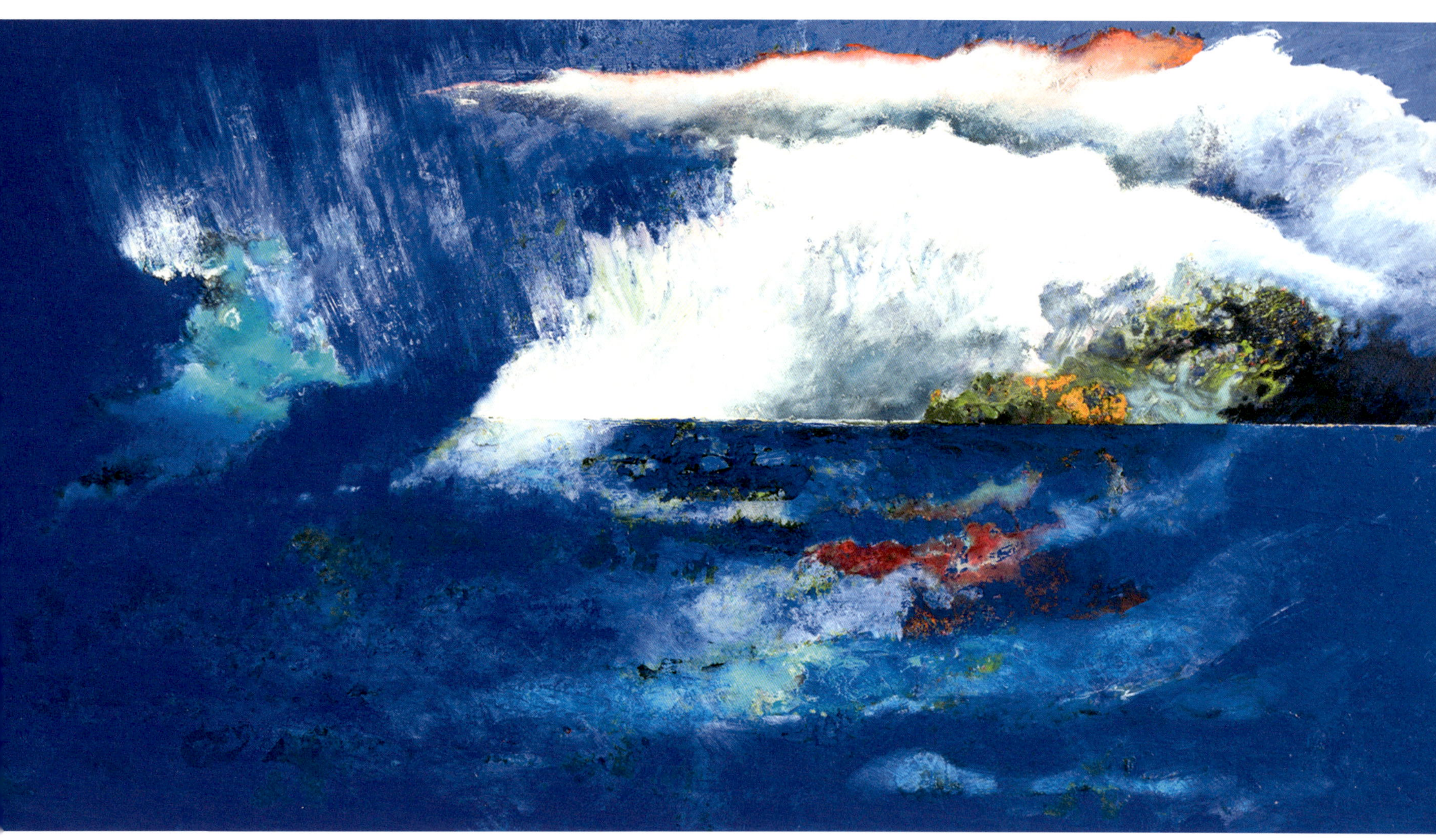

After the Storm 2017 (oil on canvas 102cm x 185cm)

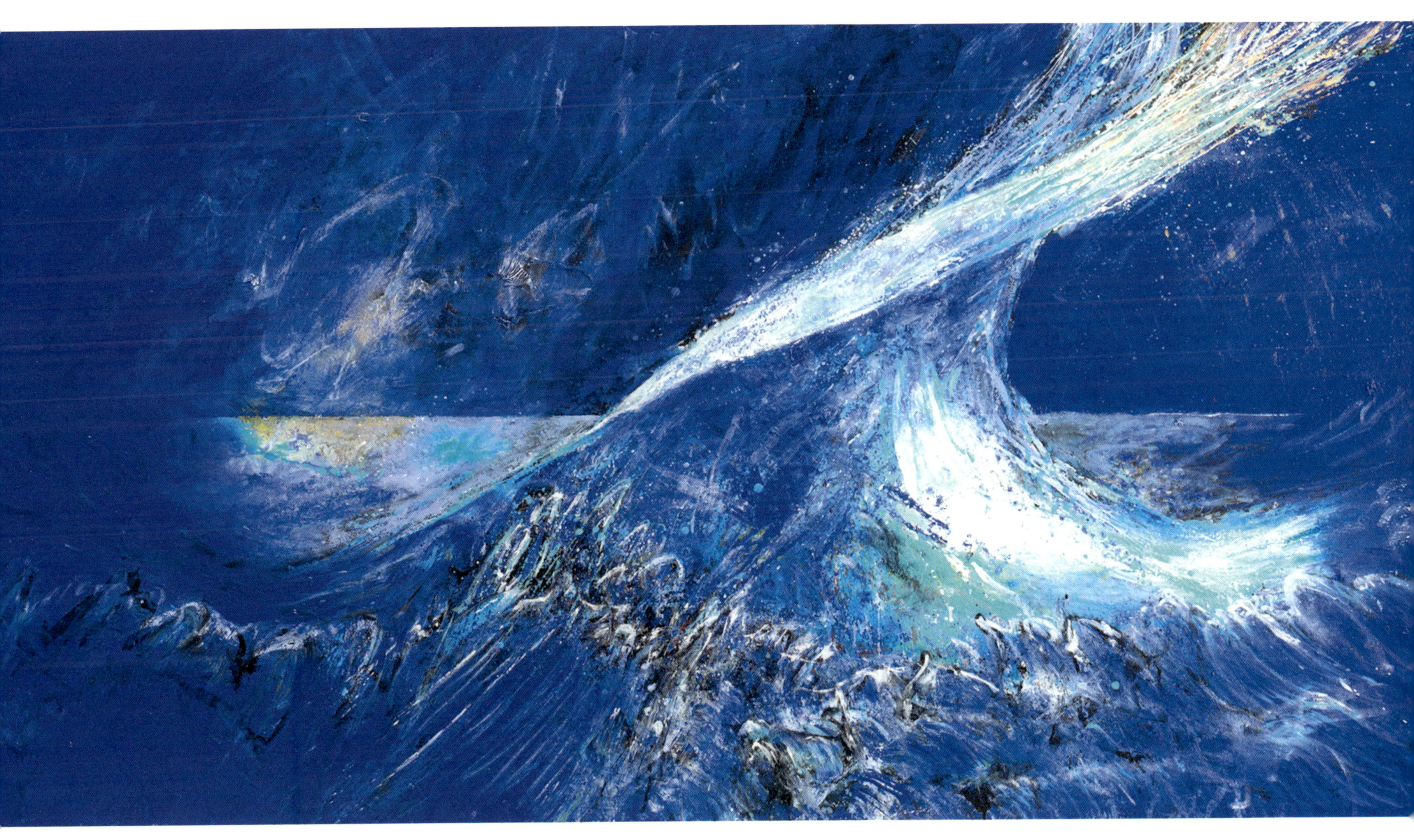

The Great Wave 2017 (oil on canvas 102cm x 185cm)

Sophie Abbott

Artist
www.sophieabbott.net

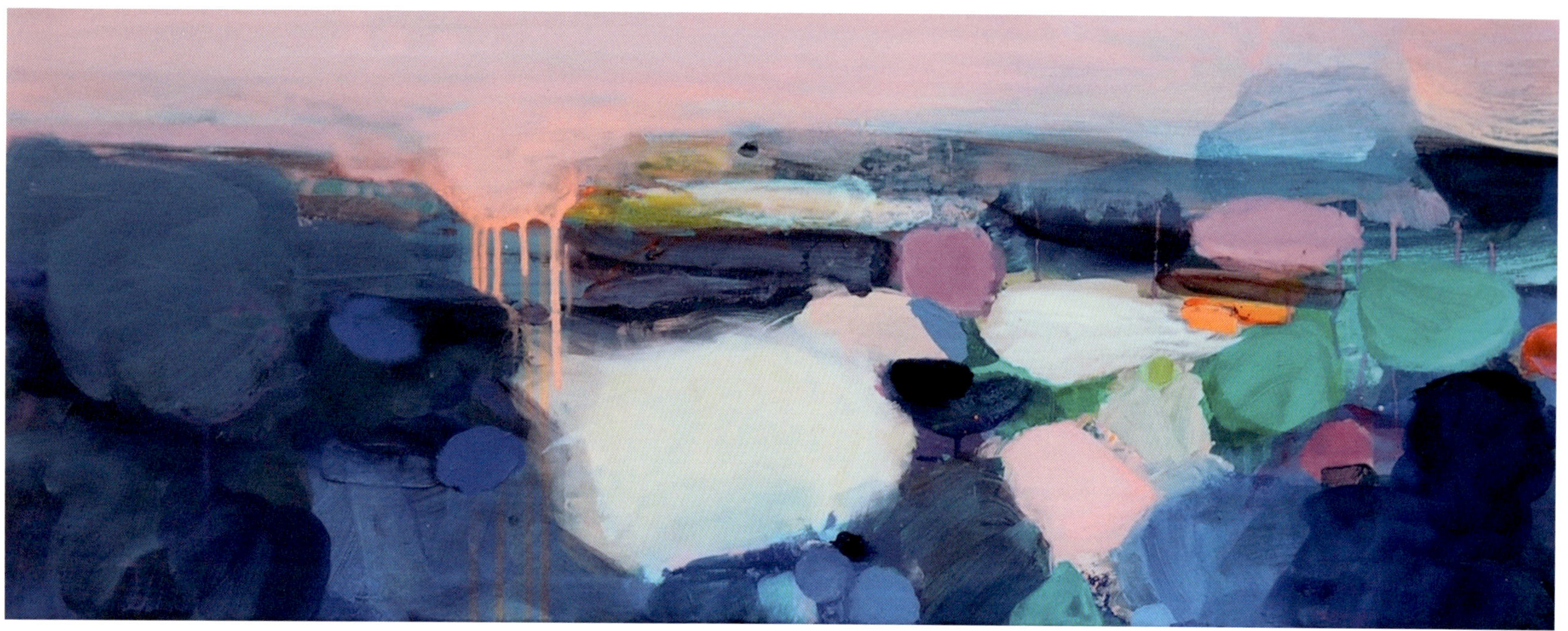

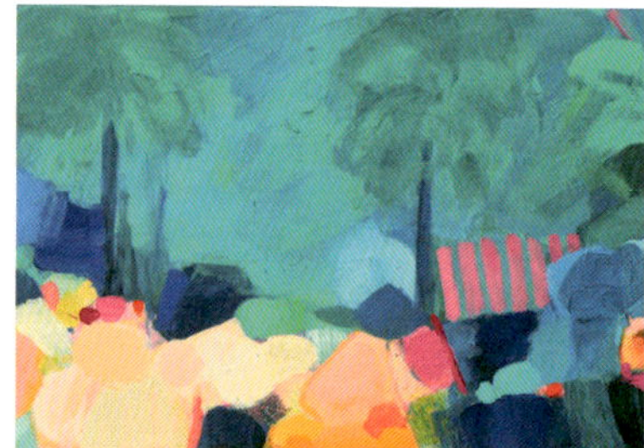

"A constant source of inspiration are the ever-changing seas and skies on the coast, and the landscapes she visits on her travels"

Sophie Abbott is a prolific abstract landscape painter based at Phoenix Studios in Brighton. Her paintings are a spontaneous reaction to the landscape with a joyous and strong use of colour and full of areas of expressive mark making, which compliment expansive colour drenched areas of paint.

A constant source of inspiration to this artist are the ever-changing seas and skies on the coast, and the landscapes she visits on her travels.

In 2017 Sophie's painting '*Pale Sunset Sky*' was shortlisted and selected for the National Open Art Competition, and was exhibited at the Bargehouse, London. Her paintings are exhibited in gallery shows and at art fairs, and have also appeared on TV.

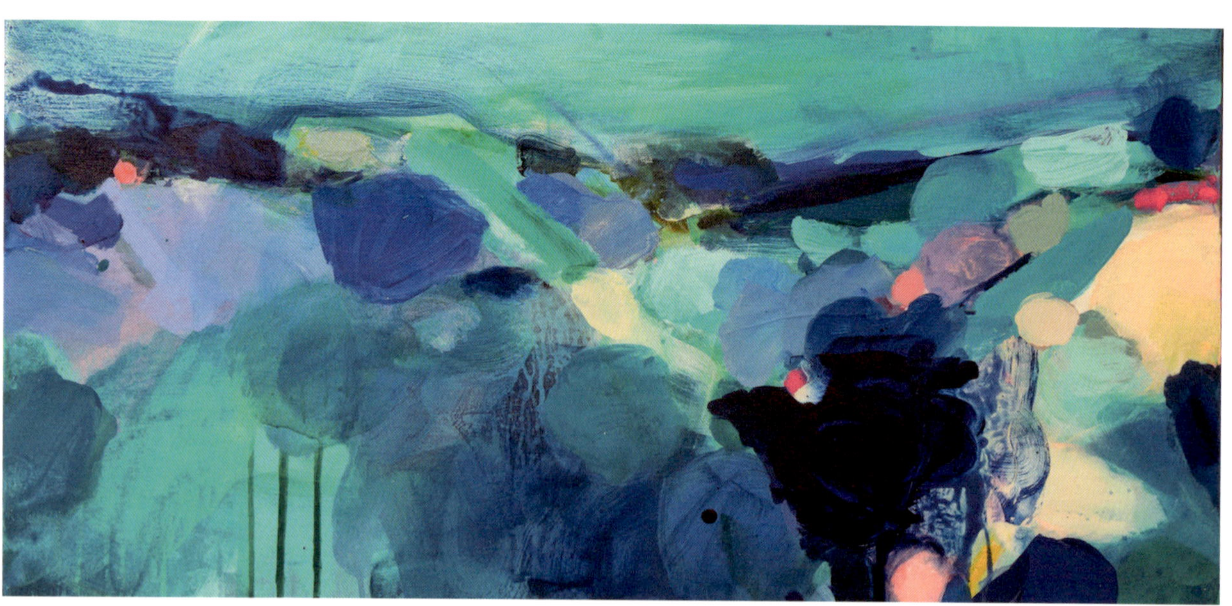

This page (clockwise from top): Sunset Harbour; Coastal Path; Three Palm Trees
Opposite: Stavros Bay (90cm x 90cm)

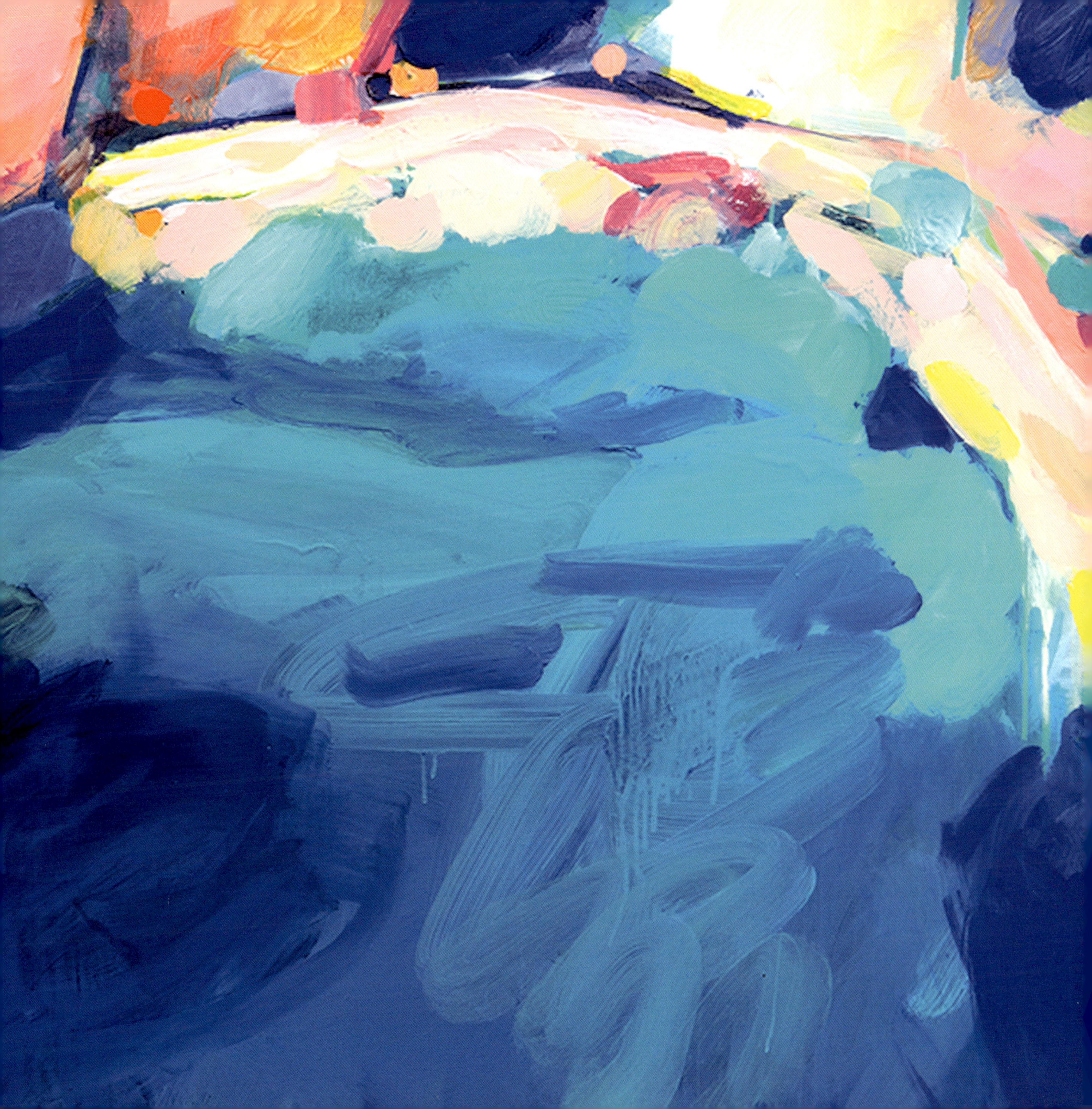

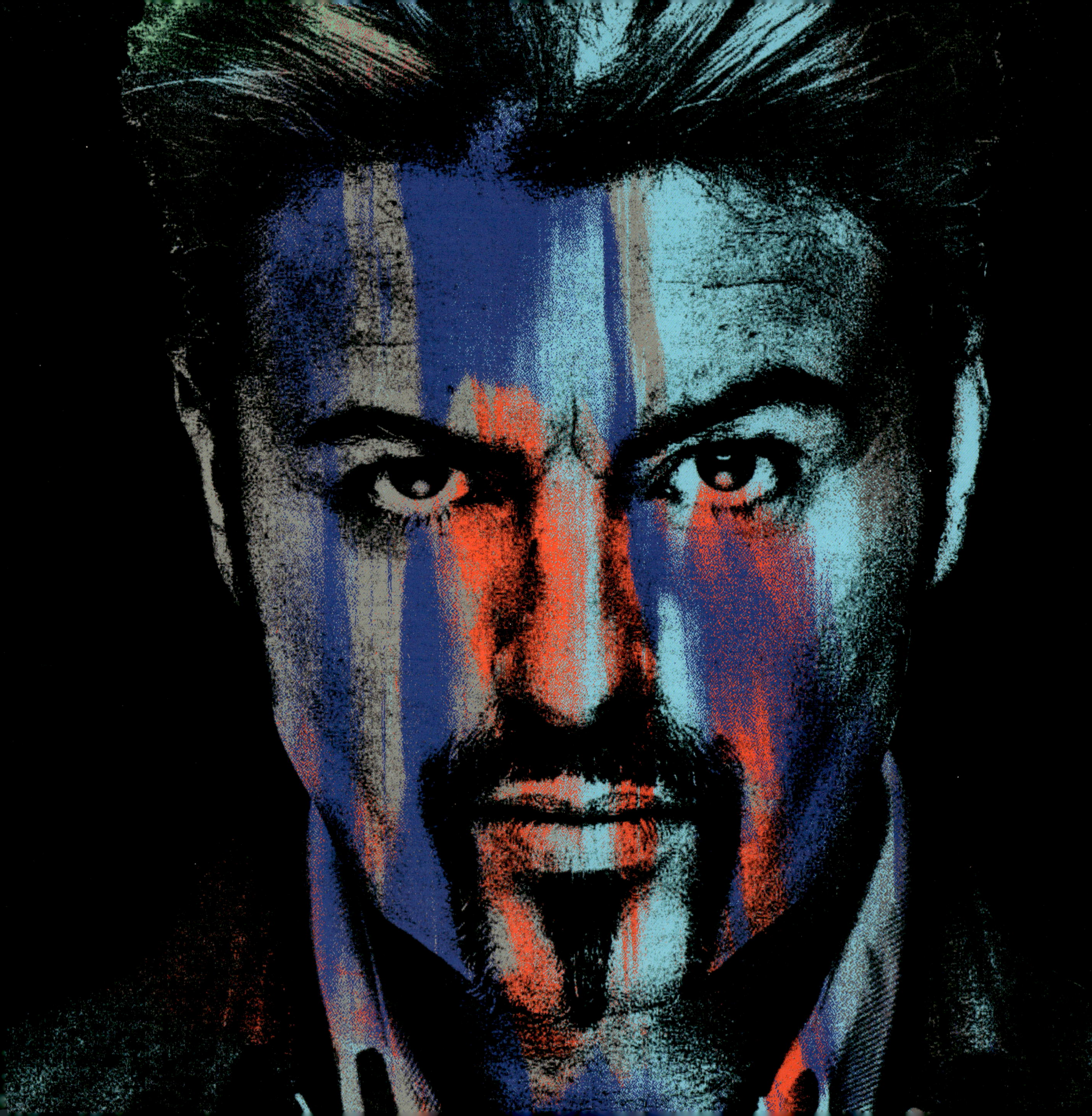

Anthony Freeman

Contemporary Artist
www.art-contemporary.co.uk

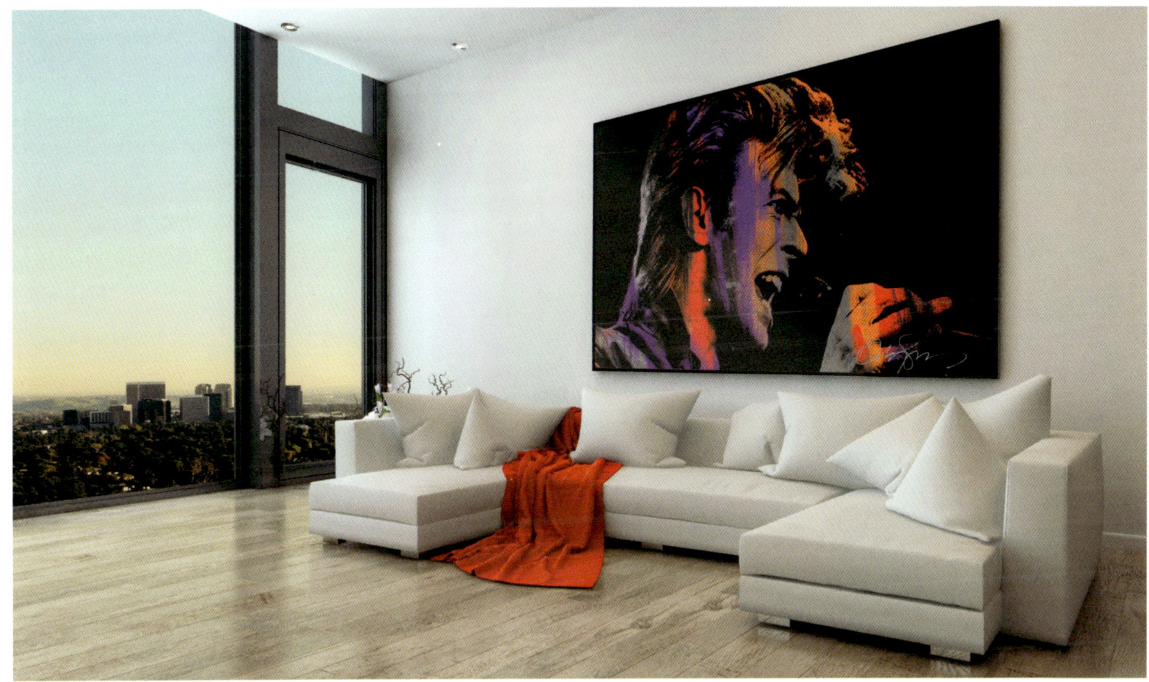

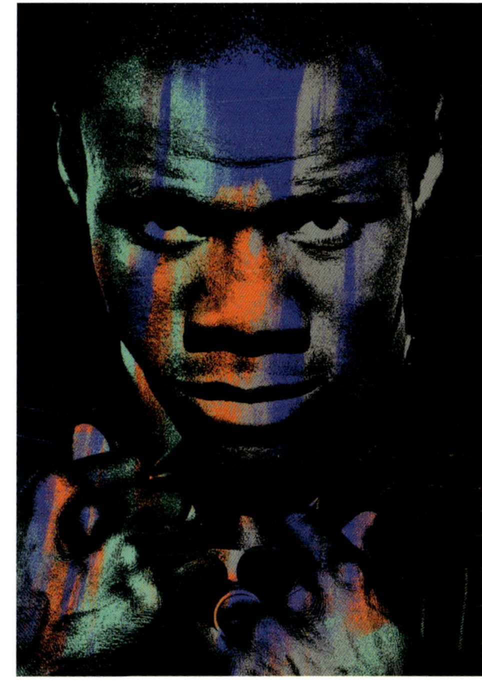

Artist Anthony Freeman has spent much of his life in the Middle East and Africa. His passion for portraiture has won him numerous awards, including the prestigious 'Judges Choice Award' at the Dubai International Art Festival.

Anthony found a unique way of introducing his art to the world of celebrity while he was working in the world of close protection security, and has completed commissions for top musicians, political figures and international sportsmen.

Over 20 years he has assembled a unique collection of portraits signed by the many celebrities that he has presented his work to, and he hopes to auction these off for a worthy cause. Anthony continues to enjoy creating bespoke commissions and bringing faces to vibrant life with his use of bright, abstract colours.

South Africa's magnificent wildlife and natural splendour are also a constant source of inspiration. Anthony's passion is reflected in a series of dramatic artworks of endangered animals, created with love to boost awareness of the plight of the natural world.

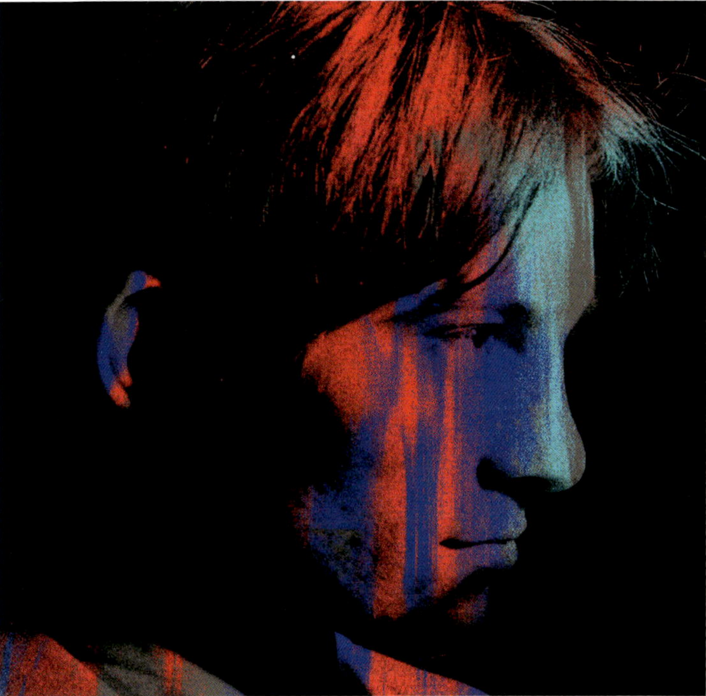

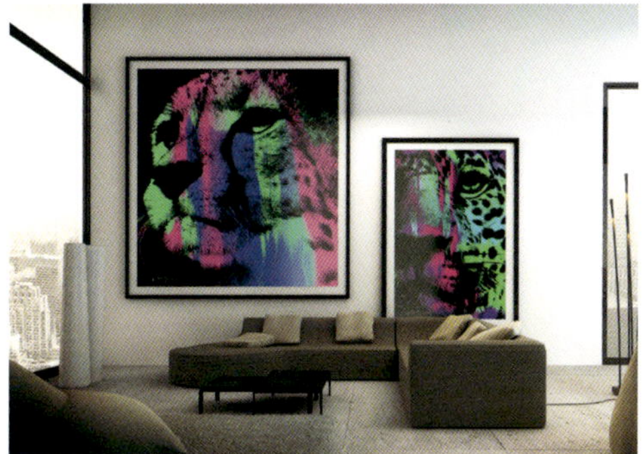

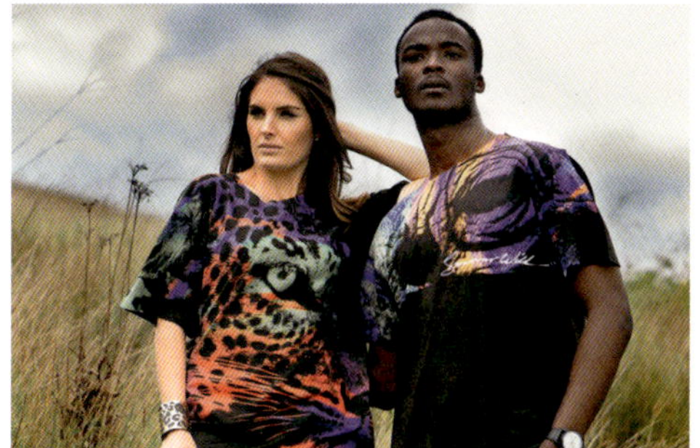

Opposite page: George Michael
This page (clockwise from top left): David Bowie; Chris Eubank Sr; Big Cats; Wildlife wearable art; Steve Marriott

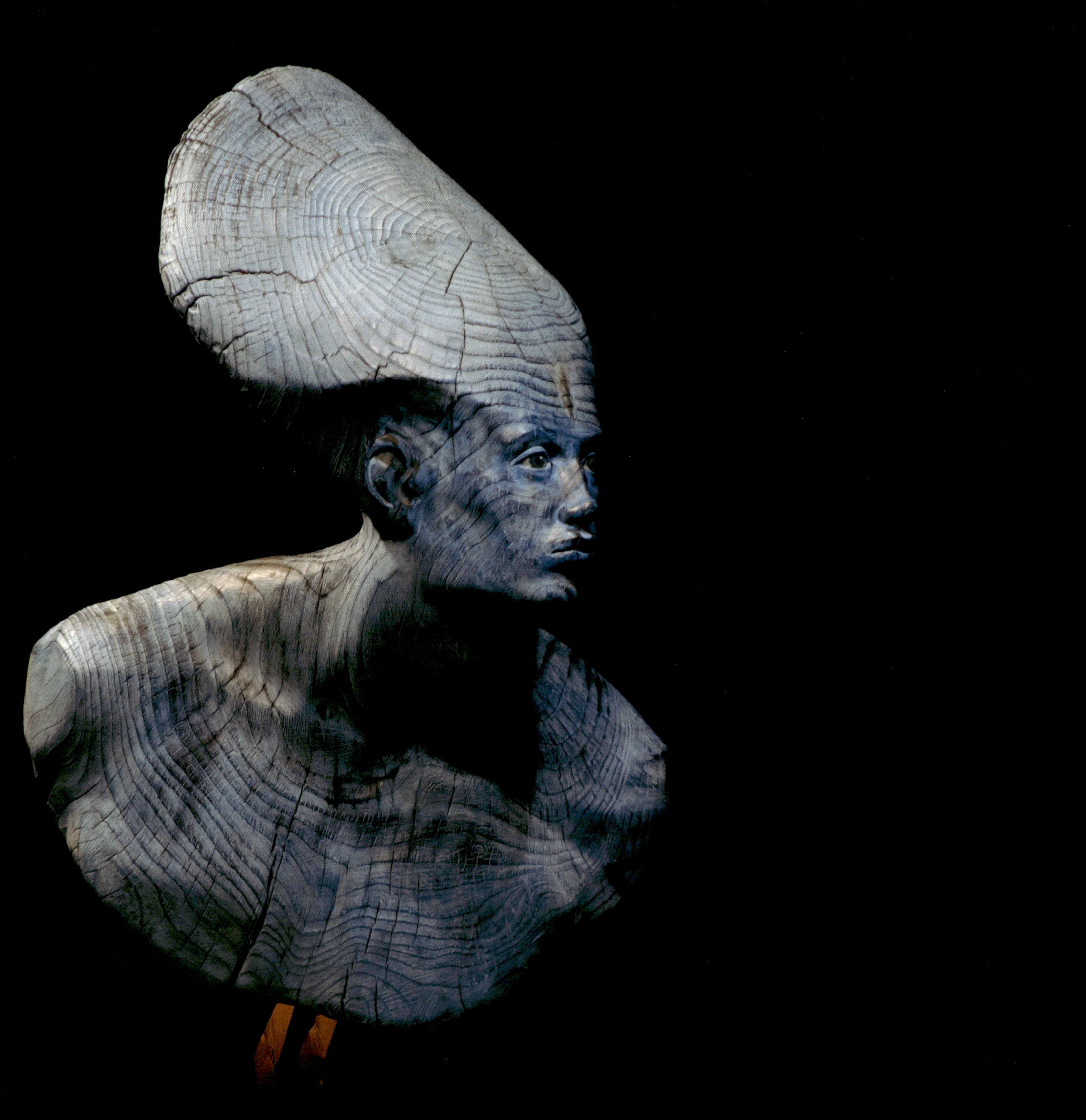

GALLERIES

Friendly and welcoming independent art spaces showing exceptional, affordable art and craftwork

The Deep by Davide Galbiati
See page 90

@The Makery

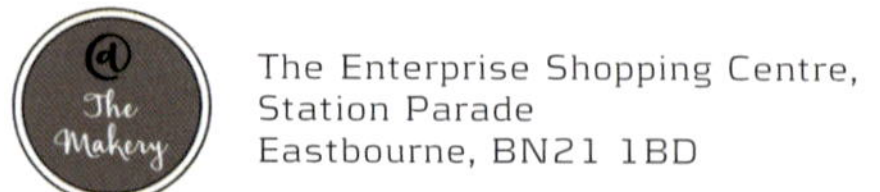

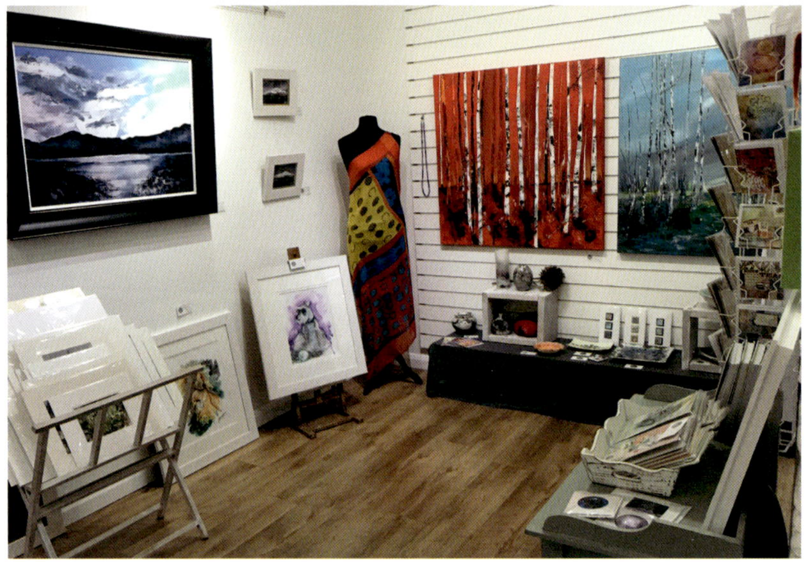

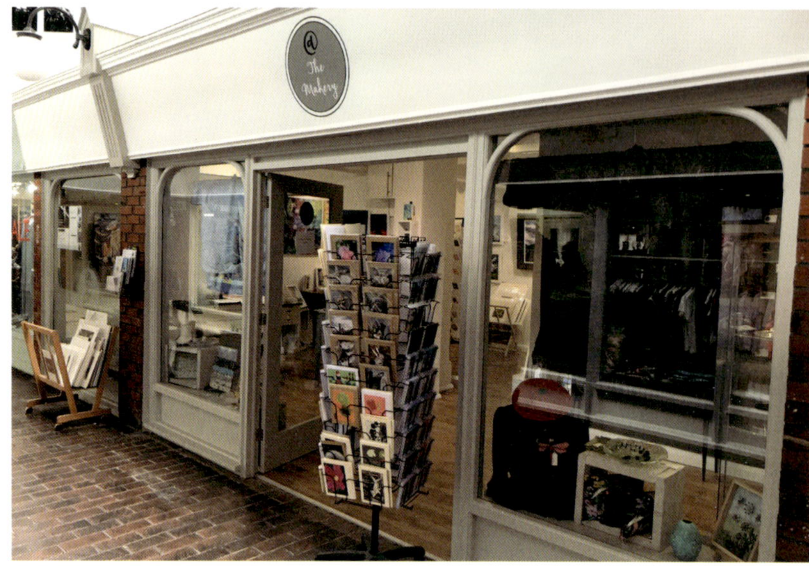

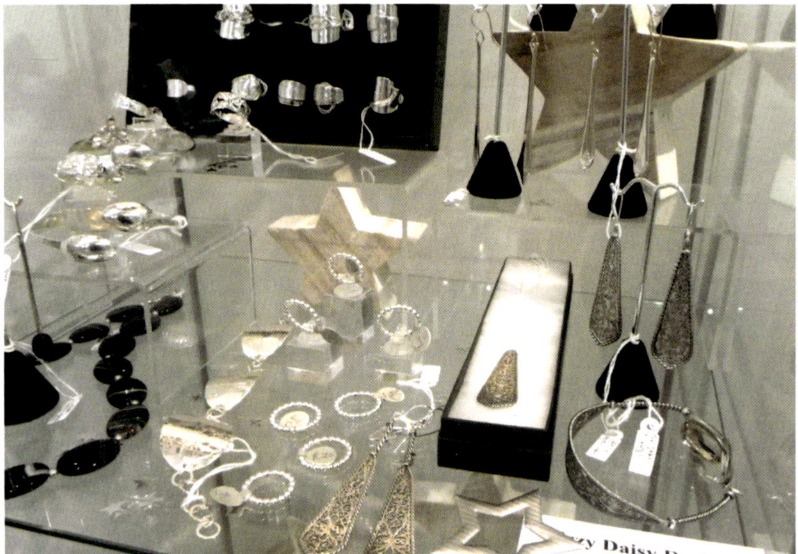

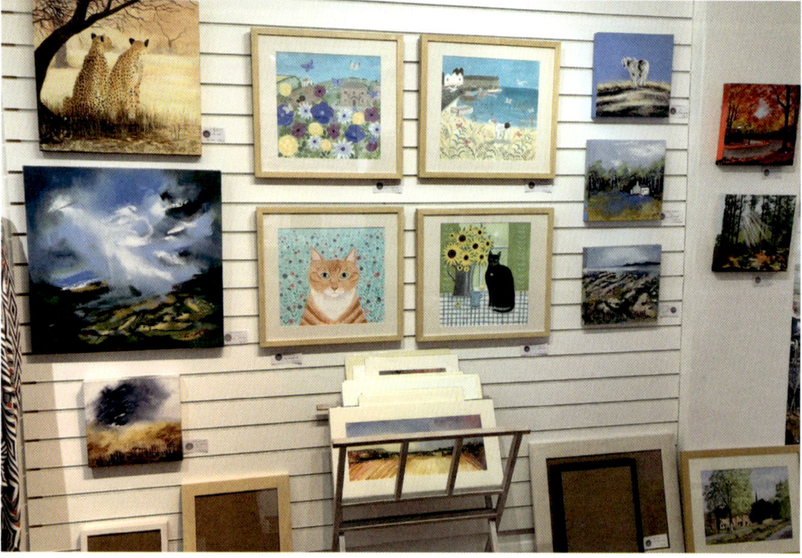

Eastbourne's @The Makery is the only retail outlet in the town that is managed as an artists' cooperative. A few steps away from the railway station, but slightly away from the main thoroughfares, the gallery really is Eastbourne's hidden gem.

Whether you are looking for a present for someone special, or a piece of art for your own home, this is definitely the place to visit. The gallery stocks a richly varied collection of unique and hand-crafted art, craft, and home furnishings, which ranges from paintings and prints, to ceramics, fused and cast glass, textiles, jewellery and furniture. With a re-hang every six weeks, the eclectic nature of the artists' work creates a vibrant and exciting atmosphere in the gallery and highlights their exceptional level of skill. The gallery also exhibits work by guest artists, usually for six-week placements to coincide with its re-hangs.

The gallery is also involved with several annual fairs and events organised by the Enterprise Centre including craft and specialist art markets. For information about these and other @The Makery activities please email them to subscribe to their regular newsletter.

You will always receive a warm welcome in the gallery as one of the artists is always on hand to answer any questions you might have about the work or just for a friendly chat. With prices ranging from a few pounds to a few hundred there really is something for everyone here, so please take the time to visit and say hello to the artists in @The Makery

The artists and makers include:
Jennifer Bisset; Liz Cottingham, Dizzy Daisy Designs; Ian Davies, Atelier in the Attic; Jazz Dixon; Lynda Lindfield, Anderida's Secrets; Anthony McIntosh; Roz Nathan; Suesie Seedpod; Julie Snowball; Sonya Tatham

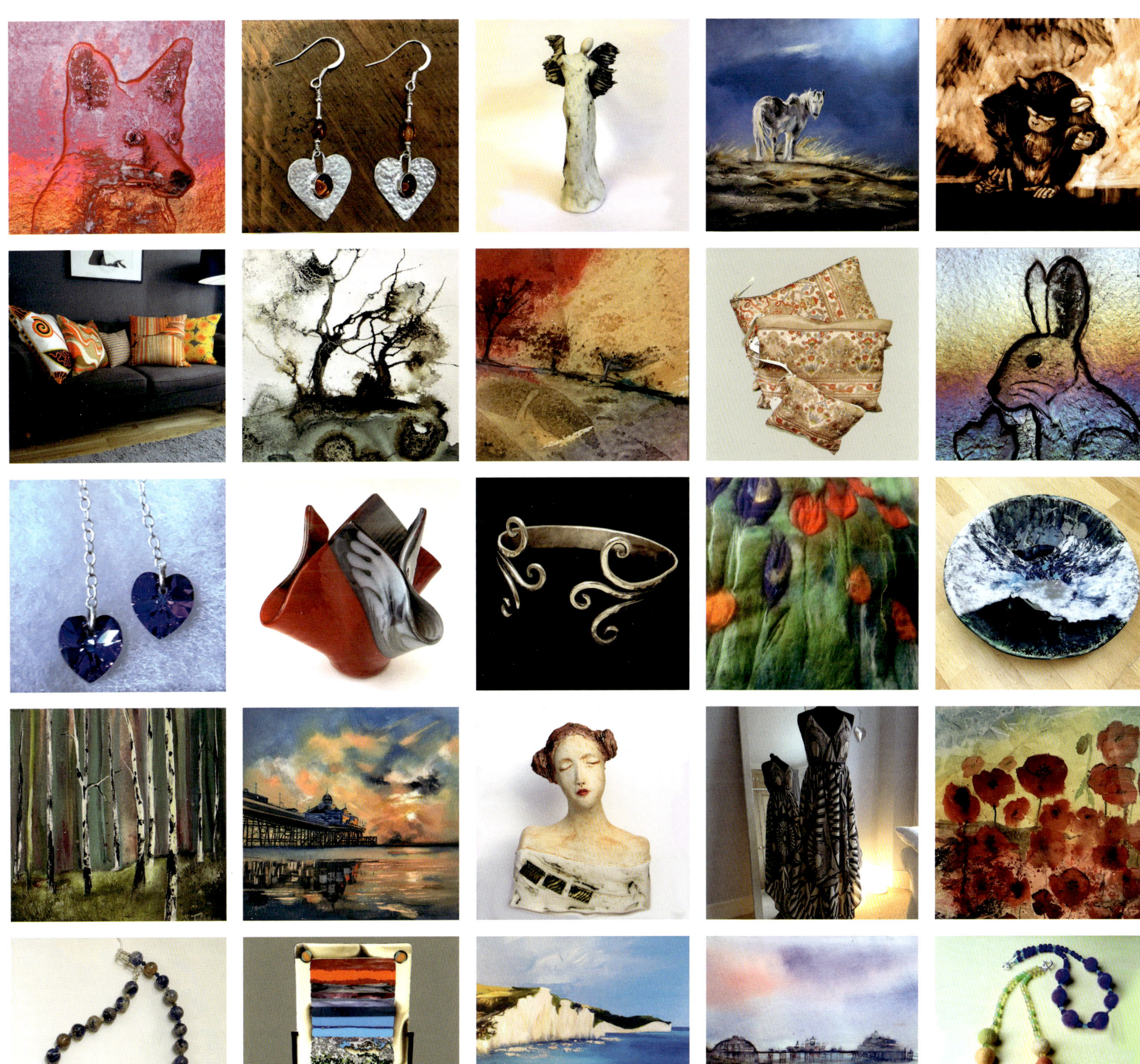

Artichoke Gallery

Church Street,
Ticehurst, East Sussex TN5 7AE
www.artichokegallery.co.uk

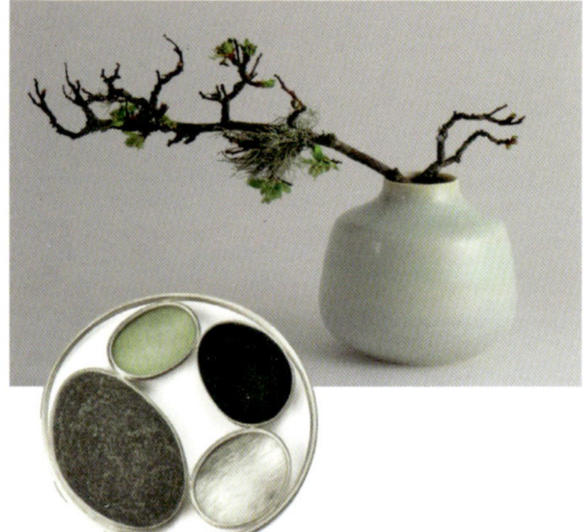

On the eastern edge of Sussex, surrounded by beautiful countryside, Artichoke Gallery is in the heart of this wealden village with an eclectic selection of small creative businesses. In addition to featuring the work of artist/owners Vicki Atkinson, Liz Moys and Louisa Crispin, each year there are four themed exhibitions of painting, sculpture, ceramics and jewellery representing some of the leading artists and makers in the country.

The Gallery has a spacious, relaxed atmosphere to show off the contemporary delights on offer, ideal for sourcing that extra-special present from highly skilled artisans. Check out the website (top right) for a taster, or better still, pop in for a sensory treat.

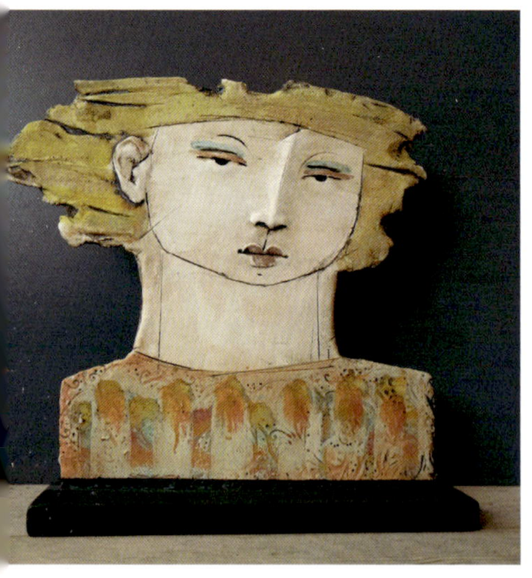

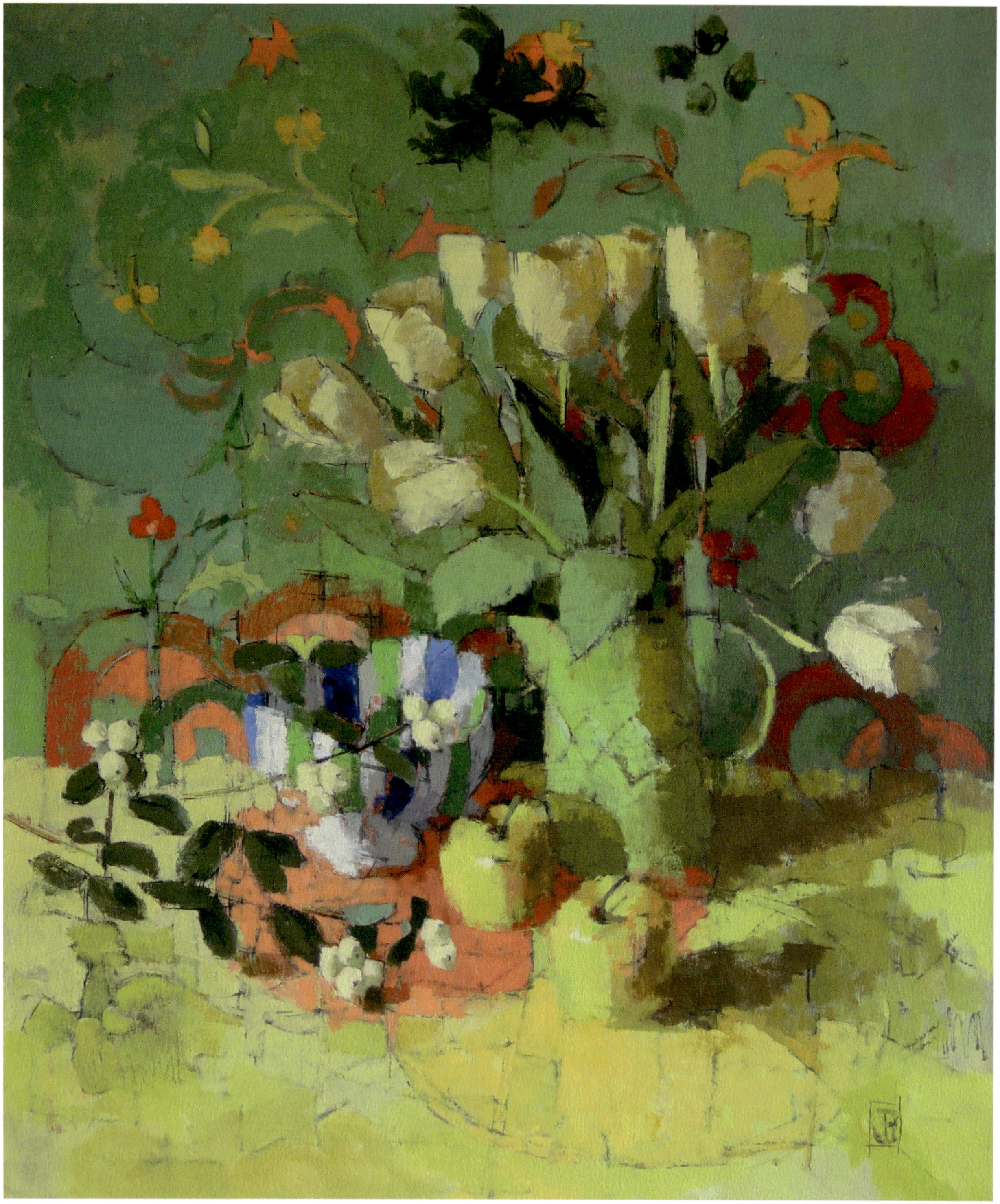

Clockwise from top left: Brooch by Grace Girvan; Vase by Rebecca Callis; Tulips and Snowberries by Jill Barthorpe; Head by Christy Keeney

Studio 12, Turner Dumbrell Workshops,
Dumbrells Court Road, Ditchling, BN6 8GT
www.auricula.co.uk

Auricula Gallery

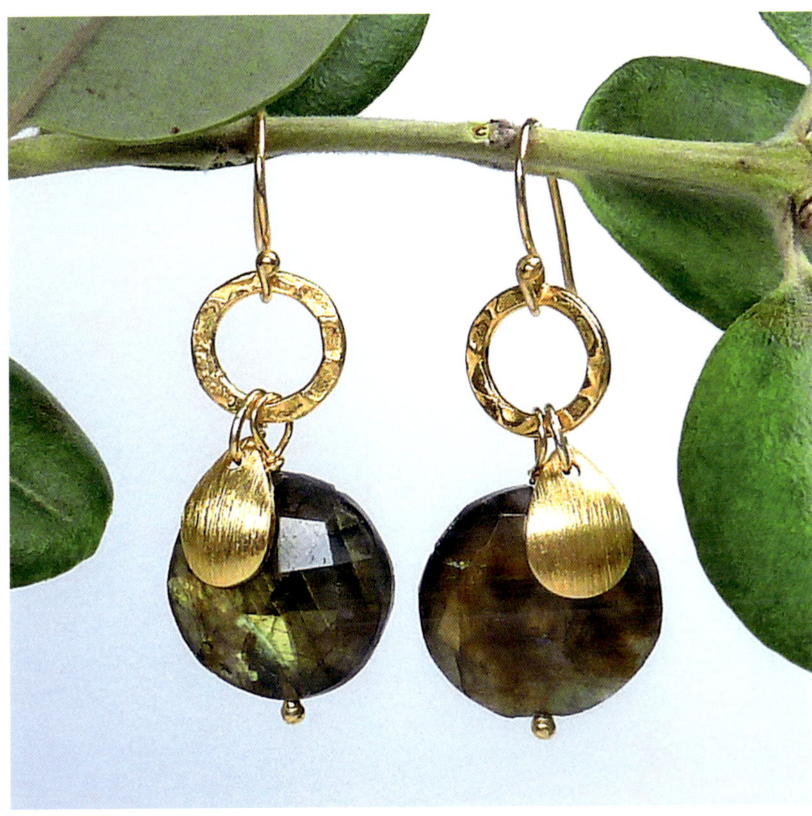

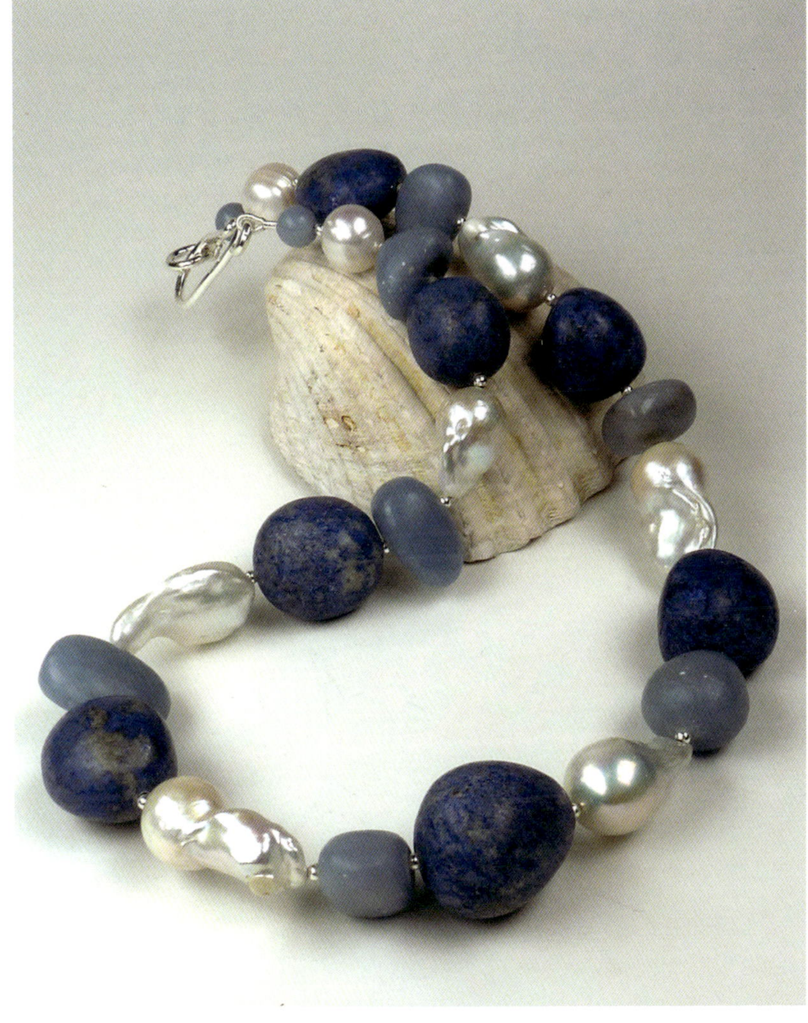

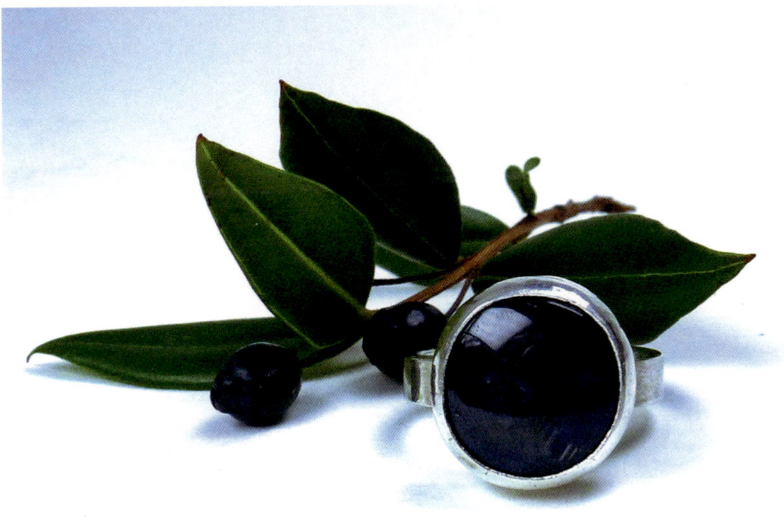

Auricula Gallery is a treasure trove of tempting beaded gemstone jewellery tucked away in the Turner Dumbrell Workshops in Ditchling. Set up in 2006 by Natasha Caughey, Auricula produces elegant, timeless jewellery inspired by the shapes, colours and texture of gemstones and freshwater pearls. These stones are hand-selected by Natasha on her trips to China and India, and she is especially drawn to stones with unusual cuts and tones.

Each piece of jewellery is expertly hand-crafted by Natasha, and you can find pieces to suit any occasion, from a chunky bold statement piece to exquisitely delicate items.

A visit to Auricula is a sensory treat. You'll see necklaces of glittering garnets, earrings of shimmering labradorites, and bracelets of lustrous pearls. Translucent green fluorite is offset with a solid vivid-blue lapis lazuli, while a soft-purple fluorite is accentuated with subtle-green aquamarine. Bold orange carnelian makes a perfect foil to neutral shades of smoky quartz, and grey-green kunzite looks fabulous with silver and sapphires.

If you cannot find what you are looking for, Natasha welcomes commissions.

Clockwise from top left: Labradorite earrings;
Dumortierite, angelite and baroque pearl necklace; Sapphire ring

Gallery40

"A great place to showcase my art in a light, spacious environment"

Mark Charlton

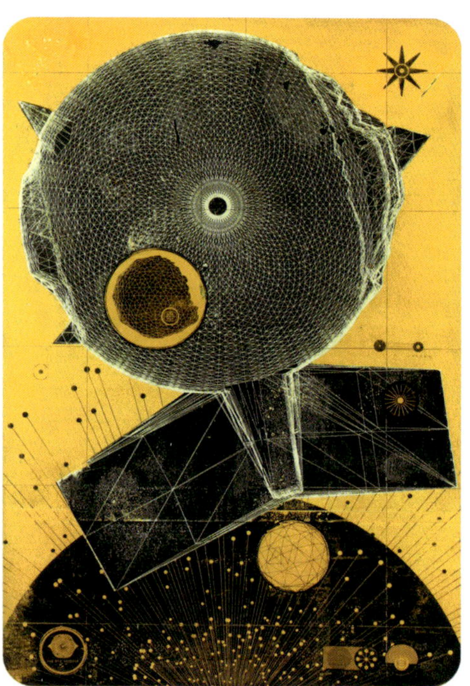

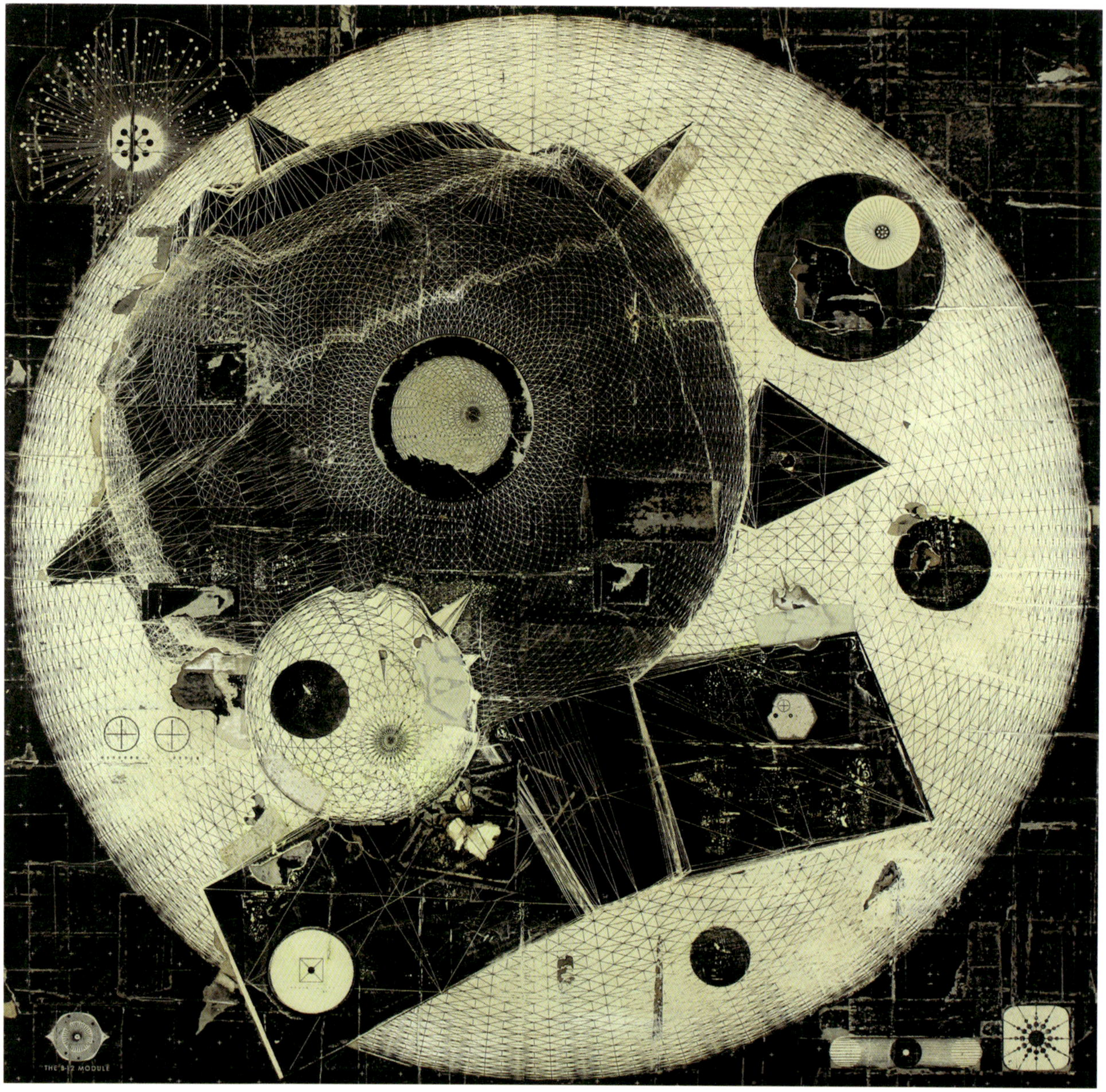

If you're strolling around the North Laine be sure to make a detour into Gallery40 on the corner of Foundry Street and Gloucester Road. Its annual pop-up programme of art shows and creative enterprises means there's always a new delight waiting to be discovered.

Artists who have exhibited here value the opportunity to display their work over two floors in a light and welcoming art space that invites conversation. You might be lucky and bump into Mark Charlton, a regular exhibitor at Gallery40. His mixed media studies explore a futuristic vision of space exploration from the perspective of the 1950s telling a story through a stylised visual language.

Or perhaps it will be the turn of Ruth Mulvie, another local artist whose work is out of this world. Her intoxicating, intricately constructed snapshots of utopian wonderlands are filled with women, animals and a pure, infinite sense of glamour and perfect freedom.

Whoever is showing, enjoy the chance to meet the artists face to face and find out more about their work.

Left to right: The Bright Hope Reflection; Vanishing Satellite of Neptune by Mark Charlton

40 Gloucester Road,
Brighton BN1 4AQ
www.gallery40.co.uk

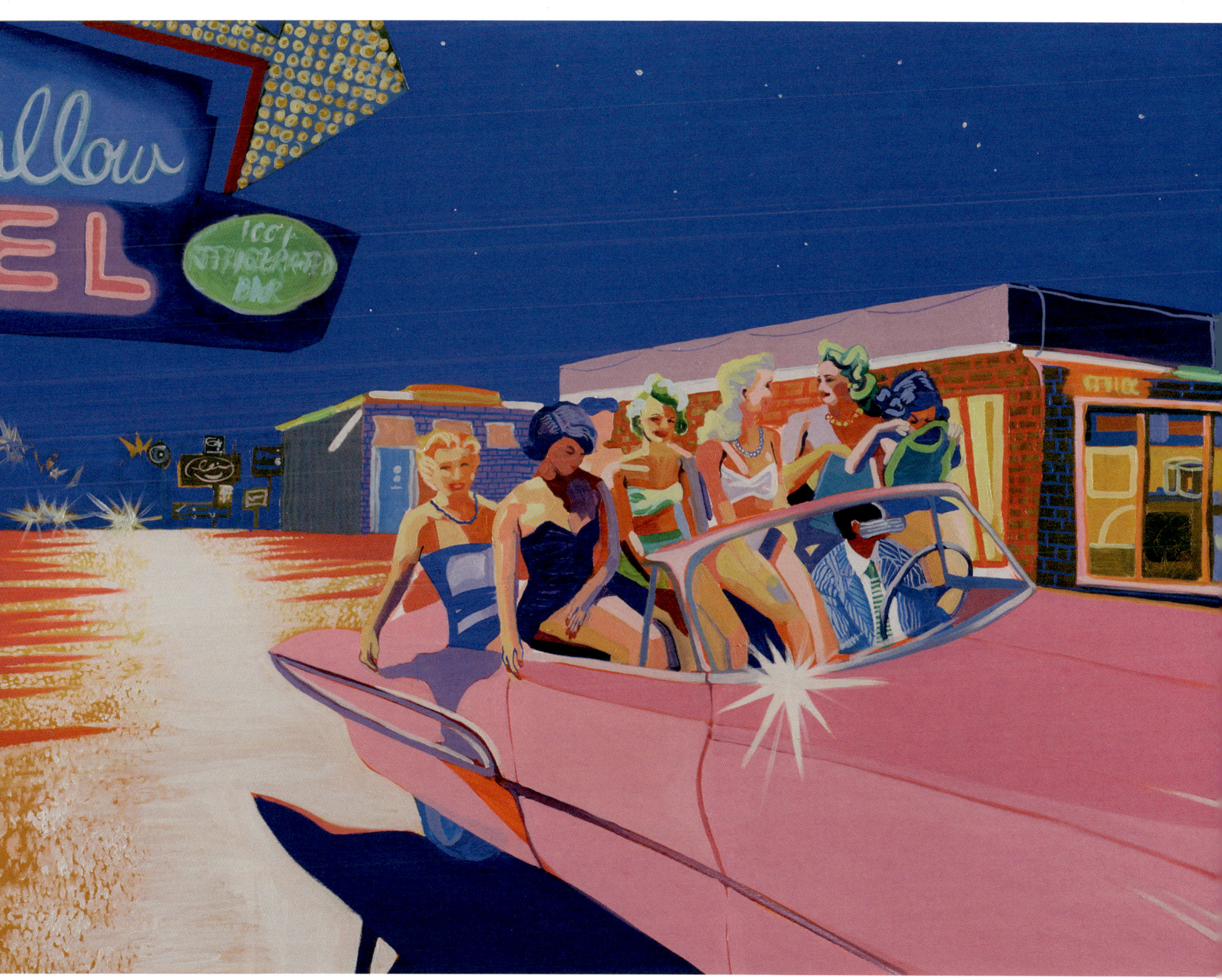

Real Housewives by Ruth Mulvie

Naked Eye Gallery

NAKED EYE GALLERY

70 Western Road,
Hove BN3 2JQ
www.nakedeyegallery.com

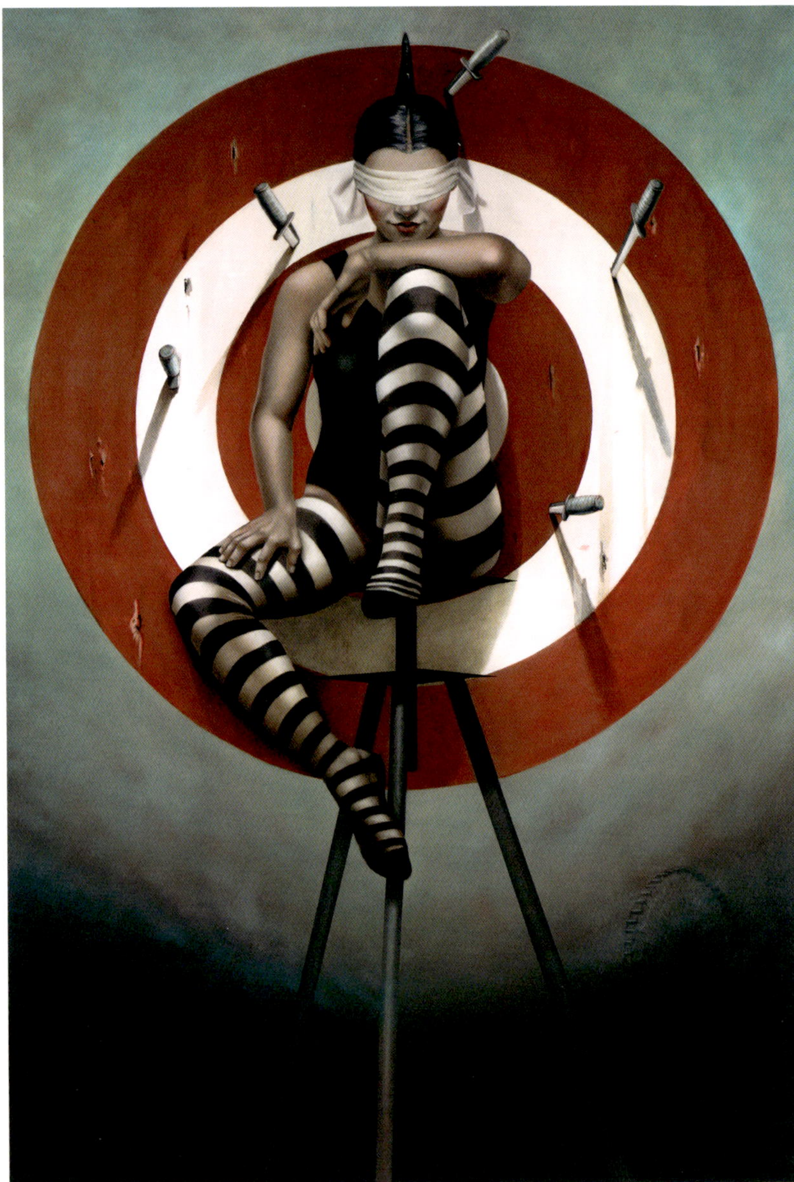

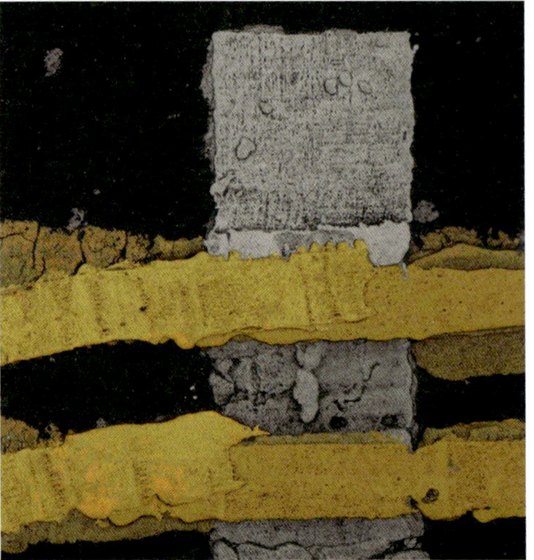

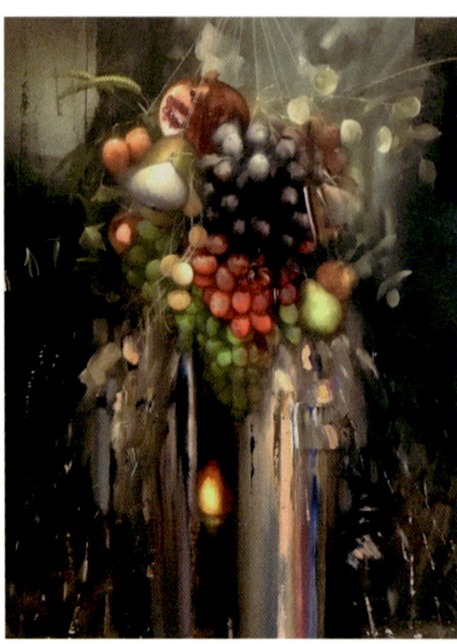

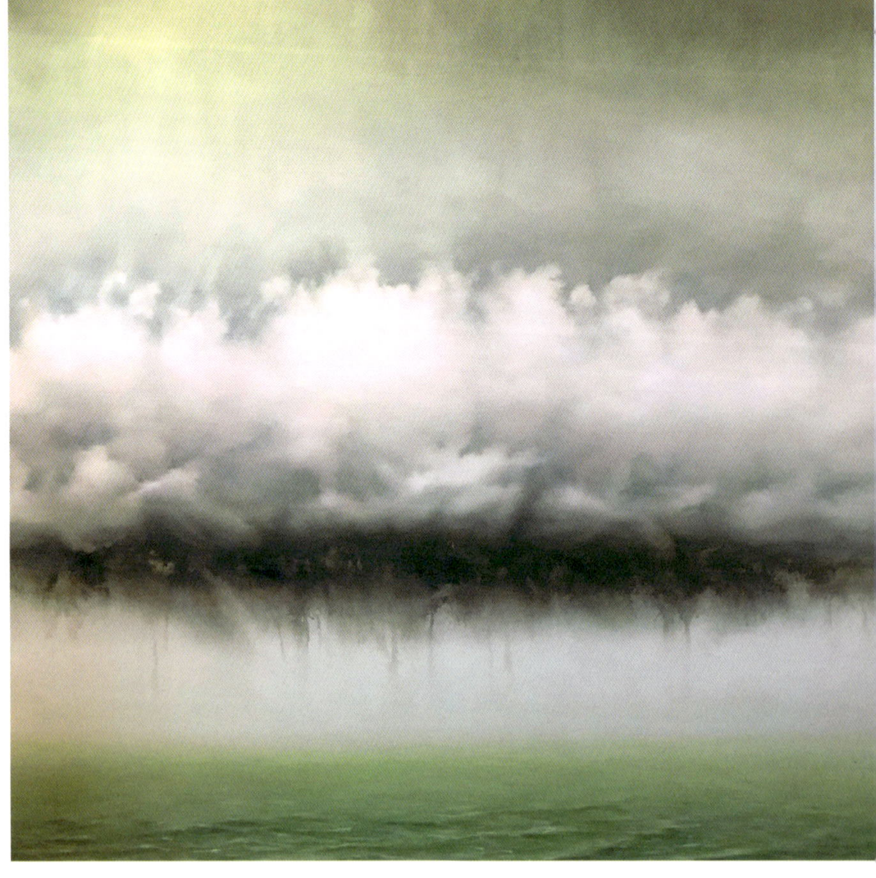

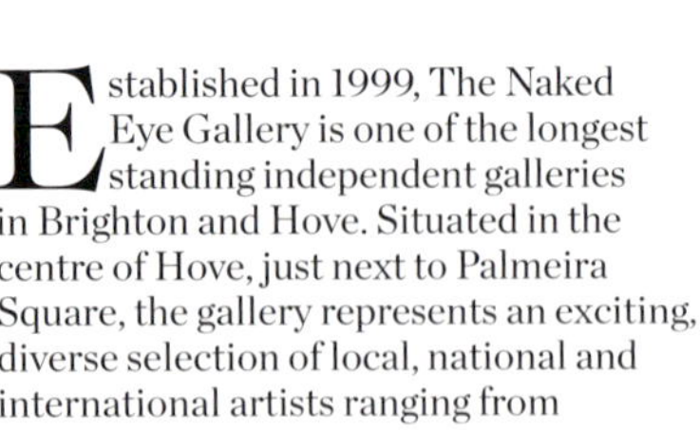

Established in 1999, The Naked Eye Gallery is one of the longest standing independent galleries in Brighton and Hove. Situated in the centre of Hove, just next to Palmeira Square, the gallery represents an exciting, diverse selection of local, national and international artists ranging from up-and-coming to well established.

The Gallery showcases an extensive range of high quality original art, limited-edition prints, 3D art, sculptures and ceramics at affordable prices.

The Naked Eye also offers an in-house professional, bespoke picture framing service with a wide range of frames.

Clockwise from left: The Knife Thrower 3 by Gill del Mace; Brighton and Hove Manchester Street by Klaudia Dietewich; Festoon by Chris Kettle; Green Sea by Susan Evans
Opposite: Elatus II by Adrian Walker

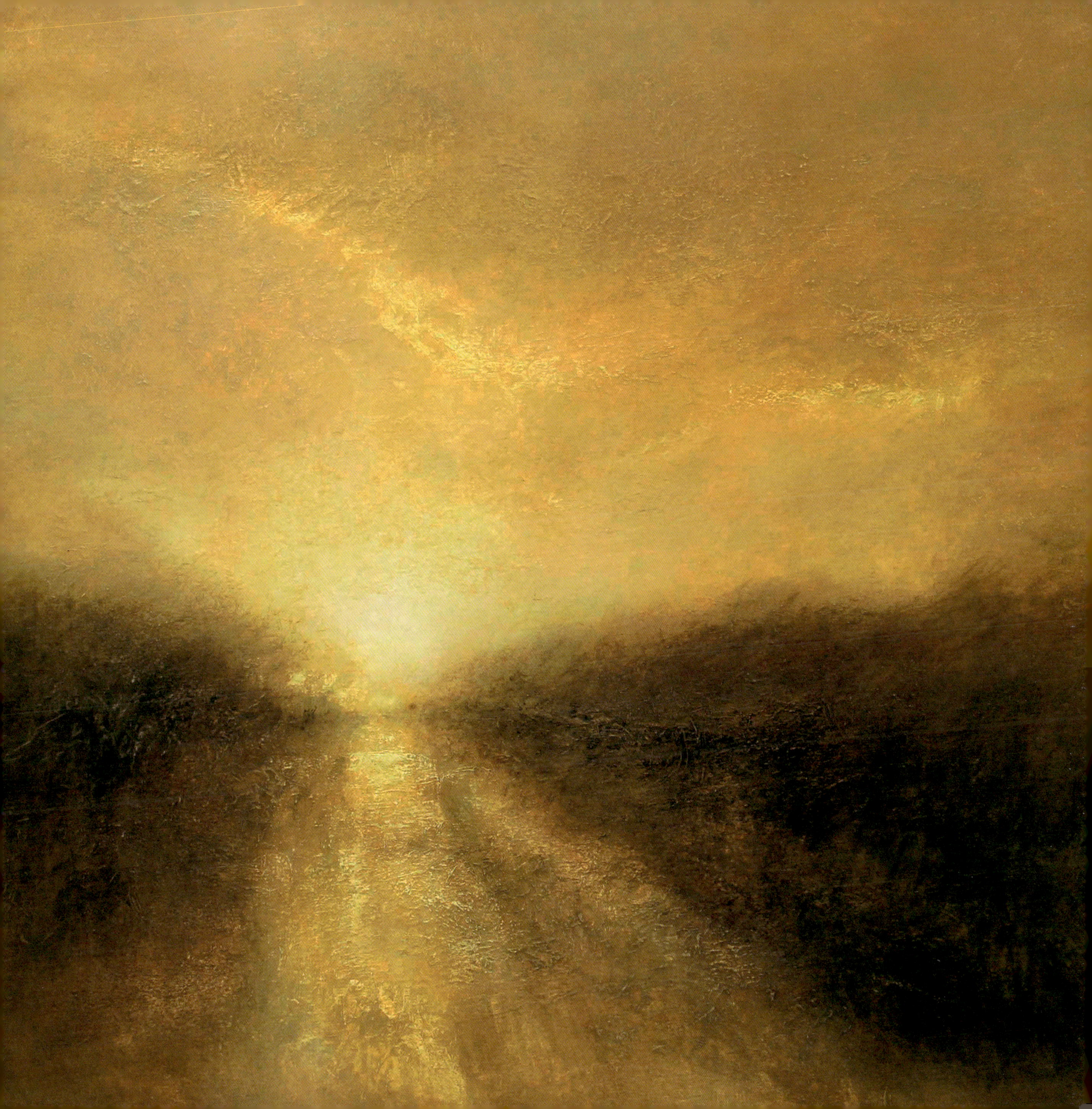

jO Gallery

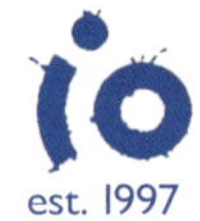

Brighton Designers & Makers Ltd,
39 Sydney Street, Brighton BN1 4EP
www.iogallery.co.uk

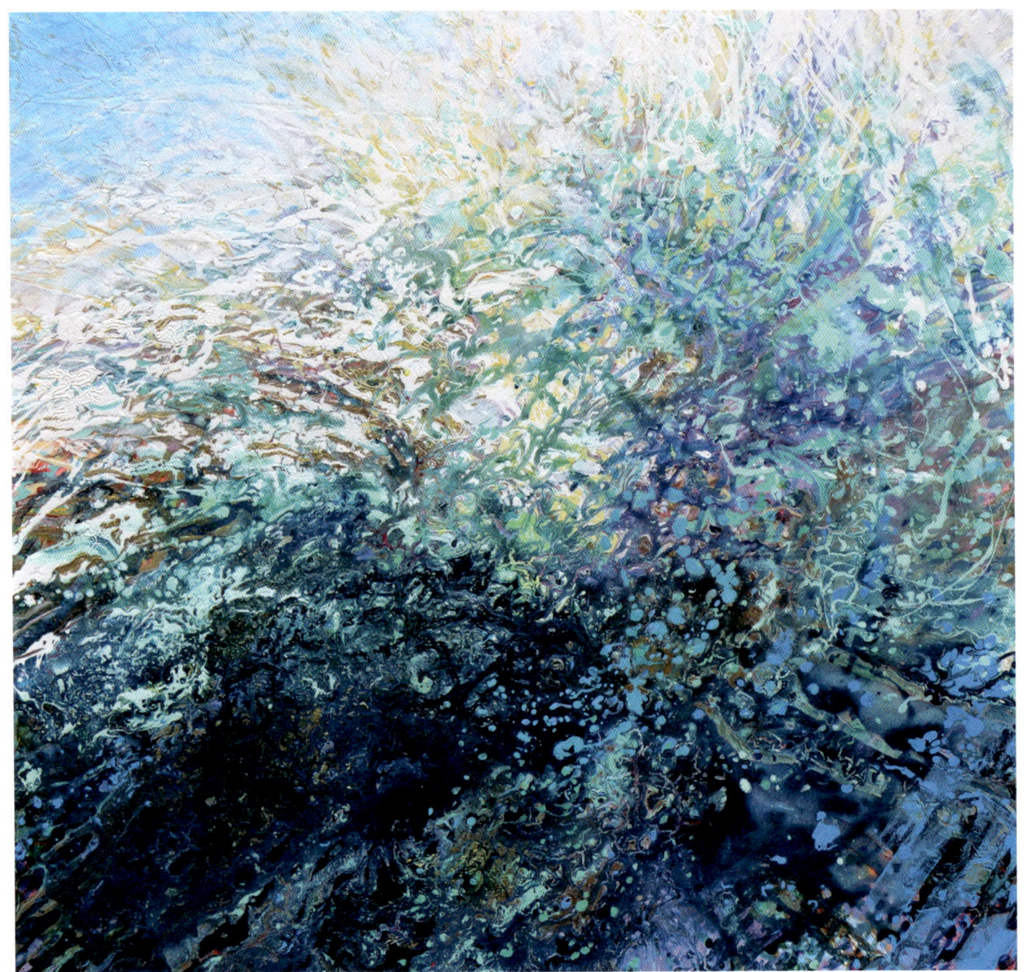

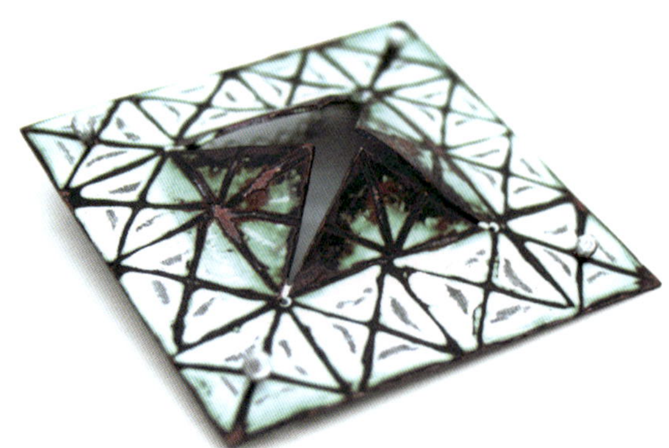

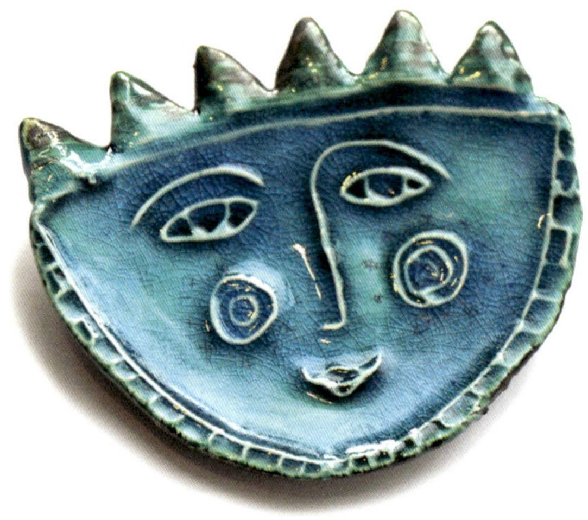

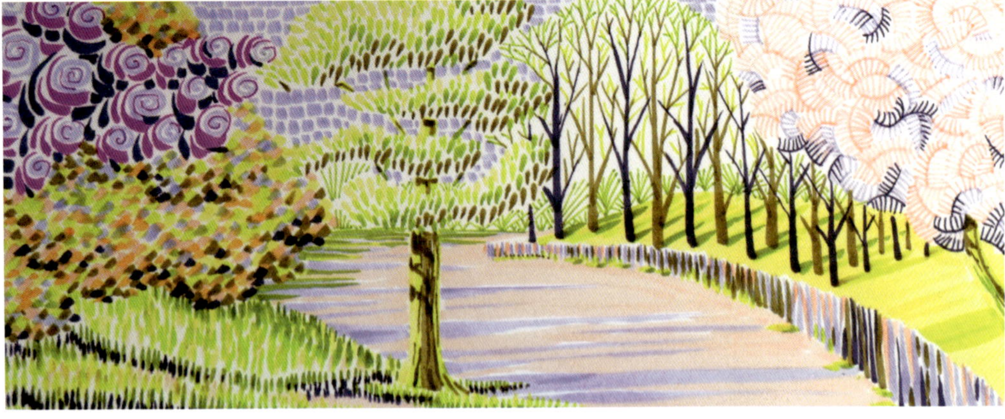

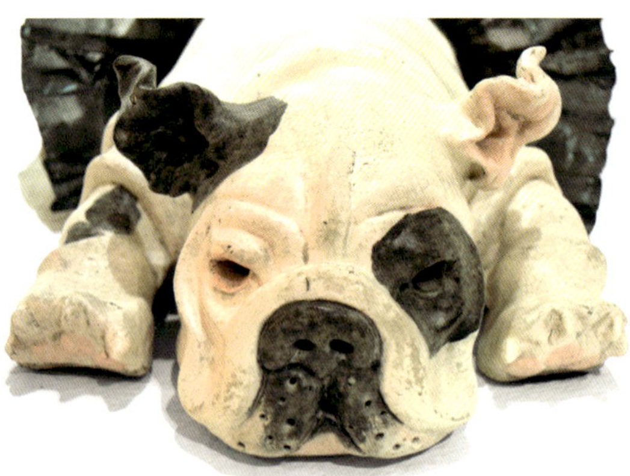

Clockwise from top left: Light Wave and Gold by Tania Corbett; Enamel neck piece by Cath Laffan; Face brooch by Barbara Butterworth; Bulldog by Avril Banks; Riverside Park in April by Peta Taylor
Opposite: Ditchling Beacon by Joe Ramm

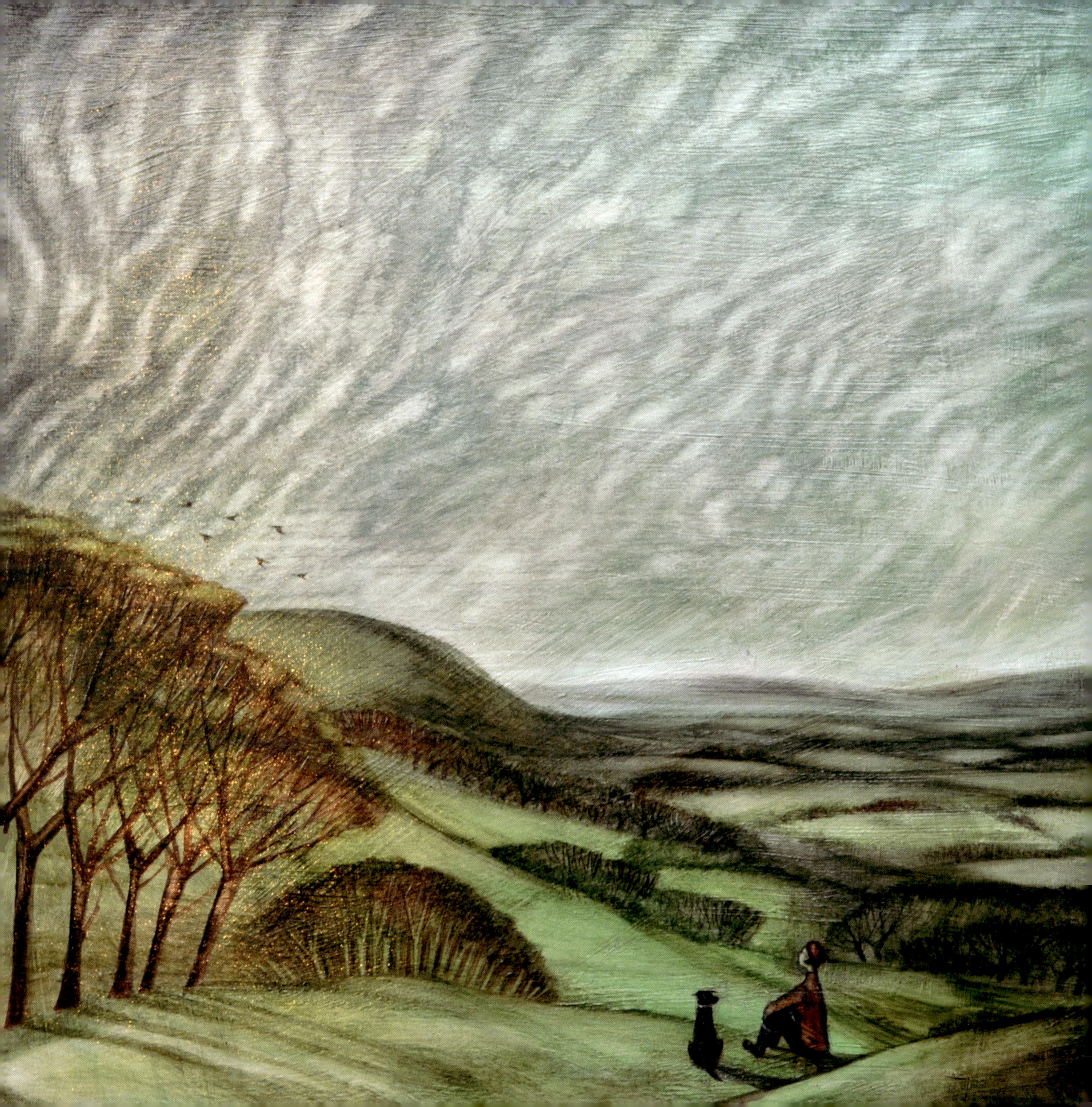

35 North Contemporary Fine Art Gallery

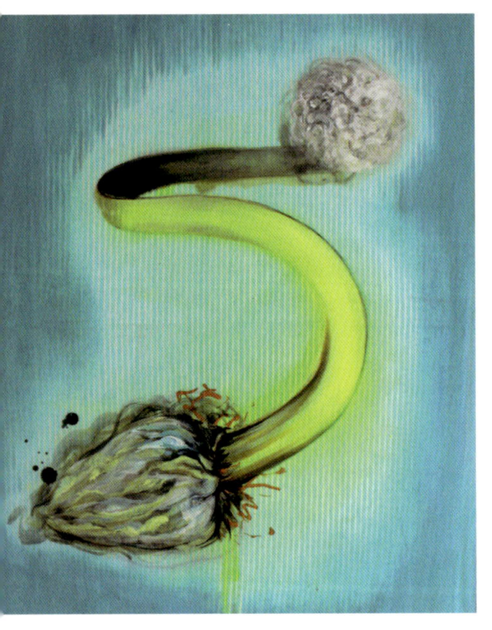

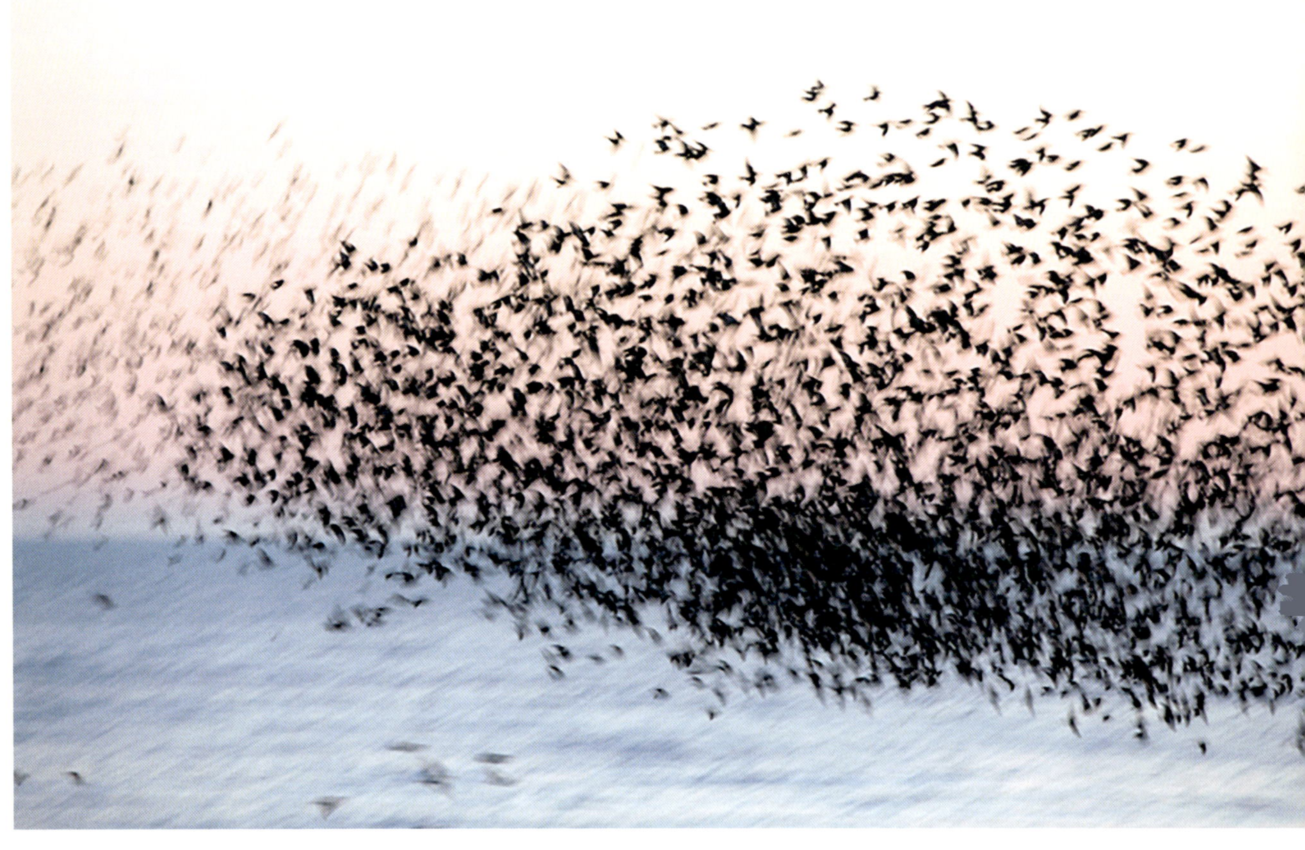

35 North is owned by Brighton residents John and Sharon Whiting. The gallery hosts an annual programme of exhibitions featuring a variety of artists of both national and international renown. Recent exhibitions include paintings by Pip Adams, photography by Andre Lichtenberg and etchings by Jo Riddell.

Painters, sculptors, photographers and fine art printers are all part of the programme for 2018. This includes painter Alexander Johnson and photographer John Brockliss, whose exhibition '*Deanland*' features paintings and photographs taken over the period of a year, of a very personal project – the abandoned Deanland WWII airfield. The exhibition will be accompanied by a book, including a foreword written by Antony Penrose, son of photographer Lee Miller.

In May 2018, 35 North will host artist Perdita Sinclair. Fresh from residencies in New Jersey and the Millenium Seedbank, Perdita's exhibition '*Farewell Seapig*' imagines a world where black sea snails have invaded the city! Resident artist John Whiting will be opening his studio, which adjoins the gallery.

The gallery is open Thursday, Friday and Saturday 11am – 5.30pm. See page 106 for full contact details.

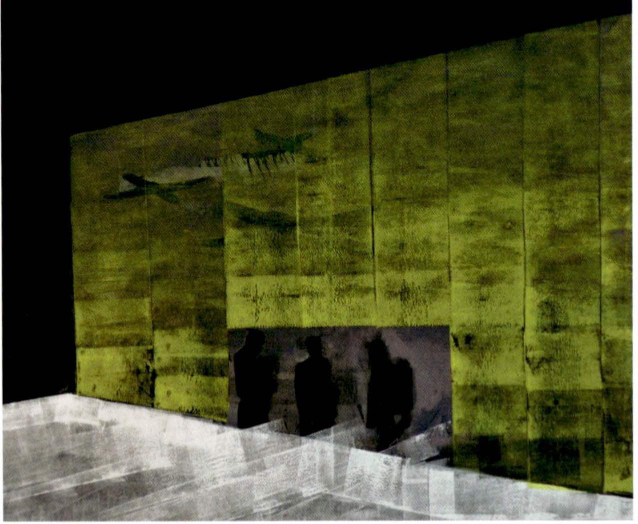

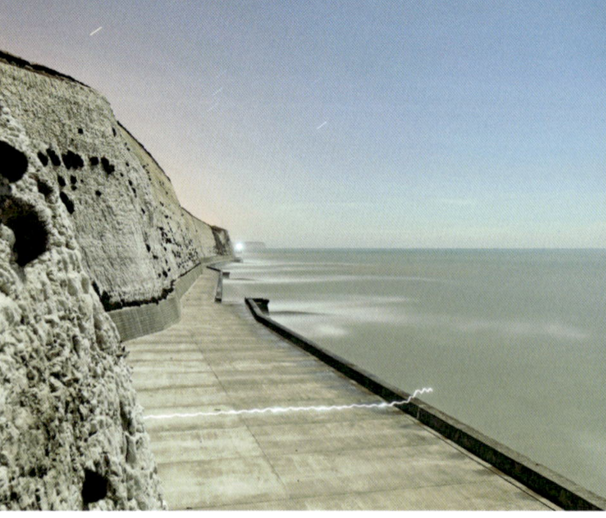

Clockwise from top left: Sub 1 (oil, spray paint & acrylic on striped linen) by Perdita Sinclair; Murmuration (photograph) by Sarah Ketelaars; Finalle (photograph) by Andre Lichtenberg; Deanland project: Night Hanger (oil on canvas) by Alexander Johnson

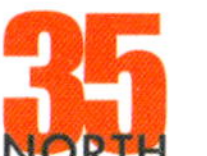

35 North Road, Brighton, BN1 1YB
www.35northgallery.com;
sw@sharonwhiting.com

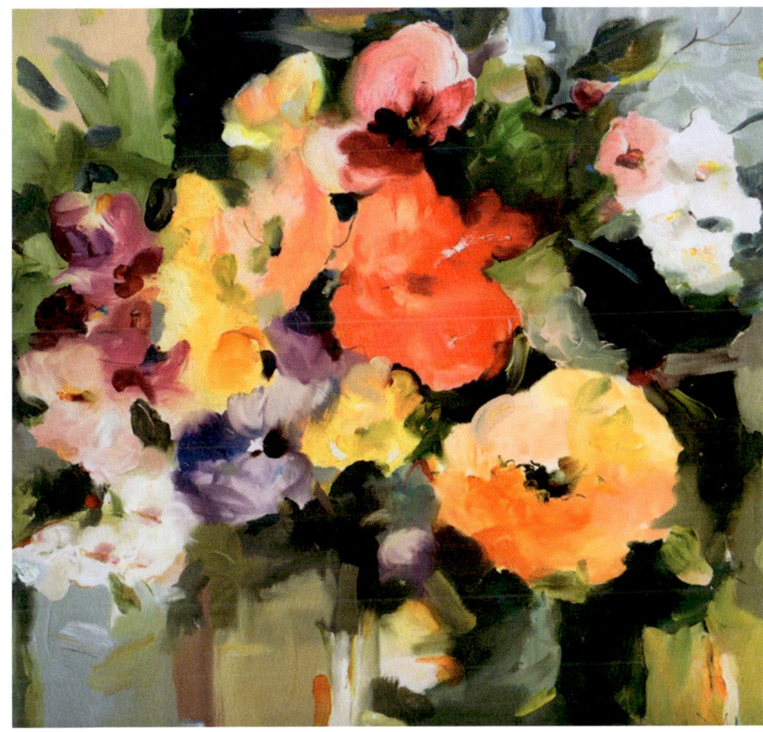

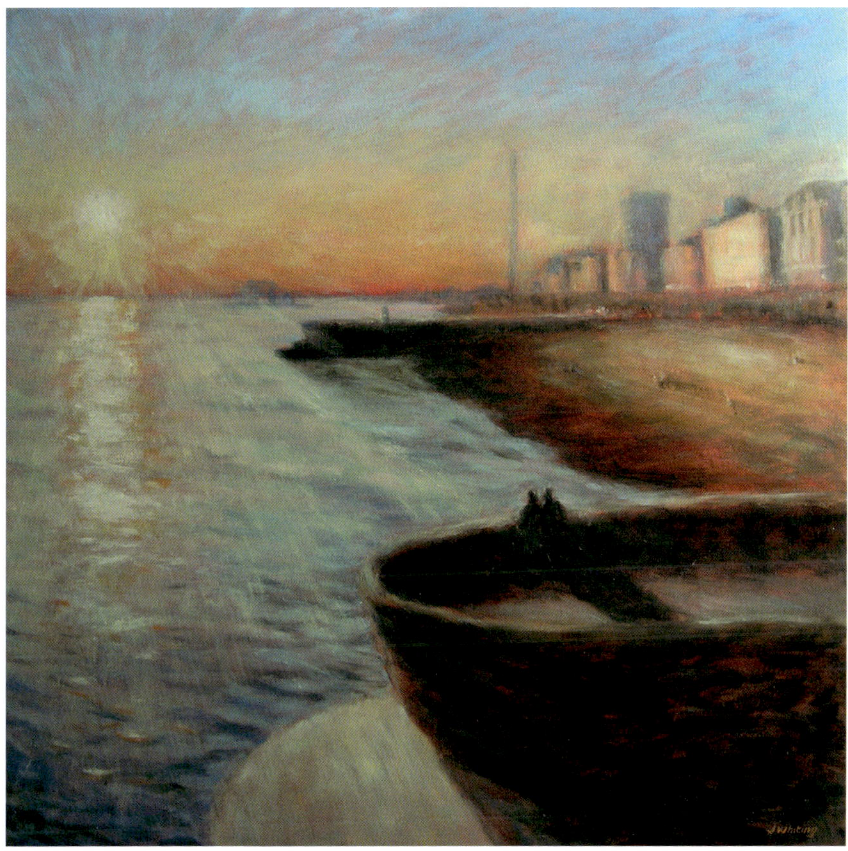

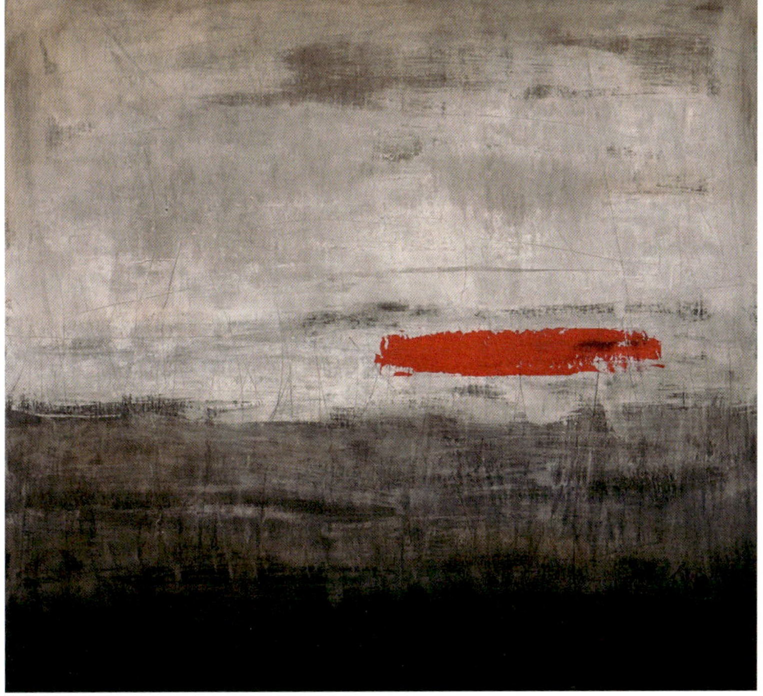

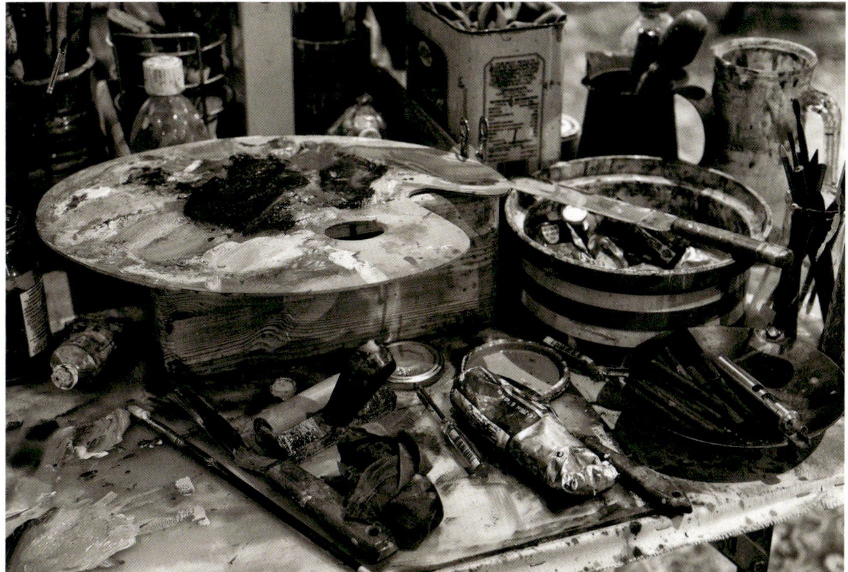

Clockwise from top left: Cypress Summer (oil on canvas) by Pip Adams; Sunset on Brighton Beach (oil on canvas) by John Whiting; Artist's Palette (photograph) by John Brockliss; Mettle (oil on canvas) by Michelle Cobbin

Ming Gallery

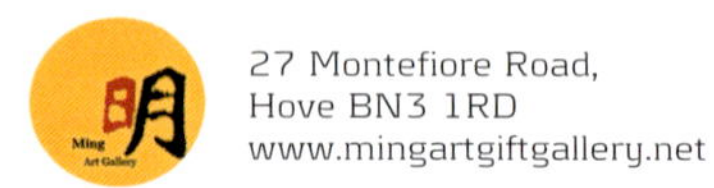

27 Montefiore Road,
Hove BN3 1RD
www.mingartgiftgallery.net

Ming Art Gallery is a new art exhibition space and gift shop in East Hove near Seven Dials, which opened in October 2016. The gallery combines East Asian and Western aesthetics, artworks and gifts. Contemporary paintings, prints and ceramics from local Brighton and Hove artists are complemented by traditional Asian gifts, crafts and calligraphy. The gallery is multifunctional, and also hosts art workshops, art classes and art events.

The Gallery's Beijing co-operation partner is 'Cai Fen Zi Fashion Alliance' – an art, design and fashion agency specialising in international art exchanges, interior design, aesthetic education and colour science.

Ming Gallery supports local artists in marketing their art works in China, including jewellery, paintings, prints and ceramics. It also promotes international artistic and cultural exchanges.

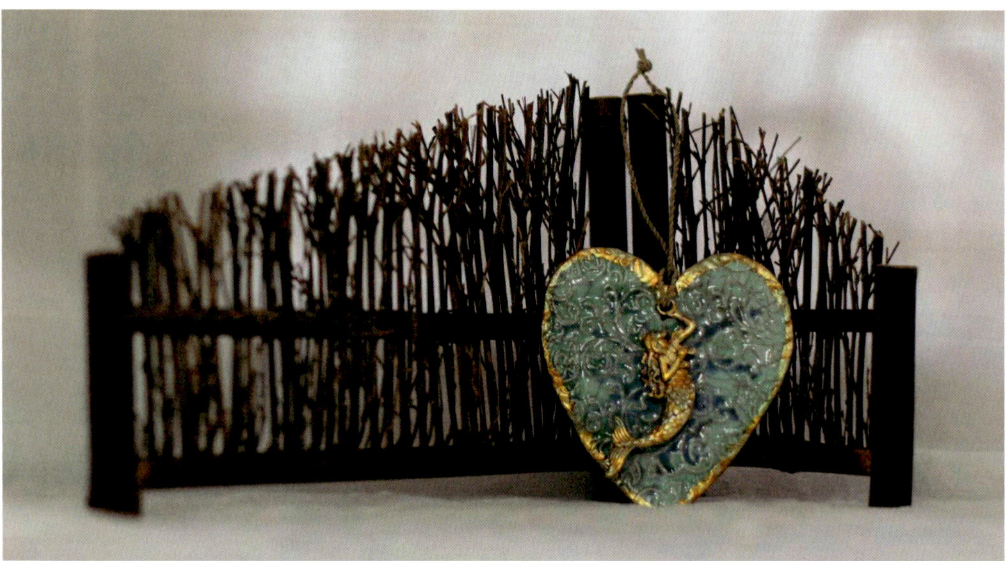

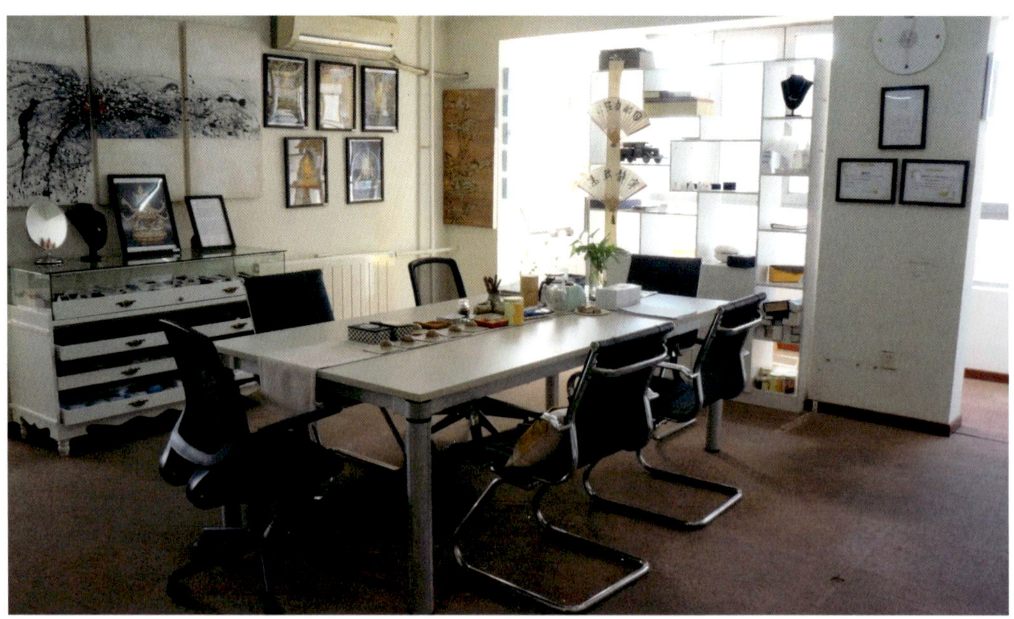

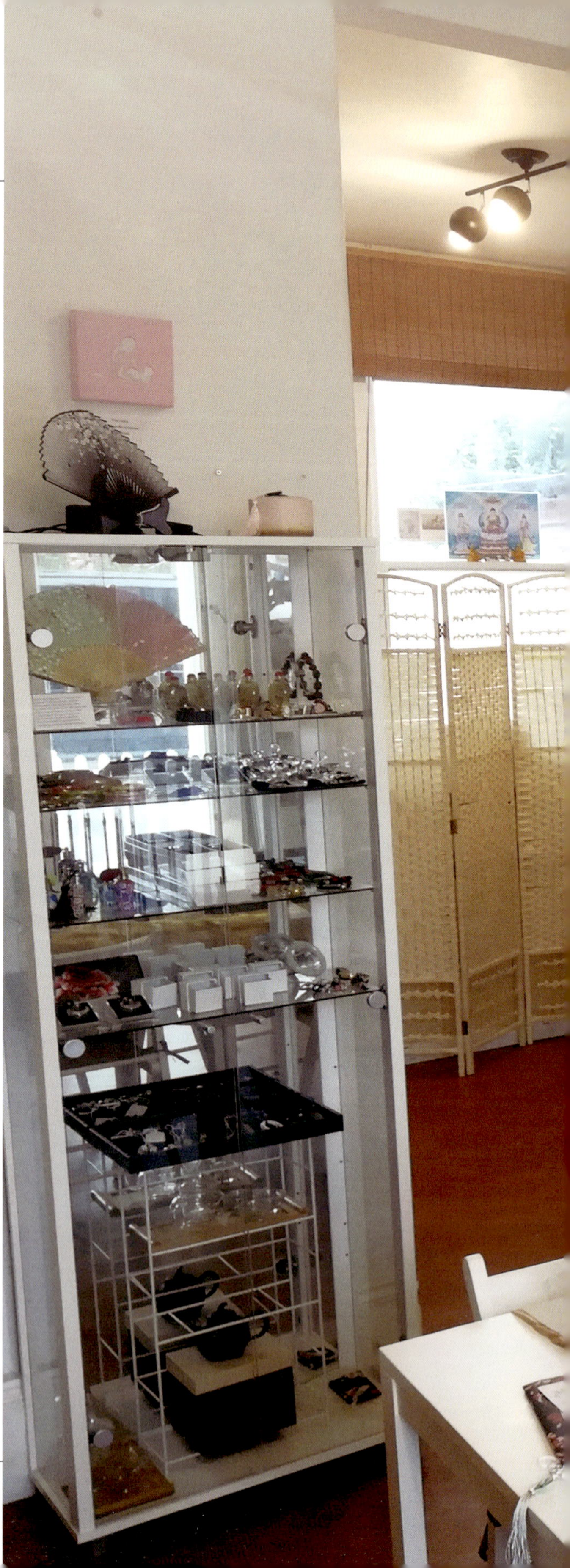

This page (top to bottom): Ceramic art by Zoe Lakshmi; Office of our cooperation partner Cai Fen Zi in Beijing
Opposite: Ming Art Gallery space in Hove

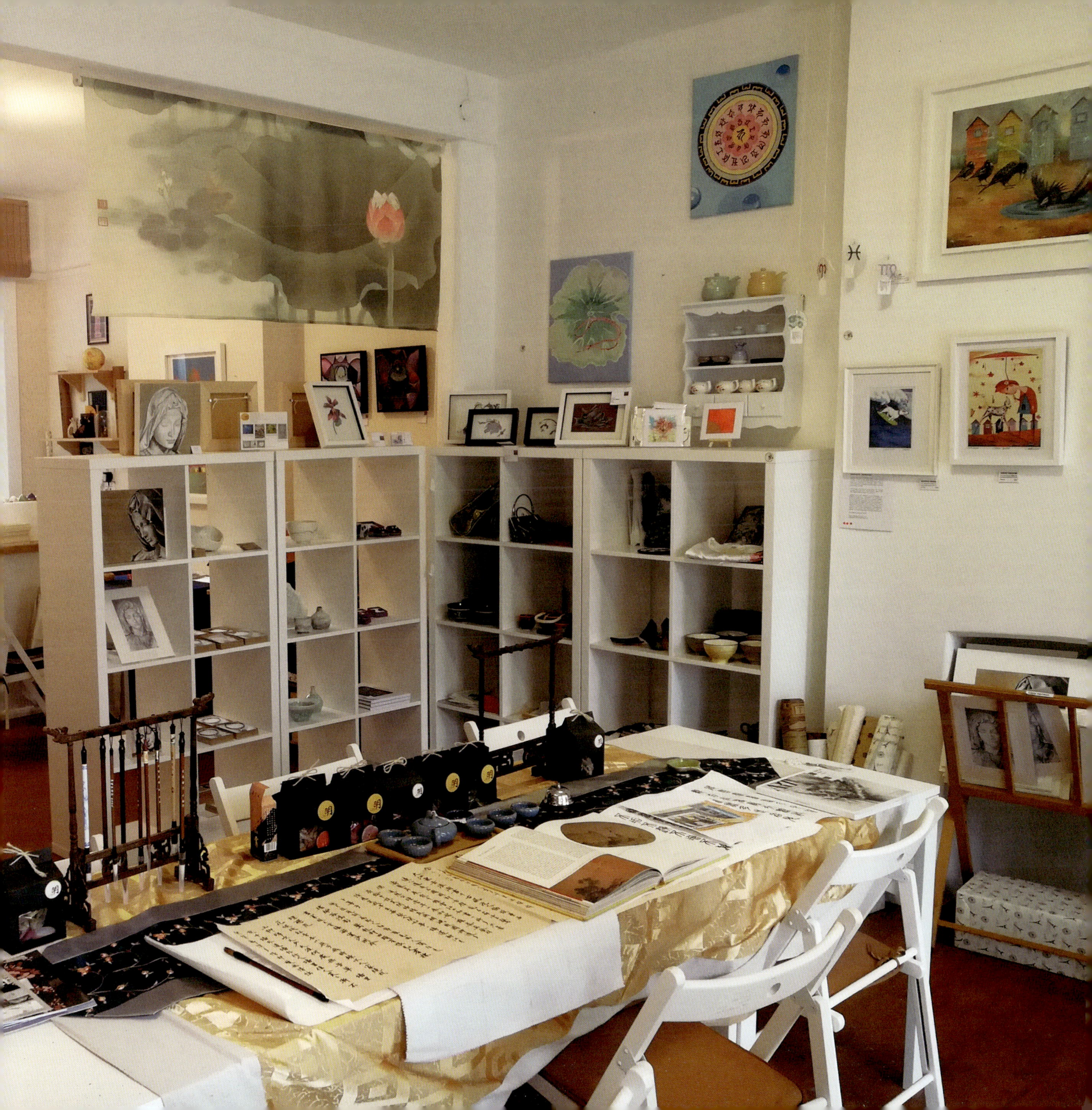

Zimmer Stewart Gallery

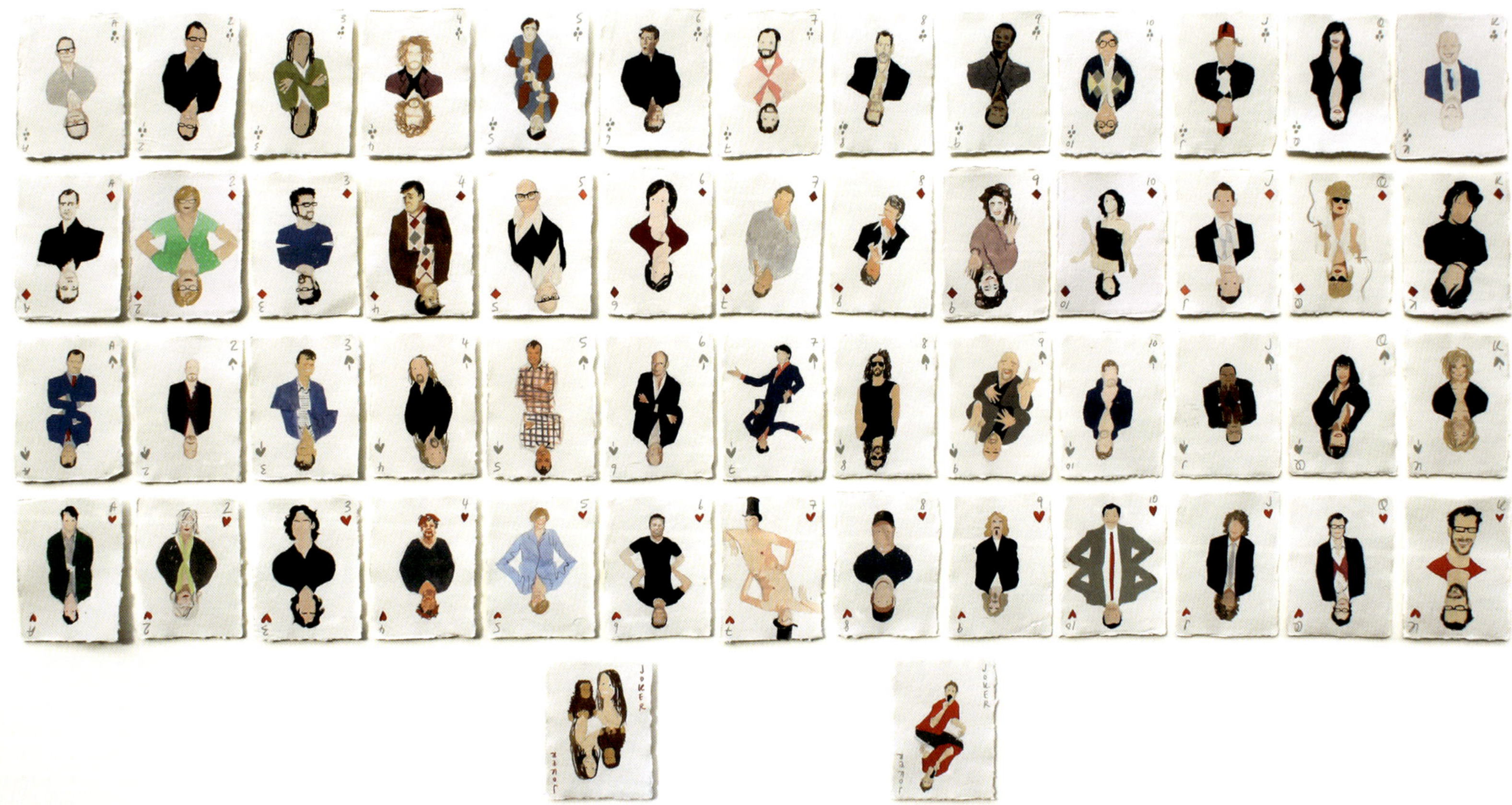

This year Zimmer Stewart Gallery celebrates 15 years of showing contemporary art in Arundel, quite an achievement!

When this bright, welcoming art space opened in 2003 it was the only gallery in this small market town nestling between the Downs and the sea; now there are five. Arundel has for a while had a reputation for creativity and the arts generally (visual, dramatic and musical), so there is much to interest visitors.

Right from the start Zimmer Stewart Gallery did not shy away from showing challenging work. Founder James Stewart says: "If all visitors to the gallery liked everything we showed, then I would feel that we were doing something wrong. We enjoy selecting work that has integrity and is thought provoking. Artists want their work to be seen and we love showing it".

Solo exhibitions include both emerging and established artists, many of whom have worked with the gallery for over a decade. This allows collectors (corporate and individual) to see how the artists' work has evolved over time, and the artists to present new cohesive bodies of work. The group exhibitions are great for showing visitors the wide range of work exhibited, but also give the gallery the chance to introduce new artists as well.

John Zimmer says: "We know that people buy art for a number of different reasons: to start or add to a collection; to support local artists; or simply to decorate their home or office. Their choice is usually determined by an emotional response to the work or subject portrayed."

In 2018, Zimmer Stewart Gallery's programme includes six solo exhibitions and several mixed group shows.

The solo shows started in April with award-winning, abstract expressionist Felix Anaut returning with a new series of '*Visual Music*' paintings and ceramics. These works are a response to the Baroque music he listens to in the studio.

Katharine le Hardy is a landscape painter whose use of colour and impasto brushstrokes engages the viewer and charges the works with movement and dynamism. Her new body of work to be shown in May looks at the Thames near Richmond.

During August – and coinciding with the Arundel Festival – Zimmer Stewart Gallery presents a joint exhibition by painter Elaine Pamphilon and sculptor Christopher Marvell. Elaine Pamphilon's paintings are recognisable as hers by their bright, vibrant colours and confident, free, naive, almost folk art style. These complement Christopher Marvell's bronze figures and animals. His sculptures present themselves as seemingly blunt facts. But on deeper reflection they initiate a subtle dialogue that encourages the viewer to consider not only the relationship between human and animal, but also that between the human/animal archetype and the human/animal condition itself.

Towards the end of the year, Holly Frean's solo exhibition in November is not to be missed. Known for witty portraits painted onto unusual surfaces (cardboard squares, paper plates, wooden palettes), the artist's 2016 show '*Who's Counting*' at Paul Smith's Mayfair shop featured paintings, mobiles and bronzes.

Zimmer Stewart Gallery's website includes a full exhibition programme and an online shop for editions. Join its email newsletter list to receive private view invitations and artist news updates.

A Pack of Comedians by Holly Frean

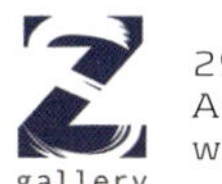

29 Tarrant Street,
Arundel, BN18 9DG
www.zimmerstewart.co.uk

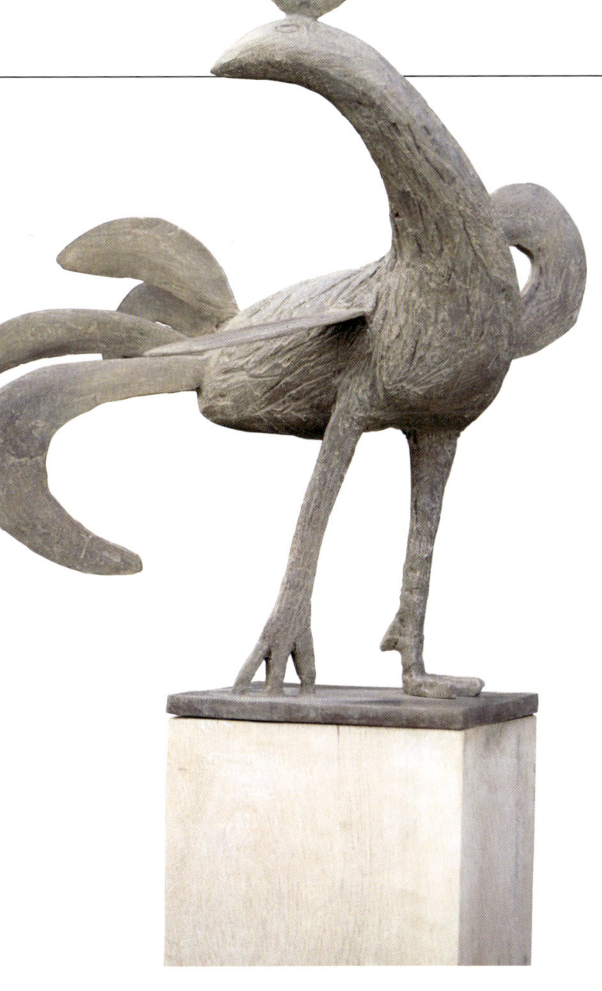

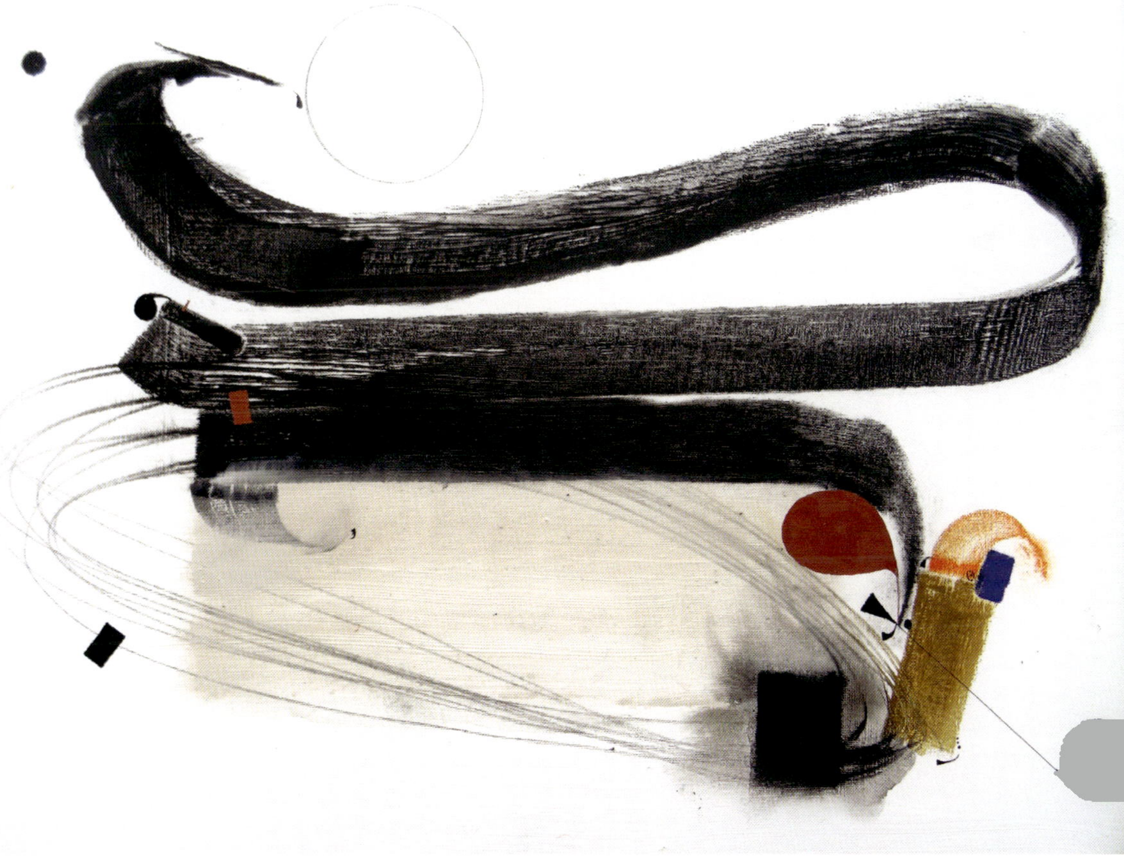

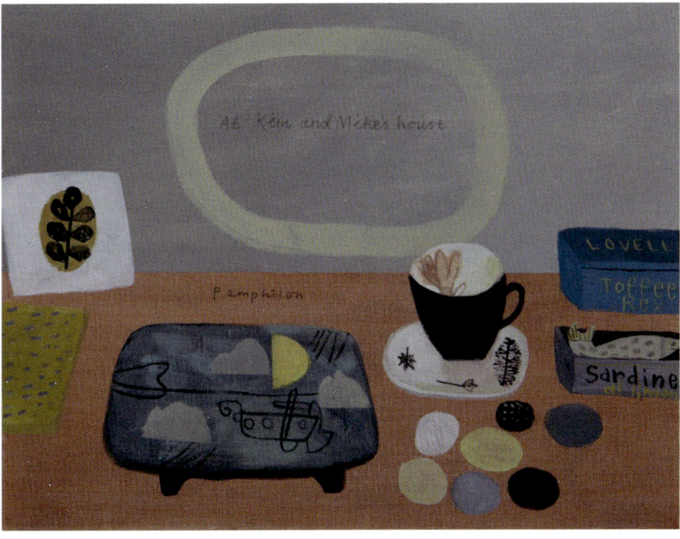

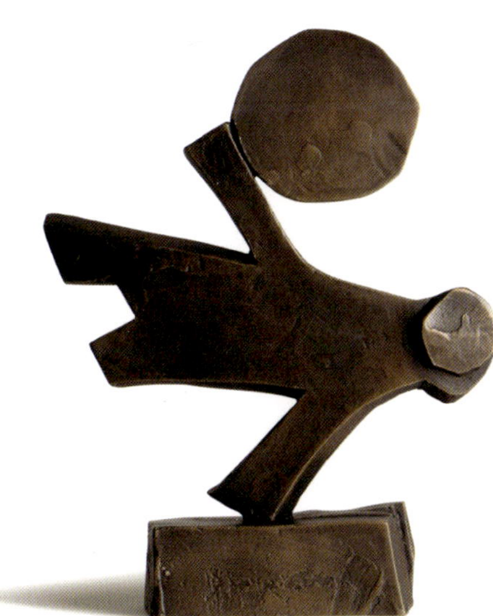

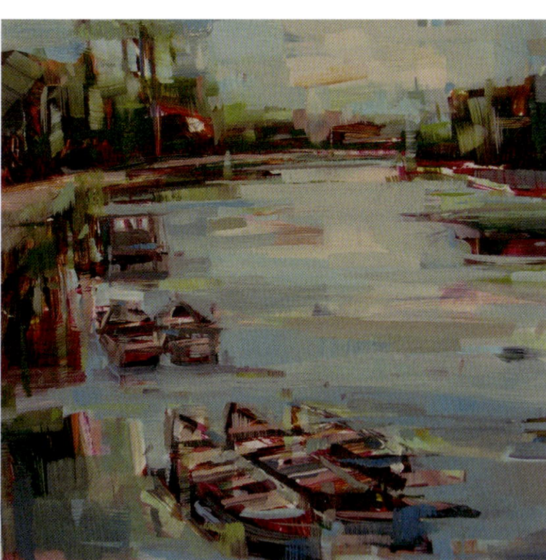

This page (clockwise from top): Rooster by Christopher Marvell; Donegal Suite II by Felix Anaut; Moorings Richmond Bridge by Katharine Le Hardy; Man Holding a Disk by Giles Penny; At Kim and Mike's House by Elaine Pamphilon

Chalk Gallery

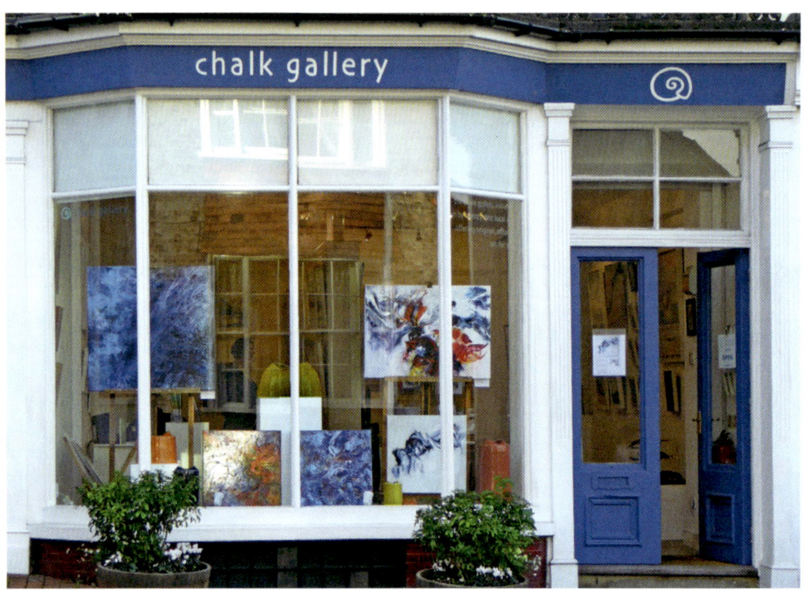

Chalk Gallery is one of the leading contemporary galleries in Lewes and a well-loved destination for art lovers that showcases artwork in an astonishing variety of media, styles, subjects and techniques.

Run by its 21 members, Chalk Gallery is totally devoted to promoting the artists and their work.

There are complete exhibition changes every six weeks, with approximately 70 new works of art, including paintings, sculpture and original prints. The Gallery has a programme of featured artists throughout the year as well as guest artists and other publicised special events.

This well-respected gallery is known for nurturing artistic talent and empowering its artists to evolve in a friendly atmosphere.

Chalk Gallery is open seven days a week from 10-5pm and a warm welcome is guaranteed.

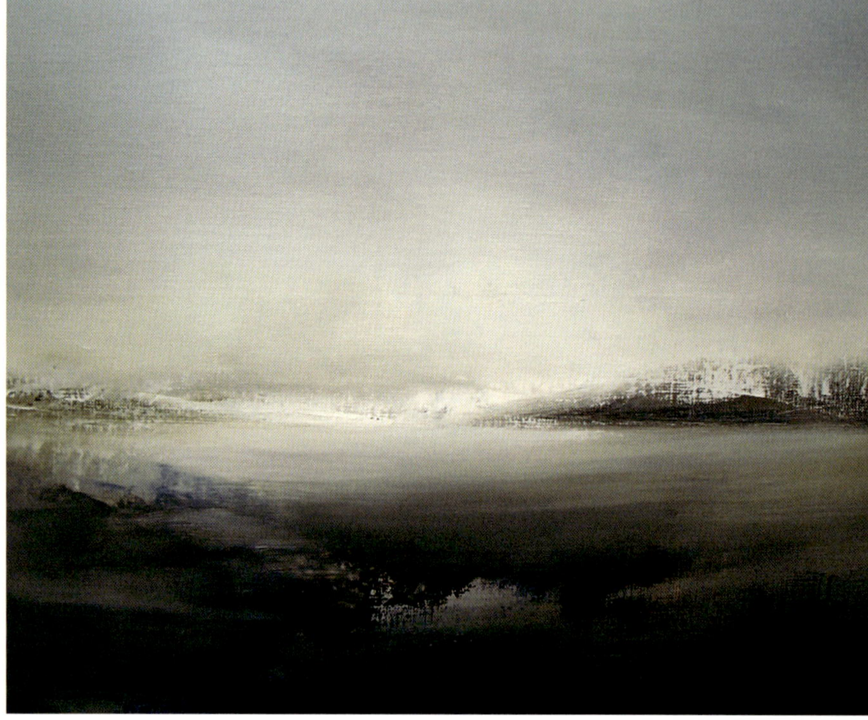

Winter's Passage by Ursula Stone

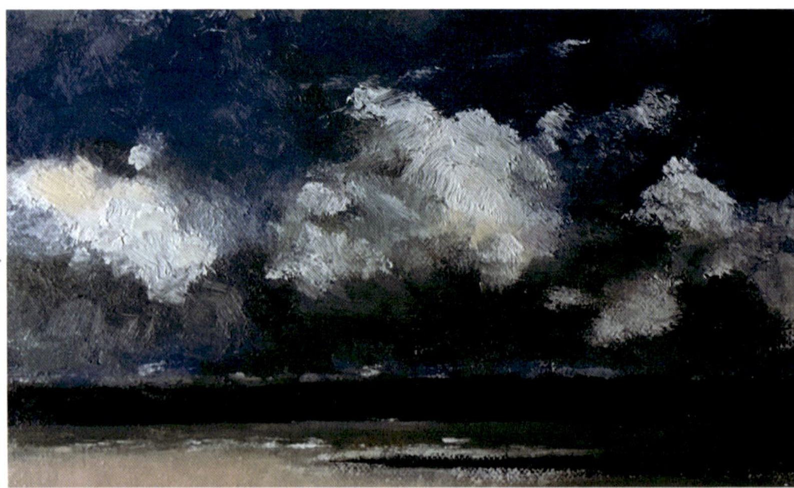

Approaching Storm by Paul Allen

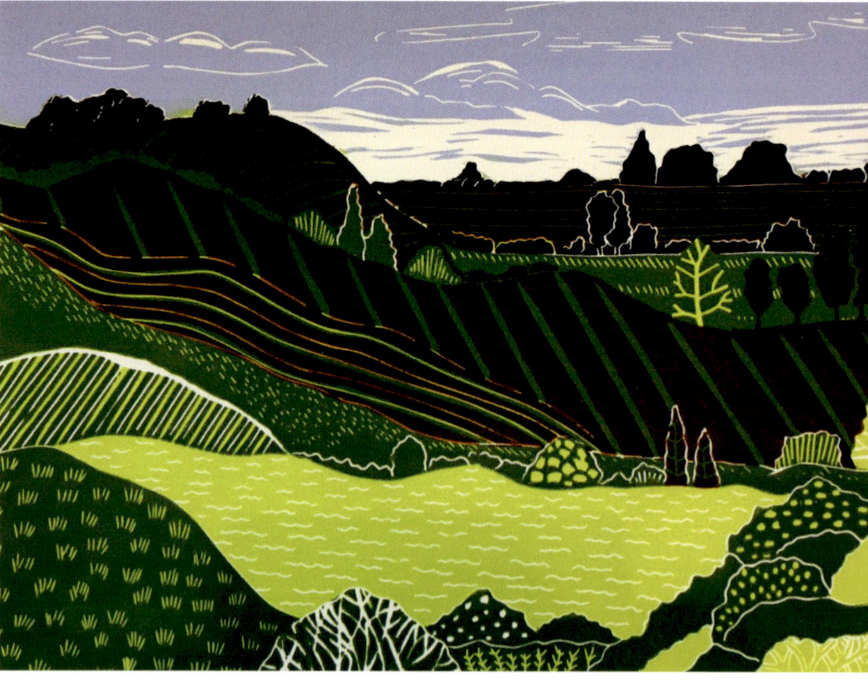

The Adur Valley by Sue Collins

chalk gallery chalk gallery

4 North Street,
Lewes BN7 2PA
www.chalkgallerylewes.co.uk

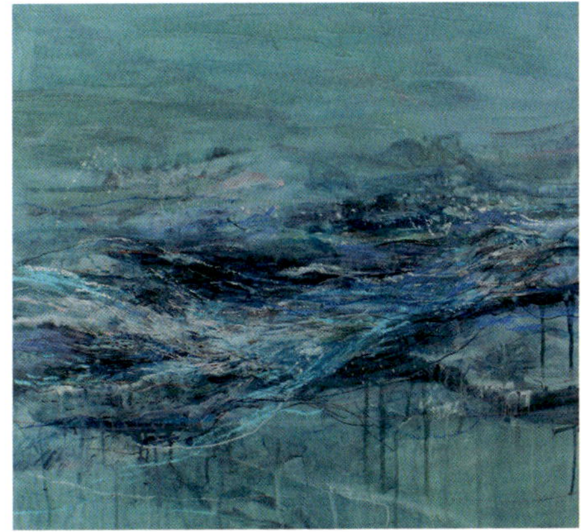
Bathsheba by Liza Mackintosh

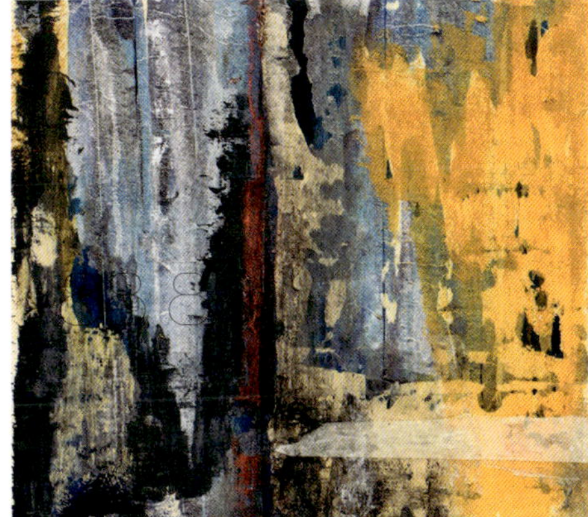
Cemented In by Sonia Morris

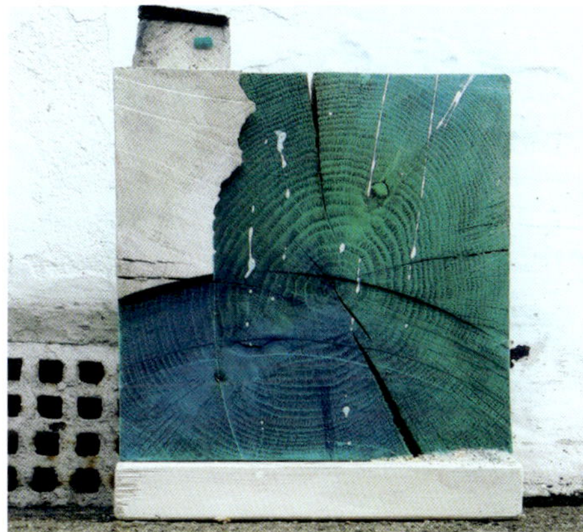
Chalk Cottage by Nadia Chalk

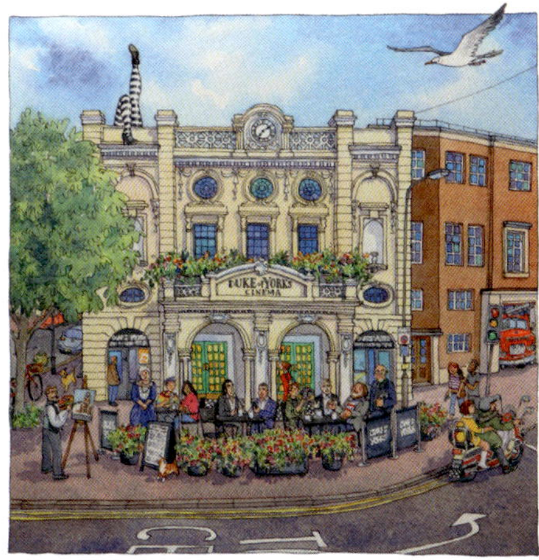
The Picture House by Lyndsey Smith

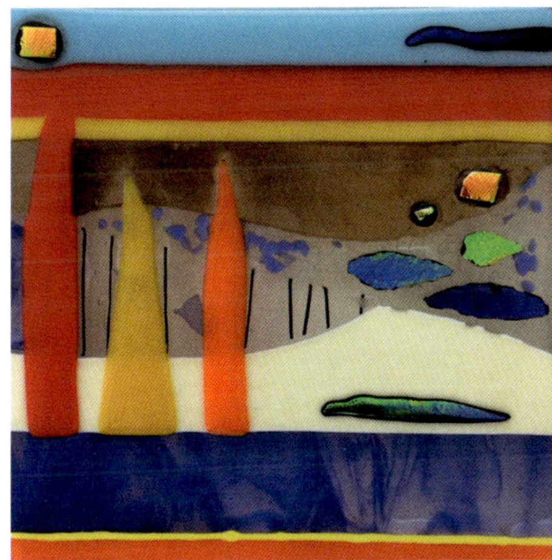
Little Gem (fused glass) by Gina Lelliott

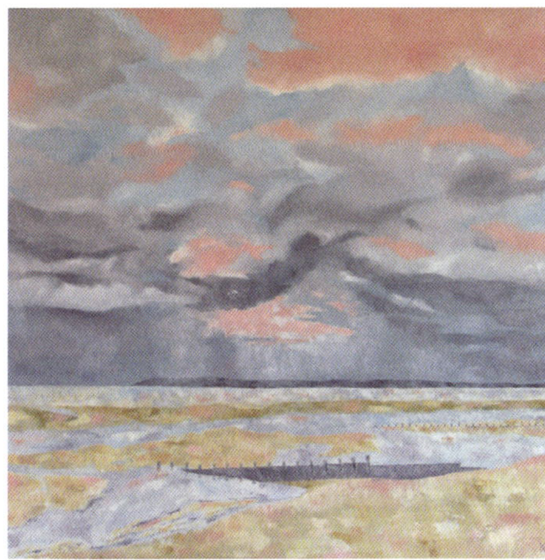
Camber Afternoon by Katie Whitbread

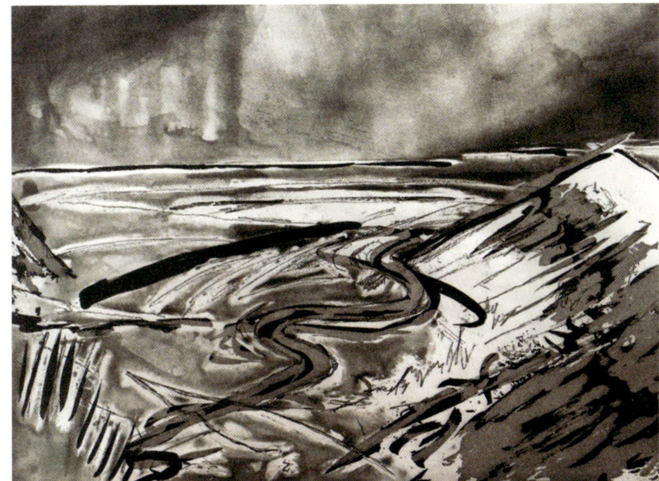
Cuckmere Valley by Catherine Greenwood

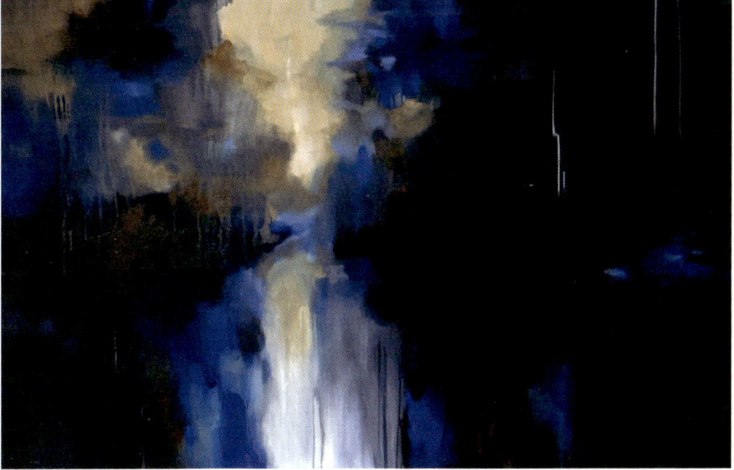
Freefall by Abigail Bowen

Kellie Miller Arts Gallery

20 Market St,
Brighton BN1 1HH
www.kelliemillerarts.com

Curator, artist and critic, Kellie Miller brings award-winning art to the heart of The Lanes in Brighton, showing work from UK and international artists, and specialising in contemporary sculpture, paintings and ceramics.

The gallery is housed on two floors and displays exceptional artworks that are unusual, challenging, delightful and beautiful. With the aim of encouraging the collection of art, Kellie especially selects for you.

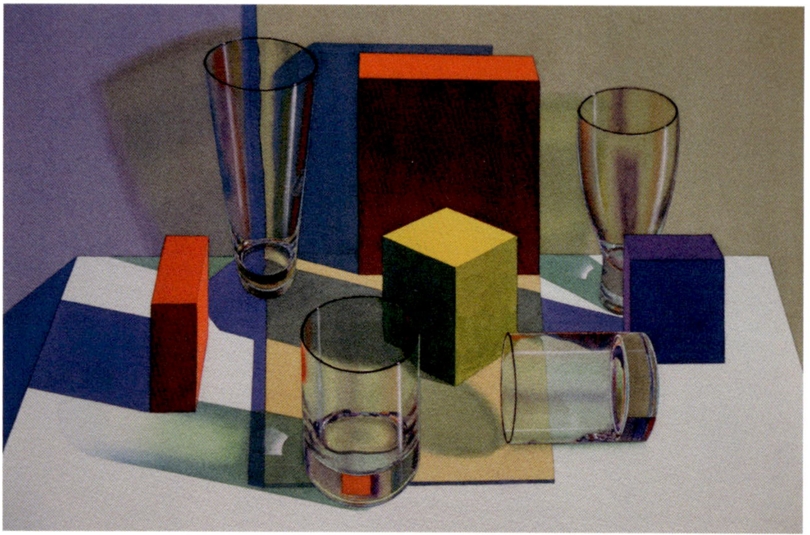

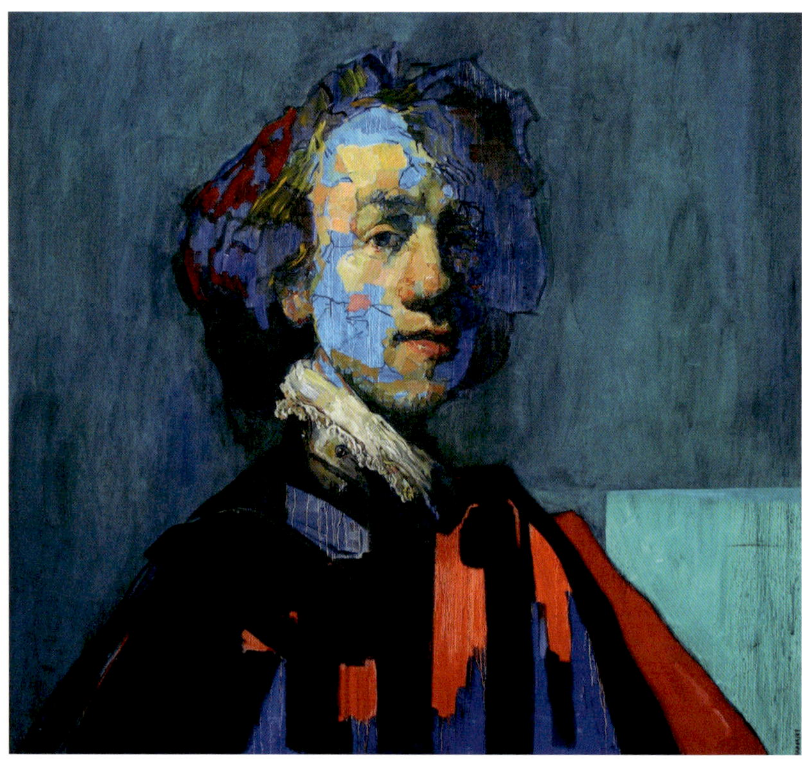

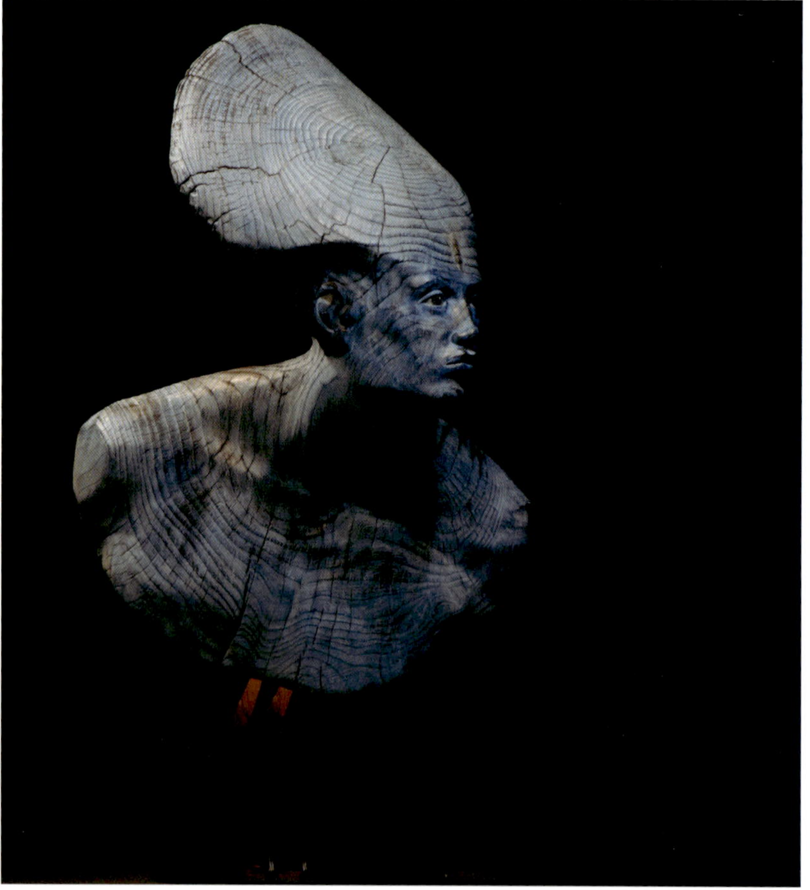

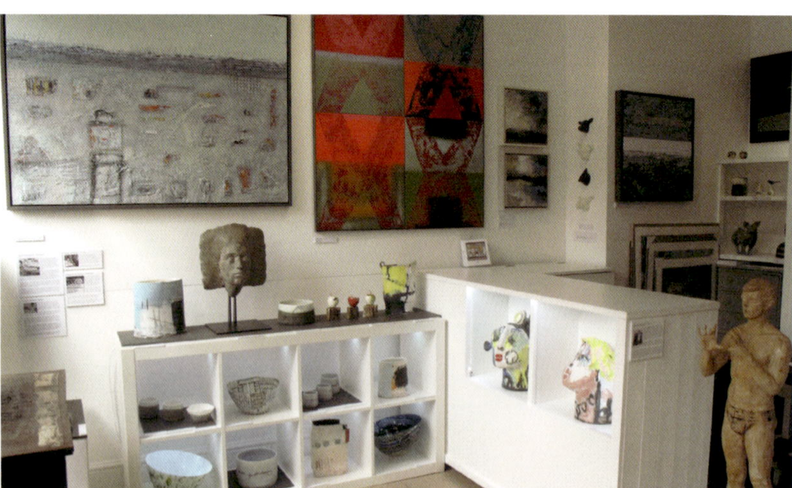

This page clockwise from top left: Flemish Glance by Paulina X Miranda; Yellow Box and Four Glasses by Laurence Wallace; The Deep by Davide Galbiati; Inside the Gallery
Opposite page: The Devil's Frying Pan No 2 by Barbara Burns

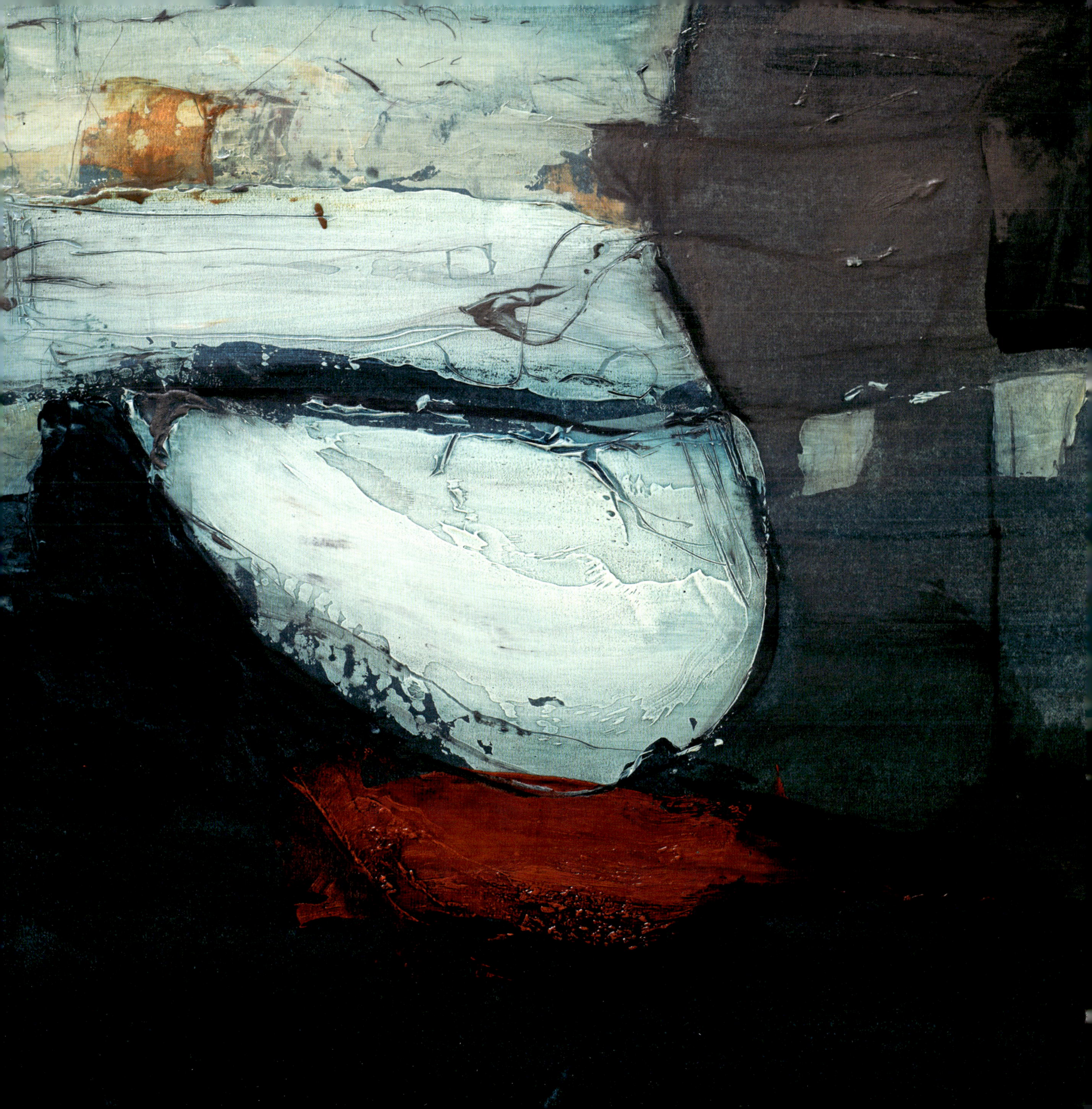

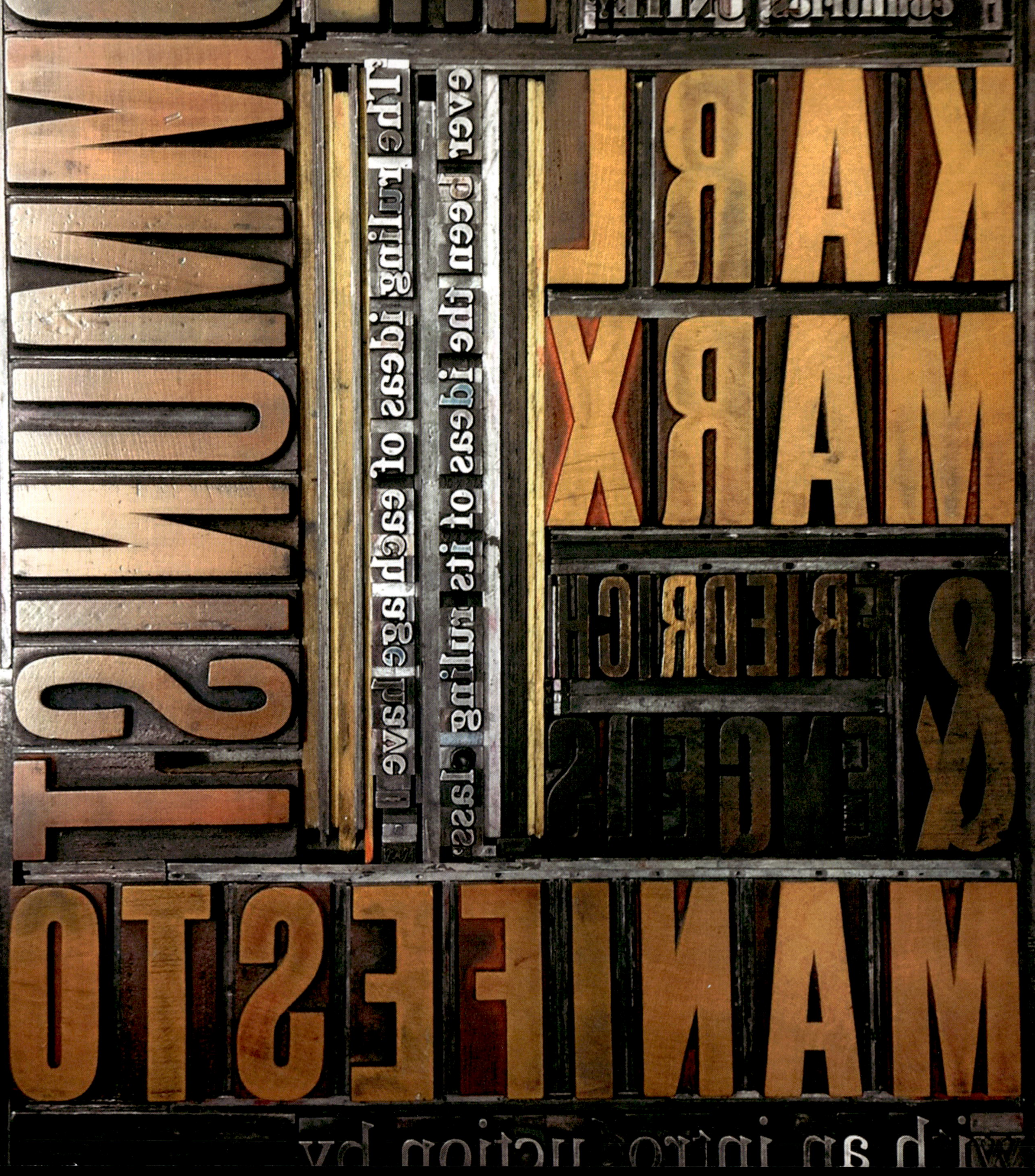
KARL
MARX
FRIEDRICH
&
ENGELS
MANIFESTO
The ruling ideas of each age have
ever been the ideas of its ruling class
with an introduction by
CORNERSTONE
MADE IN ENGLAND

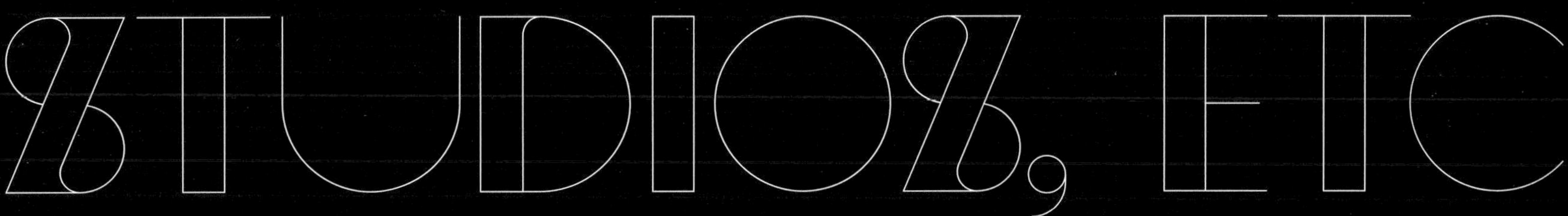

The people and places that diversify, teach, innovate, amaze – and embody the spirit of creativity in Brighton & Hove

Inkspot Press Karl Marx book cover
See page 104

Volcanic Editions

16 Rosehill Terrace, Brighton BN1 4JJ
www.volcaniceditions.com

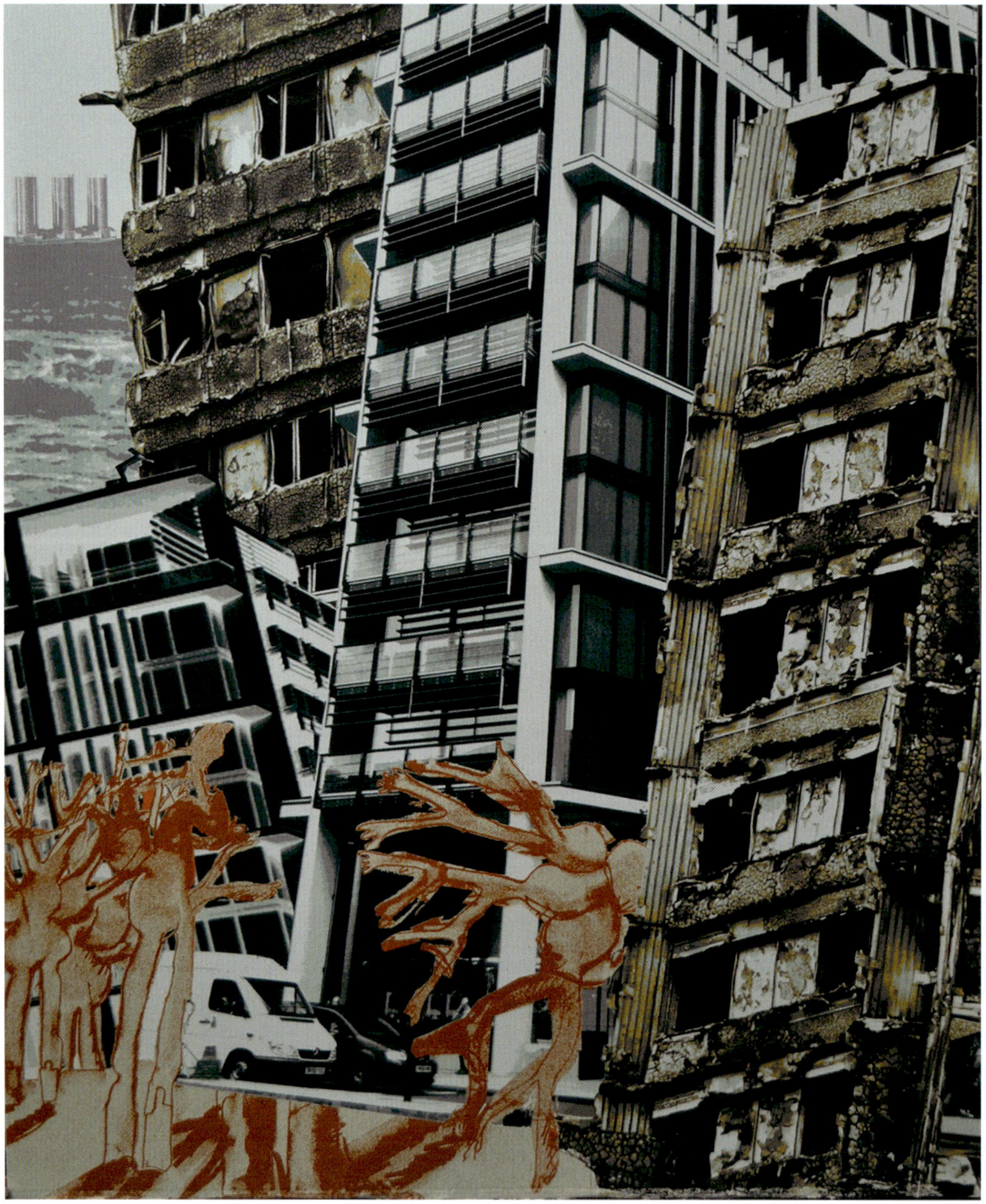

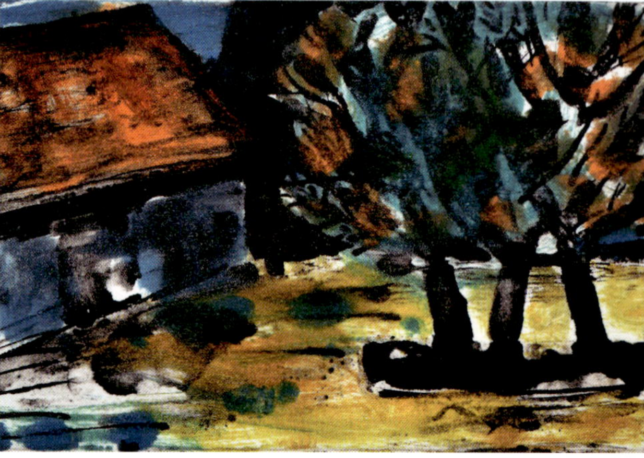

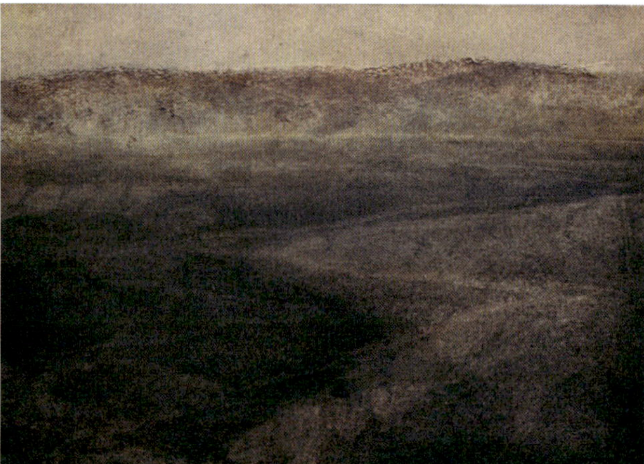

Volcanic Editions is a print workshop just 10 minutes walk from Brighton Station specialising in screenprinting, photopolymer etching, carborundum etching and monotype.

The workshop caters for everyone from beginners wanting to acquire printmaking skills through to professional artists wishing to edition prints, and offers the highest level of support to everyone who enters. Images on this page reflect the quality and diversity of some of its current artists.

Visit the website (above) for further details, and sign up on the home page to receive a monthly newsletter with news of current shows and competitions.

This page (clockwise from left): Vertical Inequity by Janet Sang (13-colour screenprint); Danworth by Bryony Rimmington Jones (photopolymer etching); Camber Sands Imagined by Debra Broadhurst (three-plate monotype); Edge by Jo Okell (four-plate monotype)

Ian Brown

Printmaker
www.volcaniceditions.com

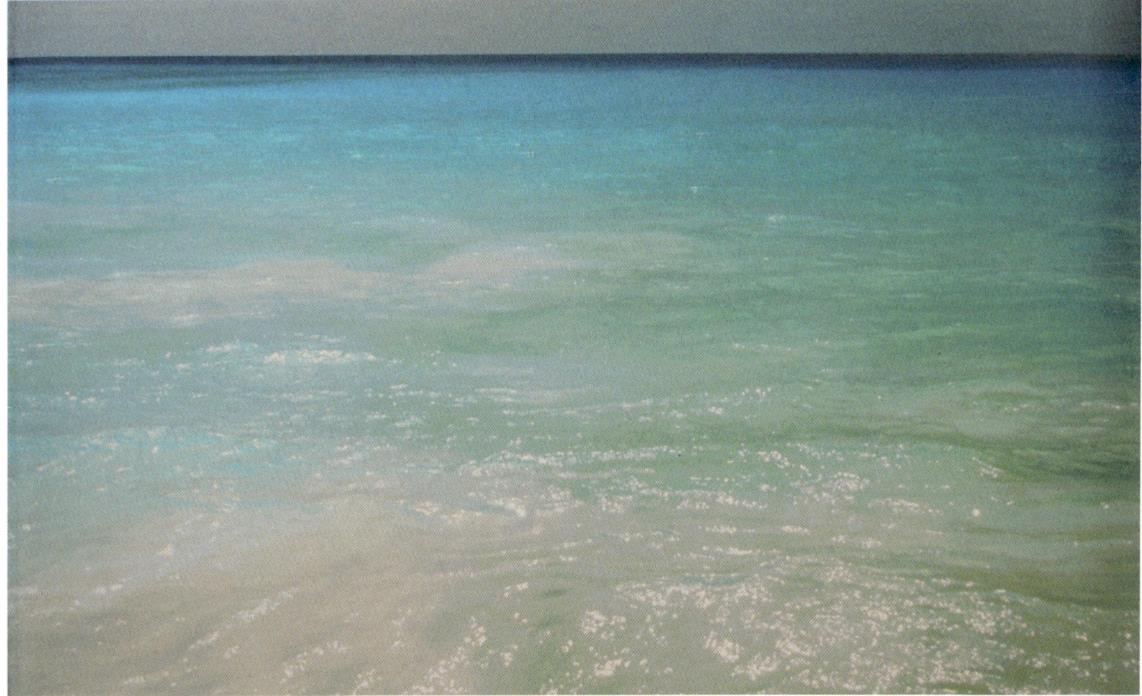

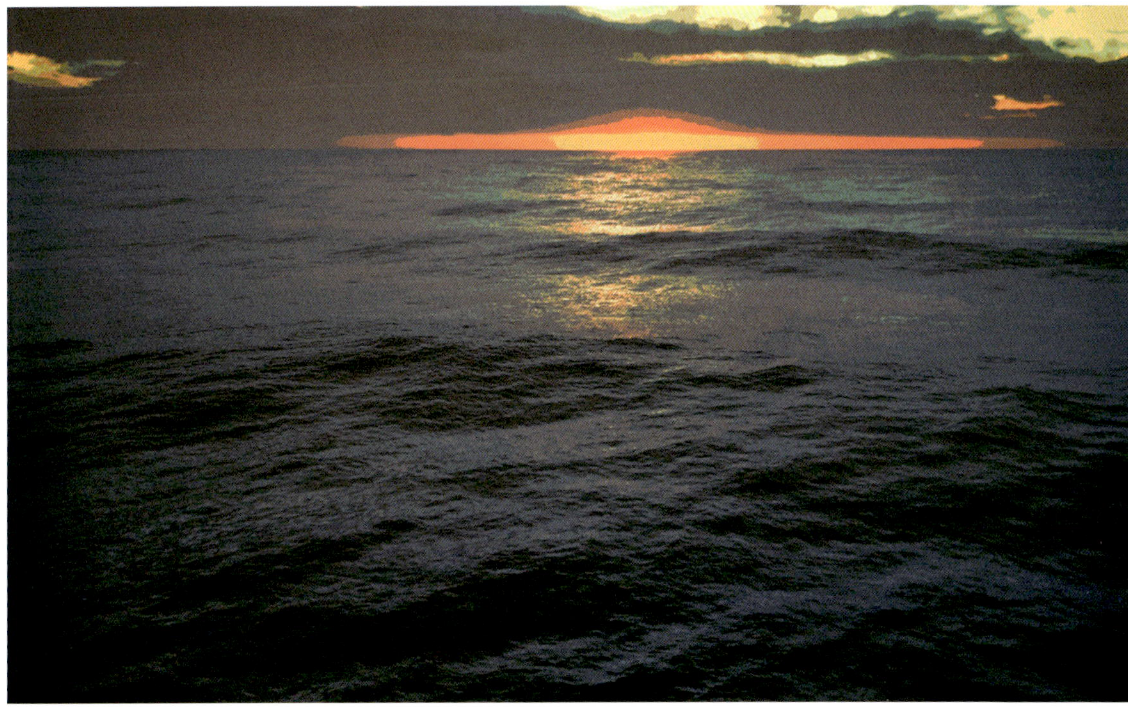

Ian Brown is coming to an end of a two-year project on the Seven Seas, the seven largest bodies of water on the planet. Sourced through film and digital images, and then translated into densely layered four-colour screenprints, they form a set of eight prints in an edition of 10. The first five screenprints in the edition will be sold as complete sets, the remaining split and sold individually.

To contact Ian for details see the index (page 106).

Top: Indian Ocean
Below: Pacific Ocean
Both from The Seven Seas (Modern)

Eye 4 Colour / Graeme Richardson-Locke

Print Studio
www.eye4colourprints.com

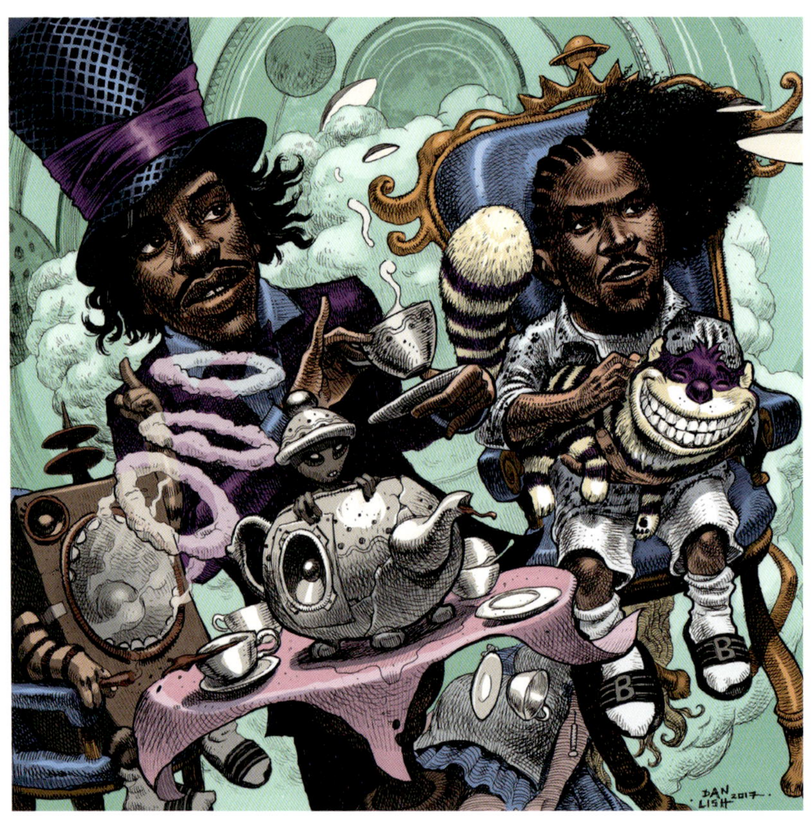

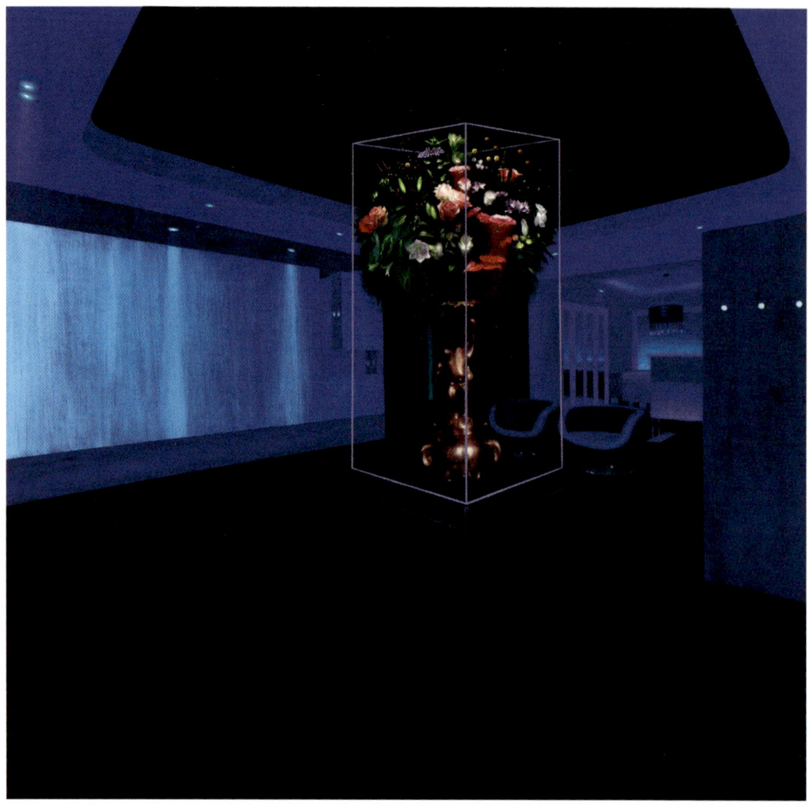

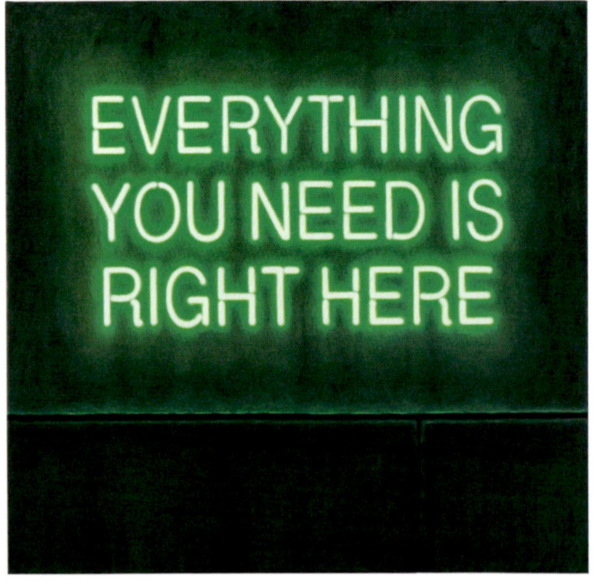

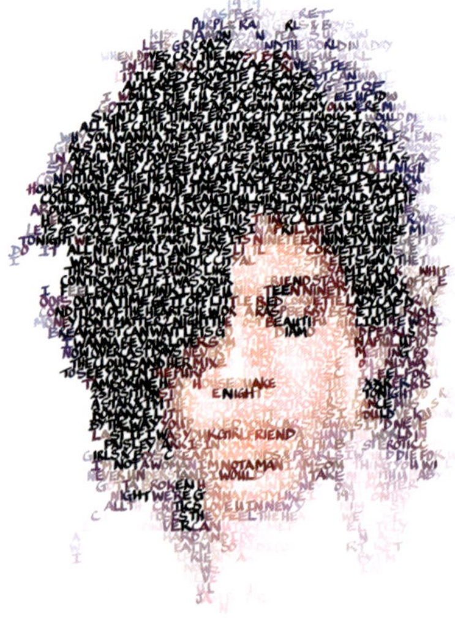

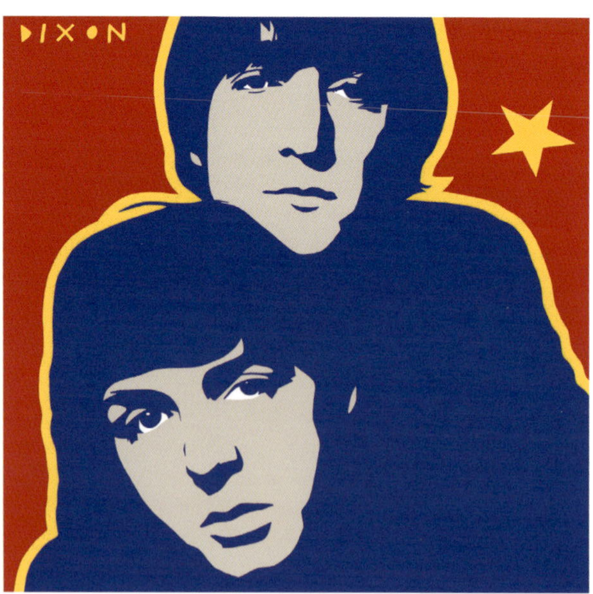

This page (clockwise from top): Outkast by Dan Lish; Terrarium II by Chris Kettle; Lennon and McCartney by Simon Dixon; Prince by Mike Edwards; Everything You Need Is Right Here by Dominic Bradnum

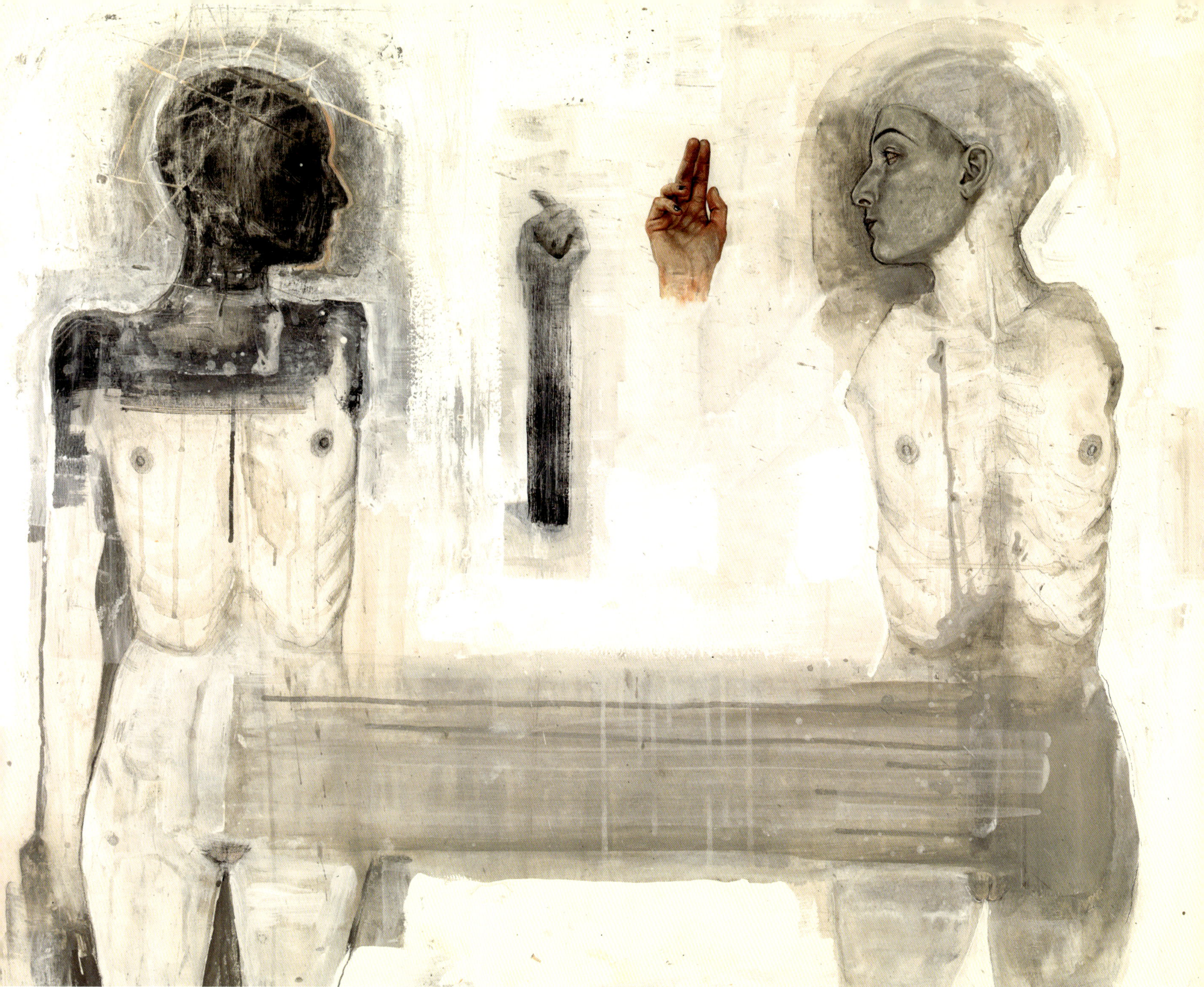

With almost 30 years' experience, Graeme Richardson-Locke really understands the finer points of the printing process. And through his Hove-based company – Eye 4 Colour – he is committed to delivering only the best giclée, screen and lithographic reproductions on the finest papers. From the highest quality scanning to efficient, cost-effective delivery, the service remains the same – personal.

For something special, Eye 4 Colour will manage flocking, foiling, glow-in-the-dark, gilding, diamond dusting and high-gloss selective varnishing. Graeme works with fine artists, photographers, art publishers, galleries, graphic designers, interior designers, private commissions and charity organisations.

He produces print editions for local artistic luminaries that include Sanna Annukka, Chris Kettle, Patrick Bremer, Katty McMurray, Mike Edwards and the late Simon Dixon.

Eye 4 Colour is an accredited printer of The Fine Art Trade Guild, giving the reassurance that prints are independently validated to meet the highest standards.

Laura Sketch by Emma Hopkins

Sugg & Davidson

Artists & Puppet Theatre & Prop Makers
artsugg@yahoo.co.uk

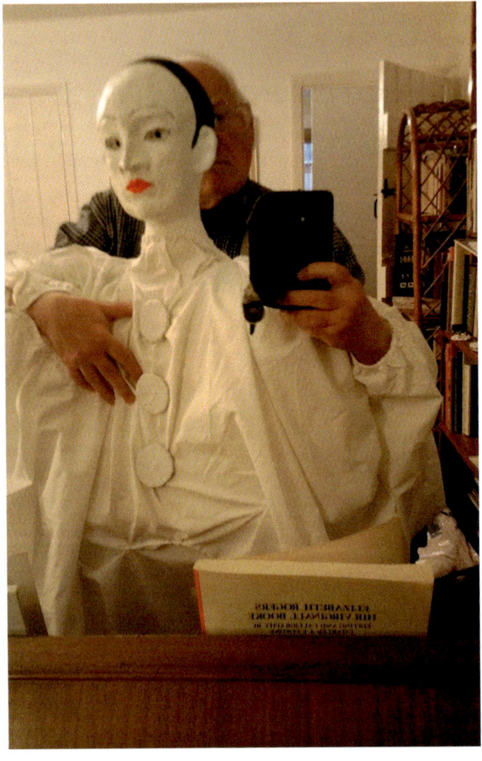

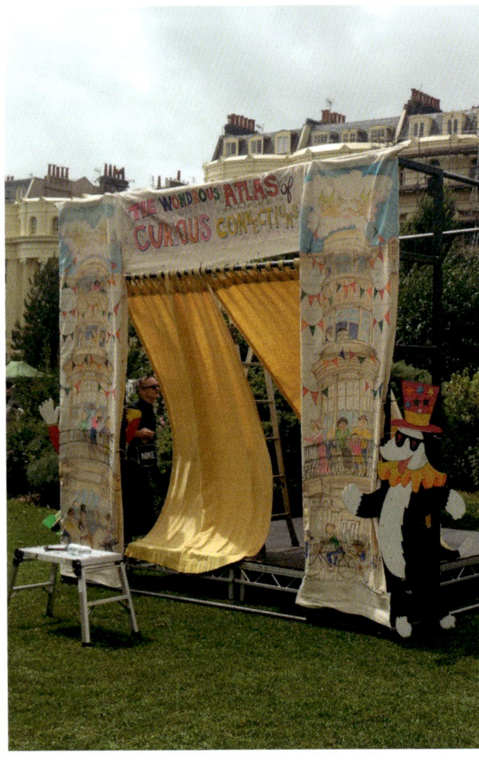

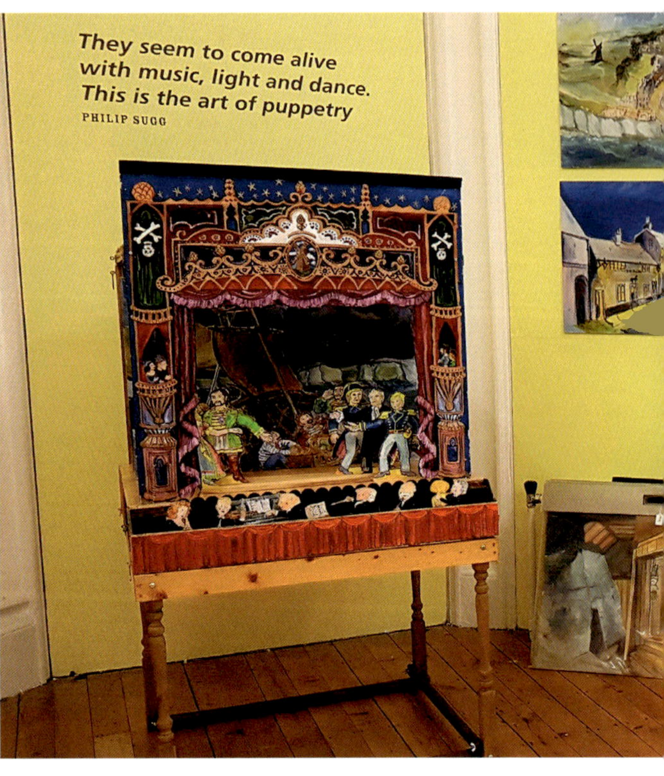

"There will never be a lack of things to say, stories to be told nor pictures to be painted. As long as we have an audience to embrace our magic"

Miniature puppet theatre maker and art historian Philip Alexander Sugg and Brighton-trained artist and craft designer Amanda Rosenstein Davidson make a formidable creative team. And last year their combined talents resulted in a six-month collaborative display with some of the most inspiring local puppeteers at Hove Museum & Art Gallery.

The exhibition was spurred by Amanda's desire to showcase paintings, puppets and theatres with other creative artists, makers and storytellers that she and Philip had worked with individually over the past few years. A strong theme evolved based around British and European folklore with a contemporary twist, and '*The Art of Puppetry - Making Magic in the Museum*' opened from May to November 2017 to good reviews (including a mention on The Jonathan Ross Radio 2 Arts Show).

Extending over three rooms, visitors enjoyed Philip's curated talks, family workshops, 'Love Your Museum' days and live theatre performances. On show were shadow puppetry, marionettes, Jig dolls, glove puppets and theatres of all shapes and sizes along with some of Amanda's fine art paintings.

This year Sugg & Davidson's work can be seen at Brighton seafront's Open Artists Studios (between the piers) with a striking window display and examples of Philip's miniature theatre designs to buy and make for yourself, as well as artists cards and 3D puppets of all descriptions.

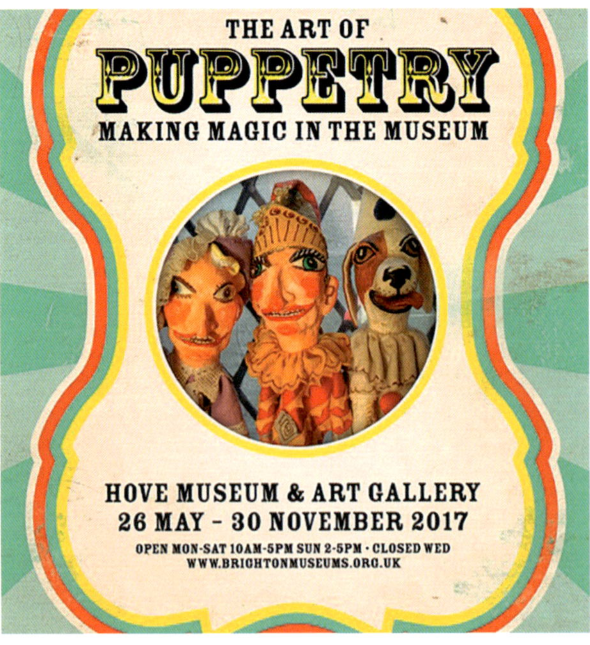

Clockwise from top left: Philip's Pierrot; Theatre frontage and cut-outs for Brunswick Festival 2017 by Sugg & Davidson; Theatres at Hove Museum & Art Gallery; Cluedo theatre in a suitcase by Sugg & Davidson; Carnival (acrylic on canvas) by Amanda; Kitsch Kats series (acrylic and textiles on wood) by Amanda; Shadow puppet workshop with Philip; Exhibition poster

Amanda Rosenstein Davidson

Painter & Illustrator
amandasdavidson@gmail.com

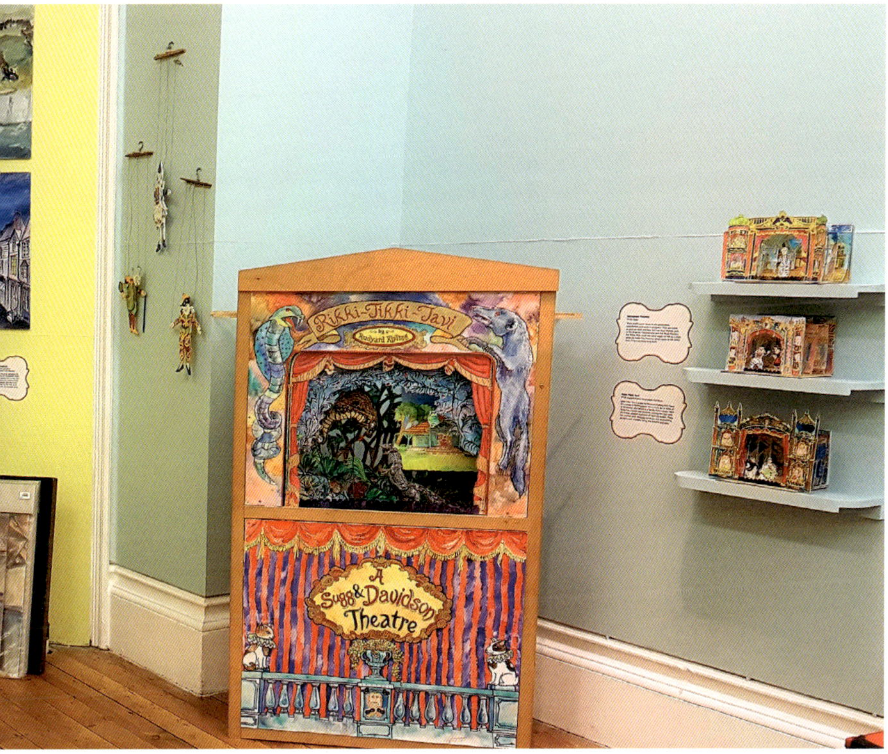

'A theatrical narrative painter' is how Amanda describes her transition from published children's book illustrator to an artist working primarily on canvas and wood within the genre of ballet, film and stage musicals. Dramatic figurative portraits and satirical animals are among her latest works in acrylics and oils.

Amanda is also an art tutor running private classes and term-led life drawing and mixed media sessions at the Rottingdean Whiteway Centre. She will be opening her studio home in Rottingdean for the 2018 Artists Open Houses festival on the theme of 'Cluedo'.

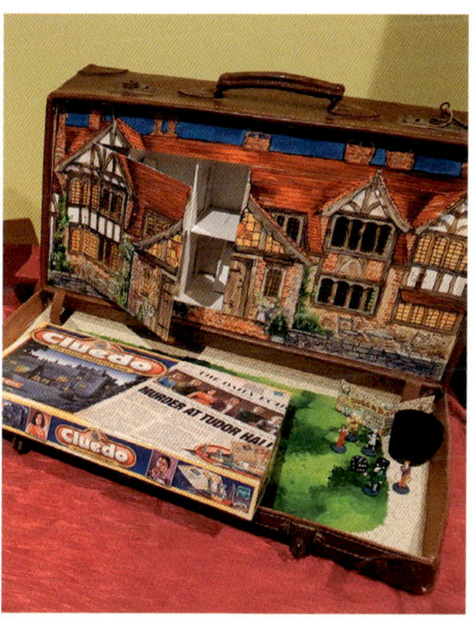

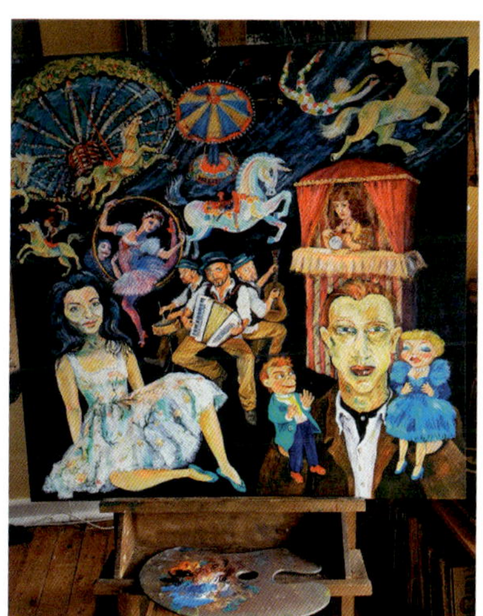

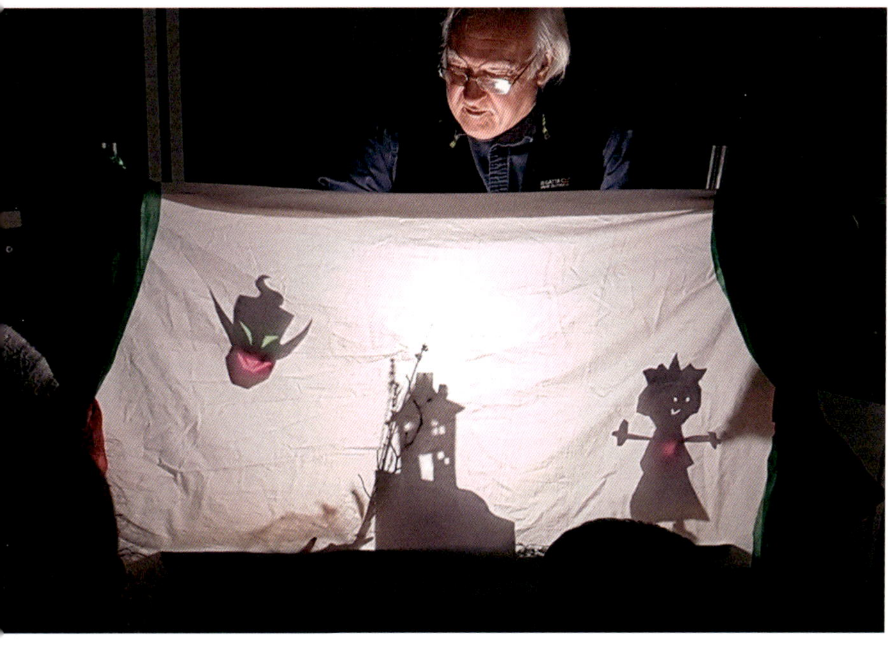

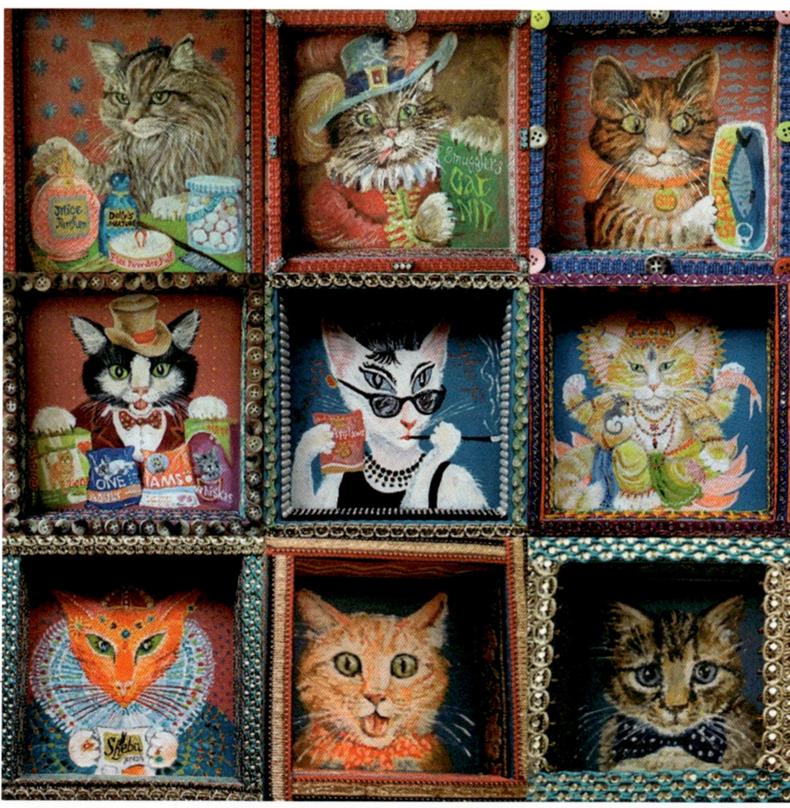

PURE Arts Group

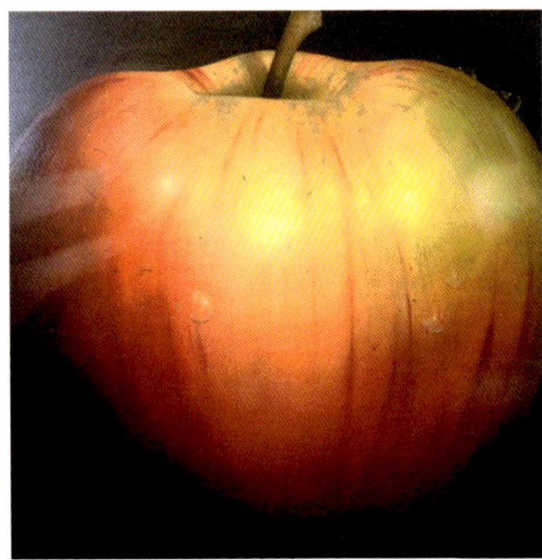

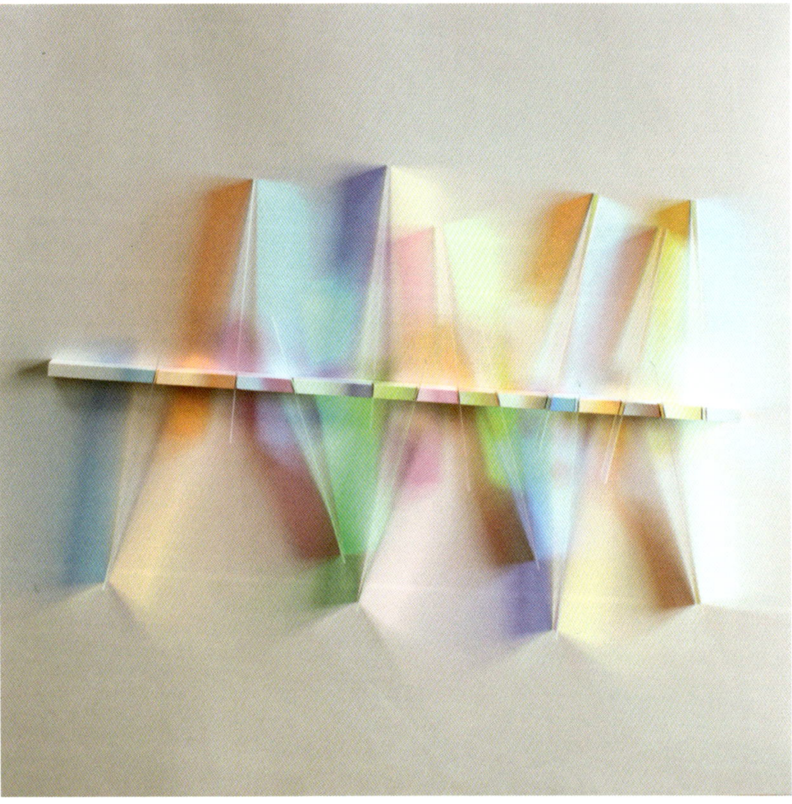

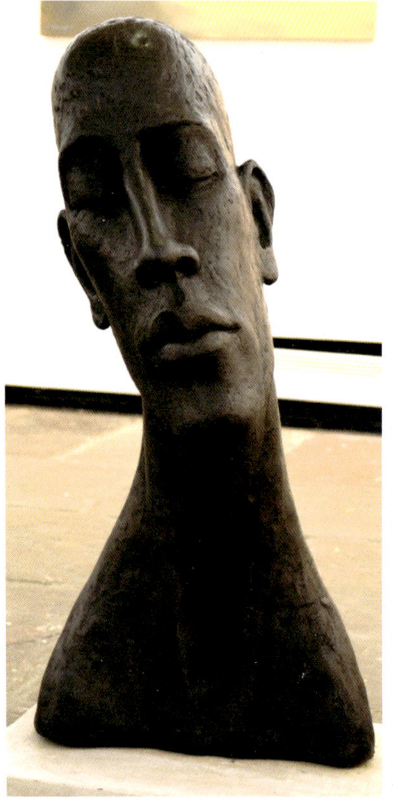

Founded in 2009 by Lesley Samms, PURE Arts Group is internationally renowned for discovering, mentoring and supporting established and emerging talent in contemporary art. Its principle is collaboration; working with galleries, artists, art societies and organisations both in the UK and worldwide, building secure and lasting relationships.

Alongside its acclaimed professional development programme, PURE also produces an artists' directory and creates distinctive exhibition and event environments, including the PURE Autumn Art Fair – a showcase exhibition that takes place in October in conjunction with the Battle International Arts & Music Festival.

PURE operates an annual membership system, from which it selects up to 60 artists to exhibit at the October showcase exhibition.

Artists can register their interest by email (see page 106 for details).

The PURE team:

Lesley Samms
Founder and Managing Director

Louisa Crispin
Creative Consultant

Edith Pargh Barton
Creative Consultant

Mary Beaney
PR & Marketing

Hildegard Pax
Design & coordination

Vincent Matthews
Advertising, Technical & Newsletter

Shelley Rose
Technical & coordination

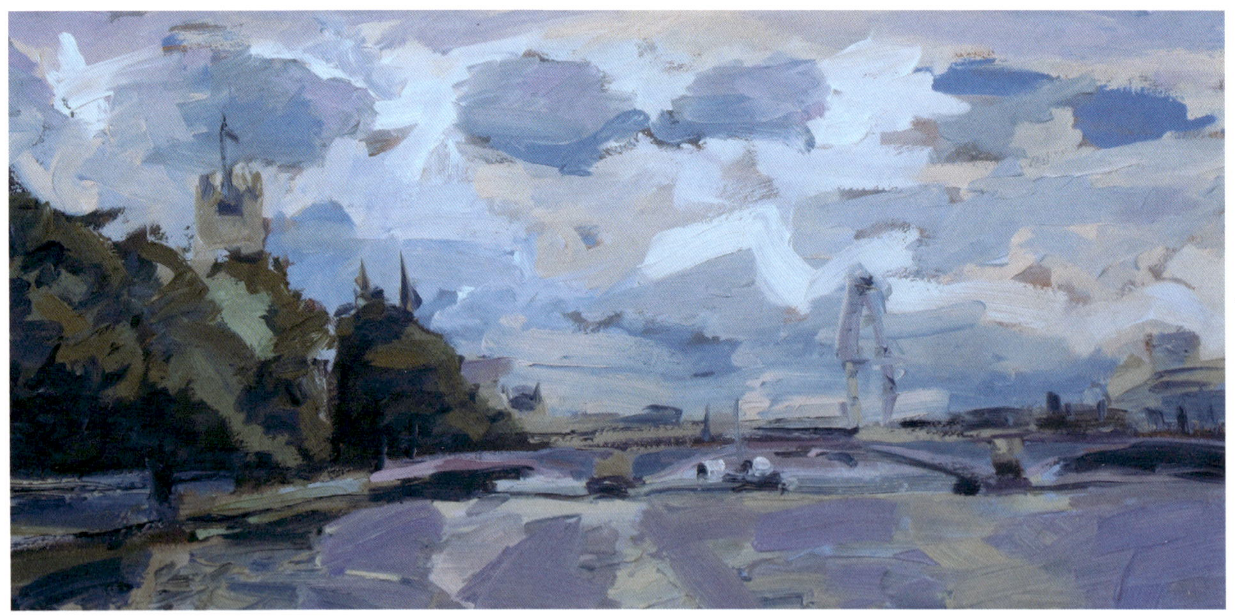

This page (clockwise from top left): Apple by Dani Humberstone; Tumbling II Glass by Hildegard Pax; Sage by Pippa Burley; Thames Near Westminster by Nick Hebditch

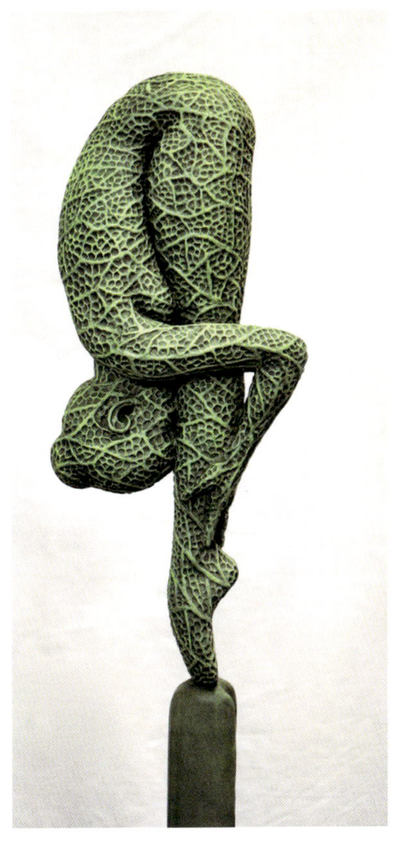

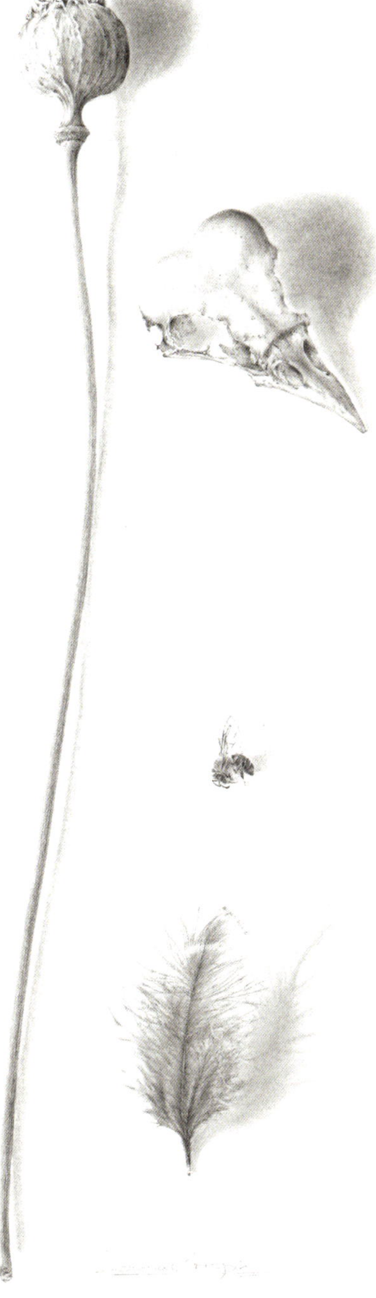

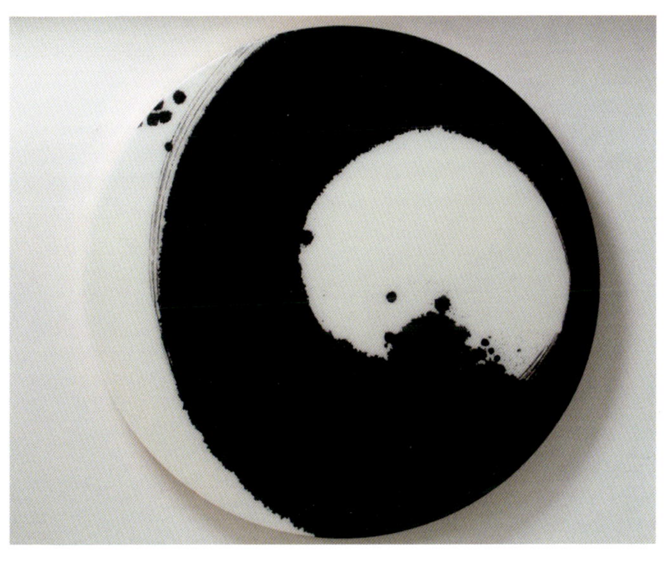

"Watch carefully the magic that occurs, when you give a person just enough comfort to be themselves"

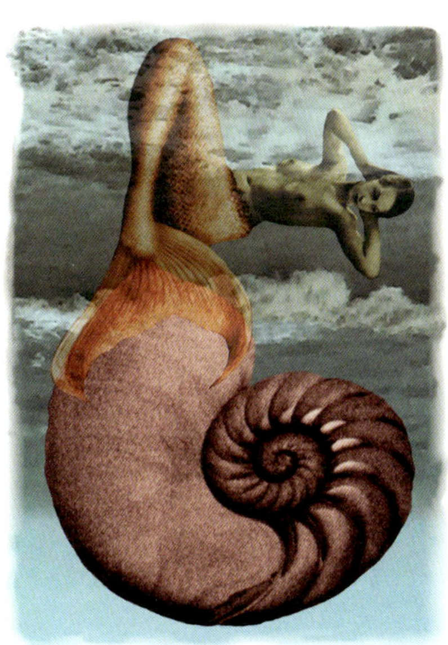

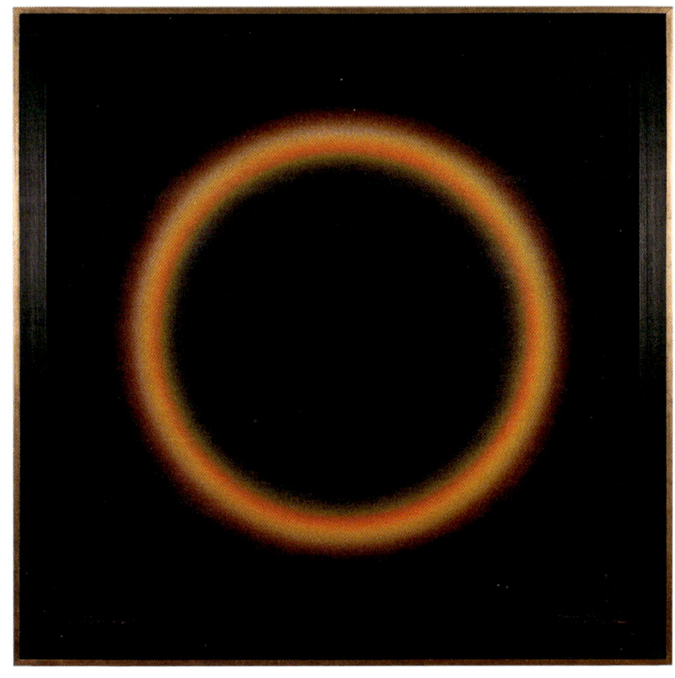

This page (clockwise from top left): Bud by Jonathan Hateley; Decay xi - The Eryngium by Louisa Crispin; The State of Being by Rod McIntosh; Hadron by Shelley Rose; Nautilus by Annie Catford

Encounters Art Space

Encounters Art Space presents its main show in May. Its director, Miladys Parejo writes: "We have a double duty. To challenge the imagination of those who experience our artwork. And – through our artistic endeavours – to share our feelings as we are moved by events in our wider ecosystem."

The narrative theme of the 2018 show is *Living Landscape*, which is explored from very different perspectives as beauty is found in slum townships, trash provides material for sculpture and there are cries of pain as humanity's actions degrade nature's bounty.

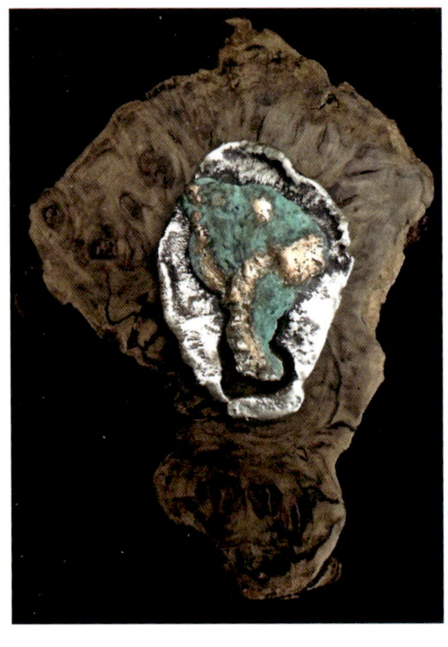

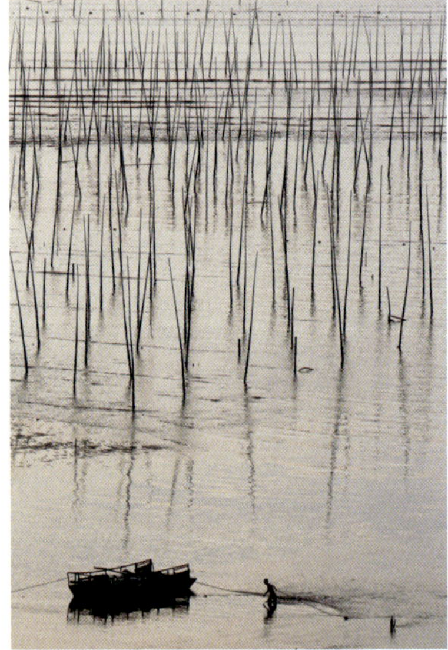

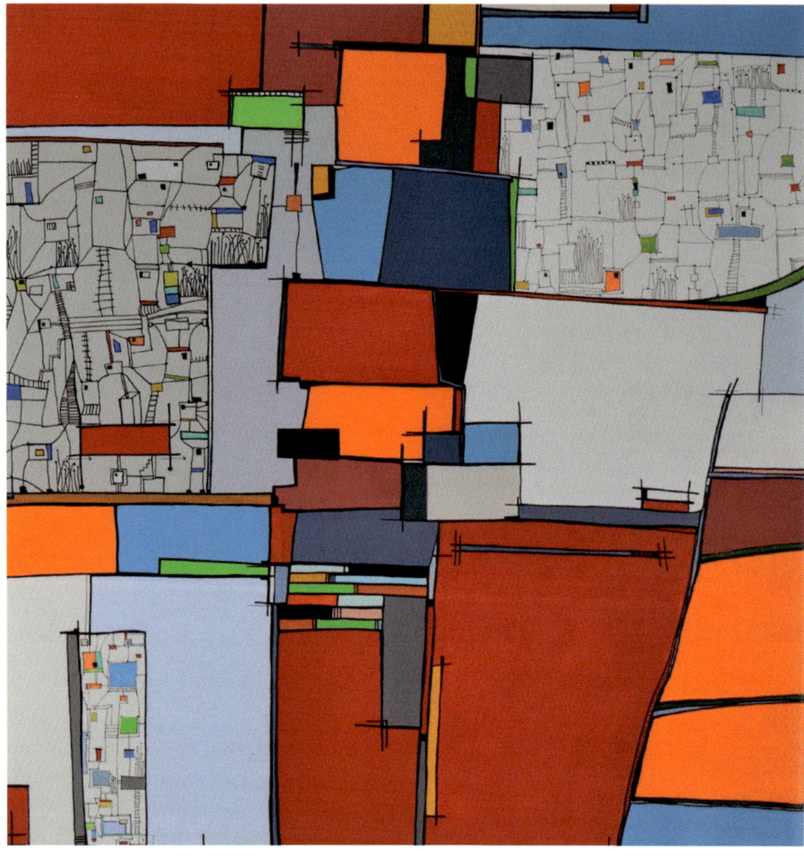

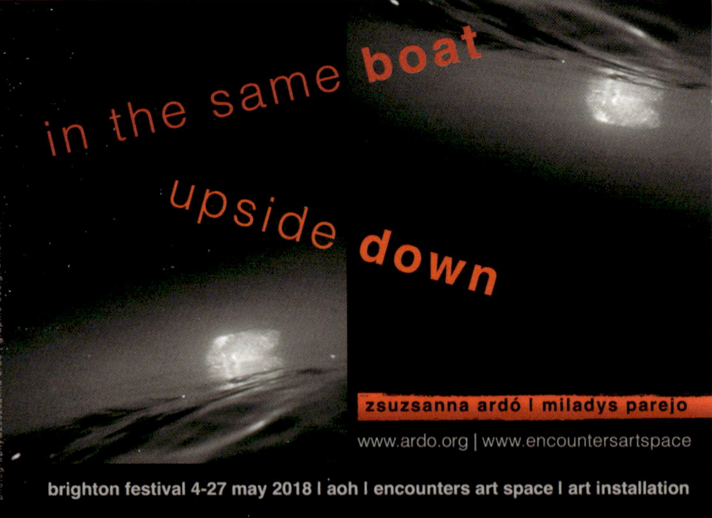

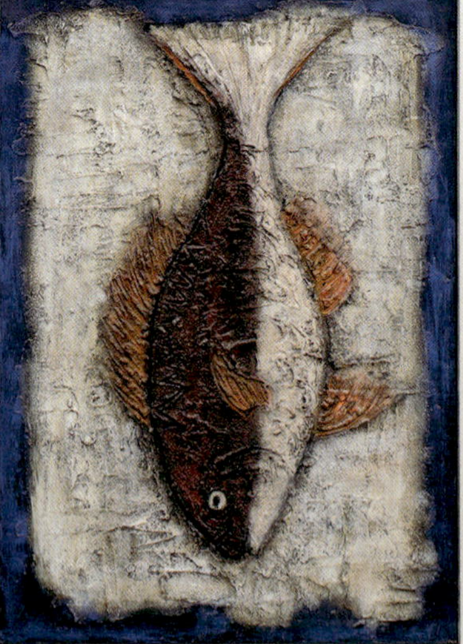

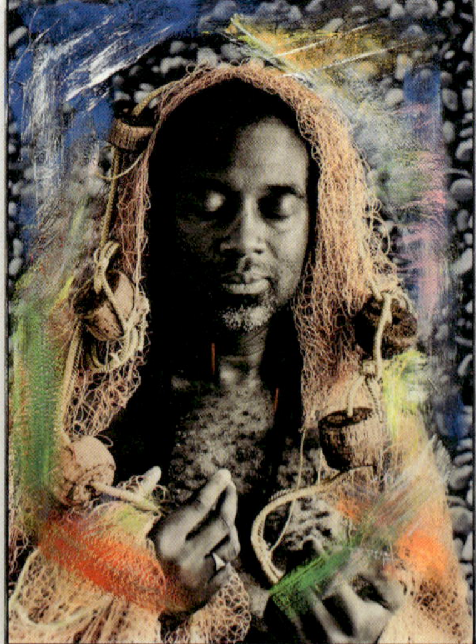

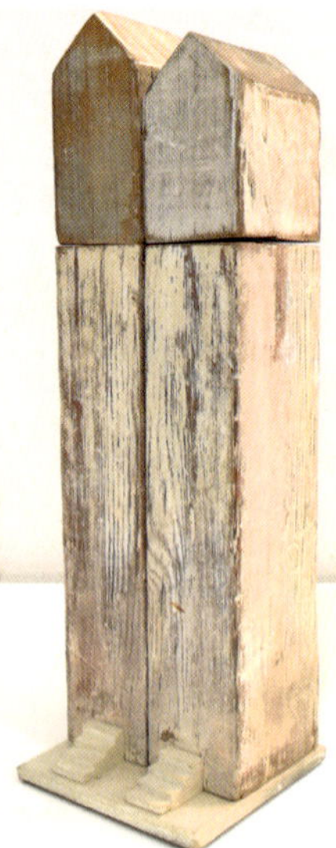

Clockwise from top left: (im)pact by Carlos Sanchez; Seaweed Farm by Luke MacGregor; Modern Life by Flor Troconis; Series: Driftwood by Fernando Adam; Fish and Mankind by Linda Lieberman; In the Same Boat. Upside Down by Zsuzsanna Ardó and Miladys Parejo is a collaborative contemporary art installation about climate change in the global village we call the Earth aka our boat, upside down

12 Langdale Road, Hove BN3 4HN
AOH West Hove trail
www.encountersartspace.com; miladys@encountersartspace.com

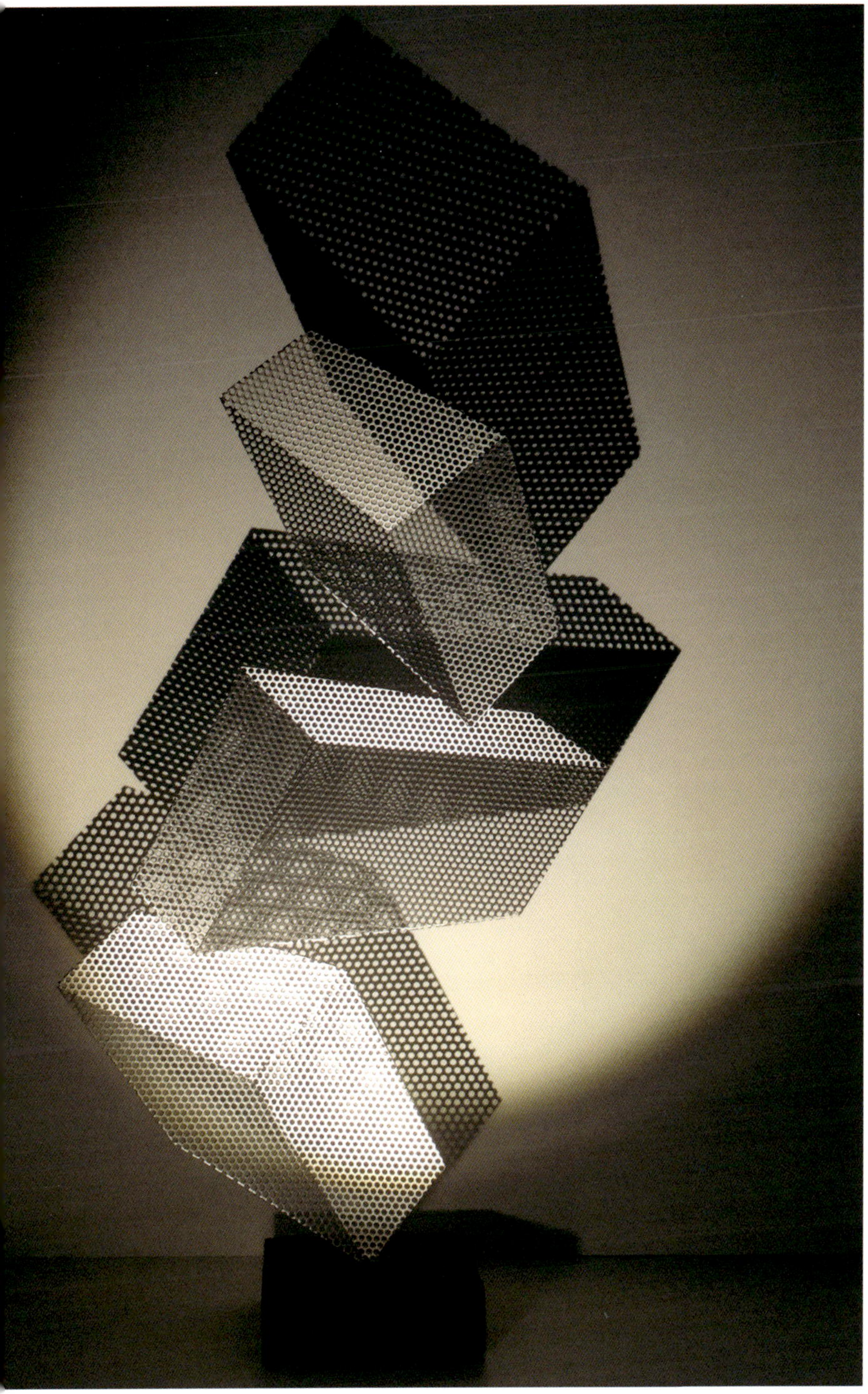

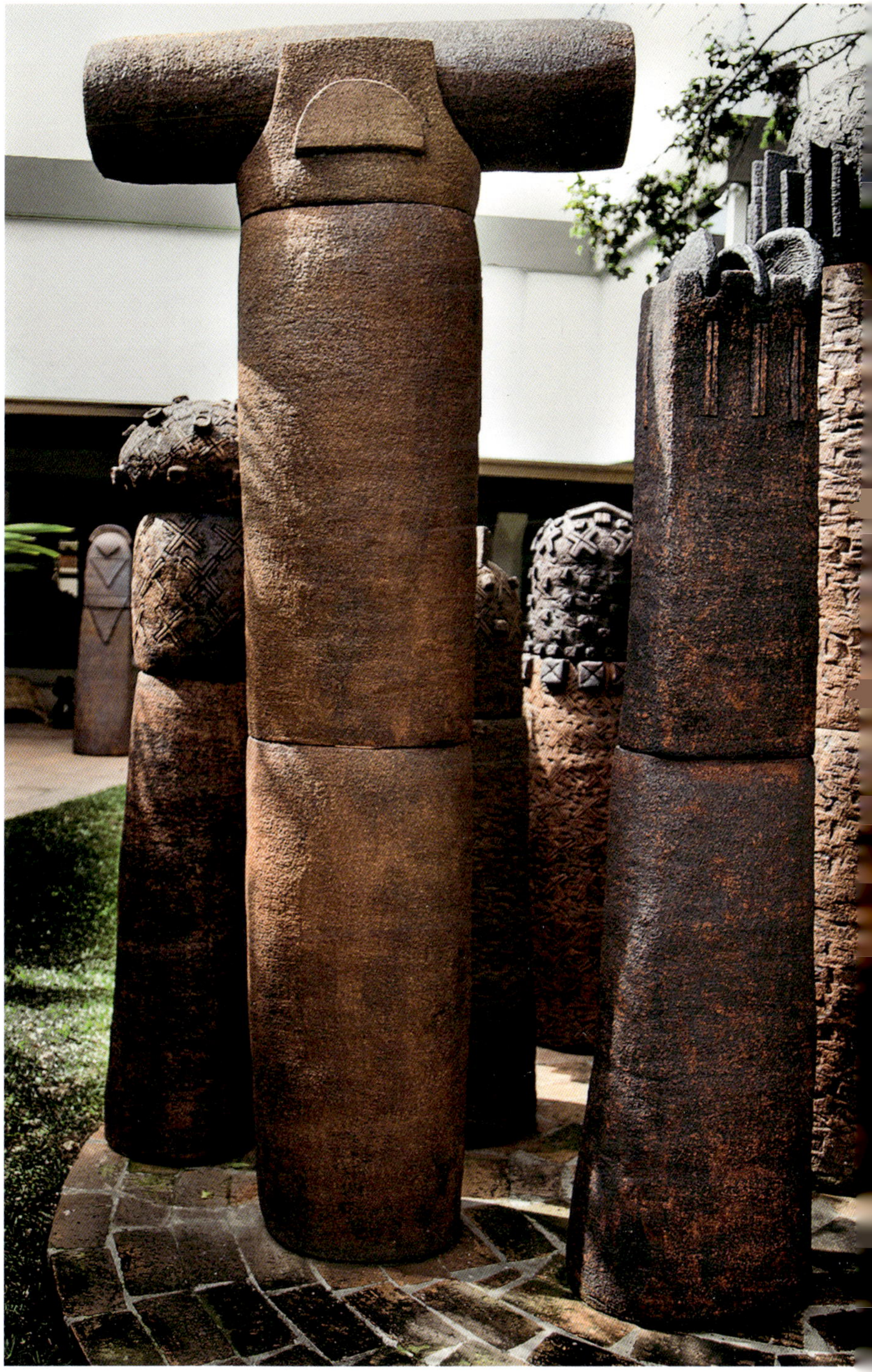

A metamorphic event, volumetric, chromatic, iridescent, always virtual by Rafael Barrios

"Earth... Earth... a magic word that symbolizes membership, maternity, parental, strength, return, union, passion" - works by Noemi Márquez

Inkspot Press

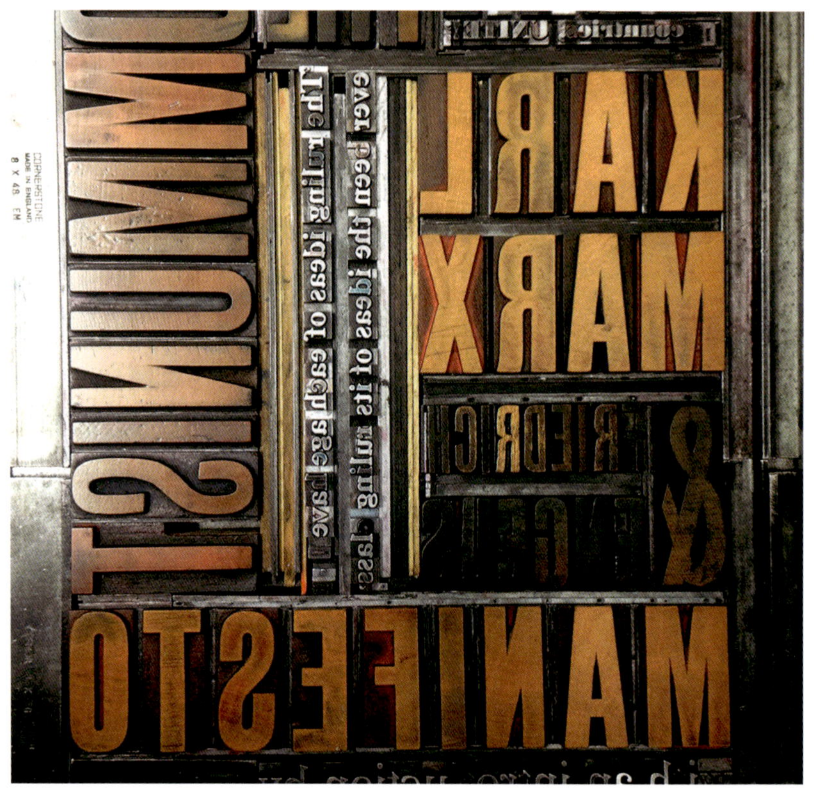

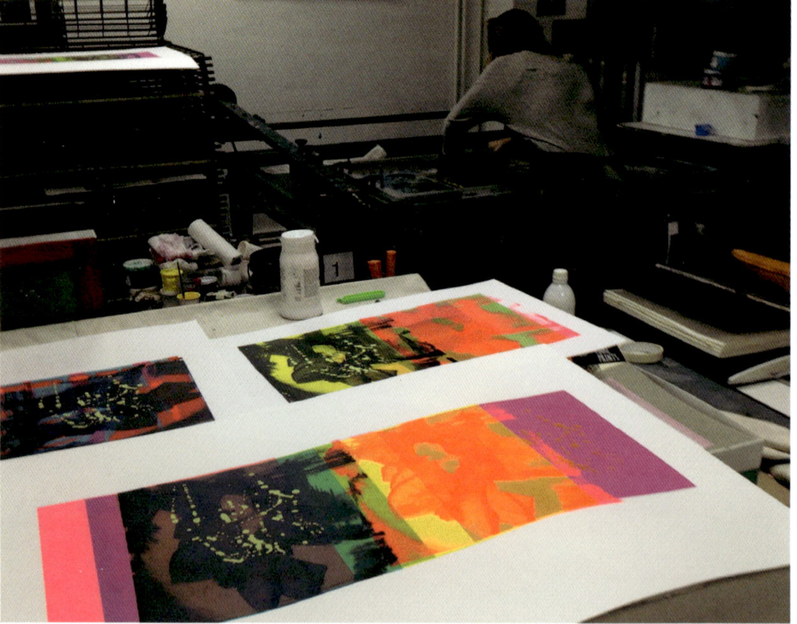

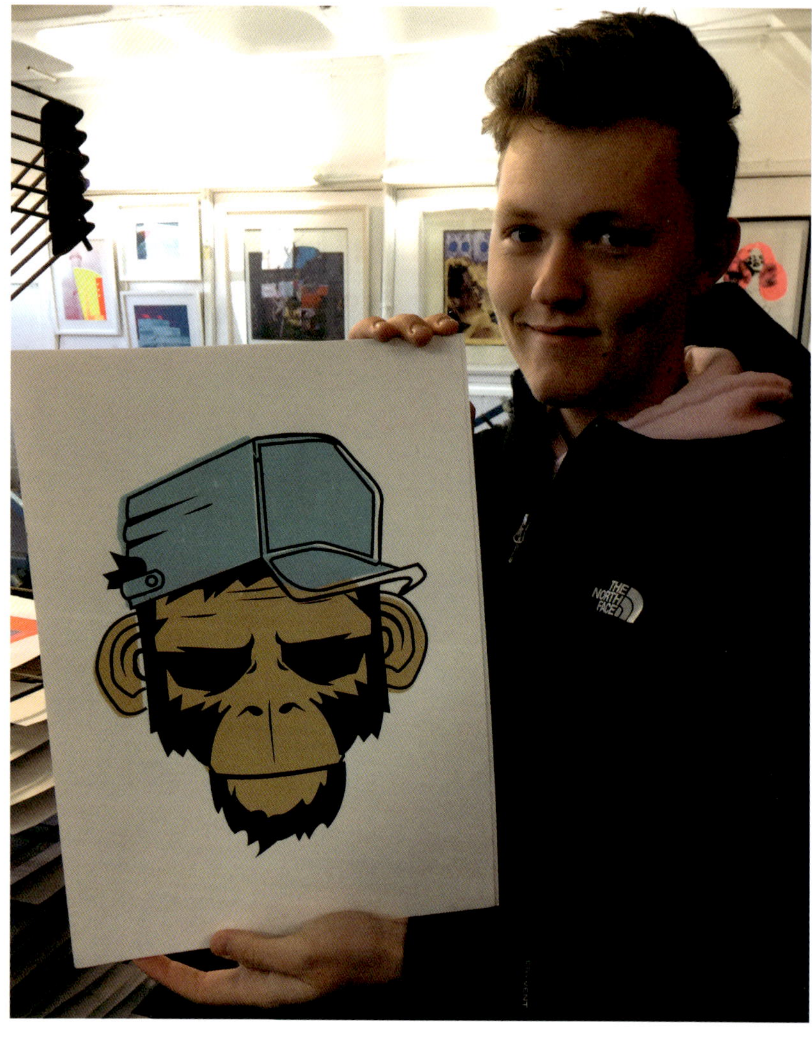

Inkspot Press is a thriving open access printmaking studio in Hove founded and run by established artist/printmaker Jane Sampson. The studio specialises in screenprinting and letterpress, although there are also facilities for intaglio and relief printing.

Jane and tutors Fox Fisher, Rose Walker, Claudia Rivers-Bland and Satvinder Kalsi run courses and workshops for newbys and veteran printmakers alike to brush up their skills and learn new techniques. Jane and Rose also run bespoke workshops for small groups (individuals, schools and businesses). The rest of the time the studio runs on a pay-as-you-go, open access basis for those who already know the ropes.

The silkscreen studio is professionally equipped with computers, printers, exposure unit, washout, screens for hire, inks and papers etc... everything you need to make your print project come to life.

The letterpress workshop has two fully operational Vandercook proofing presses, a Fag Press, a galley press, a small Albion, and 150 trays of metal and wooden type. They can also make photopolymer plates.

It is heaven for those who like to slow down, unwind and step back into another time.

This page (clockwise from top left): Inkspot Karl Marx book cover letterpress; Inkspot youngster with his print; Inkspot studio silkscreen

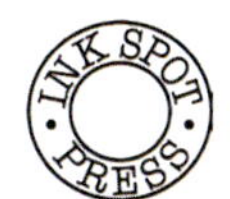

Unit 5, 1st Floor West, Industrial House,
Conway Street, Hove BN3 3LW
www.inkspotpress.co.uk

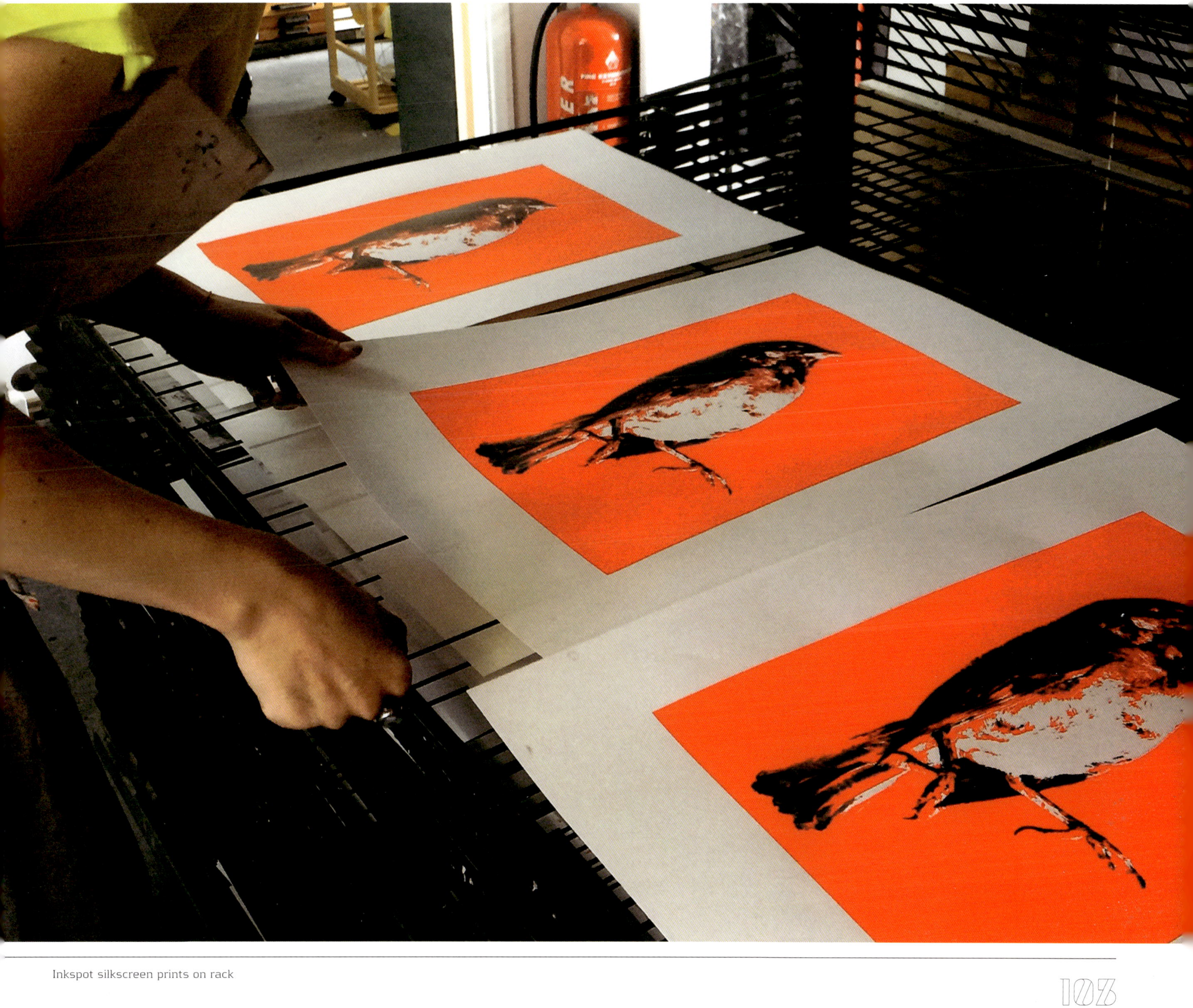

Inkspot silkscreen prints on rack

Index

Please get in touch with us to discover more

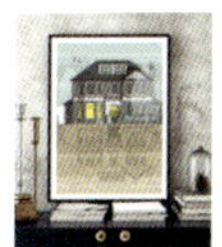

Linescapes
linescapes.co.uk
linescapescommissions.co.uk
07710 651172
Page 24

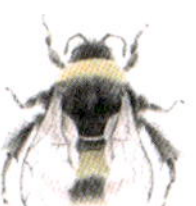

Louisa Crispin
louisacrispin.co.uk
louisacrispin@gmail.com
01580 752139
Page 32

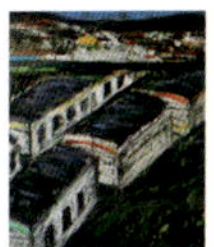

Mark Glassman
markglassman.org.uk
glassmarky19@gmail.com
01323 899296
Page 58

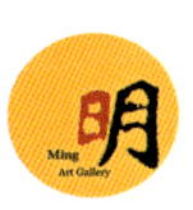

Ming Gallery
mingartgiftgallery.net
ming_art_gallery@outlook.com
01273 726830
Page 84

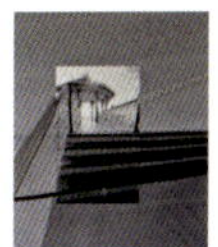

Monika Jakimauskaite
moniusia.eu
moniusia@ymail.com
07540 648108
Page 33

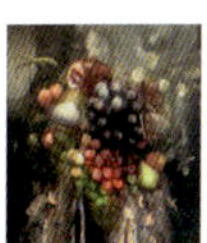

Naked Eye Gallery
nakedeyegallery.com
naked.eye@virgin.net
01273 204800
Page 78

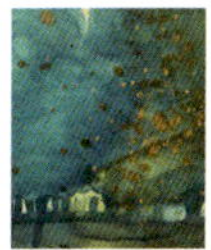

Nichola Campbell
nicholacampbell.com
nichola.j.campbell@gmail.com
Page 46

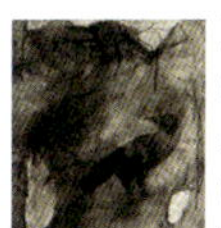

Nickova Behling
info@nickovabehling.com
nickovabehling.com
07766 662003
Page 22

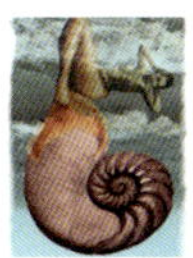

Pure Arts Group
pureartsgroup.co.uk
info@pureartsgroup.co.uk
Page 100

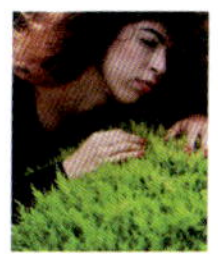

Rick Fullwood
rickfullwood.com
info@rickfullwood.com
07761 953263
Page 36

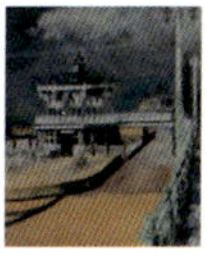

Rob Ollerenshaw
artymagazines.com
rob.ollerenshaw@btopenworld.com
01273 748338
Page 26

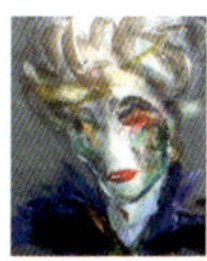

Romany Mark Bruce
romanymarkbruce.com
romanymb@mac.com
07799 600908
Page 06

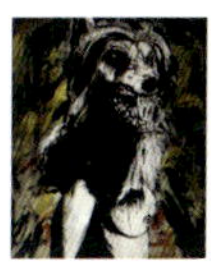

Sara le Roy
saraleroy.com
leroysara@hotmail.com
Instagram @saraleroyartist
Page 60

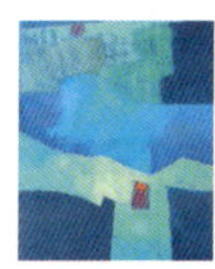

Sheila Marlborough
sheilamarlborough.co.uk
spmarlborough@aol.com
01444 246605
Page 16

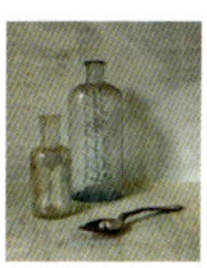

Simone Riley
simoneriley.co.uk
simoneriley22@gmail.com
07515 902423
Page 49

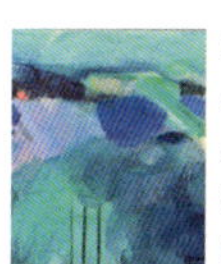

Sophie Abbott
sophieabbott.net
sophieartist@hotmail.co.uk
07745 834066
Page 66

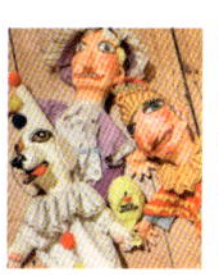

Sugg & Davidson
suggsminiatureharlequinade.com
amandasdavidson@gmail.com
07763 584330
Page 98

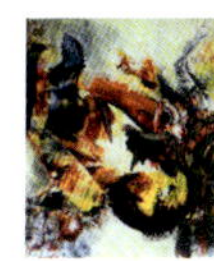

Susan Lynch
susan-lynch.co.uk
susanmlynch@outlook.com
01323 725645
Page 21

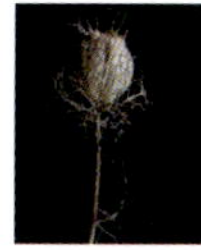

Tony Bowall
tonybowallphotography.com
tony@tonybowallphotography.com
07516 749363
Page 52

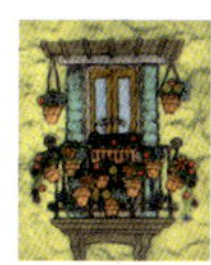

Troy Ohlson
troyohlsonart@gmail.com
Instagram.com/troyohlson
07885 911049
Page 15

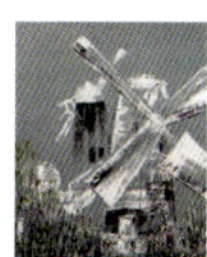

Val Fawbert
valfawbert.com
vfawbert@hotmail.co.uk
01273 227191
Page 50

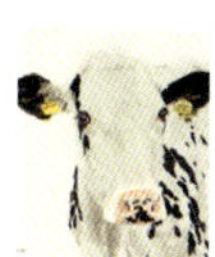

Veronica van Eijk
vaneijkarts.com
vaneijkarts@gmail.com
07740 104501
Page 30

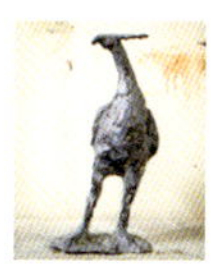

Vicki Atkinson
victoriaatkinson.co.uk
atkinsonvicki@aol.com
01435 882843
Page 25

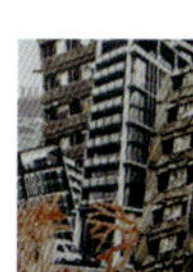

Volcanic Editions
printsianbrown@hotmail.com
volcaniceditions.com
07986 532161
Page 94

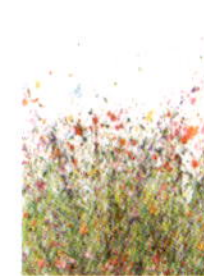

Yvonne Coomber
info@yvonnecoomber.com
yvonnecoomber.com
01803 840161
Page 44

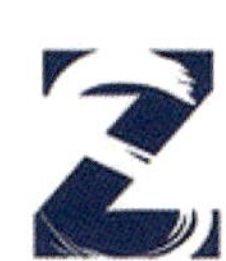

Zimmer Stewart Gallery
zimmerstewart.co.uk
james@zimmerstewart
01903 882063
Page 86

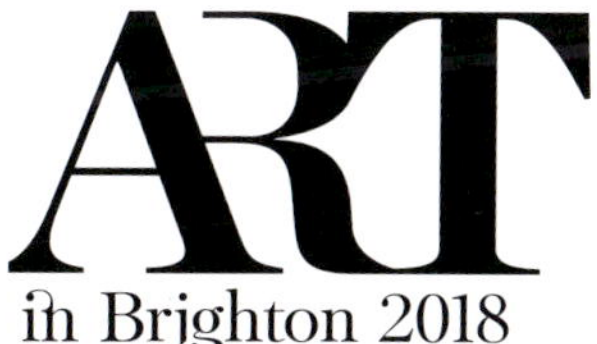

Kemp Street Productions Ltd
www.artymagazines.com
info@artymagazines.com
01273 670426
07768 638115

Kemp Street Productions was formed by Alison and Torben Krog back in 2009 when they dreamed up the 'Brighton's Arty' brand. The perfect marriage of a pen and a crayon, they are always ready for the next creative challenge, so if you would like to find out more please get in touch.

About the book's creators

Alison Krog
Editor

Alison studied English Literature at the University of London, where she fell in love with Byron and went on to gain an MPhil in Romantic Studies at Oxford University. She had always dreamed of working in magazines, which didn't quite come true when she landed her first publishing role as Editorial Assistant for Professional Electrician & Installer Magazine. After 25 years' working on women's newsstand titles and a multitude of customer magazines, Alison now works for a content marketing agency writing lots of branded stuff.

Torben Krog
Creative

Danish-born Torben trained as a typographic designer and has worked in the advertising and magazine industries for the past 22 years. He first visited Brighton as a language student and swore never to return after a gang of local lads threw pebbles at him on the beach. After living in beautiful Japan – and not so beautiful Watford – he moved to London where he met Alison at the advertising agency Publicis. Alison and Torben became 'the Krogs' in 2011 and live in the North Laine with their two spoilt cats, Gilbert and George.